高等职业教育畜牧兽医类"十二五"规划教材
省级示范性高等职业院校"优质课程"建设成果

草食动物养殖与疾病防治

主　编　徐　君
副主编　宋　禾　蔡景义
　　　　欧红平　王　迪

西南交通大学出版社
·成都·

图书在版编目（CIP）数据

草食动物养殖与疾病防治 / 徐君主编. —成都：西南交通大学出版社，2015.6

高等职业教育畜牧兽医类"十二五"规划教材　省级示范性高等职业院校"优质课程"建设成果

ISBN 978-7-5643-3973-9

Ⅰ.①草… Ⅱ.①徐… Ⅲ.①家畜－饲养管理－高等职业教育－教材②家畜－动物疾病－防治－高等职业教育－教材 Ⅳ.①S82②S858.2

中国版本图书馆 CIP 数据核字（2015）第 136481 号

高等职业教育畜牧兽医类"十二五"规划教材
省级示范性高等职业院校"优质课程"建设成果

草食动物养殖与疾病防治

主编　徐　君

责 任 编 辑	周　杨
封 面 设 计	何东琳设计工作室
出 版 发 行	西南交通大学出版社 （四川省成都市金牛区交大路 146 号）
发行部电话	028-87600564　028-87600533
邮 政 编 码	610031
网　　　址	http://www.xnjdcbs.com
印　　　刷	成都蓉军广告印务有限责任公司
成 品 尺 寸	185 mm×260 mm
印　　　张	25
字　　　数	686 千字
版　　　次	2015 年 6 月第 1 版
印　　　次	2015 年 6 月第 1 次
书　　　号	ISBN 978-7-5643-3973-9
定　　　价	49.50 元

课件咨询电话：028-87600533
图书如有印装质量问题　本社负责退换
版权所有　盗版必究　举报电话：028-87600562

《草食动物养殖与疾病防治》
编委会

主　编　徐　君（成都农业科技职业学院）

副主编　宋　禾（成都农业科技职业学院）
　　　　蔡景义（四川农业大学）
　　　　欧红平（成都农业科技职业学院）
　　　　王　迪（成都农业科技职业学院）

参　编　关　铜（成都农业科技职业学院）
　　　　李　韵（成都农业科技职业学院）
　　　　董　琪（成都农业科技职业学院）
　　　　凌建中（成都同乐饲料科技有限公司）
　　　　杨　敏（成都农业科技职业学院）

前 言

本书是通过分解教育部《关于全面提高高等职业教育教学质量的若干意见》和《关于加强高职高专教材建设的若干意见》的精神，结合畜牧兽医专业高职高专人才培养方向而编写的。

"草食动物养殖与疾病防治"是高等职业院校畜牧兽医类专业的核心专业课程，是一门应用性、操作性都很强的生产课程。在编写本书时，我们采用工作过程导向的课程开发模式进行开发，力求以生产环节为主线，以理论够用、实践技能过硬为原则，以职业性内容为主、学术性内容为辅。全书从认识牛、羊、兔品种开始，再到繁殖技术的学习，通过牛、羊、兔生物学特性来理解和指导常用饲料的加工调制。然后以奶牛生产作为牛生产的主线，完成学习牛的生理全过程的饲养管理，肉牛生产部分侧重介绍育肥技术，而后单独分类介绍毛用羊生产、肉用羊和奶用羊生产及肉用兔、毛用兔的生产，最后学习牛、羊、兔场建设与规划。整个体系以生产实践的岗位需要为主线，符合认知逻辑，各个项目相互独立又相互联系。在布局设计时，按先共同后细分的思路，既减少了知识和技能的重复传授，又达到了不同生产类型自成体系的目的。

本书由多年从事"草食动物养殖与疾病防治"教学的课程组教师编写，在编写中采用"教、学、做"一体化的项目式的教学方式，本书与《草食动物养殖与疾病防治实训教程》是配套的，在编写时吸取了最新科技成果和国内外高等职业教材的长处，突出教学内容上的新颖性、实用性、针对性；突出教学过程中的实践性、可操作性和学生的参与性；突出教学方法上的灵活性，注重学生综合素质和职业能力的培养。

本书在编写过程中参阅了许多专家的著作，同时也得到许多专家的指导，在此特致以诚挚的谢意。

由于编者水平有限，书中难免存在不妥与疏漏之处，敬请读者批评指正。

徐 君
2015 年 3 月

目　录

项目 1　牛羊兔品种的识别 ………………………………………………… 1
　项目 1-1　牛的品种 …………………………………………………………… 1
　项目 1-2　羊的品种 …………………………………………………………… 22
　项目 1-3　兔的品种 …………………………………………………………… 47

项目 2　牛羊兔繁殖技术 …………………………………………………… 56
　项目 2-1　牛羊兔的选种选配 ………………………………………………… 56
　项目 2-2　牛羊兔的杂交改良 ………………………………………………… 70
　项目 2-3　牛的繁殖 …………………………………………………………… 80
　项目 2-4　羊的繁殖 …………………………………………………………… 103
　项目 2-5　兔的繁殖 …………………………………………………………… 118
　项目 2-6　提高牛羊兔繁殖效果 ……………………………………………… 124

项目 3　牛羊兔饲料的加工调制 …………………………………………… 131
　项目 3-1　牛羊兔生物学特性 ………………………………………………… 131
　项目 3-2　牛羊兔饲料分类 …………………………………………………… 142
　项目 3-3　青贮饲料调制 ……………………………………………………… 146
　项目 3-4　青干草调制 ………………………………………………………… 150
　项目 3-5　秸秆的加工调制技术 ……………………………………………… 152

项目 4　奶牛生产 …………………………………………………………… 157
　项目 4-1　奶牛的体况评定 …………………………………………………… 157
　项目 4-2　犊牛的培育技术 …………………………………………………… 160
　项目 4-3　育成牛的培育技术 ………………………………………………… 168
　项目 4-4　青年牛的饲养管理 ………………………………………………… 169
　项目 4-5　成母牛的饲养管理 ………………………………………………… 170
　项目 4-6　乳用种公牛的饲养管理 …………………………………………… 187

项目 5　肉牛育肥 ... 192
项目 5-1　肉牛的体况评定 ... 192
项目 5-2　肉牛的饲养管理 ... 194
项目 5-3　肉牛的营养需要及日粮配制 ... 209
项目 5-4　肉牛的饲料配制 ... 211
项目 5-4　肉牛的育肥技术 ... 215

项目 6　羊生产 ... 221
项目 6-1　毛用羊生产 ... 221
项目 6-2　肉用羊育肥 ... 231
项目 6-3　奶用羊生产 ... 234

项目 7　兔生产 ... 239
项目 7-1　肉兔的生产 ... 239
项目 7-2　毛用兔的生产 ... 244

项目 8　疾病的防治 ... 246
项目 8-1　牛的疾病防治 ... 246
　　第一部分　牛病诊断技术 ... 246
　　第二部分　常用治疗技术 ... 250
　　第三部分　牛常见疾病 ... 256
　　第四部分　病毒性传染病 ... 260
　　第五部分　繁殖障碍疾病 ... 263
　　第六部分　消化系统疾病 ... 269
　　第七部分　呼吸系统疾病 ... 282
　　第八部分　寄生虫病 ... 287
项目 8-2　羊的疾病防治 ... 293
　　第一部分　羊病诊断技术 ... 294
　　第二部分　羊消化系统疾病 ... 299
　　第三部分　病毒性传染病 ... 300
　　第四部分　细菌性传染病 ... 303
　　第五部分　寄生虫病 ... 313

项目 8-3　兔的疾病防治 ·· 320
　　第一部分　兔病的发生与传播 ··· 320
　　第二部分　兔病的预防 ·· 322
　　第三部分　兔病诊疗技术 ··· 325
　　第四部分　家兔的病毒性传染病 ·· 329
　　第五部分　家兔的细菌性传染病 ·· 333
　　第六部分　家兔的寄生虫病 ··· 347
　　第七部分　家兔的内科疾病 ··· 356
　　第八部分　家兔的外科疾病 ··· 371

项目 9　牛羊兔场建设与规划 ·· 373
　项目 9-1　牛场的建设与规划 ·· 373
　项目 9-2　羊场的建设与规划 ·· 376
　项目 9-3　兔场的建设与规划 ·· 382

参考文献 ·· 390

项目1 牛羊兔品种的识别

项目1-1 牛的品种

【学习目标】
1. 了解各种牛的外貌特征和生产性能
2. 认识主要的奶牛、肉牛品种
3. 能对牛的常见品种的优劣作出评价

【学习内容】
牛是典型的反刍动物,根据牛的用途可分为乳用型、肉用型和乳肉兼用型等,要求掌握各类型的牛的外貌特征、生产性能、产地及分布,让学生能够认识各类型牛的品种。

【相关技能】
掌握主要引入品种牛的外貌特征及主要生产性能。

一、乳用牛品种

(一)荷斯坦牛

荷斯坦牛又称荷斯坦-弗里生牛,也有简称荷斯坦牛或弗里生牛的,因为其毛色为黑白相间、界限分明的花片,故普通称作黑白花牛。荷兰及德国是该牛的原产地。

该品种的培育经历了 2 000 多年的历史,早在 15 世纪就以产奶高而闻名于世。17 世纪时已为欧洲多数国家饲养,1871 年在美国出版了良种登记册,1885 年成立了美国荷斯坦-弗里生奶牛协会。现已分布于世界大多数国家,并成立有国际荷斯坦牛协会。

荷斯坦牛被各国引入后,经过长期的培育或与本国牛杂交而育成适应当地环境条件、各具特点的荷斯坦牛,有的被冠以本国名称,如美国荷斯坦牛、加拿大荷斯坦牛、中国荷斯坦牛等,有的仍以原产地命名。目前世界上的荷斯坦牛最具代表性的是乳用型美国荷斯坦牛和乳肉兼用的荷兰及欧洲地区国家的荷斯坦牛。群体平均产奶量和最高个体产奶量都为各种奶牛品种之冠。

世界上著名的乳用品种是原产于荷兰的荷斯坦牛。由于其毛色为黑白花,又称黑白花牛,也称荷兰牛、弗里生牛。它在 15 世纪就以产奶量高而闻名于世。

1. 乳用型荷斯坦牛

外貌特征: 具有典型的乳用特征,成年牛侧望、上望和前望分别呈 3 个不同的楔形。后躯发达,乳房容积大、结构良好,乳静脉粗大、多弯曲。皮毛薄而细短,富有弹性。皮下脂肪少,肌肉附着紧凑。毛色是黑白分明的黑白花片,有黑多白少和白多黑少两类。额部有白星,腋下、腹下、乳房、尾部尖端必为白色。角向前下方内侧弯曲。

乳用荷斯坦牛成年公牛体重 900～1 200 kg,母牛 650～750 kg。犊牛初生平均重 38～50 kg;

公牛平均体高 145 cm，平均体长 190 cm，胸围 206 cm，管围 23 cm；母牛依次为 135 cm、170 cm、195 cm 和 19 cm。

生产性能：该品种是乳用牛中产奶量最高的。泌乳性能好而乳干物质含量稍低。成母牛平均年产奶量一般为 6 000～7 000 kg，乳脂率 3.5%～4.4%，乳蛋白率 3.3%，平均挤奶速度为 2.5 kg/min，前后乳区比为 4.5∶5.5。

1999 年，荷兰全国荷斯坦牛平均年产奶量为 8 016 kg，乳脂率为 4.4%，乳蛋白率为 3.42%；2000 年美国登记的荷斯坦牛平均产奶量达 9 777 kg，乳脂率为 3.66%，乳蛋白率为 3.23%。创世界个体最高记录的是美国一头名叫"Muranda Oscar Lucinda-ET′"的牛，于 1997 年 365 天两次挤奶产奶量高达 30 833 kg。至今美国已有 37 头以上的荷斯坦牛年产奶量超过 18 000 kg，创终身产奶量最高记录是美国加利福尼亚州的一头奶牛，在泌乳的 4 796 天内共产奶 189 000 kg。

荷斯坦牛的缺点是乳脂率较低，不耐热，高温时产奶量明显下降。因此，夏季饲养，尤其是南方要注意防暑降温。

2. 兼用型荷斯坦牛

兼用型荷斯坦牛是以荷兰本土的荷斯坦牛为代表的许多欧洲国家的荷斯坦牛。

外貌特征：体格略小于乳用型，体躯低矮宽深，皮肤柔软而稍厚，尻部方正，四肢短而开张，肢势端正，侧望略偏矩形，乳房发育匀称，前伸后展，附着好，多呈方圆形；毛色与乳用型相同，但花片更加整齐美观。成年公牛体重 900～1 100 kg，母牛 550～700 kg。犊牛初生重 35～45 kg。

生产性能：兼用型荷斯坦牛的平均产奶量较乳用型低，年产奶量一般为 4 500～6 000 kg，乳脂率为 3.5%～3.8%。个体高产者可达 10 000 kg 以上。

兼用型荷斯坦牛的肉用性能较好，经肥育的公牛 500 日龄平均活重为 556 kg，屠宰率为 62.8%。该牛在肉用方面的一个显著特点是肥育期日增重高，据丹麦 1967—1970 年测定的 517 头荷斯坦小公牛，平均日增重为 1 195 g，淘汰的母牛经 100～150 天肥育后屠宰，其平均日增重为 900～1 000 g。

3. 中国荷斯坦牛

中国黑白花牛在 1992 年更名为"中国荷斯坦牛"，是中国奶牛的主要品种，分布于全国各地。中国荷斯坦牛是从国外引进的荷兰牛在中国不断驯化和培育，或与中国黄牛进行杂交并经长期选种而逐渐形成的。

由于各地母牛类型不一，以及饲养环境条件的差别，中国荷斯坦牛的体格有大、小、三个类型。目前大型奶牛主要含有美国荷斯坦牛血统，成牛母牛体高 135 cm，体重 600 kg 左右；中型奶牛主要引进欧洲部分国家中等体型，与中国荷斯坦牛的荷斯坦公牛培育而成，成年母牛体高 133 cm 以上；小型奶牛主要是引用一些国家的荷斯坦牛与中国体型小的本地母牛杂交培育而成，成年母牛体高 130 cm 左右。

中国荷斯坦牛体型外貌多为乳用体型，华南地区的偏兼用型，毛色多呈现黑白花，花色分明，黑白相间，额部多有白斑，腹部低，四肢膝关节以下及尾端呈白色，体质结实，体躯结构匀称，有角，多数由两侧向前向内弯曲，色蜡黄，角尖黑色。尻部平、方、宽，乳房发育良好，质地柔软，乳静脉明显，乳头大小分布适中。

泌乳性能： 重点育种场的乳牛，全群年平均产乳量已达到7 000 kg以上，现一个泌乳期（305 d）产乳量达到1万公斤以上乳牛的数量已经很多。质量较好的乳牛其第三泌乳期平均产乳量达6 000 t以上。

产肉性能： 据少数地区测定，未经肥育的母牛和去势公牛，屠宰率平均可达50%以上，净肉率在40%以上。据黑龙江省测定，14头成年母牛，屠宰率平均为53.3%，净肉率平均为41.4%。

繁殖性能： 初情期在6~9月龄，随饲养和环境条件不同而有差异，发情周期15~24 d，平均21 d 妊娠天数，母犊为277.5 d，公犊为278.7 d。自1972年应用冷冻精液人工授精到1982年，全国大中城市及郊区的黑白花奶牛均已得到普遍应用。

应用中国黑白花奶公牛杂交改良当地母牛，提高其产乳性能的工作已在全国各地进行。据初步资料，在贵州、甘肃、山西、四川、内蒙古等省、自治区，已获得明显的效果。

据贵州省对本地黄母牛进行级进杂交的结果，体尺、体重和产乳量随级进代数明显提高，而含脂率随级进代数而降低，发病率随级进代数而增加。

故在贵州的条件下，级进杂交以不超过四代为宜。在役用性能上，一代杂种的挽力和功率各超过本地黄牛的25.3%和26.5%。据耕地测定，在6 h内，杂种牛完成2.46亩，本地崑黄牛为1.5亩，杂种牛比本地牛提高64%。

内蒙古应用黑白花奶公牛与三河母牛杂交，提高产乳量更为明显，在第三胎时一个泌乳期产乳量，一代、二代和三代杂种分别可达到4 024 kg、5 160 kg和6 515 kg，比三河牛崑分别提高25.8%、61.3%和103.6%。甘肃省用黑白花奶公牛与秦川牛杂交，也取得显著效果。

荷兰牛改良我国黄牛已有几十年的历史，在城市工矿区、交通沿线、沿海以及内地的许多省市的国营农牧场和集体农场养乳牛者为数很多，改良的效果也很突出。改良后的杂种较本地牛的体重约提高80%~100%，杂种一代的年产奶量约为2 000~2 500 kg，二代为2 700~3 200 kg，三代以上接近荷兰牛的产奶量，约在4 000 kg以上。杂种牛比较耐粗饲，而且可使役，三四代杂种牛经过横交，自群繁育已育成中国荷斯坦牛。

（二）其他乳用品种

1. 娟姗牛

该品种在血统上与瑞士褐牛、德温牛和凯瑞牛有关系，而与荷斯坦牛没有关系。在该品种的早期培育过程中，娟姗牛曾被称为奥尔德尼牛（Alderney）。1850年，首批娟姗牛被引入美国，1868年美国娟姗牛俱乐部（American Jersey Cattle Club）成立，从事娟姗牛的商务运作。娟姗牛是主要乳用牛品种中最小的品种之一（凯瑞牛和德克斯特牛更小）。该品种与其他品种相比，耐热性强并以其采食性好，乳脂、乳蛋白率较高而著称。耐粗饲也是娟姗牛的一个重要特点。美国参加DHIA的娟姗牛约为160 000头，以每年2%的速度增加。

外貌特征：体型小，头小而清秀，额部凹陷，两眼突出，乳房发育良好，毛色为不同深浅的褐色。成年公牛体高123~130 cm，体重500~700 kg，母牛体高111~120 cm，体重350~450 kg。娟姗牛的毛色从浅灰色、深黄色到接近黑色。成年母牛体重约为950 kg，该牛的典型特点是面部中间凹陷。

生产性能：一般年平均产奶量为3 500 L，乳脂率平均为5.5%~6%，乳脂色黄而风味好。娟姗牛性成熟早，一般15~16月龄便开始配种，较耐热。

2. 更赛牛

原产于英国更赛岛。该岛距娟姗岛仅35 km，故气候与娟姗岛相似，雨量充沛，牧草丰盛。1877年成立更赛牛品种协会，1878年开始良种登记。19世纪末开始输入中国，1947年又输入一批，主要饲养在华东、华北各大城市。目前，在中国纯种更赛牛已绝迹。

外貌特征：头小，额狭，角较大，向上方弯；颈长而薄，体躯较宽深，后躯发育较好，乳房发达，呈方形，但不如娟姗牛的匀称。被毛为浅黄或金黄，也有浅褐个体；腹部、四肢下部和尾帚多为白色，额部常有白星，鼻镜为深黄或肉色。成年公牛体重750 kg，母牛体重500 kg，体高128 cm。犊牛初生重27~35 kg。

生产性能：1992年美国更赛牛登记牛平均产奶量为6 659 kg，乳脂率为4.49%，乳蛋白率为3.48%。

更赛牛以高乳脂、高乳蛋白以及奶中较高的胡萝卜素含量而著名。同时，更赛牛的单位奶量饲料转化效率较高，产犊间隔较短，初次产犊年龄较早，耐粗饲，易放牧，对温热气候有较好的适应性。

3. 爱尔夏牛

原产英国爱尔夏。被毛白色带红褐斑。角尖长，垂皮小，背腰平直，乳房宽阔，乳头分布均匀。成年公牛体重约800 kg，母牛约为500 kg。耐粗饲，易肥育。年产乳3 500~4 500 kg，乳脂率3.8%~4.0%，脂肪球小。广布世界各国。

爱尔夏牛属于中型乳用品种，原产于英国爱尔夏郡。该牛种最初属肉用，1750年开始引用荷斯坦牛、更赛牛、娟姗牛等乳用品种杂交改良，于18世纪末育成为乳用品种。爱尔夏牛以早熟、耐粗、适应性强为特点，先后出口到日本、美国、芬兰、澳大利亚、加拿大、新西兰等30多个国家。我国广西、湖南等许多省市曾有引用，但由于该品种富精神质，不易管理，如今纯种牛已很少。

外貌特征：角细长，形状优美，角根部向外方凸出，逐向上弯，尖端稍向后弯，为蜡色，角尖呈黑色。体格中等，结构匀称，被毛为红白花，有些牛白色占优势。该品种外貌的重要特征是其奇特的角形及被毛有小块的红斑或红白纱毛。鼻镜、眼圈浅红色，尾帚白色。乳房发达，发育匀称呈方形，乳头中等大小，乳静脉明显。成年公牛体重800 kg，母牛体重550 kg，体高128 cm。犊牛初生重30~40 kg。

生产性能：爱尔夏牛的产奶量一般低于荷斯坦牛，但高于娟姗牛和更赛牛。美国爱尔夏登记牛年平均产奶量为 5 448 kg，乳脂率 3.9%，个别高产群体达 7 718 kg，乳脂率 4.12%。美国最高个体 305 d，每天 2 次挤奶产奶量为 16 875 kg，乳脂率 4.28%；365 天最高产奶记录为 18 614 kg，乳脂率 4.39%。

二、乳用兼用牛品种

1. 西门塔尔牛

原产地及分布：世界上许多国家也都引进西门塔尔牛在本国选育或培育，育成了自己的西门塔尔牛，并冠以该国国名。中国西门塔尔牛品种于 2006 年在内蒙古和山东省梁山县同时育成。中国西门塔尔牛由于培育地点的生态环境不同，分为平原、草原、山区三个类群，种群规模达 100 万头。该品种被毛颜色为黄白花或红白花。三个类群牛的体高分别为 130.8、128.3 和 127.5 cm；体长分别为 165.7、147.6 和 143.1 cm。各类群核心群种牛的遗传基础已达到遗传同质化水平。犊牛初生重平均 41.6 kg，6 月龄体重 199.4 kg，12 月龄重 324 kg，18 月龄 434 kg，24 月龄 592 kg。产奶量平均 4 300 kg，乳脂率 4.0%。屠宰实验结果，屠宰率平均 61.4%，净肉率 50.0%，眼肌面积 90.5 cm^2。早期生长快是该品种的主要特点之一。因此，将成为我国未来牛肉生产的重要利用品种。

外貌特征：该牛毛色为黄白花或淡红白花，头、胸、腹下、四肢及尾帚多为白色，皮肢为粉红色，头较长，面宽；角较细而向外上方弯曲，尖端稍向上。颈长中等；体躯长，呈圆筒状，肌肉丰满；前躯较后躯发育好，胸深，尻宽平，四肢结实，大腿肌肉发达；乳房发育好，成年公牛体重平均为 800~1 200 kg，母牛 650~800 kg。

生产性能：西门塔尔牛乳、肉用性能均较好，平均产奶量为 4 070 kg，乳脂率 3.9%。在欧洲良种登记牛中，年产奶 4 540 kg 者约占 20%。该牛生长速度较快，均日增重可达 1.35~1.45 kg 以上，生长速度与其他大型肉用品种相近。胴体肉多，脂肪少而分布均匀，公牛育肥后屠宰率可达 65% 左右。成年母牛难产率低，适应性强，耐粗放管理。总之，该牛是兼具奶牛和肉牛特点的典型品种。西门塔尔牛在我国的分布，北至东北的森林草原和科尔沁草原，南至中南的南岭山脉和其山区，西到新疆的广大草原和青藏高原等地。各地的自然环境变化极大，夏季平均最高气温中南地区的 30 ℃，到东北的 0 ℃，冬季最低平均气温从南方的 15 ℃ 到北方的 -20 ℃，绝对最高最低气温则变化更大。各地的年平均降水量，自 200 mm 到 1 500 mm 不等，海拔最高的达 3 800 m，最低的仅数百米。因此，土壤、作物、草原草山的植被类型差异悬殊，西门塔尔牛均能很好适应，除西藏彭波农场地处 3 800 m 以上宜从犊牛阶段引种以外，各地均可自群繁殖种畜。

肉用特点：体格大、生长快、肌肉多、脂肪少：西门塔尔牛公牛体高可达 150～160 cm，母牛可达 135～142 cm。腿部肌肉发达，体驱呈圆筒状、脂肪少。早期生长速度快，并以产肉性能高，胴体瘦肉多。山东梁山县畜牧局牛羊外调基地便以改良育肥牛而出名。在杂交利用或改良地方品种时的优秀父本。

具有典型的肉用性能。不同品种的牛，在体格、体型方面是不同的，这使牛的生长率、产肉量和胴体组成方面表现出较大差异。西门塔尔牛在育肥期平均日增重 1.5～2 kg，12 月龄的牛可达 500～550 kg。而地方品种的牛日增重仅有 0.7～1 kg，可见差距之大。

肉的营养价值高。肉牛蛋白质含量高达 8%～9.5%，而且人食用后的消化率高达 90% 以上。牛肉脂肪能提供大量的热能。牛肉的矿物质含量是猪肉的 2 倍以上。所以牛肉长期以来倍受消费者的青睐。

肉品等级高。西门塔尔牛的牛肉等级明显高于普通牛肉。肉色鲜红、纹理细致、富有弹性、大理石花纹适中、脂肪色泽为白色或带淡黄色、脂肪质地有较高的硬度、胴体体表脂肪覆盖率 100%。普通的牛肉很难达到这个标准。

与我国黄牛杂交的效果：我国自 20 世纪初就开始引入西门塔尔牛，到 1981 年我国已有纯种该牛 3 000 余头，杂交种 50 余万头。西门塔尔牛改良各地的黄牛，都取得了比较理想的效果。山东省畜牧局牛羊养殖基地实验证明，西杂一代牛的初生重为 33 kg，本地牛仅为 23 kg；平均日增重，杂种牛 6 月龄为 608.09 g，18 月龄为 519.9 g，本地牛相应为 368.85 g 和 343.24 g；6 月龄和 18 月龄体重，杂种牛分别为 144.28 kg 和 317.38 kg，而本地牛相应为 90.13 kg 和 210.75 kg。

在产奶性能上，从全国商品牛基地县的统计资料来看，207 天的泌乳量，西杂一代为 1 818 kg，西杂二代为 2 121.5 kg，西杂三代为 2 230.5 kg。

2. 三河牛

产地及分布：内蒙古自治区呼伦贝尔市是"世界上土地管辖面积最大的地区级城市"。市境内的呼伦贝尔草原是世界四大草原之一，被称为世界上最好的草原。呼伦贝尔市地处东经 115°31′～126°04′、北纬 47°05′～53°20′。东西 630 km、南北 700 km，总面积 25.3 万平方公里，占自治区面积的 21.4%，相当于山东、江苏两省面积的总和。南部与兴安盟相连，东部以嫩江为界与黑龙江省为邻，北和西北部以额尔古纳河为界与俄罗斯接壤，西和西南部同蒙古国交界。边境线总长 1 723.82 km，其中中俄边界 1 048 km（不含未定界部分），中蒙边界 675.82 km。

外貌特征：三河牛体格高大结实，肢势端正，四肢强健，蹄质坚实。有角，角稍向上、向前方弯曲，少数牛角向上。乳房大小中等，质地良好，乳静脉弯曲明显，乳头大小适中，分布均匀。毛色为红（黄）白花，花片分明，头白色，额部有白斑，四肢膝关节下部、腹部下方及尾尖为白色。成年公、母牛的体重分别为 1 050 kg 和 547.9 kg，体高分别为 156.8 cm 和 131.8 cm。犊牛初生重，公犊为 35.8 kg，母犊为 31.2 kg。6 月龄体重，公牛为 178.9 kg，母牛为 169.2 kg。从断奶到 18 月龄之间，在正常的饲养管理条件下，平均日增重为 500 g，从生长发育上，6 岁以后体重停止增长，三河牛属于晚熟品种。

生产性能：三河牛产奶性能好，年平均产奶量为4 000 kg，乳脂率在4%以上。在良好的饲养管理条件下，其产奶量显著提高。谢尔塔拉种畜场的8144号母牛，1977年第五泌乳期（305 d）的产奶量为7 702.5 kg，360天的产奶量为8 416.6 kg，是呼伦贝尔三河牛单产最高记录。三河牛的产肉性能好，2～3岁公牛的屠宰率为50%～55%，净肉率为44%～48%。

生活习性：三河牛耐粗饲，耐寒，抗病力强，适合放牧。三河牛对各地黄牛的改良都取得了较好的效果。三河牛与蒙古杂种牛的体高比当地蒙古牛提高11.2%，体长增长了7.6%，胸围增长了5.4%，管围增长了6.7%。在西藏林芝海拔2 000 m高处，三河牛不仅能适应，而且被改良的杂种牛的体重比当地黄牛增加了29%～97%，产奶量也提高了一倍。由于三河牛来源复杂，个体间差异大，不管是在外貌上还是在生产性能上都表现很出色。

3. 中国草原红牛

原产地及分布：草原红牛是较早育成的乳肉兼用牛种之一，是以乳肉兼用的短角牛与蒙古牛长期杂交而育成。草原红牛是以乳肉兼用的短角公牛与蒙古母牛长期杂交育成的，主要产于吉林白城地区、内蒙昭呼达盟、锡林郭勒盟及河北张家口地区。1985年经国家验收，正式命名为中国草原红牛。目前约有草原红牛总头数达14万头。适应性强，耐粗饲。夏季完全依靠草原放牧饲养，冬季不补饲，仅依靠采食枯草即可维持生活。对严寒酷热气候的耐力很强，抗病力强，发病率低，当地以放牧为主。其肉质鲜美细嫩，为烹制佳肴的上乘原料。皮可制革，毛可织毯。

外貌特征：草原红牛被毛为紫红色或红色，部分牛的腹下或乳房有小片白斑。体格中等，头较轻，大多数有角，角多伸向前外方，呈倒八字行，略向内弯曲。颈肩结合良好，胸宽深，背腰平直，四肢端正，蹄质结买。乳房发育较好。成年公牛体重700～800 kg，母牛为450～500 kg。犊牛初生重30～32 kg；成年牛体高：公牛137.3 cm，母牛124.2 cm。

生产性能：18月龄的阉牛，经放牧肥育，屠宰率为50.8%，净肉率为41.0%。经短期肥育的牛，屠宰率可达58.2%，净肉率达49.5%。在放牧加补饲的条件下，平均产奶量为1 800～2 000 kg，乳脂率4.0%。草原红牛繁殖性能良好，性成熟年龄为14～16月龄，初情期多在18月龄。在放牧条件下，繁殖成活率为68.5%～84.7%。适应性强，耐粗放管理，对严寒酷热的草场条件耐力强，发病率很低。

4. 新疆褐牛

产地及分布：新疆褐牛属于乳肉兼用品种，主产于新疆伊犁和塔城地区。早在1935—1936年间，伊犁和塔城地区就曾引用瑞士褐牛与当地哈萨克牛杂交。1951—1956年间，又先后从原苏联引进几批含有瑞上褐牛血统的阿拉塔乌牛和少量的科斯特罗姆牛继续进行改良。1977年和1980

年又先后从原西德和奥地利引入三批瑞士褐牛,这对进一步提高和巩固新疆褐牛的质量起到了重要的作用。历经半个世纪的选育,1983年通过鉴定,批准为乳肉兼用新品种。目前,该品种牛约45万余头。

外貌特征:新疆褐牛有角,角尖稍直、呈深褐色,角大小适中、向侧前上方弯曲呈半椭圆形。毛色呈褐色,深浅不一,顶部、角基部、口轮的周围和背线为灰白色或黄白色,眼睑、鼻镜、尾尖、蹄呈深褐色。体躯健壮,头清秀,角中等大小、向侧前上方弯曲,呈半椭圆形。被毛为深浅不一的褐色,额顶、角基、口轮周围及背线为灰白色或黄白色,眼睑、鼻镜、尾帚、蹄呈深褐色。成年公牛体重为951 kg,母牛为431 kg。犊牛初生重28~30 kg。

生产性能:(1)泌乳性能:新疆褐牛在伊犁、塔城牧区草原终年放牧饲养,挤乳期主要在5至9月,以350 d产乳量为标准;城郊牛场是舍饲为主加放牧的方式,以305 d产乳量为准,在舍饲条件下,新疆褐牛平均产奶量为2 100~3 500 kg,乳脂率4.03%~4.08%,乳干物质13.45%。个别高的产奶量可达5 212 kg。在放牧条件下,泌乳期约100 d,产奶量1 000 kg左右,乳脂率4.43%。

(2)产肉性能:新疆褐牛在伊犁、塔城牧区天然草场放牧的条件下,于9至11月进行屠宰测定,一般为中等膘度,少数是上等膘度,包括阉割公牛(1.5岁)、公牛(2.5岁)、成年和空怀母牛。

在自然放牧条件下,中上等膘情1.5岁的阉牛,宰前体重235 kg,屠宰率47.4%;成年公牛433 kg时屠宰,屠宰率53.1%,眼肌面积76.6平方厘米。

(3)役用性能:新疆褐牛也是牧区驮挽的主要役畜。该牛适应性好,抗病力强,在草场放牧可耐受严寒和酷暑环境。

繁殖性能:新疆褐牛成年公牛体高、体长、胸围和体重分别为:144.8 cm,202.3 cm,229.5 cm,950.8 kg,成年母牛分别为:121.8 cm,150.9 cm,176.5 cm,430.7 kg。新疆褐牛产乳量的高低主要受天然草场水草丰茂程度的影响,挤乳期主要在6至9月,因此,挤乳期的长短也与产犊月份有关。

在一般放牧条件下,6月龄左右有性行为表现,但一般母牛1岁、体重250 kg时初配,公牛1.5—2岁、体重330 kg以上初配。母牛发情周期21.4(16~31.5)d,发情持续期1~2.5 d。配种方法,一般在5~9月配种旺期为人工授精,其他期间为自然交配。采用常规人工授精,一般一头公牛配200头母牛。自然交配群,一头公牛配30~50头母牛。繁殖成活率一般为50%~70%,高的可达91.8%以上,低的仅33.5%,低的原因主要是营养不良和管理不善。

适应性能:新疆褐牛适应性强,为其他品种杂种牛所不及。它能在海拔2 500 m高山、坡度25°的山地草场放牧,可在冬季-40℃、雪深20 cm的草场用嘴拱雪觅草采食,也能在低于海面154 m、最高气温达47.5℃的吐鲁番盆地——"火洲"环境下生存。宜牧,耐粗的采食增膘、保膘方面与本地黄牛相同。但在冬季缺草少圈饥寒时,由于新疆褐牛个体大,需要营养多。入不敷出,比本地黄牛掉膘快,损失大。在抗病力方面,与本地黄牛同样强。

新疆褐牛是我国近几十年培育的乳肉兼用牛新品种。它适应性强,体型外貌好,并有一定的泌乳、产肉和役用性能。目前,这一品种及其杂种牛的数量已占全疆牛数的10%。与其他品种比较,它更能适宜于在山区、牧区、半牧区和饲养条件较差的垦农区。因此,在全新民尤其在伊犁、塔城、吐鲁番、阿克苏、克孜勒苏、喀什、和田等地应大力发展,并积极利用纯冲瑞士褐牛提高现有牛群的质量。

三、肉用牛品种

1. 夏洛莱牛

原产地及分布：夏洛莱牛原产于法国中西部到东南部的夏洛莱省和涅夫勒地区，是举世闻名的大型肉牛品种，自育成以来就以其生长快、肉量多、体型大、耐粗放而受到国际市场的广泛欢迎，早已输往世界许多国家，参与新型肉牛品种的培育、杂交繁育或纯繁。

外貌特征：全身肌肉特别发达；骨骼结实，四肢强壮。夏洛莱牛头小而宽，角圆而较长，并向前方伸展，角质蜡黄、颈粗短，胸宽深，肋骨方圆，背宽肉厚，体躯呈圆筒状，肌肉丰满，后臀肌肉很发达，并向后和侧面突出。成年活重，公牛平均为 1 100～1 200 kg，母牛 700～800 kg。

生产性能：夏洛莱牛在生产性能方面表现出的最显著特点是：生长速度快，瘦肉产量高。在良好的饲养条件下，6 月龄公犊可达 250 kg，母犊 210 kg。日增重可达 1 400 g。在加拿大，良好饲养条件下公牛周岁可达 511 kg。该牛作为专门化大型肉用牛，产肉性能好，屠宰率一般为 60%～70%，胴体瘦肉率为 80%～85%。16 月龄的育肥母牛胴体重达 418 kg，屠宰率 66.3%。夏洛莱母牛泌乳量较高，一个泌乳期可产奶 2 000 kg，乳脂率为 4.0%～4.7%，但该牛纯种繁殖时难产率较高（13.7%）。

2. 利木赞牛

原产地及分布：产于法国中部的利木赞高原，并因此得名。在法国，其主要分布在中部和南部的广大地区，数量仅次于夏洛莱牛，育成后于 20 世纪 70 年代初，输入欧美各国，2012 年世界上许多国家都有该牛分布，属于专门化的大型肉牛品种。

外貌特征：利木赞牛毛色为红色或黄色，口、鼻、眼田周围、四肢内侧及尾帚毛色较浅，角为白色，蹄为红褐色。头较短小，额宽，胸部宽深，体躯较长，后躯肌肉丰满，四肢粗短。平均成年体重：公牛 1 200 kg、母牛 600 kg；在法国较好饲养条件下，公牛活重可达 1 200～1 500 kg，母牛达 600～800 kg（表 1.1）。

表 1.1 利木赞牛 1 岁内活重

性别	头数	初生重	3 月龄重	6 月龄重	1 岁体重
公	2 981	38.9	131	227	407
母	3 042	36.6	121	200	300

生产性能：利木赞牛产肉性能高，胴体质量好，眼肌面积大，前后肢肌肉丰满，出肉率高，在肉牛市场上很有竞争力。集约饲养条件下，犊牛断奶后生长很快，10 月龄体重即达 408 kg，周岁时体重可达 480 kg 左右，哺乳期平均日增重为 0.86～1.3 kg；因该牛在幼龄期，8 月龄小牛就可生产出具有大理石纹的牛肉。因此，是法国等一些欧洲国家生产牛肉的主要品种。

1974 年和 1993 年，我国数次从法国引入利木赞牛，在河南、山东、内蒙古等地改良当地黄牛。利杂牛体型改善，肉用特征明显，生长强度增大，杂种优势明显。目前，山东、黑龙江、安徽为主要供种区，全国供种不足，现有改良牛 45 万头。

3. 契安尼娜牛

原产地及分布：契安尼娜牛起源于罗马帝国，在今意大利多斯加尼地区的契安尼娜山谷，并逐步扩展到阿尔卑斯山的地中海一侧，属于古老的欧洲原牛的后裔。是目前世界上体形最大的肉牛品种，与瘤牛有血缘关系，属含瘤牛血统的品种，现主要分布于意大利中西部的关阔地域，数量约 40.8 万头。

外貌特征：契安尼娜牛是世界上体型最高大的品种，公母牛体格都很高大。公牛 1 周岁体重达 480 kg，母牛 360 kg；1 岁半公牛达 690 kg，母牛达 470 kg；2 周岁公牛达 850 kg，母牛达 550 kg。成年公牛体重最大为 1 780 kg，成年母牛体重为 800~900 kg。此品种牛腿长，全身白色，鼻镜、蹄和尾帚为黑色。犊牛出生时为黄色到褐色，约 60 d 后变成白色。适宜放牧，夏季放牧比较抗晒。

生产性能：瘦肉比例高，该牛种骨重平均占胴体的 17.10%，肥肉占 4.1%，一级肉占 52.2%，二级肉占 26.6%；达到 24 月龄前连续保持快速生长的长势；长肥肉的年龄较晚。在 500 kg 屠宰时，胴体脂肪占 2.11%~4.70%，12—15 月龄时屠宰率为 60%。当别的牛种达到 500 kg 时，一般不再快长，而契安尼娜牛却能继续快长。

4. 皮埃蒙特牛

原产地及分布：皮埃蒙特牛原产于意大利。原为役用牛，经长期选育，现已成为生产性能优良的专门化品种。皮埃蒙特牛因其具有双肌肉基因，是目前国际公认的终端父本，已被世界 20 多个国家引进，用于杂交改良。我国现在 10 余个省、市推广应用。

外貌特征：皮埃蒙特牛为肉乳兼用品种，被毛白晕色。公牛在性成熟时颈部、眼圈和四肢下部为黑色。母牛为全白，有的个别眼圈、耳廓四周为黑色。角型为平出微前弯，角尖黑色。体型较大，体躯呈圆桶状，肌肉高度发达。

生产性能：该品种牛肉用性能好，早期增重快，0—4 月龄日增重为 1.3~1.5 kg，饲料利用率高，成本低，肉质好。周岁公牛体重 400~430 kg，12—15 月龄体重达 400~500 kg，每增重 1 kg 体重消耗精料 3.1~3.5 kg。南斯拉夫测定，该品种牛屠宰率达 72.8%，净肉率 66.2%，瘦肉率 84.1%，骨肉比 1∶7.35。意大利市场活牛售价每千克折 21.2~24.0 元人民币。成年公牛体高 140 cm，体重 800 kg；成年母牛体高 130 cm，体重 500 kg。280 d 泌乳量为 2 000~3 000 kg。

皮埃蒙特牛成年公、母体高分别为 143 cm、130 cm。犊牛出生重公牛犊 41.3 kg，母牛犊 38.7 kg。肉用性能十分突出，其育肥平均日增重 1 500 g（1 360~1 657 g），生长速度为肉用品种之首。公牛屠宰适期为 550~600 kg 活重，一般在 15—18 月龄即可达到此值。母牛 14—15 月龄体重可达 400~450 kg。肉质细嫩，屠宰率（平均 66%）与瘦肉率（84.13%）特别高，比较适合国际牛肉消费市场的需求。胴体瘦肉量高达 340 kg，其肉内脂肪含量低，比一般牛肉低 30%，当夏洛莱牛眼肌面积 107.9 cm² 时，皮埃蒙特牛达 121.8 cm²。泌乳期平均产奶量为 3 500 kg，乳脂率 4.17%。该品种作为肉用牛种有较高的泌乳能力，改良黄牛其母性后代的泌乳能力有所提高。在组织三元杂交的改良体系时，皮埃蒙特牛改良母牛再作母系，对下轮的肉用杂交十分有利。皮埃蒙特牛与西门塔尔牛和本地牛的三元杂交组织的后代，在生长速度和肉用体型上都有父本的特征。与荷斯坦牛的杂交公牛 12 月龄活重为 451 kg，平均日增重在 1 197 g，屠宰率 61.4%；与黄牛杂交，公犊在适度肥育的情况下，18 月龄可达 496 kg，眼肌面积 114 平方厘米，生长速度达国内肉牛领先水平。

杂交改良效果：皮南杂交一代牛初生重平均 35.0 kg，比南阳牛增长 5.0 kg，8 月龄平均断奶体重 197 kg，18 月龄体重 479 kg，日增重 0.96 kg，屠宰率 61.4%，净肉率 53.8%。

5. 海福特牛

原产地及分布：海福特牛产于英国英格兰的海福特县，是世界上最古老的早熟中小型肉牛品种。现在分布在世界许多国家，我国从 1964 年开始引进。

外貌特征：海福特牛体躯宽大，前胸发达，全身肌肉丰满，头短，额宽，颈短粗，颈垂及前后区发达，背腰平直而宽，肋骨张开，四肢端正而短，躯干呈圆筒形，具有典型的肉用牛的长方体型。被毛，除头、颈垂、腹下、四肢下部和尾端为白色外，其他部分均为红棕色。皮肤为橙红色。

生产性能：犊牛初生重，公为 34 kg，母为 32 kg；12 个月龄体重达 400 kg，平均日增重 1 kg 以上。成年体重，公牛为 1 000～1 100 kg，母牛为 600～750 kg。出生后 400 d 屠宰时，屠宰率为 60%～65%，净肉率达 57%。肉质细嫩，味道鲜美，肌纤维间沉积脂肪丰富，肉呈大理石状。海福特牛具有体质强壮、较耐粗饲、适于放牧饲养、产肉率高等特点，在我国饲养的效果也很好。哺乳期日增重，公为 1.14 kg，母为 0.89 kg；7—12 月龄日增重，公牛为 0.98 kg，母牛为 0.85 kg。用海福特牛改良本地黄牛，也取得初步成效。

杂交效果：该品种适应性好，在干旱高原牧场冬季 –48～–50 ℃ 的条件下，或夏季 38～40 ℃ 条件下都可放牧和正常生活繁殖。我国在 1913 年、1965 年曾陆续从美国引进该牛，现已分布于我国东北、西北广大地区，总数有 400 余头。各地用其与本地黄牛杂交，杂交后的牛一般表现体格加大，体型改善，宽度提高明显；犊牛生长快，抗病耐寒，适应性好，体躯被毛为红色，但头、腹下和四肢部位多有白毛。

6. 短角牛

原产地及分布：短角牛原产于英格兰的诺桑伯、德拉姆、约克和林肯等郡。因该品种是由当地土种长角牛经改良而来的，角较短小，故称短角牛。短角牛的培育始于 16 世纪末 17 世纪初，到 20 世纪初短角牛已是世界上闻名的肉牛良种。1950 年，随着世界奶牛业的发展，短角牛的一部分又向乳用方向培育，于是形成了近代断角牛的两种类型：即肉用短角牛和乳肉兼用型短角牛。

（1）肉用短角牛。外貌特征：肉用短角牛被毛以红色为主，有白色和红白交杂的沙毛个体，部分个体腹下或乳房部有白斑；鼻镜粉红色，眼圈色淡；皮肤细致柔软。该牛体型为典型肉用牛体型，侧望体躯为矩形，背部宽平，背腰平直，尻部宽广、丰满，股部宽而多肉。体躯各部位结合良好，头短，额宽平；角短细、向下稍弯，角呈蜡黄色或白色，角尖部力黑色，颈部被毛较长且多卷曲，额顶部有丛生的被毛。该牛活重：成年公牛平均 900～1 200 kg，母牛 600～700 kg 左右；公、母牛体高分别为 136 cm 和 128 cm 左右。

生产性能：早熟性好，肉用性能突出，利用粗饲料能力强，增重快，产肉多，肉质细嫩。17 月龄活重可达 500 kg，屠宰率为 65% 以上。大理石纹好，但脂肪沉积不够理想。

（2）兼用型短角牛。外形特征：基本与肉用短角牛一致，不同的是乳用特征较为明显，乳房发达，后躯较好，个体较大。

生产性能：泌乳量平均3 000~4 000 kg，乳脂率3.5%~3.7%，肉用性能接近于肉用短角牛。1920年前后到建国后层多次引种，在东北、内蒙古等地改良当地黄牛，普遍反映杂种牛毛色紫红，特性改善，体型加大，产乳量提高，杂交优势明显。尤其是新中国成立后我国育成的乳用兼用型新品种——草原红牛，就是用兼用型短角牛同吉林、河北及内蒙古等地的土中黄牛杂交而选育成的。

7. 安格斯牛

原产地及分布：安格斯牛属于古老的小型肉牛品种。原产于英国的阿伯丁、安格斯和金卡丁等郡，并因地得名。目前世界人多数国家都有该品种牛。

外貌特征：安格斯牛以被毛黑色和无角为其重要特征，故也称其为无角黑牛。该牛体躯低翻、结实、头小而方、额宽、体躯宽深，呈圆筒形，四肢短而直，前后档较宽，全身肌肉丰满，具有现代肉牛的典型体型。安格斯牛成年公牛平均活重700~900 kg，母牛500~600 kg，犊牛平均初生重25~32 kg，成年体高公母牛分别为130.8 cm和118.9 cm。

生产性能：安格斯牛具有良好的肉用性能，被认为是世界上专门化肉牛品种中的典型品种之一。表现早熟，胴体品质高，出肉多。屠宰率一般为60%~65%，哺乳期日增重900~1 000 g。育肥期日增重（1.5岁以内）平均0.7~0.9 kg。肌肉大理石纹很好。该牛适应性强，耐寒抗病。缺点是母牛稍具神经质。

繁殖性能：安格斯牛早熟易配，12月龄性成熟，但常在18—20月龄初配；在美国育成的较大型的安格斯牛可在13—14月龄出配。产犊间隔短，一般都是12个月左右，连产性好，极少难产。

8. 其他肉牛品种简介见表1.2

表1.2 其他肉牛品种

品种	原产地	外貌特征	生产性能
林肯红牛	英格兰林肯郡	无角，被毛红色，外貌良好，肌肉发达	成年公牛900~910 kg，母牛635 kg，日增重1 kg，泌乳量3 000 kg
圣格鲁迪牛	美国德克萨斯州	体大匀称，骨骼粗壮，胸深头宽，额微凸。公牛有峰，母牛无峰，肌肉发达，皮毛红色，短，腹有白斑	成年公牛816~918 kg，母牛500~550 kg，早熟，生长快，屠宰率71%，育犊率强，抗蜱，耐热，抗臌胀病
墨累灰牛	澳大利亚维多利亚州	外貌如安格斯牛，但毛色为灰色，有银灰、浅灰和深灰，体躯圆桶状，肌肉丰满	早熟，生长快，肥育期日增重1.4 kg，胴体质量高，出肉多
婆罗门牛	美国德克萨斯州	肉用型牛，毛银灰色，肌肉发达，肩峰很突出，肢蹄坚实，耳大下垂，后肢发达	成年公牛770~1 100 kg，母牛450~500 kg，生长快，屠宰率高，耐苦、早热，抗蚊蜱、抗壁虱和内寄生虫

四、中国黄牛品种

"中国黄牛"是我国固有的，曾以长期役用为主的黄牛群体的总称。黄牛泛指除水牛以外的家牛。

中国黄牛广泛分布于我国各省、市、自治区,包括中原黄牛类型的秦川牛、南阳牛、晋南牛和鲁西牛,北方黄牛类型的延边牛和蒙古牛,以及南方牛类型的温岭高峰牛。其他黄牛品种可参阅《中国黄牛志》。

1. 秦川牛

产地及分布:秦川牛是中国著名的大型役肉兼用品种牛,原产于陕西省渭河流域的关中平原地区。关中系粮棉等作物主产区,土地肥沃,饲草丰富,农作物种类多,农民喂牛经验丰富;在这样长期选择体格高大,役用力强,性情温驯的牛只作种用的条件下,加上历代广种苜蓿等饲料作物,遂形成了良好的基础牛群。秦川牛以咸阳、兴平、乾县、武功、礼泉、扶风和渭南,宝鸡等地的秦川牛最为著名,量多质优。

外貌特征:秦川牛体格高大,骨骼粗壮,肌肉丰满,体质丰满,体质强健,头部方正。肩长而斜,胸宽深,肋长而开张,背腰平宽宽广,长短适中,结合良好,荐骨隆起,后躯发育稍差,四肢粗壮结实,两前肢相距较宽,有外弧现象,蹄叉紧,公牛头较大,颈粗短,垂皮发达,鬐甲高而宽。母牛头清秀,颈厚薄适中,鬐甲较低而薄,角短而钝,多向外下方或向后稍微弯曲.毛色有紫红、红、黄三种,以紫红和红色居多。

生产性能:秦川牛体格高大,成年公牛平均体高 141 ± 6 cm,体长 160 ± 12 cm,胸围 200 ± 14 cm,管围 23 ± 1.8 cm,体重 595 ± 117 kg。成年母牛平均体高 125 ± 6 cm,体长 140 ± 1.6 cm,胸围 170 ± 12 cm,管围 17 ± 1.5 cm,体重 381 ± 72 kg。秦川牛役用性能好,最大挽力为体重的 $71.7 \sim 77.0\%$。其产肉性能颇好,在中等饲养水平下,肥育至 18 月龄屠宰,平均屠宰率 58.3%,净肉率 50.5%,眼肌面积 7.0 平方厘米,

胴体重 282.0 kg;肉质细,大理石纹明显,肉味鲜嫩,肉骨比为 1∶6.1,瘦肉率 76.0%。泌乳期为 7 个月,乳蛋白率 4.0%,干物质总量 16.1%。该牛 1—1.5 岁开始发情,2 岁左右开始配种。其适应良好,为优秀的地方良种,是理想的杂交配套品种。

秦川牛挽力大,步伐快,公牛最大挽力 360 ~ 450 kg,母牛为 190 ~ 350 kg,一般成年公牛每头负担耕地 30 亩,秦川牛肉质细致,容易育肥。在生产性能方面表现出的最显著特点是:生长速度快,瘦肉产量高。在良好的饲养条件下,6 月龄公犊达 250 kg,母犊 210 kg。日增重可达 1 400 g。在良好饲养条件下公牛周岁可达 511 kg。该牛作为专门化大型肉用牛,产肉性能好,屠宰率一般为 60% ~ 70%,胴体瘦肉率为 80% ~ 85%。16 月龄的育肥母牛胴体重达 418 kg,屠宰率 66.3%。母牛泌乳量较高,一个泌乳期可产奶 2 000 kg,乳脂率为 4.0% ~ 4.7%,但该牛纯种繁殖时难产率较高(13.7%)。

2. 南阳牛

产地分布:南阳黄牛之所以盛产于南阳盆地,并成为全国五大优良黄牛品种之一,既得益于南阳盆地唐、白河流域特有的生态区位和自然资源的先天优势,同时也与南阳人民千百年来的辛勤培育密不可分。

南阳黄牛是我国著名的优良地方黄牛品种,主要分布于河南省南阳市唐河、白河流域的广大平原地区,以南阳市郊区、唐河、邓州、新野、镇平、社旗、方城等八个县、市为主要产区。除南阳盆地几个平原县、市外,周口、许昌、驻马店、漯河等地区分布也较多。目前,全省约有南阳黄牛 200 多万头。

外貌特征:南阳黄牛属大型役肉兼用品种。体格高大,肌肉发达,结构紧凑,皮薄毛细,行

动迅速，鼻颈宽，口大方正，肩部宽厚，胸骨突出，肋间紧密，背腰平直，荐尾略高，尾巴较细。四肢端正，筋腱明显，蹄质坚实。牛头部雄壮方正，额微凹，颈短厚稍呈方形，颈侧多有皱襞，肩峰隆起 8~9 cm，肩胛斜长，前躯比较发达；睾丸对称。母牛头清秀，较窄长，颈薄呈水平状，长短适中，一般中后躯发育较好。但部分牛存在胸部深度不够，尻部较斜和乳房发育较差的缺点。

南阳黄牛的毛色有黄、红、草白三种，以深浅不等的黄色为最多，占80%。红色、草白色较少。一般牛的面部、腹下和四肢下部毛色较浅，鼻颈多为肉红色，其中部分带有黑点，鼻粘膜多数为浅红色。蹄壳以黄蜡色，琥珀色带血筋者为多。公牛角基较粗，以萝卜头角和扁担角为主；母牛角较细、短，多为细角、扒角、疙瘩角。公牛最大体重可达 1 000 kg 以上。

主要性能：

役用性能：南阳黄牛公母牛都善走，挽车与耕作迅速，有快牛之称，役用能力强。公牛最大挽力为398.6 kg，占体重的74%，母牛最大挽力为275.1 kg，占体重的65.3%，耕地时一般挽力为 123.8 kg，占体重的 25.7%；母牛一般挽力为 105.4 kg，占体重的 25.9%；阉牛一般挽力为 146.7 kg，占体重的 24.9%。耕地速度：公牛为 0.81 m/s，母牛为 0.76 m/s，阉牛 0.84 m/s。一般牛每日可耕地 2~3 亩，载重 1 000~1 500 kg，日行 30~40 km。

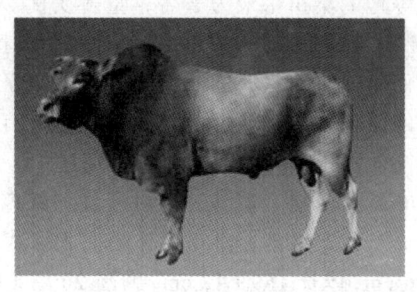

肉用性能：中等膘情公牛屠宰平均为 52.2%，净肉率 43.6%，骨肉比为 1∶5.06，胴体产肉率为 83.5%，眼肌面积为 60.9 平方厘米。血占体重的 3.1%，心占体重的 0.63%，肺占 0.62%，脾占 0.16%，胃占 3.62%，肠占 2.18%。

3. 晋南牛

产地及分布： 晋南牛产于山西省西南部汾河下游的晋南盆地。晋南盆地位于汾河下游，傍山地带泉水丰富，气候温和，具有温暖带大陆性半湿润季风气候特征。夏季高温多雨，年平均气温 10~14 ℃，年降水量 500~650 mm，无霜期 160~220 d。

外貌特征： 晋南牛属大型役肉兼用品种。体躯高大结实，具有役用牛体型外貌特征。公牛头中等长，额宽，顺风角，颈较粗而短，垂皮比较发达，前胸宽阔，肩峰不明显，臀端较窄，蹄大而圆，质地致密；母牛头部清秀，乳房发育较差，乳头较细小。毛色以枣红为主，鼻镜粉红色，蹄趾亦多呈粉红色。晋南牛体格粗大，胸围较大，体较长，胸部及背腰宽阔，成年牛前躯较后躯发达，具有较好的役用体型。

生产性能： 晋南牛成年公牛体高、体长、胸围、管围和体重分别为：138.6 cm，157.4 cm，206.3 cm，20.2 cm，607.4 kg，成年母牛分别为：117.4 cm，135.2 cm，164.6 cm，15.6 cm，339.4 kg。晋南牛具有良好的役用性能，挽力大，速度快，持久力强。晋南牛产肉性能尚好。晋南牛是一个古老的役用牛地方良种，体型高大粗壮，肌肉发达，前躯和中躯发育良好，耐热、耐苦、耐劳、耐粗饲，具有良好的役用性能；在生长发育晚期进行肥育时，饲料利用率和屠宰成绩较好，是有希望向肉役兼用方向选育的地方品种之一，但目前还存在着乳房发育较差、泌乳量低、尻斜而尖等缺点。

4. 鲁西牛

产地及分布： 鲁西牛主要产于山东省西南部的菏泽和济宁两地区，北自黄河，南至黄河故道，东至运河两岸的三角地带。分布于菏泽地区的郓城、鄄城、菏泽、巨野、梁山和济宁地区的嘉祥、金乡、济宁、汶上等县、市。聊城、泰安以及山东的东北部也有分布。20世纪80年代初有40万头，现已发展到100余万头。

外貌特征：在体型外貌上，鲁西牛体躯结构匀称，细致紧凑，为役肉兼用。公牛多为平角龙门角，母牛以龙门角为主。垂皮发达。公牛肩峰高而宽厚。胸深而宽，后躯发育差，尻部肌肉不够丰满，体躯明显地呈前高后低的前胜体型。母牛鬐甲低平，后躯发育较好，背腰短而平直，尻部稍倾斜。关节干燥，筋腱明显。前肢呈正肢势，后肢弯曲度小，飞节间距离小。蹄质致密但硬度较差。尾细而长，尾毛常扭成纺钎状。被毛从浅黄到棕红色，以黄色为最多，一般前躯毛色较后躯深，公牛毛色较母牛的深。多数牛的眼圈、口轮、腹下和四肢内侧毛色浅淡。俗称"三粉特征"。鼻镜多为淡肉色，部分牛鼻镜有黑斑或黑点。角色蜡黄或琥珀色。

生产性能：

（1）役用性能：鲁西牛性情温驯，易管理，便于发挥最大的工作能力一般中等个体和中等膘情的公牛和阉牛，日耕砂质土地5～6亩，母牛3～1亩。

（2）产肉性能：鲁西牛产肉性能良好。皮薄骨细，产肉率较高，肌纤维细，脂肪分布均匀，呈明显的大理石状花纹。据试验，在以青草为主、掺入少量麦秸、每天补喂混合饲料2 kg（豆饼40%、麦麸60%）的条件下，对1～1.5岁牛进行肥育，

平均日增重610 g。据屠宰测定的结果，18月龄的阉牛平均屠宰率57.2%，净肉率49.0%，骨肉比1∶6.0，脂肉比1∶4.23，眼肌面积89.1平方厘米。成年牛平均屠宰率58.1%，净肉率为50.7%，骨肉比1∶6.9，脂肉比1∶37，眼肥面积94.2平方厘米。

（3）繁殖性能：鲁西牛繁殖能力较强。母牛性成熟早，有的牛8月龄即能受配怀胎，一般1012月龄开始发情，发情周期平均为22（16～35）d，发情持续期2～3 d，发情开始后21～30 h配种，受胎率较高，母牛初配年龄多在1.5～2周岁，终生可产犊7～8头，最高可达15头，妊娠期285（270～310）d，产后第一次发情平均为35（22～79）d。公牛性成熟较母牛稍晚，一般一岁左右可产生成熟精子，2～2.5岁开始配种，利用年限5～7年，如利用得当，10岁后仍有较好配种能力；性机能最旺盛年龄在5岁以前；射精量一般5～10 mL，精子耐冻性随个体而有较大差异。

5. 延边牛

产地及分布：延边牛是东北地区优良地方牛种之一。延边牛产于东北三省东部的狭长地喷，分布于吉林省延边朝鲜族自治区的延吉、和龙、汪清、珲春及毗邻各县；黑龙江省的宁安、海林、东宁、林口、汤元、桦南、桦川、依兰、勃利、五常、尚志、延寿、通河，辽宁省宽甸县及沿鸭江一带。延边牛是朝鲜与本地牛长期杂交的结果，也混有蒙古牛的血液。延边牛体质结实，抗寒性能良好，耐寒、耐粗饲、耐劳，抗病力强，适应水田作业。

外貌特征：延边牛属役肉兼用品种。胸部深宽，骨骼坚实，被毛长而密，皮厚而有弹力。公牛额宽，头方正，角基粗大，多向后方伸展，成一字形或倒八字角，颈厚而隆起，肌肉发达。母牛头大小适中，角细而长，多为龙门角。毛色多呈浓淡有同的黄色，其中浓黄色占16.3%，黄色占74.8%，淡黄色占6.7%，其他占2.2%。鼻镜一般呈淡褐色，带有黑点。

生产性能：延边牛自18月龄育肥6个月，日增重为813 g，胴体重265.8 kg，屠宰率57.7%，净肉率47.23%，肉质柔嫩多汁，鲜美适口，大理石纹明显。眼肌面积75.8 cm^2。母牛初情期为8—9月龄，性成熟期平均为13月龄；公牛平均为14月龄。母牛发情周期平均为20.5 d，发情持续期12～36 h，平均20 h。母牛终年发情，7—8月份为旺季。常规初配时间为20～24月龄。

在繁殖性能上，母牛初情期为8—9月龄，性成熟期平均为13月龄；公牛平均为14月龄。母牛发情周期平均为20.5 d，发情持续期12—36 h，平均20 h。母牛终年发情，7—8月份为旺季。常规初配时间为20—24月龄。

延边牛耐寒，在-26 ℃以下时牛吸才出现明显不安，但能保持正常食欲和反刍。

6. 蒙古牛

产地及分布：中国黄牛中分布最广、数量最多的品种。原产蒙古高原地区，现广泛分布于内蒙古、东北、华北北部和西北各地。蒙古和原苏联地区以及亚洲中部的一些国家也有饲养。蒙古牛是牧区乳、肉的主要来源，以产于锡林郭勒盟乌珠穆沁的类群最为著名。中国的三河牛和草原红牛都是以蒙古母牛为基础群而育成的。

外貌特征：本品种头短宽而粗重，额稍凹陷。角细长，向上前方弯曲。角形不一，多向内稍弯。被毛长而粗硬，以黄褐色、黑色及黑白花为多。皮肤厚而少弹性。颈短，垂皮小。鬐甲低平，胸部狭深。后躯短窄，尻部倾斜。背腰平直，四肢粗短健壮。乳房匀称且较其他黄牛品种发达。体重由于自然条件不同而有差异，自250~500 kg不等。秋季牧草繁生、膘满肥壮时，屠宰率有的可达53%左右。泌乳期5~6.5月，年平均产量500~700 kg。

蒙古牛头短宽而粗重，角长、向上前方弯曲、呈蜡黄或青紫色，角质致密有光泽，平均角长，母牛为25 cm，公牛40 cm，角间线短，角间中点向下的枕骨部凹陷有沟。肉垂不发达。甲低下。胸扁而深，背腰平直，后躯短窄，尻部倾斜。乳房基部宽大，结缔组织少，但乳头小。四肢短，蹄质坚实。从整体看，前躯发育比后躯好。皮肤较厚，皮下结缔组织发达。毛色多为黑色或黄（红）色，次为狸色、烟熏色。

生产性能：蒙古牛成年公牛的体高、体斜长、胸围、管围、胸深分别为：120.9 cm，137.7 cm，169.5 cm，17.8 cm，70.1 cm，成年母牛分别为：110.8 cm，127.6 cm，154.3 cm，15.4 cm，60.2 cm。母牛平均日产乳量6 kg左右，最高日产乳量8.16 kg。平均乳脂率为5.22%，最高者达9%，最低为3.1%。乳脂率随季节、月份而有变化，一般在5月份以后乳脂率开始下降，6、7月份最低，8月份以后又开始回升。中等营养水平的阉牛平均宰前重376.9±43.7 kg，屠宰率为53.0±28%，净肉率44.6±2.9%，骨肉比1∶5.2±0.5，眼肌面积56.0±7.9 cm^2，肌肉中粗脂肪含量高达43.0%。蒙古牛役用能力较大且持久力强，能吃苦耐劳。蒙古牛广泛分布于我国北方各省，终年放牧，既无棚圈，也无草料补饲，夏季在蒙古包周围，冬季在防风避雪的地方卧盘，有的地方积雪期长达150多天，最低温度-50 ℃以下，最高温度35 ℃以上。在这样粗放而原始的饲养管理条件下，仍能繁殖后代，特别是每年三四月份，牲畜体质非常瘦弱，可是当春末青草萌发，一旦吃饱青草，约有两个月的时间，就能膘满肉肥，很快脱掉冬毛。蒙古牛是我国北方优良牛种之一。它具有乳、肉、役多种用途，适应寒冷的气候和草原放牧等生态条件。它耐粗宜牧，抓膘易肥，适应性强，抗病力强，肉的品质好，生产潜力大，应当作为我国牧区优良品种资源加以保护。

7. 温岭高峰牛

产地及分布： 温岭高峰牛原产于浙江省温岭市城南、松门、温西和大溪等地。温岭市地处浙东南沿海，系平原水稻地区，也有一部分山区和半山区。温岭高峰牛分布于浙江省温岭市、黄岩、玉环、乐清等邻县有少量分布。由于该区气候温和，雨量充沛，饲草丰茂，青草期长，草质良好，加之有丰富的农副产品，利于发展养牛生产。

外貌特征： 温岭高峰牛的主要特征为肩峰高耸，前躯发达，肌肉结实，骨骼粗壮，但后躯肌肉欠丰满。公牛头大额宽，眼球圆大凸出，耳向前竖立，耳壳薄而大、内侧密生白毛。公牛颈粗大，肉垂发达，颈侧皮肤略有皱褶。母牛颈与前胸接合良好。肩峰可分为两个类型：一是高峰型，形状象鸡冠，群众称之为"鸡冠峰"，峰高而窄，一般峰高 12～18 cm；二是肥峰型，形状象畚斗，群众称之为"畚斗峰"，峰较低，高 10～14 cm。毛色特征为黄色或棕黄色，眼圈、嘴环、腹下、四肢内侧及下部，常有少量灰白色细毛，有的牛背中线黑。尾帚黑色。鼻镜呈青灰色。公牛角粗壮而开张，角质基部粗糙，角尖黑而光滑发亮，呈"横担角"或"龙门角"；母牛角细短、多向前上方伸展。

生产性能： 温岭高峰牛是我国南方黄牛中优良的役肉兼用型地方品种之一。具有早熟、繁殖力强、发育匀称、骨骼结实、挽力大、产肉性能好、肉质佳等优良特性，主要缺点为后躯发育不良，臀部肌肉尚欠丰满。阉牛（3岁）屠宰率 51.04%，净肉率 46.27%，眼肌面积 69.28 cm^2，肉质细，味鲜美，对当地潮湿多雨的自然条件适应性强。

五、其他牛品种

其他类型的牛包括家牛中的瘤牛、水牛属的水牛和牦牛属的牦牛。

1. 中国水牛

产地及分布： 中国水牛原为我国南部水稻区的重要役畜，绝大多数分布于东南和西南两区，以在淮河以南的水稻产区最多，占全国水牛总数的 97.7%。中国水牛均属于沼泽型，体格粗壮，被毛稀疏，多为灰黑色。角粗大而扁，向后方弯曲。皮厚，汗腺极不发达，热时需浸水散热，故名。腿短蹄大，适于水田耕作。役力、泌乳量和耐粗性都比黄牛高。苏北的海子水牛、上海水牛、湖南的滨湖水牛、四川德昌水牛、云南德宏水牛为优良品种。水牛角可入中药。

外貌特征： 头部长短适中，前额平坦较狭，眼大稍突出，口方大，上下唇吻合良好，鼻孔大，鼻镜黑白，耳大小中等，鬐甲隆起，宽厚。前胸宽阔而深，胸部肌肉发达，肋骨弓张良好，四肢粗壮，蹄圆大，蹄壳黑色，质地致密坚实。全身为深灰色或浅灰色，随年龄增长，毛色逐渐由浅灰色变成深灰色或暗灰色。

繁殖性能： 公牛 1.5 岁开始有性欲，尾追爬跨发情母牛，2 岁半至 3 岁开始配种，4～8 岁精力最旺，配种能力最强，以后逐渐下降。中国本牛的繁殖以自然公牛爬跨到拒绝公牛爬跨的间隔时间为 18～36 h。一般为常年发情，但表现出明显的季节性。春末夏初劳役重，冬季缺乏青饲料，营养状况下降，母牛发情的比例很低，约 20%～30%，秋季膘情良好，气温也较适宜，母牛发情比例达 70%～80%，为母牛发情旺季。母牛繁殖年限为 14~15 岁，营养状况好，劳役轻者可达 18 岁左右，个别可达 20 岁以上。产犊密度大多数 5 年产 3 犊或 3 年产 2 犊，一般终生可产犊 8~10 头。

适应性能：中国水牛分布范围广，分布区的生态条件不完全一样，如长江中下游，夏天酷暑，绝对高温可达 41~43 ℃，冬季风大严寒，绝对低温 –15 ℃，水牛仍能适应。水牛发病率低，一般在 5% 左右，在稍微改善饲养管理的条件下，水牛很少发病。水牛性情温驯，便于管理，广大农村都以老人或体弱者饲养管理水牛，五、六岁的儿童即可牵引或骑乘放牧。

2. 摩拉水牛

产地及分布：摩拉水牛俗称印度水牛。原产于印度的雅么纳河西部，最好的繁殖区是在合里亚纳。它是世界上著名的乳牛品种，1957 年引进我国，我国南方各省均有饲养。现广泛分布于广西、湖南、广东、四川、安徽、湖北、云南、江苏、河南、江西、陕西、贵州、福建、浙江等地。摩拉水牛抗病能力强，耐粗饲，少有疾病发生。

外貌特征：摩拉水牛体形高大，四肢粗壮，体型呈楔型，尻扁斜，皮薄而软，富光泽，被毛稀疏，皮肤被毛黝黑，少数为棕色或褐灰色，尾帚白色或黑色，头较小，前额稍微突出，角如绵羊角，呈螺旋型，耳薄下垂，胸深宽发育良好，蹄质坚实。母牛乳房发育良好，乳静脉弯曲明显，乳头粗长。成年牛平均体高 132.8 cm，成年公牛体重 450~800 kg、母牛体重 350~750 kg。

生产性能：摩拉水牛是较好的乳用水牛品种，年平均产奶量 2 200~3 000 kg，乳脂率 7.6%。它与我国本地水牛杂交的杂种较本地水牛体型大，生产发育快，役力强，产奶量高。该牛具有耐粗饲，耐热，抗病能力强，繁殖率高，遗传稳定的优点，但集群性强，性较敏感，下奶稍难。宜在水源多的地方饲养。

杂交利用：用摩拉水牛与本地水牛进行杂交，可大幅度提高杂交后代的生产性能。我国本地水牛泌乳期产奶量约 700 kg，摩杂一代水牛平均泌乳期产奶量 1 400~1 600 kg，三品杂或二代杂可达 1 900 kg，优秀个体 305 天产奶量达 3 800 kg，高峰泌乳日达 19.5 kg。杂种公水牛 2 岁达 400~500 kg，经肥育的青年公牛屠宰率为 52%，净肉率达 43%，产肉量是本地同龄水牛的 2 倍。

3. 尼里—拉菲水牛

产地及分布：原产于巴基斯坦的旁遮普省中部。1974 年引入中国，主要乳用，作种牛用有 GB/T 27987—2011 国家标准。现分布于湖北、广西、广东、湖南、四川、江西、贵州、安徽、陕西、云南等省。

外貌特征：尼里—拉菲水牛脸较长，前额突出，玉石眼（虹膜缺乏色素）。角短、基部宽广，角基向后再朝上紧紧卷曲呈螺状。体躯深厚，躯架较低，体格显得粗壮。腹垂较大。尾部着生较低，尾根渐尖细向下延伸，尾端达飞节以下，有的甚至接近地面。乳头特别粗大且长，乳静脉显露、弯曲。脸部、鼻端、四肢系部（前后左右不定）有白斑块。其特点是身体除额部、四肢、尾部有白色外其余为黑色。大部份牛眼睛虹膜白色，角卷曲，乳房发达，性情温顺，耐热，抗病力强。平均泌乳期产奶量为 1 971.18±950 kg（283.91±79.18 d），最高日产 19.65 kg，优秀母牛 305 天产奶量达 3 396.4 kg。成年公母牛体重分别可达 821.1±98 kg 和 659.85±96 kg。肉质鲜美，乳中乳脂率为 6.35%。一般性食用。

生产性能：尼里—拉菲水牛成年公牛平均体高、体长、胸围、管围和体重分别为：142.9±4.0 cm，154.2±1.6 cm，230.1±7.2 cm，25.7±0.8 cm，901.8±60.2 kg，成年母牛分别为：138.8±4.2 cm，159.8±5.6 cm，255.4±10.0 cm，23.2±0.8 cm，721.0±78.1 kg。尼里—拉菲水牛是世界最优秀的乳用水牛品种之一，平均产乳量1 983.5 kg，最高3 800 kg，乳脂率7.19%，性格较摩拉水牛好。引进我国后表现繁殖力高、育成率高、生长发育快、泌乳性能好、抗病力强、耐热、耐粗饲、易肥等优点。但尾巴及乳头特长，易受伤，易发生断尾和乳房炎。

4. 西藏高山牦牛

产地及分布：西藏高山牦牛主要分布于西藏自治区东部、南部山原地区，海拔4 000 m以上的高寒湿润草场上也有分布。西藏高山牦牛主要产于西藏自治区东部高山深谷地区的高山草场，以嘉黎县产的牦牛最为优良。西藏自治区东部横断山脉高山区，山高谷深，地势陡峻，气候垂直差异明显。怒江、澜沧江、金沙江自北向南流贯，山间河谷地带受印度洋暖湿气流的影响，气候温和，有种植业，可产青稞、小麦、油菜、豌豆等。农业生产需用畜力，也可给牲畜提供农副产品作饲料。4 000 m以上高山寒冷湿润，全年基本无夏，广阔的高山草甸、灌丛草场，植物覆盖度大，可食牧草产量较高，草质较好；部分地区还保存有宽广的高原面貌，拥有良好的天然草场。这些都给高山牦牛提供了适宜生存和有充足饲草的自然生态条件，促进了高山牦牛的发展。

外貌特征：西藏高山牦牛头较粗重，额宽平，面稍凹，眼圆有神，嘴方大，唇薄，绝大多数有角，角形向外折向上、开张，角间距大，母牦牛角较细。公、母均无肉垂、前胸开阔，胸深，肋开张，背腰平直，腹大而不下垂，尻部较窄、倾斜。尾根低，尾短。四肢强健有力，蹄小而圆，蹄叉紧，蹄质坚实，肢势端正。前胸、臂部、胸腹体侧着生长毛及地，尾毛丛生帚状。公牦牛鬐甲高而丰满，略显肩峰，雄性特征明显，颈厚粗短；母牦牛头、颈较清秀。西藏高山牦牛毛色较杂，以全身黑毛为多，约60%左右，面部白、头白、躯体黑毛者次之，约30%左右，其他灰、青、褐、全白等毛色占10%左右。

生产性能：西藏高山牦牛成年公牛的体高、体斜长、胸围、管围和体重分别为：130.0 cm，154.2 cm，197.4 cm，22.4 cm，420.6 kg，成年母牛分别为：107.0 cm，132.8 cm，161.6 cm，16.1 cm，242.8 kg。西藏高山牦牛性温驯，驮力强，耐劳，供长途驮载货物运输。一般驮重为其体重的1/4，即100～120 kg。西藏高山牦牛每年六七月份剪毛一次，公、母、阉牦牛的产毛量分别为：1.76 kg、0.45 kg和1.70 kg。西藏高山牦牛数量多，分布广，适应性强，是当地人民（主要是藏族）生产、生活所不可缺的重要畜种。其分布地区海拔高，空气含氧量少，日温差大，牧草生长期短，其他家畜难以生存和充分利用牧草资源，它均能适应。

5. 天祝白牦牛

产地及分布：天祝白牦牛产区天祝藏族自治县，位于甘肃省中部，祁连山脉的东端，青藏高原北边。境内南部有终年积雪的马雅雪山，东部有毛毛山，乌鞘岭横跨中部。地势复杂，地貌类型多样，沟谷长深，山系纵横交错。海拔 2 040～4 874 m，无霜期 90～120 d，年均气温 -0.2～1.3 ℃，气候寒冷，最低气温 -30 ℃，降水量 300～416 mm。相对无霜期 77.8～95.8 d。拥有天然草原 39.14 万 hm²，灌丛放牧林地 11.42 万 hm²。全县 23 万人，饲养各类牲畜 60 万头（只），其中有牦牛 9 万头，牦牛中有白牦牛 3.94 万头，占牦牛总数的 40%。天祝藏族自治县具有繁育白牦牛优越的生态环境和得天独厚的自然条件。

外貌特征：

天祝白牦牛全身被毛纯白，密长且丰厚，耐严寒。头部发育正常，眼大有神（选留黑眼圈的），有角或无角，角粗长，黄褐色，角型向外上方或向后上方月牙形伸出，角轮明显，角尖锋利。嘴唇圆而薄，采食灵活。体型结构紧凑，全身肌肉发育良好，皮肤为粉红色，大多数有黑色素沉着斑点。前躯发达，胸宽而深，髻甲高，后躯较前躯差，但发育正常，尻部一般较窄。四肢粗短，结实有力。偶蹄，蹄形小而圆，蹄叉闭合良好，蹄壳呈黑色或淡黄色，质地致密，善爬山。尾形如马尾，体躯各突出部位，肩端至肘，肘至腰角，腰角至髋结节，臀端联线以下，包括胸骨的体表部位，以及项脊至颈峰，下颌和垂皮等部位，着生长而光泽的粗毛（或称裙毛）同尾毛一起围于体侧，胸部、后躯、四肢、颈侧、背侧及尾部，着生较短的粗毛及绒毛。公牦牛头大额宽，头心毛曲卷，眼大有神，雄性突出，鼻镜小，颈粗，垂皮不发达，髻甲明显隆起，前躯宽阔，胸部发育良好。睾丸较小，被阴囊紧裹。母牦牛头部清秀，额较窄，有角或无角。外表特征是全身毛长。尤其是额部毛很长，往往眼睛被覆盖，嘴和鼻孔比公牦牛稍小而瘦凸，颈细薄，髻甲稍高，身躯发育协调，腹大而圆不垂，乳房小，乳头短，着生均匀，大小相称，发育良好。

天祝白牦牛是牦牛亚属的一个白变种，体高居中，体态结构紧凑，前躯发育良好，髻甲隆起，后躯发育较差。两性异形显著。公牦牛头大额宽，头心毛卷曲。角粗长，浅黄色，角尖向外上方或外后上方弯曲伸出，角尖细，角轮明显。口大唇薄而灵活，鼻孔大，鼻镜小。颈粗，无垂皮。髻甲显著隆起，肌肉较母牦牛发育好。前躯宽阔，后胸发育良好，腹稍大但不下垂，后躯发育较差，荐部高，尻多呈屋脊状，斜而窄。全身皮肤粉红色，多数有黑色斑点。四肢较短，骨骼结实，蹄小而质地致密，蹄壳黑色。睾丸较小，被阴囊紧裹。母牦牛头大小适中而俊秀，额较窄。角细长，口和鼻子稍小。颈细薄，髻甲稍高，背线较平，不像公牦牛起伏急剧。腹较大，一般不下垂。乳房发育差，乳静脉不明显，乳头短。被毛密长，丰厚而纯白，体躯各突出部位着生长而富有光泽的粗毛（也称裙毛），颈侧、背部、尻部着生较短的粗毛及绒毛，尾毛蓬松。

生产性能：天祝白牦牛晚熟，一般 4 岁大才能体成熟。初生重公犊牛 10～13 kg，母犊牛为 8～11 kg。平均断奶日龄 20 d，断奶重 70 kg。初生至 4 岁，公牦牛增重 200～230 kg，母牦牛增重 160～180 kg，1—2 岁增重最快，母、公牦牛年均增重 58～60 g，母牦牛相应为 57～59 kg。

繁殖性能：天祝白牦牛繁殖性能与当地黑、花牦牛基本无差异，一般母牦牛 12 月龄第一次发情，初配年龄母牦牛为 2.5—3 岁，初配体重 160 kg，一般 4 岁才能体成熟。发情季节为 6—11 月份，个别母牦牛 12 月份也发情，7—9 月为发情旺季。发情持续期多为 12～48 h，因年龄、气温、体况及营养等因素的不同而有较大的差异，强度比普通牛种弱，不易辨认。发情周期为（22.19±5.49）d，具有一次发情受胎率高的特点，平均为 76.5%。怀孕期为 255 d。多为两年产一犊或三年产二犊，产犊母牛大多当年不再发情，连产母牛占 6.07%～15.02%。产后到第一次发情间隔时间平均为 105 d。终生可产犊 6～9 头，最高可达 20 头。公牛一般在 10～12 月龄时，具有明显的性反射，但多数不能发生性行为。在 2 周岁即具有配种能力，但实际在母牛群中参与初配的年龄为 3～4 岁，利用年限为 4～5 年，8 岁以后很少能在大群中交配。目前均为自交，公母配种比例为 1∶15～1∶25。据试验采精测定，供体种牛射精量为 0.5～2 mL，精子数 8.0～13.4 亿/mL，原精活力为 0.7～0.9 以上。2002 年天祝白牦牛为 3.94 万头，适龄母牦牛 1.1 万头，占 30%，繁殖犊牛 0.82 万头，繁殖率为 75%，成活 0.74 万头，繁殖成活率为 92%。

产绒、毛性能：天祝白牦牛一般在 6 月中旬剪毛（对公牛进行拔毛），每年剪（拔）毛一次，在剪（拔）毛前先进行抓绒，尾毛两年剪一次。成年公牦牛平均剪（拔）裙毛量为 3.86 kg，抓绒量为 0.46 kg，尾毛量为 0.68 kg；成年母牦牛相应为 1.76 kg、0.36 kg、0.43 kg；阉牦牛相应为 1.97 kg、0.63 kg、0.41 kg。全身被毛纤维分为粗毛、绒毛和两型毛，不同类型毛纤维中，无髓毛占 75% 以上，是天祝白牦牛毛的显著特点，也是其贵重品质的主要标志。成年牛粗毛（尾毛）最长达 52.3 cm，细度为 68.45 μm，断裂强度高达 96.6 g，伸度为 42.8%。绒毛长度 4.5 cm，细度为 27.65 μm，强度和国产山羊绒的强度接近，伸度与粗毛接近。两型毛的细度为 43.4 μm。

产乳性能：天祝白牦牛在高山草原放牧条件下，产乳母牦牛带犊自然哺乳，一般对产第一胎的母牦牛（牧民称为头玛）不挤乳，主要是调教母牦牛让犊牛哺饮；产乳年龄 3—15 岁，6—12 岁为产乳盛期，年产乳量为 450 kg 左右，其中 2/3 以上的乳由犊牛哺饮。6—9 月份为挤乳期（农历 5 月 5 日端午节至 8 月 15 日中秋节），挤乳期为 105～120 d，日挤乳一次，日挤乳量 0.5～4.0 kg，乳脂率为 6%～8%，另据乳成份测定，挤乳期平均干物质 16.91%，脂肪 5.45%，蛋白质 5.24%，乳糖 5.41%，灰分 0.77%。密度 1.038 7，热能值 871.2 千卡/kg。乳脂肪球平均直径为 4.13 μm。改善饲养管理条件可提高产乳量。

产肉性能：产肉性能好。天祝白牦牛肉水份 66.2%，蛋白质 20.20%，脂肪 11.87%，灰分 0.87%，热能值 2 297.43（千卡/kg）。肉质鲜嫩，品质优良，蛋白质含量高，脂肪少，肌纤维较细，灰分较高或矿物质丰富，热能值和氨基酸含量高，是深受消费者青睐的无污染天然绿色食品。据测定，在自然放牧状况下，秋末成年牛宰前公牛活重（272.65±37.41）kg，母牛（217.53±15.53）kg；胴体公牛重（141.63±19.44）kg，母牛（113.33±10.00）kg，屠宰率为 52.0%，净肉率为 39.94%，大腿肌肉厚度为 6.1 cm，腰部肌肉厚度为 3.2 cm；背部脂肪厚度 3 mm，腰部脂肪厚度为 8 mm；眼肌面积 37.92 cm^2，骨肉比：公牛 1∶2.4，母牛 1∶3.7。1～4 岁牛平均日增重：公牛分别为 162.2 g、157.3 g、114.8 g 和 136.2 g；母牛分别为 160.5 g、154.8 g、71.5 g 和 52.9 g。

役用性能：天祝白牦牛除生产肉、乳、绒、毛、尾等产品外，阉牦牛经过调教后，还可以骑乘和驮运，是牧区的代步和运输工具之一，享有"高原之舟"之美称。一般可驮运 75～100 kg，日行程 30～40 cm，边行边采食；夜间可负重卧息，次日仍继续运行，直至目的地。可见天祝白牦牛具有特殊的驮力和坚强的耐久力。

天祝白牦牛的特异性：天祝白牦牛以其全身被毛纯白为特征。绒毛纯白可染成各种颜色，在古代白牦牛的尾毛成为珍贵的特产和贡品，古代兵器上的缨穗，旌旗上的长缨，帽子上的红缨子，戏剧人物的长髯，圣诞老人的胡须、假发、头套等都是毛中的珍品。用白牦牛的尾毛加工制作的"拂尘"，可驱蝇、掸尘。

天祝白牦牛的粗毛，除了做衬布、地毯、帐篷、毡垫等传统的地方家用产品外，利用粗毛混纺成大衣尼，制成冬装，质地柔软，富有弹性，闪光发亮。据测定，天祝白牦牛的毛纤维 75% 以上是无髓毛，这是天祝白牦牛的显著特点，也是天祝白牦牛的特异性和贵重品质的标志。

大祝白牦牛的绒毛平均细度 18 μm，强度 5.88 g。用白牦牛绒制成的牛绒衫非常时髦，十分走俏；白牦牛肉质鲜嫩味美，营养丰富。白牦牛奶可加工成酥油、奶酪、奶粉等产品。特别是白牦牛血，可提炼超氧化物歧化酶（SOD），已在医药、食品、化妆品等方面广泛应用，具有很高的经济价值。

【讨论与思考】
1. 根据本地实际，推荐 1~2 个适合本地引进的国外品种牛。
2. 怎样通过外貌识别杂种牛？

项目 1-2 羊的品种

【学习目标】
1. 了解羊的品种分类方法；
2. 掌握不同品种羊的产地分布、外貌特征及生产性能；
3. 能准确识别羊的品种。

【学习内容】
羊在动物学分类中属于动物界、脊索动物门、脊椎动物亚门、哺乳纲、偶蹄目、牛科、羊亚科。羊亚科是牛科中分布最广，成员最复杂的亚科。其中家畜绵羊属于羊属（盘羊属）、家畜山羊属于山羊属。

【相关技能】
1. 能根据羊的分类方法对羊只进行分类。
2. 能准确识别羊的品种。
3. 能根据当地自然条件，选择适宜品种进行饲养。

品种是养羊业赖以发展的物质基础。依据当地生态环境、资源状况、生产条件等特点，培育和选择适宜的品种至关重要。

一、羊的品种分类

羊的品种繁多，据不完全统计，全世界现有绵羊品种约 629 个，山羊品种约 150 多个。这些品种各具特点，适应不同的自然生态条件。为了便于人们正确认识、评价和有效利用羊的品种资源，需要对繁多的羊品种进行分类。从生物学的分类学上可将羊的品种分为绵羊和山羊两大类。

（一）绵羊品种分类

绵羊品种常用的分类方法有动物学分类法和生产性能分类法。

1. 动物学分类法

动物学分类法是以绵羊尾形的差异和大小为特征来进行分类的。尾形的差异是指尾椎上脂肪沉积的程度和沉积的外形；尾的大小是指尾的长短，即尾尖是否达到或超过飞节。据此可将绵羊分为短瘦尾羊、长瘦尾羊、短脂尾羊、长脂尾羊、肥臀羊 5 类。

（1）短瘦尾羊：尾部不沉积脂肪或脂肪较少，尾尖达不到飞节。如西藏羊。
（2）长瘦尾羊：尾部不沉积脂肪或脂肪较少，尾尖达到或超过飞节。如新疆细毛羊。
（3）短脂尾羊：尾部沉积脂肪较多，尾尖在飞节以上。如蒙古羊、小尾寒羊、湖羊等。
（4）长脂尾羊：尾部沉积脂肪较多，尾尖达到或超过飞节。如大尾寒羊、同羊等。
（5）肥臀羊：脂肪沉积在尾根部，形成肥大椭圆的脂臀。如哈萨克羊、阿勒泰羊等。

2. 生产性能分类法

生产性能分类法是根据绵羊的主要产品及经济用途划分的，据此可将绵羊分为7类。

（1）细毛羊。

这类羊的共同点是：被毛白色、同质，细度在60支以上，12月龄体侧部毛长在7 cm以上。多数公羊有发达的螺旋形角，母羊无角，公羊颈部有1~2个横皱褶，母羊有1个横皱褶或发达的纵皱褶，头毛着生至两眼连线，四肢盖毛前肢到腕关节，后肢到飞节或飞节以下，腹毛着生良好，被毛的细度与长度基本一致并具有一定的弯曲。

细毛羊根据使用重点不同，又分为毛用细毛羊、毛肉兼用细毛羊和肉毛兼用细毛羊三个类型。

① 毛用细毛羊如澳洲美利奴羊、中国美利奴羊等。
② 毛肉兼用细毛羊如新疆细毛羊、东北细毛羊、高加索细毛羊等。
③ 肉毛兼用细毛羊如德国美利奴羊、泊力考斯羊等。

（2）半细毛羊。

这类羊的共同点是：被毛白色、同质，细度在32~58支，12月龄体侧部毛长在9 cm以上，长度均匀，弯曲好。半细毛羊根据其具体的生产性能和用途的不同，又分为毛肉兼用半细毛羊和肉毛兼用半细毛羊两大类。

① 毛肉兼用半细毛羊如青海半细毛羊、茨盖羊等。
② 肉毛兼用半细毛羊如罗姆尼羊、考力代羊等。

（3）粗毛羊。

这类羊的共同点是：被毛异质，由粗毛、绒毛、两型毛及死毛等几种不同类型的毛纤维组成，被毛细度、长度及毛色等均不一致，羊毛品质差，产毛量低，纺织价值低，只能做地毯等用。这类羊的肉脂、皮毛可综合利用，其特点是抗逆性强，适应性强。如蒙古羊、西藏羊、哈萨克羊等。

（4）肉用羊。

这类羊肉用性能好，以产肉为主，其他产品为辅。我国的寒羊、阿勒泰羊、乌珠穆沁羊、兰州大尾羊等是以产肉脂为主的地方良种。国外有许多早熟肉用品种，如夏洛来羊、杜泊羊、特克赛尔羊、无角道赛特羊、萨福克羊等。

（5）羔皮羊。

以生产羔皮为主要生产方向。羔皮是指从流产或出生7 d后羔羊身上剥取的皮张，以出生后3 d剥取的羔皮较好，其毛皮的毛卷图案美观，经济价值很高，是制作裘皮大衣、皮帽、衣领的高级原料。例如卡拉库尔羊、湖羊、库车羊等。

（6）裘皮羊。

以生产裘皮为主要生产方向。裘皮是指绵羊出生一个月左右所剥取的皮，供制裘用，其皮板轻薄、柔软，毛穗美观、洁白、光泽好，具有保暖、轻便、结实和不毡结等优点。如宁夏的滩羊。

（7）乳用羊。

这类羊具有优良的产奶性能，但高产品种不多，著名品种有东佛里生羊。

（二）山羊品种分类

通常按经济用途分类，主要分为6个类型：

（1）肉用山羊：以生产优质山羊肉为主要方向，具有明显的肉用体型和较高的产肉性能。如南江黄羊、波尔山羊等。

（2）奶用山羊以生产山羊奶为主要方向。如崂山奶山羊、关中奶山羊、萨能奶山羊等。

（3）绒用山羊以生产优质山羊绒为主要方向，具有产绒量高、绒毛品质好等特点。如辽宁绒山羊、内蒙古白绒山羊等。

（4）毛用山羊主要用于产毛的一类山羊。如安哥拉山羊（所产羊毛称为马海毛）。

（5）毛皮用：羔皮用山羊如济宁青山羊。裘皮用山羊如中卫山羊。

（6）普通山羊如新疆山羊、西藏山羊等。

二、主要的绵羊品种

（一）细毛羊品种

1. 新疆细毛羊

产地与育成：1954年育成于新疆巩乃斯种羊场，是我国培育的第一个毛肉兼用细毛羊品种。当时从前苏联引进一批高加索细毛羊和泊列考斯细毛羊作为父本，用当地哈萨克羊和蒙古羊作母本，经复杂育成杂交培育而成。

外貌特征：体格大，体质结实，结构匀称，颈短而圆，胸宽深，背腰平直，腹线平直，体躯长深，后躯丰满，四肢肢势端正，少数个体眼圈、耳、唇有小色斑。公羊大多数有螺旋形角，母羊无角或有小角；公羊鼻梁微隆起，母羊鼻梁平直；公羊颈部有1~2个横皱褶，母羊有一个横皱褶或发达的纵皱褶。全身被毛白色，闭合性良好，毛密度中等以上，毛丛弯曲正常，无环状弯曲。细毛着生至两眼连线，前肢至腕关节，后肢至飞节或飞节以下，腹毛着生良好。

生产性能：新疆细毛羊具有良好的产毛性能，成年公羊剪毛量平均12.42 kg，净毛率平均50.88%，折合净毛6.32 kg；母羊剪毛量平均5.46 kg，净毛率52.28%，折合净毛2.95 kg。成年公羊毛长平均11.2 cm，母羊为8.74 cm。被毛白色，毛细度为60~64支，体侧部12个月毛长7 cm以上，各部位毛的长度和细度均匀。油汗含量适中，分布均匀呈白色或浅黄色。成年公羊剪毛后体重88.01 kg，母羊48.61 kg。屠宰率为48.61%，净肉率为31.58%，经产母羊产羔率为130%左右。

新疆细毛羊育成后被推广到了全国各地，主要用于杂交改良粗毛羊，对我国绵羊改良育种工作起到了重要作用。今后仍应加强选育，提高净毛产量和羊毛品质。对羊毛品质不良的个体应向肉毛兼用方向发展，提高产肉性能。

2. 东北细毛羊

产地与育成：原产于吉林、辽宁和黑龙江三省。是通过联合育种，连续使用含1/8~1/4斯达夫洛普血液的种公羊，经过8年3~4个世代选育而成。于1967年定名为"东北毛肉兼用细毛羊"，简称"东北细毛羊"，是我国培育的第二个细毛羊品种。

外貌特征：体质结实，体躯长，后躯丰满，四肢端正。公羊有螺旋形角，母羊无角；公羊颈部有 1~2 个完全或不完全的横皱褶，母羊颈部有发达的纵皱褶。被毛白色，细毛着生至两眼连线，前肢至腕关节，后肢至飞节，闭合性好，腹毛呈毛丛结构。毛密度中等以上，毛丛弯曲正常。

生产性能：成年公羊平均体重 83.66 kg，成年母羊 45.36 kg；成年公羊剪毛量平均为 13.44 kg，成年母羊 6.10 kg，净毛率 35%~40%，成年公羊毛长为 9.33 cm，成年母羊为 7.37 cm。毛细度为 60~64 支，油汗含量适中，分布均匀，呈白色或淡黄色。成年公羊屠宰率为 43.6%，成年母羊 52.4%。经产母羊产羔率为 125%。

东北细毛羊具有耐寒、耐粗饲、产毛量高地特点，但净毛率不高。1974 年以后，东北细毛羊导入了澳洲美利奴羊等良种细毛羊的血液，时改善了饲养管理条件，其品质获得了较大的改进。

3. 中国美利奴羊

产地与育成：中国美利奴羊是 1972 年开始在内蒙古、新疆、吉林等地，以澳洲美利奴公羊与波尔华斯羊、新疆细毛羊和军垦细毛羊母羊通过杂交培育而成，于 1985 年育成并经国家审定命名，是我国细毛羊中的一个高水平新品种。分为四种类型：新疆型、新疆军垦型、科尔沁型、吉林型。现内蒙、辽宁、河北、山东等省区均有饲养。

外貌特征：体质结实，体躯呈长方形，后躯肌肉丰满。公羊颈部由 1~2 个横皱褶和发达的纵皱褶，母羊有发达的纵皱褶；公、母羊躯干均无明显皱褶。公羊有螺旋型角，母羊无角。胸宽深，背长，尾部平直而宽，四肢结实。被毛白色，密度大，弯曲明显。羊毛覆盖头部至两眼连线，前肢达腕关节，后肢达飞节。

生产性能：成年羊公羊平均体重为 91.8 kg，母羊为 43.1 kg。成年公羊平均剪毛量为 16.0~18.0 kg，母羊为 6.41 kg。成年公羊毛长 11~12 cm，母羊毛长 9~10 cm，羊毛主体细度 66 支，净毛率 50%以上。成年羯羊屠宰前体重平均为 51.9 kg，胴体重平均为 22.94 kg，净肉重平均为 18.04 kg，屠宰率为 44.19%，净肉率为 34.78%，产羔率为 117%~128%。

中国美利奴羊适合在干旱草原地区全年放牧饲养为主，冬春季节补饲的条件。生产性能已达到国际同类细毛羊的先进水平，在提高国内其他细毛羊的生产性能方面效果明显，代表着我国细毛羊业今后的发展方向。

4. 澳洲美利奴羊

产地与育成：原产于澳大利亚。从 1797 年开始，由英国及南非引进的西班牙美利奴羊、德国萨克逊美利奴羊、法国和美国的兰布列羊杂交育成，是世界上最著名的细毛羊品种。

外貌特征：体形近似长方形，腿短，体宽，背部平直，后躯肌肉丰满。公羊颈部有 1~3 个发育完全或不完全的横皱褶，母羊有发达的纵皱褶。羊毛密度大，细度均匀，白色油汗，弯曲为半圆形，整齐明显；羊毛光泽好，柔软，净毛率及净毛产量高，腹毛呈毛丛结构，四肢半毛覆盖良好。羊毛覆盖头部至两眼连线，前肢至腕关节或腕关节以下，后肢至飞节或飞节以下。

生产性能：根据体重、羊毛细度和长度的不同，分为四个类型，即超细型、细毛型、中毛型和强毛型。剪毛量、净毛率及羊毛长度等性状，以强毛型为最高。

（1）强毛型：成年公羊体重 80.0~114.00 kg，母羊 50.0~73.0 kg。成年公羊剪毛量 10.0~15.5 kg，母羊 5.5~8.2 kg。羊毛长度 99.0~12.5 cm，细度 56~64 支，净毛率 60%~5%。适于干旱草原地区饲养。

（2）中毛型：成年公羊体重 68.0~91.0 kg，母羊 40.0~64.0 kg。成年公羊剪毛量 8.0~12.0 kg，母羊 5.0~6.4 kg。羊毛长度 7.5~11.5 cm，细度 60~70 支，净毛率 55%~65%。适于干旱平原地区饲养。

（3）细毛型（含超细型）：体格小，毛细。成年公羊体重 60.0~70.0 kg，母羊 32.0~45.0 kg。成年公羊剪毛量 6.0~9.0 kg，母羊 4.0~5.0 kg，羊毛长度 7.0~10.0 cm，细度 64~70 支（超细型 74~80 支），净毛率 55%~65%，适于多雨丘陵山区饲养。

我国从 1972 年以来，先后多次引进澳洲美利奴羊，用于新疆细毛羊、东北细毛羊、内蒙古细毛羊品种的导入杂交和中国美利奴羊的杂交育种工作，对于改进我国细毛羊的羊毛品质和提高净毛产量，起到了重要的作用，取得了良好的效果。

5. 波尔华斯羊

产地与育成：原产于澳大利亚维多利亚州的西部地区。1880 年育成，是用林肯公羊与美利奴母羊杂交，一代母羊再与美利奴公羊回交育成。该品种对干旱和潮湿的适应性良好，是优良的毛肉兼用型细毛羊品种。

外貌特征：体质结实，结构良好，有美利奴羊特征。鼻微粉红，公、母羊均无角，全身无皱褶，羊毛覆盖头部至两眼连线，腹毛着生良好、呈毛丛结构，毛丛有大、中弯曲，油汗为白色或乳白色。成年公羊体重 66~80 kg，成年母羊 50~60 kg。

生产性能：成年公羊剪毛量 5.5~9 kg，成年母羊 5 kg，净毛率 65%~70%，毛长 12~15 cm，细度 58~60 支，弯曲均匀，羊毛匀度良好。羊肉脂肪少，眼肌面积大，为早熟品种。母羊全年发情，母性好。产羔率 140%~160%，多羔率可达 60%。

我国从 1966 年起，先后从澳大利亚引进了波尔华斯羊，饲养在新疆、内蒙古和吉林等地。作为主要母系参与育成中国美利奴羊新品种，对我国绵羊的改良育种起了积极的作用。

6. 高加索细毛羊

产地与育成：原产于俄罗斯斯塔夫洛波尔边区。用美国兰布列公羊与新高加索母羊杂交，在改善饲养管理的条件下，有目的地选种选配培育而成。

外貌特征：具有大或中等体格，体质结实，体躯长，胸宽，背平，鬐甲略高。颈部具有1~3个发育良好的横皱褶，体躯有小而不明显的皱褶。

生产性能：成年公羊体重为90~100 kg，成年母羊为50~55 kg。成年公羊剪毛量为12~14 kg，成年母羊为6.0~6.5 kg。毛长7~9 cm。细度64支，净毛率40%~42%，经产母羊产羔率为120%~140%。

高加索细毛羊在新中国成立以前就输入我国，与我国粗毛羊杂交取得了良好的效果，是育成新疆细毛羊的主要父系，并参与了东北细毛羊、甘肃高山细毛羊、山西细毛羊和敖汉细毛羊等新品种的育成，对我国养羊业的发展起了重要的作用。

7. 苏联美利奴羊

产地与育成：产于苏联罗斯托夫省。由兰布列羊、阿斯卡尼羊、高加索羊、斯塔夫洛波尔羊和阿尔泰羊等品种公羊改良新高加索羊和马扎耶夫美利奴羊，在俄罗斯培育而成。在苏联美利奴羊形成过程中，还包括有美利奴公羊与粗毛母羊杂交的高代杂种羊。

外貌特征：头大小适中，公羊有螺旋形角，颈部有1~2个横皱褶，母羊多数无角。体躯长，胸部宽深，背腰平直，肢势端正。细毛着生稍过两眼连线，前肢至腕关节或以下，后肢至飞节或以下，腹毛浓密，呈毛丛结构，毛被闭合性良好，密度中上等。

生产性能：苏联美利奴羊有毛用和毛肉兼用两种类型，以毛肉兼用型分布较广。成年公羊体重100~110 kg，成年母羊为55~58 kg。成年公羊剪毛量16~18 kg，成年母羊6.5~7 kg。羊毛长公羊为8.5~9 cm，母羊为8~8.5 cm，净毛率38%~40%。

从1950年起，苏联美利奴羊输入我国，在许多地区饲养的适应性良好，改良粗毛羊的效果比较显著，并参与了我国东北细毛羊、内蒙古细毛羊和敖汉细毛羊等品种的育成。

8. 考摩羊

产地与育成：原产于澳大利亚塔斯马尼亚岛。是用考力代羊与超细型美利奴羊杂交，组成封闭的育种核心群，不断选育培育而成。

外貌特征：体形大而丰满，体质结实，胸部宽深，颈部皱褶不太明显，四肢端正。被毛呈闭合型，羊毛结实柔软，光泽好。

生产性能：成年公羊体重90 kg以上，成年母羊50 kg。成年公羊剪毛量7.5 kg，成年母羊4.5~5 kg。羊毛品质好，毛长9~12 cm，细度64支，净毛率高，该羊繁殖力高，早熟性强，母羊恋羔性好。

20世纪70年代末，我国从澳大利亚引进考摩羊，除用于纯种繁育外，还用于杂交改良当地绵羊，取得了良好的效果。

（二）半细毛羊品种

1. 青海高原半细毛羊

产地与育成：是我国育成的第一个半细毛羊新品种。高原半细毛羊的育种始于1963年。以疆细毛羊、茨盖羊及罗姆尼羊为父本，当地藏羊和蒙古羊为母本育成杂交而成。1987年经青海省政府命名为"青海高原毛肉兼用半细毛羊"，简称"青海半细毛羊"。

外貌特征：分为罗茨新藏和茨新藏两个类型。罗茨新藏型羊头稍宽短，体躯粗深，四肢较短，蹄壳多为黑色或黑白相间，公、母羊均无角。茨新藏型羊体形外貌近似茨盖羊，体躯较长，四肢较高，蹄壳多为乳白色或黑白相间，公羊多有螺旋形角，母羊无角或有小角。

生产性能：被毛白色、同质、密度中等。呈大弯曲，油汗白色或浅黄色，羊毛强度、弹性和光泽良好。成年公羊剪毛前体重76.9 g，剪毛量5.9 kg，净毛率为55%，毛长11.72 cm以上，成年母羊剪毛前体重38.0 kg，剪毛量3.1 kg，净毛率为60%，毛长10.01 cm。羊毛细度50~56支。成年羯羊屠宰率48.7%。

青海半细毛羊抗逆性强，对高寒地区有良好的适应性。

2. 考力代羊

产地与育成：原产于新西兰。1880开始用英国长毛型林肯羊、莱斯特羊为父本，美利奴羊为母本杂交培育而成。主要分布在美洲、亚洲和南非，属肉毛兼用型品种。

外貌特征：头宽而大，额上覆盖着羊毛，公母羊大多数无角，个别公羊有小角。头、耳、四肢带黑斑，嘴唇及蹄为黑色。颈短而粗，皮肤无皱褶，胸深宽，背腰平直，体躯呈圆桶状。肌肉丰满，后躯发育较好，四肢结实。腹毛着生良好。被毛白色，闭合紧密。

生产性能：考力代羊生产优质半细毛和羊肉，具有早熟，产肉和产毛性能好的特点。体重成年公羊100~105 kg，母羊45~65 kg；4月龄羔羊可达35~40 kg。剪毛量公羊10~12 kg，母羊5~6 kg，净毛率60%~65%，毛长12~14 cm，羊毛细度50~56支。产羔率110%~130%。屠宰率成年羊可达52%。

我国先后从新西兰和澳大利亚引进考力代羊，在我国东部、西南部和东北地区适应性较好，是培育东北半细毛羊、陵川半细毛羊、贵州半细毛羊、云南半细毛羊品种群的主要父系之一。作为母系与林肯公羊杂交，后代被毛品质和肉用体型明显改进。

3. 林肯羊

产地与育成：原产于英国东部的林肯郡。1750年开始用莱斯特公羊改良当地的旧型林肯羊，经过长期的选种选配和培育，于1862年育成。

外貌特征：体质结实，体躯高大，结构匀称。公、母羊均无角，头长颈短，鼻梁隆起，前额有绺毛下垂；背腰平直，腰臀宽广，肋骨开张良好；四肢较短而端正，脸、耳及四肢

为白色,但偶尔出现小黑点。被毛长而下垂,呈辫形结构,有大波浪形弯曲,光泽好。

生产性能: 属肉毛兼用半细毛羊长毛种。成年公羊平均体重 73~93 kg,成年母羊为 55~70 kg。成年公羊剪毛量 8~10 kg,成年母羊 5.5~6.5 kg,净毛率 60%~65%。毛长 17.5~20.0 cm,细度 36~40 支,产羔率 120% 左右,4 月龄肥育羔羊胴体重公羔为 22.0 kg,母羔为 20.5 kg。林肯羊具有抗潮湿能力,但该品种羊对饲养管理条件要求较高,早熟性也比较差。

我国从 1966 年起先后从英国和澳大利亚引入,经过 20 多年的饲养实践,在江苏、云南等省繁育效果比较好。是培育云南半细毛羊、内蒙古半细毛羊的主要父本之一。

4. 罗姆尼羊

产地与育成: 原产于英国肯特郡,故又称肯特羊。是用莱斯特公羊改良旧型罗姆尼羊,经过长期的严格选育而成。现在许多国家均有分布,其中以新西兰饲养罗姆尼羊的数量最多。

外貌特征: 由于各国对罗姆尼羊的使用方向不同,选种方法各异,加之不同的自然生态条件的影响,致使罗姆尼羊在外形特征等方面产生分化,具有不完全一致的生产性能。目前,主要有英国型、新西兰型、澳大利亚型、法国型等几种类型。英国罗姆尼羊头略狭长,四肢较高,体躯长而宽,后躯比较发达,头毛、四肢毛较差;体质结实,骨骼坚强,放牧游走能力强;新西兰罗姆尼羊肉用体型好,四肢较短,体躯长,背腰宽平,头毛、四肢毛好,但放牧游走能力差,采食性能不如英国型;澳大利亚罗姆尼羊则介于上述两型之间。

生产性能: 英国罗姆尼成年公羊体重 90~110 kg,成年母羊 80~90 kg;剪毛量成年公羊为 4~6 kg,成年母羊为 3~5 kg;净毛率 60%~65%;羊毛细度 46~50 支,毛长 11~15 cm;产羔率 120%;4 月龄公羔、母羔胴体重分别为 22.4 kg、20.6 kg。

新西兰罗姆尼成年公羊体重 77.5 kg,母羊 43.0 kg。羊毛长度 13~18 cm,细度 44~48 支,成年公羊剪毛量 6.0~7.0 kg,母羊 4.0 kg,净毛率 58%~60%。母羊产羔率 106%。

我国从 1966 年起,先后从英国、新西兰和澳大利亚引进罗姆尼羊,在江苏、湖北、云南、安徽等省的饲养效果较好,而在青海、内蒙古、甘肃等省、自治区的效果较差。罗姆尼羊是育成青藏高原半细毛羊和云南半细毛羊新品种的主要父系之一。

5. 茨盖羊

产地与分布: 原产于巴尔干半岛和小亚细亚,是原苏联的古老品种。现在主要分布于罗马尼亚、保加利亚、匈牙利、蒙古、俄罗斯和乌克兰等国。

外貌特征：体格大，公羊有螺旋形的角，母羊无角或只有角痕，胸深，背腰较宽而直。成年羊皮肤无皱褶。被毛覆盖头部至两眼连线，前肢至腕关节，后肢至飞节。毛色纯白，但有些个体在脸、耳及四肢部皮肤有褐色或黑色的色素斑点。

生产性能：属毛肉兼用型半细毛羊品种。成年公羊平均体重 80～90 kg，成年母羊 50～55 kg；成年公羊剪毛量 6.0～8.0 kg，母羊 3.5～4.0 kg。净毛率 50%左右。毛长 8～9 cm，细度 46～56 支。屠宰率 50%～55%。产羔率 115%～120%，母羊恋羔性强，泌乳性能好。

茨盖羊最大的优点是体质结实，能耐受比较严酷的自然环境和粗放的饲养管理条件，抗病力强，适应性好。但是一般羊群的生产性能较低，羊毛长度不够理想；有些个体羊毛细度偏细，匀度也较差。我国自 1950 年起从原苏联的乌克兰地区引入茨盖羊，主要饲养在内蒙古、青海、甘肃、四川等地，对我国多种生态条件表现出良好的适应性。

6. 边区莱斯特羊

产地与育成：原产于英国北部苏格兰，是 19 世纪中叶，用莱斯特公羊与山地雪伏特母羊杂交育成。1860 年为与莱斯特羊相区别，称为边区莱斯特半细毛羊。

外貌特征：体格高大，体质结实，体型结构良好，体躯长，背宽平，公、母羊均无角，鼻梁隆起，两耳竖立，头部及四肢无羊毛覆盖。

生产性能：属肉毛兼用半细毛羊长毛种。成年公羊体重 90～140 kg，成年母羊为 60～80 kg，剪毛量成年公羊 5～9 kg，成年母羊 3～5 kg，净毛率 65～68%；毛长 20～25 cm，细度 44～48 支；产羔率 150～200%；羔羊成熟早，4～5 月龄羔羊的胴体重 20～22 kg。

我国从 1964 年开始，先后从英国、澳大利亚引进该品种羊，饲养在饲养在四川、云南等气候温和地区，适应性良好，而对内蒙古、青海等高寒地区则适应性差。该品种羊是培育凉山半细毛羊新品种的主要父系之一。

（三）粗毛羊品种

1. 蒙古羊

产地与分布：中国数量最多、分布最广的粗毛绵羊品种。原产蒙古高原。现分布在内蒙古、东北、华北和西北等地。是我国古老的三大粗毛羊品种之一。在历史上，随着北方民族的迁移，蒙古羊迁入中原地区，在当地的生态条件下，经过长期的选育，形成了现在的寒羊、同羊和滩羊等地方优良品种。

外貌特征：由于分布地区不同，外形和性能差异较大，一般公羊有螺旋形角，母羊多无角。耳大下垂，鼻梁隆起，体格中等，短脂尾。被毛农区的多为全白色，毛质较好；牧区的全白色很少，头、颈和四肢毛为黑色或褐色。

生产性能：成年公羊体重 35～50 kg，母羊 30～40 kg。秋季或入冬发情配种，年产 1 胎，产羔率 105%～110%。每年春、秋季剪毛两次，平均剪毛量 1～1.5 kg。毛呈辫状结构，长 6～12 cm 不等，净毛率 50%以上。被毛异质，绒毛 48.59%，两型毛 2.18%，有髓毛 49.23%。屠宰率 45%～50%。耐粗饲，抗逆性强，适合常年放牧饲养。

由于分布广，数量最多，具有生活力强、适于游牧、耐寒、耐旱等特点，并有较好的产肉、脂性能，蒙古羊是我国绵羊业的主要基础品种。新疆细毛羊、东北细毛羊和内蒙古细毛羊等品种均有蒙古羊血统。

2. 西藏羊

产地与分布： 原产于青藏高原的西藏自治区和青海省。主要分布在西藏、青海、甘肃南部和四川西北部，其数量仅次于蒙古羊，在我国三大粗毛羊品种中居第二位。

外貌特征： 由于藏羊分布地域广，各地海拔、水热条件差异大，所以，藏羊的体格、体型和被毛也不尽相同，形成了草地型、山谷型两大不同类型。草地型主要分布在青藏高原及甘肃省牧区；山谷型主要分布在山区地势较低的农牧区。草地型西藏羊体质结实，头粗糙呈长三角形，鼻梁隆起，公羊和大部分母羊均有角，公羊角粗壮、多呈螺旋状向两侧伸展，母羊角扁平较小、呈捻转状向外平伸。前胸开阔，背腰平直，骨骼发育良好。四肢粗壮，蹄质坚实。尾呈短锥形，长12～15 cm，宽5～7 cm。毛色，以体躯白色、头肢杂色者居多。

山谷型西藏羊体格小。头呈三角形，鼻梁隆起，公羊多有角，角短小，向上向后弯，母羊多无角，偶有小钉角。背腰平直，体躯呈圆桶状。尾短小，呈圆锥形，母羊尾长平均为10 cm。毛色全白和体躯白色者约占64%。

生产性能： 草地型（高原型）藏羊2000年被农业部列入《国家级畜禽品种资源保护名录》。该羊体质结实，体长腿高，四肢矫健，善于远牧，对高寒地区适应性强。成年公羊体重50.8 kg，母羊38.5 kg。成年公羊剪毛量1.42 kg，母羊0.97 kg。净毛率70%，毛辫长度18～20 cm，被毛中绒毛含量46.9%，两型毛41.6%，有髓毛11.5%。被毛光泽好，弹性大，手感柔软，是制作地毯、提花毛毯和长毛绒的优质原料，自古以来，以"西宁毛"而著称。

山谷型藏羊成年公羊体重36.79 kg，母羊29.69 kg。公羊剪毛量1.5 kg，母羊0.75 kg，毛辫长8～10 cm，被毛中绒毛含量54.6%，两型毛44%，有髓毛1.4%。

3. 哈萨克羊

产地与分布： 主要分布于新疆天山北麓、阿尔泰山南麓和准噶尔盆地以及塔城等地。属肥臀羊，是我国三大粗毛羊品种之一。

外貌特征： 公羊大多具有粗大的螺旋形角，母羊半数有小角。头大小适中，鼻梁明显隆起，耳大下垂，背腰平直、四肢高粗结实，肢势端正。尾宽大，外附短毛，内面光滑无毛，呈方圆形，多半在正中下缘处由一浅纵沟对半分为两瓣，少数尾无中浅沟，呈完整的半圆球。被毛异质，头、肢生有短刺毛，腹毛稀短。毛色以全身棕红色为主，头肢杂色个体也占有相当数量，纯白或全黑的个体为数不多。

生产性能： 生产性能属肉脂兼用品种，具有较高的肉脂生产性能。成年公羊平均体重60 kg，成年母羊50 kg，羯羊屠宰率为50%。成年公羊剪毛量2.03 kg，母羊1.88 kg。母羊产羔率为101%。哈萨克羊耐严寒、耐粗饲，适应山地牧场放牧，抓膘能力强，产肉性能好，肉质细嫩，膻味较轻。

4. 和田羊

产地与分布：主要分布在新疆南部的和田地区。

外貌特征：头清秀、鼻梁隆起，颈细长，耳大下垂，公羊多数有螺旋形角，母羊多数无角，胸窄，肋骨开张不够。四肢细长，肢势端正，蹄质结实。短脂尾。毛色全身皆白或体躯为白色，头（不超过耳根）、肢（不超过腕关节和飞节）为杂色。被毛富有光泽，呈明显的毛辫结构，毛辫细长，具有明显的波状弯曲，上下披叠、层次分明，呈裙状垂于体侧，达腹线以下。头、四肢为短刺毛，腹毛较差。被毛异质，以无髓毛和两型毛为主，干死毛少。

生产性能：成年公羊体重 38.95 kg，成年母羊 33.76 kg；剪毛量成年公羊 1.62 kg，母羊 1.22 kg。毛辫长 11.35～17.97 cm，净毛率 78.52%。屠宰率为 37.2%～42.0%。母羊产羔率为 101.52%。

和田羊对荒漠、半荒漠草原的生态环境及低营养水平的饲养条件具有较强的适应性，属短脂尾粗毛羊，以产优质地毯毛著称。

（四）肉用羊品种

1. 小尾寒羊

产地与分布：是我国古老的地方优良品种之一，其祖先是很早就从北方草原地区迁移过来的蒙古羊，是我国繁殖力高、生长快，特别适合农区饲养的较优良的肉脂兼用型短脂尾绵羊。主要分布在气候温和、雨量充足、饲料丰富的黄河中下游农区，其中以山东省西南部和河南省台前县的小尾寒羊品质最好。

外貌特征：体形结构匀称，侧视略成正方形；鼻梁隆起，耳大下垂；短脂尾呈圆形，尾尖上翻，尾长不超过飞节；胸部宽深、肋骨开张，背腰平直。体躯长呈圆筒状；四肢高，健壮端正。公羊头大颈粗，有发达的螺旋形大角，角根粗硬；前躯发达，四肢粗壮，有悍威、善抵斗。母羊头小颈长，大都有角，形状不一，有镰刀状、鹿角状、姜芽状等，极少数无角。全身被毛白色、异质、有少量干死毛，少数个体头部有色斑。按照被毛类型可分为裘毛型、细毛型和粗毛型三类，裘毛型毛股清晰、花弯适中美观。

生产性能：生长发育快，肉用性能好，早熟，多胎，繁殖率高。周岁公羊平均体重 60.83 kg，母羊 41.33 kg；成年公羊体重 94.15 kg，母羊 48.75 kg，6月龄公羔体重 38.17 kg，母羔 37.75 kg。

成年公羊剪毛量3.5 kg，母羊2 kg，毛长11~13 cm，净毛率63%。母羊5~6月龄开始发情，经产母羊产羔率达270%，居我国绵羊品种之首，是世界上著名的高繁殖力绵羊品种之一。

20世纪80年代以来，小尾寒羊被推广到许多省、区，用于肉羊品种培育。

2. 乌珠穆沁羊

产地与分布：产于内蒙古自治区锡林郭勒盟东部乌珠穆沁草原，主要分布在东乌珠穆沁旗、西乌珠穆沁旗等地区。

外貌特征：体质结实，体格较大。头大小中等，额稍宽，鼻梁微凸，公羊有角或无角，母羊多无角。颈中等长，体躯宽而深，胸围较大，不同性别和年龄羊的体躯指数都在130%以上，背腰宽平，体躯较长，体长指数大于105%，后躯发育良好，肉用体型比较明显。四肢粗壮。尾肥大，尾宽稍大于尾长，尾中部有一纵沟，稍向上弯曲。毛色以黑头羊居多，头或颈部黑色者约占62.0%，全身白色者占10.0%。头部以黑、褐色居多，体躯白色，被毛异质、死毛多。

生产性能：乌珠穆沁羊具有适应性强、耐粗饲、耐渴、抓膘性好、肉脂产量高、生长发育快、成熟早、肉质细嫩的特点，是我国著名的肉脂兼用型绵羊品种，1982年由农业部正式确认为优良地方品种，2000年被农业部列入《国家级畜禽品种资源保护名录》。成年公羊平均体重74.4 kg，成年母羊58.41 kg，成年羯羊屠宰率55.9%。6月龄公羔体重39.6 kg，母羔35.9 kg，平均日增重200~250 g，母羊产羔率100.2%。

3. 阿勒泰羊

产地与分布：主要产于新疆北部阿勒泰地区，是哈萨克羊种的一个分支，以体格大、肉脂生产性能高而著称。

外貌特征：阿勒泰羊属肉、脂兼用的粗毛羊，头中等大，耳大下垂，公羊鼻梁隆起，一般具有较大的螺旋形角。母羊鼻梁稍有隆起，约三分之二的个体有角。颈中等长，胸宽深，鬐甲平宽，背平直，肌肉发育良好。十字部稍高于鬐甲。四肢高而结实，股部肌肉丰满，肢势端正，蹄小坚实，沉积在尾根附近的脂肪形成方圆的大尾，大尾外面覆有短而密的毛，内侧无毛，下缘正中有一浅沟将其分成对称的两半。母羊的乳房大而发育良好。被毛异质，毛质较差，干、死毛含量较多，毛色主要为全身棕红色。也有部分头部黄或黑色，体躯有花斑的个体，纯黑或纯白的羊为数不多。

生产性能：体格大，产肉多，羔羊生长速度快，成年公羊体重85.6 kg，成年母羊67.4 kg；4月龄公羔体重38.9 kg，母羔36.7 kg；5月龄羯羊宰前活重37.1 kg，胴体重19.5 kg。屠宰率为52.7%。母羊产羔率110%。

阿勒泰羊四肢较高而健壮，善游牧和登山，对高寒地区、山地牧场具有良好的适应性。

4. 同 羊

产地与分布：又名同州羊、茧耳羊。现主要分布于陕西省渭北高原东部和中部一带。

外貌特征：体质结实，体躯侧视呈长方形。公羊体重60~65 kg，母羊体重40~46 kg。头颈较长，鼻梁微隆，耳中等大。公羊具小弯角，角尖稍向外撇，母羊约半数有小角或栗状角。前躯稍窄，中躯较长，后躯较发达。四肢坚实而较高。尾大如扇，有大量脂肪沉积，以方形尾和圆形

尾多见，另有三角尾、小圆尾等，尾沟均不明显，尾尖上翘或微下垂。全身主要部位毛色纯白，部分个体眼圈、耳、鼻端、嘴端及面部有杂色斑点或少量杂色毛，面部和四肢下部为刺毛覆盖，腹部多为异质粗毛和少量刺毛覆盖。

生产性能：同羊属多胎高产类型，性成熟期较早，母羊5—6月龄即可发情配种，公羊8月龄即可使用。母羊基本为全年发情，仅在酷热和严寒时短期内不发情。发情持续期24～60小时，怀孕期145～150天。平均产羔率190%以上。每年产2胎，或2年产3胎。易饲养，生长快，肉质好，毛皮优，效益高。屠宰率为50%。羊毛品质相对较好，全年剪毛量1.3～1.6 kg。

同羊将优质半细毛、羊肉、脂尾和珍贵的毛皮集于一身，这不仅在我国，就是在世界上也是稀有的绵羊品种，堪称世界绵羊品种资源中非常宝贵的基因库之一。

同羊对半湿润、半干旱地区具有良好的适应性。既可舍饲，又能放牧，放牧游走性能好，抗逆性颇强。

5. 夏洛莱羊

产地与育成：夏洛莱羊产于法国中部的夏洛莱地区，是以英国莱斯特羊、南丘羊为父本与夏洛莱地区的细毛羊杂交育成的优秀的肉用品种。具有早熟，耐粗饲，采食能力强，肥育性能好等特点。

外貌特征：夏洛莱被毛同质，白色。公、母羊均无角，整个头部往往无毛，脸部皮肤呈粉红色或灰色，有的带有黑色斑点，两耳灵活会动，性情活泼。额宽、眼眶距离大，耳大、颈短粗、肩宽平、胸宽而深，肋部拱圆，背部肌肉发达，体躯呈圆桶状，

后躯宽大。两后肢距离大，肌肉发达，呈"U"字形，四肢较短，四肢下部为深浅不同的棕褐色。

生产性能：夏洛莱羔羊生长速度快，平均日增重为300 g，是生产肥羔的理想肉用羊。4月龄育肥羔羊体重为35～45 kg，6月龄公羔体重为48～53 kg，母羔38～43 kg，周岁公羊体重为70～90 kg，周岁母羊体重为50～70 kg。成年公羊体重110～140 kg，成年母羊体重80～100 kg。夏洛莱羊4～6月龄羔羊的胴体重为20～23 kg，屠宰率为50%，胴体品质好，瘦肉率高，脂肪少。被毛白色，毛细而短，毛长6～7 cm，剪毛量3～4 kg，细度为60～65支，密度中等。季节性自然发情，发情时间集中在9—10月，平均受胎率为95%，妊娠期144～148 d。初产羔率135%，三至五产可达190%。

1987年我国从法国首次引进500余只夏洛莱羊，分别饲养在河北省沧县、定兴县和北京的顺义及内蒙古。目前，夏洛莱羊已推广到辽宁、山东、山西和新疆等省、自治区饲养并表现出良好的适应性和生产性能。该羊在我国除进行纯种繁育外，还用来杂交改良当地绵羊品种，杂交改良效果显著。

6. 萨福克羊

产地与育成：原产英国东部和南部丘陵地，南丘公羊和黑面有角诺福克母羊杂交，在后代中经过严格选择和横交固定育成，以萨福克郡命名。现广泛分布在世界各地，是世界公认的用于终端杂交的优良父本品种。澳洲白萨福克是在原有基础上导入白头和多产基因新培育而成的优秀肉用品种。

外貌特征：公、母羊均无角，体躯主要部位被毛白色，头、面部、耳和四肢下端黑色并无羊毛覆盖。头较长，耳大，颈短粗，胸宽深，背腰和臀部长、宽而平，肌肉丰满，后躯发育好，四肢粗壮结实。

生产性能：萨福克羊属肉用短毛品种羊。早熟，生长发育快，产肉性能好。母羊母性强，繁殖力强。公羊体重100～110 kg，母羊60～70 kg。4月龄公羔胴体重24.2 kg，母羔19.7 kg。羊毛长7.0～8.0 cm，细度50～58支，剪毛量3.0～4.0 kg。产羔率130%～140%。英、美等国在生产肥羔中用萨福克羊作为杂交终端父本。我国新疆和内蒙古等自治区从澳大利亚引入该品种羊，除进行纯种繁育外，还同当地粗毛羊及细毛杂种羊杂交来生产肉羔。由于该羊早熟、产肉性能好，更多的养殖户用它来提高当地羊的产羔率，使羊肉生产水平和效率显著提高。

7. 无角道赛特羊

产地与育成：原产于澳大利亚和新西兰。由雷兰羊和有角道赛羊为母本、考力代羊为父本，再有角道赛特公羊回交选无角后代培育而成。

外貌特征：被毛为白色。肉用体型明显，体质结实。头短而宽，光脸，羊毛覆盖至两眼连线，耳中等大，公、母羊均无角；颈短粗；前胸凸出，胸宽深，肋骨开张，背腰平直；后躯丰满，从后面看，呈倒"U"字型；四肢短粗；整个躯体呈圆桶状。

生产性能：无角道赛特羊胴体品质好，产肉性能高，经过肥育的4月龄羔羊胴体重，公羔为22 kg，母羔为19.7 kg，屠宰率50%以上。无角道赛特羊毛长7.5～10 cm，净毛率为60%，细度56～58支，剪毛量2.5～3.5 kg。母羊产羔率为110%～140%，高者达170%。

我国于20世纪80年代末、90年代初引入，主要用作经济杂交生产羔羊的父本，是理想的肉羊生产的终端父本之一。该品种羊具有遗传力强，早熟，生长发育快，全年发情和耐热及适应干燥气候等特点。

8. 德国肉用美利奴羊

产地与育成：德国肉用美利奴羊原产于德国，是用泊列考斯和莱斯特公羊与德国原有的美利奴母羊杂交培育而成。

外貌特征：德国肉用美利奴羊体格大，体质结实，结构匀称，头颈结合良好，胸宽而深，背腰平直，臀部宽广，肥肉丰满，四肢坚实，体躯长而深，呈良好肉用型。公、母羊均无角，颈部及体躯皆无皱褶。后躯发育良好。被毛白色，密而长，弯曲明显。

生产性能：肉用美利奴在世界优秀肉羊品种中，唯一具有除个体大、产肉多、肉质好优点外，还具有毛产量高、毛质好的特性。是肉毛兼用最优秀的父本。成年公羊体重90～100 kg，母羊60～70 kg，羔羊生长发育快，日增重300～350 g，130天可屠宰，活重可达38～45 kg，胴体重8·22 kg，屠宰率47%～50%。

具有高的繁殖能力，性早熟，12个月龄前就可第一次配种，产羔率为135%~150%。母羊保姆性好，泌乳性能好，羔羊死亡率低。

近年来，我国从德国大批量引进德国肉用美利奴羊，饲养在内蒙古和黑龙江省等地，除进行纯种繁殖外，与细毛杂种羊和本地羊杂交，后代生长发育快，产肉性能好，是专业化养羊和家庭养羊的首选品种。

9. 杜泊羊

产地与育成：原产于南非，是由有角陶赛特羊和波斯黑头羊杂交育成，是世界著名的肉用羊品种。

外貌特征：根据其头颈的颜色，分为白头杜泊和黑头杜泊两种。这两种羊体躯和四肢皆为白色，头顶部平直、长度适中，额宽，鼻梁隆起，耳大稍垂，既不短也不过宽。颈粗短，肩宽厚，背平直，肋骨拱圆，前胸丰满，后躯肌肉发达。四肢强健而长度适中，肢势端正。整个身体犹如一架高大的马车。杜泊绵羊分长毛型和短毛型两个品系。长毛形羊生产地毯毛，较适应寒冷的气候条件；短毛型羊被毛较短（由发毛或绒毛组成），能较好地抗炎热和雨淋，杜泊羊一年四季不用剪毛，因为它的毛可以自由脱落。

生产性能：杜泊羔羊生长迅速，断奶体重大。3.5~4月龄的杜泊羊体重可达36 kg，屠宰胴体约为16 kg，品质优良，羔羊平均日增重81~91 g。杜泊羊个体高度中等，体躯丰满，体重较大。成年公羊和母羊的体重分别在120 kg和85 kg左右。

杜泊羊已被引入到加拿大、澳大利亚、美国等国家，用作生产肉用羔羊的杂交父本。我国山东、河南等省区已引入了该品种。除进行纯种繁殖外，用来与当地羊杂交，杂种后代产肉性能得到显著捍高。

10. 特克赛尔羊

产地与育成：短毛型肉用细毛羊品种，主要分布于荷兰，是在19世纪中叶由林肯羊、边区莱斯特羊的公羊，改良当地沿海低湿地区的一种晚熟但毛质好的土种母羊选育而成。

外貌特征：公、母羊均无角，耳短，头、面部和四肢下端无羊毛着生，仅有白色的发毛。全身被毛白色、同质。体格大，体质结实，体躯较长、呈圆筒状。颈粗短，前胸宽，背腰平直，肋骨开张良好，后躯丰满，四肢粗壮。

生产性能：特克赛尔羊产肉和产毛性能好，具有性早熟、多胎、羔羊生长快、耐粗饲、适应性强、在放牧条件下的肉骨比和肉脂比高等特性。成年公羊体重110~140 kg，母羊70~90 kg。剪毛量5~6 kg，毛长7~15 cm，细度50~60支。4~5月龄羔羊体重达40~50 kg，屠宰率达55%；3月龄以内羔羊日增重为公羔367 g。母羊7~8月龄便可配种，且发情季节较长。80%的母羊产双羔，产羔率为150%~200%。

特克赛尔羊主要繁殖在荷兰，在荷兰养殖已有160多年。该品种曾被引入到欧洲、美洲和非洲的许多国家，用作生产肉用羔羊的杂交父本。我国也已经引入，分布于黑龙江、陕西、北京和河北等地，是肉羊育种和经济杂交非常优良的父本品种。

11. 兰德瑞斯羊

产地与分布：原产于芬兰，又称芬兰羊。如同波尔山羊一样，是世界级的著名品种，加拿大、美国、新西兰、澳大利亚等国家均有引进。

外貌特征：公羊有角，母羊多数无角，体格较大，体躯深长。全身被毛洁白，属同质半细毛，耳竖立，四肢健壮。体型略显楔形，属于短尾羊（尾长 7~15 cm）。

生产性能：以繁殖力高、母性强、性早熟著名。公羔 4—6 月龄性成熟，母羊 1 岁时就产羔。母羊常年发情，平均产羔率高达 260~300%，产 6 羔或 7 羔的母羊并不少见。生产同质半细毛或细毛，剪毛量 3.0~4.0 kg，羊毛细度 48~55 支，毛长 14~18 cm，有光泽，弯曲良好，净毛率 64%~75%。胴体瘦肉率高，胴体品质好，等级高。

20 世纪 60 年代以来，随着肉羊业的发展和肥羔生产的集约化，许多国家为了提高肉用羊的多胎性，积极着手培育早熟多胎、繁殖力高的肉羊新品种，兰德瑞斯羊成为重要的育种材料，相继被引入美、英、法、德等许多国家，广泛用于肉羊新品种的培育和经济杂交。

（五）皮用羊品种

1. 卡拉库尔羊

产地与分布：卡拉库尔羊原产于中亚细亚各国贫瘠的荒漠、半荒漠草原，是一个古老的羔皮用优良绵羊品种。目前卡拉库尔羊分布在全世界几十个国家，而饲养最多的是乌兹别克、塔吉克、土库曼、哈萨克、阿富汗、纳米比亚和南非等国。所产羔皮在国际市场上称为波斯羔皮，与水貂皮并称为国际裘皮业的两大支柱。

外貌特征：卡拉库尔羊头稍长，鼻梁隆起，颈中等长，耳大下垂（少数为小耳），前额两角之间有卷曲的发毛。公羊大多数有螺旋形的角，角尖稍向两旁伸出，母羊多数无角。体躯较深，臀部倾斜，四肢结实，尾的基部特别肥大，能蓄积大量脂肪，尾尖呈"S"形弯曲并下垂至飞节。被毛的颜色随年龄的增长而变化，如初生时黑色的羔羊，到断奶时渐渐由黑色变为褐色，当长到 1—1.5 岁时被毛开始变白，后又转成灰白色，而头、四肢及尾部的毛色不变。由于分布区域辽阔，卡拉库尔羊的生产性能指标有很大的差异。

生产性能：成年公羊体高 72~78 cm，体重 60~90 kg；成年母羊相应为 62~70 cm 和 45~70 kg。产羔率 105%~115%。羔羊生后 1~2 日内屠宰取皮。羔皮具有美丽的毛卷，按毛卷的品质、紧密度、光泽、图形和颜色等分成不同等级。如紧密度分为小花、中花和大花 3 类，以中花质量最高；图形有水波、冰花等。羔皮价格与色泽有关，黑色最低，金、银色最高。苏联还培育出琥珀、铜、白金、赤金、火焰等色，哈萨克生产的彩色羔皮有 100 多种。

成年公羊剪毛量 3~4 kg，母羊 2.5 kg，较其他粗毛羊为高。被毛由无髓毛、两型毛和中等细度的有髓毛组成，但有时也能遇见有死毛的个体，毛辫中等长。毛长 8~12 cm，用于制毡。羔羊宰剥后，母羊可挤乳 2~3 个月，每天挤乳量 0.5~1.0 kg，含脂率 6~7%。成年羊肥育后肉用品质良好，屠宰率 50% 左右。

我国从1951年由苏联引入，分别饲养在新疆、内蒙古、甘肃、宁夏、青海等省、自治区。卡拉库尔羊在我国适应性良好，杂交改良效果显著，是育成中国卡拉库尔羔皮羊新品种的父系。

2. 湖羊

产地与分布：产于太湖流域长兴、德清等地和江苏省南部的常熟，主要分布于浙江省西部嘉兴、吴江、沙州等地。

外貌特征：湖羊体格中等，公、母均无角，头狭长，鼻梁隆起，多数耳大下垂，颈细长，体躯狭长，背腰平直，腹微下垂，尾扁圆，尾尖上翘，四肢偏细而高。被毛全白，腹毛粗、稀而短，体质结实。

生产性能：湖羊是我国特有的羔皮用绵羊品种，也是目前世界上少有的白色羔皮羊品种。2000年，被农业部列入《国家级畜禽品种资源保护名录》。成年公羊体重48.68 kg，母羊36.49 kg，成年公羊剪毛量1.65 kg，母羊1.17 kg，被毛异质。湖羊羔皮洁白光润，皮板轻柔，有波浪形花纹，毛卷紧贴皮板，扑而不散，在国际市场上享有很高的声誉，有"软宝石"之称。湖羊繁殖率高，母羊常年发情，平均产羔率228.9%。屠宰率为40%~50%。

湖羊适于农区常年舍饲和潮湿、温暖的气候环境。

3. 滩羊

产地与分布：宁夏及其毗邻的半干旱荒漠草原和干旱草原。

外貌特征：滩羊为蒙古羊的一个分支。体格中等，体质结实，全身各部位结合良好，鼻梁稍隆起，耳有大、中、小三种。公羊有螺旋形角向外伸展，母羊一般无角或有小角。背腰平直，胸较深，四肢端正，蹄质坚实。尾根部宽大，尾尖细圆，呈长三角形，下垂过飞节。体躯毛色纯白，光泽悦目，多数头部有褐、黑、黄色斑块。

生产性能：成年公羊平均体重47.0 kg，母羊35.0 kg。成年公羊毛长8.0~15.5 cm，母羊8.5~14.0 cm。公羊剪毛量为1.6~2.2 kg，母羊0.7~2.0 kg。成年羯羊屠宰率为45%。母羊产羔率为101%~103%。滩羊是我国独特的裘皮用绵羊品种，以所产二毛皮著名。2000年被农业部列入《国家级畜禽品种资源保护名录》。

二毛皮为生后30天左右宰剥的羔皮，毛股长7 cm以上，有5~7个弯曲和美丽的花穗，呈玉白色，光泽悦目，轻暖、结实，是裘皮中的上品，是宁夏的"五宝"之一，在国际上享有盛誉。

（六）乳用羊品种

世界上专门乳用的绵羊品种很少，多为乳肉兼用品种。欧洲和地中海区域的一些国家长期以来喜欢食用绵羊乳，重视饲养和选育产乳量较高的乳用绵羊品种。世界上著名的乳用绵羊品种有德国的东佛里生羊、保加利亚的普列文黑头羊和中东国家的阿瓦西羊等。

1. 东佛里生乳用羊

产地：原产于荷兰和德国，是目前世界绵羊中产乳性能最好的品种。

外貌特征：体格大，体型结构良好。公、母羊均无角，被毛白色，偶有纯黑色个体出现。体躯宽长，腰部结实，肋骨拱圆，臀部略有倾斜，尾瘦长无毛。乳房结构优良、宽广，乳头良好。

生产性能： 成年公羊 90~120 kg，成年母羊 70~90 kg。成年母羊 260~300 天产奶量 500~810 kg，乳脂率 6%~6.5%。波兰的东弗里生羊日产奶 3.75 kg，最高记录达到一个泌乳期产奶 1 498 kg。剪毛量成年公羊 5~6 kg，成年母羊 4.5 kg。羊毛长度 10~15 cm。羊毛同质，羊毛细度 46~56 支，净毛率 60%~70%。母羔在 4 月龄达初情期，发情季节持续时间约为 5 个月，平均正常发情 8.8 次。欧洲北部的东弗里生羊与芬兰兰德瑞斯羊和俄罗斯罗曼诺夫羊都属于高繁殖率品种，东弗里生羊的产羔率为 200%~230%。

东弗里生羊是经过几个世纪的良好饲养管理和认真的遗传改良培育出的高产奶量品种，该品种性情温顺，适于固定式挤奶系统。这一品种用来同其他品种进行杂交来提高产奶量和繁殖力。在有的国家被用于培育合成母系和新的乳用品种。我国也引入有该品种。

三、山羊品种

（一）肉用山羊品种

1. 波尔山羊

产地与分布： 原产于南非，是是世界上公认的优秀肉用山羊品种。作为种用，已被非洲许多国家以及新西兰、澳大利亚、德国、美国、加拿大等国引进。具有体型大、生长快、繁殖力强、产羔多、屠宰率高、产肉多、肉质细嫩、耐粗饲、适应性强和抗病力强的特点。有"肉羊之父"美称。

外貌特征： 波尔山羊毛色为白色，头颈为红褐色，额端到唇端有一条白色毛带。波尔山羊耳宽下垂，被毛短而稀。公母羊均有角，角坚实，长度中等，公羊角基粗大，向后、向外弯曲；母羊角细而直立，有鬃，耳长而大，宽阔下垂。

生产性能： 成年公羊体高 75~90 cm，母羊 65~75 cm，公羊体重 95~120 kg，母羊体重 65~95 kg。屠宰率较高，平均为 48.3%，肉厚而不肥，肉质细、肌肉内脂肪少、色泽纯正、多汁鲜嫩。此外，波尔山羊的板皮品质极佳，板皮质地致密、坚牢，可与牛皮相媲美，属上乘皮革原料。波尔山羊繁殖性能优良，一年二胎或二年三胎，每胎平均 2~3 只左右。使用寿命长，生育年限为 10 年。

自 1995 年我国首批从德国引进波尔山羊以来，许多地区包括江苏、山东、重庆忠县等也先后引进了一些波尔山羊，并通过纯繁扩群逐步向周边地区和全国各地扩展。波尔山羊是优良公羊的重要品种来源，作为终端父本能显著提高杂交后代的生长速度和产肉性能。

2. 南江黄羊

产地与育成： 原产四川南江县，是以努比亚山羊、成都麻羊为父本，金堂黑山羊为母本，采用复杂育成杂交方法培育而成的肉用山羊新品种。1998 年 4 月，农业部正式命名为"南江黄羊"。

外貌特征：被毛黄褐色，面部多呈黑色，沿背脊有一条明显的黑色背线，毛短紧贴皮肤，富有光泽，被毛内侧有少许绒毛，有角或无角，耳大微垂，体格高大，前胸深广，颈肩结合良好，背腰平直，后躯丰满，身体呈圆桶形，四肢粗壮，结构匀称。公羊毛色较黑，前胸、颈肩、腹部及大腿被毛黑而长，头略显粗重，母羊颜面洁秀。

生产性能：南江黄羊是四川省南江县培育的我国肉用性能最好的山羊新品种。成年公羊平均体重60 kg，母羊40 kg左右。初生公羔重2.3 kg，母羔2.1 kg，6月龄公母羔平均体重20 kg左右。产肉性能好，成年阉羊屠宰率可达55%，净肉率40.12%，繁殖力高，性成熟早：南江黄羊2月龄即有性行为表现，3月龄可出现初情；4月龄可配种受孕，平均产羔率为205.42%。板皮品质优，质地良好。适应性强，杂交利用效果明显。南江黄羊适宜于在农区、山区饲养。

3. 成都麻羊

产地：产于成都平原四周的丘陵和低山地区。

外貌特征：为肉乳兼用型。体格较小、被毛深褐、腹下浅褐色，两颊各具一浅灰色条纹。具黑色背脊线。肩部亦具黑纹沿肩胛两侧下伸。四肢及腹部毛长。

生产性能：成年公羊平均体重43 kg，母羊32.6 kg。周岁羯羊体重26.3 kg，成年羯羊42.8 kg，屠宰率分别为49.8%和54.3%。1年产2胎或2年3胎，产羔率平均210%。成都麻羊的板皮致密、张幅大、弹性好、板皮薄、深受国际市场欢迎。板皮品质良好。

4. 马头山羊

产地：产于湖北省的郧阳、恩施地区和湖南省常德、黔阳地区以及湘西自治州各县。羊无角、头似马头，群众称马羊而定名。

外貌特征：体躯呈长方形，头大小适中，公、母羊均无角，两耳略向前下垂，前胸发达，背腰平直，后躯发育良好。被毛以白色为主，其次为黑色、麻色、杂色，毛短而粗。

生产性能：成年公羊体重为44 kg，母羊34 kg，羯羊47.4 kg，成年羯羊屠宰率60%左右。早期育肥效果好，7月龄体重可达23.31 kg，胴体重10.52 kg，屠宰率为52.34%。马头山羊肉质好，膻味小，板皮张幅大，弹性好。母羊性成熟早，常年发情，1年可产2胎或2年产3胎，产羔率200%左右。

马头羊为我国新发掘的一种优良肉用型山羊品种，有"中国羊后"之称，被农业部列为"九五"期间国家重点推广的畜禽良种之一。马头羊卷羊肉是我国出口创汇的拳头产品，在国际市场上享有很高声誉，远销伊拉克、叙利亚、黎巴嫩和科威特等国家。马头羊皮张质地柔软，皮质洁白、韧性强、张幅面积大、用途广、经济价值较高。

5. 陕南白山羊

产地与分布: 产于陕西南部地区。分布于汉江两岸的安康、紫阳等地。

外貌特征: 颈粗短,胸部发达,肋骨开张良好,以白色为主,少数为黑色、褐色或杂色。背腰长而平直,腹围大而紧凑,四肢粗壮。被毛白色有光泽,分短毛和长毛两型。短毛型毛稀、早熟、易肥、长毛型性好斗。

生产性能: 成年公羊平均体重 33 kg、母羊 27 kg。6 月龄羯羊体重相当于成年的 51.5%,屠宰率达 50%,净肉率达 40% 左右,肉质细嫩,膻味少,板皮品质好。1 年产 2 胎或 2 年 3 胎,产羔率 259% 左右。

6. 雷州山羊

产地与分布: 原产于广东省湛江地区的徐闻县,分布于雷州岛和海南省。雷州山羊是中国广东省以产肉、板皮而著名的地方山羊品种。

外貌特征: 雷州山羊毛色多为黑色,角蹄则为褐黑色,也有少数为麻色及褐色。麻色山羊除被毛黄色外,背浅、尾及四肢前端多为黑色或黑黄色,也有在面部有黑白纵条纹相间,或腹部及四肢后部呈白色的。雷州山羊面直,额稍凸,公、母养均有角,公羊角粗大,角尖向后方弯曲,并向两侧开张,耳中等大,向两边竖立开张,颌下有髯。公羊颈粗,母羊颈细长,颈前与头部相连处角狭,颈后与胸部相连处逐渐增大。背腰平直,乳房发育良好,多呈球形。

生产性能: 成年公羊平均体重 54 kg,母羊 47.7 kg,羯羊 50.8 kg,屠宰率 50%~60%,肉质好,无膻味。板皮品质良好。繁殖率高,1 年产 2 胎,产羔率 150%~200% 左右。2000 年被农业部列入《国家级畜禽品种资源保护名录》。

7. 隆林山羊

产地: 广西优良的地方品种。原产于云贵高原桂西北山区的隆林各族自治县,故称隆林山羊。

外貌特征: 体质结实,结构匀称。头大小适中,母羊鼻梁较平直,公羊稍隆起,公、母羊均有髯,耳大小适中,公、母羊均有角,呈扁形,向上向后外呈半螺旋状弯曲,少数呈螺旋状弯曲,角呈白色、石膏色或黑色,少数母羊颈下有肉垂。肋骨拱张良好,后躯比前躯略高,体长、体躯近似长方形。四肢粗壮。毛色较杂,有白色(占 38.25%)、黑白花色(占 27.94%)、褐色(占 19.11%)、黑色(占 14.7%),腹下部和四肢上部毛被较粗长。

生产性能: 成年公羊平均体重 57 kg,母羊 44.7 kg,羯羊 72.3 kg,3~4 月龄断奶羔羊,公羔(26 只)平均体重 17.6 kg,母羔(27 只)为 16.7 kg。经过育肥的羯羊屠宰率 50%~55%。中等膘情母羊屠宰率为 42%~45%。肌肉丰满,肉质细嫩膻味少。2 年产 3 胎,大多为双羔,平均产羔率 195.2%。

(二)绒用山羊品种

1. 辽宁绒山羊

产地与分布：原产于辽宁省东南部山区，主要分布在盖州及其相邻的岫岩、辽阳、本溪、凤城、宽甸、庄河、瓦房店等地区。属绒肉兼用型品种，是中国绒山羊品种中产绒量最高的优良品种。

外貌特征：公、母羊均有角，有髯，公羊角发达，向两侧平直伸展，母羊角向后上方。额顶有自然弯曲并带丝光的绺毛。体躯结构匀称，体质结实。颈部宽厚，颈肩结合良好，背平直，后躯发达，呈倒三角形状。四肢较短，蹄质结实，短瘦尾，尾尖上翘。被毛为全白色，外层为粗毛，且有丝光光泽，内层为绒毛。

生产性能：成年公羊体重 51.7 kg，母羊 44.9 kg。成年公羊产绒量 540 g，最高纪录为 1 375 g；成年母羊 470 g，最高为 1 025 g。山羊绒自然长度 5.5 cm，准直长度 8~9 cm，平均细度 17 μm 左右，净绒率 75.51%，强度 4.59 g。绒毛品质优良。公、母羊 7—8 月龄开始发情，周岁产羊，母羊平约产羔率 120%~130%。成年羯羊屠宰率 50%。

辽宁绒山羊产绒量高，绒毛品质好，遗传性能强。不仅是我国的珍贵山全品种，而且在世界白色绒用山羊中亦是高产品种，所产山羊绒因其优秀的品质被专家称作"纤维宝石"，是纺织工业最上乘的动物纤维纺织原料。2000 年被农业部列入《国家级畜禽品种资源保护名录》。

2. 内蒙古白绒山羊

产地：产于内蒙古自治区，可分为阿尔巴斯、二狼山和阿拉善白绒山羊三个类型。内蒙古白绒山羊是由蒙古山羊经过长期选育而形成的绒肉兼用型地方良种。

外貌特征：公、母羊均有角，向后外上方伸展，公羊角大，母羊角小。头清秀，有额毛，鼻梁平直或微凹。体质结实，结构匀称，体躯近似方形，后躯略高，背腰平直，尻略斜，四肢粗壮结实，蹄质坚硬，行动敏捷，善于远牧登高。

生产性能：2000 年被农业部列入《国家级畜禽品种资源保护名录》。成年公羊平均产绒量 483.18 g，绒厚度 5.11 cm，母羊产绒量 369.95 g，绒厚度 4.66 cm，抓绒后体重公羊 37.5 kg，母羊 27.21 kg，净绒率 62.8%，羊绒细度 14.73μm。母羊繁殖率较低，一年一产，多产单羔，产羔率 103~110%。成年羯羊屠宰率 46.2%。

内蒙古白绒山羊遗传性稳定，抗逆性强，耐粗饲，抗病力强，对半荒漠草原的干旱、寒冷气候具有较强的适应性。其羊绒细、纤维长、光泽好、强度大、白度高、绒毛手感柔软；综合品质优良，在国际市场上居领先地位。

3. 罕山白绒山羊

产地与分布：罕山白绒山羊产于内蒙古自治区的哲里木盟，分布于赤峰市、通辽市扎鲁特旗、霍林郭勒市和库伦旗等。

外貌特征：体型较大，体质结实，结构匀称，背腰平直，身躯稍高，体长略大于体高；面部清秀，眼大有神，两耳向两侧伸展或半垂，额前有一束长毛，有下颌须；四肢强健，蹄质坚实，善于登山远牧，姿势雄健，行动敏捷，蹄夹有长毛覆盖；公、母

羊都有板角，公羊有扁螺旋形大角，向后、外、上方扭曲伸展，母羊角细长；全身绒毛纯白，分内外两层，外层为长粗毛，光泽良好，内层为细绒毛。

生产性能：成年公羊平均产绒量 708 g，绒厚 5.54 cm，母羊产绒 487 g，绒厚 4.73 cm，抓绒后体重公羊 47.25 kg，母羊 32.38 kg，净绒率为 73.71%，羊绒细度 14.72 μm，屠宰率 46.46%，产羔率 109~119%。罕山白绒山羊耐粗饲，抗病力强，适应性强。每年梳绒 1 次，所产羊绒纯白，纤维细长而均匀，富有光泽和弹性。

4. 河西绒山羊

产地与分布：河西绒山羊产于甘肃省河西走廊西北部肃北蒙古族自治县和肃南裕固族自治县。分布在酒泉、武威、张掖三地区的各县。

外貌特征：体质结实、紧凑。公、母羊均有弓形的扁角，分黑色和白色两种，公羊角较粗长，向上并略向外伸展。四肢粗壮，前肢端正，后肢多呈"X"形。毛被以白色为主，也有黑色、青色、棕色和杂色等。毛被由粗毛和绒毛组成。

生产性能：成年公羊体重平均 38.5 kg，成年母羊平均为 26.0 kg。成年公羊产绒量 323.5 g，成年母羊 279.9 g；绒长 4.0~5.0 cm，羊绒细度 14~16 μm，净绒率 50%左右。成年公羊粗毛产量 316 g，成年母羊 382.6 g。母羊繁殖率较低，一年一产，多产单羔，屠宰率 43.6%~44.3%。

（三）皮用山羊品种

1. 济宁青山羊

产地与分布：产于山东省西南部，主要分布在菏泽和济宁地区。

外貌特征：体格小，公羊额部有卷毛，领下有髯。公、母羊均有角，向上略向后方伸展，两耳向前外方伸展，外形与毛色有"四青一黑"的特征，即背毛、角、唇及蹄为青色，两前膝为黑色。按照被毛的长短和粗细分为长细毛、短细毛、长粗毛和短粗毛四种类型。其中长细毛和短细毛类所产羔皮的质量最好。

生产性能：济宁青山羊主要产品是猾子皮（羔羊出生后 3 天内宰剥的皮张），其特点是毛细短，长约 2.2 cm；密紧适中，在皮板上构成美丽的花纹，花型有波浪、流水及片花，为国际市场上的有名商品。皮板面积约 1 100~1 200 cm²，是制造翻毛外衣、皮帽、皮领的优质原料。皮板薄而致密，鞣制后厚度不超过 0.55 mm，被毛呈丝光或银光光泽。

成年公羊体重 30 kg，成年母羊 26 kg。产绒量 30~100 g，成年公羊粗毛产量 230~330 g，成年母羊 150~250 g。青山羊生长快，性成熟早，繁殖率高，遗传性稳定，适应性强，耐粗饲，性温驯易管理。4 月龄即可配种，母羊常年发情，年产两胎或两年产 3 胎，一胎多羔，平均产羔率为 293.65%。屠宰率为 42.5%。山羊排卵数一般 2~3 个,而济宁青山羊可达 5 个以上。济宁青山羊 2000 年被农业部列入《国家级畜禽品种资源保护名录》。

2. 中卫山羊

产地：中卫山羊又叫沙毛山羊,是我国特有的裘皮用山羊品种,产于宁夏的中卫、中宁、同心、海原,甘肃中部的皋兰、会宁等县及内蒙古阿拉善左旗。裘皮品质驰名世界。

外貌特征：中卫山羊体质结实,体格中等大小,身短而深,近似方形。公、母羊大多有角,公羊角大,呈半螺旋形的捻状弯曲,向上向后外方伸展,长度 35~48 cm,母羊角小,呈镰刀形,向后下方弯曲,角长 20~25 cm,额部着生毛缨,垂于眼部,颌下有髯。中卫山羊毛被以白色为主,光泽悦目。初生羔羊全身着生波浪形弯曲的毛被。成年羊毛被的毛股由略带弯曲的粗毛和两型毛组成。头部耳根以下,四肢部膝关节和飞节以上均着生具有波浪形弯曲的毛股。

生产性能：中卫山羊是中国裘皮用山羊,也是世界唯一的裘皮山羊品种。成年公羊体重为 30~35 kg,母山羊为 20~30 kg。中卫山羊的主要产品是"二毛皮",又称"沙毛皮",是羔羊生后 35日龄左右宰剥的毛皮。因用手捻摸有发沙的感觉,故又称"沙毛二毛皮"。该裘皮有美丽的花穗,具有美观、轻便、结实、保暖和不擀毡等特点。中卫山羊所产二毛皮、羊毛、羊绒均为珍贵的衣着原料,在国内享有较高的声誉,但存在体格较小的缺点。中卫山羊成年羊每年抓绒、剪毛一次,一般在 5 月份。抓绒量,公羊为 164~240 g,母羊为 140~190 g;剪毛量,公羊平均为 0.4 kg,母羊平均为 0.3 kg。中卫山羊适应半荒漠草原中卫山羊所产山羊肉细嫩,脂肪分布均匀,膻味小。羯羊屠宰率平均为 44.8%。中卫山羊适应半荒漠草原,抗逆性强,遗传性稳定。

（四）乳用山羊品种

1. 崂山奶山羊

产地与分布：产于山东省青岛市崂山区一带,主要分布于胶东半岛。

外貌特征：体质结实粗壮,结构紧凑匀称、头长额宽、鼻直、眼大、嘴齐、耳薄并向前外方伸展;全身白色,毛细短,皮肤粉红有弹性,成年羊头、耳、乳房有浅色黑斑;公母羊大多无角,有肉垂。公羊颈粗、雄壮,胸部宽深,背腰平直,腹大不下垂,四肢较高,蹄质结实,蹄壁淡黄色,睾丸大小适度、对称、发育良好。母羊具有乳用家畜特有的楔形体型,乳房基部发育好、上方下圆、皮薄毛稀、乳头大小适中对称。

生产性能：成年公羊体重 80.14 kg,体高 80~88 cm;成年母羊体重 49.58 kg,体高 68~74 cm。母羊泌乳期 7~8 个月,一胎平均产奶量 400 kg 以上,二胎平均 550 kg 以上,三胎 700 kg 以上。母羊性成熟早,出生后 3~4 月龄、体重 20 kg 左右开始发情,每年的发情季节在 8 月下旬到翌年 1 月底,发情旺季在 9~10 月份。母羊 8 月龄、体重达 30 kg 以上时即可初配。母羊一胎产羔率为 130%,二胎产羔率为 160%,三胎可达 200% 以上,平均产羔率为 180%。产双羔的占 52.9%,产三羔的占 13.4%。

2. 关中奶山羊

产地与分布：产于陕西省关中地区，现主要分布在关中的富平、三原、径阳、蒲城等8个县。

外貌特征：体质结实，乳用体型明显，头长额宽，眼大耳长，鼻直嘴齐。母羊颈长胸宽，背腰平直，腹大而不下垂，尻部宽长，略有倾斜，乳房大，多呈方圆形，质地柔软，乳头大小适中。公羊头大颈粗，胸部宽深，腹部紧凑，睾丸发育良好。公、母羊四肢结实，肢势端正，蹄质结实呈蜡黄色。毛短色白，皮肤粉红色，部分羊耳、鼻、唇及乳房有大小不等的黑斑，老龄更甚。体型外貌与萨能山羊相似。

生产性能：公羊体重78.6 kg，体高82 cm以上；成年母羊体重44.7 kg，体高69 cm以上。一般泌乳期为7～9个月，年产奶450～600 kg，高产个体可达700kg以上，脂乳率3.8%～4.3%。产肉性能良好。成年母羊屠宰率49.7%，净肉率39.5%，公母羊均在4～5月龄性成熟，一般5～6月龄配种，发情旺季9～11月，以10月份最甚。母羊怀孕期150 d，平均产羔率178%。种羊利用年限5～7年。

3. 萨能奶山羊

产地与分布：原产于瑞士，是当今世界上乳用山羊的代表种，分布最广，除气候十分炎热或非常寒冷的地区外，世界各国几乎都有。输入各国后，除进行纯种繁育外，主要作为杂交改良地方山羊的父本。萨能山羊对提高地方山羊的产奶量和体尺方面效果显著，并以此为基础培育成功许多新的奶山羊品种，并以其产地命名。现在半数以上的奶山羊品种都有它的血缘。目前仅欧州就已有十几个国家已经培育成了自己的萨能奶山羊品种。

外貌特征：瑞士莎能奶山羊具有奶畜特有的楔形体形，体格高大，细致紧凑。被毛粗短，为白色或淡黄色。皮肤薄，呈粉红色。公、母羊均无角或偶有短角，大多有须，有些颈部有肉垂。公羊颈粗壮，母羊颈细长。胸部宽深，背宽腰长，背腰平直，尻宽而长。公羊腹部浑圆紧凑，母羊腹大而不下垂。四肢结实，姿势端正。蹄壁坚实呈蜡黄色。母羊乳房基部宽广，向前延伸，向后突出，质地柔软，乳头1对，大小适中。

生产性能：成年公羊体重75～100 kg，最高120 kg，母羊50～65 kg，最高90 kg，母羊泌乳性能良好，泌乳期8～10个月，可产奶600～1 200 kg，各国条件不同其产奶量差异较大。最高个体产奶记录3 430 kg。母羊产羔率一般170%～180%，高者可达200%～220%。

4. 吐根堡奶山羊

产地与分布：原产于瑞士东北部圣仑州的吐根堡盆地。因具有适应性强、产奶量高等特点，而被大量引入欧、美、亚、非及大洋洲许多国家，进行纯种繁育和改良地方品种，对世界各地奶山羊业的发展起了重要的作用，与萨能羊同享盛名。

外貌特征：吐根堡山羊体型略小于萨能羊，也具有乳用羊特有的楔形体型。被毛褐色或深褐色，随年龄增长而变浅。颜面两侧各有一条灰白色的条纹，鼻端、耳缘、腹部、臀部、尾下及四肢下端均为灰白色。公、母羊均有须，部分无角，有的有肉垂。骨骼结实，四肢较长，蹄壁蜡黄色。公羊体长，颈细瘦，头粗大；母羊皮薄，骨细，颈长，乳房大而柔软，发育良好。

生产性能：成年公羊体高 80~85 cm，体重 60~80 kg；成年母羊体高 70~75 cm，体重 45~55 kg。平均泌乳期 287 d，在英、美等国一个泌乳期的产奶量 600~1 200 kg。瑞士最高个体产奶纪录为 1 511 kg，乳脂率 3.5%~4.2%。饲养在我国四川省成都市的吐根堡奶山羊，300 天产奶量，一胎为 687.79 kg，二胎为 842.68 kg，三胎为 751.28 kg。全年发情，但多集中在秋季。母羊 1.5 岁配种，公羊 2 岁配种，平均妊娠期 151.2 d，产羔率平均为 173.4%。

（五）毛用山羊品种

1. 安哥拉山羊

产地与分布：原产土耳其首都安卡拉（旧称安哥拉）周围，主要分布于气候干燥、土层瘠薄、牧草稀疏的安纳托利亚高原。历史悠久。产毛量高。毛长而有光泽，弹性大，且结实，国际市场上称马海毛。"马海"为阿拉伯语 mohair 的音译，是非常漂亮的意思。马海毛用于高级精梳纺，是羊毛中价格最昂贵的一种。安哥拉山羊现以土耳其、美国和南非饲养最多。

外貌特征：安哥拉山羊体格中等，公、母羊均有角，耳大下垂，鼻梁平直或微凹，胸狭窄，尻倾斜，骨骼细，体质较弱。全身被毛白色，毛被由波浪形或螺旋形的毛辫组成，毛辫长可垂地。成年公羊体重 40~45 kg，母羊 30~35 kg。

生产性能：安哥拉山羊性成熟较晚，一般母羊 18 月龄开始配种，多产单羔，繁殖率及泌乳量均低。羔羊在大群粗放条件下放牧，成活率为 75%~80%。安哥拉山羊被毛主要由无髓同型毛纤维组成，部分羊只的被毛中含 3%左右的有髓毛。剪毛量公羊 3.5~6.0 kg，母羊 2.5~3.5 kg。毛股自然长度 18~25 cm，最长可达 35 cm，毛纤维直径 35~52um，羊毛细度随年龄增大而变粗。羊毛含脂率 6%~9%，净毛率 65%~85%。土耳其每年剪毛 1 次，美国和南非年剪 2 次。与土种羊的杂交，其后代产毛量和羊毛品质一般随杂交代数的增加而提高，但体重则降低。

自 1984 年起，我国从澳大利亚引进该品种，目前主要饲养在内蒙古、山西、陕西、甘肃等省（区）。除了进行纯种繁殖外，还用来改良当地土种山羊，效果良好。

2. 苏联毛用山羊

产地与分布：原产于前苏联，该山羊主要分布在土库曼斯坦、乌兹别克斯坦、吉尔吉斯斯坦和塔吉克斯坦和哈萨克斯坦。是用安哥拉山羊公羊与地方粗毛山羊母羊杂交育成的毛用山羊新品种。

外貌特征：苏联毛用山羊被毛品质和生产性能近似于安哥拉品种，而体重和产奶量与地方山羊相近，具有地方山羊结实的体质、良好的体况和对当地条件良好的适应性。

生产性能：成年公羊体重 55~65 kg，母羊 39~43 kg，公羊产毛量 2.8~3.8 kg，特级公羊平均 2.9 kg，一级公羊平均 2.5 kg。母羊产毛量 1.6~2 kg，特级母羊平均 2 kg，一级母羊 1.8 kg；羊毛长度 16~20 crn，细度 46~56 支，净毛率 74%~80%；粗髓毛含量为 2%~4%，母羊产羔率 109%~123%。

【讨论与思考】

1. 名词解释

品种

2. 填空题

① 我国著名三大粗毛羊品种是（   ）、（   ）、（   ）。

② 我国（   ）是世界上唯一的裘皮山羊品种。

③ 国内主要奶山羊品种有（   ），（   ）。

④ 世界上最著名的细毛绵羊品种是（   ）。

⑤ （   ）山羊是世界上最著名的肉用山羊品种。

3. 简答题

① 根据羊毛生产方向和主要经济用途将绵羊分成哪几种类型？各列举几种品种。

② 根据经济类型将山羊分成哪几种类型？各列举几种品种。

项目1-3 兔的品种

【学习目标】

1. 掌握兔品种的产地、外貌特征、生产性能、利用特点。

2. 在生产实践中正确识别、利用兔品种，并科学进行饲养管理，为兔生产服务。

【学习内容】

家兔的品种包括了肉用品种、皮用品种、皮肉兼用品种和毛用品种。掌握家兔品种的产地、外貌特征、生产性能、利用特点，并科学进行饲养管理，为兔生产服务。

【相关技能】

掌握家兔常见品种

家兔的品种包括：1. 肉用品种；2. 皮用品种；3. 皮肉兼用品种；4. 毛用品种。

一、肉用品种

肉兔品种很多，按体型大致可分为大中小3型。体重5 kg以上者为大型兔；3～5 kg为中型兔；3 kg以下为小型。我国饲养数量较多的肉兔品种，主要有以下几种。

1. 新西兰兔

原产于美国，是近代最著名的优良肉兔品种之一，世界各地均有饲养。

外貌特征：新西兰兔有白色、黑色和红棕色3个变种。目前饲养量较多的是新西兰白兔，被毛纯白，眼呈粉红色，头宽圆而粗短，耳宽厚而直立，臀部丰满，腰肋部肌肉发达，四肢粗壮有力，具有肉用品种的典型特征。

生产性能：新西兰兔体型中等，最大的特点是早期生长发育较快。在良好的饲养条件下，8周龄体重可达1.8 kg，

10周龄体重可达 2.3 kg。成年体重：公兔 4~5 kg，母兔 4.5~5.5 kg。繁殖力强，平均每胎产仔 7~8 只。

主要优缺点：新西兰兔的主要优点是产肉力高，肉质良好，适应性和抗病力较强。主要缺点是毛皮品质较差，利用价值低。但用新西兰白兔与中国白兔、日本大耳兔、加利福尼亚兔杂交，则能获得较好的杂种优势。

2. 加利福尼亚兔

原产于美国加利福尼亚州，系由喜马拉雅兔、青紫蓝兔和新西兰白兔杂交育成，是现代著名皮肉兼用兔品种之一。

外貌特征：加利福尼亚兔皮毛为白色，鼻端、两耳、尾及四肢下部为黑色，故称"八点黑"。幼兔色浅，随年龄增长而颜色加深；冬季色深，夏季色淡。耳小直立，颈粗短，肩、臀部发育良好，肌肉丰满，眼呈红色。

生产性能：该兔体型中等，仔兔初生重 60~70 g，周龄体重达 1.0~12 kg，3 月龄体重可达 2.5 kg 以上。成年体重：公兔 3.6~4.5 kg，母兔 3.9~4.8 kg。繁殖力强，平均每胎产仔 7~8 只。

主要优缺点：该兔种的主要优点是早熟易肥，肌肉丰满，肉质肥嫩，屠宰率高。母兔性情温驯，泌乳力高，是有名的"保姆兔"。主要缺点是生长速度略低于新西兰兔，断奶前后饲养管理条件要求较高。

3. 比利时兔

原产于比利时，系由比利时贝韦伦野生穴兔改良而成的大型肉兔品种。

外貌特征：比利时兔被毛呈黄褐色或栗壳色，毛尖略带黑色，腹部灰白，两眼周围有不规则的白圈，耳尖部有黑色光亮的毛边。眼睛为黑色，耳大而直立，稍倾向于两侧，面颊部突出，脑门宽圆，鼻骨隆起，类似马头，俗称"马兔"。

生产性能：该兔体型较大，仔兔初生重 60~70 g，最大可达 100 g 以上，6 周龄体重 1.2~1.3 kg，3 月龄体重可达 2.3~2.8 kg。成年体重：公兔 5.5~6.0 kg，母兔 6.0~6.5 kg，最高可达 7~9 kg。繁殖力强，平均每胎产仔 7~8 只，最高可达 16 只。

主要优缺点：该兔种的主要优点是生长发育快，适应性强，泌乳力高。比利时兔与中国白兔、日本大耳兔杂交，可获得理想的杂种优势。主要缺点是不适宜于笼养，饲料利用率较低，易患脚癣和脚皮炎等。

4. 公羊兔

又名垂耳兔，是一个大型肉用品种。公羊兔因其两耳长宽而下垂，头型似公羊而得名。

外貌特征：被毛颜色以黄色者居多。头粗糙，眼小，颈短，背腰宽，殿圆，骨粗，体质疏松肥大。

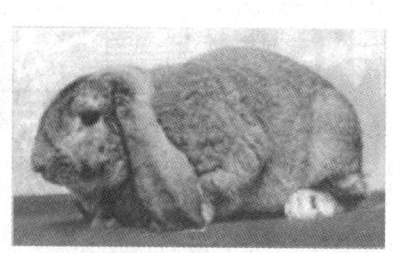

生产性能：该品种兔早期生长发育快，40 天断奶重可达 1.5 kg，成年体重 6~8 kg，最高者可达 9~10 kg。耐粗饲，

抗病力强,易于饲养。

主要优缺点:性情温顺,不爱活动,因过于迟钝,故有人称其为"傻瓜兔",其繁殖性能低,主要表现在受胎率低,哺育仔兔性能差,产仔少。该品种兔与比利时兔杂交,效果较好,二者都属大型兔,被毛颜色比较一致,杂交一代生长发育快,抗病力强,经济效益高。

5. 齐卡肉兔

由德国 zika 家兔育种中心和慕尼黑大学联合育成的、当前世界上著名的肉兔配套品系之一。我国在 1986 年由四川省畜牧兽医研究所首次引进、推广并试验研究。该配套系由 3 个品系组成:g 系称为德国巨型白兔,n 系为齐卡新西兰白兔,z 系为专门化品系。生产商品肉兔是用 g 系公兔与 n 系母兔交配生产的 gn 公兔为父本,以 z 系公兔与 n 系母兔交配得到的 zn 母兔为母本。在德国的全封闭式兔舍、标准化饲养条件下,其配套生产的商品兔,84 日龄平均体重达 2.8~3.0 kg,每胎平均产仔 8.2 只,肥育成活率为
85%。经过四川省畜牧兽医研究所 6 年的培育与选择,齐卡肉兔在我国开放式饲养条件下,其主要生产性能,恢复或超过引进原种的生产成绩,引种获得成功。三系选育群 g 系(141 只)、n 系(102 只)、z 系(187 只)成年体重分别为 5.79 kg、4.55 kg、3.56 kg。162 只试验商品肉兔 3 月龄体重为 2.53 kg,肥育成活率为 96%,屠宰率为 52.9%,胴体背腰宽,后躯肌肉丰富。经研究表明,齐卡商品肉兔的产肉性能明显优于全国广泛推广的加利福尼亚兔×杂交兔和我国新育成的哈尔滨大白兔。

6. 艾哥肉兔配套系

在我国又称布列塔尼亚兔,是由法国艾哥(elco)公司培育的肉兔配套系。艾哥肉兔配套系由 4 个系组成,即 gpl11 系、gpl21 系、gpl72 系和 gpl22 系。其配套杂交模式为:

gpl11 系公兔与 gpl21 系母兔杂交生产父母代公兔(p231),
gpl72 系公兔与 gpl22 系母兔杂交生产父母代母兔(p292),父母代公母兔交配得到商品代兔(pf320)。gpl11 系兔,毛色为白化型或有色,性成熟期 26—28 周龄,成年体重 5.8 kg 以上,70 日龄体重 2.5~2.7 kg,28—70 日龄饲料报酬 2.8∶1。

gpl21 系兔,毛色为白化型或有色,性成熟期 121 日龄,成年体重 5.0 kg 以上,70 日龄体重 2.5~2.7 kg,28—70 日龄饲料报酬 3.0∶1,每个母兔笼位年生产断奶仔兔 50 只。

gpl72 系兔,毛色为白化型,性成熟期 22—24 周龄,成年体重 3.8~4.2 kg,公兔性能力较强。gpl22 系兔,性成熟期 117 日龄,成年体重 4.2~4.4 kg,每只母兔年生产父母代母兔 25~30 只。父母代公兔(p231),毛色为白色或有色,性成熟期 26—28 周龄,成年体重 5.5 kg 以上,28—70 日龄日增重 42 g,饲料报酬 2.8∶1 父母代母兔(p292),毛色白化型,性成熟期 117 日龄,成年体重 4.0~4.2 kg,胎产活仔 9.3~9.5 只;商品代兔(pf320)70 日龄体重 2.4~2.5 kg,饲料报酬 2.8~2.9∶1。

二、皮用品种

以皮用品种划分,兔的分类比较多,主要是獭兔系列,獭兔的色型是区别不同品系的重要标志,也是鉴别毛色纯正度和商品价值的重要指标之一。獭兔的色型很多,据国外报道,已达 20 余种,其中以白色、黑色、红色、青紫蓝色和加利福尼亚色较为流行。

1. 白色獭兔

全身被毛洁白,富有光泽,没有任何污点或杂色毛,是毛皮工业中最受欢迎、最有价值的毛色类型之一。目前所见的白色獭兔均为白化体,即眼睛呈粉红色,爪为白或玉色。被毛带污色、锈色或黄色,或带有其他杂毛者,都属于缺陷。

2. 黑色獭兔

全身被毛纯黑,柔软绒密,每根毛纤维自基部至毛尖均呈炭黑色,且富有光泽,既不呈褐色,也不带锈色,是毛皮工业中较受欢迎的毛色类型之一。眼睛呈黑褐色,爪为暗色。被毛带褐色、棕色、锈色、白色斑点或杂毛者,均属缺陷。

3. 红色獭兔

全身被毛为深红色,一般背部颜色略深于体侧部,腹部毛色较浅。最为理想的被毛颜色为暗红色,是毛皮工业中较受欢迎的毛色类型之一。眼睛呈褐色或榛子色,爪为暗色。腹部毛色过浅或有锈色、杂色与带白斑者,均属缺陷。

4. 蓝色獭兔

全身被毛为纯蓝色,柔软似绒,自基部至毛尖色泽纯一,为最早育成的獭兔色型之一,是各类獭兔中毛绒最柔软的一种,属毛皮工业中较受欢迎的毛色类型之一。眼睛呈蓝色,爪为暗色。被毛带霜色、锈色、白色、杂色或带白色斑点者,均属缺陷。

5. 青紫蓝獭兔

全身被毛基部为瓦蓝色,中段为珍珠灰色,毛尖部为黑色。颈部毛色略浅于体侧部,背部毛色较深;腹部毛色呈浅蓝或白色。眼睛呈棕色、蓝色或灰色,眼圈线条清晰,有浅珍珠灰色狭带,爪为暗色。被毛带锈色或淡黄色;白色或胡椒色,毛尖部毛色过深或四肢带斑纹者,均属缺陷。

6. 加利福尼亚獭兔

全身被毛除鼻端、两耳、四肢下部及尾为黑色外,其余部位均为纯白色,即一般所称的"八点黑"。黑白界限明显,色泽协调而布局匀称,毛绒厚密而柔软。眼睛呈粉红色;爪为暗色。鼻端、两耳、四肢及尾部无典型黑色毛或黑毛中掺有白色斑点或杂色者,均属缺陷。

7. 海狸色獭兔

全身被毛呈红棕色,背部,毛色较深,体侧部颜色较浅,腹部为淡黄色或白色。毛纤维的基部为瓦蓝色,中段呈深橙或黑褐色,毛尖部略带黑色。这是最早育成的獭兔色型之一,被毛绒密柔软,深受消费者欢迎。眼睛呈棕色;爪为暗色,被毛呈灰色,毛尖过黑或带白色、胡椒色、前肢有杂色斑纹者;均属缺陷。

8. 蛋白石獭兔

全身被毛呈蛋白石色,毛纤维的基部为深瓦蓝色,中段为金褐色,毛尖部呈紫蓝色。背部毛色较深,腹部毛色较浅,多呈棕色或白色,体侧部的毛色显示出美丽的金黄色或金褐色。眼睛为蓝色或砖灰色,爪为暗色。被毛呈锈色或混有白色、杂色斑点,毛尖部或底毛颜色过浅者,均属缺陷。

9. 花色獭兔

这类獭兔的被毛色泽可分为两种情况。一种是全身被毛以白色为主,杂有一种其他不同颜色的斑点,最典型的标志是背部有一条较宽的有色背线,面部有有色嘴圈、有色眼圈和体侧有对称的斑点,颜色有黑色、蓝色、海狸色、猞猁色、紫貂色、海豹色、青紫蓝色、巧克力色、蛋白石色等。另一种是全身被毛以白色为主,同时杂有两种其他不同颜色的斑点,颜色有深黑色和橘黄色、紫蓝色和淡黄色、巧克力色和橘黄色、浅灰色和淡黄色等。花斑主要分布于背部、体侧和臀部,鼻端有蝴蝶状色斑。眼睛颜色与花斑色泽一致,爪为暗色。花色獭兔又称花斑兔、碎花兔或宝石花兔。花斑表现有一定的规律,呈一定的典型图案。具体表现是:两耳毛色相同,鼻部有花斑,背部、体侧、臀部均带有花斑,花斑面积一般占全身的10%~50%。

三、皮肉兼用品种兔类

皮肉兼用的品种相对少一些,主要有以下几种。

1. 日本大耳兔

原产于日本,是由中国白兔与日本兔杂交育成的优良皮肉兼用型品种。

外貌特征:日本大耳兔以耳大、血管清晰而著称,是比较理想的实验用兔。被毛紧密,毛色纯白,针毛含量较多;眼睛为红色,耳大直立,耳根细,耳端尖,形似柳叶状;母兔颌下有肉髯。

生产性能:日本大耳兔可分为3个类型:大型兔体重5~6 kg,

中型兔3~4 kg，小型兔2.0~2.5 kg。我国饲养较多的为大型兔，仔兔初生重60 g左右，3月龄体重2.2~2.5 kg。年产5~7胎，每胎产仔8~10只，最高达17只。

主要优缺点：该兔种的主要优点是早熟，生长快，耐粗饲；母性好，繁殖力强，常用作"保姆兔"肉质好，皮张品质优良。主要缺点是骨架较大，胴体不够丰满，屠宰率、净肉率较低。

2. 青紫蓝兔

产于法国，因毛色类似珍贵毛皮兽"青紫蓝绒鼠"而得名，是世界著名的皮肉兼用兔种。

外貌特征：被毛整体为蓝灰色，耳尖及尾面为黑色，眼圈、尾底、腹下和后额三角区呈灰白色。单根纤维自基部至毛梢的颜色依次为深灰色、乳白色、珠灰色、雪白色和黑色，被毛中夹杂有全白或全黑的针毛。眼睛为茶褐色或蓝色。

生产性能：青紫蓝兔现有3个类型。标准型：体型较小，成年母兔体重2.7~3.6 kg，公兔2.5~3.4 kg；美国型：体型中等，成年母兔体重4.5~5.4 kg，公兔4.1~5 kg；巨型兔：偏于肉用型，成年母兔体重5.9~7.3 kg，公兔5.4~6.8 kg。繁殖力较强，每胎产仔7~8只，仔兔初生重50~60 g，3月龄体重达2~2.5 kg。

主要优缺点：该兔种的主要优点是毛皮品质较好，适应性较强，繁殖力较高，因而在我国分布很广，尤以标准型和美国型饲养量较大。主要缺点是生长速度较慢，因而以肉用为目的不如饲养其他肉用品种有利。

3. 丹麦白兔

产于丹麦，又称兰特力斯兔，是近代著名的中型皮肉兼用型兔。

外貌特征：丹麦兔被毛纯白，柔软紧密；眼红色，头较大，耳较小、宽厚而直立，口鼻端钝圆，额宽而隆起，颈粗短，背腰宽平，臀部丰满，体型匀称，肌肉发达，四肢较细；母兔颌下有肉髯。

生产性能：该兔体型中等，仔兔初生重45~50 g，6周龄体重达1.0~1.2 kg，3月龄体重2.0~2.3 kg，成年母兔体重4.0~4.5 kg，公兔3.5~4.4 kg，繁殖力高，平均每胎产仔7~8只，最高达14只。

主要优缺点：丹麦白兔的主要优点是毛皮优质，产肉性能好，耐粗饲，抗病力强，性情温驯，容易饲养。主要缺点是体型较其他品种偏小而体长稍短，四肢较细。

4. 中国白兔

中国白兔又称菜兔，是世界上较为古老的优良兔种之一，分布于全国各地，以四川成都平原饲养最多。

外貌特征：中国白兔体型较小，全身结构紧凑而匀称；被毛洁白，短而紧密，皮板较厚，头型清秀，耳短小直立，眼为红色，嘴头较尖，无肉髯，该兔种间有灰色或黑色等其他毛色，杂色兔的眼睛为黑褐色。

生产性能：中国白兔为早熟小型品种，仔兔初生重40~50 g；30日龄断奶体重300~450 g，3月龄体重1.2~1.3 kg；成年母兔体重2.2~2.3 kg，公兔1.8~2.0 kg，繁殖力较强，年产4~6胎，平均每胎产仔6~8只，最多达15只以上。

主要优缺点：该兔种的主要优点是早熟，繁殖力强，适应性好，抗病力强，耐粗饲，是优良的育种材料，肉质鲜嫩味美，适宜制作缠丝兔等美味食品。主要缺点是体型较小，生长缓慢，产肉力低，皮张面积小，有待选育提高。

5. 塞北兔

由法系公羊兔与弗朗德兔杂交选育而成的肉皮兼用兔,主要分布于河北、内蒙古、东北及西北等地。

外貌特征: 塞北兔的毛色以黄褐色为主,其次是纯白色和少量黄色;一耳直立,一耳下垂,或两耳均直立或均下垂;头略粗而方,鼻梁上有黑色山峰线,颈粗短;体躯匀称,肌肉丰满,发育良好。

生产性能: 该兔种体型较大,仔兔初生重 60~70 g,30 日龄断奶体重可达 650~1 000 g,在一般饲养管理条件下,2~4 月龄月均增重达 0.75~1.15 kg,成年兔体重平均 5.0~6.5 kg,高者可达 7.5~8.0 kg。繁殖力强,每胎产仔 7~8 只,高者可达 15~16 只。

主要优缺点: 塞北兔的主要优点是体型较大,生长较快,繁殖力较高,抗病力强,发病率低,耐粗饲,适应性强,性情温驯,容易管理。主要缺点是毛色、体型尚欠一致,有待于进一步选育提高。

6. 哈尔滨白兔

由比利时兔、花巨兔、加利福尼亚兔、青紫蓝兔与哈尔滨本地白兔、上海大耳白兔等多品种杂交选育而成。

外貌特征: 哈尔滨白兔全身被毛洁白,毛密柔软,眼睛红色,耳宽长而直立,前后躯发育匀称,上肢强健,体型较大。

生产性能: 该兔种属大型肉兔新品种。成年兔体重 4.5~7.0 kg(品种内含部分中型兔类群),体长约 58 cm,胸围 39 cm。被毛纯白,紧凑有光泽,毛皮质量较好,肌肉丰满,体质结实。该品种的优点是繁殖率高,生长快,耐粗饲,适应性强。屠宰率半净膛为 57.5%,全净膛为 53.5%。

7. 花巨兔

又称德国花巨兔,原产于德国,由比利时兔和佛兰德兔等品种杂交育成。

主要特点: 鼻、嘴环、眼圈及耳朵为黑色,从颈至尾根沿背有黑色长条背线,体两侧有对称蝶状斑块,其余被毛为白色。体型高大,体躯较长,呈现弓型。骨筋较粗重,腹部距地面较高。成年兔平均体重为 5.0~6.0 kg。性情活泼,行动敏捷,善于跳跃。繁殖力较强,每胎平均产仔 11~12 只,最高可达 17~19 只。

缺点: 母性不强,泌乳力不好,毛色的遗传不稳定,繁殖中常出现灰色和黑色个体。

8. 虎皮黄兔

又名太行山兔,原产于河北省井陉、平台等县,是在中国经过 7 年选育而成的,是一个优良的地方品种。虎皮黄兔分标准型和中型两种。

标准型兔: 全身毛色为栗黄色,腹部毛为淡白色,头清秀,耳较短厚直立,体型紧凑,背腰宽平,四肢健壮,体质结实,成年兔体重,公兔平均 3.87 kg。母兔 3.54 千克。

中型兔: 全身毛色为深黄色,臀两侧和后背略带黑毛尖,头粗壮,脑门宽圆,耳长直立,背腰宽长,后躯发达,体质结实。成年兔体重,公兔平均 4.31 kg,母兔平均 4.37 kg。虎皮黄兔耐寒,粗饲,抗病力和适应性特别强,遗传性能稳定,繁殖力高,年产 5~7 胎,胎均产仔 8.2 只,母兔母性好;泌乳力强。

四、毛用品种兔

品种类型很多，但长毛兔只是一个较典型品种，即安哥拉兔。现在各国饲养的长毛兔，都是引用安哥拉兔，但在不同的自然气候和饲养条件下，采用不同的繁殖和选育方法，培育形成了许多品系。

1. 德系安哥拉兔

产于德国，是目前世界上饲养最普遍、产毛量最高的一个品系。我国自1978年开始引进饲养。

外貌特征：全身披厚密绒毛。被毛有毛丛结构，不易缠结，有明显波浪形弯曲。面部绒毛不甚一致，有的无长毛，亦有额毛、颊毛丰盛的，但大部分耳背均无长毛，仅耳尖有一撮长毛，俗称"一撮毛"。四肢、腹部密生绒毛；体毛细长柔软，排列整齐。四肢强健，胸部和背部发育良好，背线平直，头型偏尖削。

生产性能：德系兔体型较大，成年体重3.5~5.2 kg，高的可达5.7 kg，体长45~50 cm，胸围30~35 cm。年产毛量公兔为1 190 g，母兔为1 406 g，最高可达1 700~2 000 g；被毛密度为每平方厘米16 000~18 000根，粗毛含量5.4%~6.1%，细毛细度12.9~13.2 μm，毛长5.5~5.9 cm。年繁殖3~4胎，每胎产仔6~7只，最高可达11~12只；平均奶头4对，多的5对；配种受胎率为53.6%。

主要优缺点：德系兔的主要优点是产毛量高，被毛密度大，细长柔软，有毛丛结构，排列整齐，不易缠结。主要缺点是繁殖性能较低，配种比较困难，初产母兔母性较差，少数有食仔恶癖等。适应性较差，公兔有夏季不育现象。

2. 法系安哥拉兔

产于法国，选育历史较长，是目前世界上著名的粗毛型长毛兔。我国早在20世纪20年代就开始引进饲养，1980年以来又先后引进了一些新法系安哥拉兔。

外貌特征：全身披白色长毛，粗毛含量较高。额部、颊部及四肢下部均为短毛，耳宽长而较厚，耳尖无长毛或有一撮短毛，耳背密生短毛，俗称"光板"。被毛密度差，毛质较粗硬，头型稍尖。新法系安哥拉兔体型较大，体质健壮，面部稍长，耳长而薄，脚毛较少，胸部和背部发育良好，四肢强壮，肢势端正。

生产性能：法系兔体型较大，成年体重3.5~4.6 kg，高的可达5 kg，体长43~46 cm，胸围35~37 cm。年产毛量公兔为900 g，母兔为1 000 g，最高可达1 200~1 300 g；被毛密度为每平方厘米13 000~14 000根，粗毛含量13%~20%，细毛细度为14.9~15.7 μm，毛长5.8~6.3 cm。年繁殖4~5胎，每胎产仔6~8只；平均奶头4对，多的5对；配种受胎率为58.3%。

主要优缺点：法系兔的主要优点是产毛量较高，兔毛较粗，粗毛含量高，适于纺线和作粗纺原料；适应性较强，耐粗性好，繁殖力较高，并适于以拔毛方式采毛。主要缺点是被毛密度较差，面、颊及四肢下部无长毛。

3. 日系安哥拉兔

产于日本，生产性能不及德、法系安哥拉兔。我国自1979年开始引进饲养，主要分布在江浙及辽宁等省。

外貌特征：全身披白色浓密长毛，粗毛含量较少，不易缠结。额部、颊部、两耳外侧及耳尖部均有长毛；额毛有明显分界线，呈"刘海状"。耳长中等、直立，头型偏宽而短。四肢强壮，肢势端正，胸部和背部发育良好。

生产性能：日系兔体型较小，成年体重 3~4 kg，高的可达 4.5~5.0 kg，体长 40~45 cm，胸围 30~33 cm；年产毛量公兔为 500~600 g，母兔为 700~800 g，最高的可达 1 000~1 200 g；被毛密度为每平方厘米 12 000~15 000 根，粗毛含量 10%~11%，细毛细度 12.8~13.3 μm，毛长 5.1~5.3 cm。年繁殖 3~4 胎，平均每胎产仔 8~9 只；平均奶头 4~5 对；配种受胎率为 62.1%。

主要优缺点：日系兔的主要优点是适应性强，耐粗性好。繁殖力强，母性好，泌乳性能高。仔兔成活率高，生长发育正常。主要缺点是体型较小，产毛量较低，兔毛品质一般，且个体间差异较大。

4. 英系安哥拉兔

产于英国，偏向于观赏型和细毛型。我国早在 20 世纪 20~30 年代就开始引进饲养，曾对我国长毛兔的选育工作起过积极的作用。但目前纯种英系兔已极少见，即使在英国也难看到。

外貌特征：全身被白色、蓬松、丝状绒毛，形似雪球，毛质细软。头型偏圆，额毛、颊毛丰满，耳短厚，耳尖密生绒毛，形似缨穗，有的整个耳背均有长毛，飘出耳外，甚是美观。四肢及趾间脚毛丰盛。背毛自然分开，向两侧倒下。

生产性能：英系兔体型紧凑显小，成年体重 2.5~3.0 kg，高的达 3.5~4.0 kg，体长 42~45 cm，胸围 30~33 cm；年产毛量公兔为 200~300 g，母兔为 300~350 g，高的可达 400~500 g；被毛密度为每平方厘米 12 000~13 000 根，粗毛含量为 1%~3%，细毛细度 11.3~11.8 μm，毛长 6.1~6.5 cm。繁殖力较强，年繁殖 4~5 胎，平均每胎 产仔 5~6 只，最市可达 13~15 只；配种受胎率为 60.8%。

主要优缺点：英系兔的主要优点是繁殖力强，被毛白色、蓬松，甚是美观，可作观赏用。缺点是被毛密度差，产毛量低。体质较弱，抗病力差。母兔泌乳力较差。有待选育提高。

5. 中系安哥拉兔

主要饲养于上海、江苏、浙江等地，系引进法系和英系安哥拉兔互相杂交，并导入中国白兔血液，经长期选育而成，1959 年正式通过鉴定，命名为中系安哥拉兔。

外貌特征：中系兔的主要特征是全耳毛，狮子头，老虎爪。耳长中等，整个耳背和耳尖均密生细长绒毛，飘出耳外，俗称"全耳毛"；头宽而短，额毛、颊毛异常丰盛，从侧面看，往往看不到眼睛，从正面看，也只是绒球一团，形似"狮子头"；脚毛丰盛，趾间及脚底均密生绒毛，形成"老虎爪"。骨骼细致，皮肤稍厚，体型清秀。

生产性能：该兔体型较小，成年体重 2.5~3 kg，高的达 3.5~4 kg，体长 40~44 cm，胸围 29~33 cm；年产毛量公兔为 200~250 g，母兔为 300~350 g，高的可达 450~500 g；被毛密度为每平方厘米 11 000~13 000 根，粗毛含量为 1%~3%，细毛细度 11.4~11.6 μm，毛长 5.5~5.8 cm。繁殖力较强，年繁殖 4~5 胎，每胎产仔 7~8 只，高的可达 11~12 只；配种受胎率为 65.7%。

主要优缺点：主要优点是性成熟早，繁殖力强，母性好，仔兔成活率高，适应性强，较耐粗饲。体毛洁白，细长柔软，形似雪球，可兼作观赏用。主要缺点是体型小，生长慢。产毛量低，被毛纤细，结块率较高，一般可达 15%左右，公兔尤高。有待今后进一步选育提高。

【讨论与思考】

简答题：

1. 家兔的品种包括哪些？
2. 肉兔品种很多，按体型大致可分为哪几型？
3. 毛用品种有哪些？

项目 2　牛羊兔繁殖技术

项目 2-1　牛羊兔的选种选配

【学习目标】
1. 了解牛、羊、兔的选种的基本原理；
2. 掌握牛、羊、兔的选种、选配方法。

【学习内容】
选种和选配是常用的两大育种手段。选种必须选择生产性能高、生长发育快、适应性强、遗传性稳定的羊留作种用。选种必须有明确的选育目标和选种标准，根据培育目标，参照选择标准有意识、有计划地选种繁殖，通过数代选优汰劣，羊群就会按照人类的需要不断发展和提高。

【相关技能】
1. 掌握牛、羊、兔的选种方法；
2. 掌握牛、羊、兔的选配原则。

一、牛的选种选配

（一）牛的选种

选种包括公牛和母牛的选择，但种公牛的选种更为重要。因为人工授精和冷冻精液技术的广泛推广应用，种公牛可以对育种产生更大、更有效的影响。因此，选种就是要从牛群中选出最优秀的牛作种用，使其在优越的条件下大量繁殖后代，达到提高牛群产奶、产肉性能及健康水平的目的。

1. 选种的基本原理

（1）选择与选种：育种的关键环节是选和配。"选"从理论意义来说，就是选择；从实践意义来说，就是选种。选种的理论基础是选择学说。

选种包括自然选种和人工选择两类。前者是指随着自然环境条件的变迁，适者生存、不适者淘汰的一种选择方式；而后者则是指根据人们的各种需要，对家畜进行选择，即选种。

在养牛业中，选种即是按照不同牛的经济用途及生产性能表现，从它自身、祖先、后裔、同胞诸方面把优秀的公、母牛挑选出来留种繁殖，以提高牛群产量和品质的过程。由此可知选种的目的是选择出优秀的种公牛和种母牛，使其优良的特征性能在后代中不断巩固与加强。

（2）选种的实质和作用：牛的经济性状基本上都是属于数量性状，受微效多基因控制，这些基因都能影响经济性状的表型值，且具有累加效应。通过选择可以积累高产基因，在后代中得到变异与提高。在选择和繁殖过程中，使得一代代累积下来的微小的有利的量变，经过继代选择而引起质变，使品种的生产水平得到不断提高，甚至可能出现与以前不一样的新类型。由此可见，选择对家畜性能的影响是一个由量变到质变的过程。从目前的选择手段来看，它是通过控制留种的机会，定向、有目的、有计划地改变牛群的基因频率和基因型频率，从而使有了基因及优良基因组合在牛群中得频率不断提高，使有了性状不断得到巩固与加强。

（3）性状的遗传力与选种：遗传力可以定义为育种值方差占表型值方差的比率。在数量性状中，只有受极影的加性效应控制的育种值部分才是能真实遗传的，基因的非加性效应值及环境效应的影响是不能真实遗传的。研究表明，牛的不同性状具有不同的遗传力，凡是以加性效应为主、生命晚期形成的、与畜产品品质有关的性状，其遗传力都比较高；而容易受环境影响的性状，生命早期形成的性状，与繁殖力、生活力、适应性有关的性状，其遗传力较低，其他经济性状则具有中等遗传力（见表 2.1）。

表 2.1　牛若干性状的遗传力

性状	类型或品质	遗传力	性状	类型或品质	遗传力
出生重	乳用品种	0.11～0.19	成年体长	何斯坦牛	0.58～0.63
	肉用品种	0.23～0.54	成年管围	海福特牛	0.29
	黑和牛	0.34～0.57	成年腰角宽	乳用短角牛	0.50
出生体高	黑和牛	0.15		海福特牛	0.39～0.54
出生腰角宽	黑和牛	0.15		西门塔尔牛	0.47
出生管围	黑和牛	0.04	寿命长短	何斯坦牛	0.01～0.19
半岁体重	何斯坦牛	0.10	配种指数	何斯坦牛	0.026
	海福特牛	0.12～0.38	受胎率	何斯坦牛	0.004
	黑和牛	0.12～0.15	妊娠天数	乳用品质	0.42～0.47
半岁体重	荷斯坦牛	0.37		肉用品种	0.22～0.50
半岁体长	荷斯坦牛	0.25～0.31	产后发情天数	何斯坦牛	0.27～0.32
成年体重	乳用短角	0.50	终生产犊次数	何斯坦牛	0.026
	海福特牛	0.37～0.57	不育	何斯坦牛	0.20
成年体高	荷斯坦牛	0.73～0.86	发情周期	何斯坦牛	0.05
	海福特牛	0.42～0.57	育肥期增重	海福特牛	0.65
	西门塔尔牛	0.63	育肥期日增重	海福特牛	0.54
	黑和牛	0.57	育肥末中	海福特牛	0.69
成年胸深	荷斯坦牛	0.79～0.80	育肥期饲料转化率	海福特牛	0.65
	肉用品质	0.30～0.48	胴体重	海福特牛	0.57
	西门塔尔牛	0.36	屠宰率	海福特牛	0.71
	黑和牛	0.48		乳用品种	0.05
成年胸围	荷斯坦牛	0.55～0.61	胴体品质	海福特牛	0.33
	海福牛牛	0.39～0.71		乳用品质	0.32
	西门塔尔牛	0.78	眼肌面积	海福特牛	0.68
	黑和牛	0.70	产奶量	何斯坦牛	0.30

根据行政遗传力的高低可以确定选择方法，遗传力较高的性状，由基因的加性效应决定的变量部分大，所以根据个体表型选择种牛是可靠的。相反，遗传力低的性状，表型值受非遗传因素制约较大，因而以个体表型作为选择根据是不可靠的，改以家系选择，或结婚家系内选择效果较好。

（4）选择差与选择强度：选择差是指留种牛某性状平均表型值与整个牛群该性状平均表型值之差，它与遗传进展或选择反应有密切关系，即：

$$R = h^2 S$$

式中　　R——遗传进展；
　　　　h^2——遗传力；
　　　　S——选择差。

选择差愈大，遗传进展愈大，但选择差的确立受标准差和留种率两个因素的影响。在标准差一定的情况下，留种率愈大，选择差愈小。在生产实践中，若要大力发展牛群数量，留种率要大，势必缩小选择差，降低遗传进展；若重点提高牛的质量，则可降低留种率，加大选择差，从而加速遗传进展。另外，实践中公母牛的留种率是不一样的，而对后代的遗传作用是对等的，所以对公牛应该严格选择，优中选优，从公牛方面提高选择差比母牛方面更有实际效果。

选择强度是指标准化的选择差，即将选择差除以各自的标准差，它是没有单位的，是一个相对值，只受留种率一个因素的影响。

2. 性状选择方法

（1）单一性状选择法：此法是指按顺序逐一选择所要改良的性状，即当第一个性状经选择达到育种目标后，再选择第二个性状，以此类推地选择下去，直至全部性状都得到改良。这种方法简单易行，而且就某一性状而言，其选择效果最好。尤其当两性状间呈正相关时（如牛乳的乳脂率与乳蛋白率），在选择一个性状的同时，另一性状也得到相应提高。但对总的性状而言，改良效果最差，而且需时很长，况且对于呈负相关的性状来说（如牛的产乳量与乳脂率），则可能导致一个性状提高而另一性状的降低。所以只有在重点改进某一性状或与之有正相关关系的性状的情况下才用此法。

（2）独立淘汰法：这种方法是同时选择几个性状，分别规定最低标准，只要有一个性状不够标准即予淘汰。此法简易可行，能收到全面提高选择效果的作用。但这种方法选择的结果，容易将一些只有个别性状没达到标准，而其他方面都优秀的个体淘汰掉，而选留下了的往往是各个性状都表现中等的个体。这个方法的缺点是对各个性状在经济上的重要性以及遗传力的高低都没有予以考虑。

（3）综合选择指数法：单一性状选择法是先选择一个性状，这个性状得到改良后，再进行第二个性状的选择。从某个性状选择来看，效果是很大的，但从总性状来看，改良的效果是最低的。综合选择指数法就是育种时要同时佘子一个以上性状，例如，奶牛要选择产奶量、乳脂率、乳蛋白率；肉牛要选择初生重、日增重、屠宰率、净肉率、肉的品质；役牛选择体尺、体重、挽力。将不同性状资料，按其不通遗传力、经济的重要性，合并成一个指数，最后根据指数的高低来选留种畜。综合选择指数法是目前比较好的选择方法，在育种实践中得应用最为广泛。例如：美国、加拿大采用"总性能指数"，也是几个性状的综合指数选择法。

综合选择指数的公式是：

$$I = W_1 h_1^2 \frac{P_1}{P_2} + W_2 h_2^2 \frac{P_2}{P_2} + \cdots + W_n h_n^2 \frac{P_n}{P_n} = \sum_{i=1}^{n} \frac{W_i H_i^2 P_i}{\overline{P_i}}$$

式中　　I——综合选择指数；
　　　　W——性状的重要性；
　　　　h_1^2——遗传力；
　　　　P——个体性状的表型值；
　　　　$\overline{P}$——牛群性状的表型平均值；
　　　　$1、2、\cdots n$——性状序号。

现将各性状都处于牛群平均表型值得个体指数定位 100，以便选种，其他个体和 100 比较，超过 100 就好，越多越好，不够 100 就差。为便于计算，可将上述公式变为：

$$I = a_1 \frac{P_1}{\overline{P_1}} + a_2 \frac{P_2}{\overline{P_2}} + \cdots + a_n \frac{P_n}{\overline{P_n}}$$

$$= aW_1h_1^2 \frac{P_1}{\overline{P_1}} + aW_2h_2^2 \frac{P_2}{\overline{P_2}} + \cdots + aW_nh_n^2 \frac{P_1}{\overline{P_n}}$$

$$a = \frac{100}{W_1h_1^2 \frac{P_1}{\overline{P_1}} + W_2h_2^2 \frac{P_2}{\overline{P_2}} + \cdots + W_nh_n^2 \frac{P_n}{\overline{P_n}}}$$

式中　$a_1 + a_2 + \cdots + a_n = 100$
　　　$a_1 = aW_1h_1^2$
　　　$a_2 = aW_2h_2^2$
　　　$a_3 = aW_3h_3^2$
　　　$a_n = aW_nh_n^2$

例如：根据育种要求，制定奶牛的综合选择指数。奶牛要选择的三个性状包括产乳量、乳脂率和外貌评分，公式中产乳量、乳脂率、外貌评分为已知数，W 为各性状的经济重要性加权值，根据调查或经验确定，但 $\sum W_i$ 必须等于 1。性状遗传力如果无本场资料，可参考文献获得。

选种性状	$\overline{P_i}$	h_i^2	W_i
产乳量（kg）	4 000	0.3	0.4
乳脂率	3.4%	0.4	0.35
外貌评分	70	0.3	0.25

$$\alpha = \frac{100}{W_1h_1^2 + W_2h_2^2 + W_3h_3^2}$$
$$= \frac{100}{0.4 \times 0.3 + 0.35 \times 0.4 + 0.25 \times 0.3}$$

$$\alpha_1 = \alpha W_1 h_1^2 = 298.5 \times 0.4 \times 0.3$$
$$\alpha_2 = \alpha W_2 h_2^2 = 298.5 \times 0.35 \times 0.4$$
$$\alpha_3 = \alpha W_3 h_3^2 = 298.5 \times 0.25 \times 0.3$$

代入公式（2）得：

$$I = 35.8 P_1/\overline{P_2} + 41.8 P_2/\overline{P_2} + 22.4 P_3/\overline{P_3}$$
$$= 25.8 P_1/4\ 000 + 41.8 P_2/3.4 + 22.4 P_3/70$$

例题：假如 1 号母牛产乳量为 6 000 kg，乳脂率为 3.2%，外貌评分为 75 分。2 号母牛产乳量为 5 500 kg 时，乳脂率为 3.6%，外貌评分为 80 分，哪头母牛好？

$$I = 35.8 \times 6\ 000/4\ 000 + 41.8 \times 3.2/3.4 + 22.4 \times 75/70 = 116.7\ （1 号母牛）$$

$$I = 35.8 \times 6\,500/4\,000 + 41.8 \times 3.6/3.4 + 22.4 \times 80/70 = 127.7（2 号母牛）$$

比较可以发现，2 号母牛较 1 号母牛好。

（4）同期同龄比较法：同期同龄比较法就是对若干头需要进行后裔测定的公牛，令其女儿在同一时期、同意年龄配种，比较其生产性能，以确定公牛的种用价值。它是当前公牛后裔测定比较合理的方法，采用此法可再一定程度上消除环境的差异。1958 年应该根据罗伯逊提出的同期同龄比较法，将被测公牛的女儿分散在不通的农牧饲养，用每个现场测定的头胎 305 d 的平均产奶记录与同场同期母牛的平均产奶记录做比较，计算公牛的相对育种值每一牛群中当公牛具有与同期比较的女儿产奶记录时，可计算女儿（$\bar{x}$）和同龄母牛（A_y）的平均产奶量和两平均值间的差书，根据组内育成母牛头数加权平均，即彼此相乘，所得积数加以综合。加权数是畜群中女儿数和同龄母牛数的调和均数，或称有效女儿数，其计算公式是：

$$W = \frac{n_1 \times n_2}{n_1 \times n_2}$$

式中　W——加权数；
　　　n_1——公牛的女儿数；
　　　n_2——同龄的母牛数。

当进行比较时，全部牛群的加权数的均应综合（$\sum dW$），而 $d = \overline{xx}$，其总和除以加权数的综合（$\sum W$），即有效女儿数，其计算公式是：

$$DW = \frac{\sum W(\bar{X} - \bar{Y})}{\sum W} = \frac{\sum dW}{\sum W}$$

测定 1 头公牛的后裔时，其女儿数不能少于 30 头，有效女儿数应不少于 20 头。公牛的女儿头数越多，则可靠性越大。

计算该公牛后裔测定的相对育种值时，可采用下列公式：

$$RBV(相对育种值) = \frac{DW + \bar{M}}{\bar{M}}$$

上式中，M 为同意鉴定标准中得第一胎的二等标准，假定为 3 150 kg。

同期同龄比较法的主要优点是：① 可再一般生产条件下进行，节约人力、物力；② 采用生物统计方法，以调和均数（有效女儿数）消除由于女儿数不同所引起的误差；③ 不需要年龄校正；④ 女儿头数多，又是随机配种，可消除母女间的遗传差异；⑤ 公牛的女儿和同期同龄牛的饲养管理条件基本相同，因而相对地消除了后裔间环境因素的差异。其缺点是不适于牛群过小（少于 20～30 头）的奶牛场采用；所需时间太长；产读季节也未予校正。

（二）牛的选配

1. 选配的意义和原则

根据一定的原则安排公、母牛的交配组合，称为选配。选配是在鉴定和选种的基础上进行的。通过选配可以使双亲优良的特性、特征和生产性能结合到后裔身上，可以巩固选种的成果。因此，正确的选配，对牛群或品质的改良具有重要意义。选种和选配是育种工作中两个不可分割、互相衔接的技术环节。

选配的原则:

（1）选配的公母牛登记，公牛要高于母牛，高等级的公牛可以与高等级母牛交配，但不能用低等级公牛与高等级母牛交配。

（2）有共同缺点的公母牛或相反缺点的公母牛不能交配，例如内向肢势不能与外向肢势交配，弓背不能与凹背交配。

（3）一般情况下，不使用近交，只有在杂交育种时在育种群使用，繁殖群不可用。

（4）选配的目的就是要让牛群中优良品质继续扩大，各种不良性状逐渐得到克服。

2. 选配的方式

（1）亲缘关系选配：即根据公母牛之间亲缘关系的远近来安排交配组合，有意识地进行近亲繁殖或非亲缘繁殖。亲缘选配应有目的地进行。

亲缘关系选配可以用来固定优良性状。近亲繁殖可以逐代地将成对基因变为纯合子，因此可以固定优良性状，这在品质育成阶段具有重要意义。

亲缘关系选配可以用来淘汰有害性状。近亲交配可以使隐性有害基因出现，便于淘汰。有时偶尔出现有害基因，先淘汰双亲，并停止祖代繁殖使用，而以此个体与祖代亲本交配，可以发现交配的后代中有无此基因，一旦发现应立即淘汰其亲本，并一直追到较远的世代。

亲缘关系选配可以保持优良祖先的血统。在牛群中会有个别或少数优良个体出现，可以用近亲交配将它们保留下来，近交系数最多可达到25%，也就是可以亲子、全同胞交配。

（2）类型选配：根据家畜体系外貌或生产性能上的特点来安排公、母牛的交配组合，称为类型选配。它包括同质选配和异质选配两种方式。

① 同质选配：选择具有相似性状的公、母牛相交配称为同质选配。例如乳脂率高、乳蛋白率高的公牛与乳脂率高、乳蛋白率高的母牛交配，因为乳脂率与乳蛋白率有高的相关性，所以可同时选择；又如红色被毛的公牛与红色被毛的母牛交配；兼用型的公牛与兼用型的母牛交配等。一般在以下两种情况系应该采用同质选配：在育成杂交后期，牛群的外貌及生产性能高参差不齐，这时可用同质选配，使牛群更趋一致；为了巩固和法则某些优良性状，可采用同质选配。例如要加大某个品种体尺，可以用"好的配好的"的做法，得到体格高大的牛群，体格矮小的牛逐代减少。

同质选配的效果和亲缘选配有些相似，但它不会造成退化现象。因此，同质选配不仅可以巩固双亲的优点，增加遗传稳定性，而且有时还会发现比双亲优良、性状突出的后代。

② 异质选配：挑选体格类型或生产性能不相同的公、母牛进行交配称为异质选配。这种选配是为了改善提高牛群的体质、外貌、生活力、适应性和生产能力。异质选配多应用于以下两种情况：一是结合公母双方不同的优良性状。例如乳脂率高的类群与产奶量高而乳脂率低的公母牛交配以获得产奶量高、乳脂率高的优良后代；二是以交配一方的优点纠正另一方的缺点，例如以背腰平直的公牛与背腰凹陷的母牛交配以纠正后代中母牛凹背。以尻宽的公牛与尻窄的母牛交配，以纠正后代母牛尻尖的缺点。

正确的异质选配虽然能获得良好的效果，但不可滥用，更不可用具有相反缺点的公母牛进行交配。例如，不可用凹背的公牛与弓背的母牛交配，否则，后代可能把双亲的缺点结合起来而使缺点加剧。

（三）牛的育种

1. 黄牛的选育改良

我国养牛历史悠久，黄牛分布广、数量多，一般属于小型或偏小型牛，传统上以役用为主，乳、肉生产性能低。随着我国农业现代化的发展及经济能力的增强，黄牛作为役用家畜的作用正在日趋下降，而作为商品乳、肉生产动物的作用正在上升。为了有计划、有步骤地进行黄牛的改良和选育工作，提高黄牛的乳肉生产能力和黄牛生产的经济效益，适应商品生产和满足消费者对牛奶、牛肉日益增长的消费需求，为培育我国良种黄牛奠定基础，早在1986年农牧渔业部就制定了《全国牛的品种区域规划》，对有关黄牛的改良方向作了如下规定：

第一，大中城市和新德经济区，人口密集，对鲜奶的需要量大，其郊区的荷斯坦奶牛及黄牛，应选用北美型的荷斯坦奶牛进行提高与改良，培育高产奶牛。

第二，优质草原区及商品粮基地县，有丰富的草料资源，是我国的乳制品生产基地。其黄牛的改良方向应以乳用为主，乳肉兼用，可选用欧洲型荷斯坦、西门塔尔等品种改良，部分地区视需要与可能也可向肉用方向改良。

第三，半农半牧区，山区和丘陵区，以生产加工奶和肉为主，应主要用西门塔尔牛进行改良，部分地方也可用欧洲荷斯坦奶牛及其他肉牛品种改良。

第四，牧区，多数自然条件较差，三河牛、草原红牛、新疆褐牛等品种要继续选育提高，并视需要与条件，可用上述品种或西门塔尔牛改良当地黄牛，发展乳、肉兼用型牛，亦可用夏洛来、利木赞进行改良，发展肉用型牛。

第五，地方良种黄牛产区，应以开发促保种，优良品系的利用与杂交利用相结合，根据当地人民与市场对乳，肉的不同需要，可分别选用利木赞、丹麦红、短角牛等品种进行杂交改良。关于纯种基因的保存，可采用在中心产区建立核心群（村）的方法。随着纯种的不断选育提高，血统、系列更加清楚，也可用冻精或冻胚做基因保存。

在《全国牛的品种区域规划》的基础上，各省、市、自治区也根据当地的自然、生态条件和国民经济发展的需要，制定了各自的牛种改良区域规划。

我国黄牛改良工作始于20世纪30年代，但有组织、有计划、大规模地开发是在20世纪70年代末，先后从国外引进乳用荷斯坦牛、乳肉兼用西门塔尔牛、肉用夏洛来、利木赞、抗旱王、辛地红等十多个品种公牛改良我国黄牛。采用的杂交方法主要是导入杂交、级进杂交、育成杂交和经济杂交等。

杂交使中国黄牛从单一役用向着乳、肉、役兼用方向发展，杂交改良效果十分显著，特别是肉用性能明显提高。

（1）牛体型结构的变化：中国黄牛经杂交改良体型明显增大，随着杂交代数的增加，体型逐步向副本类型过渡。荷斯坦奶牛（简称"荷杂牛"）的改良牛向着乳用方向发展，西门塔尔牛（简称"西杂牛"）、短角牛（简称"短杂牛"）的杂交改良牛向乳肉兼用方向发展，利木赞（简称"利杂牛"）、夏洛来牛（简称"夏杂牛"）等肉品种的杂交改良牛主要向着肉用方向发展。

① 西杂牛：体躯深宽高大，结构匀称，体质结实，肌肉发达，乳房发育好。毛色一般黄（红）白花为主，花斑分布随代数增加而趋于整齐。西杂牛属乳肉兼用型，已在松辽平原、科尔沁草原、太行两麓、皖北、豫东、苏北农区形成了数十万头的成片成块的西门塔尔改良牛群。

② 荷杂牛：荷斯坦杂交一代牛体格比黄牛大，体躯拉长，骨骼粗壮，肌肉发达。据黑龙江的抽样调查，一代杂种牛乳用和乳肉兼用体型的个体占76.5%。毛色以黑为主，腹下合四肢下都有零星黑白片。荷杂牛主要分布在黑龙江草原，已形成数十万头的改良群。

③ 利杂牛：背腰平直，体躯较长，后躯发育良好，臀部宽平，肌肉发达，四肢稍短粗，呈肉用体型。毛色黄色或红色。

④ 夏杂牛：背腰宽平，臀、股、胸部肌肉发达，四肢粗壮，体质结实，呈肉用体型。毛色为草白或灰白，有的呈黄色。

利杂牛和夏杂牛已在辽宁、吉林、河南形成数十万头的群体。此外，辛地红、抗旱王、安格斯等杂交改良牛的体型结构都优于本地黄牛。

（2）生长发育：杂种牛初生重达，生长发育快，而且随着改良代数的增加，初生重逐步提高（表2.2）。

表2.2 几个杂交组合F2与本地牛的比较

（刘颖等，黄牛改良效果普查总结报告，1993）

杂交组合	初生重提高（%）		18月龄体重提高（%）		36月龄体重提高（%）	
	公	母	公	母	公	母
西 杂	63.38	68.62	9.51	29.01	6.96	27.48
黑 杂	50.80	51.07	11.80	39.07	7.40	23.60
短 杂	29.98	25.92	8.50	24.67	3.38	37.37
夏 杂	58.00	61.00	—	—	—	—
利 杂	34.00	21.00	—	—	—	—

（3）产奶性能：与本地牛比较，改良牛的产奶性能有很大提高。荷杂一代一个泌乳期（240 d）平均产奶量1 660.9 kg，比本地牛提高157.9%（刘颖等，1993）。西杂一代年产奶量1 071.57 kg，比本地牛提高139.05%。利杂一代年产奶量985.14 kg，比本地牛提高119.77%（李积友等，1994）。另据新疆的资料（阿地力·马木提，1998），西杂一代牛年产奶量1 411.2 kg，比本地牛提高168.8%。杂种牛不但产奶量高，而且乳质量好。据山西农业大学的测定（徐廷生等，1995），西杂牛平均乳脂率4.4%，乳蛋白3.8%，乳糖4.82%，干物质14.56%，随着杂交代数的提高，改良牛的产奶量进一步提高，一般西杂牛F2的产奶量比F1提高15%～30%。

（4）产肉性能：改良牛的产肉性能好，肉质优良。据陕西资料（邱怀，1997），在农村条件下，F1公牛平均日增重大于或等于1 000 g。一般改良牛的屠宰率、净肉率、骨肉比、眼肌面积比本地黄牛分别提高2.2%、2.1%、0.27%和17.44 cm^2。短秦F2公牛肥育期平均日增重达1 072.5 g，比秦川牛提高26.7%，其屠宰率、净肉率、骨肉比、眼肌面积比短杂一代牛分别提高3.3%、3.0%、0.24%和0.7 cm^2。徐廷生、阿地力·马木提等（1995，1998）报道，西杂牛生长迅速，体重大，和地方黄牛相比其胴体中、屠宰率、净肉率和眼肌面积等都有显著提高。据124头西杂一代的屠宰测定结果，上述各项指标分别比本地牛提高39.12%、2.37%、40.58%、4.57%和26.61%。西杂二代、三代胴体重、屠宰率、净肉重、净肉率分别比本地牛提高4.87%、5.17%、104.45%、10.00%和14.00%、7.75%、129.63%、16.75%。婆云杂屠宰率、净肉率比云南黄牛分别提高13.38%和14.47%（文际坤等，1996）。杂种牛日增重快，18～22月龄肥育期，西杂一、二、三代平均日增重1 043 g，比本地牛提高99%，其中一代牛日增重910 g，提高75%，二代牛日增重1 196 g，提高128%，三代牛日增重780 g，提高49%。短杂一、二、三代平均日增重891 g，比本地牛提高70%。其中一代牛日增重767 g，提高76.7%；二代牛日增重824 g，提高83.4%；三代牛日增重1 035 g，提高103.5%。利杂牛平均日增重702 g，比本地牛提高84%；夏杂牛平均日增重1 053 g，比本地牛提高101%。西杂牛的饲料利用率比本地牛高，其一、二、三代杂种牛平均肉料比比本地牛降低19.43%，但是短杂、利杂合夏杂牛的饲料利用率却不如本地牛，其肉料比均高于本地牛（刘颖等，1993）。杂种肉质优良，据测定，西杂一代牛的肉品种粗蛋白质含量提高4.95%，粗灰分提高7.40%，粗脂肪降低3.08%，经肥育的西杂牛高档肉块总量占肉产量的21%，优质肉块总量为净肉重的34%（徐廷生等，1995）。

（5）适应性：引进国外良种对我国黄牛进行改良，杂种优势十分明显，除生产性能指标有显著提高以外，其适应性也强，在严寒的东北草原冬季最低气温为 -35 ~ -40 ℃，改良牛没有出现弓腰缩背现象。在炎热的南方各省，最高气温 35 ~ 40 ℃ 的酷暑下也没有发生气喘怕热得症候。据四川省万源县畜牧站得测定，夏杂牛的抗热指数为 72.8，西杂牛 68.8，海杂牛 53.2，本地牛 61.3，夏杂和西杂的抗热指数分别比本地牛提高 11.5% 和 7.5%，而海杂比本地牛降低 9%。改良牛的放牧能力强，能再海拔 2 500 m、坡度 25°的山地草场放牧。犊牛在 3 月龄就能随母牛上山放牧，并可饱食，爬坡上坎，自由采食，成活率也高。改良牛抗逆性强，耐粗饲，采食增膘快，保膘方面与本地牛相同，但在冬季缺草少圈寒冷，由于改良牛个体大，需要营养多，入不敷出，比本地牛掉膘快，损失大。

2. 牦牛的选育改良

牦牛是生长、繁衍在海拔 3 000 m 以上特殊生态环境下得稀有牛种。应以本品种选育为主，在海拔较低、饲养条件较好的地方，可选用乳、肉性能好的黄牛品种与牦牛杂交，利用杂交优势提高乳、肉生产能力。

牦牛与普通牛可进行中间杂交，杂种称为犏牛。普通公牛与母牦牛杂交，F1 称"真犏牛"，F2 称"阿果牛"或"尕利巴"，F3 称"假黄牛"或"撒尾黄"。公牦牛与母黄牛杂交，F1 称"假犏牛"，F2 称"牦渣"F3 称"假牦牛"。牦牛与普通牛之间的杂交，杂种后代的生产性能、体重、体格和生长发育比牦牛有较大提高。杂种后代中 1 ~ 3 代的雄性均布育，第 4 代杂种公牛有正常生育力。在牦牛改良利用中除用黄牛杂交外，还采用荷斯坦牛、西门塔尔牛、海福特牛等品种与牦牛杂交。

牦牛的改良有属内杂交和属间远缘杂交两种。卢鸿计等（1990）在青海省大通牛场，用野牦牛♂×家牦牛♀→F1，初生重比家牦牛提高 30.77%，6 月龄体重提高 55.46%，成活率提高 23.91%，一代成年公牛体重 700 kg，母牛 500 kg，表现出明显的杂种优势。贾正坤等（1989），用荷斯坦♂×牦牛♀→F1，放牧条件下，产奶量高大 786.9 kg，补喂少量干草和精料，全年可产奶，产奶量体高导 1 382.5 kg。川西北牦牛改良研究协作组（1982），用荷斯坦♂×牦牛♀→F1，初生重提高 73.66%，1.5 岁体重达 247.71 kg。今年来，周名海提出了牦牛种间三元杂交的新途径，荷斯坦牛♂×藏黄牛♀→F1，F1♂×牦牛♀→F2，F2 代初生重达 20 kg，提高约 30%；2.5 岁时犏牛体重达 300 kg，提高 68.62%；第一个泌乳期 183 d 挤乳量 659.36 kg。

3. 水牛的选育改良

中国水牛是一重以役用为主的沼泽型水牛，乳、肉 用性能和经济效益都低。随着市场经济的发展，人们期望这种家畜除供役用外，能发挥其乳、肉用性能的潜力，水牛势必由役用转为乳用、肉用或兼用的方向发展，充分挖掘这一畜种资源，这对于我国水牛业发展具有深远的战略意义。

水牛的杂交繁育方向，根据 1995 年"中国乳肉兼用型水牛育种方案"（草稿），中国水牛的杂交繁育方向是"育成一个外貌结构良好、体质结实健壮、性温驯易管理、环境适应性强，乳肉生产率高、遗传性状稳定的乳肉兼用水牛新类群"。

4. 奶牛的选育改良

目前，我国奶牛的两种覆盖率低，群体平均生产水平低，全国平均单产水平为 3 500 kg 左右，而世界上乳业发达国家的平均单产水平已超过 8 500 kg。因此，我国奶牛的选育改良方向主要是培育优质高产奶牛群体，并加快纯繁与推广。为此，今后我国奶业的发展要加快两种繁育步伐，增加高产奶牛数量；要采取品种选育、胚胎移植和良种引进相结合的方法，加快良种奶牛繁育，扩大供种能力。良种繁育体系的重点：一是完善种公牛站建设，改善设施，扩大生产能力、提高冻精质量；二是完善人工授精站点建设，更新设备，增加熟练人员；三是建设一批良种奶牛繁育场，培育高产奶牛群体；四是支持重点省区胚胎移植中心建设，建设奶牛业高新技术的科研基地。

二、羊的选种选配

（一）羊的选种

选种，也叫选择，就是把那些符合育种要求的个体，按不同的标准从羊群中挑选出来，组成新的群体在繁殖下一代，或者从别的羊群中选择那些符合要求的个体选入到现有的繁殖群体中再繁殖下一代的过程。

1. 选种的目的

选种的目的有两个：一是经过多个世代的选择，不断地存优去劣，使羊群的整体生产水平逐步提高；二是经过多个世代的选择，把羊群培育成一个新的类群或品种（品系）。

绵、山羊选种的主要对象是种公羊。俗话说："公羊好好一坡，母羊好好一窝。"这充分反映了公羊在羊群中的重要地位。选择的主要性状多为有重要经济价值的数量性状和质量性状，如细毛羊的剪毛量、净毛率、肉用羊的初生重、断奶重、日增重等。

2. 选种的方法

选种主要有个体表型选择、系谱选择、半同胞测验选择和后裔测验选择。

（1）个体表型选择：是通过个体品质鉴定和生产性能测定的结果来选择。个体品质鉴定的项目随品种而异，但要以被选择品种重要的经济性状为主要依据。此法标准明确，简便易行，尤其在育种工作的初期，当缺少育种记载和后代品质资料时，是选择羊只的基本依据。

（2）系谱选择：在养羊生产实践中，常常通过系谱审查来掌握被选个体的育种价值。这种方法实质是对种羊基因型的选择。选择时应看其三代祖先的资料，特别是双亲的主要性状。如果各代祖先的性状都很相似或一代比一代好，亲代和本身相同点很多，说明祖先的遗传性能比较稳定，其后代种用价值高。如系谱中各代祖先差异很大，或一代不如一代，尽管这个系谱中有个别高产祖先，也不是好的系谱，不宜留种。系谱选择精确性较差，生产中往往与本身成绩先结合进行选择。当个体本身还没有表型值资料时，则可根据系谱中祖先资料来估计被选个体的育种值，从而进行早期选择。

（3）半同胞测验选择：是利用同父异母半同胞表型值资料来估算被选个体的表型值。此法在养羊业上有特殊意义。第一，由于人工授精技术在养羊业中的广泛应用，同期所生的半同胞羊只数量大，资料容易获得，而且由于同年所生，环境影响相同，所以结果较准确可靠；第二，可以进行早期选择，在被选个体无后代时即可进行。

（4）后裔测验选择：这是最直接最可靠的选种方法，因为选种的目的是为了获得优良的后代，如果被选个体的后代优秀，则说明被选品种种用价值高，但缺点是需要的时间较长。

选种时要注意不能片面追求生产性能或某些性状指标，要考虑羊的体质、性状的相关性、遗传力和重复率以及选择强度。

（二）羊的选配

所谓选配，就是对公、母羊配偶个体的选择，其目的在于使公、母羊相同的优点得到进一步的巩固和提高，而缺点则得到纠正，进而产生品质优良的后代，加快繁育工作的进程。选配是选种工作的继续，通过选种，摸清羊只的品质的优劣，为正确选配提供科学依据，然后，通过选配来巩固选种效果。

1. 选配的原则

（1）为母羊选配的公羊，在品质和等级上必须高于母羊。

（2）为具有某缺点的母羊选配公羊时，必须选择在这方面具有突出优点的公羊与之配种，决不允许用具有相同缺点或相反缺点的公羊与之交配。

（3）合理使用亲缘选配，不得随意近交。

（4）及时总结选配效果，尽量选择亲和力好的公母羊进行交配。如第一次选配效果好，可按原方案再次进行选配，而效果不好者，应另换公羊。

（5）级进杂交时，高代杂种母羊不能和低代杂种公羊交配。

（6）过幼、过老的公、母羊不配。

2. 选配的类型

选配可分为品质选配和亲缘选配两类。

（1）品质选配：又叫表型选配。包括同质选配和异质选配。

同质选配是指具有相同生产性能和优点的公母羊进行交配，即以优配优。同质选配能使后代保持和发展原有的优点，使优良遗传性状趋于稳定，过于强调同质选配，易造成单方面的过度发育，致使后代体质变弱，生活降低。

异质选配是指选择具有不同优点的公母羊进行交配，目的是使后代结双亲的优点。

（2）亲缘选配：是指具有一定血缘关系的公母羊之间的交配，其作用在固定优良性状，保持优良血统。但近交通常伴有后代生活力下降，因此，采亲缘选配时应特别慎重，切忌滥用。

（三）羊的纯种繁育

纯种繁育是指同一品种绵羊或同一品种山羊公、母羊之间进行交配繁育的方法，其目的是增加品种羊的头数，使品种向着人们所选定的方向迅速改进和提高，同时保持品种内的复杂结构和育种价值。一般有本品种选育和品系繁育两种方法。

1. 本品种选育

本品种选育主要用于地方优良品种的选育，就是当地方品种基本满足当前需要，无需作重大方向性的改变时，在本品种内进行羊群整顿，选优淘劣，精心选配，逐步提高本品种的生产水平。必要时可引入少量外血，纠正本品种的某一缺点或大幅度地提高生产水平，但外血不能超过 1/8 ~ 1/4。其基本做法是：

（1）摸清品种现状，制定本品种选育计划。

（2）以被选品种的代表性产品为重点，制定选育标准和选育实施方案。

（3）组建选育核心群和核心场。

2. 品系繁育

品系繁育是指同一品种内公母羊之间的繁殖和选育。当品种经过长期选育，已具有优良性状，可采用品系繁育。品系繁育一般包括以下几个步骤：

（1）选择优秀种公羊作为系祖。

（2）建立基础群：一种是按血缘关系组群，另一种是按性状组群。遗传力低的性状如产羔数、肉品质等按血缘关系组群较好。组群时，先将羊群进行系谱分析，查清公羊及其后裔的特点，选留具有拟建品系特点的公羊后裔建立墼础群。

（3）闭锁繁育，建立品系：基础群建立后，将基础群封闭进行繁殖，淘汰不合格的个体，每代按品系特点进行选择，以期达到品系的逐步完善和成熟。亲缘选配在品系形成中是必要的，一般只作几代近交，以后采用远交，最后控制近交系数不超过20%为宜。

（4）品系间杂交：当品系完善成熟后，按育种需要进行品系间杂交，使品种整体质量得到提高。

三、兔的选种选配

（一）生产性能的评定

1. 繁殖性能

（1）受胎率：一定时期内公兔所配母兔怀胎数占所配母兔总只数的百分比。即怀孕母兔数/所配母兔数×100%。

（2）产仔数：母兔所产仔数的多少，包括活仔和死仔数。

（3）初生窝重：仔兔出生后喂奶前所称每窝仔兔的重量。

（4）产活仔数：称测初生窝重时存活仔兔数量的多少，只包括活仔数。

（5）断奶仔兔数：断奶时仔兔的成活数。

（6）断奶窝重：仔兔断奶时全窝仔兔的重量，包括寄养的仔兔。

（7）21天泌乳力：测定母兔泌乳能力的高低，用3周龄仔兔的窝重表示，即21天仔兔窝重–初生窝重（克）。

2. 产肉性能

（1）生长速度：指一定时间内增重的多少。如日增重=（期末体重–期初体重）/天数。

（2）增重耗料比：指单位增重所消耗的饲料量。即测定期耗料量/测定期增重。

（3）胴体重：目前的表示方法尚不统一，常用的一种方法是屠宰后去掉头、脚、血、毛皮、内脏后所称的重量，即全净膛重；另一种是在全净膛的基础上加上肚的重量，即半净膛重。

（4）屠宰率：胴体重占宰前活重的百分比。即胴体重/宰前活重×100%。

（5）肉品品质：主要指肌肉的营养含量、颜色、口感、耐保存性等。

3. 产毛性能

（1）年产毛量：从1月1日到12月31日每只成年毛兔所产兔毛的多少，其计算公式为：每只毛兔年产毛量=成年毛兔总产毛量/成年毛兔数量。

（2）产毛率：指单位体重产毛的多少。即实际年产毛量/年实际体重×100%。

（3）料毛比：年单位重量毛所消耗的饲料量。即统计期内消耗的饲料量/统计期内剪毛量。

（4）毛品质：指毛的长度、细度、强度、伸度、结块率、粗毛率等。

4. 毛皮品质

用毛的细度、长度、密度、整齐度、颜色、生长情况及皮张的面积、厚度、韧性、完整性等指标表示。良好的毛皮应具备绒毛长短适中（一般长度为1.3～2.2 cm），细密，平整，毛色光亮纯正，针毛少且不突出于绒面板皮面积（体躯长×胸围）在1 000 cm²以上，无残损，薄厚适中。

（二）家兔的选种原则

1. 选种原则

对于任何用途和品种的家兔，选种时首先应符合该品种特征，体质健壮，适应性强；其次是生产性能高，发育良好，繁殖性能高，抗病力强；第三要求其他性状优良。

2. 对不同用途、性别家兔的要求

（1）对不同用途种用家兔的要求。

肉用兔：对成年兔要求体型大，肌肉丰满，体躯发育良好；对生长兔，要求生长发育速度快，饲料利用率高，肉质好，屠宰率高；对种用兔要求繁殖率高，母性强，子兔成活率高。

皮用：要求体型大，体躯发育良好，被毛短、平、细、密、美、牢、轻、柔、质地良好。

兼用兔：一般为皮肉兼用兔，既考虑其产肉性能又要注意皮用性能。即体型大，生长速度快，饲料报酬高，产肉多，肉质好。同时还应具备板皮面积大，被毛品质好等优点。

毛用兔：要求体型大，体质健壮，被毛生长快，丰满，毛纤维长，枪毛少，毛色纯白。

（2）对不同性别家兔的要求。

种公兔：要求外貌符合品种特征，体质健壮，体型较大，雄性强，配种能力强。淘汰反应迟钝，雄性差，隐睾，有残疾的个体。对种公兔的选择尤其严格。

种母兔：要求体重大小适中，肥度合适，受胎率高，产仔数多，子兔健壮，泌乳能力强，乳头在4对以上，并发育良好，母性强。淘汰有生殖道疾病，长期拒绝哺喂子兔，过肥或过瘦的个体。

3. 家兔的选种法

家兔的选种方法可分为表型选择与基因型选择、个体选择与家系选择、单性状选择与多性状选择几种。

（1）表型选择与基因型选择：表型选择是根据家兔本身的某个性状表现的优劣进行选择的一种方法，又称个体选种法。这种方法直观、简单，容易掌握，是很多种兔场经常采用的选种方法，对一些中、高遗传力的性状可取得较好的选种效果，如体型外貌、70日龄前生长速度、耗料比、屠宰率、肌肉品质、产毛性能等，但对低遗传力的性状选种效果较差，如成活率、产仔数、日增重等。

基因型选择主要包括系谱选择、同胞选择、后裔选择等。

系谱选择：是根据个体的双亲及其祖先的表型值进行选择的一种方法。如要2只个体表现基本相同的肉兔间选留1只种兔时或刚出生的子兔本身还没有记录，可查阅其父母及祖父母的记录，将父母及祖父母记录资料优秀的后代留种。用此法选种时着重考虑2~3代以内的祖先，因为离当代越远，对当代的影响越小。

同胞选择：是根据全同胞或半同胞姐弟、兄妹进行选种的一种方法。因为同胞之间的遗传基础较一致，在选择时有较大的把握性。此法适用于遗传力较低或本身无法进行记录的性状。

后裔选择：是根据种兔后代表现进行选种的一种方法。当经过上述多种选种方法进行选择后留下的种兔已有后代且后代已有生产记录时，可结合后代的表现进一步对种兔进行一种选择。这种方法需要时间长，但也最可靠，一般4选择种公兔时使用。

上述的选种方法不是孤立存在的，生产上往往几种方法一起使用或针对不同性状、用途、年龄选择适宜的选种方法。

（2）个体选择与家系选择。根据个体表型值进行选择叫个体选择；根据家系的平均表型值进行选择称为家系选择。对遗传力高的性状用个体选择有较高的可靠性，如肉用兔的育肥性状、肉品品质、胴体品质；毛用兔的产毛量、兔毛质量、生长速度；皮用兔的毛皮品质、体型大小、生长速度等。家系选择适合于中低等遗传力的形状，因为家系平均表型值更接近平均育种值，可用此法选择的性状主要有子兔初生重、断奶重、成活率、胴体重等。

（3）单性状选择与综合选择。单性状选择可用上述的几种方法，但生产上往往是同时选择几个性状，对多个性状的选择可用顺序选择法、独立淘汰法或综合选择指数法。

顺序选择法是将被选择的第一个性状规定一最低限（下限），在下限以上的留种，下限以下的作为商品用兔。将这一性状选择好后再用同样的方法选另一性状，依此类推，直至达到目的。此法不适合用来同时选择两个呈负相关的性状，如产仔数与初生个体重、产仔数与断奶个体重等，因提高了产仔数，初生个体重和断奶个体重就下降，同样初生个体重和断奶个体重增加，产仔数就要降低。

独立淘汰法是将所要选择的几个性状逐个规定其最低限，只要其中一项低于这一下限就不能留种。这种方法容易将某一性状特性优秀的个体淘汰掉。

综合选择指数法是为了避免上述缺点，将所选择的性状按照其经济价值的大小，确定一个加权值与相应的性状表型值相乘，计算出一个综合指数，按指数的大小进行留种。计算公式为

$$I = a_1P_1 + a_2P_2 + a_3P_3 + \cdots + a_nP_n$$

式中　I 为综合选择指数；a 为各性状的系数，$a = W/P$；W 为该性状的加权值；P 为该性状的个体表型值。

（三）家兔选配

选配就是有目的地为种兔选择配偶，以期获得优良后代。常用的选配方法有同质选配和异质选配 2 种。

1. 同质选配

分为表型同质选配和基因型同质选配。表型同质选配就是将具有性状相同或性能表现一致的优秀公母配对，以达到生产出优秀后代的目的。这种方法不考虑是否双方有亲缘关系，只看重其个体表现。如体重大的公兔与体重大的母兔交配，生长速度快的公、母兔间的交配等。基因型同质选配是选择有亲缘关系的优秀公、母兔进行交配，以期达到基因的高度纯合，生长出纯种的优良后代。一般交配双方到共同祖先的代数在 6 代以内纯合速度较快。

2. 异质选配

是将具有不同优良性状的公、母兔配对，以期获得具有双方优良性状的后代。如对毛用兔将具有毛长特点的母兔与毛密度高的公兔交配，目的是生产出高产毛量的后代；如，将繁殖率高的母兔与生长速度快的公兔交配，以生产出数量多、生长快的肉用兔。

【讨论与思考】

1. 名词解释

断奶窝重　21 天泌乳力

2. 填空题

（1）选种主要是依据（　　）、（　　）、（　　）、（　　）等方面的资料进行的。

（2）羊的配种方法有（　　）、（　　）、（　　）。

3. 简答题

（1）简述牛的选配意义和原则。

（2）常用羊选种的方法有哪几种？

（3）羊的选配应遵循什么原则？

（4）制定一个羊场的配种计划。

（5）简述家兔的选种原则。

项目 2-2 牛羊兔的杂交改良

【学习目标】

了解牛羊兔的杂交改良的常用方法；能结合当地牛羊兔品种资源，进行合理的杂交改良工作。

【学习内容】

在牛羊兔生产实践中，为了改进牛羊兔原有的品质，或培育新品种，常采用杂交繁殖的方法。杂交是改善牛羊兔的品质和提高它们的生产性能的有效措施，可显著提高我国畜牧业的经济效益。

【相关技能】

掌握实际生产中牛羊兔的杂交改良方法。

一、牛的杂交改良

（一）本品种选育

本品种选育也称纯种选育或纯种繁育。是指在牛的品种内，通过选种、选配和培育不断提高牛群质量及其生产性能的方法。也即在现有平直群体内部，实行本品种公母牛间交配的繁育制度。一般多在下述情况下精心本品种选育。

其一，良种选育。一个地方良种牛，往往具有较一致的体型外貌和较高的生产性能以及稳定的遗传性。为了进一步提高其生产性能，促使其提醒外貌更趋于一致，需采用本品种选育的方法，来提高和巩固某些优良的特征特性。这种繁育方法称为良种选育。如我国优良地方品种秦川牛、南阳牛、晋南牛、鲁西牛、延边牛等，体格比较高大，外貌比较一致，适应性好，抗病力强且耐粗饲，肉质良好，役用能力强，并且有稳定的遗传性。在外貌上虽有尖尻、斜尻，以及有些品种体长不足、体躯宽升读发育较差等缺点，但通过本品种选育，可以逐步纠正外貌结构的一些缺点，并逐渐提高其生产性能。

其二，纯种繁育。一个优良的品种，经过人们的培育，具有高度专门的生产性能及稳定的遗传性。为了增加数量，保持品种特性，不断提高品质，进行有计划的选种选配，这种繁育方法称为纯种繁育。引进品种的保种，也采用该法，如由国外引进的荷斯坦牛、短角牛、西门塔尔牛、安格斯牛等良种均布能随意引入其他品种牛的血液，而必须采用本品种选育的方法保持纯种、扩大繁殖，以供推广和提供杂交育种的原材料。

其三，保种选育。一个地方种，虽然经济价值不高，不能满足人们的需要，但在某些性状放牧，如适应环境的能力、抗病力、耐粗饲、生产性能的某一放牧有一定或较突出的优点，这就需要在一定的地区内保留其必要的数量，作为杂交育种的原始材料，这种繁育方法称为保种选育。

其四，自群繁育。一个杂交种，进入到横交固定阶段以后，需要有目的地进行选种选配，以固定优良性状，使全群质量进一步提高并趋于整齐。这个阶段的育种工作，虽然不是在一个品种内进行选育，可是它和品种内选育的方法是相似的，这种繁育方法称为自群繁育。

同一个品种虽有共同的遗传基础，但是在不同条件的影响下，加上有意识的选种选配，建立品系品族，造成一定的差异。育种的目的在于积极发现和充分利用这些差异，通过选种选配、定向培育、器官锻炼等措施，进一步克服缺点、提高品种，达到改良和培育新品种的目的。

本品种选育主要包括近亲繁育和品系繁育。

1. 近亲繁育

近亲繁育是指具有不同程度血缘关系的公母牛进行交配。它可以迅速地巩固优良性状，使群体中纯合的基因型比例增加，杂合的基因型比例减少，迅速地发展纯系，形成品种。因此，它是本品种选育或新品种培养过程中经常采用的一种方法。可以说，所谓纯种繁育，主要是采取近亲繁育的方法。

当然，近亲繁育既能使某些优良基因纯化，也能使某些隐性不利基因重合而暴露出来，表现出不良性状而成为不良个体，如体格变小，体质变弱，生产性能降低，畸形发育等。因此，育种工作者要认真对待这一问题。具体办法：一是近亲交配只用一次或两次，然后用中亲或远亲交配，以保持其优良性状；二是严格选择，防止有共同缺点的公母牛交配；三是严格淘汰那些突变型和重新结合的重合劣质基因型的不良个体。

2. 品系繁育

品系繁育是育种工作的高级阶段，是本品种选育常用的一种育种方法。其特点是有目的地培育畜群在类型上的差异，以便使畜群的有益性状继续保持和扩大到后代中去。将在某一放牧表现突出的个体或类群，采用同质选配的方法就可以将该产品这方面的优良性状畸形保持下去。采用这种方法，在一个品种内建立弱干个品系，每个品系都有其独特的特点，以后通过品系间的结合（杂交），即可使整个牛群得到多放牧的改良，所以品系育种既可达到保持和巩固品种优良特性、特征的目的，同时又可以使这些优良特性特征在个体中得到结合。例如有些国家现代培育的荷斯坦牛既具有很高的产乳量（7 000~8 000 kg 以上），又具有较高的含脂率（4%以上）和乳蛋白率（3.5%左右），且有较好的肉用性能。这些生产性能的显著提高，主要是由于采用品系选育的结果。

（1）品系的建立：① 创造和选择系祖：建立品系的首要问题是培育系祖，有了系祖才便于建立品系。系祖必须是卓越的优良种公牛，不仅本身表现好，而且能将其本身的优良特征特性遗传给后代。如果系祖的特征特性不显著，特别是遗传性不稳定，那么当与同质母牛选配时，所产生的后代就不一定都具有品系的特征特性。因此，当牛群中尚未发现理想的系祖时，就不应急于建系，应当从积极创造和培育系祖着手。培育系祖时，可以从种子母牛群或核心母牛群中挑选符合癖习要求的母牛若干头，与较理想的种公牛进行选配，将所生公犊通过培育和后裔鉴定，选五留一，建立品系。为了避免系祖后代中可能出现的遗传性不稳定，在创造和培育系祖过程中，可适当采取亲缘选配，以巩固遗传性。但是为了防止由于近交系数过高而使后代生活力降低及某些不良基因结合而出现的遗传缺点，应避免亲子交配。

② 认真挑选品系基础母牛：有了优秀的系祖公牛，便可与同质的母牛进行个体选配，与配得同质母牛要认真的挑选，必须是符合品系要求的母牛才能与系祖公牛交配。此外品系的基础母牛还必须有相当的数量，一般每一品系在建系时，至少要有 100~150 头可供建系的成年母牛，因为可供建系的基础母牛头数越多，则越能发挥种公牛的作用，特别是在应用冷冻精液配种的情况下，一个品系的基础母牛头数更应大大增加。

③ 选育系祖德继承者：为了保持已建立的品系，必须培育系祖的继承者。一般而言，系祖公牛的儿子可作为品系的继承者。培育系祖继承者也必须按照培育系祖公牛的要求，通过后裔鉴定选出卓越的公牛。由于牛的时代间隔长，因此，在建立品系以后，就要及早注意培育和选留品系公牛的继承者。一般一个品系延续到三代以后逐渐消失。如果这个品系没有存在的必要，便无需考虑品系的延续问题。若是特别有价值的品系需要保留时，则应采取以下解决办法：① 继续延续已建品系，方法是选留与原系祖有较多亲缘关系的后代公牛作为品系的继承者；② 重新建立相应的新品系，即重新培育系祖。

（2）品系的结合：建立品系是为了增加品种内部的差异性，以保持品种的丰富遗传性。而品系的结合（即品系间的杂交）则是增强品种的同一性。可见建立品系的最终目的是为了品系的结合。通过品系的结合，使品系间的优良特性互相补充、取长补短，从而使品种内的个体更能表现出固有的优点和有益的特征特性。例如，北京市北郊农场建立了7055、清农合1937号公牛三个品系，各具特点，如果使这三个品系相互配合，就可使它们的优点结合起来，育成体型外貌优良、乳房结构良好、产奶量高和含乳率高德奶牛品种。

总之，品系的建立与品系的结合，是进行品系育种的两个阶段，这两个阶段可以循环反复，从而使品种不断获得改进和提高。

（3）顶交：在建系过程中，为了创造优秀的系祖和巩固其遗传性，往往采取近亲交配的方法。然而近交常出现后代衰退现象，为了防止近交退化，提高下代牛群的生产性能、繁殖效率和体质，用近交公牛和无血缘关系的母牛交配，在相同品种内能取得杂交优势的效果，达到增强牛群体质、提高生产性能的目的，这就叫"顶交"。北郊市北郊农场曾经先后培育了6头近交公牛，其中0063号公牛近交系数为18.75%，与无血缘关系的母牛交配，其女儿23头，头胎平均产奶量为4 918 kg，比同期同龄牛的产奶量高503 kg。

（二）杂交育种

杂交育种就是用2个或2个以上品种（或品系、种）相杂交，创造出新的变异类型，然后通过手段将它们固定下来，以培育新品种或改进某品种的个别弱点。

1. 杂交育种的意义

杂交是指不同品种或不同种间的牛进行的交配。广义而言，是指不同基因型的个体或种群间的交配。杂交可以用来培育新品种，也可对原由品种进行改良或创造杂种优势。杂交所产生的后代称为杂种。不同品种之间的杂交称为品种间杂交，不同种间的杂交称为种间杂交或远缘杂交。通过杂交，可以丰富和扩大牛的遗传基础，由于杂交能改变牛的基因型，扩大了杂种牛的遗传变异幅度，增加了后代的可塑性，有利于选种育种。许多乳用和肉用品种是杂交得基础上培育成功的。

杂交还能把两个亲本的有益特性结合起来，满足一定的生产需要。例如用瘤牛和应该早熟种杂交可以把耐热、抗焦虫病与优良的产肉性能结合在一起。

杂交可以有效地改良本地品种。实践证明，利用外来优秀品种改良本地品种，比在种内选择的收效要快得多。例如，我国引用外来品种与当地黄牛杂交的目的，是想使杂交后代保留黄牛对当地自然条件的适应性、抗病力强、耐粗饲粗放管理的特点，并吸收外来品种体躯高达、增重快、饲料利用率高、产奶产肉性能好等优点而获得杂交优势。到一定程度通过近交育种，固定所希望的性状，以期培育成一个体型外貌好、生产性能高而又能适应当地自然环境条件的新品种。

亲缘关系较远的个体间杂交，其基因优劣交错，长短互补。因为杂种能表现双亲的优点而掩盖双亲的缺点，所以杂种牛往往表现了明显优于双亲的杂种优势，其经济性能大大高于其双亲。据国外研究报道，通过品种间杂交，可使杂种后代生长快，饲养效率高，屠宰率高，比原纯种牛多产肉15%左右。

除了品种间的杂交而外，国内早就在不同牛种间搞过杂交，如黄牛与牦牛间的杂交。美国曾以极高肉牛品种与美洲野牛杂交并培育出名叫"比法罗"的新德肉用牛品种，这种牛既耐热又抗寒，耐粗放，肉质好，增重快，肉的生产成本比普通牛低40%。

2. 杂交育种的方法和方式

（1）杂交方法：根据杂交后代生物学特性和经济利用价值，杂交方法可分为品种内杂交、品种间杂交和种间杂交。

① 品种内杂交：即品系间的交配，例如，一头和某品系成员无亲缘关系的公牛可以和该品系母牛交配一个时代，其后代和该品系母牛交配一个时代，其后代又和该品系的共同祖先或共同祖先的近亲回交。其目的是为了减少近交河改良品系的某一个不理想性状。

② 品种间杂交：即不同品种公母个体间的交配，常见的杂交主要是品种间杂交。任何用途的牛，都可用这种方法提高牛群的生产性能，改良外貌上得缺陷和培育新品种。例如，奶牛品种间杂交产奶量有 4%～12%、乳脂量有 4%～37%的杂交优势。乳用牛与肉用品种杂交时，杂种牛产奶量稍低，但它比乳用品种具有较高的生长率，成年时体格较大，瘦肉较多而脂肪较少。在胴体重、胴体等级上表现较好，屠宰率提高2%～4%，眼肌面积、屠体长度也表现出优势。

③ 种间杂交：即远缘杂交，是不同种间公、母牛的杂交。例如，黄牛与瘤牛杂交、黄牛与牦牛杂交、黄牛与野牛杂交均属种间杂交。种间杂交在近十几年来颇为盛行，十几上许多国家利用这种方法获得了经济价值很高的牛，育成了不少新品种。

例如，澳大利亚利用欧洲牛与瘤牛杂交，培育出具有良好抗热性和抗焦虫病得高产新品种——婆罗福特牛和抗旱王牛等新品种。我国青藏高原地区用当地土黄牛与牦牛自然杂交所产生的种间杂交一代"犏牛"，在体高、体长、胸围等主要尺寸、体重、产奶与产肉性能等方面均有明显的杂种优势，更能耐寒、耐苦，利用年限长。但公犏无繁殖能力，母犏牛与公黄牛杂交的二代公牛仍无繁殖能力，故杂种公母牛间不能进行自行繁育。

（2）杂交方式：按杂交的目的，可把杂交分为育种性杂交和经济性杂交两大类。前者包括级进杂交、导入杂交和育成杂交三种；经济杂交包括简单经济杂交、轮回杂交和终端公牛杂交等。

① 级进杂交：又称为改造杂交、吸收杂交，这是以性能优越的品种改造或提高性能差的品种时常用的杂交方法。具体做法是：以优良品种的公牛与低产品种母牛交配，所产杂种一代母牛再与该优良品种公牛交配，产下的杂种二代母牛继续与该优良品种公牛交配；按此法可以得到杂种三代及四代以上的后代。当某代杂交牛表现最为理想时，便从该代起中止杂交（图 2.1），以后即可在杂种公母牛间进行横交，固定已育成的新品种。

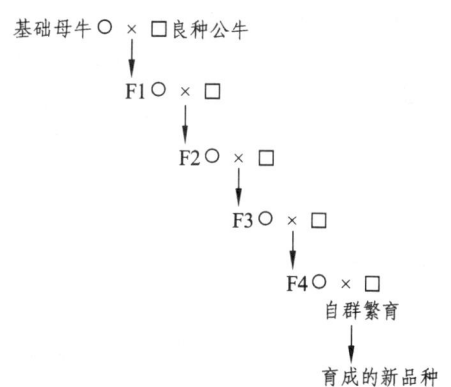

图 2.1 级进杂交示意图

（基础母牛群指本地黄牛、杂种母牛、荷斯坦母牛）

级进杂交应注意的问题：

第一，改良品种要求生产性能高、适应性强、育成历史较久、遗传性稳定，也要照顾到毛色等质量性状，以减少以后选种的麻烦。一个国外品种适应性的强弱，可以从原产地的自然条件、品种的分布以及引入我国后的适应性等方面了解。

第二，级进杂交的代数不宜过高，因为代数越高，虽然愈接近改良品种，但往往使杂种个体的生活力、适应性、耐粗饲的能力以及体质全面下降，效果反而不好。适宜的级进代数应该是在停止杂交时要求杂种牛的生产性能要高，还要保留适应当地自然条件的特征特性。一般杂交至3~代，即含外血75%~87.5%为宜。

第三，级进效果的好坏在很大程度上取决于饲养条件。如果饲养条件和生活环境都好，杂交到第三代往往就难以表现出明显的杂种优势。

② 导入杂交：又称引入杂家或改良性杂交，当某一个品种具有多方面的优良性状，但还存在个别的较为显著的缺陷或在主要经济性状方面需要在短期内得到提高，而这种缺陷又不是通过本品种选育加以纠正时，可利用另一品种的优点采用导入杂交的方式纠正其缺点，而使牛群趋于理性（图2.2）。导入杂交的特点是在保持原由品种牛主要特征特性的基础上通过杂交克服其不足之处，进一步提高原有品种的质量而不是彻底的改造。

③ 育成杂交：通过杂交来培养新品种的方法叫做育成杂交，又称为创造性杂交。它是通过两个或两个以上的品种进行杂交，使后代同时结合极高品种的优良特性，扩大变异的范围，显示出多品种的杂交优势，并且还能

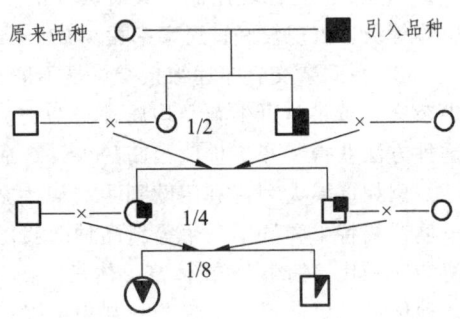

图 2.2 导入杂交示意图

创造出亲本所不具有的新的有益性状，提高后代的生活力，增加体尺和体重，改进外形缺点，提高生产性能，有时还可以改善引入品种不能适应当地特殊的自然条件的生理特点。

导入杂交应注意的问题：

第一，严格挑选公牛品种和个体，要求导入品种的基本特征与原有品种基本一致，但不存在后者存在的那种缺陷。同时要选择针对该品种原有缺点的有突出优良特性的个体。

第二，必须加强本品种的选择工作，以此为基础，保证在杂种一代回交时，有足够数量的本品种优良公母牛。同时，一般只用10%~15%的母牛来与导入品种杂交。这里，加强本品种选择很关键，因为如果第一次杂交不能达到理想要求，如果再继续杂交就达不到导入杂交的目的。

第三，导入外血的量，一般在1/4至1/8范围内，导入外血过高，不利于保持原品种特性。如原品种与导入品种在主要生产性能及特征特性方面差异不大时，在回交一代（含1/4外血）后就可暂时在引血群内横交；如差异过大，则应在回交二代（含1/8外血）后进行横交。

第四，杂种的选择和培养非常重要，不经常进行在改进某个缺陷方面的严格选种，不给予弥补某方面缺陷的饲养条件，那就会随着回交代数的增加而使导入品种的优点丧失殆尽，几代以后又恢复原有品种的某缺陷。

育成杂交分为三个阶段。

第一，杂交阶段。这个阶段主要是打破原有品种的一次保守性，扩大变异的范围，创造形形色色的杂种，然后进行严格的选择，采用异质选配、非亲缘交配和定向培育，引导杂种向预定的培养目标变异，直到获得理想型杂种为止。

第二，横交阶段。即自群繁育阶段。通过杂交自群繁育，保持和发展所获得的理想型，加强遗传稳定性。关于由杂交阶段开始转入横交阶段的适当时间问题。一般认为，当杂种牛种已由15%以上的母牛达到理想型的要求，同时又已培育出理想型的杂种公牛，这时便可进入自群繁育的横交固定阶段。这个阶段的中心任务是建立极高无亲缘关系的优良品系。在建立品系时，应选好具有一定特点的优秀亲祖。在品系繁育过程中则应合理地利用同质选配和异质选配，并对后代加强培育和从中选择品系的继承者。为了较快地巩固有利性状，在整个过程中可以采用亲缘配，但必须慎重。

第三，纯化阶段。本阶段的中心任务是进行品系间的杂交，创造新品种。一个新品种必须具备较多的优良品系，通过品系间杂交，就可以把几个品系的优良品种结合于一个个体。进行品系杂交时，要以同质选配为主，在选配时，要注意配偶的体质外貌和生产性能，要考虑杂交的亲和力，否则就不易收到预期的效果。对品系间杂交的后代也要进行严格的选种选配，加强定向培育，以便培育成为一个优良的新品种。

④ 简单经济杂交：即两个品种之间的杂交，又称二元杂交，所产杂种一代，不论公母均不留作种用，全部作商品用。

⑤ 轮回杂交：是在经济杂交的基础上进一步发展起来的生产性杂交。国外在肉牛生产中广泛采用轮回杂交。它是两个或两个以上品种的公母牛之间不断的轮流进行交配，其目的在于使杂交各代都可保持一定的杂交优势，具有较高的生命力和生产性能，表现为初生重大，生产发育快，产肉性能好，对环境的适应性强，饲料消耗少。

⑥ 终端公牛杂交体系：终端公牛杂交又称终端杂交，就是限用 B 品种公牛与 A 品种纯种母牛配种，F1 代母牛（BA）再用第三品种 C 公牛配种，F2 代无论公母全部作经济用。那么，C 品种的公牛称为终端公牛，这种杂交方式称为终端公牛杂交体系。

今年来，国外肉牛生产采用将轮回杂交与终端公牛杂交体系相结合，即轮回杂交产生的母牛保留 45%用作轮回杂交，其余 55%的母牛，选用生长快、肉质好的用另一品种公牛（终端公牛）配种，以期减少饲料消耗，增加牛肉生产效率。据研究，采用 2 品种轮回的终端公牛杂交体系，其所生犊牛平均体重增加 21%，3 品种轮回的终端公牛杂交体系可提高 24%。

（三）MOET 育种体系

MOET 是超数排卵与胚胎移植（embryo transfer，ET）英文名字的缩写。超数排卵和胚胎移植技术是胚胎生物技术的基础和核心内容，这项技术的推广和应用为牛的育种提供了一个更快速、有效的方法——MOET 育种体系。MOET 育种体系可以用于奶牛和肉牛，但目前在奶牛上得应用更多，也更成熟，因此，这里着重介绍奶牛的 MOET 育种体系。

实施 MOET 育种可以加快遗传进展。因为，这项技术不但可以在短时间内获得许多全同胞和半同胞的后代，并可根据姐妹的生产性能来评定种公牛，从而代替了传统的后裔测定方法，缩短了选育种公牛的年限。例如奶公牛的后裔测定需要 6.5 年时间，而 MOET 育种体系只需 3.7 年，提早 2.8 年，从而缩短了世代间隔，加快了遗传进展。同时，由于 MOET 技术提高了种子母牛的繁殖力，因而增加了种子母牛的选择强度和育种值估计的准确性。

1. MOET 综合育种方案

是在现行的人工授精育种方案中，将种子母牛和种子公牛看作是内在核心群，并在这个核心群中实施 MOET 技术。在该方案中，母牛在第一泌乳期结束后，除利用个体本身成绩外，尽可能多地利用旁系亲属（主要是同龄的全同胞和半同胞）的记录进行选择。具有最高育种值的母牛将被用作种子母牛，同时也是实施 MOET 种的供体牛。种子公牛的选择在与母牛统一年龄时进行，其生长发育性能的选择主要依据全同胞组内的个体本身记录，而产奶性能与次要性状育种值估计的信息来源则限于全同胞和半同胞记录。将选出的供体母牛超数排卵，用种子公牛的精液使其受精，然后，移植给受体母牛。这样可以使供体牛反复超数排卵，充分发挥这些供体牛的遗传潜力，大量地繁殖后代。以此项生物技术为手段，可以获得许多全同胞、半同胞兄弟姐妹。利用这些全同胞或半同胞姐妹的产奶成绩，来判定全同胞或半同胞兄弟的产奶遗传能力。

2. MOET 核心群育种方案

是将核心群育种与超数排卵、胚胎移植等胚胎生物技术有机结合的一种育种方案。其最主要的特点是在一个或数个场群内，集中一定数量的优秀母牛，形成一个相对闭锁群，利用超数排卵和胚胎移植技术进行繁殖，高强度地利用最优秀的公牛和母牛，以培养出用于全群的优秀种公牛为主要目标。由于核心群的数量比整个群体的数量少，便于育种措施和性能测定的严格实施，选择强度高，可以获得较高的遗传进展；超数排卵和胚胎移植可以成倍地提高牛的繁殖力，为核心群育种方案的实施提供了有利条件。

因此，MOET 核心群育种方案与后裔测定方案相比，大大缩短了世代间隔，提高了母牛繁殖力，并且使性能记录更可靠，使性能测定更准确、有效。根据模型计算，如果这个育种方案组织得当，可望每年获得比现行的人工授精育种方案高出 30%～100% 的遗传进展和 30%～50% 的育种效益。MOET 核心群育种方案可以分为两类：

（1）场站式 MOET 核心群育种方案：是将参加核心群育种的供体母牛、受体母牛和后备牛集中饲养在一个或少数几个牛场，集中进行性能测定和少数胚胎移植。其技术要点是：① 在核心群中对供体母牛及其全同胞、半同胞姐妹进行严格的生产性能、生长发育性能测定；② 为了选择核心公牛，需要对其全同胞、半同胞进行性能测定，通过公牛的雄性同胞测定其生长发育性能，通过雌性同胞测定其产奶性能；③ 优秀母牛作为供体牛要多次重复进行超数排卵（图 2.3）

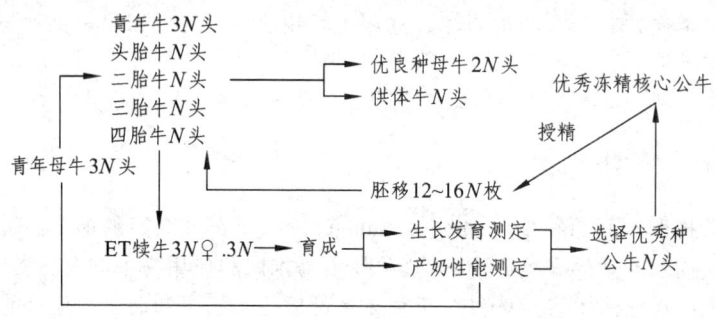

图 2.3　场站式 MOET 核心群育种方案技术路线流程图

（2）组合式 MOET 核心群育种方案：即多个育种场联合实施 MOET 核心群育种方案，选择的母牛群饲养在各个育种场中，经常有母牛和牛场被选入或离开核心群体系，核心群范围内牛场中的优秀母牛集中、高强度的超数排卵，胚胎分散移植到各个育种场，从而获得较大数量的全同胞和半同胞以进行性能测定。

这一育种方案的优点在于，核心群是开放式的，实施育种措施时具有较大的灵活性，生产性能测定的基础是范围较大的全同胞、半同胞的信息。但是，由于核心群牛场和核心群牛分散，使得性能测定的准确性、可靠性较固定核心群差。

（四）牛育种工作的主要措施

1. 成立育种组织

畜牧业发达国家对每一个家畜、家禽品种都成立了品种协会等育种组织，负责组织本品种的保种和进一步的改良提高工作，诸如种畜鉴定、良种登记、生产性能测定、公牛后裔测定及指导育种等，并且，其国际化的程度越来越高。这些育种组织如美国的 DHIA、INTERBULL、各国的品种育种委员会等。

我国的育种工作组织成立于 20 世纪 70 年代，这些组织如中国奶业协会、中国奶业协会育种专业委员会、中欧各国良种黄牛育种委员会、中国西门塔尔牛育种委员会等。在农业部的统一领导下，配合当地农民主管部门，开展教学、科研与生产的大协作，在宣传、贯切政府有关发展畜牧业的房子、政策，统一各牛种育种方向，开展种公牛的后裔测定，推广人工授精技术和其他先进技术，扶持养牛专业户等方面，作了大量的工作，促进了牛种数量的持续发展和牛群是治疗的提高，但这些组织，如何适应市场经济发展的需要，进一步完善各种职能，在许多方面仍需要加强和改善。

2. 牛的编号与标记

牛的编号与标记是育种工作必不可少的技术措施。特别是作为一、二级保种的黄、水牛群，必须给牛编号和标记，以利育种工作的顺利开展。

3. 建立记录和统计制度

在养牛业中，如果没有正确精细的各项记录，则正确的饲养管理和育种工作将无法进行。例如，进行选种选配时，必须要有牛只生长发育、生产性能和系谱记载等材料；有了配种记录，才能推算母牛的预产期和犊牛的血统；有了犊牛的体重增长和母牛的体重及产奶量、乳脂率、乳蛋白率等记录，才能正确的配合日粮和改进饲养管理工作。只有根据这些记录，才能了解牛只的个体特性，及时发现、分析和解决问题，坚持计划任务的执行和完成情况。所以，建立记录和统计制度，是开展牛的育种和组织养牛生产的一项基本工作，必须予以高度重视。

常见的记录表格及记录内容如下：

（1）种公、母牛卡片：记录牛的编号和良种登记号；品种和血统；出生地和日期；体尺体重、外貌结构及评分；后代品质；公牛的配种成绩，母牛的产奶性能及产犊成绩、鉴定成绩等；公、母牛照片等。

（2）公牛采精记录表：记录公牛编号；出生日期、第一次采精日期；每次采精日期、次数、精液质量、稀释液种类、稀释倍数、稀释后及解冻后活率、冷冻方法等。

（3）母牛配种繁殖登记表：记录母牛发情、配种、产犊等情况与日期。

（4）母牛产奶记录表：记录每日分次产奶记录；全群每日产奶记录；每月产奶记录；各泌乳月产奶记录；牛奶质量指标等。

（5）犊牛培育记录表：登记犊牛的编号；品种和血统；初生日期和初生重；毛色及其他外貌特征；各阶段生长发育情况及鉴定成绩等。

（6）牛群饲料消耗记录表：登记每头牛和全群每天各种饲草、饲料消耗数量等。

4. 建立良种登记制度

良种登记包括系谱、生产性能和体形外貌等内容。建立良种登记制度是育种工作中的重要措施之一。通过良种登记，可以正确地开展选配工作，即在良种登记的基础上，选出拔尖种子母牛群，与经过了后裔测定的优秀公牛精心选配，从而使牛群质量不断得到改进和提高。如美国各个奶牛品种协会的主要任务是：办理奶牛的良种登记、产奶登记、产奶量及乳脂、乳蛋白测定、奶牛分级鉴定等工作，根据测定和鉴定结果，进行良种登记，对合格的良种公、母发给证书，这对牛群质量的提高有很大促进作用。

我国原黑白花奶牛育种协作组在1974年制定了"良种登记暂行办法"，并出版了多次良种登记薄，对加快黑白花奶牛的育种进展起到了积极的推动作用。根据该办法，只有满足良种条件的公牛或母牛才能申请登记，并经由关专业机构审查批准，而这些机构可组织技术人员监督或检查。已登记的公母牛，颁发良种登记号、良种证书及良种牛的标志牌，并定期公布。该项工作近年出现中断。必须认清牛良种登记的意义，加强领导和管理，进一步研究操作规程，恢复和完善该项登记制度。

5. 定期举办赛牛会

赛牛会一般出品种协会等育种组织等举办，对吸引广大养牛者参与到育种工作中来，促进牛的育种工作具有良好的作用。一些养牛业发达的国家，举办赛牛会十分普遍，并有专门的赛牛场所。参赛牛一旦得奖，身价倍增，对牛的育种起到了良好的促进作用。

我国良种黄牛产区的广大群众历来就十分重视良种黄牛的培育，素有赛牛的传统，应统一规范赛牛规程和评比办法，引导赛牛向健康方向发展。这样，也才能有效地推动我国的养牛业。

6. 编制育种工作计划

牛群经过鉴定、整顿和分群后，应着手编制育种工作计划，以便有目的地进行牛群的育种工作。

制定育种工作计划时，要根据国家的育种方针和《全国牛的品质区域规划》以及各省（区）牛种改良工作区域规划，结合各地和农牧场的生产任务及具体条件，并从完成任务的实际可能出发。因为牛育种工作具有长期性，计划一经拟定，就要贯彻执行。在编制育种工作计划时，必须考虑本地区的生产任务和自然条件、牛群的类型及饲养水平等特点，以及采用哪个品种、利用何种繁育方法、分年度的育种目标等都应详细列出。

育种工作计划的内容主要包括下列三部分：

（1）牛场和牛群的疾病情况：包括牛群所在地的自然、地理、气候、社会经济条件，牛群结构、品种及其来源和亲缘关系，体系外貌特点及其缺点，生产性能以及目前的饲养管理水平和饲料供应等情况。

（2）育种方向和目标：包括牛群逐年增长的头数和育种指标。育种指标根据育种方向而有所不同，如肉乳兼用品种牛，其育种指标包括犊牛初生重、各阶段体重、主要体尺及平均日增重、屠宰率、净肉率、眼肌面积、骨肉比一届新品种体型外貌要求等指标；对乳肉兼用牛，除了上述指标外，还要包括各胎次产奶量、乳脂率、乳蛋白率等指标。

（3）育种措施：提出包装完成育种工作的各项措施，如加强组织领导，建立健全育种机构；建立育种档案及记载制度；选种方向和选配方法及育种方法；加强犊牛培育；制定给类牛的饲养管理操作规程；建立饲料基地，合理供应饲草饲料；畜牧机械化及畜舍的布局与建筑；制定和认真落实奖励政策；开展 劳动竞赛；培训技术人员以及加强疫病防治工作等措施。

二、羊的杂交改良

杂交能将不同品种的特性结合在一起，创造出亲本原来不具备的特性并提高后代的生活力。羊的杂交利用有两条途径，一是杂交培育新品种，二是进行经济杂交，发展商品羊生产。杂交改良的技术关键在于根据不同地区的具体条件，确立最佳杂交组合并建立完善的杂交繁育体系。养羊业常用的杂交方法有导入杂交和级进杂交、经济杂交、育成杂交等。

（一）导入杂交

当一个品种基本上符合经济发展需要而又存在个别缺点，用纯繁不易克服时，可采用导入杂交方法。导入杂交应在生产方向一致的情况下进行。改良用的品种与原品种母羊杂交一次后再进行 1~2 次回交，以获得含外血 1/8~1/4 的后代，用以进行自群繁育。导入杂交在养羊业中广泛应用，如澳洲美利奴羊导入了 1/4 林肯羊血液，育成了著名的波尔华斯品种羊。

（二）级进杂交

也称吸收杂交，改进杂交。当一个品种生产性能低，需要从根本上改造时，可用另一优良品种与其进行级进杂交。级进杂交是两个品种的杂交,改良用的公羊与当地母羊杂交后,从第一代杂种开始,以后各代所产母羊,每代继续用原改良品种公羊选配,到3~5代杂种后代生产性能基本与改良品种相似。杂交后代基本上达到目标时,杂交应停止。符合要求的杂种公母羊可以横交。

(三) 经济杂交

经济杂交是利用两个品种的一代杂种提供产品而不做种用。目的在于生产更多更好的羊产品,而不是生产种羊。一代杂种具有杂种优势,所以生活力强,生长发育快,在肥羔肉生产中经济应用。经济杂交的优点在于,第一代的杂种公羔生长快,生产商品肉有重要意义,它的第一代杂种母羊不仅可以做为肉羊,也可以做为种用提高生产性能。美国的研究表明,两个品种杂交的羔羊,其总产量比亲本高12%,到四个品种为止,在杂交中每增加一个品种则提高8%~12%。在生产实践中主张实行3个或4个品种的轮回杂交。

(四) 育成杂交

育成杂交指不同品种间个体相互进行杂交,以大幅度地改进生产性能,或纠正当地品种在某一方面的缺点,到一定程度时,都有导致新品种的产生,因此叫育成杂交。用两个品种杂交育成新品种的称简单育成杂交;用3个或3个以上品种杂交育成新品种的称复杂育成杂交。育成杂交将参与杂交品种的优良性状集中在杂种后代身上,从而创造出新品种。如我国的南江黄羊、新疆细毛羊等就是采用育成杂交的方法培育出来的。杂交育成一般要经历杂交改良、横交固定、纯繁推广三个阶段。

三、兔的杂交改良

(一) 概 念

不同品种或品系公、母兔之间交配称之为杂交,其所生后代叫杂种;用杂交来提高兔群品质的方法,叫做杂交改良。

(二) 杂交改良的方式

杂交的方式很多,有经济杂交、引入杂交、级进杂交和育成杂交等。

1. 育成杂交

以两个或多个品种兔的杂交,而培育出一个新的家兔品种(品系),它通过杂交,定型及扩群三个阶段来完成。

2. 级进杂交

两个品种兔杂交而获得的杂种。这种繁殖进行2~3代后,选出优秀的个体,再与良种横交固定进行自群繁殖,达到横交固定后的兔群基本与改良者相同。

3. 经济杂交

为了达到良好的经济利用效果,使两个品种或品系进行交配。如两个或两个品种以上的公兔轮回与部分杂交母兔交配,来获取杂交优势为轮回杂交;用四个品种或品系两两杂交,然后再在两种杂交间进行交配为双杂交。

4. 导入杂交

为了改变原有品种的某些缺点,通过外来血缘改进当地品种兔。可选择外来良种公兔与本地品种母兔杂交(引入一次外来血缘),以后各代杂种都与本品种回交,可在回交二代的后代(外来血缘的 1/8)中选择优秀的个体进行自群横交固定繁殖。肉用品种兔可通过引进大型种公兔与本地中型母兔进行导入杂交,杂交效果应不低于或高于公、母兔的平均值,皮用种兔,通过引进体型较大公兔与本地体型较小母兔进行导入杂交(颜色要一致),杂交后的商品兔皮不低于或高于公、母兔的平均值;毛用种兔,通过引进体型较大公兔与本地体型较小母兔进行导入杂交(颜色要一致),杂交后的优质兔毛产量不低于或高于公、母兔的平均产值。导入杂交,适合不同养殖规模的肉兔育肥、皮兔等级的提高和优质兔毛产量的提高。

(三)杂交优势

不同种群(品种、品系和其他种用类群)的家畜杂交所产生的杂种,往往在生活力、生长势和生产性能等方面,表现在一定程度上优于其纯繁群体,这就是所谓"杂种优势"现象。

(四)家兔杂交改良的应用

1. 杂交亲本种群的选优与提纯

是杂种优势利用的最基本的环节。杂种必须能从亲本获得优良的、高产的、显性上位效应大的基因,才能产生显著的杂种优势。

2. 配合力测定

配合力就是种群通过杂交能获得杂种优势的程度,即杂交效果的好坏。

【讨论与思考】

1. 填空题
(1)本品种选育主要包括(   )和(   )
(2)杂交育种的方法(   )、(   )、(   )。
(3)羊常用的杂交方法有(   )杂交、(   )杂交、(   )杂交、(   )杂交。
(4)羊的育成杂交分为(   )、(   )、(   )三个阶段。
(5)羊的经济杂交主要是利用杂交产生的(   )来提高生产水平和经济效益的。
(6)不同品种或品系公、母兔之间交配称之为杂交,其所生后代叫杂种;用杂交来提高兔群品质的方法,叫做(   )
(7)家兔的杂交方式(   )、(   )、(   )、(   )。

2. 简答题
(1)简述牛育种工作的主要措施?
(2)羊生产为什么要进行杂交?
(3)羊的杂交改良常用的方法有哪些?什么情况下采用?
(4)简述家兔杂交改良的应用?

项目 2-3 牛的繁殖

【学习目标】

1. 了解公牛和母牛的生殖器官及各自的组织结构和生理功能;

2. 掌握牛的发情及发情鉴定；

3. 了解牛的人工授精操作技术。

【学习内容】

通过学习本节，让学生了解公牛和母牛的生殖器官的组成，并掌握各个器官的生理功能；并掌握牛的发情鉴定技术，适时配种；同时学生也要学会人工授精操作技术。

【相关技能】

学会人工授精技术。

一、牛的生殖器官

（一）公牛的生殖器官

公牛的生殖器官包括睾丸、附睾、输精管、付性腺、尿生殖道、阴茎与包皮。

1. 睾丸

（1）形态位置：睾丸原位于腹腔内肾脏的两侧，在胎儿期的一定时期，由腹腔下降入阴囊。因此，正常情况下，成年公牛的睾丸位于阴囊中，左右各一，左侧睾丸稍大于右侧。但有时一侧或两侧睾丸并未下降入阴囊，称为隐睾。这种情况会影响生殖机能，严重时会导致不育。公牛睾丸的长轴和地面垂直，悬垂于腹下，附睾位于睾丸的后外缘，头朝上，尾朝下。

（2）组织结构：睾丸的表面由浆膜被覆（即固有鞘膜），其下为致密结缔组织构成的白膜，从睾丸一端（即和附睾头相接触的一端）有一条结缔组织索伸向睾丸实质，构成睾丸纵膈，由纵膈向四周发出许多放射状结缔组织小梁伸向白膜，称为中隔，将睾丸实质分成许多锥形小叶。每个小叶内有2～3条曲精管，曲精细管在各小叶的尖端各自汇合成为直精细管，穿入睾丸纵膈结缔组织内，形成睾丸网，最后在睾丸网的一端又汇成10～30条睾丸输出管，穿过白膜，形成附睾头。精细管的管壁由外向内是由结缔组织纤维、基膜和复层生殖上皮构成。上皮主要由两种细胞构成：① 能产生精子的生精细胞；② 支持和营养生精细胞的支持细胞。

在睾丸小叶内的精细管之间有疏松结缔组织构成的间质，内含血管、淋巴管、神经和间质细胞。其中的间质细胞能分泌雄激素。

（3）生理机能：① 产生精子。精细管的生精细胞是直接形成精子的细胞，它经多次分裂后最后形成精子。精子随精细管的液流输出，经直精细管、睾丸网、输出管而到附睾。睾丸组织的生精能力为：睾丸组织平均每天可产生1 300万～1 900万个/克。② 分泌雄激素。间质细胞能分泌雄激素，雄激素能激发公畜的性欲和性行为；刺激第二性征；刺激阴茎及副性腺的发育；维持精子的发生及附睾内精子的存活。公畜在性成熟前阉割会使生殖道的发育受到抑制，成年后阉割会发生生殖器官结构和性行为的退行性变化。

阴囊是柔软而富有弹性的袋状皮肤囊，含有丰富的皮脂腺和汗腺，缺少皮下脂肪，肉膜能调整阴囊壁的厚薄及其表面积，并能改变睾丸与腹壁的距离。因此，它不仅能保护睾丸、附睾，而且能调节睾丸的温度，这对于生精技能至关重要。

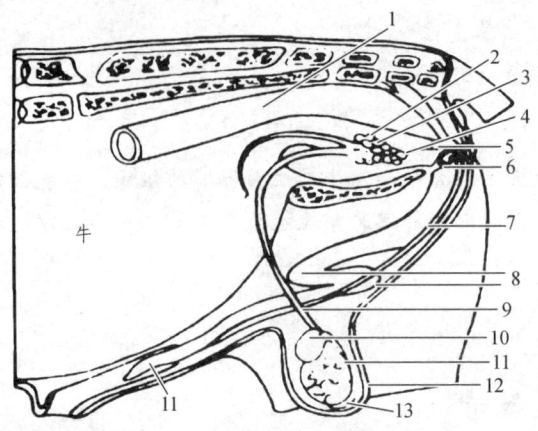

图2.4 牛的生殖器官

1—直肠；2—输精管壶腹；3—精囊腺；4—前列腺；5—尿道球腺；6—阴茎；
7—阴茎缩肌；8—S状弯曲；9—输精管；10—附睾头；11—睾丸；
12—阴囊；13—附睾尾；14—阴茎游离端

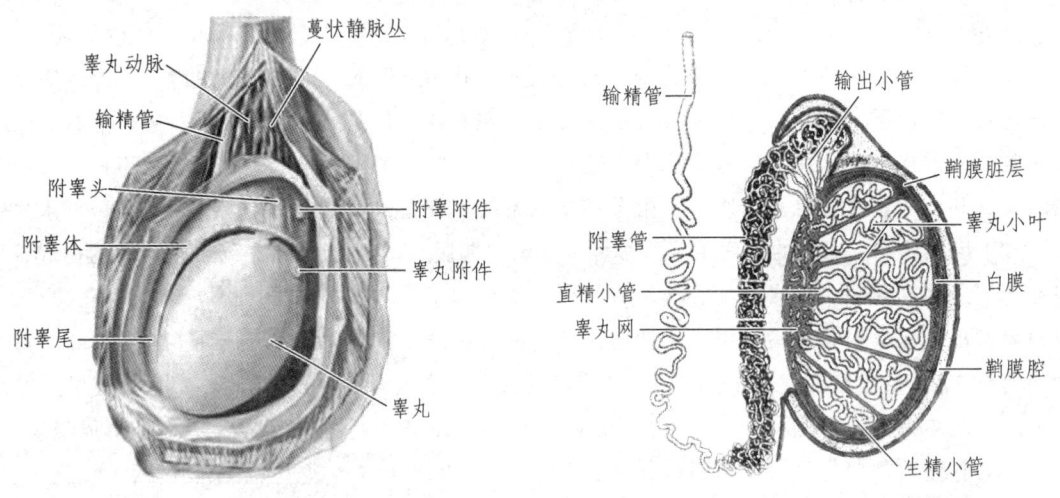

图2.5 睾丸的组织结构　　　　图2.6 睾丸与附睾的模式图

2. 附　睾

（1）形态位置：附睾位于睾丸的附着缘，分头、体、尾三部分。附睾头膨大，主要由睾丸输出管盘曲组成。这些输出管汇集成一条较粗而弯曲的附睾管，构成附睾体。在睾丸的远端，附睾体延续并转为附睾尾，其中附睾管弯曲减少，最后逐渐过渡为输精管。牛的附睾管的长度为 30～50 m，管腔直径为 0.1～0.3 mm。

（2）生理机能：① 附睾是精子最后成熟的地方。从睾丸精细管生产的精子，刚进入附睾头时，其形态尚未发育完全，颈部常有原生质滴存在。此时其活动微弱，没有受精能力或受精能力很低。精子通过附睾管的过程中，原生质滴向尾部末端移行脱落，达到最后成熟，使之活力增强，且有受精能力。精子的成熟与附睾的物理及细胞化学特性有关，精子通过附睾管时，附睾管分泌的磷脂质和蛋白质包被在精子表面，形成脂蛋白膜，此膜能保护精子，防止精子膨胀，抵抗外界环境的不良影响。精子通过附睾管时，可获得负电荷，可防止精子的凝集。

② 附睾是精子的贮藏场所。附睾可以较长时间贮存精子，一般认为在附睾内贮存的精子，经60天后仍具有受精能力。但如果贮存过久，则活力降低，畸形及死亡精子增加，最后死亡被吸收。

精子之所以能在附睾内较长期贮存，目前认为主要基于以下几个方面：a. 附睾管上皮的分泌物能供给精子发育所需要的养分；b. 附睾内环境呈弱酸性（PH 为 6.2～6.8）、高渗透压、温度较低，这些因素可使精子处于休眠状态，减少能量消耗，从而为精子的长期贮存创造了条件。

③ 吸收作用。附睾头和附睾体的上皮细胞具有吸收功能，来自睾丸的稀薄精子悬浮液，通过附睾管时，其中的水分被上皮细胞所吸收，因而到附睾尾时精子浓度升高，每微升含精子 400 万个以上。

④ 运输作用。来自睾丸的将该女子借助于附睾管纤毛上皮的活动和管壁平滑肌的收缩，可将精子悬浮液从附睾头运送到附睾尾。牛的精子通过附睾管的时间为 10 天。

3. 输精管

输精管由附睾管在附睾尾端延续而成，它与通向睾丸的血管、淋巴管、神经、提睾肌等共同组成精索，经腹股沟管进入腹腔，折向后进入盆腔。两条输精管在膀胱的背侧逐渐变粗，形成输精管壶腹，其末端变细，穿过尿生殖道起始部背侧壁，与精囊腺的排泄管共同开口与精阜后端的射精孔。壶腹壁内富含分支管状腺体，具有副性腺的性质，其分泌物也是精液的组成成分。牛的壶腹比较发达，输精管的肌肉层较厚，交配时收缩力较强，能将精子排送入尿生殖道内。

4. 副性腺

副性腺是精囊腺、前列腺和尿道球腺的总称。

（1）形态位置。

① 精囊腺。成对，位于输精管末端的外侧。牛的精囊腺为致密的分叶腺，腺体组织中央有一较小的腔；精囊腺的排泄管和输精管一起开口与精阜，形成射精孔。

② 前列腺。位于精囊腺后部，即尿生殖道起始部的背侧。牛前列腺分为体部和扩散部，前列腺为复管状腺，有多个排泄管开口于精阜两侧。

③ 尿道球腺。成对，在坐骨弓背侧，位于尿生殖道骨盆部的外侧，牛的相对猪来说较小。一侧尿道球腺一般有一个排出管，通入尿生殖道的背外侧顶壁中线两侧。

（2）生理机能。目前一般认为，副性腺的机能主要有以下几个方面：

① 冲洗尿生殖道。交配前阴茎勃起时，主要是尿道球腺分泌物先排出，它可以冲洗尿生殖道内的尿液，为精液通过创造适宜的环境，以免精子受到尿液的危害。

② 稀释精子。副性腺分泌物是精子的内源性稀释剂。因此，从附睾排除的精子与副性腺分泌物混合后，精子即被稀释。在射出的精液中，精清所占的比例约为 85%。

③ 为精子提供营养物质。精囊腺分泌物含有果糖，当精子与之混合时，果糖即很快地扩散入精子细胞内，果糖的分解是精子能量的主要来源。

④ 活化精子。副性腺分泌物偏碱性，其渗透压也低于附睾处，这些条件都能增强精子的运动能力。

⑤ 运送精液。精液的射出，除借助附睾管、输精管副性腺平滑肌收缩及尿生殖道肌肉的收缩外，副性腺分泌物的液流也起着推动作用。在副性腺管壁收缩排除的腺体分泌物与精子混合时，随即运送精子排出体外，精液射入母牛生殖道内。

⑥ 延长精子的存活时间。副性腺分泌物中含有柠檬酸盐及磷酸盐，这些物质具有缓冲作用，从而可以保护精子，延长精子的存活时间，维持精子的受精能力。

⑦ 防止精液倒流。有些家畜的副性腺分泌物有部分或全部凝固现象，一般认为这是一种在自然交配时防止精液倒流的天然措施。

5. 尿生殖道

公牛的尿生殖道是排出尿液和精液的共同管道，分为骨盆部和阴茎部。骨盆部尿生殖道位于骨盆腔内，由膀胱颈直达坐骨弓，为一长的圆柱形管，外面包有尿道肌；阴茎部尿生殖道是骨盆部尿生殖道的延续，位于阴茎海绵体腹面的尿道沟内，外面包有尿道海绵体和球海绵体肌。

6. 阴茎与包皮

（1）阴茎。

阴茎是公畜的交配器官，主要由勃起组织及尿生殖道阴茎部组成，自坐骨弓沿中线先向下，再向前延伸到脐部。由后向前分为阴茎根、阴茎体和阴茎头三部分。阴茎根借左右阴茎脚附着于坐骨弓外侧部腹侧面，阴茎体由背侧的两个阴茎海绵体及腹侧的尿道海绵体构成。阴茎前段的游离部分即为阴茎头（龟头）。

牛的龟头较尖，沿纵轴略呈扭转形，在顶端左侧形成沟，尿道外口位于此。

（2）包皮。

包皮是由皮肤凹陷而发育成的阴茎套。在不勃起时，阴茎头位于包皮腔内，包皮有保护阴茎头的作用。当阴茎勃起时，包皮皮肤展开包在阴茎表面，保证阴茎伸出包皮外。

牛的包皮较长，包皮口周围有一丛长而硬的包皮毛，阴茎勃起时，内外两层皮肤褶展平而紧贴于阴茎表面，该处的包皮垢较多。

（二）母畜的生殖器官

母畜的生殖器官包括：卵巢、输卵管、子宫、阴道、外生殖器官。

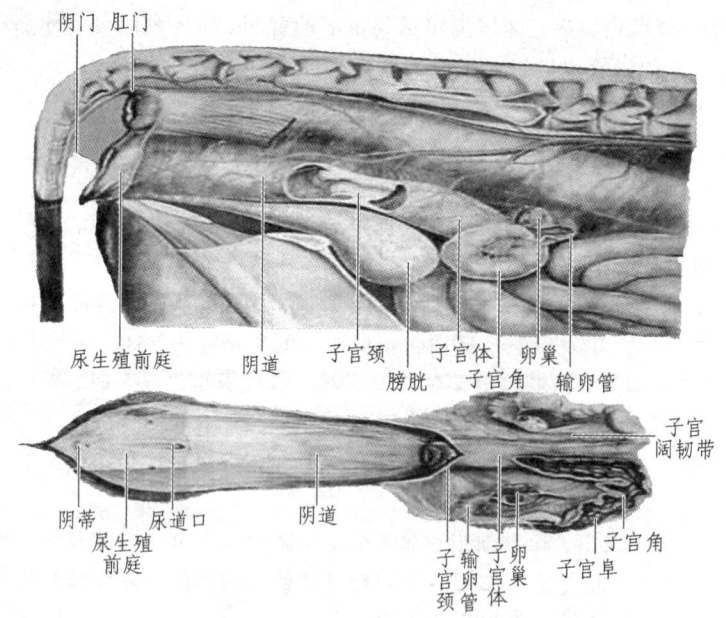

图 2.7　母牛的生殖系统

1. 卵　巢

卵巢的形态位置及组织构造：

（1）形态位置。卵巢是母牛的重要生殖腺体，其形态位置因年龄、发情周期和妊娠而异。牛的卵巢呈扁卵圆形，位于子宫角端部的两侧，初产或经产胎次少的母牛，卵巢均在耻骨前缘之后；

经产多次的母牛，子宫角因胎次增多而逐渐垂入腹腔，卵巢也随之前移至耻骨前缘的前下方。牛的卵巢表面除卵巢系膜附着外，其余表面都被覆有生殖上皮，所以在这些部位都有排卵的可能。

（2）组织结构。卵巢的表层为一单层的生殖上皮，其下是由致密结缔组织构成的白膜。白膜下为卵巢实质，它分为皮质部和髓质部，皮质部在髓质部的外周，两者没有明显界限，其基质都是结缔组织。皮质部内含有许多不同发育结缔的卵泡或处在不同发育和退化阶段的黄体，皮质的结缔组织内含有血管、神经等。髓质部内含有丰富的弹性纤维、血管、神经、淋巴管等，它们经卵巢门出入，与卵巢系膜相连。

（3）生理机能：① 卵泡发育和排卵：卵巢皮质部分布着许多原始卵泡，它经过次级卵泡、生长卵泡、成熟卵泡几个发育阶段，最终有部分卵泡发育成熟，破裂排出卵子，原卵泡腔处便形成黄体。多数卵泡在发育到不同阶段时退化、闭锁。② 分泌雌性激素和孕酮：在卵泡发育过程中，包围在卵泡细胞外的两层卵巢皮质基质细胞形成卵泡膜。卵泡膜分为内膜和外膜，其中的内膜可分泌雌激素，雌激素是导致母畜发情的直接因素，而排卵后形成的黄体，可分泌孕酮，它是维持怀孕所必须的激素之一。

2．输卵管

（1）形态位置：输卵管是有对多弯曲的细管，它位于每侧卵巢和子宫角之间，是卵子进入子宫必经的通道，由子宫阔韧带外缘形成的输卵管系膜所固定。

输卵管可分为三个部分：① 管的前端（卵巢端）接近卵巢，扩大成漏斗状，称为漏斗，漏斗的边缘形成许多皱褶，称为输卵管伞，牛的输卵管伞不发达。伞的一端附着于卵巢的上端，漏斗的中心有输卵管腹腔口，与腹腔相通。② 管的前1/3段较粗，称为输卵管壶腹部，是卵子受精的地方。③ 管的其余部分较细，称为峡部。壶腹和峡部连接处叫壶峡连接部。峡部的末端以小的输卵管子宫口与子宫角相通，次处称为宫管接合处。由于牛的子宫角尖端细，所以输卵管与子宫角之间无明显分界，括约肌也不发达。

（2）组织结构：输卵管管壁从外向内由浆膜、肌层和粘膜构成。肌层从卵巢端到子宫端逐渐增厚，粘膜上有许多纵褶，其大多数上皮细胞表面由纤毛，能向子宫端蠕动，有助于卵子的运送。

（3）生理机能：① 运送卵子和精子。借助纤毛的运动、管壁蠕动和分泌液的流动，使卵子经过伞向壶腹部运送，同时将精子反向由峡部向壶腹部运送。

② 精子获能、卵子受精和受精卵分裂的场所。子宫和输卵管为精子获能部位。输卵管壶腹部位精、卵子结合的部位。

③ 具有分泌机能。输卵管的分泌物主要是粘多糖和粘蛋白，是精子、卵子的运载工具，也是精子、卵子和早期胚胎的培养液。输卵管的分泌作用受激素控制，发情时分泌增多。

3．子 宫

（1）形态位置。子宫是一个有腔的肌质性器官，富于伸展性。它前接输卵管，后接阴道，背侧为直肠，腹侧为膀胱。子宫大部分在腹腔，小部分在骨盆腔，借子宫阔韧带附着于腰下和骨盆的两侧。各种家畜的子宫部分为子宫角、子宫体和子宫颈三部分。子宫角成对，角的前端接输卵管，后端会合而成子宫体，最后由子宫颈接阴道。

牛子宫两侧子宫角基部内有纵膈将两角分开，为对分子宫。青年及经产胎次少的母牛，子宫角弯曲如绵羊角，位于骨盆腔里。经产胎次多的子宫并不完全恢复原来的性状和大小，所以其子宫不同程度地展开，垂入腹腔。两角基部之间的纵膈处有一纵沟，称为子宫间沟。子宫黏膜有70～120个突出于表面的半圆形子宫阜，妊娠是子宫阜发育为母体胎盘。子宫颈口突出于阴道，颈管发达，壁厚而硬，直肠检查时容易摸到。

（2）组织构造。子宫的组织构造从外向里为浆膜、肌膜及粘膜。浆膜与子宫阔韧带的浆膜相连续。肌层由较薄的外纵行肌和较厚的内环行肌构成，肌层间有血管网和神经，粘膜层又称子宫内膜，基上皮为柱状细胞，膜内有分支盘曲的管状腺（子宫腺）。子宫阜以子宫角最发达，子宫体较少。

（3）生理机能。

① 贮存、筛选和运送精子，有助于精子获能。母畜发情配种后，子宫颈口开张，有利于精子逆流进入，并可阻止死精子和畸形精子进入。大量的精子贮存在子宫颈隐窝内，进入的精子在子宫内膜分泌物作用下使精子获能，并借助于子宫肌的收缩作用运送到输卵管。

② 孕体的附植、妊娠和分娩。子宫内膜还可供孕体附植，附植后子宫阜形成母体胎盘，与胎儿胎盘结合，为胎儿的生长发育创造良好的条件。妊娠时子宫颈黏液高度粘稠形成栓塞，封闭子宫颈口，起屏障作用，既可保护胎儿，又可防止子宫感染。分娩前栓塞液化，子宫颈扩张，以便胎儿排出。

③ 调节卵巢黄体功能，导致发情。配种未孕母畜在发情周期的一定时间，子宫分泌前列腺素$F2\alpha$，使卵巢的周期黄体消融退化，在促卵泡素的作用下引起卵泡发育，导致再次发情。妊娠后，子宫内膜不再分泌前列腺素，周期黄体转化为妊娠黄体，维持妊娠。

4. 阴　道

阴道是母畜的交配器官，也是产道。阴道的背侧为直肠，腹侧为膀胱和尿道。尿道腔为一扁平的缝隙，前端有子宫颈阴道部突入其中。子宫颈阴道部周围的阴道腔称为阴道穹隆。后端以阴瓣与尿生殖前庭分开。牛的阴道约长22~28 cm。

5. 外生殖道器官

① 尿生殖道前庭。为从阴瓣到阴门裂的短管。前高后低，稍为倾斜，既是生殖道，又是尿道。母牛的前庭自阴门下连合至尿道外口约10 cm。

② 阴唇。构成阴门的两侧壁，两阴唇间的开口为阴门裂。阴唇的外面是皮肤，内未粘膜，两者之间有阴门括约肌及大量结缔组织。

③ 阴蒂。由勃起组织构成，相当于公畜的阴茎。凸起于阴门下角内的阴蒂窝中。

二、母牛的发情及发情鉴定

（一）雌性动物性机能发育

1. 概　念

性机能发育定义。

广义：是指动物从出生前的性别分化和生殖器官形成到出生后的性发育、性成熟和性衰老的全过程。

狭义：是指动物出生后的性发育、性成熟、性衰老有关的一系列生理过程，包括性行为及其调节。

性机能发育过程：初情期、性成熟期、体成熟期、繁殖机能停止期。

2. 初情期

定义：雌性动物从出生到第一次出现发情表现并排卵的时期，称为初情期。初情期年龄愈小，表明性发育愈早。

初情期的激素调节：与下丘脑-垂体-卵巢轴的生长和分泌机能有关。

① 接近初情期时，垂体和卵巢对 GnRH 的敏感性增强，从而引起卵泡发育。同时释放到血液中的 GnRH 量增加。

② 雌激素对下丘脑-垂体的反馈调节，随着卵泡的增长和成熟，卵巢的重量增加，同时卵泡分泌雌激素到血液，刺激生殖道的生长和发育。

影响初情期的因素。

① 品种：个体小的品种一般较个体大的初情期早。肉牛的初情期较奶牛更晚。国内的地方品种（如太湖猪、湖羊等）较国外品种早。

② 气候（温度、湿度和光照等气候因素）：南方地区气候湿热，光照时间长，各种动物的初情期较早。

③ 营养水平：高营养水平条件下饲养，初情期较早；相反，饲养水平较低的情况下，生长发育缓慢，初情期较晚。但是，营养水平过高，动物饲养过肥，虽然体重增长很快，初情期反而延迟。

表 2.3　荷斯坦奶牛三种不同营养水平对于初情期的年龄和体重的影响

总可消化养分食入量	初情期月龄	初情期体重（lb）
低（60%）	16.6（13.6~18.5）	540（430~575）
正常（100%）	11.3（8.5~12.7）	580（440~650）
高（140%）	8.5（6.7~9.9）	580（460~640）

④ 出生季节：出生时气候适宜，饲草饲料丰富，生长速度较快，所以初情期较短。季节性发情动物尤其如此。

⑤ 初情期与其终身寿命有关：寿命愈长的动物，初情期往往较晚；相反，寿命较短的动物，初情期往往较早。

注意事项：

第一次发情时，易出现安静发情现象。初情期的长短与动物繁殖力有关。初情期早，繁殖力较高；初情期较晚，终身繁殖的幼畜数较少。

3. 性成熟期

雌性动物在初情期后，一旦生殖器官发育成熟、发情和排卵正常并具有正常的生殖能力，则称为性成熟。动物从出生至性成熟的年龄，称为性成熟期。动物种类、同种动物不同品种、饲养水平、出生季节、气候条件等因素都对性成熟期都有影响。

4. 适配年龄

又称配种适龄，是指适宜配种的年龄。适配年龄的确定应根据个体生长发育情况和使用目的而定，一般比性成熟期晚一些，在开始配种时的体重应为其成年体重的 70% 左右，所以生产中一般在性成熟后一定时期才开始配种。

5. 体成熟期

动物出生后达到成年体重的年龄，称为体成熟期。雄性动物在适配年龄后配种受胎，身体仍未完全发育成熟，只有在产下 2~3 胎以后，才能达到成年体重。

6. 繁殖能力停止期

动物从出生至繁殖能力消失的时期，称为繁殖能力停止期或繁殖终止期。雌性动物在繁殖能力停止期后，即使是遗传性能非常好的品种，继续饲养也无意义，应及早淘汰，以减少经济损失。

表2.4 母牛初情期、性成熟、适配年龄及繁殖机能停止期

初情期	性成熟	适配年龄	繁殖机能停止期
8～12 m	8～14 m	1.5～2.0 y	13～15 y

（二）发情与发情周期

1. 发 情

（1）概念：雌性动物生长发育到一定年龄后，在垂体促性腺激素的作用下，卵巢上卵泡发育并分泌雌激素，引起生殖器官和性行为的一系列的变化，并产生性欲，雌性动物所处的这种生理状态称为发情。

（2）正常发情征状：卵巢上的卵泡发育、成熟和雌激素产生是发情的本质；而外部生殖器官变化和性行为变化是发情的外部现象。

① 卵巢变化：家畜发情开始前 3～4 d，卵泡开始生长，卵泡内膜增生，卵泡液分泌开始增多；

② 行为变化：表现为鸣叫、举尾拱背、频频排尿、食欲减退、泌乳量减少等；

③ 生殖道变化：发情时随着卵泡分泌的雌激素量增多，生殖道血管增生并充血，阴部表现充血、水肿、松软，阴道粘膜充血、红肿，子宫颈松驰，子宫粘膜分泌能力增加，有黏液分泌。

（3）排卵：发情征象消失时卵泡已发育成熟，卵泡体积达到最大。在激素作用下，卵泡壁破裂，卵子从卵泡内排出，即排卵。

（a）发情母牛被它牛嗅闻　　（b）发情母牛接受爬跨　　（c）发情母牛被爬不动

图2.8 发情母牛爬跨过程

2. 发情周期

（1）发情周期概念：在生理或非妊娠条件下，雌性动物每间隔一定时期均会出现一次发情，通常将这次发情开始至下次发情开始、或这次发情结束至下次发情结束所间隔的时期，称为发情周期。

（2）发情周期类型：

① 季节性发情周期：即只有在发情季节才能发情排卵。

② 季节性多次发情：在发情季节有多次发情表现，如马、驴和绵羊等。

③ 季节性单次发情：在发情季节只有一个发情周期。

④ 无季节性发情周期：全年均可发情，发情、配种无季节之分。

（3）发情周期的划分。

根据机体在发情周期中所发生的一系列生理变化，一般多采用四期分法和二期分法来划分发情周期的阶段。

① 二期分法：根据卵巢上组织学变化以及有无卵泡发育和黄体存在为依据，将发情周期分为卵泡期和黄体期。

卵泡期：是指黄体进一步退化，卵泡开始发育直到排卵为止。实际上包括发情前期和发情期两个阶段。

黄体期：是指从卵泡破裂排卵后形成黄体，直到黄体萎缩退化为止。相当于发情后期和间情期两个阶段。

② 四期分法：发情前期、发情期、发情后期、间情期。

发情前期：黄体退化萎缩；新的卵泡开始生长发育；阴道和阴门黏膜轻度充血、肿胀；子宫颈略为松弛，子宫腺体略有生长，腺体分泌活动逐渐增加，分泌少量稀薄黏液，阴道黏膜上皮细胞增生；但尚无性欲表现。

发情期：卵巢上的卵泡迅速发育；阴道及阴门黏膜充血肿胀明显，子宫黏膜显著增生，子宫颈充血，子宫颈口开张，子宫肌层蠕动加强，腺体分泌增多，有大量透明稀薄黏液排出；性欲达到高潮的时愿意接受雄性动物交配。

发情后期：卵泡破裂排卵后，黄体开始形成并分泌孕酮；动物由性欲激动逐渐转入安静状态；生殖道充血肿胀逐渐消退，子宫肌层蠕动逐渐减弱，腺体活动减少，黏液量少而稠；子宫颈管逐渐封闭，子宫内膜逐渐增厚；排卵后黄体开始形成的时期。

间情期：又称休情期或发情间期，是黄体活动时期。性欲已完全停止，精神状态恢复正常。

（4）发情周期中的生殖激素变化。

在发情周期的16~19 d孕酮浓度突然下降，E浓度上升。发情开始后12 h有LH高峰，导致排卵。

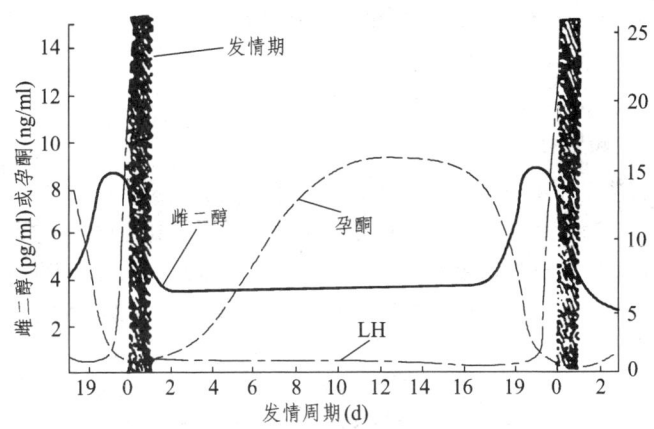

图2.9　母牛发情周期中外周血浆的雌激素、孕酮及LH浓度的变化

（5）发情周期的调节。

雌性动物的发情周期，实质是卵泡期和黄体期的交替环，而卵泡的生长发育与排卵以及黄体的形成和退化是受神经激素的调节和外界环境因素的影响。

3. 影响发情和发情周期的因素

（1）遗传因素：动物种类、同种动物不同品种以及同一品种不同家系或不同个体的发情周期长短不一。

（2）气候因素：纬度、光照、气温和湿度等环境气候条件均对雄性动物发情和发情周期有影响，尤其是光照和环境温度影响更大。

（3）饲养管理水平：饲养水平过高或过低，均可影响发情。

4. 母牛发情特点

（1）发情季节：饲养管理良好、气候温暖地区全年发情；放牧及饲养不良时，寒冷季节停止发情；大部分奶牛在炎热季节发情持续期变短。

（2）发情周期：平均21（18~24）天，青年母牛短一天。

（3）产后发情：30~50天：气候温暖，饲管优良，无产后病，挤奶2次/天；60~70天：气候炎热或寒冷。挤奶次数多或产后患病更迟；60~100天：耕牛饲管差或带犊牛，有的要到来年才发情。流产：不久可见发情，待子宫复旧后（30~40天）再配种。

（4）发情期：1~1.5天，性兴奋平均18（10~24）h；排卵：发情开始后28~32 h，或性兴奋结束后10~14 h，夜间（22~4点）排卵多，性交提前2 h排卵。配种：发情开始后10 h至发情结束后6 h，实践中上午观察到发情下午配种；下午观察到，第二天上午配种。

（5）发情特点：不安，采食反刍休息泌乳减少，头对头站立，常作排尿姿势，举尾摇尾，离群哞叫；发情前期追爬其他牛，可见到有分泌物呈滴状从阴道流出；发情旺期接受其他牛爬跨仅5~7.5秒，阴道分泌物变为清亮的线状；直检卵巢上有或无卵泡，但无黄体，子宫收缩反应强。注意与卵巢静止区别；发情时阴道粘膜充血呈鲜红色，子宫颈开放；子宫颈黏液涂片镜检，结晶花纹呈羊齿植物状，排列长而整齐；发情后子宫粘膜水肿消退时表层毛细血管破裂，发情后1~3天阴道黏液中带血，多见于处女牛，成年牛约占50%；高龄的高产舍饲奶牛，产后第一次发情不明显，须注意观察或用公牛试情。母牛发情期较短，但发情时外部表现比较明显，因此母牛的发情鉴定主要靠外部观察，并结合试情和阴道检查。操作熟练的技术人员，可利用直肠检查来触摸卵巢变化及卵泡发育程度以判断发情阶段和确定配种适期。

（三）发情鉴定

1. 发情鉴定的目的和意义

发情鉴定是动物繁殖工作中一项重要技术环节。通过发情鉴定，可以判断动物的发情阶段，预测排卵时间；及时掌握母畜发情程度，确定最佳配种时间，以提高受胎率。确定适宜配种期，及时进行配种或人工授精，从而达到提高受胎率的目的；还可以发现动物发情是否正常，以便发现生殖疾病或异常（子宫炎、卵巢囊炎），及时治疗解决。配种次数每个周期不宜多于3次，防止产生受精免疫。

动物的发情是在生殖激素的调节下，生殖器官和性行为等发生的一系列变化。这种变化包括外部表现和内部变化，外部表现是可以直接观察到的，而内部变化是指生殖器官的变化，其中卵巢上卵泡发育的变化是发情的本质变化。因此，在进行发情鉴定时，不仅要观察动物的外部表现，更重要的是要掌握卵泡发育状况的内在本质特征，同时还应考虑影响发情的各种因素。只有进行综合的科学分析，才能做出较准确的判断。

各种动物的发情特征，有其共性，也有特异性。因此，在发情鉴定时，既要注意共性方面，还要注意各种动物的自身特点。

2. 发情鉴定方法

发情鉴定的方法有多种，在实际应用时，要根据各种动物的特点，采用重点与一般相结合的原则。但无论采用何种方法，在发情鉴定前，均应了解动物的繁殖历史和发情过程。

（1）外部观察法。母牛发情前期头6个小时，表现不安、哞叫、食欲减退。产奶量下降，外阴部光滑肿胀，湿且红，阴道流出透明的黏液，并爬跨其他牛。到发情中期，即发情旺期（通常18小时），母牛阴道流出的黏液呈半透明状、量多，接受其他牛爬跨、拒食，产奶量继续下降；

进入发情后期约 12 小时，母牛阴道流出黏液变得粘稠，色灰暗，拒绝其他牛爬跨，奶量回升，正常采食。

（2）试情法。此法根据雌性动物在性欲及性行为上对雄性动物的反应判断其发情程度。发情时，通常表现为愿意接近雄性，弓腰举尾，后肢开张，频频排尿，有求配动作等，而不发情或发情结束后则表现为远离雄性，当强行牵引接近时，往往会出现躲避行为甚至踢、咬等抗拒行为。

专用试情的雄性动物，一般选用体质健壮，性欲旺盛，无恶癖的非种用雄性动物。试情的公牛可采用输精管结扎术，经济动物直接放对观察。试情要定期进行，以便及时掌握雌性动物的性欲表现程度。

（3）阴道检查法。此法主要适用于牛等大家畜，是应用阴道开张器或阴道扩张筒插入并扩张母畜阴道，借用光源，观察阴道粘膜颜色，充血程度，子宫颈松弛状态，子宫颈外口的颜色、充血肿胀程度及开口大小，分泌物的颜色、粘稠度及量的大小，有无黏液流出等来判断发情的程度。检查时，阴道开张器或扩张筒要洗净和消毒，以防感染，插入时要小心谨慎，以免损伤阴道粘膜。此法由于不能准确地判定动物的排卵时间，因此，目前只作为一种辅助性检查手段。

（4）直肠检查法。

应用：主要应用于牛等大家畜，因直接可靠，在生产上应用广泛。方法是将手臂伸进母畜的直肠内，隔着直肠壁用手指触摸卵巢及其卵泡发育情况。如卵巢的大小、形状、质地、卵泡发育的部位、大小、弹性、卵泡壁的厚薄以及卵泡是否破裂，有无黄体等。通过直肠检查并结合发情外部征状，可以准确地判断卵泡发育程度及排卵时间，以便准确地判定配种适期。但在采用此法时，术者须经多次反复实践，积累比较丰富的经验，才能正确地掌握和判断。

操作步骤：① 检查前的准备工作：指甲要剪断，磨光；洗手，润滑液。② 动物的保定，尾固定。③ 站立于动物后方，双脚前后站立。④ 手指并成锥体形，通过肛门进入直肠，掏尽粪便，努责过强时应停止检查，待放松后再进行。⑤ 只能用手肚触摸，指尖不能触及粘膜，拇指始终不能展开，减少进出直肠次数，直肠渗血后停止检查。⑥ 检查完后，清洗和消毒手和手臂。

检查顺序：手在骨盆中向下触摸，找到子宫颈（圆柱状，粗硬）；手前移找到子宫体（软而有弹性）；手再向前（角间沟，绵羊角状）；手向侧摸（子宫角）；子宫角尖端（卵巢，黄体，卵泡）；检查完一侧再检查另一侧。

应注意问题：发现努责，停止检查；过于扩张，停止检查；分清卵巢和球类器官和粪便；膀胱排尿，停止检查；直肠粘膜出血，应停止检查；防止时间过长；注意人畜安全。

（5）生殖激素检测法。是应用激素测定技术（放射免疫测定法、醇联免疫测定法等），通过对雌性动物体液（血浆、血清、乳汁、尿液等）中生殖激素（FSH、LH、雌激素、孕酮等）水平的测定，依据发情周期中生殖激素的变化规律，来判断动物的发情程度。该法可精确测出激素的含量，如放免法测定母牛血清中孕酮的含量为 0.12 ~ 0.48 ng/mL，输精后情期受胎率可达 51%，但这种方法所需仪器和药品试剂较贵，目前尚难以普及。

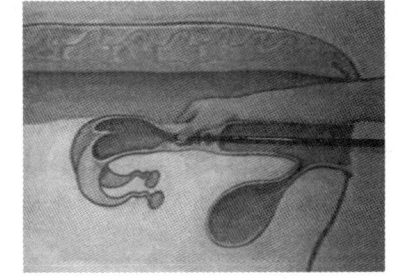

图 2.10　直肠检查法

（6）电测法。即应用电阻表测定雌性动物阴道黏液的电阻值来进行发情鉴定，以便决定最适当的输精时间。用黏液电阻法探索母畜发情变化的研究开始于 20 世纪 50 年代，经反复研究证实，黏液和粘膜的总电阻变化与卵泡发育程度有关，与黏液中的盐类、糖、酶等含量变化有关。一般地说，在发情期电阻值降低，而在周期其他阶段则趋升高。

该测定仪由探棒（长约 50 cm 有机玻棒）并连接电流表而成。据报道，用国产 XZ—Ⅰ或 XZ—Ⅱ型母畜发情电测仪测定，电测值 40 μA 以上相当于发情中期，定为发情期以 40 μA 为界，电测值 50 μA 以上相当于自然发情状态下的输精适期，输精期以 50 μA 为界。

（7）生殖道黏液 pH 值测定法。雌性动物性周期中，生殖道黏液 pH 值呈现一定的变化规律，一般在发情盛期为中性或偏碱性，黄体期偏酸性。母牛子宫颈液 pH 值一般为 6.0~7.8，当经产母牛 pH 值在 6.7~6.8 时输精受胎率虽高，处女牛的 pH 值在 6.7 时输精受胎率最高。长白、大白和汉普夏三个品种猪在发情开始的当天，阴道黏液的 pH 值大于 7.3，发情盛期为 7.2，妊娠期小于 7.2，在 pH 值为 7.2~7.3 时输精，三个品种猪受胎率分别为 93.8%、96.7% 和 92.3%。小母猪在其 pH 值为 7.2~7.3 时输精，情期受胎率最低。

测定生殖道黏液 pH 值似乎不能明显区别发情周期的各阶段，但是在一定 pH 范围内输精的受胎率较高，因此在发情周期的表现正常时，具有发情表现，再测 pH 值更有参考价值。

雌性动物的发情鉴定除了上述方法外，另外还有颜色标记法、子宫颈黏液透析法、离子选择性电极法、宫颈黏液结晶法和阴道上皮细胞抹片法等等。

3. 母牛的发情鉴定

母牛发情期较短，但发情时外部表现比较明显，因此母牛的发情鉴定主要靠外部观察，并结合试情和阴道检查。操作熟练的技术人员，可利用直肠检查来触摸卵巢变化及卵泡发育程度以判断发情阶段和确定配种适期。

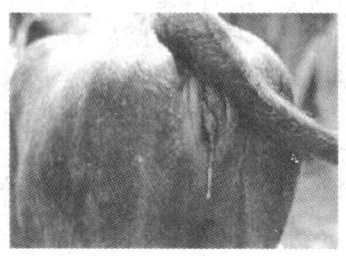 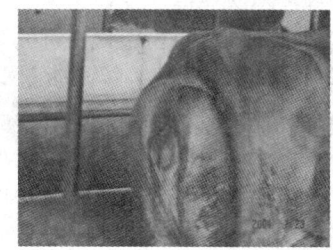

（1）外部观察。

根据母牛爬跨行业或接受爬跨反应来发现母牛发情是一种常用的方法。一般早晚观察，母牛发情时常有公牛或其他母牛跟随爬跨，并且爬跨其他母牛。发情初期的母牛并不接受爬跨，后来才愿意接受爬跨. 此时表现静立不动，两后肢叉开举尾。另外，发情母牛精神不安，食欲减退、鸣叫、反刍减少或停止，产乳量下降，常弓腰举尾，频频排尿。发情盛期阴户肿胀、充血、皱襞展开、潮红、湿润，阴道、子宫黏膜充血，子宫颈口开张，从阴门流出大量透明黏液，牵缕性强。发情后期黏液量少，黏性差，呈乳白色而浓稠，流出的黏液常粘在阴唇下部或臀部周围。处女母牛从阴门流出的黏液常混有少量血液，因此呈淡红色。

水牛的发情表现没有黄牛、奶牛明显，但也有兴奋不安表现，常站在一边抬头观望，头仰起，注意外界的动静，吃草减少，偶尔鸣叫或离群，常有公牛跟随。发情开始时，外阴部微充血肿胀，黏膜稍红，子宫颈口微开，黏液量少，稀薄透明，不接受爬跨。发情盛期时，外阴户充血肿胀明显，子宫颈口开张，排出大量透明、牵缕性强的黏液。发情末期症状逐渐减退至消失。水牛出现安静发情者多。

（2）直肠检查卵泡发育规律。

牛的卵泡体积不大，发情期短，一般在发情期配种一次或二次即可，多不用直肠检查来鉴定排卵时间。但有些母牛常出现安静发情或假发情，有些母牛营养不良，生殖器官机能衰退，卵泡发育缓慢，排卵时间延迟或提前。对这些母牛通过直肠检查判断其排卵时间是很有必要的。

在进行母牛直肠检查时，寻找卵巢卵泡的方法是：将手掌伸进直肠狭窄部之后，手指并拢，手心向下，轻轻下压并左右抚摸，在骨盆底上方摸到坚硬的子宫颈，然后沿子宫颈向前移动，便可摸到子宫体、子宫角间沟和子宫角，再向前伸至角间沟分叉处，将手移到一侧子宫角上，手指向前并向下，在子宫角弯曲处即可摸到卵巢，此时可用手指仔细触摸感觉卵巢大小、形状、质地和卵泡的发育情况。触摸完一侧后，按同样顺序触摸另一侧子宫角及卵巢。母牛在间情期，多数情况是一侧卵巢大些，卵巢上有或大或小的黄体突出于卵巢的表面。而在发情期，卵巢上则有发育的卵泡，卵泡由小变大，由硬变软，由无弹性到有弹性。母牛卵泡发育过程可分为四期：

第一期（卵泡出现期）：卵巢稍增大．卵泡直径约 0.50~0.75 cm，触诊时为一软化点，波动不明显，母牛一般已开始有发情表现。从发情开始算起，此期约 10 小时。

第二期（卵泡发育期）：卵泡直径达 1.0~1.5 cm，呈小球状，波动明显，这一期约为 10~12 小时。在此期后半期，发情表现已减弱甚至消失。

第三期（卵泡成熟期）：卵泡不再增大，但卵泡壁变薄，紧张性增强，触诊时有一触即破之感，这一期约 6~8 小时。

第四期（排卵期）：卵泡破裂排卵，由于卵泡液流失，卵泡壁变为松软，成为一个小凹陷。排卵后 6~8 小时开始变为黄体，原来的卵泡开始被填平，可触摸到质地柔软的新黄体。

（四）发情控制

1. 诱导发情

（1）诱导发情的概念。

人工引起发情，指对处于乏情期的母畜，采用各种外源激素和外界因素来引起正常发情配种的方法。

采用外源生殖激素等方法诱导单个母畜发情并排卵的技术，称为诱导发情。

理论基础：

家畜的发情、排卵是由垂体分泌的促性腺激素和卵巢分泌的激素的共同影响而发生。在非配种季节，垂体活性降低，分泌促性腺激素的能力也明显降低，不能引起卵泡发育，母畜就没有发情表现与卵子排出。因此，如果人为的提高动物体内促性腺激素的含量，母畜就可以发情、排卵。

（2）诱导发情的意义。

诱导发情技术的根本目的是提高动物的繁殖力，通过诱导发情：

① 增加胎次；
② 增加产仔数；
③ 缩短世代间隔；
④ 调整产仔季节；
⑤ 使奶畜一年内均衡产奶；
⑥ 使肉用家畜按市场需求提供畜产品；
⑦ 使母畜在全年任何季节发情；
⑧ 降低卵巢囊肿、持久黄体等病理性乏情造成的损失。

（3）诱导发情的类型及处理方法。

根据乏情因素，可分为季节性乏情、生理性乏情和病理性乏情三种类型。

① 季节性乏情。指季节性发情动物在非发情季节无发情周期，卵巢和生殖道处于静止状态的现象。

生殖激素处理法。GnRH、促性腺激素（FSH、LH、HCG、PMSG）、孕激素、雌激素、前列腺素等。

改变光照期法。光照期的长短是影响动物发情的一个重要因素。对于长日照动物，在光照变长之时开始发情，而短日照动物则在光照变短之时开始发情。

公畜效应。在公、母牛分群饲养的母牛群中引入公牛，能刺激母牛并诱导其发情提前，此种效应为"公牛效应"，这种方法可缩短母牛的产犊间隔期。若将此方法用在猪、羊等动物上，则可称为"公猪效应""公羊效应"等。

② 生理性乏情。

泌乳性乏情。哺乳母畜，由于哺乳促进了促乳素的分泌，从而抑制了促性腺激素的正常释放，使得卵巢周期活动受到抑制，卵泡不能发育，母畜不出现发情，故称为泌乳性乏情。

衰老性乏情。雌性动物到一定年龄后卵巢的活性降低，激素分泌机能下降，甚至性活动周期停止而引起的乏情，称为衰老性乏情。

衰老性乏情的动物，用促性腺激素 PMSG 或 FSH 处理，可引起发情和排卵，但往往因子宫机能的减弱，其受精与妊娠率较低。

③ 病理性乏情。

病理性乏情主要是由卵巢机能衰退和持久黄体引起。

卵巢机能衰退多发生于营养不良、管理不善和使役过度的母畜，高产奶牛也会发生。

对因管理不善、营养不良、使役过度的母畜或高产奶牛，在有效改善饲养管理水平和役用状况的同时，可使用 PMSG 或 FSH 等促性腺激素诱导母畜发情。

持久黄体主要是由子宫疾病引起内分泌紊乱所致。

对于持久黄体或由子宫疾患造成内分泌紊乱，前者可用前列腺素等药物溶解黄体，停止孕激素的分泌，以促使卵泡发育；后者需进行临床治疗。

2. 同期发情

（1）同期发情的概念。

在自然条件下，单个动物的发情是随机的，而对于具有一定数量、生殖机能正常且未妊娠和正处于繁殖季节的群体来说，每日会有一定数量的动物出现发情。然而，大多数动物则处于黄体期或非发情期。同期发情，就是对群体母畜应用人工的方法，使之在一定时间内集中发情。

同期发情：通过各种激素或其类似物，以及其他药物、环境因素等处理后，引起群体母畜在一定时间内集中发情。采用外源生殖激素等方法使一群母畜在同一时期内发情并排卵的技术，称为同期发情。

（2）同期发情的意义。

① 进行胚胎移植的必需措施（供、受体必须同期发情）。

② 便于组织和管理生产，节约配种费用（同时发情，同时配种，同时分娩，同时肥育和同时出栏等）。

③ 提高家畜繁殖力，减少不孕。

④ 有利于推广人工授精技术，加速品种改良。

⑤ 可用于动物胚胎移植、克隆等生物技术的研究。

（3）同期发情的机理。

任何一个母畜，在其正常发情周期中，都可将其划分为 2 个时期，即：

卵泡期：黄体退化、P4 含量下降、卵泡发育、E 含量上升。

黄体期：黄体存在、P4含量上升、无卵泡发育、E含量下降。

在自然条件下，任何一种母畜的群体中，每个个体都随机地处于发情周期中的不同阶段，卵泡期或黄体的早中晚期，但是不全处于哪个时期。

① 孕激素处理。

卵泡期：E含量高，当给予P4时，降低了E的比例，而抑制母畜发情。

黄体期：本身P4含量高，当给予外源P4时影响不大，母畜不发情；在一定时间后，停止P4处理，大群母畜就同时发情。

一群母畜同时施用孕激素药物，抑制其卵巢上卵泡的生长发育及发情表现，经过一定时期后同时停药，由于卵巢摆脱了外源性孕激素的控制，此时卵巢上的发情周期黄体已经退化，于是同时出现卵泡发育，引起母畜发情。

采用P4抑制母畜发情，实际上是人为地延长其黄体期，起到了延长发情周期，推迟发情期的作用，为引起下一个发情周期创造一个共同的起点。用P4时，延长了发情周期，在乏情期、发情期均可用。

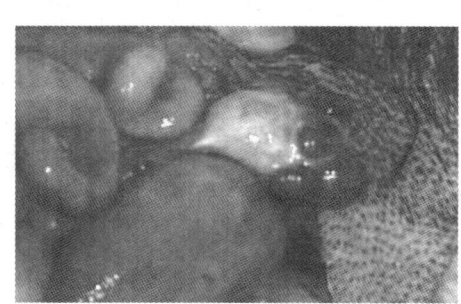
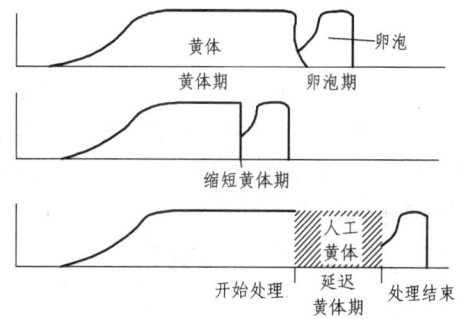

图 2.11 孕激素处理

② PGF2α处理。

卵泡期：用PGF2α不起作用，家畜正常发情排卵。

黄体期：溶解黄体后母畜正常发情。

由于功能性黄体在发情周期中的第6~16天存在（发情周期21天），所以有一个时间差，即相差5天左右，从而使大群母畜分两批发情。利用前列腺素加速功能性黄体的消退，使卵巢提前摆脱体内高水平孕激素的控制，于是群体母畜卵巢上的卵泡同时开始发育，以达到同期发情。在这种情况下，实际上是缩短了母畜的发情周期，使母畜的发情期提早出现。用PGF2α时，缩短了发情周期，只在乏情期可用。

（4）同期发情的药物。

第一类，发情抑制剂：如孕酮（P4）、甲酮、炔诺酮、氯地孕酮、18-甲基炔诺酮等。

第二类，黄体溶解剂：即促进黄体退化的前列腺素（PG）及其类似物，如氯前列烯醇、15-甲基前列烯醇、前列腺素甲酯等。

第三类，增强卵巢活性制剂：如GnRH、FSH、LH、PMSG、HCG等。

（5）激素药物的使用方法。

① 阴道栓塞法：用小块海绵浸吸一定的药量，塞在子宫颈及阴道深处，使药液缓慢不断地释放入周围组织。在一定时间后取出，常用于牛羊，优点是：一次用药准确、但易脱落丢失，目前已有不易脱落的阴道栓塞。

② 口服法：拌在饲料中喂给，费工费时，剂量不准确。

③ 注射法：每天按一定剂量注射，剂量准确，但费工，小群体可以。

④ 埋植法：皮下一次注射，缓慢吸收，但易污染。耳背埋植，0.5 mL 细管，常在小动物上应用，而牛则不易取管。

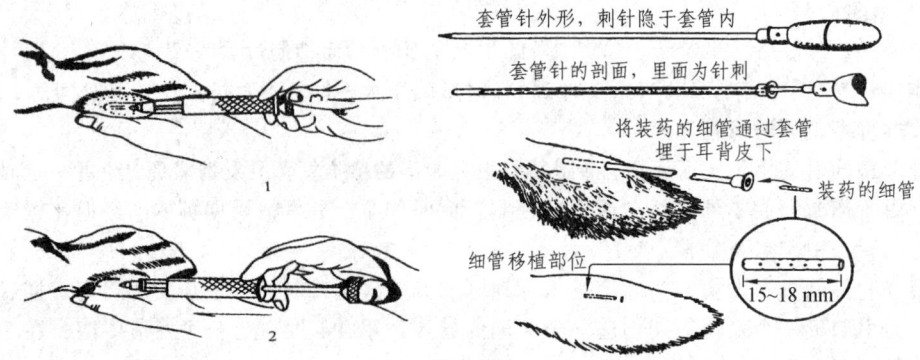

图 2.12　埋植法

同期发情（附带超排）处理方法：

（1）P4：乏情期：P4 180～300 mg 埋植（6～9 d），在结束前第二天或取管时注射 PMSG 3600 左右 IU，2～3 d 后发情配种，配种时静脉注射 HCG 3000～5000IU。

（2）PGF2α：牛必须在繁殖季节进行，静脉注射 PMSG 2100～5000IU，第二天注射 PGF2α（国产用 6～10 mg，进口用 1.5～2.5 mg），48 h 后发情配种，配种时静注 HCG 3000～50000IU。

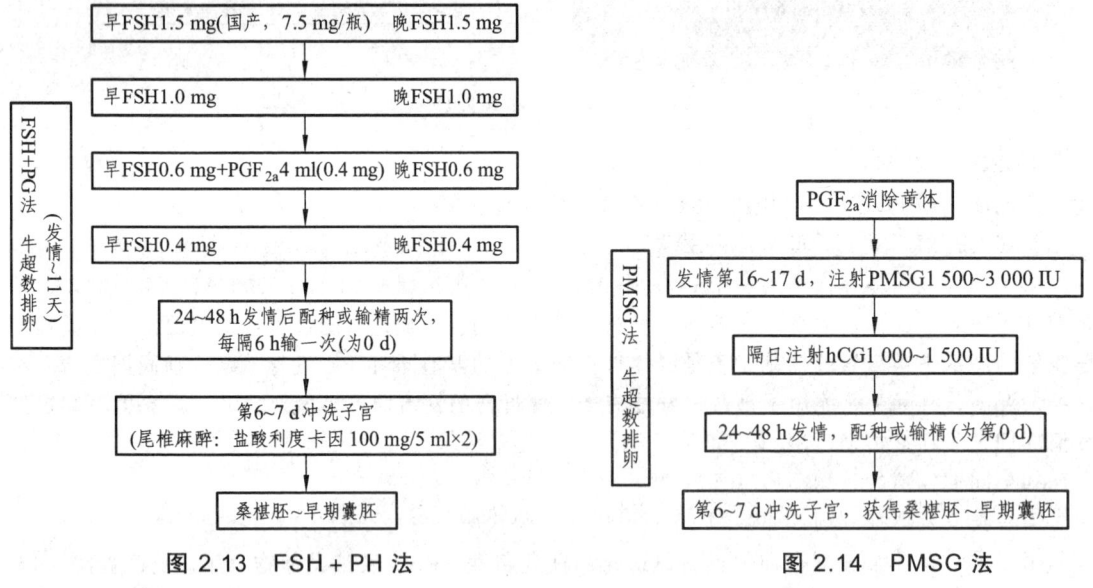

图 2.13　FSH + PH 法　　　　　　　　图 2.14　PMSG 法

3. 超数排卵

（1）超数排卵的概念。

在母畜发情周期的适当时间（发情时），注射外源促性腺激素，使卵巢比自然发情时有更多的卵泡发育并排卵，此种方法称超数排卵，简称超排。

超数排卵指在动物发情周期的适当时期（黄体期的中后期），注射外源性促性腺激素，使卵巢上比自然发情时有更多的卵泡发育并排卵。

（2）超数排卵的原理。

在自然状态下，动物卵巢上约有99%的有腔卵泡发生闭锁而退化，只有1%的卵泡能发育成熟而排卵。在每次发情期之前优势卵泡加速生长，其余小的有腔卵泡发生闭锁退化。

超排的过程就是应用超过体内正常水平的外源性促卵泡激素，使将要转化为闭锁卵泡的有腔卵泡发育成熟而排卵。

（3）超数排卵的意义。

① 超数排卵主要的作用是增加动物一次排卵的数目。

哺乳动物在出生时卵巢上含有数万、甚至数十万的卵母细胞，但其一生中自然排出的卵母细胞数极少。原因之一是累计妊娠期占据的生殖寿命的时间较长，影响了排卵的机会，绝大多数卵泡在发育中闭锁；另一原因是，对于单胎动物而言，每次排出的卵母细胞通常只有1个。

② 提高母畜的产仔数，单胎产多胎。

③ 通过超数排卵技术，可以比正常性周期中一次发情多排出几倍甚至几十倍的卵子，有利于提高优良母畜的繁殖率和遗传进展，加速动物育种的步伐。

④ 超数排卵时通过激素的使用人工调节和控制动物的排卵时间。在自然状态下，动物的排卵时间受促性腺激素分泌峰控制，而促性腺分泌峰又由卵泡分泌的雌激素的正反馈作用所引起，若准确地确定发情开始的时间，也就能较准确地估计出排卵的时间。在生产实践中，人们不可能频繁的对动物进行试情来确定发情开始的时间，因而可以模拟动物的生理状态，使用外源激素控制动物的排卵。

⑤ 超数排卵是动物胚胎移植的关键技术环节，是进行转基因动物生产，获取大量胚胎和进行动物胚胎克隆等研究的基础手段之一。

4. 超数排卵的方法

同期发情处理后，注射FSH或HCG（常用HCG），一般牛1500~4000IU。

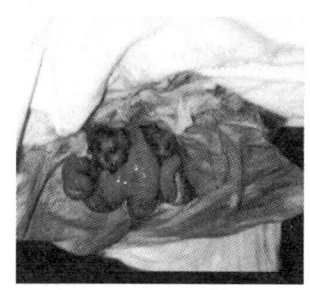 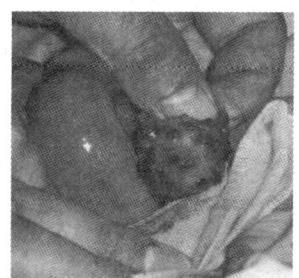

图2.15 超数排卵卵泡

5. 超数排卵的注意问题

（1）剂量不能太大，因为过多卵泡发育，常常引发不排卵或卵子退化，卵巢囊肿，卵子受精力低等不良后果，牛控制在10~20个。

（2）对激素的应用需要进行预试验。

6. 诱导发情、同期发情与超数排卵的区别

诱发发情：促使处于乏情期或泌乳、病理乏情的母畜发情，不要求同期化和排卵数量。

同期发情：要求是群体母畜在相同时间发情，也用于乏情期或泌乳、病理性乏情的母畜。

超数排卵：在前一者的基础上，促使卵巢多排卵，故与前二者只有在量上不同，其本质是增强卵巢活性。

三、牛的人工授精技术

(一) 概　述

人工授精技术是家畜繁殖中一项效果非常好、非常成熟的专门技术，在推进品种改良、提高和改善畜产品产量和品质方面意义非常重大。对于牛来说，具有以下优点：第一，可明显提高种公牛的利用率。在自然交配的情况下，一头公牛一次只能配一头母牛，如果用人工授精技术，采精一次就可以配几十头母牛，甚至更多。第二，可明显提高后代遗传水平。种公牛对牛群遗传改良的贡献，可以达到总遗传进展的 75%~95%，使用这些公牛冻精，必将会大大提高后代的生产性能。第三，可明显提高受胎率。在采用人工授精技术时，每次输精都使用经过筛选检查的冻精，且选择最适当的发情时机输精，大大提高了受胎率。第四，有效地预防了疾病的传播。采用人工授精，公牛和母牛生殖器官不直接接触，防止了由交配引起的疾病传播，如传染性流产、颗粒性阴道炎、子宫炎、滴虫病等。第五，随着科技的进步，性别控制技术研究在生产中得到越来越多的应用，使用性别控制精液，可以使得产母犊的比例达到 90% 以上，大大提高了奶农的经济效益。如果不适用该技术，得到母犊的几率是 50% 左右。

(二) 人工采精

采精人员应保持固定，避免由于更换人员造成公牛惊慌和不适。同时，采精的场所应保持安静、卫生、温度适宜。特别在夏季，要避免高温影响公牛的生精机能、精液性状以及公牛的性欲，最好在公牛舍内安装淋浴设备或采取其他必要的降温方法。平时要经常护理采精牛的蹄趾和剪阴毛，公牛采精前还应清洗牛体，特别是牛腹部和包皮部，以避免脏物污染精液。活台牛或假台牛经一头公牛爬跨后，凡公牛接触部位均应清洁消毒，然后方可继续采精。

公牛在采精前 1~2h 不应大量采食饲料。在夏季，公牛采精前后不要立即饮用凉水。采精前还应避免牛的激烈运动。

采精操作步骤：将公牛牵至采精架，让其进行 1~2 次空爬跨，以提高其性欲。采精员立于台牛右侧，公牛爬跨时，右手持假阴道，左手托包皮，将公牛的阴茎导入假阴道内。公牛的后躯向前冲即射精，随后将假阴道外筒的开关打开，放掉内部的温水，当阴茎自行脱出后迅速自然地取下假阴道，立即送入精液处理室，取下集精杯，盖上集精杯盖。

(三) 采精频率

公畜的采精频率对维持公畜正常性功能、保持健康体质和最大限度的提高采精数量和质量都是十分重要的。采精频率的确定，要根据睾丸定期内产生精子的数量、附睾的贮精量、每次射精量和公畜饲养管理水平来衡量。睾丸的发育和精子产生数量除遗产因素外，主要与饲养管理情况密切相关。因此，饲养管理得当，可以适当增加采精频率。但是不顾客观情况随意增加采精次数将适得其反，不仅会导致公畜未老先衰、使用年限缩短，而且会使精液量减少和质量下降，还会直接影响受配母畜数以及受配母畜的情期受胎率和产仔数。

公牛每周可采精 2~3 次，连续采精两次时，往往第二次采得的精液无论在数量还是质量上都较第一次好，可将其混合使用。如果饲养管理条件较好，短期内每周采精 6 次也不会影响性机能。青年公牛的精子生产较成年公牛少 1/3~1/2，故采精次数应当酌减。水牛的采精频率与公牛相似。在各种公畜人工授精站，如果发现公畜性欲下降，射精量明显减少，精子密度降低，镜检时发现未成熟的精子（如尾部带有原生质滴）比例增加，则要考虑是否由于采精频率过高而引起，应适当休息，调整采精次数和适当增加营养。

（四）精液品质检查

为确切了解采出的精液质量，保证配种后的受胎率，人工授精或制作冷冻精液时，必须对精液进行检查。主要检查的项目有精液的色泽、精液量、活力、密度、pH 值、畸形率、顶体完整率等。

1. 精液外观的检查

此法是通过肉眼观察，根据牛精液的特性积累的实践经验，对其品质做出初步估计。

（1）精液量：可用有刻度的注射器或指形管直接量出，精液量如发现超出正常范围太多或太少，都必须查明原因，及时采取措施使其恢复正常。

（2）色泽：牛精液正常情况下为乳白色或灰白色，少数也有呈乳黄色的。若出现浅绿色，则可能混有尿液或脓液；若为淡红色或红褐色，则说明混有血液，可能生殖器官有损伤造成出血。这些异常精液应废弃，并检查病情及时治疗。

（3）云雾状：这是牛精液的一个特点，因其射精量少，精液密度大，故刚采出的新鲜精液用肉眼可观察到精液翻腾呈云雾状。精子密度越大，活力越强，云雾状越明显。

（4）pH 值：一般用 pH 试纸比色，将 pH 试纸在精液面上的接触一下，使其潮湿变色，对照标准，目测其结果。如若有 pH 测定仪，测得结果更为正确。新鲜精液应呈弱酸性。

2. 畸形率检查

凡属形态和结构不正常的精子通称为畸形精子。其实正常精液中也不可能完全没有畸形精子，但一般不会超过 10%～20%，且对受精力影响不大。如果超过 20% 以上，则会影响受精力，表示精液品质不良，不宜用作输精。

根据精子的变态部位不同，精子畸形一般可分为四类：① 头部畸形，如头部巨大、瘦小、细长、圆形、轮廓不明显、皱缩、缺损、双头等；② 颈部畸形，如颈部膨大、纤细、屈折、不全、带有原生质滴、不鲜明、双颈等；③ 中段畸形，如中段膨大、纤细、不全、带原生质滴、弯曲、曲折、双体等；④ 主段畸形，如主段弯曲、屈折、回旋、短小、长大、缺陷、带原生质滴、双尾等。据 Cole（1974）对公牛精子的研究分析认为，头部和尾部的畸形出现率较高。

精子畸形与公畜生殖道的部位有关。如头部畸形主要发生在睾丸；附睾头部的精子常有近侧原生质滴；精子进入附睾尾后，原生质滴随即移到尾部中段的远侧端；尾部畸形的精子主要存在于附睾内。所以精子畸形也可根据变态发生时期分为初级（一级）畸形（精子头部的变态）、次级（二级）畸形（精子尾部的变态）、三级畸形（主要是精子在体外受不良环境因素的影响）。

导致精子畸形的原因是多方面的：① 遗传原因。如美国有人观察到，出现原生质滴的畸形精子较多的 5 头荷兰牛中，有 2 头是半兄弟。② 年龄原因。随着种公畜年龄的增长，畸形精子出现率往往趋升。③ 精子生成过程受到破坏。如睾丸在 40℃ 以上高温中持续 24 小时，则 2 周后精子的头、尾畸形率会明显增加；睾丸早期发育不良或睾丸中途萎缩，也会引起畸形精子率的增加。④ 副性腺及输精管道分泌物的病理变化。例如尾部畸形精子的出现，主要就是因为附睾机能障碍造成的。⑤ 人工授精技术全过程中，从采精、品质检查直至稀释保存等环节没有切实遵守操作规程，精子遭受外界不良环境影响。例如采精时公畜紧张导致射精异常，假阴道漏水或温度过高，采得的精液降温过快而使精子遭受低温打击，精液检查抹片染色操作不善，稀释液配制不当，其渗透压过高或过低等情况，都可造成精子的畸形变态。⑥ 种公畜采精（交配）频率过高或饲养管理不良，往往造成带有原生质滴等不成熟的精子数增加；反之，种公畜长时间性休息而未采精（交配），也会造成附睾中的精子衰老解体，产生残缺不全的精子。⑦ 畸形精子的季节性变化。以公牛精子为例，在外界气温高的季节，出现精子畸形率明显增高趋势。牛梢液中以 8 月份出现的畸形率最高，与此相对应，授精母牛的受胎率也较低。如据日本千叶县畜产中心田中氏在 1963—1969 年对 12 头黑白花奶牛的资料分析，精子畸形率平均为 5.6%，而其中 8 月份却高达 15% 左右。我国内蒙哲盟冷冻站也曾统计分析过四门塔尔、夏洛来和海福特等 14 头公牛 5—8 月的精子畸形率，分别为 6.83%、9.51%、11.34%、9.95%，5 月和 8 月之间比较 $t = 2.42$，$P > 0.05$。我国南方在高温夏季情况也极类似。

畸形精子的检查，可在计算死活精子比例的染色玻片上同时观察计数，也可用少许精液小心操作做成抹片（防止人为损伤精子），用普通染色液（如美蓝）或红、蓝墨水染色 3 分钟，水洗干燥后，置于高倍（不低于 600 倍）显微镜下检查。随机观察检查 500 个精子（最少不得少于 200 个），看其中有多少个属于畸形的，即可计算出畸形精子百分率。

（五）人工授精技术要点

1. 优质冻精的选择

（1）查看系谱，避免近交。通常使用的冷冻精液都会带有系谱，所谓系谱就是公牛的遗传信息，可以知道所使用的公牛三代内亲缘关系。如果待配母牛是这头公牛的近亲，则尽量避免使用。

（2）查看该公牛是否有后裔测定记录。后裔测定是评定种公牛好坏最有效的方法，只有通过后裔测定的公牛，其冷冻精液才能被广泛采用，其后代的产奶水平才会有明显的提高。

（3）优质优价。经过后裔测定的公牛冷冻精液价格是不等的。对后代产奶量有显著提高的冷冻精液，其价格自然要高，而表现平庸的公牛，其价格就低。要根据自身需要，有选择地购买公牛的冷冻精液。

（4）选用牛细管冻精。因为细管冻精是经鉴定为良种牛并编号的冻精，系谱档案清晰，能避免近亲繁殖，防止生产性能降低，并便于档案登记。细管冻精输精操作简便，受胎率也高于颗粒冻精。

2. 授精前的准备

（1）授精器械的准备：液氮罐、液氮、输精枪、输精枪外套、镊子、细管冻精、细管剪、温度计、温水、一次性手套、常用消毒剂等。

（2）母牛的准备。将母牛置于保定栏内，把牛尾拉向一侧，用温水冲洗牛外阴部，再用 2% 的来苏尔或 0.1% 的新洁尔灭溶液消毒，最后用干净的毛巾擦干消毒液。

（3）精液的准备。用镊子从液氮罐中迅速取出一支细管冻精，立即投入到 38~40 ℃ 的温水中，摆动 10s 左右使其融化，擦干细管上的水珠，用细管剪剪掉细管封口端 1 cm 左右，装入输精枪外套中，细管冻精封口端在前，棉塞端朝后，然后把输精枪伸入外套中，使输精枪的直杆插入细管的棉塞端，缓慢向后移动外套，把外套固定在输精枪的螺丝扣处。

3. 输 精

操作者提前将指甲剪短修平，两手及手臂充分洗净消毒，手指并拢成锥形，缓缓插入直肠，排除宿粪（最好采用空气排粪法，即用手指扩张肛门让空气进入，诱导母牛排除宿粪），一般用左手伸入直肠后，手心向下，手掌展开，手指微曲，在骨盆底部下压，先找到像软骨一样手感的子宫颈，然后握住子宫颈后端，左手肘臂向下压，压开阴裂，右手持输精枪，由阴门插入。先向上前方插入一段，以避开尿道口，然后再向前方插入至子宫颈口，左右手配合绕过子宫颈螺旋皱褶，通过子宫颈内口，到达子宫体的底部，然后将输精枪再向后稍微后撤一点，推动输精枪直杆，将精液注入子宫内，最后缓慢抽出输精枪。整个输精完毕。

4. 输精部位的选择

正常情况下输精枪只要通过子宫颈口，到达子宫体底部即可输精，这样无论哪侧卵巢排卵，都可以保证有精子抵达受精部位，如果直肠检查技术熟练，并可以确定卵泡位置，也可将精液输到卵泡侧子宫角基部。

5. 输精时注意事项

（1）隔着直肠握子宫时，如直肠壁过于紧张，不要硬抓，要稍停片刻，待肠壁平缓松弛后再抓，以免导致直肠破裂或损伤。

（2）母牛摆动较剧烈时，应把输精枪放松，手要随牛的摆动而移动，以免输精枪损伤生殖道内壁。

（3）输精器进入阴道后，当往前送受到阻滞时，在直肠内的手应把子宫颈稍往前推，把阴道拉直，切不可强行插入，以免造成阴道破损。

6. 常见输精技术障碍

（1）输精枪不能顺利插入阴道。这种现象多是因为输精枪插入方向不对、受阴道壁弯曲所阻、母牛过敏、误入尿道或母牛抵抗、操作粗莽引起。如果插入方向不对，可先由斜下方插入阴道10 cm，再向平或向下方插入（因为老母牛阴道松弛，多向腹腔下部沉降）。如果是被阴道壁弯曲所阻，可用在直肠内的左手整理，向前拉直阴道。如果母牛过敏，可有节律地抽动左手或轻搔肠壁，以分散母牛对阴部的注意力。对于误入尿道的，抽回后，让使输精枪尖端沿阴道壁前进，即可插入。

（2）找不到子宫颈。多见于育成牛、老龄母牛或生殖道闭缩的母牛。青年母牛子宫颈往往细小如手指，多在近处可以触到，老龄母牛子宫颈粗大，往往随子宫沉入腹腔。需提出的是，凡是生殖道闭缩的母牛，如果检查骨盆前无索状组织（即子宫颈），则一定是团缩在阴门最近处，用手按摩，使之伸展。

（3）输精枪对不上子宫颈口，多由左手把握过前，有皱褶阻挡，偏入子宫颈外围或被中间口内皱壁阻挡所致。操作者可将手臂稍后退，把握住子宫颈口，防止子宫颈口游离下垂，随即自然导入。如有皱襞阻挡，需把子宫颈管前推，以便拉直皱襞。若偏入子宫颈外围，需退回输精枪，用左手拇指定位引导插入子宫颈口。若被子宫颈口内壁阻挡，可用左手持子宫颈上下扭动，扭转校对后慢慢伸入。

7. 发情鉴定技术

发情鉴定是养好牛的重要环节。这项工作做得不好，就会使牛群漏配牛只增加，从而延长产犊间隔，增加饲养成本，降低繁殖率，减少经济效益。准确的发情鉴定更是成功地进行人工授精、超数排卵及胚胎移植的关键。确定牛的发情期普遍采用外部观察法和直肠检查法。外部观察法，一般可总结为"五看"：

一看外部表现。处于发情初期的母牛表现兴奋不安、敏感燥动，寻找其他发情母牛，活动量、步行数大于常牛5倍以上。反应敏感、哞叫，不接受其他牛爬跨。发情盛期则嗅闻其他母牛外阴，下巴依托它牛臀部并摩擦；压捏腰背部下陷，尾根高抬；接受爬跨，被爬跨时举尾，四肢站立不动。进入发情末期，母牛逐渐转入平静期，渐渐地不再接受爬跨。

二看外阴的变化。母牛发情时，阴户由微肿而逐渐肿大饱满，柔软而松弛，继而阴户由肿胀慢慢消退，缩小而显出皱纹。60%左右的发情母牛可见阴道出血，大约在发情后二天出现。这个征候可帮助确定漏配的发情牛，为跟踪下次发情日期或调整情期提供依据。

三看阴道粘膜和子宫颈口的变化。发情初期阴道壁充血而潮红有光泽。发情盛期子宫颈红润，颈口开张，约能容纳一个手指。末期阴道黏膜充血、潮红现象逐渐消退，子宫颈口慢慢闭合。四看阴户流出黏液的变化。发情初期排出的黏液比较清亮，像鸡蛋清，牵缕性差。发情盛期母牛阴户排出如玻璃棒样，具有高度的牵缕性，易粘于尾根、臀端或后肢飞节处的被毛上。排卵前排出的黏液逐渐变白而浓厚粘稠，量也减少，牵缕性又变差。可用拇指和食指沾取少量黏液，若牵拉5~7次不断（距离5~7 cm），此时母牛已接近排卵，应在3~4 h内输精，若牵拉8次以上不断者为时尚早，3~5次即断则为时已晚。

五看产奶量。大多数母牛在发情时，产奶量均有所下降。直肠检查法主要通过触摸卵巢和子宫的变化来进行鉴定。母牛发情初期，直肠检查子宫变软，卵巢有一侧增大，在卵巢上有卵泡，无弹性。此期维持10 h左右。发情中期直肠检查子宫松软，卵泡体积增大，直径1.0~1.5 cm，突出于卵巢表面，弹性强，有波动感。此期约维持8~12 h。发情末期直肠检查子宫颈变松软，卵泡壁变薄，波动很明显，呈熟葡萄状，有一触即破的感觉。此期约维持8~10 h。

8. 发情后配种最佳时间的选择

大多数的母牛发情持续为10~24 h（18±12 h）。有研究表明母牛表现发情的时间分布为：0:00~6:00约占43%左右，6:00~12:00约占22%左右，12:00~18:00约占10%左右，18:00~24:00约占25%左右。具体还要结合当地的气候环境条件及牛只的状况而定。母牛最佳的输精时间是母牛发情末期或排卵前6 h。此时直肠检查可摸到卵泡突出于卵巢表面，壁薄，紧张，有弹性，有波动感，象熟透的葡萄，有一触即破的感觉。外部观察时母牛静立、接受爬跨和阴户流出透明具有强拉丝性黏液（粘丝提拉可达6~8次，二指水平拉丝可成"y"状），此时是输精的最佳时期。在生产实践中，一般可采用一个发情期输精两次。具体来说上午发现母牛发情，晚上输精一次，次日上午再输一次；中午发现母牛发情，次日上下午各输精一次；下午发现母牛发情，次日中午和夜晚各输精一次。

9. 临床常见病理性发情

主要有以下四种：

① 隐性发情。母牛发情时，缺少性欲表现。多见于产后母牛和体质瘦弱母牛，另外冬季母牛舍饲时间长，也易发生隐性发情现象。

② 假发情。一般指妊娠五个月左右母牛，突然有性欲表现。但阴道检查时，外口收缩或半收缩，直肠检查时能触摸到胎儿。另一种是母牛虽具备各种发情的外部表现，但卵巢内无发育的卵泡，也不能排卵，常见于患卵巢机能不全的育成母牛和患子宫内膜炎的牛。

③ 持续发情。正常母牛发情持续期较短，但有的母牛连续2~3 d发情不止，主要有以下两种原因：一是卵泡囊肿：由不排卵的卵泡继续增生肿大而成，卵泡不断发育，则分泌过多的雌激素，所以母牛发情延长。二是卵泡交替发育：开始一侧卵巢有卵泡发育产生雌激素，使母牛发情，但不久另一侧卵巢也有卵泡开始发育，前一侧卵泡发育中断，后一侧卵泡继续发育，这样它们交替产生雌激素而使母牛发情延长。

④ 慕雄狂。母牛表现持续而强烈的发情行为，发情期长短不规则，周期不正常，经常见母牛阴部流出透明黏液，阴部浮肿，尾根高举，但配种不能受胎，它与卵巢囊肿有关。

（六）人工输精操作规范化

主要在于以下几点：

（1）直肠检查子宫和卵巢（泡）态势及把握子宫颈输精是规范的人工输精技术。

（2）触摸卵泡成熟状态，在即将排卵或刚刚排卵时输精，会得到高的授精率。

（3）输精前及输精中应保持牛阴户周围的清洁及输精器具的干燥与卫生（输精枪外应使用薄膜防护套）。

（4）子宫创伤出血对精子与受精卵的存活不利，应尽量避免创伤。可用对精子无害、对生殖道粘无刺激的润滑剂。

（5）在输精器接近子宫颈外口时，正确的方法是用把握子宫颈的手拉向阴道方，使之接近输精器前端，而不是用力将输精器推向子宫颈。要凭手指的感觉将输精器套入子宫颈。

（6）输精器前端在通过子宫颈横行、不规则排列中褶时的手法是输精的关键技术。可用改变输精器前进方向、回抽、摆动、滚动等操作技巧，使输精器前端通过子宫颈。严禁以输精器硬戳的方法进入。

【讨论与思考】

1. 名词解释

超数排卵　同期发情　诱导发情　发情

2. 填空题

（1）公牛的生殖器官包括（　　）、（　　）、（　　）、（　　）、（　　）、（　　）。

（2）母畜的生殖器官包括：（　　）、（　　）、（　　）、（　　）、（　　）。

3. 简答题

（1）简述牛的发情目的、发情鉴定方法？

（2）简述人工授精技术？

（3）简述超速排卵的意义？

（4）简述睾丸的生理机能？

项目 2-4　羊的繁殖

【学习目标】

1. 了解羊的繁殖规律；
2. 掌握羊的繁殖技术。

【学习内容】

繁育是增加羊群数量和提高羊群质量的必要手段。繁殖技术直接影响养羊的经济效益，多生优质羔羊是提高羊生产效率最重要的环节之一。羊产双羔比例较高。绵羊多呈季节性多次发情，而山羊多呈常年发情。科学的繁殖技术，就是在掌握羊的繁殖规律的基础上，采用各种繁殖新技术，有效地控制羊繁殖过程，使羊根据生产需要和市场需要有计划地进行高效繁殖。

【相关技能】

1. 掌握羊的繁殖技术。
2. 掌握精液检查技术。
3. 掌握产后母羊和新生羔羊的护理技术。

羊的繁殖是羊品种选育和养羊生产的基础。要大力发展养羊业，繁育技术是关键环节之一。为了提高羊的繁殖力，必需掌握羊的繁殖特性和规律，了解影响繁殖的各种内外因素。在养羊生产中，运用繁殖规律，采用先进的繁育技术措施，使养羊生产能按人类要求有计划地进行。

一、羊的繁殖规律

(一)初情期、性成熟、初配年龄与繁殖年限

1. 初情期

初情期是指母羊生长发育到一定阶段时出现的第一次发情和排卵。母羊幼龄时期的卵巢及性器官均处于未完全发育状态。卵巢内的卵泡在发育过程中多数处于萎缩闭锁状态,以后随着母羊的生长发育,脑垂体分泌促性腺激素逐渐增多,同时卵巢对促性腺激素敏感度也增大,卵泡开始发育成熟,即出现排卵和发情症状。母羊的第一次发出现发情症状,即是初情期的到来。此时,母羊虽有发情表现,但不完全,发情周期也往往不正常,其生殖器官仍处在继续生长发育中,故此时不宜配种。绵羊的初情期一般为4—8月龄,某些早熟品种如小尾寒羊、湖羊的初情期为4—6月龄,山羊初情期为4—6月龄。初情期出现的早迟与品种、气候、营养等因素有关。

(1)品种。一般个体小的品种初情期早于个体大的品种,山羊早于绵羊。

(2)气候。气候包括温度、光照、湿度等因素。一般南方母羊的初情期较北方的早,热带的羊较寒带或温带的早。早春产的母羔可在当年秋季发情,而夏秋产的母羔一般需到第二年秋季才发情。

(3)营养。初情期与羊的体重关系密切,并直接与生殖激素的合成和释放有关。营养良好的母羊体重增长很快,生殖器官生长发育正常,生殖激素的合成与释放不会受阻,因此其初情期出现较早,营养不足则使初情期延迟。

2. 性成熟

随着第一次发情的到来,在雌激素的作用下,生殖器官增长迅速,生长发育日趋完善,具备了繁殖能力,此时称为性成熟期。因此,性成熟是指生殖器官已经发育完全并具有完全的性行为,公羊能产生具有受精能力的精子,母羊有发情表现,若配种即能受孕并产生后代。

母羊的性成熟期主要受品种、个体、气候和饲养管理条件等影响。早熟的肉用羊比晚熟的毛用羊性成熟早,温暖地区较寒冷地区,饲养管理条件好的比饲养管理条件差者性成熟也较早。肉毛兼用及奶山羊在良好的饲养管理条件下,性成熟较早,一般为5—7月龄;毛用羊一般为8—10月龄。

一般来说性成熟后就能配种繁殖后代,但这时其自身的生长发育尚未成熟,体重仅为成年羊的40%~60%,因而性成熟期并非适宜配种年龄。因为母羔配种过早,不仅会严重阻碍自身的生长发育,还会影响后代的生产性能。

3. 初配年龄与繁殖年限

(1)初配年龄。初配年龄应根据羊的发育状况决定。一般初配母羊体重应达到成年羊体重的65%~70%。山羊的初配年龄较早,南方山羊品种5月龄即可进行第一次配种,而北方山羊品种初配年龄需到1.5岁。通常山羊的初配年龄多为10—12月龄;绵羊的初配年龄多为12—18月龄;湖羊的初配年龄为6月龄;我国广大牧区的绵羊多在1.5岁时开始初次配种。

(2)繁殖年限。绵羊在3—6岁时繁殖能力最强,8岁以后下降;山羊在3—5岁繁殖能力最强,7—8岁以后下降;奶山羊在良好的饲养管理条件下,利用年限可达10年以上。

(二)羊的繁殖季节

母羊大量正常发情的季节,称为羊的繁殖季节。羊的发情表现受光照的影响,而光照长短变化是有季节性的,所以羊的繁殖也是有季节性规律的。绵羊和山羊属季节性多次发情动物。每年

秋季随着光照从长变短，羊便进入了繁殖季节。

绵羊的繁殖季节一般是当年7月至翌年的1月份，而发情最集中的时间是8—10月份。生长在热带、亚热带或经过人工培育选择的绵羊，繁殖季节较长，甚至没有明显的季节性，如我国的湖羊和小尾寒羊可常年发情配种，而寒冷地区、原始品种羊发情的季节性明显。

山羊对光照的影响反应没有绵羊明显，所以山羊的繁殖多为常年性的。但生长在热带、亚热带地区的山羊，5—6月份因为高温的影响发情较少，生活在高寒山区，未经人工选育的原始品种则呈明显的季节性。

不管是山羊还是绵羊，公羊都没有明显的繁殖季节，可常年配种，但公羊的性欲表现特别是精液品质，有季节性变化的特点，一般是秋季最好。

（三）羊的发情

发情是指母羊在性成熟以后所出现的周期性的性行为表现，发情时母羊的精神状态、生殖道及卵巢等发生一系列变化。母羊外阴部充血、肿胀，喜欢按近公羊，在公羊追逐或爬跨时站立不动，有些母羊见到公羊时后腿分开，并摆动尾部。有时母羊食欲减退，采食量很少，咩叫不停。处女羊的发情症不太明显，有的甚至拒绝公羊爬跨，但一般只要主动接近公羊，并紧跟其后者便可认为是发情羊。

1. 发情周期

母羊在发情期内，未经交配或交配后未受孕时还会间隔一段时间再次发情。从上次发情开始到下次发情开始的间隔时间，称为发情周期。绵羊的发情周期平均17天（14~21天），山羊平均为21天（18~24天）。发情周期因品种、年龄及营养状况不同而有差别。奶山羊的发情周期长，青山羊的短；处女羊、老龄羊发情周期长，壮年羊短；营养差的羊发情周期长，营养好的羊短。

2. 发情持续期

这是指母羊出现发情征状到征状完全消失的时间。母羊的发情持续时间称为发情持续期。绵羊发情持续期平均为30小时，山羊平均为40小时。发情持续期受品种、年龄、繁殖季节中的时期等因素影响。毛用羊比肉用羊发情持续期长。羔羊初情期的发情持续期最短，1.5岁后较长，成年母羊最长；繁殖季节初期和末期的发情持续期短，中期较长；公母羊混群的母羊比单独组群的母羊的发情持续期短，且发情整齐一致。

3. 产后发情

这是指母羊产后出现的第一次发情。绵羊多出现在产后第25~46 d，最早在第12 d左右发情；山羊多出现在产后10~14 d；奶山羊多在产后30~45 d发情。

4. 排　卵

排卵指从卵泡中排出卵子。母羊排卵一般在发情开始后12~24小时，卵子排出后保持受精能力的时间为15~24 h，而精子保持受精能力的时间为30~48 h。故发情后12小时左右配种最适宜。排卵数一般为1~4个，排卵数的多少受品种、个体及饲养管理的影响。

（四）羊的妊娠期

1. 羊的妊娠期

从精子和卵子在母羊生殖道内形成受精卵开始，到胎儿产出所持续的时间称为妊娠期。羊妊娠期的长短因品种、营养及羔羊数量等因素而有所变化。一般山羊妊娠期略长于绵羊。山羊妊娠期正常范围为 146～157 d，平均为 150 d；绵羊妊娠期正常范围为 146～161 d，平均为 152 d；早熟肉羊品种，在良好的饲养管理条件下，妊娠期较短，平均为 145 d。

2. 预产期的推算

准确判断母羊产羔时间，可以合理饲养怀孕母羊，及时做好接羔准备。判断母羊产羔的时间，一是根据配种的日期推算，即从配种日期起，往后推 5 个月；二是根据母羊怀孕后期的临产表现来推断，孕羊腹围显著增大，乳房膨胀、阴户肿大松弛，尾根部肌肉下陷时则可能在一、二天内产羔。如果发现孕羊不愿走动，前蹄刨地，时起时卧，排尿频繁，阴户流出黏液，不断努责和鸣叫，说明即将产羔。

有配种记录的母羊，可以按配种日期以"月加五、日减三"的方法来推算预产期。例如 6 月 15 日配种怀孕的母羊其预产期应为 11 月 12 日，10 月 20 日配种怀孕的母羊则为次年的 3 月 17 日。

二、羊的繁殖技术

（一）羊的发情鉴定

发情鉴定是适时配种的前提，是提高母羊受胎率的关键技术之一，也是发情控制、人工授精、胚胎移植多项繁殖技术的重要环节。由于母羊的发情期较短，外部表现不大明显，尤其是绵羊更不明显，因此母羊的发情鉴定以试情为主，结合外部观察进行。

1. 外部观察法

外部观察法是通过直接观察母羊的精神、行为和生殖器官的变化来判断是否发情，这是鉴定母羊发情最基本、最常用的方法。

母羊发情时，精神表现为兴奋不安，对外界的刺激反应敏感。行为表现为鸣叫、反刍和采食时间明显减少，频频排尿、摇尾，一般不拒绝公羊接近爬跨或主动接近公羊并接受公羊的爬跨，在发情初期，母羊性欲表现不很明显以后逐渐显著，但排卵以后，性欲逐渐减弱，到后期，母羊则拒绝公羊接近爬跨。在发情过程中，由于雌激素的作用，发情母羊阴道粘分泌增加，并充血、松弛，子宫颈口充血肿胀，发情初期阴道分泌少量呈透明或稀薄乳白色的分泌物，中期黏液较多，呈牵丝性，后期分泌物牵丝性减低，较粘稠。

山羊发情时，鸣叫、摇尾、相互爬跨等行为很突出，绵羊则没有山羊明显，甚至出现安静发情（即母羊卵泡发育成熟至排卵无发情征状和性行为表现），亦称安静排卵。安静发情与生殖激素水平有关，绵羊的安静发情较多，因此绵羊常采取试情的方法来进行发情鉴定。

2. 试情法

试情法是利用试情公羊接近母羊，通过观察母羊的反应来判断是否发情的方法。试情公羊要选择身体健壮，性欲旺盛，没有疾病，年龄 2—5 岁，生产性能较好的公羊。为避免试情公羊偷配母羊，对试情公羊可系试情布，布长 40 cm，宽 35 cm，四角系上带子，每当试情时拴在试情羊腹下，使其无法直接交配，也可采用输精管结扎或阴茎移位手术。在配种期内，每日定时（一般是早、晚各 1 次）将试情公羊放入母羊群中，让公羊自由接触母羊，挑出发情母羊。试情公羊进入母羊群后，用鼻去嗅母羊，或用蹄子去挑逗母羊，甚至爬跨到母羊背上，母羊不动，不拒绝，或伸开后腿排尿，这样的母羊即为发情羊。发情羊应从羊群中挑出，做上记号。对于初配母羊，对公羊有畏惧心理，当试情公羊追逐时，不像成年发情母羊那样主动接近。但只要试情公羊紧跟其后者，即为发情羊。试情时公、母羊比例以 2~3∶100 为宜。

试情公羊应单独喂养，加强饲养管理，远离母羊群，防止偷配。对试情公羊每隔 1 周应本交际或排精一次，以刺激其性欲。

3. 阴道检查法

这是一种较为准确的发情鉴定方法。通过开膣器检查阴道粘膜、分泌物和子宫颈口的变化情况来判断发情与否。阴道检查时，先将母羊保定好，洗净外阴，再把开膣器清洗、消毒、涂上润滑剂，检查员左手横持开膣器，闭合前端，缓缓从阴门口插入，轻轻打开前端，用手电筒检查阴道内部变化。当发现阴道粘膜充血、红色、表面光亮湿润、有透明黏液渗出，子宫颈口充血、松弛、开张、有黏液流出时，即可定为发情。检查完毕合拢开膣器轻轻抽出。

（二）羊的配种

1. 羊的配种方式

羊的配种方式有自然交配和人工授精两种。

自然交配是公羊和母羊直接交配的方式，是养羊业中最原始的配种方式。自然交配又分为自由交配和人工辅助交配。

（1）自由交配。自由交配是最简单的交配方式。在配种期内，可根据母羊多少，将选好的种公羊放入母羊群中任其自由寻找发情母羊进行交配。该法省工省事，适合小群分散的生产单位，若公母羊比例适当，可获得较高的受胎率。其缺点为：① 无法控制交配次数，易造成意二伤害和怀孕母羊流产，无法控制产羔时间；② 公羊追逐母羊，无限交配，不安心采食，耗费精力，影响健康；③ 公羊追逐爬跨母羊，影响母羊采食抓膘；④ 无法掌握交配情况，后代血统不明，容易造成近亲交配或早配，难以实施计划选配；⑤ 公羊需求量相对较大，种公羊利用率低，不能发挥优秀种公羊的作用；⑥ 由生殖器官接触传播的传染病不易预防控制。为了克服以上缺点，在非配种季节公母羊要分群放牧管理，配种期内如果是自由交配，可按 1∶30 至 1∶40 的比例将公羊放入母羊群，配种结束将公羊隔出来。每年群与群之间要有计划地进行公羊调换，交换血统。

（2）人工辅助交配。人工辅助交配是人为地控制、有计划地安排公母羊配种，即将公母羊隔离饲养，在配种期内，利用本地试情公羊将发情母羊辨认出来，再与指定的良种公羊或品质优良的公羊进行单独交配。这种交配方式不仅可以提高种公羊的利用率，增加利用年限，而且可以准确地记载母羊的配种时间和与配公羊，预测产期，能够有计划地选配，提高后代质量。一般每只公羊在一个配种季节可配母羊 50 只左右，对整个羊群的放牧无干扰，比较适合于有一定数量的良种公羊而开展人工授精有困难的情况，但安静发情或发情征状不明显的母羊易漏配。交配时间，一般是早晨发情的母羊傍晚配种，下午或傍晚发情的母羊于次日早晨配种。为确保受胎，最好在第一次交配后间隔 12 小时左右再重复交配 1 次。

2. 羊的配种时间

母羊适期配种是提高母羊受胎率的重要条件。母羊一般发情后 30~40 h 排卵，从理论上讲，配种应在排卵前几个小时至十几个小时内进行，才能获得较高的受胎率，但是，由于排卵时间很难准确判断，因此，一般多根据母羊发情开始的时间和发情征兆的变化来确定配种的适宜时期，同采用人工授精重复配种技术，来提高母羊的受胎率。羊配种的最佳时间是发情开始后 18~24 h，这时子宫颈口开张，容易进行子宫颈内配种输精，一般可根据阴道流出的黏液来判定发情早晚，黏液呈透明粘状即是发情开始时，颜色为白色即到发情中期，但一般母羊发情的开始时间很难判定，根据母羊发情晚期排卵的规律，可以采取早晚两次试情的方法挑选发情母羊。早晨选出的母羊下午输精1次，第二天早上再重复输精1次，晚上选出的母羊第二天早上第一次输精，下午重复输精一次，这样可以大大提高受胎率。

（三）羊的人工授精

人工授精是利用器械采集公羊的精液，经检查和处理后，再利用器械将精液输入发情母羊生殖道内，以达到受胎而繁殖后代的一种配种方式。人工授精是近代畜牧科技的重大成果之一，也是当前养羊业中常用的技术措施。人工授精大大提高了优秀种公羊的利用率（每只种公羊在一个配种季节可配母羊300~500只），比本交提高与配母羊数十倍，节约饲养大量种公羊的费用，加速羊群的遗传进展，并可防止疾病传播。

人工授精技术包括器械的消毒、采精、精液品质检查、精液的稀释、保存和运输、母羊发情鉴定和输精等主要技术环节。

1. 配种前的准备工作

（1）种公羊的选择与管理。

种公羊应选择个体等级优秀，符合种用要求，年龄在2—5岁龄、体质健壮、睾丸发育良好、性欲旺盛的种羊。正常使用时，精子的活力在0.7~0.8以上，畸形精子少，正常射精量为0.8~1.2 mL，密度中等以上。

种公羊要单独饲养，圈舍宽敞、清洁干燥、阳光充足、远离母羊圈舍。饲料应多样化，保证青绿饲料和蛋白质饲料的供给。在配种季节，每天保证喂给2~3个新鲜的鸡蛋（带壳喂给）。每天的放牧距离不少于7.5 km。

种公羊在配种前一个月进行调教采精，排除体内的陈精，并增强产精能力。调教时，选发情盛期的母羊与其进行本交，反复几次，使公羊养成固定地点交配射精的习惯，以后则可利用不发情的母羊或假台羊诱发公羊射精来完成采精。

有初次参加配种的公羊对母羊不感兴趣，可采用以下方法进行调教：

① 将其与若干只健康母羊合群饲养若干天，促使其主动接近或爬跨母羊。每天给公羊用温水洗净阴囊、擦干，然后用手自下而上地轻轻按摩公羊的睾丸，早晚各一次，每次10~15 min，以提高公羊性欲。

② 注射丙酸睾丸素，隔日一次，每次1~2 mL，注射3次。

③ 将发情母羊阴道分泌物或尿液涂抹在初配公羊的鼻尖，诱发其性欲。

成年种公羊可以每天采精，需要时每天可采精2~3次，每次间隔在30分钟以上。

（2）母羊群的整顿与抓膘。

母羊群的整顿与抓膘工作的好坏对配种成绩影响较大，只有在母羊抓好膘的基础上，配种期内的一系列工作才能顺利进行。羊群的配种期不宜拖得过长，应争取在一个半月左右结束。最好在配种开始后的第一个发情期内有75%~85%的母羊受胎。因为，配种期越短，产羔期越集中，越是便于羔羊的管理和有利于提高羔羊的成活率，所以，应力求母羊在配种前达到中等膘情，以确保发情整齐。

为了争取满膘配种，应在配种前的1.5~2个月作好羔羊的断奶工作。在羔羊断奶后，应对母羊群进行整顿，淘汰老龄和不孕羊，对瘦弱母羊给予优饲，对参加配种的母羊应加强放牧和饲养管理，并给母羊驱虫、药浴，使母羊自羔羊断奶后到下次配种前，有1.5~2个月的休息和复壮时间。

2. 采精前的准备

（1）器械的准备和消毒。人工授精所需的器械和药品应在配种季节前准备齐全，易损物品应有足够的储备。所有的器械如假阴道、输精器、开膣器、集精瓶、各种备用物品等，都要提前清洗、干燥、消毒，存放于消毒柜内备用。假阴道要用 2%的碳酸氢钠溶液清洗，再用清水冲洗数次，然后用 75%的酒精消毒，使用前用生理盐水冲洗。集精瓶、输精器、玻璃棒和存放稀释液及生理盐水的玻璃器皿洗净后要经过 30 分钟的蒸气消毒，使用前用生理盐水冲洗数次。金属制品如开膣器、镊子、盘子等，用 2%的碳酸氢钠溶液清洗，再用清水冲洗数次，擦干后用 75%的酒精或进行酒精灯火焰消毒。玻璃器械最好采用电热鼓风干燥箱进行高温干燥消毒，温度控制在 130～150 °C，持续 20～30 min，待温度下降至 60 °C 以下时方可开箱取出使用。橡胶制品一般采用 75%酒精棉球擦拭消毒，待酒精挥发后，再用生理盐水冲洗 2 次。润滑剂、生理盐水等溶液，可隔水煮 20～30 min 或用高压蒸汽消毒。

（2）台羊的准备。对公羊来说，台羊是重要的性刺激物，是用假阴道采精必要条件。台羊应选择健康、体格大小与公羊相似的发情母羊，用假母羊做台时，须先用真母羊作台羊，在公羊采精数次形成条件反射后，再改用假母羊。

（3）假阴道的安装。假阴道是采精的主要工具。采精成功与否，取决于假阴道的温度、压力和润滑度。假阴道冲洗和消毒后，先用漏斗沿注水口注入 55 °C 左右的温开水 150～180 mL，以保持使用时的温度在 40～42 °C，然后，用消毒过的玻璃棒蘸上凡士林等润滑剂，均匀地涂在内胎前 1/3～1/2 处，再通过气体活塞吹入气体，使假阴道保持一定弹性，吹入气体的量一般以内胎表面呈三角形合拢而不向外鼓出为适宜。

3. 采 精

采精前用温水洗种公羊阴茎的包皮，并擦干净。将台羊保定后，引公羊到台羊处，采精时采精采精者蹲于母羊右后方，右手横握假阴道，假阴道进口部向下，与母羊骨盆的水平线约呈 35°～40°为宜。当公羊爬跨母羊时，迅速将阴茎导入假阴道中。公羊射精后，即将假阴道竖起，将有集精瓶的一面向下，送精液到处理室，放气后取下集精瓶，盖好盖，并记录公羊号，放于操作台上进行精液品质检查。

成年种公羊每日采精 1～2 次，连采 3 天休息 1 次，初采羊可酌减。

4. 精液品质检查

精液品质检查是人工授精操作的第二个环节。精液品质检查的目的在于查看所采集的精液是否符合输精要求，确定精液可稀释的倍数，了解种公羊的配种能力。

（1）精液品质检查的项目和方法如下：

① 外观检查。

颜色：正常的精液为浓厚的乳白色，肉眼可看到乳白色云雾状。

气味：正常精液无味或略带腥味。

精液量：公羊一次采精的精液量一般为 0.5～2.0 mL，山羊平均为 0.8～1.0 mL，绵羊平均为 1.0～1.2 mL。

经外观检查，凡带有腐败臭味，出现红色、褐色、绿色的精液判为劣质精液，应弃掉不用，一般情况下不再做显微镜检查。

② 显微镜检查。

精子活率：精子的活率是指在 38 °C 的室温下直线前进的精子占总精子数的百分率。检查时以灭菌玻璃棒蘸取 1 滴精液，放在载玻片上加盖玻片，在 400~600 倍显微镜下观察。全部精子都做直线运动评为 1 级，90% 的精子做直线前进运动为 0.9 级，以下以此类推。

精子的密度：是指每毫升精液中所含的精子数。取 1 滴新鲜精液在显微镜下观察，根据视野内精子多少分为密、中、稀三级。

"密"是指在视野中精子的数量多，精子之间的距离小于 1 个精子的长度；

"中"是指精子之间的距离大约等于 1 个精子的长度；

"稀"为精子之间的距离大于 1 个精子的长度。

为了精确计算精子的密度，可用血球计数器在显微镜下进行测定和计算，每毫升精液中含精子 25 亿以上者为密，20 亿~25 亿个为中，20 亿以下为稀。

（2）精子质量的评定标准：精液为乳白色，无味或略带腥味，精子活力在 0.6 以上，密度在中等以上（每毫升精液的精子数在 20 亿以上），畸性精子率不超过 20%，该羊精液判为优质精液。以上几项质量标准任何一项达不到要求，均被定为劣质精液。

（3）精液检查时应注意的问题。

做显微镜检查时，温检箱内温度控制在 38 ℃ 左右。精液品质检查要求迅速准确，室内要清洁，室温保持在 18~25 ℃。精子的形态检查，一般 1 周内对同 1 头公羊精液做 1 次染色检查，其他时间可根据经验做直观估测。

无论鲜精和冻精都要用显微镜仔细检查，鲜精的活力要 0.7 以上，不低于 0.5，冻精 0.3~0.5 以上，不低于 0.3，才可使用。

5. 精液的分装、运输与保存

（1）精液的分装：将稀释好的精液根据各输精点的需要量分别装于 2~5 mL 小试管中，精液面距试管口不少于 0.5~1.0 mL，然后用玻璃纸和胶圈将试管口扎好，在室温下自然降温。分装后贴上标签，标签上注明精液采出的日期、时间、活力、密度、公羊的品种。

（2）精液的运输：在近距离运送精液时，不必进行降温，将装有精液的集精瓶或小试管口封严，用棉花包好放入保温瓶中即可。远距离运输时，可用直接降温法降温。运输精液时要防止剧烈震动，降温或升温都要缓慢进行，每次输送的精液都要注明公羊号、采精时间、精液量和精液品质。

（3）精液的保存。

① 常温保存：精液稀释后，保存在 20 ℃ 以下的室温环境中。在这种条件下，精子运动明显减弱，可在一定限度内延长精子存活时间。常温保存只能保存 1 天。

② 低温保存：在常温保存的基础上，温度进一步缓慢降至 0~5 ℃ 之间。可用直接降温法，将精液装入小试管内，外面包以棉花，再装入塑料袋内，直接放入装有冰块的广口保温瓶或保温箱中，使温度逐渐降至 2~4 ℃。低温下保存的有效时间为 2~3 天。

③ 冷冻保存：将采得的精液用乳糖、卵黄、甘油稀释液按 1:3 至 1:1 稀释后，放入冰箱 3~5 ℃，经 2~4 h 降温平衡。然后在装满液氮的广口保温瓶上，放一光滑的金属薄板或纱网，距液氮 1~2 cm，几分钟后待温度降到恒温时，将精液用滴管或细管逐滴滴在薄板或沙网上，滴完后经 3~5 min，用小勺刮取颗粒，收集后，立即放入液氮中保存。精液的冷冻保存要求的技术、环境和设备条件较严格，操作过程也比较复杂。冷冻精粒在超低温条件下，可长年保存而不变质。

经过保存与运输的精液在使用前必须检查精子活力，如活力达不到要求，不能用于输精。检查时取精液瓶样品 1 滴滴于载玻片上，盖上盖玻片，逐渐升在输精前应将温度升温，然后再评定精液品质。经过低温保存与运输的精液，高到 20 ℃ 以上，以恢复精子活力。

6. 精液的稀释

对不保存的精液，稀释只是为了扩大精液量，便于输精操作。对要保存的精液，必须进行稀释，以延长精子的存活时间和便于运输。

（1）稀释液的配制：稀释液的配方选择易于抑制精子活动，减少能量消耗，延长精子寿命的弱酸性稀释液。

① 生理盐水稀释液：是用注射用生理盐水或经过过滤消毒的 0.9%氯化钠溶液作稀释液。此种稀释液简单易行，稀释后的精液应在短时间内使用。生理盐水是目前生产实践中最为常用的稀释液。但用这种稀释液稀释时，稀释的倍数不宜太高，一般以 2 倍以下为宜。

② 奶汁稀释液：奶汁（牛奶或羊奶）先用 7 层纱布过滤后，再煮沸消毒 10~15 min，降至室温，去掉表面脂肪即可。这种稀释液稀释效果好，但稀释倍数不能太高，以 3 倍以下为宜。

③ 葡萄糖卵黄稀释液：在 100 mL 蒸馏水中加葡萄糖 3 g、柠檬酸钠 1.4 g，溶解后过滤 3~4 次，蒸煮 30 min 后灭菌，降至室温，再加新鲜卵黄（不要混入蛋白）20 mL，再加青霉素 10Iu 振荡溶解。这种稀释液有增加营养的作用，可作 7 倍以下的稀释。

（2）精液的稀释倍数。

新采取的精液应迅速放入 30 ℃下保温，并立即检查精液品质，要根据精子密度、活力而定稀释比例，稀释后的精液，每毫升有效精子数不少于 7 亿个。

（3）精液稀释的操作步骤。

根据镜检得出精子密度确定稀释倍数，根据稀释倍数计算出应加入的稀释液的量，用量杯量取应加的稀释液量。稀释前将两种液体置于同一温水中，然后将稀释液沿着精液瓶缓缓倒入，为使混合均匀可稍加摇动或反复倒动 1~2 次，稀释完毕后，立即进行活力镜检，并将镜检结果填入采精登记表。如立即使用可用生理盐水或 5%的葡萄糖溶液稀释，如保存应配制柠檬酸钠-葡萄糖-卵黄稀释液。

（4）精液稀释应注意的事项：稀释液温度与精液温度保持一致，在 20~25 ℃室温和无菌条件下操作，精液稀释的倍数应根据精子密度而定，一般为 1~3 倍，稀释后的每毫升有效精子数不能低于 7 亿个。

7. 输 精

（1）输精前的准备。

① 人员的准备：输精人员应穿工作服，用肥皂水洗手擦干，用 75%酒精消毒后，再用生理盐水冲洗。

② 输精器械的准备：把洗涤好的开膣器、输精枪、镊子用纱布包好，一起用高压锅蒸汽消毒。

③ 母羊的准备：对发情母羊进行鉴定及健康检查后，才能输精。母羊输精前，应对外阴部进行清洗，以 1/3 000 新洁尔灭溶液或酒精棉球进行擦拭消毒，待干燥后再用生理盐水棉球擦拭。

④ 精液的准备：将精液置于 35 ℃的温水中升温 5~10 min 后，轻轻摇匀，做显微镜检查，达不到输精要求的不能用于配种。

（2）输精方法。

将用生理盐水湿润后的开膣器插入阴道深部触及子宫颈后，稍向后拉，以使子宫颈处于正常位置之后轻轻转动开膣器 90°，打开开膣器，在不影响观察子宫的情况下开张度愈小愈好（2 cm），否则易引起母羊努责，不仅不易找到子宫颈，而且不利于深部输精。输精枪应慢慢插入到子宫颈内 0.5~1.0 cm 处，插入到位后应缩小开膣器开张度，并向外拉出 1/3，然后将精液缓缓注入。输精完毕后，让羊保持原姿势片刻，放开母羊，原地站立 5~10 min，再将羊赶走。

(3)输精次数和输精量。

输精次数:母羊1个情期应输精2次,发现发情时输精1次,间隔8~10 h应进行第2次输精。输精量:每次输精量原精液为0.05~0.10 mL,稀释后精液应为0.1~0.2 mL。

(4)输精时应注意的问题。

输精人员要严格遵守操作规程,输精员输精时应切记做到深部、慢插、轻注、稍停。对个别阴道狭窄的青年母羊,开膣器无法充分打开,很难找到子宫颈口,可采用阴道内输精,但输精量需增加1倍。输精后立即做好母羊配种记录。每输完一只羊要对输精器、开膣器及时清洗消毒后才能重复使用,有条件的建议用一次性器具。

(四)羊的妊娠诊断

配种后的母羊应尽早进行妊娠诊断,以确定母羊是否已经妊娠,以便按妊娠母羊的要求加强饲养管理,保证胎儿正常发育,防止胚胎早期死亡或流产,同时及时发现空怀母羊,以便采取补配措施,提高母羊受胎率。早期妊娠诊断有以下几种方法:

1. 外部观察法

母羊妊娠后,一般外部表现为:周期性发情停止(母羊配种后20天不再表现发情,则可判断已经怀孕),食欲增进,毛色润泽光亮。性情变得较为温顺。但仅靠外部表现不易早期确切诊断,还应结合触诊法等其他方法来确定。

2. 触诊法

触诊法是让待查母羊自然站立,工作人员两手以抬抱方式在母羊乳房的前上方、腹壁前后滑动,注意抬抱时手掌展开,动作要轻,以抱为主,用手触摸是否有胚胎胞块;也可采取直肠—腹壁触诊法,即将待查母羊用肥皂水灌洗直肠排出粪便后使其仰卧,然后用直径1.5 cm、长约50 cm、前端圆如弹头状的光滑木棒或塑料棒作触诊棒,涂抹润滑剂,经母羊肛门向直肠内插入30 cm左右(注意贴近脊椎),一只手用触诊棒轻轻将直肠挑起以便托起胎胞,另一只手则在腹壁上触摸,如有胞块状物体即表明母羊妊娠,如触到触诊棒,将棒稍微移动位置后反复挑起触摸2~3次,若仍触到触诊棒即表明未妊娠(注意不要损伤直肠)。

妊娠2—3个月时,胎儿已经形成,手可触摸到腹下、乳房前有硬功块。此法检查配种后60 d的孕羊,准确率可达95%,85 d以后的100%,但配种115 d以上的母羊慎用。

3. 阴道检查法

阴道检查法是通过检查妊娠母羊阴道黏膜的色泽、黏液性状及子宫颈口形状来进行妊娠诊断。母羊妊娠后,阴道黏膜由空怀时的淡粉红色变为苍白色,用开膣器打开阴道后,在很短时间内即由白色又变成粉红色;空怀母羊黏膜始终为粉红色。妊娠母羊的阴道黏液呈透明状且量少浓稠,能在手指间牵成线。相反,如果黏液量多、稀薄、颜色灰白则未妊娠。妊娠母羊子宫颈紧闭,色泽苍白,并有子宫栓堵塞在子宫颈口。

4. 免疫学诊断

妊娠母羊血液、组织中具有特异性抗原,能和血液中的红细胞结合在一起,用其制备的抗体血清和待查母羊的血液混合时,妊娠母羊的血液红细胞会出现凝集现象。

5. 孕酮水平测定法

孕酮水平测定法是将待查母羊在配种20~25 d后采血制备血浆,采用放射免疫标准试剂与之对比，判读血浆中的孕酮含量。判定妊娠参考标准为：绵羊每毫升血浆中孕酮含量大于 1.5×10^3 μg，山羊大于 2×10^3 μg。

6. 超声波探测法

将待查母羊保定后，在腹下乳房前毛稀少处涂以凡士林或石蜡油等藕合剂，将超声波探测仪的探头对着骨盆入口方向探查。用超声波诊断羊早期妊娠的时间最好是配种 40 d 以后，这时胎儿的鼻和眼已经分化易于诊断。

三、母羊的分娩与接羔

分娩是指怀孕期满，胎儿发育成熟，母体将胎儿及其附属物从子宫排出体外的生理过程。母羊的分娩发生在妊娠期的第 150 天左右。

（一）产羔前的准备

1. 临产母羊的管理

临产母羊行动不便，在饲养上要加强护理。出入圈时最好让其单独行动，避免追赶，以免滑倒，严禁鞭打和惊扰，饮水时让母羊慢饮喝足，为了催乳，可在产前和产后喂温豆浆。

2. 饲草饲料的准备

夏秋季节，应在产羔羊圈不远处留出能够满足产羔母羊一个半月使用的草场。母羊在生产前后几天内主要是舍饲，要准备足够数量的优质干草、青贮料、多汁饲料和精料。

3. 产房和棚圈的准备

母羊产冬羔和春羔都应有产羔房（羊舍加以整理后即可）。我国东北和西北地区的产羔房的温度一般都要求达到 0～5 ℃，产羔房要求通风良好，地面干燥，没有贼风。在母羊产羔前 3～5 d 对产房、运动场、饲槽、草架、分娩栏等进行认真的清扫，并用 3%～5% 碱水或 10%～20% 的石灰乳溶液进行彻底消毒，同时在圈内铺上干净的垫草，在产羔房附近配备暖房，以供初生弱羔和急救羔羊之用。

产羔房配有产羔栏，主要是供临产和产后 1～3 d 的带羔母羊使用。产羔 3 d 以后的母羊和羔羊可放入母子栏，每栏 2 m² 左右。

4. 接羔人员的准备

接羔是一项繁重而又细致的工作。因此，除主管接羔的技术人员外，必须配备一定数量的辅助人员，以确保接羔工作的顺利进行，特别是为胚胎移植的羊接产，接产人员及辅助人员必须分工明确，落实责任，接羔期间要求坚守岗位，认真负责。对于初次参加接羔的人员在接羔前要组织学习相关知识。

5. 器械及药品的准备

准备好碘酒、新洁尔灭、普鲁卡因、生理盐水、抗生素、剪刀、镊子、剖腹产的全套器械等。

（二）母羊临产前的征状

母羊在临近分娩时会有以下异常的行为表现和组织器官的变化：乳房胀大，乳头变硬并能挤出黄色的初乳；外阴部明显肿胀且不紧闭，并有浓稠黏液流出；骨盆韧带柔软松弛，肷窝明显下陷，臀部肌肉也有塌陷，由于韧带松弛，荐骨活动性增大，用手握住尾根向上抬感觉荐骨后端能上下移动；母羊离群，常站立墙角处，放牧时易掉队，用蹄刨地，起卧不安，排尿次数增多，不断回顾腹部，食欲减退，停止反刍，不时鸣叫等。有这些征状表现的母羊应留在产房，不要出牧。

（三）分　娩

母羊整个分娩期是从子宫开始出现阵缩起至胎衣排出为止。该过程分为三个阶段，即子宫开口期、胎儿产出期和胎衣排出期。

子宫开口期：从子宫开始阵缩起至子宫颈充分开大为止。绵羊这一时期持续 3～7 h，山羊约 4～8 h。开口期一般只有阵缩没有努责。母羊表现不安，时起时卧，食欲减退，进食和反刍不规则，有腹痛感。

胎儿产出期：从开口期末，胎囊及胎儿前置部分进入阴道，母羊开始努责，到胎儿完全被排出为止。这一时期，努责和阵缩共同发生作用。母羊极为不安，强烈努责和阵缩，直至胎儿完全排出后努责骤然缓和下来。绵羊的产出期约为 0.5～1 h，双胎间隔时间为 15 min；山羊的产出期约 0.5～4 h，双胎间隔时间为 5～15 min。

胎衣排出期：母羊分娩约 1 h 后排出胎衣，这时一定要将胎衣捡走，不要让母羊吞食造成母羊吃子的恶习。

（四）接羔技术

母羊产羔时，一般不需助产，最好让它自行产出。接羔人员应观察分娩过程是否正常，并对产道进行必要的保护。正常接产时首先剪净临产母羊乳房周围和后肢内侧的羊毛。然后用温水洗净乳房，并挤出几滴初乳。再将母羊的尾根、外阴部、肛门洗净，用 1% 来苏儿消毒。

一般情况下，羊膜破裂后几分钟至 0.5 h 羔羊就生出。先看到前肢的两个蹄，随着是嘴和鼻，到头露出后，即可顺利产出。产双羔时先产出一只羔，可用手在母羊腹部推举，能触到光滑有胎儿。产双羔前后间隔 5～30 min，长的到几小时，若母羊疲倦无力，需要助产。

羔羊生下后 0.5～3 h 胎衣脱出，要拿走，防止被母羊吞食。

羔羊生出后，先把口腔、鼻腔及胃内黏液换出擦净，以免误吞，引起窒息或异物性肺炎。羔羊生后，脐带一般会自然扯断。也可以离羔羊脐窝部 5～10 cm 处用剪刀剪断，或用手拉断。为了防止脐带感染，可用 5% 碘酒在断端处消毒。母羊一般在产羔后，会将羔羊身上黏液自行舔干净。如果母羊不舔，可在羔羊身上撒些麸皮，促使母羊将它舔净。

母羊分娩完毕后，应剪掉母羊乳房周围长毛，用温水或高锰酸钾消毒乳房并弃去最初几滴乳，待羔羊自行站立后，辅助其吃上初乳，以使其获得最初营养和基础免疫抗体，降低发病率。

（五）难产和假死羔羊的处理

1. 难产的一般处理

母羊难产比较少见。一般初产母羊因骨盆狭窄，阴道过窄，胎儿过大；或因母羊体弱无力，子宫收缩无力或胎位不正等均会造成难产。

母羊分娩时，胎儿行露前、嘴，然后露出头部、全身，为顺产。若羊膜破水 30 min 后羔羊仍未产出，或仅露蹄和嘴，母羊又无力努责时，需助产。胎儿不正的母羊，也需助产。助产人员应先将手指甲剪短磨光，手臂用肥皂洗净，再用来苏儿水消毒，涂上润滑剂。如胎儿过大可用手随着母羊的努责，握住胎儿的两前蹄，慢慢用力拉出；或随着母羊的努责，用手向后上方推动母腹部，这样反复几次，就能产出。如果胎位不正，先将母羊后躯抬高，把胎儿露出部分推回，手入产道摸清胎位，慢慢帮助纠正成顺胎位，然后随母羊有节奏地努责，将胎儿轻轻拉出。

2. 假死羔羊的处理

羔羊产出后，全身发育正常，但只有心脏跳动而没有呼吸时，称为假死。假死的原因主要是羔羊吸入羊水，或分娩时间较长，子宫缺氧等。假死羔羊的处理方法有两种：一种是提起羔羊两后肢，使羔羊悬空并拍击其背、胸部；另一种是让羔羊平卧，用两手有节律地推压胸部两则，短时假死的羔羊，经过处理后，一般能复苏。

（六）产后母羊的护理

产羔母羊要保暖防潮，产后 1 h 左右给母羊饮水，一般为 1~1.5 L，水温 25~30 ℃，忌饮冷水，可加少许食盐、红糖和麦麸。应剪去母羊乳房周围的羊毛并用温毛巾擦洗乳房，再挤掉少量乳汁，以利于羔羊吃上初乳。母羊在产后 1~7 d 应加强管理，一般应舍饲或在较近的优质草场上放牧。一周内，母子合群饲养。注意观察胎衣排出。羊的胎衣通常在分娩后 2~3 h 内排出，超过 12 h 后易引起子宫炎等一系列疾病。

四、羊的繁殖新技术

（一）胚胎移植技术

胚胎移植也称受精卵移植。是将一头良种羊早期的胚胎移植到另一只母羊的输卵管或子宫内，让其"借腹怀胎"继续生长发育的过程。提供胚胎的种羊称为"供体"，接受胚胎的母羊称为"受体"。

1. 胚胎移植的原理及意义

应用生殖激素如孕马血清促性腺激素（pmsg）、垂体促滤胞素（fsh）等对良种母羊（供体）进行超数排卵处理，使卵巢在一个发情周期内能够排出比自然状态下更多的成熟卵子，然后用良种公羊或其精液对被处理母羊进行适时配种，并在适当的胚胎发育阶段，通过手术或非手术的方法，从母羊的输卵管或子宫内取出胚胎，再以同样的方法移植到其他与供体性周期同步的母羊（受体）体内。这种以"借腹怀胎"的方法所生产出的后代，其遗传物质完全来自于提供胚胎的双亲，所以生产性能不受受体母羊品质的影响，因而可以选择性能一般的母羊作受体。同时，供体羊提供的胚胎及可能产生移植后代的数量，远大于自然状态下所产后代的数量，这对加快种群的纯繁速度具有重要意义。例如，在实际生产中，可以纯种波尔山羊为供体，本地山羊为受体，以加快良种山羊的改良步伐。

衡量胚胎移植技术应用水平的重要指标有两个：一是经超数排卵处理的母羊平均获得可用于移植的胚胎数量，目前较好的水平为 10~15 个（最多的可达 20 个以上）；二是移植后受体羊的受胎率，目前以手术法鲜胚移植为最高，一般可达 60%~70%，而冷冻胚胎和非手术移植则要低些。

2. 胚胎移植的程序

基本程序主要包括：供体和受体的选择、供体的超排、受体同期化处理、胚胎冲洗、回收、检卵和移植。

3. 国内外的主要进展

胚胎移植是一种应用于哺乳动物的繁殖技术。自 1890 年 Walter Heap 利用胚胎移植技术获得幼兔以来，迄今已有100年的历史，但直到20世纪30年代才得到畜牧界的重视。研究工作首先是在绵羊上获得成功，此后，在奶牛上实行了商品生产。进入20世纪90年代，我国已开始在安哥拉山羊和绵羊的生产中将胚胎移植技术作为提高绵羊繁殖率的措施加以应用。绵羊胚胎移植多数是是采用手术途径进行。手术法易于操作、便于推广，但可能引起绵羊生殖系统的损伤或手术粘连。非手术法可避免上述弊端，但需要的设备投资大、技术难度高，不易于在生产条件下推广。

绵羊超数排卵的处理水平，国内外大致相同。Tervit（1991）zoooIUPMSG 和 24~32 mgFSH 对 Terl 供体母羊超排，平均每只供体获可用胚 11 枚。谭景和等（1993）用 FSH 对绵羊超排，平均每只获可用胚 13 枚。张书农等（1995）处理的供体最好组合获可用胚 14.3~15.5 枚，鲜胚的移植妊娠率，国内外的最好水平为 60%~80%。张居农等（1995）提出的受体同期化处理方案，以 MAP、PG、PMSG 等激素处理为基础，使供体与受体的生理状况接近同期化，从而提高了移植妊娠率。

将胚胎移植技术应用于生产，目前主要的问题是简化处理程序，减低成本，提高移植妊娠率。

（二）发情控制技术

发情控制技术包括同期发情技术和诱导发情技术。

1. 同期发情技术

同期发情就是利用激素或药物处理母羊，使许多母羊的预定的时期集中发情，便于组织配种。同期发情配种时间集中，节省劳力、物力，有利羊群抓膘，扩大优秀种公羊利用率，使羔羊年龄整齐，便于管理及断奶育肥。具体方法如下：

（1）阴道海绵法。将浸有孕激素的海绵塞入子宫颈外口处，14~16 天后取出，当天注射孕马血清 400~750 单位，2~3 天后即开始发情，发情当天和次日各输精 1 次。常用孕激素的种类及剂量为：孕酮 150~300 mg，甲孕酮 50~70 mg，甲地孕酮 80~150 mg，18—甲基炔诺酮 30~40 mg，氟孕酮 20~40 mg。

（2）口服法。每天将一定数量（为阴道海绵法的 1/10~1/5）的孕激素均匀地拌在饲料中，连续 12~14 天，最后 1 次口服的当天，肌肉注射孕马血清促性腺激素 400~750 单位。

（3）注入法。将前列腺素 F2a 或其类似物，在发情结束数日后向子宫内灌注或肌肉注射，能在 2~3 天内引起母羊发情。

2. 诱导发情技术

诱导发情即人工引起发情。指母羊乏情期内，借助外源激素引起正常发情并进行配种，缩短母羊的繁殖周期，变季节性发情配种为全年配种，实行密集产羔，达到 1 年 2 产或 2 年 3 产，提高母羊的繁殖力。

促性腺激素可以在母羊乏情期内引起发情排卵。如连续 12~16 天给母羊注射孕酮，每次 10~12 mg，随后 1~2 天内一次注射孕马血清促性激素（PMSG）750~1 000 国际单位，即可引起发情排卵，给母羊注射雌激素，亦可在乏情期内引起发情，但不排卵，与此相反施用孕马血清促性腺激素和绒毛膜促性腺激素（HCG）能引起排卵，但不一定有发情症状。为了使母羊既有发情表现，又发生排卵，必须每隔 16~17 天重复注射促性腺激素，或结合使用孕激素，这样能造成正常的发情周期。此外，使用氯地酚（每只 10~15 mg）亦具有促进母羊发情排卵的效果。

（三）超数排卵技术

在母羊发情周期的适合时间，注射促性腺激素，使卵巢比一般情况下有较多的卵泡发育并排卵，这种方法即为超数排卵。它主要用于单胎的绵山羊。经过超数排卵处理，一次可排出数个甚至数十个卵子，使母羊的繁殖力大大提高。超数排卵处理有两种情况，一种是为提高产仔数。处理后经配种，使母羊正常妊娠。一般要求是产双胎或三胎。另一种情况是结合胚胎移植时进行。要求排卵数10~20个为宜。

1. 超数排卵具体处理

在成年母羊预定发情到来前4天，即发情周期的第12或13天，肌肉或皮下注射孕马血清促性腺激素750~1 000国际单位，出现发情后或配种当日肌肉或静脉注射绒毛膜促性腺激素500~700国际单位，即可达到超数排卵的目的。

2. 双羔素

双羔素也是一种激素类药物，它可促使卵细胞发育、成熟，以提高母羊的排卵数。

目前国内外英国、澳大利亚和我国上海生化所已研制和生产双羔素。在母羊配种前7周第一次免疫，间隔3周后第二次免疫，每只每次颈部皮下注射2 mL双羔素。中国农业科学院畜牧研究所研制的双羔素有水剂和油剂两种，水剂型母羊在配种前5周、2周分别进行2次免疫，每次、每只剂量为1 mL。油剂型则在母羊配种前2周免疫注射1次，每只注射剂量为2 mL。新疆农业大学研制的新八一Ⅰ型和新八一A型双羔素两种，使用新八一A型双羔素，只在母羊配种前3天进行一次免疫注射，使用新八一Ⅰ型双羔素先对母羊做发情鉴定，于发情周期的第14天免疫注射，母羊再发情时即可配种。据资料报道，应用上述几种双羔素可提高产羔率50%~57%，效果显著，但应用效果受品种母羊体况、繁殖年龄、胎次、营养状况等因素的影响，多胎品种效果好于单胎品种，营养好的母羊好于营养差的母羊，青壮年母羊好于体弱多病母羊。多羔素诱产多胎技术操作简单、成本低、效果好，推广应用的前景非常好。

【讨论与思考】

1. 名词解释

发情　发情持续期　发情周期　同期发情　超数排卵　胚胎移植

2. 填空题

（1）绵羊的发情持续期平均为（　　）天，山羊为（　　）天。

（2）绵羊的发情周期平均为（　　）天，山羊为（　　）天。

（3）羊的妊娠期为（　　）天左右。

（4）羊的配种方法有（　　）和（　　）几种。

（5）羊的受精部位是（　　）。

（6）计算产羔率的公式分母为（　　）。

（7）绵羊母羊的妊娠期平均是（　　）。

（8）绵羊母羊的排卵时间是在发情开始以后（　　）小时。

3. 简答题

（1）母羊发情有什么特点？表现出什么样的症状？母羊发情鉴定的方法有哪些？

（2）羊适宜的输配时间应在什么时候？

（3）何谓冬羔？春羔？产冬羔有什么好处？

（4）羊的人工授精与自然交配相比有哪些优点？

（5）叙述羊同期发情的途径、方法、常用药物。

项目 2-5 兔的繁殖

【学习目标】
1. 熟悉家兔的生殖生理。
2. 掌握家兔发情鉴定、妊娠检查、人工授精技术。

【学习内容】
家兔是多胎多产的动物。它的繁殖力强,不仅表现为每窝产仔数多,孕期短,全年产仔窝数多,而且表现为成熟早和繁殖不受季节限制,全年均可产仔。发情鉴定、人工授精、妊娠检查是家兔繁殖过程中的一个重要环节,母兔配种后应尽早进行妊娠诊断,对怀孕母兔加强管理,未孕母兔及早配种,可有效提高繁殖率。

【相关技能】
掌握家兔发情鉴定、妊娠检查、人工授精方法。

一、兔的生殖器官

1. 公兔的生殖器官

公兔的生殖器官主要包括睾丸、附睾、输精管、副性腺、阴茎和阴囊。

睾丸:公兔有左右两个睾丸,呈卵圆形,是产生精子和分泌雄激素的器官。其位置及大小因年龄而异。幼兔的睾丸位于腹腔内,一般3月龄后睾丸通过腹股沟管下移到阴囊内,但因兔的腹股沟管短而宽,且终身不封闭,因此,睾丸可自由地通过腹股沟管回移到腹腔去。在检查成年公兔的睾丸时,一定要注意这一特点,尤其不宜把公兔腹部翻向上面去看阴囊,而应让公兔按正常姿势蹲在台面上或拧住兔的头颈向上提离地面后,用手去触摸睾丸。以免误认为是单睾或隐睾。附睾是精子成熟和贮存的地方。兔子的附睾很发达,由附睾头、附睾体和附睾尾三部分组成。精子通过附睾期间具有后熟作用,以增强其生命力。

输精管:是附睾的延伸部分,其肌肉层较发达,交配时收缩力强,能将精子从附睾尾排送到尿生殖道,射出体外。

副性腺:主要包括精囊及精囊腺、前列腺、旁前列腺和尿道球腺。它们分泌的各种性腺液主要构成精清,供给精子营养,并稀释从附睾出来的浓稠精液,有利精子运行。在自然交配时,副性腺分泌物还可在母兔阴道中凝固,形成阴道栓,防止精液外流。

阴茎:是公兔交配和排精排尿的器官。主要由海绵体构成,平静时缩在包皮内,交配时勃起伸出包皮。兔阴茎前端游离稍弯曲,交配时不形成明显的膨大龟头。

阴囊:公兔有一对阴囊,主要作用在于容纳和保护睾丸,调节睾丸温度,以保证睾丸能产生正常的精子。

2. 母兔的生殖器官

母兔的生殖器官主要包括卵巢、输卵管、子宫、阴道和外生殖器。

卵巢:母兔有左右两个卵巢,呈卵圆形、淡红色,位于肾脏后方的体壁上。主要作用是产生卵子和分泌雌性激素。

输卵管:是输送卵子和卵子受精的器官。

子宫：是供胚胎生长发育的器官。兔子宫属双子宫类型，即有两个子宫体、两个子宫角和两个子宫颈，两个子宫颈都独立开口于阴道前端。

阴道：是母兔的交配器官，也是胎儿产出和尿液排出的通道。

外生殖器：或称外阴部，包括阴门、阴唇和阴蒂三部分。阴道末端开口处叫阴门，阴门两侧突起处叫阴唇，两阴唇联合处有一小突起叫阴蒂。

二、家兔生产性能评定

生产性能是养兔业中的重要指标，它直接影响着养兔业的经济效益。生产性能主要包括繁殖性能、产毛性能和产肉性能。繁殖性能是家兔的重要生产指标，包括受胎率、产仔数、产活仔数、断奶仔兔数、断奶成活率、21天泌乳率、初生窝重和断奶窝重等。产毛性能是毛用兔的重要生产指标，包括产毛量、产毛率、料毛比、毛品质等。产肉性能是评定肉兔生产性能的重要指标，包括生长速度、饲料消耗比、屠宰率和胴体重等项。① 受胎率在95%以上。② 成活率在90%以上。③ 颗粒饲料转化率在1.75以上。④ 每只长毛兔的年产毛量在500 g/年以上。

（一）繁殖性能评定

1. 繁殖性能评定

受胎率：一定时期内公兔所配母兔怀胎数占所配母兔总只数的百分比。即怀孕母兔数/所配母兔数×100%。

产仔数：母兔所产仔数的多少，包活仔和死仔数。

初生窝重：仔兔出生后喂奶前所称每窝仔兔的重量。

产活仔数：称测初生窝重时存活仔兔数量的多少，只包活仔数。

断奶仔兔数：断奶时仔兔的成活数。

断奶窝重：仔兔断奶时全窝仔兔的重量，包括寄养的仔兔。

21天泌乳力：测定母兔泌乳能力的高低，用3周龄仔兔的窝重表示，即21天仔兔窝重 – 初生窝重（克）。

（二）繁殖性能的分析

根据品种的不同，家兔的产仔数、初生窝重、21天泌乳力、断奶窝重都有所不同，但受胎率在95%以上成活率，90%以上；反之则繁殖性能不良。

1. 产肉性能评定

生长速度：指一定时间内增重的多少。如日增重 = （期末体重 – 期初体重）/天数。

增重耗料比：指单位增重所消耗的饲料量。即测定期耗料量/测定期增重。

胴体重：目前的表示方法尚不统一，常用的一种方法是屠宰后去掉头、脚、血、毛皮、内脏后所称的重量，即全净膛重；另一种是在全净膛的基础上加上肚的重量，即半净膛重。

屠宰率：胴体重占宰前活重的百分比。即胴体重/宰前活重×100%。

肉品品质：主要指肌肉的营养含量、颜色、口感、耐保存性等。

2. 产肉性能的分析

家兔根据品种的不同其生长速度、饲料消耗比、屠宰率和胴体重有所不同，但颗粒饲料转化率应在1.75以上，反之则产肉性能不良。

（三）产毛性能评定

年产毛量：从1月1日到12月31日每只成年毛兔所产兔毛的多少，其计算公式为：每只毛兔年产毛量 = 成年毛兔总产毛量/成年毛兔数量。

产毛率：指单位体重产毛的多少。即实际年产毛量/年实际体重×100%。

料毛比：年单位重量毛所消耗的饲料量。即统计期内消耗的饲料量/统计期内剪毛量。

毛品质：指毛的长度、细度、强度、伸度、结块率、粗毛率等。

三、家兔配种技术

（一）性成熟和初配年龄

兔长到一定月龄，性器官发育成熟，公兔睾丸能产生成熟的精子、母兔卵巢能产生成熟的卵子，并表现出有发情等性行为，交配能受孕，称为兔子的性成熟。达到性成熟的月龄因品种、性别、个体、营养水平、遗传因素等不同而有差异。一般小型兔3—4月龄，中型兔4—5月龄，大型兔5—6月龄达到性成熟。

家兔达到性成熟，不宜立即配种，因为此时兔体各部位器官仍处于发育阶段。如过早配种繁殖，不仅影响自身的发育，造成早衰，而且受胎率低，所产仔兔弱小，死亡率高。当然，初配时间也不宜过迟，过迟配种会减少种兔的终身产仔数，影响效益。家兔的初配年龄应晚于性成熟。在较好的饲养管理条件下，适宜的初配月龄为：小型品种4—5月龄，中型品种5—6月龄，大型品种7—8月龄。在生产中也可以体重来确定初配时间，即达到该品种成年体重的80%左右时初配。

（二）发情和发情周期

母兔性成熟后，由于卵巢内成熟的卵泡产生的雌激素作用于大脑的性活动中枢，引起母兔生殖道一系列生理变化，出现周期性的性活动（兴奋）表现，称为发情。

母兔发情主要表现为：兴奋不安，在笼内来回跑动，不时用后脚拍打笼底板，发出声响。有的母兔食欲下降，常在料槽或其他用具上磨擦下颌，俗称"闹圈"。性欲旺盛的母兔主动向公兔调情爬胯，甚至爬胯其他母兔。发情母兔外阴部还会出现红肿现象，颜色由粉红到大红再变成紫红色。但也有部分母兔（外来品种居多）的外阴部并无红肿现象，仅出现水肿、腺体分泌物等含水湿润现象。当公兔爬胯时，发情母兔先逃避几步，随即便伏卧、抬尾迎合公兔的交配。

兔子具有刺激性排卵的特点，其发情周期不像其他家畜有准确的周期性，变化范围较大，一般为7~15 d，发情期一般为3~5 d。最适宜的配种时间为阴部大红时，正如谚语所说："粉红早、紫红迟、大红正当时。"如果母兔没有明显的红肿现象，则在阴部含水量多，特别湿润时配种适宜。

（三）家兔发情鉴定

家兔是多胎多产的动物。它的繁殖力强，不仅表现为每窝产仔数多，孕期短，全年产仔窝数多，而且表现为成熟早和繁殖不受季节限制，全年均可产仔。

1. 性成熟与初配月龄

兔性成熟的早晚，取决于品种、性别、营养以及各种环境因素的影响。在一般情况下，大型品种约需5~6个月，中型品种需4~5个月，小型品种3~4个月。繁殖用兔要在其体成熟后配种，一般情况下，初配月龄要在性成熟后约一个月进行。繁殖用年限控制在2~2.5年较为适宜。

2. 性周期与适配时机

母兔每月发情 2～3 次。发情周期为 8～15 天，发情持续 2～3 天，在此期间配种较为顺利。母兔发情后，躁动不安，食欲下降，行动不安，在笼内来回窜跳，后肢经常拍打笼底，外阴粘膜潮红色、肿胀、湿润；其颜色由粉红色逐渐变成发情中期的老红色，发情后期则变成黑紫色。当母兔处在发情中期时进行配种则受胎率较高。掌握配种的时间口诀是"粉红早，黑紫迟，老红色的正当时"。

（四）家兔配种

兔的配种方法，主要有 3 种，即自然配种、人工辅助配种和人工授精。

1. 自然配种

公、母兔混养在一起，任其自由交配，称为自然配种。自然配种的优点是配种及时、方法简便、节省人力。但容易发生早配、早孕，公兔追逐母兔次数多，体力消耗过大，配种次数过多，容易造成早衰，而且容易发生近交，无法进行选种选配，容易传播疾病等。在实际生产中，不宜采用此法配种。

2. 人工辅助配种

人工辅助配种就是将公母兔分群、分笼饲养，在母兔发情时，将母兔捉入公兔笼内配种。与自然配种相比，优点是能有计划地进行选种选配，避免近交和乱交，能合理安排公兔的配种次数，延长种兔的使用年限，能有效防止疾病传播。在目前生产中，宜采用这种方法配种。

具体操作步骤如下：将经检查、适宜配种的母兔捉入公兔笼内。公兔即爬胯母兔，若母兔正处发情盛期，则略逃几步，随即伏卧任公兔爬胯，并抬尾迎合公兔的交配。当公兔阴茎插入母兔阴道射精时，公兔后躯卷缩，紧贴于母兔后躯上，并发出"咕咕"叫声，随即由母兔身上滑倒，顿足，并无意再爬，表示交配完成。此时可把母兔捉出，将其臀部提高，在后躯部用手轻轻拍击，以防精液倒流。然后将母兔捉回原笼，做好配种记录工作。

如果母兔发情不接受交配，但又应该配种时，可以采取强制辅助配种；即配种员用一手抓住母兔耳朵和颈皮固定母兔，另一只手伸向母兔腹下，举起臀部，以食指和中指固定尾巴，露出阴门，让公兔爬胯交配。或者用一细绳拴住母兔尾巴，沿背颈线拉向头的前方，一手抓住细绳和兔的颈皮，另一只手从母兔腹下稍稍托起臀部固定，帮助抬尾迎接公兔交配。

3. 人工授精

兔人工授精就是不用公兔直接交配，而是人工采取公兔的精液，经品质检查、稀释后，再输入到母兔生殖道内，使其受胎。其优点在于能充分利用优良种公兔，提高兔群质量，迅速推广良种，还可减少种公兔的饲养量，降低饲养成本、减少疾病传播，克服某些繁殖障碍，如公母兔体型差异过大等，便于集约化生产管理。

（1）假阴道的制作。用直径 5 cm 左右，长度 8 cm 左右的硬塑料管一支，把两端锉光，内装与塑管内径相仿的软海绵一块，将海绵沿直轴方向打一小孔，孔径为 0.5 cm，孔口呈伞形。集精装可用大号避孕套代替。

（2）采精前的器械准备：将洗净、消毒过的避孕套松开，装入假阴道内胎中，使开口的一端翻转，固定在外壳边缘，有囊的一端露出内胎的另一端约 1 cm，注入 50～60 ℃的温水中，使海绵吸收，用温度计蘸取生理盐水或液石蜡，插入假阴道内 4 cm 处测温。当降至 43 ℃左右时即可采精。公兔阴茎对温度极为敏感，低于 40 ℃不易引起射精；过高温度采精会养成嗜高温的坏习惯，对精液品质也有影响。由于母兔的正常体温在 39～40.5 ℃之间，因此，假阴道温度以 40～

42 ℃之间为宜。测温时要注意外界条件，如气温低、降温快、内胎温度高些；反之可低些。对公兔采精每天仅采一次，如果两次，第二次的精子则不成熟。

（3）采精：公兔须经训练才能采精。训练的方法是首先选择体质健壮，性欲旺盛的公兔，实行公母兔隔离饲养；经常接近公兔，训练公兔的胆量，使其不致于惧怕人而跑掉；定期让公兔与母兔接触，但不准交配，以便提高公兔的性活动机能。这样经数日之后，将发情母兔放入公兔笼中，用右手固定母兔的头部，左手握假阴道置于母兔两后肢之间。当公兔爬跨母兔交配之际，把握假阴道的左手，使母兔后躯举起，待公兔阴茎挺出后，再根据阴茎挺出的方向调整假阴道口的位置。当公兔阴茎一旦插入温度、压力适宜而且润滑的假阴道口时，公兔前后抽动数秒钟，即向前一挺，后脚蜷缩，向左侧倒去，并伴随"咕咕"的一声尖叫，这就是射精的表现。训练公兔用假阴道法进行采精，一般性欲较强的公兔，经过几次训练之后，便可顺利采取精液。或者用兔皮做一假台兔，甚至操作者戴一兔皮手套，握住假阴道，均可顺利达到采精的目的。特别是经用假阴道采精、训练成熟并已成习惯的公兔，看到采精人员穿好工作服，准备采精时，即主动跟随前后不离，等待采精。

（4）精液品质检查。

外观性状：直接观察精液的数量、色泽、混浊度、气味等。正常精液量约 1 mL，乳白或灰白色，不透明，有的略带有黄色。新鲜的精液一般无臭味，但若含有尿液时，则会有腥味。公兔正常的精液酸碱度一般为 6.8～7.25 左右。

显微镜检查：镜检 70% 以上精子呈直线运动，密度在每毫升 500 万个以上，畸形精子在 20% 以下。

精液稀释：直接用注射用生理盐水或 5% 葡萄糖溶液稀释 3～5 倍，加适量抗生素，保藏于 15～25 ℃的环境中，避光直射，1～2 d 内用完。

（5）输精：倒提式、仰卧式输精法。

输精用具可借用羊的输精器或用 1 mL 容量的小吸管安上一个胶乳头使用。输精的方法有两种：一种是操作者左手握紧兔耳及背皮，将腹部向上，臀部放在桌上，右手持准备好的输精器，弯头向背部方向轻轻插入阴道约 6～7 cm 深处，慢慢将精液注入，然后再以右手轻轻捏其阴部，增加母兔快感，从而加速阴道及子宫的收缩。这样可以避免精液逆流。另一种方法，将母兔由助手保定，操作者左手提起兔尾，右手将输精器弯头向背部方向插入阴道，然后将精液注入阴道深部。

注意事项：① 要严格消毒、无菌操作。输精器在吸取精液之前，先用 35～38 ℃的稀释液或冲洗液冲洗 2～3 次，然后再吸入定量的精液为母兔输精。在给第一只母兔输精后，插入阴道部分的输精管，应用消毒纱布或脱脂棉花擦净污物，再用 70% 的酒精棉球消毒，最后再用浸湿冲洗液的纱布或脱脂棉花擦试，方可再吸精液。母兔的外阴部，在输精前，亦要用浸湿 1% 氯化钠溶液的纱布或棉花擦试干净。② 输精部位要准确。在给母兔输精时，不论采取何种输精方式，均须将输精器前端沿阴道壁的背侧面插入，约 6～7 cm 深处，越过尿道口时，再将精液注入在子宫颈口附近，使其自行流入子宫开口中。③ 器械要清洗。凡采精、输精及有关器皿，用后要立即冲洗干净，并分别直于通风、干燥处，或放于干燥箱中备用。

四、妊娠诊断

母兔配种后，判断其是否妊娠的技术就是妊娠诊断。妊娠诊断的方法有复配检查法、称重检查法和摸胎检查法、超声波诊断法 4 种。

1. 复配检查法

在母兔配种后 7 d 左右，将母兔送入公兔笼中复配，如母兔拒绝交配，表示可能已怀孕，相反，若接受交配，则可认为未孕。此法准确性不高。

2. 称重检查法

母兔配种前先行称重，隔 10 d 左右复称一次，如果体重比配种前明显增加，表明已经受孕，如果体重相差不大，则视为未孕。

3. 摸胎检查法

在母兔配种后 10 d 左右，用手触摸母兔腹部，判断是否受孕，称为摸胎检查法，在生产实际中多用此法诊断。具体作法为：将母兔捉放于桌面或平地，一只手抓住母兔的耳朵和颈皮，使兔头朝向摸胎者，另一只手拇指与其余四指呈"八"字形，掌心向上，伸向腹部，由前向后轻轻沿腹壁摸索。若感腹部松软如棉花状，则未受孕。若摸到有象花生米样大小的球形物滑来滑去，并有弹性感，则是胎儿。但要注意胚胎与粪球的区别，粪球质硬、无弹性、粗糙。摸胎检查法操作简便，准确性较高，但要注意动作轻，检查时不要将母兔提离地面悬空，更不要用手指去捏数胚胎数，以免造成流产。

4. 超声波诊断法

利用 B 超进行早期妊娠诊断具有准确性可靠、对家兔无损伤作用的特点，是今后的发展方向，但因成本较高，在目前的条件下难以普及。

妊娠诊断未孕者，应及时进行补配，减少空怀母兔，以提高母兔繁殖力。

五、妊娠和妊娠期

公母兔交配后，在母兔生殖器官中，受精卵逐渐形成胎儿及胎儿发育至产出前所经历的一系列复杂生理过程就叫妊娠，完成这一发育过程的整个时期就叫妊娠期。家兔的妊娠期一般为 30 ~ 31 d，变动范围为 28 ~ 34 d。妊娠期的长短因品种、年龄、胎儿数量、营养水平和环境等不同而有所差异。大型品种比小型品种怀孕期长，老龄兔比青年兔怀孕期长，胎儿数量少的比数量多的怀孕期长，营养状况好的比差的母兔怀孕期长。临产母兔，尤其是母性强的母兔，产前食欲减退甚至拒食，乳房肿胀并可挤出乳汁。外阴部肿胀冲血，黏膜潮红湿润，在产前数小时甚至 1 ~ 2 d 开始衔草拉毛做窝。但少数初产母兔或母性不强的个体，产前征兆不明显。

六、分　娩

胎儿发育成熟，由母体内排出体外的生理过程，称为分娩。母兔分娩一般只需 20 ~ 30 min，少数需 1 h 以上。母兔分娩，一般不需人工照料，当胎儿产出后，母兔会吃掉胎衣，拉断脐带，舔干仔兔身上的血污和黏液。分娩完成后，由于体力消耗较大，容易感到口渴，应及时供给清洁的饮水，以防母兔食仔。

七、繁殖利用年限

兔的繁殖能力，过了壮年期之后，随着年龄的增长而下降。所以，种兔均有一个适宜的利用年限，一般是 2 ~ 3 年，视饲养管理的好坏和种兔体质状况可适当延长或缩短。

【讨论与思考】

一、名词解释

1. 性成熟
2. 发情

3. 人工授精
4. 妊娠

二、简答题
1. 母兔发情主要表现有哪些？
2. 请简述采精的方法。
3. 妊娠诊断的方法有哪些？

项目2-6　提高牛羊兔繁殖效果

【学习目标】
1. 了解影响牛羊兔繁殖力的因素；
2. 掌握提高牛羊兔繁殖力的措施。

【学习内容】
繁殖力指一头或一群母畜在一定时间内繁殖后代的能力，是家畜生产力的重要标志，了解繁殖力的影响因素，掌握如何提高牛羊兔的繁殖措施。

【相关技能】
掌握提高牛羊兔的繁殖力的措施。

一、提高牛繁殖力的措施

（一）衡量繁殖力的指标

繁殖力指一头或一群母牛在一定时间内繁殖后代的能力，是牛生产力的重要标志。在生产商对繁殖力的度量和评定有多种指标，如公牛方面有配种利用率和精液的产量及质量；母牛方面有受胎率、仔畜成活率等。

1. 受胎率

受胎率指年度内妊娠母牛数占参加配种母牛数的百分率，受胎率又可分为总受胎率、情期受胎率和第一情期受胎率，总胎率应在95%以上。

（1）年总受胎率：年总受胎率反映全年总得配种效果。

$$年总受胎率 = （年受胎母牛头数/年受配母牛头数）\times 100\%$$

统计日期由上年10月1日至本年9月30日；年内受胎两次以上的母牛（包括正产受胎两次和流产后受胎的），受胎头数和受配头数应一并统计，即各计为两次以上；受配后2~3个月的妊检结果确认受胎要参加统计；配种后两个月内出群的母牛，不能确定是否妊娠的不参加统计，配种两个月后出群的母牛一律参加统计。

（2）年情期受胎率：以情期为单位的受胎率，反映母牛发情周期的配种质量。

$$年情期受胎率 = （年受胎母牛头数/年输精总情期数）\times 100\%$$

凡经输精的情期均应统计在内。年内出群的牛只，如最后一次配种距出群日不足两个时，该情期不参加统计，但此情期以前的受配情期必须参加统计；统计的起止日期与年总受胎率相同。

(3) 第一情期受胎率：第一个情期配种的受胎母牛数占配种母牛数的百分比，它便于及早发现问题，从而改进配种技术。

$$第一情期受胎率 = （第一情期配种受胎母牛头数/第一情期配种母牛头数）\times 100\%$$

2. 繁殖率指标

通常用以年中出生犊牛的头数与繁殖母牛数之比表示，集中表现牛繁殖犊牛的效率或繁殖率，在一般情况下，奶牛的繁殖率在90%以上，黄牛为40%～70%。衡量牛繁殖有如下指标：

（1）年繁殖率：年繁殖率反映牛群在一个繁殖年度内德增值效率。

$$年繁殖率 = （年实繁母牛头数/年应繁母牛头数）\times 100\%$$

实繁母牛头数指自然年度（1—12月）内分娩的母牛头数，年内分娩两次的以两头计，一产双胎的以一头计，妊娠7个月以上的早产计入实繁头数，妊娠7个月以下的流产不计入实繁头数。应繁母牛头数指年初（1月1日）18月龄以上母牛数，加上年初未满18月龄而在年内实繁的母牛数。年内出群的母牛，凡产犊后出群的一律计算，未产犊而出群的一律不计算。年内调入的母牛，在调入后产犊的，分子、母各算一头，未产犊的，不统计。

（2）空怀天数：空怀时间以80天为理想。这样既能保证一年一胎，又可充分发挥牛的泌乳潜力。大多数情况为90～100天，甚至更长一些。

（3）不返情率：指一头公牛的所有与配母牛在第一次输精后的一定时间间隔（如60天或90天）内部返情的比例，它与受胎率成正相关，可以在一定程度上反映牛群受胎率，但往往高于实际受胎率。

（4）年平均胎间距：年平均胎间距 = 胎间距之和/统计头数。

胎间距为各母牛本胎产犊日距上胎产犊日（不含）的间隔天数。按自然年度统计，凡在年内繁殖的母牛均进行统计。年内繁殖两次的（指正产），其所形成的两个胎间距一并进行统计。流产也计为产一胎，遇到流产情况时，不足270天得胎间距不参加统计，超过270天的胎间距一并参加统计。

（5）犊牛成活率：在本年度内断奶成活的犊牛数占本年度出生犊牛数的百分率，反映母牛育仔能力和犊牛生活力及饲养管理水平。

（二）提高种繁殖力的措施

1. 提高种公牛繁殖力的措施

（1）去顶合理的日粮配方：种公牛营养水平的高低直接影响其繁殖能力的发挥，营养是种公牛维持生命和提高生产能力的物质基础，营养过高或不足，能量、蛋白质、矿物质、微量元素和维生素失衡或不足都会影响精液品质与产量。因此，种公牛的日粮要求营养均衡全面，易于销魂，适口性好，精、青、粗料合理搭配。此外，还要根据季节及种公牛采精频率的变化，适当变更粗料或者额外增加精料，以有利于精液品质的提高。

（2）加强种公牛管理：为了使种公牛体质健康、精力充沛，既要有全价稳定的日粮，又要有合理的管理方法。喂料要做到定时、定位、定量，饮水要保证清洁、充足；每天保证有足够的运动、刷试时间，适当的运动和刷试能促进种公牛的血液循环，保证种公牛性欲旺盛，精液品质优良；夏季要有防暑降温措施，如给牛舍搭建遮阴网，饲喂青苜蓿或青草，并给每头种公牛配备电风扇和淋浴设备，有效地降低热应激对种公牛的不良影响。

（3）科学合理地利用种公牛：根据种公牛的年龄、体况和季节，合理安排采精频率和配种次数。成年公牛每周采精2次，每次射精2次，2次射精间隔时间应在20分钟以上；青年公牛从14月龄开始采精，每15天采精1次，至18月龄时每周采精1次，24月龄开始每周2次。

（4）防病治病：牛舍要定期消毒，每头牛每年要定期注射传染病疫苗，以预防传染病得发生；舍饲牛易患肢蹄病，因此要定期修蹄，有蹄病者要采取浴蹄和修蹄相结合的措施，对症治疗；发现疾病及时治疗，保证牛群健康；此外，夏季还要做好驱蚊灭蝇工作。

2. 提高母牛繁殖力的措施

为了提高母牛的繁殖能力，必须从以下各个环节加以注意。

（1）做好母牛的发情观察：牛发情的持续时间短，约18 h，而且发情爬跨的时间多集中在晚上20时到凌晨3时之间。因此，用常规观察法漏情的母牛可达20%左右。为尽可能提高发情母牛的检出率，每天至少在早、中、晚分3次进行定时观察，分别安排在7时、13时、23时，每次观察时间不少于30 min。按上述时间安排观察牛群，发情检出率一般可达90%以上。

（2）适时输精：适时而准确地把一定量的优质精液输到发情母牛子宫内的适当部位，对提高母牛受胎率是非常重要的。

（3）严格消毒制度：配种前腰对输精器械以及牛的外阴部要进行严格清洗消毒，避免因输精而造成新的污染。

（4）加强母牛分娩前后的卫生管理：分娩前后的卫生工作，可大大减少母牛产后的胎衣不下，同时对母牛产后的子宫复原有一定效果。

（5）加强牛群管理：管理好牛群，尤其是抓好基础母牛群，是提高繁殖力的重要措施。管理工作牵涉面很广，主要包括组织合理的牛群结构，合理的生产利用，母牛发情规律和繁殖情况调查，空怀、流产母牛的检查和治疗，配种组织工作，保胎育幼等方面。凡失去繁殖能力的母牛及牛群中其他的不良个体应及时淘汰。对于配种后的母牛，还应检查受胎情况，以便及时补配合做好保胎及加强饲养管理等工作。

（6）不孕症的防治：不孕症对养牛业危害很大，必须采取综合防治措施。

二、羊的繁殖力指标

繁殖力是表示羊只维持正常繁殖机能和生育后代的能力，对母羊来说，包括生产卵子、受精、妊娠和哺育仔畜的能力。这一生理特性由遗传因素和个体状况所决定。

繁殖率是指在一定时间和一定条件下繁殖后代的数量，用多胎参数来表示，它受环境条件和人为因素的影响。

繁殖潜力是动物在理论上具有的繁殖后代的潜在能力，在特定的条件下，通过特殊的技术手段，可以使这种潜力部分或全部发挥出来，如人工授精和胚胎移植等。羊繁殖后代的能力可以从以下指标反映出来。

（一）繁殖力指标

1. 受配率

受配率表示本年度内参加配种的母羊数占羊群内适龄繁殖母羊的百分率。主要反映羊群内适龄繁殖母羊的发情和配种情况。计算公式为：

受配率 = 配种母羊数/适繁母羊数 × 100%。

2. 受胎率

受胎率指在本年度内配种后妊娠母羊数占参加配种母羊数的百分率。实践中又分为以下几种：

总受胎率：指本年度内受胎母羊数占参加配种母羊数的百分率。反映母羊群中受胎母羊数的比例。计算公式为：总受胎率＝受胎母羊数/配种母羊数×100%。

情期受胎率：指在一定的期限内，受胎母羊数占本期内参加配种的母羊数的百分率。反映母羊发情周期的配种质量。计算公式为：情期受胎率＝受胎母羊数/情期配种数×100%。

第一情期受胎率：指第一情期配种的妊娠母羊数占第一情期配种母羊数的百分率。计算公式为：第一情期受胎率＝第一情期配种的受胎母羊数/第一情期配种母羊数×100%。

不返情率：指在一定期限内（如 30 d、40 d、60 d），经配种后未再出现发情母羊数占本期内参加配种母羊数的百分率。随着配种后时间的延长，不返情率就越接近于实际受胎率。

3. 产羔率

产羔率指产羔母羊的产羔数占分娩母羊数的百分率。反映母羊妊娠及产羔情况的质量。计算公式为：

产羔率＝产出羔羊数/分娩母羊数×100%。

4. 羔羊成活率

羔羊成活率指在本年度内，断奶成活的羔羊数占本年度出生羔羊百分率。反映羔羊培育成绩。计算公式为：

羔羊成活率＝成活羔羊数/产出羔羊数×100%。

5. 繁殖成活率

繁殖成活率指本年度内断奶成活的羔羊数占本年度羊群中适龄繁殖母羊的百分率。是母羊受配率、受胎率、产羔率、羔羊成活率的综合反映。计算公式为：

繁殖成活率＝断奶成活羔羊数/适龄繁殖母羊数×100%

或者为：繁殖成活率＝受配率×受胎率×产羔率×羔羊成活率。

（二）提高羊繁殖力的技术措施

1. 加强饲养管理

加强羊群的饲养管理，改进营养状况和生活环境，维持适当膘度，是保证羊群正常繁殖的基础。全年抓好膘，不仅能使母羊发情整齐，也能使其排卵数增加。在配种前给予短期优饲，能使产羔率增加。种公羊的营养水平对母羊的受胎率和产羔率，羔羊的初生重及断奶重也有影响。用全价营养饲料饲喂公羊，母羊受胎率、产羔率就高，羔羊初生重、断奶重也大。

2. 加强选种选配

母羊的产羔数受遗传的影响，因此，选用繁殖力高的公、母羊进行繁殖，可显著地提高羊群的产羔率。对种公羊应从多产母羊的后代中选育，并且要求其体质健壮，雄性特征明显，精液品质良好。对母羊应特别注意从多胎母羊的后代中选择，并要求兼顾母羊的泌乳、哺乳性能。前苏联对罗曼诺言夫羊进行多胎选种试验，用出生时单羔的母羊留种其平均产羔率为 217%，双羔的母羊为 236%，三羔的母羊为 263%，四羔的母羊为 301%。说明通过选种选配可大大提高羊群的繁殖力。

3. 改变不合理的羊群结构

我国养羊地区，尤其是牧区羊群结构一直处不合理状态，繁殖母羊比例低，羯羊比例高，不利于羊群扩大再生产，羊群增殖慢，经济效益低。羊群结构依其生产方向不同而有所差别。按年底存栏计，肉羊可繁母羊应占70%；毛肉兼用羊应为60%~70%；毛用羊应为50%~60%。

4. 利用多产品种

羊的繁殖率有很高的遗传性，因而通过导入多产品种血液与繁殖性能较差的品种杂交，是提高繁殖力的有效途径。新疆紫泥泉种羊场，通过引进湖羊导入杂交新疆细毛羊，培育出了多胎细毛羊，繁殖力提高60%~70%。内蒙古引进小尾寒羊与蒙古羊杂交，其杂交后代繁殖率提高将近1倍。由此可见，导入多胎基因，能从根本上提高繁殖力的切实可行的措施。

5. 繁殖新技术的应用

可利用诱导发情、同期发情、超数排卵、受精卵移植、免疫技术、人工受精技术等繁殖技术缩短母羊的繁殖周期，变季节性发情配种为全年配种，促进母羊的排卵数，实行密集产羔，达到1年2产或2年3产，提高母羊的繁殖力。

三、提高兔繁殖效果

（一）提高兔的繁殖力措施

1. 影响家兔繁殖力的因素

（1）环境因素。

一切作用于家兔机体的外界因素，统称为环境因素，如温度、湿度、气流、太阳辐射、噪声、有害气体、致病微生物等。环境温度对家兔的繁殖性能有较为明显的影响。超过30 ℃，即引起家兔食欲下降、性欲减低。如果持续高温，可使公兔睾丸产生精子减少，甚至不产生精子。高温可影响公兔性欲，高温过后能很快恢复，但精液品质的恢复则需要两个月左右的时间。因为精子的产生到精子的成熟排出需要一个半月时间。这就是家兔特别是长毛兔，立秋后天气虽然凉爽，母兔虽然发情，则不易受胎的主要原因。

所以，立秋后必须对种兔进行半个月的营养补饲。低温寒冷对家兔繁殖也有一定影响。由于家兔要增加自身产热御寒，消耗较多的营养，低于5 ℃就会使家兔性欲减退，影响繁殖。致病微生物往往伴随着温度和湿度对家兔的繁殖产生影响。因为家兔喜干厌湿、喜净厌污，潮湿污秽的环境，往往导致病原微生物的孳生，引起肠道病、球虫病、疥癣病的发生，影响家兔健康，从而影响家兔的繁殖。强烈的噪音、突然的声响能引起家兔死胎或流产，甚至由于惊吓使母兔吞食、咬死仔兔或造成不孕。严寒的冬季贼风的袭击易使家兔感冒和肺炎，炎热的夏天太阳辐射易使家兔中暑，这些都是影响家兔繁殖的不良因素。

（2）营养因素。

实践证明，高营养水平往往引起家兔过肥，过肥的母兔卵巢结蒂组织沉积了大量脂肪，影响卵细胞的发育，排卵率降低。造成不孕。营养水平过低或营养不全面，对家兔的繁殖力也有影响。因为家兔的繁殖性能很大程度上受脑垂体机能的影响，营养不全面直接影响公兔精液品质和母兔脑垂体的机能，分泌激素能力减弱，使卵细胞不能正常发育，造成母兔长期空怀不孕。

（3）生理缺陷。

如母兔产后子宫内留有死胎及阴道狭窄，公兔的隐睾和单睾等。因为隐睾或单睾不能使公兔产生精子，或者产生精子的能力较差，配种不能使母兔受胎或受胎率不高。患有子宫炎、子宫留有死胎、阴道狭窄都是影响母兔繁殖的因素。

（4）使用不当。

母兔长期空怀或初配年龄过迟，往往产生卵巢机能减退，妊娠困难。公兔休闲期可能出现短暂的不育现象。公兔长期不配种或过夏后的公兔，都是影响繁殖的因素。

（5）种兔年龄老化。

实践证明，种兔的年龄明显地影响其繁殖性能。1~2岁的公母兔随着年龄的增长，繁殖性能提高，2岁以后，繁殖性能逐渐下降，3年后一般失去繁殖能力，不宜再作种用。

2. 提高兔繁殖力的措施

影响兔繁殖力的主要因素有品种、年龄、个体、营养、配种制度和管理、气温、光照、生殖器官疾病等。为了提高繁殖力，一般可采取以下措施：

（1）注意选种和合理配种。

严格按选种要求选择符合种用的公、母兔，要防止近交，公母兔保持适当的比例。一般商品兔场和农户，公母比例为1：8~1：10，种兔场纯繁以1：5~1：6适宜。在配种时要注意公兔的配种强度，合理安排公兔的配种次数。

（2）加强配种公母兔的营养。

从配种前两周起到整个配种期，公母兔都应加强营养，尤其是蛋白质和维生素的供给要充足。

（3）适时配种。

包括安排适时配种季节和配种时间。虽然兔可以四季繁殖产仔，但盛夏气候炎热，多有"夏季不孕"现象发生，即公兔性欲降低，精液品质下降，母兔多数不愿接受交配，即使配上，产弱仔、死胎也较多。繁殖一般不宜在盛夏季，春秋两季是繁殖的好季节，冬季仍可取得较好的效果，但须注意防寒保温。适时配种，除安排好季节外，母兔发情期内还要选择最佳配种时期，即发情中期，阴部大红或者含水量多、特别湿润时配种。

（4）人工催情。

在实际生产中遇到有些母兔长期不发情，拒绝交配而影响繁殖，除加强饲养管理外，还可采用激素、性诱等人工催情方法。激素催情可用雌二醇、孕马血清促性腺激素等诱导发情，促排卵素3号对促使母兔发情、排卵也有较好效果。性诱催情对长期不发情或拒绝配种的母兔，可采用关养或将母兔放入公兔笼内，让其追、爬胯后捉回母兔，经2~3次后就能诱发母兔分泌性激素，促使其发情、排卵。

（5）重复配种和双重配种。

重复配种是指第一次配种后，再用同一只公兔重配。重复配种可增加受精机会，提高受胎率和防止假孕，尤其是长时间未配过种的公兔，必须实行重复配种。这类公兔第一次射出的精液中，死精子较多。双重配种是指第一次配种后再用另一只公兔交配，双重配种只适宜于商品兔生产，不宜用于种兔生产，以防弄混血缘。双重配种可避免因公兔原因而引起的不孕，可明显提高受胎率和产仔数。在实施中须注意，要等第一只公兔气味消失后再与另一只公兔交配，否则，因母兔身上有其他公兔的气味而可能引起斗殴，不但不能顺利配种，还可能咬伤母兔。

（6）配种后及时检胎，减少空怀。

（7）正确采取频密繁殖法。

频密繁殖又称"配血窝"或"血配"，即母兔在产仔当天或第二天就配种，泌乳与怀孕同时进行。采用此法，繁殖速度快，但由于哺乳和怀孕同时进行，易损坏母兔体况，种兔利用年限缩短，自然淘汰率高，需要良好的饲养管理和营养水平。因此，采用频密繁殖生产商品兔，一定要用优质的饲料满足母兔和仔兔的营养需要，加强饲养管理，对母兔定期称重，一旦发现体重明显减轻时，就停止血配。在生产中，应根据母兔体况、饲养条件，将频密繁殖、半频密繁殖（产后 7~14 天配种）和延期繁殖（断奶后再配种）三种方法交替采用。

（8）创造良好的环境，保持适当的光照强度和光照时间。

（9）做好保胎接产工作，怀孕期间不喂霉烂变质、冰冻和打过农药的饲料，防止惊扰，不让母兔受到惊吓，以免引起流产。

（二）兔的繁殖力评定

1. 繁殖性能评定

受胎率：一定时期内公兔所配母兔怀胎数占所配母兔总只数的百分比。即怀孕母兔数/所配母兔数 × 100%

产仔数：母兔所产仔数的多少，包活仔和死仔数。

初生窝重：仔兔出生后喂奶前所称每窝仔兔的重量。

产活仔数：称测初生窝重时存活仔兔数量的多少，只包活仔数。

断奶仔兔数：断奶时仔兔的成活数。

断奶窝重：仔兔断奶时全窝仔兔的重量，包括寄养的仔兔。

21 天泌乳力：测定母兔泌乳能力的高低，用 3 周龄仔兔的窝重表示，即 21 天仔兔窝重 - 初生窝重（克）。

2. 繁殖性能的分析

家兔根据品种的不同其产仔数、初生窝重、21 天泌乳力、断奶窝重都有所不同，但受胎率在 95% 以上，成活率 90% 以上；反之则繁殖性能不良。

【讨论与思考】

1. 名词解释

繁殖力　产羔率

2. 填空题

（1）为了提高繁殖率，适龄母羊应占羊群的（　　）%以上。

（2）影响羊繁殖力的因素主要有（　　）、（　　）、（　　）、（　　）等。

（3）频密繁殖又称"（　　）"或"（　　）"，即母兔在产仔当天或第二天就配种，泌乳与怀孕同时进行。

（4）（　　）反映母牛育仔能力和犊牛生活力及饲养管理水平。

3. 简答题

（1）提高牛繁殖力的措施

（2）提高羊繁殖率有哪些主要措施？

（3）提高兔繁殖力的措施

项目3 牛羊兔饲料的加工调制

项目3-1 牛羊兔生物学特性

一、牛的生物学特性

(一)牛的生物学特性

1. 耐寒不耐热

牛体型较大,单位体重的体表面积小,皮肤散热比较困难,因此,牛比较怕热,但具有较强的耐寒能力。在-18 ℃的环境中,乳牛亦能维持正常的体温,但低温时,牛需采食大量的饲料来维持一定的生产力水平。高温时,牛的采食量会大幅度下降,导致肉牛的生长发育速度减慢和乳牛的泌乳量明显下降。高温对牛的繁殖性能也有很大的影响,可使公牛的精液品质和母牛的受胎率降低。因此,生产中必须采取防暑降温措施以减少高温对牛的影响,并避免在盛夏时采精和配种。

2. 反刍与嗳气

牛是反刍动物,有四个胃,即瘤胃、网胃、瓣胃和皱胃。前三个胃没有腺体,又称前胃;只有皱胃能分泌胃液,又称真胃。牛无门齿和犬齿,靠高度灵活的舌把草卷入口中,并借助头的摆动将草扯断,匆匆咀嚼后即吞咽入瘤胃。休息时,瘤胃中经过浸泡的食团通过逆呕重回到口腔,经过重新咀嚼并混入唾液后再吞咽入瘤胃,这个过程称为反刍。瘤胃寄居着大量的微生物,是饲料进行发酵的主要场所,故有"天然发酵罐"之称。进入瘤胃的饲料在微生物的作用下,不断发酵产生挥发性脂肪酸和各种气体(如 CO_2、CH_4、NH_3 等),这些气体由食管进入口腔后吐出的过程称为嗳气。当牛采食大量带有露水的豆科牧草和富含淀粉的根茎类饲料时,瘤胃发酵急剧上升,所产生的气体超过嗳气负荷时,就会出现臌气,如不及时救治,就会使牛窒息而死。

(1)食管沟反射。食管沟始于贲门,延伸至网瓣胃口,它是食道的延续,收缩时呈一个中空闭合的管子,使食管直接和瓣胃相通。犊牛哺乳时,引起食管沟闭和,称食管沟反射。这样可防止乳汁进入瘤网胃中由细菌发酵而引起腹泻。

(2)群居性与优势序列。牛喜群居。牛群在长期共处过程中,通过相互交锋,可以形成群体等级制度和优势序列。这种优势序列在规定牛群的放牧游走路线、按时归牧、有条不紊进入挤奶厅以及防御敌害等方面都有重要意义。

(3)食物特性与消化率。牛是草食动物,放牧时喜食高草。在草架上吃草有往后甩的动作,故对饲草的浪费很大。应根据这一采食行为采取合适的饲喂设施和方法。牛喜食青绿饲料和块根饲料,喜食带甜、咸味的饲料,但通过训练能大量采食带酸性成分的饲料。

(4)生殖特性。牛是常年发情的家畜,发育正常的后备母牛在18月龄时就可进行初配。母牛发情周期为21 d左右,妊娠期为280 d。种公牛一般从1.5岁开始利用。

(二) 牛的行为

牛的祖先是野生原牛,原牛每昼夜活动半径可达 50 km,主要食物是牧草和其他纤维类植物,在变幻无常的自然条件下采食,在安全避风的地方休息、反刍。牛的大多数特征行为都源于自然条件或半自然条件下生活的野生原牛、肉牛或杂种牛。

1. 感 觉

在野生原牛向牛进化的过程中,为寻找食物以及与牛群之间进行交流的目的,牛的感觉器官都发育得相当完善。

(1)视觉。牛的视力范围为 330°~360°,而双眼的视角范围为 25°~30°(见图 3.1)。牛能够清楚地辨别出红色、黄色、绿色和蓝色,但对绿色和蓝色的区分能力很差。同时,也能区分出三角形、圆形以及线形等简单的几何形状。

(2)听觉。牛的听觉频率范围几乎和人一样,而且能准确地听到一些人耳听不到的高音调。但由于牛的听觉只能探测远的范围,因而,对那些偏离这个角度范围而离牛体很近的声源发出的声音反而难以听到。

(3)味觉。牛的味觉发达,能够根据味觉寻找食物和使用气味信息与同伴进行交流,母牛也能够通过味觉寻找和识别小牛。味觉对牛选择食物非常重要,牛喜食甜、酸类食物,但不喜欢苦味和含盐分过多的食物。

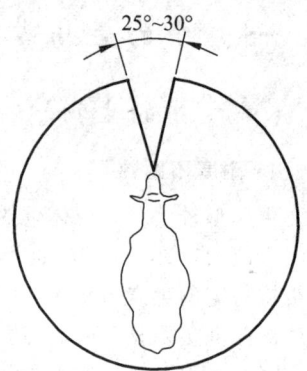

图 3.1　牛的视力范围

(4)触觉。牛的触觉也很灵敏,能像人一样通过痛苦的表情和精神萎靡等方式将身体的损伤、疾病和应激等表现出来。

2. 群体行为

个体与同伴之间的任何活动均可称为群体行为。和其他群居类动物一样,牛的群体行为发展得很完善,具体可以分为攻击性行为(如:打斗和相互威胁等)和非攻击性行为(如:相互舔毛等)。

(1)交流行为。牛的个体都可以通过传递姿势、声音、气味等不同信号来进行与同类之间的交流,但大多数行为模式都需要一定的学习和训练过程才能准确无误地掌握,通常,这种学习过程只发生在一生中的某个阶段,如果错过这个阶段,则无法建立这种相似的行为。如将初生牛只隔离 2~3 个月,会发现它们将很难与其他犊牛相处。

(2)个体空间的需求。生物的空间需求分为身体空间需求和群体空间需求(见图 3.2)。牛自身活动(如躺卧、站立和伸展等)所需要的空间为身体空间需求。群体空间需求则是指牛和同伴之间所要保持的最小距离空间。如果这种最小的空间范围受到了侵犯,牛会试图逃跑或对"敌对势力"进行攻击。牛所需的空间范围一般以头部的距离计算。通常在放牧条件下,成年母牛的个体空间需求为 2~4 m。如果密度过大限制了其自由移动,牛只可能就会产生压力,并表现出相应的行为。在对漏缝地板饲养的青年牛和小公牛的研究表明,增大饲养密度,其攻击性和不良行为(如卷舌、对其他物体和牛只的舔甜活动)就会相应增加;将小公牛的饲养密度由 2.3 时/头提高到

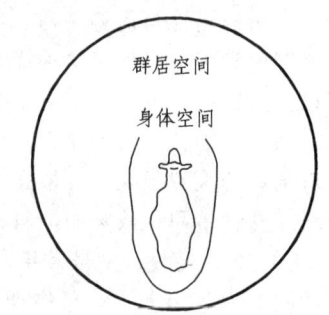

图 3.2　牛的个体空间需求

1.5 时/头，其不良行为的频率将上升 2.5~3.0 倍。舍饲散栏饲养下，将走道宽度由 2.0 m 减小到 1.6 m 时，奶牛的攻击性行为将会大大增加；如果奶牛不能在身体相互不接触的条件下通过走道，就会将休息牛床作为"通行空间"和"转弯空间"来加以利用。因而在牛场设计时，考虑牛的空间需求是很有必要的。

（3）位次。在自然（野生）条件下，一个牛群通常由公牛、母牛、青年牛和犊牛组成，而超过 10—12 月龄的小公牛就会被从这个群体中赶走。牛只在群体行为的基础上会建立起优势序列，这种主次关系就是牛只"社会地位"的群体位次关系，每头牛都清楚地"知道"自己在这个群体中的"社会地位"。这种关系会在奶牛成长发育阶段逐渐形成，在野生条件下，这种关系通常非常稳定，通过这种方式，牛群就能够正常、有序、协调地生活。为了维持这种位次关系的稳定和减少牛群间不必要的麻烦和争斗，就要尽量避免牛群成员的变化和更替。然而，如果这种更替不可避免地要发生，最好一次同时更替几头牛，牛群重组后再重新排序，建立稳定的位次关系。牛只的排序通常由其年龄、体重、脾气以及在牛群中的资历等因素决定。通过这种方式，年长和体型大的牛只通常会拥有较高的优势地位，而年幼、体轻和新转入群体内的母牛的地位较低。因而在舍饲散放工艺模式下，特别是饲养条件不是很理想的情况下，年轻、体型小和头胎母牛的产量一般较低。如果少数牛只被隔离很长一段时间或在冬天将牛群转为舍饲拴系饲养，这种位次关系就得重新建立。如果牛体经常相互接触，而不发生激烈的冲突，已经建立的位次关系就能够稳固地维持几年时间。少量威胁和主动躲避行为不会对这种位次关系产生影响。目前，对最优的奶牛组群规模应该是多少没有确切的结论，但多数研究认为，最大的成乳牛群应在 70~80 头之间，如果规模再大它们就不能相互识别，因而可能会导致牛只之间的冲突增加和升级。而对青年牛和犊牛的最优牛群规模大小还没有更多的研究。

（4）攻击性行为。牛只间的攻击行为和身体相互接触主要发生在建立优势序列（排定位次）阶段。正面（头对头）的打斗是最具攻击性的（图 3.3（a）），而以头部撞击肩与腰窝等部位也非常激烈（图 3.3（b））。一旦这种位次关系排定之后，示威性行为将成为主导（图 3.3（c））。向对方表现出顶撞和摆头行为可能会导致示威行为的升级，从而演变成相互攻击。如果诸如食物、饮水和躺卧位置等资源条件受到限制，可能会激发牛只间大量的、剧烈的攻击性行为。

图 3.3　攻击性行为

（5）躺卧行为。牛有明显的生理节律，其休息、采食和反刍等主要行为会按照一个固定模式交替进行。同时，牛又是群居动物，因此一群成牛有时会在同一时间段进行相同的行为活动。这种生理节律是很难改变的，因此在舍饲饲养过程中就可能会引起问题，例如在奶牛场设计时，自动挤奶设施或者饲料通道等都是以个体行为模式为依据来进行设计的，而没有充分考虑奶牛群居的习性和行为的统一性,从而导致数量和面积等指标相对较小,限制了奶牛的部分行为和活动。

(6)躺卧时间、躺卧频率与生理节律。与其他活动相比,奶牛的躺卧行为具有优先权。犊牛每天的躺卧次数为 30~40 次,总时间达到 16~18 h。奶牛的躺卧时间会随着年龄的增大而减少,成年母牛每天的躺卧时间约为 10~14 h,躺卧次数为 15~20 次。奶牛打盹(轻睡)要比深睡的时间长,甚至可以在站立和反刍的时候打盹。长时间的休息行为包括反刍、打盹和深睡等。奶牛的躺卧时间一般会持续 0.5~3 h。白天或晚上的中部时段是躺卧持续时间最长的阶段,在此期间,奶牛在起立和进行身体伸展之后立刻又会躺下(通常会用身体的另外一侧着地)。奶牛一生中超过一半的时间是在躺卧休息,一头成年母牛每年躺卧和起立的次数一般为 5 000~7 000 次。奶牛的躺卧时间和次数决定于年龄、热循环和健康状况,另外还会受天气、牛床质量、饲养工艺方式和饲养密度的影响。

二、羊生物学特性

(一)羊的生活习性

1. 合群性强

羊的群居行为很强,很容易建立起群体结构。放牧时虽是分散采食,但不离群,一遇到惊吓或驱赶羊只便立即集中。头羊行进时,众羊则会跟随。

2. 羊采食性强,食物范围广

羊的颜面细长,嘴尖,唇薄齿利,行动灵活,下颚门齿向外有一定的倾斜度,对采食地面低草、小草、花蕾和灌木枝叶很有利,对草籽的咀嚼也很充分,素有"清道夫"之称。在马、牛不能利用的短草牧场上,羊可以很好地放牧采食。

绵羊和山羊的采食特点有明显不同:山羊后肢能站立,有助于采食高处的灌木或乔木的嫩幼枝叶,而绵羊只能采食地面上或低处的杂草与枝叶。

3. 喜干厌湿

羊喜欢干燥,讨厌潮湿的环境,最忌湿热湿寒,因此养羊的牧地、圈舍和休息场等都以高燥为宜。如久居泥泞潮湿之地,则羊只易患寄生虫病和腐蹄病,甚至毛质降低,脱毛加重。不同的绵羊、山羊品种对气候的适应性不同,如细毛羊喜欢温暖、干旱、半干旱的气候,而肉用羊和肉毛兼用羊则喜欢温暖、湿润、全年温差较小的气候。

根据羊对于湿度的适应性,一般相对湿度高于85%时为高湿环境,低于50%时为低湿环境。我国北方很多地区相对湿度平均在 40%~60%(仅冬、春两季有时可高达 75%),故适于养羊特别是养细毛羊;而在南方的高湿高热地区,则较适于养山羊和肉用羊。

4. 羊的嗅觉灵敏

羊的嗅觉灵敏表现为母羊靠嗅觉能准确识别自己的羔羊(寄养羔羊);羊靠嗅觉能辨别植物种类;靠嗅觉能辨别饮水的清洁度等。

5. 羊善于游走

游走有助于增加放牧羊只的采食空间,特别是牧区的羊终年以放牧为主,需长途跋涉才能吃饱喝好,故常常一日约往返里程达到 6~10 km。山羊具有平衡步伐的良好机制,喜登高,善跳跃,采食范围可达崇山峻岭,悬岩峭壁,如山羊可直上直下60°的陡坡,而绵羊则需斜向作"之"字形游走。

6. 山羊、绵羊神经活动表现不同

山羊性机警灵敏，活泼好动，记忆力强，易于训练成特殊用途的羊，比如在马戏团中可以训练山羊走钢丝；而绵羊则性情温驯，胆小易惊，反应迟钝，易受惊吓，出现"炸群"。

7. 羊的适应能力、抗病能力强

生产生活中，羊的耐粗性、耐渴性、耐热耐寒性、抗病力、抗灾渡荒能力都表现很强。

（1）耐粗性：羊在极端恶劣条件下，能依靠粗劣的秸秆、树叶维持生活。与绵羊相比，山羊更能耐粗，除能采食各种杂草外，还能啃食一定数量的草根树皮。

（2）耐渴性：羊的耐渴性较强，尤其是当夏秋季缺水时，它能在黎明时分，沿牧场快速移动，用唇和舌接触牧草，以便更多搜集叶上凝结的露珠。在野葱、野韭、野百合、大叶棘豆等牧草分布较多的牧场放牧，可几天乃至十几天不饮水。

（3）耐热性：由于羊毛有绝热作用，能阻止太阳辐射热迅速传到皮肤，所以较能耐热。绵羊的汗腺不发达，蒸发散热主要靠喘气，其耐热性较山羊差。当夏季中午炎热时，常有停食、喘气和"扎窝子"等表现。而山羊对扎窝子却从不参加，照常东游西窜，气温37.8 ℃时仍能继续采食。

（4）耐寒性：绵羊由于有厚密的被毛和较多的皮下脂肪，以减少体热散发，故其耐寒性高于山羊。细毛羊及其杂种的被毛虽厚，但皮板较薄，故其耐寒能力不如粗毛羊。

（5）抗病力：放牧条件下的各种羊，只要能吃饱饮足，一般全年发病较少，在夏秋膘肥时期，更是体壮少病。膘好时，对疾病的耐受能力较强，一般不表现症状，有的临死还勉强吃草跟群。因此羊要做到早治，必须深入观察，才能及时发现。山羊的抗病能力强于绵羊，感染内寄生虫病和腐蹄病的也较少。粗毛羊的抗病能力，又较细毛羊及其杂种为强。

（6）抗灾渡荒能力：指羊从对恶劣饲料条件的忍耐力，其强弱除与放牧采食能力有关外，还决定于脂肪沉积能力和代谢强度。各种羊的抗灾能力不同，故因灾死亡的比例相差很大。例如，山羊因食量较小，食性较杂，抗灾渡荒能力强于绵羊；细毛羊因羊毛生长需要大量的营养，而又因被毛的负荷较重，故易乏瘦，其损失比例明显较粗毛羊为大；公羊因强悍好斗，异化作用强，配种时期体力消耗大，如无补饲条件，则其损失比例要比母羊大，特别是育成公羊。

（二）羊的消化机能、消化生理特点

羊是反刍家畜，由4个胃组成复胃，复胃由瘤胃、网胃、瓣胃、皱胃四个胃室组成，前3个胃无腺体组织，统称为前胃。瘤胃，为椭圆形，是4个胃中最大的，平均容积为25 L，其功能是容纳采食的食物，作为临时储存和发酵罐，然后慢慢咀嚼磨碎，进行饲草饲料的发酵和营养物的消化与合成。网胃，又名蜂巢胃，为球形，内壁分割成许多网格如蜂巢状，平均容积为 2 L，第一、二胃紧连在一起，其消化生理作用基本相似，除机械作用外，也可利用微生物进行分解消化食物。瓣胃，又名百叶胃，平均容积为0.9 L，内壁有无数纵列的褶膜，对食物进行机械的压榨作用。皱胃，也叫真胃，为圆锥形，平均容积为3.3 L，胃壁有腺体组织，分泌胃液，主要为盐酸和胃蛋白酶，食物在胃液的作用下进行消化。小肠是羊消化吸收营养物质的主要器官，小肠长17～25 m，多弯曲，食物在小肠多种消化酶的作用下被消化、分解、吸收，肠道越长，吸收能力越强，未被消化的食物，经肠蠕动进入大肠。大肠长 4～13 m，同时也有消化吸收功能，未被消化吸收的残渣形成粪便排出。

反刍是羊消化饲草饲料的一个过程。羊瘤胃容积很大，能在短时间内大量采食，将未经咀嚼的食物咽入瘤胃，当羊停止采食或休息时，饲草在瘤胃内被浸软、混合；瘤胃液的食物会自动成团沿食道逆呕到口中，经反复咀嚼后再吞咽入瘤胃，而后再咀嚼吞咽另一食团，如此反复，称之

为反刍。反刍是周期性的,正常情况下,在进食后 40～70 min 即出现第一次反刍,每次持续 40～60 min 反刍次数的多少、反刍时间的长短与食物种类有密切的关系。

瘤胃中存在着大量的微生物(细菌和纤毛虫),这些微生物能够分泌家畜本身所不能分泌的酶,这就使反刍家畜和非反刍家畜在饲料养分的消化方面有明显的不同。瘤胃可以看做是一个高效率的发酵罐,在瘤胃内容物中有 500 亿～1 000 亿个细菌,1 mL 瘤胃液中有 20 万～400 万个纤毛虫,其中起主导作用的是细菌。这些瘤胃微生物能将 58%～80% 的粗纤维进行分解消化,可将含氮化合物合成为菌体蛋白,还可以在羊身体内合成维生素 B1、维生素 B2、维生素 B12、维生素 K,以满足自身需要。

羔羊的消化特点:初生时期羔羊前三胃的容积较小,没有消化粗纤维的能力。因此,初生羔羊只能依靠哺乳来满足营养需要。随着日龄的增长和采食量的增加,前三胃的容积逐渐增大,大约 20 d 后开始有反刍活动。这时真胃凝乳酶的分泌逐渐减少,其他消化酶的分泌逐渐增多,能对采食的部分草料进行分解。增强对植物性饲料的消化能力,提前出现反刍活动。随着日龄的增长,前胃迅速发育,在前胃逐渐建立起比较完善的微生物区系。

三、兔生物学特性

(一)家兔的起源及其在生物分类中的地位

1. 家兔的起源

家畜和家养动物都是野生动物经人们长期饲养与驯化而来的,作为家养动物的家兔也是由野兔驯养而成的。野兔种类繁多,据动物学家研究,世界上的野兔可分为 9 属 60 余种。目前,家兔起源于地中海沿岸的野生穴兔得到世界各国动物学家和畜牧学家的普遍公认。现在人们所饲养的家兔,大都是由欧洲野生穴兔经长期驯养和培育而来的。野生穴兔在经过人们的长期选育后,形成了各种不同的类型和品种,发展了对人类有益的特性,也保留了其祖先的部分生活习性。据考证,我国早在先秦时代即已经开始养兔,距今已有 2 000 多年的历史,关于我国现养的家兔祖先——野生穴兔的来源主要有两种说法,一种是认为自丝绸之路从欧洲引入的穴兔,另一种是根据我国出土的文物、史书记载等认为起源于中国的穴兔。

2. 家兔在生物分类中的地位

家兔属于兔形目、兔科、兔亚科、穴兔属、穴兔种、家兔变种。

(二)家兔的外貌特征及主要解剖特点

1. 外貌

兔全身被毛。体分头、颈、躯干、四肢和尾等 5 部分。

头:呈长圆形,眼以前为颜面区,眼以后为头颅区。眼位于头两侧,除上下眼睑外,眼前角尚有瞬膜。可用镊子从眼角将瞬膜拉出。眼后有 1 对长的外耳壳。外鼻孔大而长。鼻下为口,口缘有肉质的上下唇,上唇中央有一纵裂,将上唇分为左右两半,常露出门齿,称兔唇。

颈:头后有明显的颈部,但较短。

躯干:可分胸部和腹部。背部有明显的腰弯曲。胸、腹部以体侧最后一根肋骨为界。雌兔腹部的 3～5 对乳头(以 4 对居多)明显;肛门和泄殖孔位于尾根下方,肛门靠后,泄殖孔靠前。肛门两侧各有一无毛处,可见突起的鼠蹊腺开口。雌兔的泄殖孔纵裂状,称阴门,雄兔的泄殖孔位于阴茎顶端,开口较小。成年雄兔肛门两侧有 1 对明显的阴囊,生殖时期睾丸由腹腔坠入阴囊内。

四肢：出现了肘和膝。前肢短小，肘部向后弯曲，具 5 指；后肢较长，膝部向前弯曲，具 4 趾，第一趾退化，趾端具爪。

尾：短小，位于躯干末端。

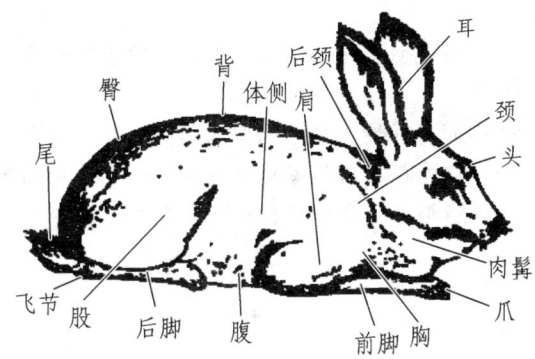

图 3.4　家兔的外貌

2. 解剖学特点

（1）运动系统。

全身骨骼共 275 块，构成身体的支架。前肢较短而弱，后肢较长而有力。前后脚各有 5 趾，第一趾短，特别是后脚的第一趾隐在毛内几乎看不到，除第一趾外每趾都有三节趾骨。末节趾骨的头端有略弯的指爪，极为锐利。全身有肌肉 300 多条，肌肉总重量约为体重的 35%。兔的前半身肌肉不发达，而后半身肌肉很发达。

（2）消化系统。

上唇纵裂，形成豁嘴，因而门齿外露。牙齿齿式是用来描写哺乳动物一侧牙齿的数目，对哺乳动物分类有重要意义。

$$齿数 = \{(上)门牙数 + (上)犬牙数 + (上)前臼齿 + (上)后臼齿\}*2 +$$
$$\{(下)门牙数 + (下)犬牙数 + (下)前臼齿 + (下)后臼齿\}*2$$
$$= (2 + 0 + 3 + 3)*2 + (1 + 0 + 2 + 3)*2 = 28$$

唾液腺有四对，即腮腺、颌下腺、舌下腺及家兔所特有的眶下腺。家兔为单室胃，胃底特别大，分为前小弯和后大弯。小肠和大肠的总长度约为体长的 10 倍。盲肠非常大，容积占腹腔的 1/3 以上，长度和体长相接近，与所有家畜相比兔的盲肠比例最大。盲肠末端为一个约 10 cm 长的较细的弯状蚓突，其壁较厚，是一个淋巴组织，其中富有淋巴小结。在回肠和盲肠相接处膨大形成一个厚壁的圆囊，这就是兔所特有的圆小囊（淋巴球囊）。圆小囊有发达的肌肉组织，内壁呈六角型蜂窝状，囊壁内富含淋巴滤泡，其粘膜不断分泌碱性液体，可以中和盲肠中微生物分解纤维素所产生的各种有机酸，有利于消化吸收功能。

（3）生殖系统。

雄兔的腹股沟管宽短，终生不封闭，睾丸可以自由地下降到阴囊或缩回腹腔。雌兔有 2 个完全分离的子宫，为双子宫类型。左右子宫不分子宫体和子宫角，两个子宫颈分别开口于单一的阴道。

（4）循环系统。

胸腔构造与其他动物不同，其特点为中部纵膈连于胸腔的顶、底及后壁之间，将胸腔分为左右两室，互不相通。肺被肋胸膜隔开，心脏又被心包膜隔开。开胸后打开心包暴露心脏进行实验操作时，动物不需作人工呼吸。

（5）神经系统。

颈神经血管束中有三根粗细不同的神经。最粗、白色者为迷走神经；较细、呈灰白色者为交感神经；最细者为减压神经，位于迷走神经和交感神经之间。减压神经属于传入性神经，其神经末梢分布在主动脉弓血管壁内。

在感觉器官中，耳大而薄，且表面分布有清晰的血管，便于实验操作。

（6）皮被系统。

表皮很薄，真皮较厚，坚韧而有弹性。被毛是皮肤的附属物，被毛的颜色和长度，是一种遗传性状，可以作为识别品种的主要特征。成年家兔全身被毛一年更换两次。汗腺很不发达，仅在唇边及腹股沟部有少量分布；皮脂腺遍布全身，能分泌皮脂、油润被毛。雌兔有乳头3~6对，一般4~5对。

（三）家兔的生活习性

家兔虽然经人类长期的驯化和培育已成为一种常用的实验动物，但仍然继承了其祖先野生穴兔的大部分生活习性。

1. 夜行性嗜眠性

家兔在夜间十分活跃，据测定，家兔晚上所采食的饲料占全天的75%左右，饮水占60%左右。在白天，家兔表现安静，除喂食时间外，常常闭目睡眠。若使其仰卧，顺毛向抚摸其胸腹部并按摩太阳穴时，可使其进入睡眠状态。利用这一特点，在不麻醉的情况下可进行短时间的实验操作。

2. 听觉嗅觉灵敏

家兔具有发达的听觉和嗅觉器官并特别灵敏，但异常胆小，如受惊过度往往乱奔乱串，甚至冲出笼门。可凭嗅觉来判断仔兔，对非亲生仔兔常拒绝哺乳，甚至把仔兔咬死。散养的家兔喜欢穴居，有在泥土地上打洞的习性。

3. 性情温顺群居性差

如果群养，同性别成兔经常发生斗殴咬伤，因此实验兔适于笼养，较易于管理。虽性情温顺，但若捕捉不当常被其利爪抓伤皮肤，在饲养管理和实验操作中要注意正确的抓取方法。

4. 厌湿喜干耐寒怕热

家兔的被毛较发达，汗腺较少，能够忍受寒冷而不能耐受潮热。当气温超过30 ℃以上或环境过度潮湿时，成年母兔易引起减食、流产、不肯哺乳仔兔等现象，在炎热的夏季还是家兔传染病易于爆发的季节。

5. 啮齿行为

家兔的牙齿终生处在不断生长的状态，因此同啮齿类一样喜欢磨牙且有啃咬的习惯，在设计笼舍和饲养器具时应注意这一点，特别是饲料中应有一定比例的粗纤维。

6. 家兔有食粪的特性

正常的兔粪有两种类型。一种是通常看到的圆形颗粒硬粪，为正常粪便，是消化正常的象征；一种是暗色成串的小球状粪便，表面附着少量黏液内含流质物，即软粪。硬粪在白天排泄，软粪在晚上排出。据实验分析，软粪中粗蛋白质含量要比硬粪高三倍左右并含有丰富的维生素，家兔食粪即直接从肛门吞食软粪，一般认为有促进营养物质再利用的意义。家兔的食粪行为是一种正常的生理行为，开始于3周龄，哺乳期的仔兔无食粪现象。

（四）家兔的繁殖特点

1. 公兔睾丸的形成与发育

公兔有2个睾丸，是精子发生、发育和分泌雄性激素的器官。睾丸形成于胎儿早期；仔兔出生后约4周龄时，睾丸开始从腹腔逐渐向下方移动至腹股沟管内；约10周龄时，体表出现阴囊；接近性成熟时，睾丸下行进入阴囊。公兔的腹股沟管宽而短，终生不闭合，睾丸可自由回缩到腹腔或降落至阴囊，适应了睾丸对温度敏感的特性。达到性成熟时仍不见睾丸，即是隐睾或单睾。隐睾无繁殖能力。

2. 母兔的子宫类型

家兔的子宫无明显的子宫体和子宫角之别，有2个单独的管，独自开口于阴道。因此，受精卵不会出现在2个子宫间互相移动的现象。在人工授精时，输卵管不能插入过深，以防插入一侧子宫，而另一侧子宫不能受孕。

3. 公兔"夏季不育"

公兔睾丸对于高温极其敏感。30 ℃以上的高温，会使曲细精管的生精上皮受到破坏而变性，暂时失去生精能力。因此，在我国的南部炎热地区，常常出现夏季母兔不孕现象。其原因不是母兔，而在于公兔。在华北以南地区的夏季，应创造条件，防止公兔受高温的影响。

4. 性成熟早

小兔生长发育到一定时期，在公兔的睾丸里（或母兔的卵巢里），能够产生出具有受精能力的精子（或卵子），小兔表现出某些性行为。此时，小兔便达到了性成熟。性成熟的时间与品种、性别、环境条件等有关。一般来说，大型品种较晚，中小品种较早；母兔较早，公兔较晚；环境条件（如营养、温度、光照等）好则发育较快，性成熟早，反之则晚。一般来说，性成熟时间：母兔3—4月龄，公兔3.5—4.5月龄。

5. 刺激性排卵

母兔卵巢表面成熟的卵泡不会自发破裂而排卵，必须经过公兔的交配或其他诱发刺激（如注射促排卵激素或药物、电刺激某些穴位等）后（母兔排卵发生在公兔交配后10~12小时），方可排卵，这种现象称作刺激性排卵。如果母兔发情后未经公兔的交配或其他刺激，则成熟的卵泡逐渐退化，被卵巢组织吸收，新的一批卵泡又重新生长起来。

6. 发情周期的不固定性

母兔的发情周期，众说纷坛。有人认为，母兔不存在发情周期，其卵巢表面经常有不同发育阶段的卵泡，任何时候交配均可受胎；也有人认为，母兔发情有周期性，但并不像牛、羊、猪等动物那样有规律，一般为7~15 d。母兔的发情受外界影响较大，尤其是光照、温度、营养、按摩及公兔效应（如公兔的气味、行为和爬跨）等。

7. 发情的无季节性

家兔一年四季均可发情配种。只要提供必要的环境条件，其繁殖效果没有根本的区别，这为人工养殖提高家兔的繁殖率奠定了基础。但是，在粗放的条件下，由于家兔受到自然环境的影响，不同季节的发情和受胎有明显的不同。春季的繁殖力最高，秋季次之，夏季和冬季较低。不同的地区也有较大的差别。

8. 产后发情

母兔产仔后即可发情，远比其他家畜早，配种后受胎率也较高。产后发情配种受胎率的高低与品种和营养有关，与配种时间有关。中、小型品种产后配种受胎率高，大型品种较低；营养好的母兔受胎率高，营养欠佳的受胎率较低；产后在24小时内，不超过48小时配种受胎率较高，时间延长配种受胎率下降。母兔产后发情的生理特性，为提高母兔的繁殖率提供了有力的条件。

9. 多胎高产，妊娠期短

家兔不仅多胎（1年一般可产5~6胎。在条件较好的情况下，可达8胎以上），而且高产、妊娠期短（一般为31天）。一般胎均产仔7~8只，10只以上也为数不少，多者可产20只以上。当然，由于母兔的泌乳力有限，产仔过多反而不利，这说明家兔繁殖方面的遗传潜力是很大的。

10. 假 孕

母兔交配后，没有受胎，或者虽然受胎但胎儿在附植前后死亡，将会出现假孕现象。它和妊娠相似，卵巢形成黄体、分泌激素、子宫壁增厚、乳腺发育、不发情、不接受交配等。大约在16天左右黄体退化，假孕结束，并表现临产行为：叼草、拉毛、乳腺可分泌一点乳汁。假孕结束后，即可发情，并且受胎率较高。假孕在秋季发生率较高，主要与公兔的精液品质不良有关。2个以上的母兔同笼饲养，发情时互相爬跨，造成排卵，也可发生假孕。

（五）兔的消化特点和采食习性

1. 兔的消化特点

兔是单胃草食家畜，与其他动物相比，有其独特的消化特点，主要表现在以下几个方面：

（1）胃的消化特点：在单胃动物中，兔子的胃容积占消化道总容积的比例最大，约为35.5%左右。由于兔子具有吞食自己粪便的习性，兔胃内容物的排空速度是很缓慢的。试验表明，饥饿2天的家兔，胃中内容物只能减少50%，这说明兔子具有相当的耐饥饿能力。胃腺分泌胃蛋白酶原，它必须在胃内盐酸的作用下（pH1.5）才具有活性。15日龄以前的仔兔，胃液中缺乏游离盐酸，对蛋白质不能进行消化。16日龄以后胃液中才出现少量的盐酸。30日龄时，胃的机能基本发育完善。在饲养中应注意这一特点。

（2）盲肠的消化特点 家兔消化的最大特点在于发达的盲肠及其盲肠内微生物的消化。兔子盲肠有适于微生物活动所需要的环境：较高的温度（39.6~40.5℃，平均40.1℃）、稳定的酸碱度（pH6.6~7.0，平均6.79）、厌氧和适宜的湿度（含水率75%~86%），给以厌氧为主的微生物提供了优越的活动空间。盲肠微生物的巨大贡献是对粗纤维的消化。它们可分泌纤维素酶，将那些很难被利用的粗纤维分解成低分子有机酸（乙酸、丙酸和丁酸），被肠壁吸收。同时，提高了饲草中粗蛋白的利用率。粗纤维是家兔的必备营养，是任何其他营养所不能替代的。当饲料中粗纤维含量不足时，将导致消化系统功能失调，出现腹泻或肠炎而大批死亡。此外，由于微生物的存在，家兔可以利用非蛋白含氮物（如尿素）合成微生物蛋白，而后通过食粪转化为动物蛋白。试验表明，家兔盲肠微生物也可以利用无机硫合成含硫氨基酸。

（3）胃肠壁的脆弱性 实践表明，家兔消化系统的疾病较多，而且，家兔一旦发生腹泻或肠炎，很难救治，死亡率极高，故农村流传着"兔子拉稀——没治了"的歇后语。饲料中粗纤维含量不足、饮食不卫生、饲料突变、腹壁受凉等因素都将引起兔子消化道内环境的改变，盲肠内正常的微生物区系平衡的打破，大量有害微生物繁殖并产生毒素，使家兔肠壁受到破坏，不仅蠕动加快发生腹泻，而且毒素被吸收进入血液，会造成家兔的中毒而死亡。

2. 家兔的采食习性

（1）草食性：兔子喜食植物性饲料，但对带有腥味的动物性饲料却毫无兴趣。如果在家兔饲料中加入过多的鱼粉等动物性饲料，有可能导致家兔的拒食。家兔的嗅觉和味觉发达，它们通过鼻闻和口尝来鉴别饲料的"好坏"。要想在兔子饲料中加入一些它们不爱吃的动物性饲料，可通过添加调味剂以及由少到多，逐步过渡的方法来解决。

（2）挑食性：在野生条件下，家兔凭借着发达的嗅觉和味觉选择自己喜爱的饲料。在人工饲养条件下，虽然没有挑选饲料的自由，但它们对所提供的饲料的反应却不同。对于不喜欢的饲料，轻则少吃，重则拒吃，甚至扒食，造成浪费。一旦形成习惯，将不好调教。为了防止家兔挑食，应合理搭配饲料，并进行充分的搅拌。对于有异味的饲料（如添加的药物），除了粉碎和搅拌以外，必要时可加入调味剂。

（3）啃食性：家兔和老鼠相似，门齿终生生长。为了磨去不断生长的那部分牙齿，以始终保持适宜的长度，便于正常咀嚼食物，家兔善于啃咬较坚硬的物料，如木制门窗、竹板等。当饲料中的粗纤维含量不足或饲料的硬度不够时，其牙齿得不到磨损，便啃咬宠具，使之受到破坏。为了防止这类事情发生，配合饲料中应保持一定量的粗纤维。颗粒饲料可有效地预防啃咬。平时在笼内投放些修剪掉的果树枝条，让其自由啃咬，既可防止乱啃，又可提供营养，一举两得。

（4）食粪性：家兔排出2种粪便，即硬粪和软粪。前者多在白天排出，后者仅在夜间产生。软粪一般是见不到的，因其直接被兔子吞食。部分硬粪也被家兔自己采食。软粪中含有较多的优质蛋白质、矿物质和维生素及一些具有生物活性的物质。硬粪所含的营养虽然没有软粪高，但其是经过微生物代谢后的产物，具有一些特殊营养，对于家兔是有益的。通过采食自己的粪便，补充了常规饲料中所缺乏的营养物质，使之得到多次循环利用，提高了饲料的利用率，预防和缓解了一些营养缺乏症。由于硬粪中含有较多的粗纤维（30%），对于预防腹泻也起到了一定作用。食粪是家兔的正常行为，是健康的标志，应创造安静的环境，满足其生理需求。

（六）生长发育与换毛特点

1. 生长特点

仔兔出生时全身裸露，眼睛紧闭、耳闭塞无孔，趾趾相连，不能自由活动，出生后3~4日即开始长毛；4~8日龄脚趾开始分开；6~8日耳出现小孔与外界相通；10~12日眼睛睁开，出巢活动并随母兔试吃饲料，21日左右即能正常吃料；30日左右被毛形成。

仔兔出生时体重约50 g，1月时体重相当出生时的10倍，出生至3月体重增加迅速，3月以后体重增加相对缓慢。不同品种与不同性别的幼兔，其生长速度并不完全相同。家兔的性成熟较早，小型品种4~5月龄，中型品种5~6月龄，大型品种6~7月龄，体成熟年龄约比性成熟推迟1个月，寿命约为8~10年。

2. 换毛特点

由于季节、年龄、营养和疾病等原因，兔毛会发生脱落，并在原处长出新毛，这种过程称为换毛。

（1）年龄性换毛。

这是家兔在不同的生长发育时期内正常换毛。一生中，家兔有两次年龄性换毛，第一次换毛为30~100日龄，第二次换毛130~180日龄。

（2）季节性换毛。

家兔进入成年以后，每年春季和秋季两次换毛。春季换毛在3—4月份，秋季换毛在9—10月份。这种季节性换毛与光照、温度、营养以及遗传等因素有关。春季，光照由短日照向长日照过渡，气温则由寒冷、温暖向炎夏转变，而饲料中的干草逐渐被青绿饲料所代替，所以被毛生长较快，换毛期较短。秋季，由于长日照向短日照过渡，气温则由炎热、凉爽向寒冷转变，青绿饲料逐渐变为粗老，加之皮肤毛囊代谢机能减弱，所以被毛生长较慢，换毛时间拉长。这种季节性换毛，也是家兔对炎夏和寒冷季节本能的适应，为自身创造适宜的生存条件，并祖祖辈辈遗传下来。

（3）不定期换毛和病理性换毛。

这种换毛在兔体上表现不明显，主要决定于毛球生理状态和营养情况，当个别毛纤维生长受阻时发生。这种换毛现象不受季节影响，可在全年任何时候出现，一般老年兔比幼年兔表现较明显。

项目 3-2 牛羊兔饲料分类

一、牛的饲料分类

牛的饲料种类分为：粗饲料、精饲料、多汁饲料、动物性饲料、矿物质饲料和饲料添加剂六大类。

1. 粗饲料

干物质中粗纤维含量大于或等于18%的饲料统称粗饲料。粗饲料主要包括干草、秸秆、青绿饲料、青贮饲料四种。

（1）干草：为水分含量小于15%的野生或人工栽培的禾本科或豆科牧草。如野干草（秋白草）、羊草、黑麦草、苜蓿等。

（2）秸秆：为农作物收获后的秸、藤、蔓、秧、荚、壳等。如玉米秸、稻草、谷草、花生藤、甘薯蔓、马铃薯秧、豆荚、豆秸等。有干燥和青绿两种。

（3）青绿饲料：水分含量大于或等于45%的野生或人工栽培的禾本科或豆科牧草和农作物植株。如野青草、青大麦、青燕麦、青苜蓿、三叶草、紫云英和全株玉米青饲等。

（4）青贮饲料：是以青绿饲料或青绿农作物秸秆为原料，通过铡碎、压实、密封，经乳酸发酵制成的饲料。含水量一般在65%～75%，pH值4.2左右。含水量45%～55%的青贮饲料称低水份青贮或半干青贮，pH值4.5左右。

2. 精饲料

干物质中粗纤维含量小于18%的饲料统称精饲料。精饲料又分能量饲料和蛋白质补充料。干物质粗蛋白含量小于20%的精饲料称能量饲料；干物质粗蛋白含量大于或等于20%的精饲料称蛋白质补充料。精饲料主要有谷实类、糠麸类、饼粕类三种。

（1）谷实类：粮食作物的籽实，如玉米、高粱、大麦、燕麦、稻谷等为谷实类，一般属能量饲料。

（2）糠麸类：各种粮食干加工的副产品，如小麦麸、玉米皮、高粱糠、米糠等为糠麸类也属能量饲料。

（3）饼粕类：油料的加工副产品，如豆饼（粕）、花生饼（粕）、菜子饼（粕）、棉籽饼（粕）、葫麻饼、葵花仔饼、玉米胚芽饼等为饼粕类。以上除玉米胚芽饼属能量饲料外，均属蛋白质补充料。带壳的棉仔饼和葵花仔饼干物质粗纤维量大于18%，可归入粗饲料。

3. 多汁饲料

干物质中粗纤维含量小于18%，水分含量大于75%的饲料称多汁饲料，主要有块根、块茎、瓜果、蔬菜类和糟渣类两种。

（1）块根、块茎、瓜果、蔬菜类。如胡萝卜、萝卜、甘薯、马铃薯、甘蓝、南瓜、西瓜、苹果、大白菜、甘蓝叶等均属能量饲料。

（2）糟渣类如粮食、豆类、块根等湿加工的副产品为糟渣类。如淀粉渣、糖渣、酒糟属能量饲料；豆腐渣、酱油渣啤酒渣属蛋白质补充料。甜菜渣因干物质粗纤维含量大于18%，应归入粗饲料。

4. 动物性饲料

来源于动物的产品及动物产品加工的副产品称动物性饲料。如牛奶、奶粉、鱼粉、骨粉、肉骨粉、血粉、羽毛粉、蚕蛹等干物质中粗蛋白含量大于或等于20%，属蛋白质补充料；如牛脂、猪油等干物质粗蛋白含量小于20%，属能量饲料。如骨粉、蛋壳粉、贝壳粉等以补充钙、磷为目的归属矿物质饲料。

5. 矿物质饲料

可供饲用的天然矿物质，称矿物质饲料，以补充钙、磷、镁、钾、钠、氯、硫等常量元素（占体重0.01%以上的元素）为目的。如石粉、碳酸钙、磷酸钙、磷酸氢钙、食盐、硫酸镁等。

6. 饲料添加剂

为补充营养物质、提高生产性能、提高饲料利用率，改善饲料品质，促进生长繁殖，保障奶牛健康而掺入饲料中的少量或微量营养性或非营养性物质，称饲料添加剂。奶牛常用的饲料添加剂主要有：维生素添加剂，如维生素A、D、E、烟酸等；微量元素（占体重0.01%以下的元素）添加剂，如铁、锌、铜、锰、碘、钴、硒等。氨基酸添加剂，如保护性赖氨酸、蛋氨酸；瘤胃缓冲调控剂，如碳酸氢钠、脲酶抑制剂等，酶制剂，如淀粉酶、蛋白酶、脂肪酶、纤维素分解酶等；活性菌（益生素）制剂，如乳酸菌、曲霉菌、酵母制剂等；另外还有饲料防霉剂或抗氧化剂。

二、羊的饲料分类

根据羊常用饲料的性质，主要分成以下几类。

1. 粗饲料

粗饲料是指各种作物收获籽实后的茎叶，如稻草、玉米秸秆、黄豆秆、豌豆蔓、花生藤等农副产品。这部分饲料经过切细、打粉、润湿、浸泡、发酵、氨化、青贮等加工调制后喂羊。

2. 青绿饲料

种类多、来源广，是羊夏秋放牧季节的主要饲料。青绿饲料是指天然水分含量为60%以上的饲料。青绿饲料除野生的鲜草类、鲜树叶类外，主要是人工种植的优质牧草，如黑麦草、苏丹草、三叶草、聚合草、串叶松香草及鲁梅克斯优良牧草以及非淀粉类的块根、块茎、瓜果类等。瓜果类、块根、块茎、蔬菜等是多汁饲料，多汁饲料水分含量很高，其次为碳水化合物，干物质含量少、粗纤维含量低、蛋白质少、质脆鲜美、维生素较多、消化率高、适口性好。多汁饲料是种公羊，产奶母羊在冬，春季节不可缺少的饲料。多汁饲料可以青贮或晒干，以冬春季节饲喂最佳。

3. 青贮饲料

青贮饲料是指利用青绿饲料经过青贮方法保存的饲料，如玉米青贮、鲜草青贮等。青贮饲料是冬季羊的优质青绿多汁饲料。

4. 能量饲料

能量饲料是指干物质中粗纤维含量低于18%，粗蛋白含量低于20%，而且每千克干物质含消化能在10.46 mJ以上的饲料。其中消化能高于12.55 mJ的为高能量饲料。能量饲料包括谷实类、草籽类及其他类。

5. 蛋白质饲料

蛋白质饲料是指干物质中粗纤维含量低于18%，粗蛋白含量为20%以上的饲料。如豆类、饼粕类、动物性饲料及其他类。其中动物性饲料有鱼粉、蚕蛹、血粉、肉渣等高蛋白质饲料，适宜于喂羔羊和母羊。

6. 矿物质饲料

矿物质饲料包括工业合成的、天然的单一矿物质饲料，多种混合的矿物质饲料，以及配合有载体或赋形剂的痕量、微量、常量元素的饲料。主要是食盐、骨粉、贝壳粉、碳酸钙等。

7. 维生素饲料

维生素饲料是指工业合成或提纯的单一维生素或复合维生素。

8. 添加剂

添加剂是指不包括矿物质饲料和维生素饲料在内的其他所有添加剂，如防腐剂、着色剂、香味剂、氧化剂、氨基酸、脂肪酸及各种药剂，如抗生素、激素、杀菌剂、驱虫剂等。

9. 特种饲料

尿素是羊的特种饲料，可提供瘤胃中微生物合成蛋白质所需要的氮源。合成的菌体蛋白质在小肠内被分解，而氮被吸收利用。

尿素中含氮46%，若全部被瘤胃中微生物合成蛋白，1 kg相当于2.8 kg蛋白质营养价值，或相当于7 kg豆饼中所含蛋白质的营养价值。尿素仅使用于成年羊，对羔羊是不适用的。因为羔羊的瘤胃微生物体系发育不完全，所以不能喂。

在使用尿素时，要注意用量和饲喂的方法，一般是按体重的0.02%～0.05%或日粮中粗蛋白质的25%～30%，或不超过日粮干物质的1%。成年羊日喂量为8～12 g，由于尿素易吸收溶解成氮，所以不能单喂后不能立即给水，一般在喂后1 h后再喂水。另外，需注意的是：尿素不能和大豆、豆饼一起湿喂。

三、兔的饲料分类

兔饲料按照组成部分则可以分为蛋白质饲料、能量饲料、粗饲料、青绿饲料、矿物质饲料和饲料添加剂。

1. 青绿饲料

青绿饲料种类繁多，这类饲料的主要特点是干物质中含丰富的粗蛋白质、维生素和矿物质，适口性强，易消化吸收，成本低，营养全面，但含水量高，体积大。除有毒植物，包括野草、野菜、天然牧草、栽培枚草、青刈作物的茎叶、树枝叶和水生植物等都可做为家兔的饲料，其来源广泛，农村遍地可见，是春、夏、秋喂养家兔的主要饲料。家兔常用的青绿饲料主要包括栽培青饲料、野草、树叶等。

（1）栽培青饲料有豆科牧草如苜蓿、三叶草、毛叶苕子、紫云英、黑麦草、野豌豆等，这类饲料的适口性好，含优质蛋白高；禾本科牧草如燕麦草、扁穗鹅冠草等；蔬菜如胡萝卜叶、甘蓝、菠菜、白菜等，因蔬菜水分含量高，需晾干萎软后再喂。

（2）野草应选择叶多而纤维较少的野草。常用的有：蒲公英、车前草、野荠菜、刺儿菜、马齿苋、艾蒿等。

（3）树叶可选用蛋白质含量高且营养价值高的树叶，如槐树叶、桑叶和椿树叶等。

青饲料含水份较高，体积大，含能量低，维生素含量丰富，蛋白品质好，营养价质全面，适口性好，消化率高。所以，青料旺季，每天喂量可占全日粮70%，适当搭配些精料和少量干草即可。在喂青饲料时，应剔除有毒青饲料等。凡带有露水、雨水和含水份较高的青绿饲料，须经阴干或稍晒干后再喂，防止拉稀，诱发肠炎。被泥沙、粪尿污染的青料，要用高锰酸钾浸泡消毒后再喂。堆放时间长、发霉变质后的饲料不能喂。青料喂兔力求多种搭配，如禾本科和豆科牧草搭配，树枝叶与青草和植物茎叶等搭配，比单一饲料效果好。另外，还可适当喂一些洋葱、大蒜、韭菜等，可以起到消毒、杀菌和预防一些常发肠道疾病的作用。

2. 粗饲料

粗饲料是指按绝干物质计算，粗纤维含量在18%以上的饲料。适合家兔的粗饲料来源很广，数量很大，种类很多，包括干草、秸秆、树叶等。干草在家兔的饲料中占有很重要的位置，它的营养价值比较高。将优良的干草制成草粉（如苜蓿草粉），可以代替精饲料喂兔。粗饲料的特点是含纤维素多，营养价值低，缺乏蛋白质、钙、磷及维生素，适口性差，消化率低。在利用粗饲料时，最好将其粉碎后与精饲料拌成粉料，或制成颗粒饲料喂给。如能进行碱化处理更为理想。

3. 能量饲料

将粗纤维含量在18%以下，粗蛋白含量20%以下，每千克可消化能在10.46兆焦以上的饲料称为能量饲料，家兔常用的能量饲料有大麦、小麦、玉米和稻谷等。

4. 蛋白质补充料

蛋白质补充料是一些富含蛋白质而有效能含量达到能量饲料标准的饲料，通常作为蛋白质补充料。根据其来源可划分为植物性和动物性两类。植物性蛋白质补充料主要包括豆科籽实及其加工副产品油饼类。豆类籽实中，蛋白质含量达30%，可消化能含量显著高于禾本科籽实，赖氨酸含量高而含硫氨基酸含量较。油饼类的蛋白质含量和有效能含量均较高。由于豆饼来源丰富，适口性较好，所以是家兔配合饲料中最常用的蛋白质补充料，菜籽饼和棉籽饼因含有毒成分，一般很少喂兔。动物性蛋白质补充料包括鱼粉、肉骨粉、蚕蛹粉和血粉等。这类饲料蛋白质含量可高达20%，必须氨基酸含量高且较平衡，但适口性较差，家兔不喜欢采食，故在饲料中的含量不宜超过30%。

5. 矿物质饲料

一般天然牧草、野草、谷物类和豆科类饲料中含的矿物质基本上能满足兔的需要，尤其是日粮中含有大量豆科牧草时，一般不缺乏。但当日粮缺乏豆科牧草，而以禾本科牧草为主时，需补充矿物质。肉兔常用的矿物质补充料有食盐、骨粉和石粉。食盐用量一般占配合饲料的2%~3%，用量过大易引起中毒；当日粮中缺少钙、磷时，可补充骨粉，用量一般为3%。

6. 添加剂饲料

添加剂饲料是指添加于配合饲料中的某些微量成分，对提高兔群健康、促进生长、繁殖等均有明显作用，常用的有以下几种：

（1）氨基酸添加剂常用的有赖氨酸和蛋氨酸，添加量应据饲料配方和肉兔营养需要确定，缺多少添加多少。

（2）微量元素添加剂常用的有硫酸铜、硫酸锰、硫酸锌、硫酸亚铁和亚硒酸钠等。

（3）维生素添加剂常用的有维生素A、维生素B和维生素C。家兔饲料中应用最多的是多维素。

（4）生长促进剂常用的有喹乙醇和抗生素等。据试验，日粮中加入四环素、金霉素或维吉尼亚霉素，对家兔有明显促生长作用；每千克日粮中加入50 mg杆菌钛锌盐，能降低家兔肠炎的发病率；每吨日粮中加入20 g喹乙醇，能明显促进家兔生长和降低腹泻发病率。

（5）驱虫保健添加剂常用的有氯苯胍、磺胺喹脒啉、磺胺二甲基嘧啶等。据报道，日粮中加入20～30磺胺二甲基嘧啶，或在饮水中加入20%的磺胺甲基嘧啶，或加入30～40的磺胺喹脒啉，均能有效控制兔球虫病。另外，洋葱、大蒜、韭菜等亦有防治消化道疾病和球虫病的功能。

添加剂饲料对兔的生长、饲料转化及疾病防治等均有一定的作用。添加时应遵循兔饲养标准，缺什么补什么，缺多少补多少，不能滥用乱用。尤其是抗生素之类，长期使用会产生抗药性，并能够抑制盲肠微生物的活动。因此，使用时应特别注意。

项目3-3 青贮饲料调制

【学习目标】

1. 了解青贮饲料制作的过程；
2. 掌握青贮饲料品质的鉴定。

【学习内容】

使学生们对青贮饲料的制作原理、调制过程的了解，对常见青贮饲料的制作条件、生产工艺、技术要点等方面有所掌握。

【相关技能】

掌握青贮饲料的制作的过程。

近年来，随着科学技术在畜牧业领域应用水平的不断提高，畜牧产业也由传统的养殖户分散自由养殖阶段向规模化、标准化的现代畜牧业过渡。饲料是畜牧业的基础，在畜牧业发展过程中起着十分重要的作用。随着养殖规模的不断扩大，特别是牛羊等草食畜牧业的快速发展，保证一年四季青绿饲料的均衡供给（特别是冬季），青贮是保证常年均衡供应青绿多汁饲料的有效措施，青贮能有效地保存饲料中的蛋白质和维生素等营养成分，增加菌体蛋白质含量，由于秸秆变软，易于消化，增加食欲，提高了采食量。制作和推广青贮饲料是解决青饲料供需矛盾的一种有效方法，值得在生产中大力推广。

一、青贮饲料的原料和种类

青贮饲料的原料品种很多，包括禾本科的玉米、麦秸、高粱，豆科类作物包括三叶草、紫花苜蓿等，此外还包括制糖业的废渣等。

青贮饲料的种类：青贮饲料按其原料含水量的高低，可划分为高水分青贮、低水分青贮和半干青贮；按其原料的组成可划分为单一青贮、混合青贮和配合青贮；根据青贮设施可以划分为窖（壕）式青贮、塔式青贮、袋贮、草捆青贮和地面堆贮。

二、青贮料的制作原理和条件

1. 原理

青贮饲料经过切短、压实密封，内部缺乏氧气，乳酸菌发酵分解原料所含糖类后，产生的二氧化碳进一步排除空气，分泌的乳酸使得饲料呈弱酸性（pH值3.0~4.2）能有效地抑制其他微生物生长。最后，乳酸菌也被自身产生的乳酸抑制，发酵过程基本停止，饲料进入稳定储藏，而饲料的营养损失不超过15%。

2. 条件

一般可溶性糖分应占青贮饲料原料鲜重的1.5%~2%，适宜的含水量在65%~75%之间，装填青贮原料时要压实，排除空气，封严，防止透气，创造厌氧条件，青贮的适宜温度一般为25~30 °C。

三、青贮设施的要求

1. 不透空气

无论用那种材料建造青贮设施，必须做到严密不透气。

2. 不透水

青贮设施不要靠近水塘、粪池，以免污水渗入。地下或半地下水式青贮设施的底面，必须高出于地下水位。

3. 墙壁要平直

青贮设施的墙壁要平滑垂直，墙壁的角要圆滑，这会有利于青贮料的下沉和压实。下宽上窄或上宽下窄都会阻碍青贮料的下沉，或形成缝隙，造成青贮料大量霉败。

4. 要有一定的深度

青贮设施的宽度或直径一般应小与深度，宽、深比为1∶1.5或1∶2，以利于青贮料借助本身重力而压得紧实，并减少青贮设施里的空气，保证青贮料质量。

5. 能防冻

地上式的青贮塔，必须能很好地防止青贮料结冻。

四、青贮设施的大小和容量

一般说来，青贮设施愈大，原料的损耗愈低，青贮的质量愈好。但在实际饲用中，取决于饲喂动物的种类、数量、饲喂时间的长短以及青贮原料的多少。原则上用量少的应做成圆形窖，一般直径2 m，深3 m；用量大的应做成长方形壕，一般宽为1.5~2.0 m，深2.5~3.0 m，长度则看原料的多少或者用量的多少而定。

五、青贮饲料的加工工艺

1. 选好青贮原料

只有在适宜的成熟期收获植物原料，才可以保证最高产量和最佳养分含量。玉米的"黑层测定"方法，玉米果穗的中部剥下几粒谷粒，然后将它纵向剖开，就可以寻找靠近尖部的黑层。如果有黑层存在，那就表明玉米谷粒一道生理成熟期，是选作青贮原料的适宜收割时期。禾本科牧草以在抽穗期收获为好；豆科牧草以开花初期收获为好。利用农作物茎叶作青贮原料，应尽量争取提前收割作物。一般青贮原料有禾本科牧草、作物秸秆、豆科牧草等。收获的原料应尽量减少暴晒，避免堆积发热，以保证原料的青绿和新鲜。

2. 适度切碎青贮原料

原料的切碎程度按饲喂家畜的种类和原料的不同质地来确定，一般切成 2~5 cm 的长度，含水量多质地细软的原料可以切的长些，含水量少质地较粗的原料可以切的短些。草类青贮原料要比玉米青贮原料切的短些，凋萎的干饲草和空心茎的饲草要比含水分高的饲草切的更短些。

3. 控制原料水分的含量

实验研究和实践经验都已表明：大多数青贮作物原料，以含水分 65%~75% 的青贮效果最好。新收获的青草和豆科牧草含水量为 75%~80%，这就意味着要将它的含水量降低 10%~15%，才适合制作青贮饲料。

青贮原料含水量的调节：

① 原料含水量的降低。可采用加入干草、秸秆、谷物、干甜菜等含水量少的原料，加以调节。

② 原料含水量的提高。可将干料与非常嫩绿新割的植物交替填装，混合储存。青贮原料含水量测定方法：取一把切断的植物原料，手用力抓压挤后慢慢松开，注意手中原料团球的状态，在团球展开缓慢、手中见水不滴水时原料适于青贮。一旦开始填装青贮原料，速度就要快，以避免在原料装满与封闭之前腐败。一般来说，一个青贮建筑物，要在两天以内装满压实。为了避免存有气隙和腐败，任何一种切碎的植物原料在青贮设施中都要装匀和压实，而且压的越实越好。

4. 青贮建筑物的密封和覆盖

密封和覆盖的方法，可采取先盖一层细软的青草，草上再盖一层塑料薄膜，并用泥土堆压靠青贮窖或壕壁处；然后用适当的盖子盖严，也可以用塑料膜上盖一层苇席、草箔等物，再盖土。如果不用塑料薄膜，需在压实的原料上面加盖 3~5 cm 厚的软青草，再在上面覆盖 35~45 cm 厚的湿土，并很好地压实。

5. 装填和取用

青贮原料入窖时，必须掌握下列原则：一是快。从装窖开始至结束，要减少中间停顿的时间，过夜装填更为有害，原料暴露在空气中的时间越短越好，最好能 1 次封口。二是干净。尽量减少土壤、杂质的污染。无论用人畜踩踏或其他机具夯压，靴、蹄或轮箍都应清洗后操作。三是压紧。在青贮窖的有效体积内，任何全个角落都要装紧；装地下青贮窖时，青贮原料在封windows前都应在窖面的上限以上有一定的高度，使青贮可因原料的自身重量而压实。一般青贮饲料在密封后 45 天就可以取用，取用时要注意密封，切忌全面揭开。

六、添加剂的使用

常见的青贮添加剂有食盐和尿素，尿素的添加量在原料总量的 0.3%~5% 为宜，但是添加尿素的青贮饲料智能饲喂瘤胃牛羊。食盐的添加量在原料总量的 0.1%~0.15% 为宜。所有的添加剂必须均用分布。

七、饲喂方法和数量

1. 饲喂方法

青贮饲料是各种家畜都喜食的饲料，但往往在饲喂初期不习惯、不肯吃。初喂的方法：一是空腹喂青贮料，然后喂其他草料；二是将青贮料和其他草料拌在一起喂；三是在青贮料中拌上精料先喂，然后再喂其他草料；四是饲喂时把青贮料放在下面，上面放草料；五是青贮料最初少喂，逐渐增多，牲畜很快就习惯并喜食。

2. 饲喂数量

饲喂青贮饲料的数量，按牲畜的种类、品种与青贮料的种类、品种不同而定。品质良好的青贮料可以多喂，但不能完全代替全部饲料。一般每天的喂量占干物质的 50%以下。奶牛为 13～20 kg/d，肉牛 10～17 kg/d，犊牛 3～5 kg/d，羊 1.0～2.5 kg/d。

八、品质鉴定

青贮品质鉴定是判断青贮质量好坏的重要依据，青贮品质鉴定的方法主要有两种，即感观鉴定法和实验室鉴定法。感观鉴定法是根据青贮的颜色、气味、口味、质地结构等指标，用眼看、手捏、鼻闻等来评定青贮质量好坏的一种方法。

上等青贮料：黄绿色、绿色、酸味浓、有芳香味、酒酸味、柔软稍湿润、易分离；

中等青贮料：黄褐色、黑绿色、酸味中到或较少、香味淡、稍有酒精味或酸味、柔软稍干或水份稍多；

下等青贮料：黑色、褐色、酸味很少、矢味、干燥松散或黏滑结块，不宜饲喂，以防中毒。

实验鉴室定法，不要根据青贮饲料的 pH 来鉴定，优质青贮饲料 pH 值应在 4.2 以下；乳酸含量 1.5%～2.5%，乙酸为 0.5%～0.8%，丁酸不高于 0.1%。氨态氮不高于总氮的 6%。

九、几种常见青贮饲料的制作技术要点

1. 玉米秸秆青贮

收割时，先将果穗瓣掉，然后再取秆，最好将完全干枯的植株另堆，不要混在青绿的秸秆内，以保证原料的质量。要限割随运，当天收割的秸秆，当天运完装贮。玉米秸青贮的含水量，在原料切成极细碎时，含水量以 65%～75%为宜，原料切得较长时，含水量以 78%～82%为好。一般可在现场，由茎叶青绿程度来判断，茎叶完全青绿的秸秆，含水量为 75%～80%，叶片有 1/2 以上青绿的含水量为 70%～75%，叶片枯黄超过 1/2 的含水量为 65%～70%。

2. 玉米果穗青贮

青贮玉米果穗时，应在玉米收割前摘取果穗，未成熟的果穗也会发霉，不宜青贮。青贮果穗必须在不超 1～2 日之内进行。因此，青贮设施的容量不可过大，最合适的青贮壕，每区的容量为 15～25 t；将青贮壕中一个区装填封好之后，再开始装填第二区。每天装入的青贮果穗层，在捣实的状态下不得少于 1.5～2 m。

3. 玉米及其秸秆的混贮

根据原料中含糖量多少，青贮植物可分为易青贮、不易青贮和不能青贮 3 类。玉米属于易青贮植物，含糖量高，仅用其含糖量的 65%～70%时，就足以供单贮产乳酸之用。

4. 麦秸青贮

干麦秸也能青贮，可以用 100 kg 切碎瓜菜与 15 kg 切碎麦秸相拌混，贮入青贮袋压紧密封。其制作方法与玉米秸秆制作青贮基本相同，一般加水量为原料重量的 10%，加水最好用喷洒的办法进行。

十、青贮料的取用

青贮半月后即可启用，取用青贮料要遵循由外向内、由上而下层层取用的原则。一旦启用，不要中断，直至用完。每次取用后应尽快封盖好，尽量减少外部空气的进入，更不要让雨水流进窖内。

【讨论与思考】

1. 填空题

（1）青贮饲料的原料品种很多，包括禾本科的（　　）、（　　）、（　　），豆科类作物包括（　　）、（　　）等，此外还包括制糖业的废渣等。

（2）青贮料青贮（　　）后即可启用，取用青贮料要遵循（　　）、由（　　）层层取用的原则。

2. 简答题

（1）简述青贮料的制作原理和条件。

（2）简述青贮饲料的加工工艺。

项目 3-4　青干草调制

【学习目标】

1. 了解青干草制作的过程；
2. 掌握影响青干草营养价值作因素。

【学习内容】

了解青干草制作的原理及制作方法，掌握青干草干燥过程中营养物质的损失及其影响因素。

【相关技能】

掌握青干草调制的制作的过程。

一、青干草的制作

青干草是指由青绿饲草刈割后调制的青干草，不包括作物的秸秆。制作青干草，就是把鲜草水分从 60%~85% 迅速降至 15%~20%，在这样的水分含量下，牧草在贮存过程中养分的损失就很少。

传统的青干草制作主要靠太阳和风等自然能源，这也是我国目前大多数青干草制作的主要办法。把刈割后的牧草晾晒于田间，也可以收回于通风处搭架晾干。晾晒于地面的要摊薄，注意定时翻动，或适当碾压以破裂茎秆，加快干燥。现在国外一些畜牧业发达的国家已开始应用人工干燥技术制作青青干草，把刈割的草通过鼓型旋转干燥设备，通以热风，热风温度经严格控制。干燥后的牧草一般粉碎后贮存于惰性气体中。牧草从贮存容器中取出后，一般加抗氧化剂以防氧化造成养分损失，并加 0.5%～1%的脂肪以降低灰尘。这样制得的青青干草（草粉）营养保存最完善，但成本高，多用于喂犊牛。

二、青干草制作的几种方法

主要有地面干燥法、草架干燥法、发酵干燥法及人工干燥法等几种。

1. 地面干燥法

采用地面干燥法干燥牧草的具体过程和时间，随地区气候的不同而有所不同。牧草含水降至38%时，植酸酶和微生物酶对养分的分解才能减慢。所以牧草收割后，应波曾平铺暴晒 6~7小时，使其凋萎（含水 40%～50%）后，用搂草机搂成松散草垄，继续干燥 4~5 小时；使水降至 35%～40%（叶子开始脱落前）时用集草器集成小草堆，继续干燥 1.5~2 天即可制成青干草（含水 15%～18%）进行贮存。晒制干草，必须注意天气预报，如遇天气变化，应将草拢成小草堆，待天晴时再摊晒；如遇大雨应拢成大垛，并理顺顶部草，使其成帽状，以防雨淋。此法营养损失大，可高达 40%。所以在多雨季节及地区，比如贵州，不提倡采用地面干燥法。

2. 草架干燥法

在潮湿地区由于牧草收割时多雨，地面经常是潮湿的，因此在生产上多采用草架干燥法晒制干草。首先把割下来的牧草在地面上干燥 0.5 天或 1 天，使其含水量降至 45%～50%，无论天气好坏都要及时用草叉将草自上而下上架。最底层应高出地面，不与地面接触，这样既有利于通风，也避免与地面接触吸潮。在堆放完毕后应将草架两侧牧草整理平顺，这样遇雨时，雨水可沿其侧面流至地表，减少雨水浸入草内。这种方法可以大大地提高牧草的干燥速度，保证干草品质，减少各种营养物质的损失。

3. 人工干燥法

在自然条件下晒制干草，营养物质的损失相当大，干物质的损失约占鲜草的 20%，蛋白质损失约占 30%。采用人工快速干燥法，则营养物质的损失可降低到最低限度，只占鲜草总量的 5%～10%。人工干燥的形式可以归纳成以下 3 类：① 常温鼓风干燥。牧草的干燥可以在室外露天堆贮场，也可以在草棚中进行干燥，经堆垛后，在草堆中设置栅栏通风道，用鼓风机强行吹入空气。如果刈割后的牧草在田间预干到含水量在 65%左右时，置于设有通风道的草棚下，进行干燥，可节省能源开支。这种方法在干草收获时期，白天、早晨和晚间的相对湿度低于 75%，温度高于 15 ℃时使用。② 低温烘干法。利用加热的空气将青草水分烘干，干燥温度在 50~70 ℃，需 5~6 小时，在 20~150 ℃，5~30 min 即可干燥。③ 高温快速干燥法。它的工艺过程是将切碎的青草（长约 25 mm）快速通过高温干燥机再由粉碎机粉碎成粒状或直接压制成草块。这种方法主要用来生产干草粉或经轧粒机压制成干草饼。

三、影响青干草营养价值的因素

1. 牧草种类和生长期

牧草在生长过程中营养成分变化很大。据四川省畜牧兽医研究所试验，黑麦草在拔节期刈割粗蛋白质含量可达 27%，与豆科牧草相差不大，但在盛花期刈割粗蛋白质含量仅为 10.07%。一般地说,豆科牧草制成的青干草,蛋白质和钙含量较禾本科青干草高。由于品种和刈割的生长阶段不同,因此各种青干草的营养价值变动很大。优质青干草干物质中粗蛋白质含量较高约为 8.3%,粗纤维含量约 33.7%,含有较多的维生素和矿物质,代谢能可超过 10 兆焦耳/公斤干物质,但低质量的青干草代谢能可能低于 7 兆焦耳/公斤干物质,这种青干草与秸秆没有什么区别。

2. 干制过程的影响

(1) 植物酶的作用。牧草刈割后植物本身存在的酶会把水溶性糖类分解成果糖。由于呼吸酶的活动,这些六碳糖又会被氧化导致可溶性糖类物质的减少并使细胞壁物质相对增加。另外,蛋白水解酶的活动把蛋白质分解成肽和氨基酸,氨基酸还可能进一步被氧化。如果干燥过程迅速,植物酶的作用很小;干燥过程如很慢,则植物酶造成的养分损失不可忽视。在一个刈割的新鲜未成熟的紫花苜蓿试验中,在 27 ℃ 下干燥的 3 天内,平均每天损失约 4.5% 的干物质量。

(2) 微生物的影响。刈割后牧草如不迅速干燥,容易发生霉变。青干草霉变后不但影响动物的适口性,并且有可能由于真菌毒素的产生会对人畜有害。四川成都曾出现耕牛肿脚病,据调查与吃霉稻草有关。

(3) 氧化。牧草刈割后在田间干燥时会出现一定的氧化作用,最明显的是颜色变化。受影响最大的是 β—胡萝卜素,可能从 150~200 mg/kg 干物质下降到 2~20 mg/kg 干物质,一般阳光晒制的牧草 β—胡萝卜素含量最低。

(4) 浸出。干燥过程中影响最大的是雨水淋洗。在牧草刚刈割后,水的浸洗不会对草的质量产生影响,但是当干燥到一定程度后再浸洗,养分的损失就会很大,干物质损失可达 20%~40%,磷的损失可达 30%,氮的损失可达 20%。

(5) 机械损失。牧草在晒制过程中叶片比茎干燥快,这时,一翻动,叶片很易脱落,对于豆科牧草,这是晒制过程中的最大损失。

四、青干草的贮存

青干草在贮存过程中要特别注意通风和防雨。由于青干草一般仍含有较高的水分(10%~30%),上述发生于青干草调制过程中的各种化学变化仍未完全停止。当温度在 40 ℃ 时,植物细胞的呼吸停止,但喜温细菌仍可能继续活动,它们的活动可能会使青干草温度升至 72 ℃,温度累积有可能引起青干草的自燃。

【讨论与思考】

1. 名词解释

青干草

2. 简答题

(1) 简述青干草干制过程的影响。

(2) 简述青干草制作分方法。

项目 3-5 秸秆的加工调制技术

【学习目标】

1. 了解秸秆的加工调制技术;

2. 掌握秸秆的物理、化学、生物处理方法。

【学习内容】

学习秸秆的物理、化学、生物几种加工调制方法,并具体掌握秸秆贮存的操作流程。

【相关技能】

掌握秸秆的物理、化学、生物加工调制技术。

秸秆是世界上数量最多的一种农业生产副产品。秸秆加工的目的是改变原来的提交和理化性质,便于牛的采食,提高适口性,减少饲料浪费,提高其营养价值。作物秸秆的加工调制方法一般可分为物理处理、化学处理和生物处理3种,其中秸秆青贮属生物处理之列。

一、秸秆的物理处理

秸秆的物理处理指对秸秆进行切断或粉碎、制成颗粒、碾青、热喷等处理。该方法一般不能改善秸秆的消化利用率,但可以改善适口性,减少浪费。

1. 秸秆切短、粉碎及软化

秸秆经切短便于才是和咀嚼,并易于与精料拌匀,防止牛挑食,从而减少饲料浪费,提高采食量。秸秆切短的长度一般为 3~4 cm,秸秆的粉碎、蒸煮软化,都只能使秸秆的适口性得到改善,而不能提高秸秆的营养价值。

2. 制颗粒

粗饲料经粉碎后与其他饲料配成平衡饲粮,然后制成大小适宜的颗粒,适口性好,营养平衡,粉尘减少,便于咀嚼,改善适口性,可以提高牛的采食量。用单纯的粗饲料或优质干草经粉碎制成颗粒饲料,既可以减少粗饲料的提交,又便于贮藏和运输。牛用颗粒饲料的大小一般以 6~8 mm 为宜。

3. 碾青

将秸秆铺在地面上,厚度为 30~40 cm,上铺同样高度的青饲料,最上面再铺秸秆,然后用磙子碾压,此过程称为碾青。青饲料流出的汁液被上、下两层秸秆吸收。经过该处理,可缩短青饲料晒制的时间,并提高粗饲料的适口性和应用价值。

4. 揉搓

使用揉搓机将秸秆揉搓成丝条状直接喂牛,吃净率可提高到90%以上。使用揉搓机将秸秆揉搓成柔软的丝条状后进行氨化。

5. 热喷

新型饲料热喷技术是内蒙古畜牧科学院经过7年时间研制成功的。将初步破碎或不经破碎的粗饲料装入压力罐内,用 1.47~1.96 MPa 的压力,持续 1~30 min 后,突然减至常压喷放,即可得热喷饲料。经该处理,可提高牛对粗饲料的采食量和有机物质消化率。结合"氨化"对饲料进行迅速的热喷处理,可将氨、尿素、氨化铵等多种工业氮源安全地用于牛的饲料中,使饲料的粗蛋白质水平成倍地提高。

二、秸秆的化学处理

物料方法处理粗饲料,一般只能改变粗饲料的物理性状,而对于饲料营养价值的提高作用个大。化学处理则有一定的作用,化学处理不仅可提高秸秆的消化率,而且能够改进适口性,增加采食量,这是目前在生产中较使实用的一种途径。

1. 秸秆的碱化处理

利用强碱液处理秸秆,破坏植物细胞壁及纤维素构架,易被消化液渗透,从而使粗纤维素消化率提高至50%以上,同时增加采食量20%~45%。方法:一是用石灰液处理法,用100 kg切碎的秸秆,加3 kg生石灰或4 kg熟石灰,实验0.5~1 kg,水200~250 L,浸泡12小时或一昼夜捞出晾晒24小时即可饲喂,不必冲洗。二是用氢氧化钠液处理,100 kg切碎秸秆,用6 kg的1.6%的氢氧化钠容易均匀喷洒,然后洗去余碱,制成饼块,分此饲喂。秸秆经碱化处理后,有机物质的消化率由原来的42.4%提高到62.8%,粗纤维消化率由原来的53.5%提高到76.4%,无氮浸出物消化率由原来的36.3%提高到55.0%。

2. 秸秆的氨化处理

秸秆的氨化处理是指利用尿素、液氨、碳铵和氨水等,在密闭的条件下对秸秆进行氨化处理。其优点是操作简便、成本低,可提供一定的氮素营养,能明显提高秸秆的消化率和粗蛋白水平,改善适口性,提高采食量,对环境基本无污染,氨化处理秸秆在世界范围内被广泛应用。根据采用的氮源不同而常分为以下3种方法:

① 尿素氨化法。按秸秆量的3%加入尿素,即将3 kg尿素溶解于60 kg水中,逐层均匀地喷洒在100 kg秸秆上,用塑料薄膜压紧。由于秸秆中含有脲酶,在该酶的作用下,尿素分解出氨,从而达到氨化的目的。在尿素短缺的地方,用碳铵也可进行秸秆氨化处理,其方法与尿素氨化法相同,只是由于碳铵含氨量较低,其用量须酌情增加。

② 液氨氨化法。将切碎的秸秆喷入适量水分,使其含水量达到15%~20%,混匀堆垛,上盖塑料薄膜,底边四周用泥土密封,在垛长轴的中心埋入一根带孔的硬塑料管,与液氨罐相连,按秸秆干物质重量的3%通进液氨,氨气很快遍及全垛。氨化处理时间取决于气温,气温低于5 ℃时需8周以上;5~15 ℃需4~8周;15~30 ℃需1~4周。启封后通风12~24 h待氨味消失,即可饲喂。

③ 氨水氨化法。可用含氨量15%的农用氨水,按秸秆重10%的比例,把氨水逐层均匀喷洒于秸秆上。喷洒完氨水后,可塑料薄膜将垛封严。该方法在气温不低于20 ℃时,5~7天氨化完成,起风后12~24小时待氨味消失即可饲喂,也可按上述液氨的"堆垛法"处理。研究结果表明,液氨氨化法和尿素氨化法处理秸秆效果最好,氨水和碳铵效果稍差。用液氨氨化效果虽然好,但必须使用特殊的高压容器(氨瓶、氨罐、氨槽车等),从而增加了成本,也增加了操作的危险性。相比之下,尿素氨化不仅效果好,操作简单、安全,也无须任何特殊设备,无疑是一张秸秆氨化处理的好方法。

三、秸秆的生物处理

即利用微生物在发酵过程中分解秸秆中的半纤维素、纤维素等,再连同菌体喂给牛羊。生物处理对改善秸秆的营养价值,提高粗蛋白含量有一定的效果。目前秸秆的生物加工处理方法有3中,即秸秆青贮、秸秆发酵处理和酶制剂加工处理。

1. 秸秆青贮技术

青贮是调制贮藏青绿饲料的有效方法,青贮饲料是牛司机特别是冬春季节的优良饲料。牛喂青贮料可节约大批粮食，降低饲养成本，能显著提高肉牛增重和奶牛产奶量，对于提高养牛业的经济效益具有重要意义。

（1）青贮原理。青贮是利用微生物的乳酸发酵作用，达到长期保存青绿多汁饲料的营养特性的一种方法。青贮过程的实质是将新鲜职位紧实地堆积在不透气的容器中，通过微生物（主要是乳酸菌）的厌氧发酵，使原料中所含的糖分转化为有机酸——主要是乳酸。当乳酸在青贮原料中的养分很好地保存下来。同时乳酸发酵过程中产生大量热能，当青贮原料温度上升到50℃时，乳酸菌也就停止了活动，发酵结束。由于青贮原料是在密闭并停止微生物活动的条件小贮存的，因此，可以长期保存而不会变质。

（2）青贮技术要点。

① 选择合适的原料。乳酸菌发酵需要一定的糖分，青贮原料中含糖量不宜少于1.0%，否则会影响乳酸菌的正常繁殖，青贮饲料的品质难以保证。对于含糖少的原料，可以和含糖多的原料混合青贮，也可以添加3%~5%的玉米面或麦麸单独青贮。

② 确定适宜的时间。利用农作物秸秆青贮，要掌握好时机，过早会影响粮食生产，过迟会影响青贮品质。青贮玉米秸秆在籽实蜡熟而秸秆上又有一定数量的绿叶，茎秆中水分较多时进行较好。

③ 排除空气。乳酸菌是厌氧菌，只有在没有空气的条件下才能进行繁殖。如不排除空气，不仅乳酸菌不能存活，而且好气的霉菌、腐败菌会乘机滋生，导致青贮失败。因此在青贮过程中，原料要切得长短适宜，尽量踩实，排除空气，并缩短铡短装料的过程，密封严实。

④ 创造适宜的温度。原料温度在25~35℃时，乳酸菌会大量繁殖，很快占主导优势，致使其他一切杂菌都无法活动繁殖，若原料温度在50℃以上时，丁酸菌就会生长繁殖，使青贮料出现臭味，以致腐败。

⑤ 掌握好水分。适于乳酸菌繁殖的含水量为70%左右，过干不易踩实，温度易升高；过湿酸度大，牛不爱吃。70%的含水量，相当于玉米植株下边的3~5片干叶；如果全株青绿，砍后可以晾晒半天，青黄叶比例各半。

（3）青贮方法与步骤。

① 青贮设备的准备。制作青贮饲料需要有一定的容器，如青贮（窖）坑、青贮塔、青贮缸和青贮饲料袋等，这些都要提前选择、购置或建造。根据青贮原料的品种和数量确定容器的容量。青贮坑最好是用砖砌、水泥抹面，并选择地势高燥、地下水位低和土质坚硬向阳的地方，以防渗水、倒塌。挖好窖后，应晾晒1~2天，以减少窖壁水分，增加窖壁硬度，窖的四周应有排水沟，以防雨水流入窖内。旧窖在使用前要清理出杂物，修补并消毒。

② 青贮原料的收割和切短。待到原料植株达到收割时期时，选择晴好的天气收割。原料收割后立即运到青贮地点，将青贮秸秆原料切短，长度为2~5 cm。

③ 装填和压实。装窖前先在窖底铺一层15~20 cm后的麦草或其他秸秆，窖壁四周可铺一层塑料薄膜，加强密封，防止透水漏气。如果原料含水量大，在装填时要渗入适量的糠麸以调节含水量。装填青贮秸秆时，应逐层装入，每层装15~20 cm，随装随压实。添加糠麸、谷实等进行混合青贮时，要在压紧前分层混合。压实的方法：小型窖可用人力踩踏，大型长壕可用链轨拖拉机等，要特别注意压紧窖的边缘和四角。这样层层装填、压实，直至高出窖口50~60 cm为止。

④ 密封和管理。装满秸秆后即可加盖封顶。先覆盖一层塑料薄膜，再盖一层厚20~30 cm切短的秸秆或软草，然后盖上后30~50 cm洁净的湿土，并做成馒头形（圆窖）或屋脊形（长窖），盖土的边缘要超出窖口四周外围，以利排水。用塑料袋做青贮时，装满秸秆后用细绳扎紧袋口即可。青贮后1周内，随时检查、修整封土裂缝、下陷等，避免雨水流入和漏气。青贮秸秆装窖密封，经1个半月后，乳酸菌的发酵过程完成，青贮饲料也就制作成了，便可以开窖饲喂。

（4）青贮饲料的利用。喂青贮料之前应检查质量——色、香、味和质地。优质青贮饲料应为：颜色黄绿、柔软多汁、气味酸香、适口性好。玉米秸秆青贮带有很浓的酒香味。发霉、发黏、黑色、结块的青贮料不能再用来喂牛。饲喂时，青贮窖只能打开一头，要采取分段开窖，分层取，取后要盖好，防止日晒、雨淋和二次发酵，避免养分流失、质量下降或发霉变质。开始饲喂青贮料时，要由少到多，逐渐增加，停止饲喂时，也应由多到少逐步减喂。使牛有一个适应过程，以防止暴食和食欲突然下降。青贮饲料的用量，应视牛的品种、年龄、用途和青贮饲料的质量而定，除高产奶牛外，一般情况可以作为唯一的粗饲料使用。但应注意，鲜嫩的青草、菜叶青贮后仍然含有大量倾泻物质，喂量过大往往造成牛腹泻，影响消化吸收。通常喂量，奶牛 20~30 kg，役牛 10~15 kg，种公牛、肉用牛 5~12 kg。

2. 秸秆发酵处理

对秸秆饲料发酵处理，一般采用两种方法：一是将含糖物质（糖蜜或粉碎的甜菜）加在碎秸秆上，通过掺入过磷酸钙和尿素来培养酵母；另一种就是先对纤维素进行水解，然后再进行发酵，现分别加以简要介绍。

（1）掺入酵母发酵法。先将粉碎的秸秆用热水浸湿并掺入酵母，分层装入木箱或塑料袋中，置于 24~26 ℃的条件下，发酵 12 小时以上。采用此法，原理是使盐溶液在温度 100~105 ℃ 和较高的压力下，作用于秸秆，使部分纤维转化为糖类。将加工处理过的秸秆冷却到 32~35 ℃，然后加入发酵剂（均占秸秆重的 3%~5%）进行搅拌，在 27~30 ℃ 的温度下发酵 2 昼夜即可。

（2）掺糖类物质发酵法。将 400~600 L 水注入容积 3~7 m³ 的贮罐中，通入蒸汽，将水加热到 60~65 ℃，然后再将秸秆装入贮罐。如贮罐可容纳 1 t 饲料，则经过粉碎的秸秆数量不应超过混合物重量的 30%~35%，其余 65%~70% 应为掺入的含淀粉或糖类的粉碎饲料，如谷物、糖用甜菜和糖蜜等。此外，贮罐中还应加入过磷酸钙和硫酸铵的萃取物，以及 10~15 kg 的麦麸和 0.2~0.3 L 浓盐酸。待上述工序完成后，将混合饲料用搅拌器拌匀，通入蒸汽，使混合料在 80~90 ℃以下保持 1.5~2 小时，然后在 28~30 ℃ 下通风冷却，再按贮罐中一容物的重量加入 5%~8% 的发酵剂，并仔细搅拌，每隔 2~3 小时一次，这样经过 9~12 小时即可。

3. 秸秆饲料酶制剂加工处理

是用纤维素酶、半纤维素酶等活性酶制剂喷撒在秸秆表面，使其纤维素的消化率得到提高，这种处理方式与处理环节温度、酶制剂活性有很大影响。在拥有饲料车间和配备有搅拌和蒸煮设备的畜牧场还有一种操作方式。具体方法如下：先将切碎的 500~700 kg 秸秆送入搅拌—蒸煮设备中，启动搅拌器，并以此加入尿素 10~15 kg、磷酸二铵 10 kg、磷酸二氢钙 10 kg 和食盐 10 kg，之后继续加料，并每隔 5~10 分钟给搅拌—蒸煮容器送一次蒸汽，直到加料工序结束，使饲料混合物在 90~100 ℃ 的条件下蒸煮 50~60 分钟。在此期间，搅拌器应每运转 10~15 分钟间歇一次，这样便达到了高温灭菌和饲料与各种矿物质盐及添加剂充分混合的目的，并能使尿素分解产生氨气，使纤维进一步得到破坏。高温灭菌后为防止酶失去活性应采用自来水或空气将混合料冷却至 50~55 ℃ 以下，然后再按每吨秸秆 5 kg 的比例，向搅拌机中加入各种酶制剂，发酵应持续 2 小时，其间搅拌机内加入 100~150 L 的"酵母乳"。制取"酵母乳"的方法：酶 4.5~5.0 t 秸秆混合料应用 30~40 kg 的麸皮或面粉或 20 kg 糖蜜，将其拌入 100~150 L 热水中，在 28~32 ℃ 的条件下，向这种液态混合物中按 4∶1 的比例加入 10 kg 的面包酵母和 0.5 kg 的酶制剂，充分搅拌后，再充分暴露于空气之中，以强化酵母生长。

【讨论与思考】

简述秸秆的化学、无理、生物处理的方法和步骤。

项目4 奶牛生产

项目4-1 奶牛的体况评定

【学习目标】

1. 了解奶牛体况评定的应用及必要性。
2. 掌握奶牛体况评定的方法。

【学习内容】

奶牛体况评定是监测奶牛体况最直观、简单而有效的方法，了解奶牛体况评定的重要性，进而掌握体况评定的时间、方法及标准。

【相关技能】

1. 掌握奶牛体况评定的时间及方法。
2. 掌握奶牛体况评定的标准

一、体况评定的必要性

随着奶牛业的快速发展，奶牛生产水平和规模化程度不断提高，由此对奶牛营养和管理的技术要求也越来越高。在营养供应和管理不良的情况下，牛群中常常会出现过于肥胖或过于瘦弱的牛只。母牛产犊时过于肥胖，往往导致产后采食量下降，而且多发生代谢疾病及产科病（如脂肪肝、酮病、真胃移位、难产、胎衣不下、子宫内膜炎和卵巢脓肿）；反之，过于消瘦的泌乳牛，由于缺乏足够的体能储备支撑泌乳和繁殖的需要，导致泌乳期峰值不高，持续期短，产奶量低，产后发情延迟。对于后备牛，营养不良会延迟初情期与性成熟，影响投产时间；而对于性成熟前（12月龄）过于肥胖的育成牛，则因为其乳房内沉积大量的脂肪，妨碍了乳腺组织得发育，造成终生产奶量不高；甚至因输卵管内沉积脂肪过多而堵塞，造成不孕。因此，奶牛体况是反映奶牛高产与健康的标志，也是奶牛营养代谢规律及人们饲养效果的客观反映。

所谓奶牛体况，是指奶牛脂肪沉积的状况，俗称膘情，因为它与奶牛泌乳、繁殖的关系极为密切，所以体况评定受到养牛者的普遍关注。在国外，奶牛体况评定工作日益引起人们的重视，并将其作为牛群营养监测与调控的手段加以制度化、标准化。如英国早在20年前就制度了奶牛体况评分标准，此后很快推广到欧、美各国。近年来，日本、以色列等国也纷纷开展此项研究，并加以应用推广。我国奶牛体况评定工作刚刚起步，由于认识不足，国内在这方面的研究甚少。至今还没有形成适合我国奶牛生产实际的评分体系，这是目前奶牛生产中布容忽视且亟待解决的问题。

监测奶牛体况最简单、最有效的办法就是体况评分。体况评分是根据目测和触摸奶牛尾根、尻角（臀端）、腰角、脊柱（主要是椎骨棘突和腰椎横突）及肋骨等部位的皮下肌肉、脂肪的蓄积情况而进行的直观评分。

二、评定时间与方法

1. 评定时间

奶牛各个阶段均可以进行体况评定,但生产中常常有具体规定。

(1)后备母牛一般自7月龄开始,每隔1~2个月进行1次体况评定,重点是7~12月龄、第一次配种及产前2个月。

(2)成年母牛一个产奶周期应该进行5次体况评定,即分娩期、泌乳高峰(产后21~45 d)、配种时(产后60~110 d)、泌乳后期(干奶前60~100 d)和干奶期。泌乳牛也可以每月评定一次。

2. 评分方法

评定时,将牛栓于牛床上,评定人员通过对评定部位的目测和触摸,结合整体印象,对照标准给分。

具体评定过程:首先观察牛体的大小,整体丰满程度。然后触摸短肋肋间部位,再从肋骨滑向脊背,沿着脊椎骨感觉脂肪沉积,再从背部,沿着韧带到腰角,然后从腰角至臀角到尻角,评估其肌肉、脂肪多少及凹陷深浅,最好把手从尻角向上至尾根,触摸该部位脂肪的多少及凹陷深浅。

3. 给分原则

奶牛体况评定侧重于背线、肋骨、腰臀及尾根等部位,根据肌肉和脂肪沉积程度给予相应的分值,现行的5分制,评定方便,但不准确。为了简化评定工作,同时考虑生产应用的需要,建议分为9个级别,即在5分制的基础上,将介于两者之间的膘情,按倾向对整分值进行加减:2-,2,2+,3-,3,3+,4-,4,4+。对极端肥胖(4.5分以上)或极端消瘦(1.0分一下)奶牛只登记归类,不进行评分。

三、评分标准

奶牛体况评分的给分标准和图示见表4.1和图4.1。

表4.1 奶牛评分标准

体况评分	评分标准	备注
1.0分	• 脊椎骨铭心,节节可见,背线呈锯齿状 • 腰横突之下,两腰角之间及腰臀之间有深度凹陷 • 肋骨根根可见、腰角及臀端轮廓毕露 • 尾根下凹陷很深,呈"v"形	奶牛极度消瘦,呈皮包骨头状
2.0分	• 脊椎骨突出,背形呈波浪形 • 腰横突之下,两腰角之间及腰臀之间呈明显凹陷 • 肋骨清晰,腰角及臀端突起分娩 • 尾根下凹陷明显,呈"U"形	整体消瘦但不虚弱,有精神感
2.5分	• 脊椎骨似鸡蛋锐端,看不到单根骨头 • 腰横突之下,两腰角之间及腰臀之间凹陷 • 肋骨可见,边缘丰满,腰角及臀端可见但结实 • 尾根两侧下凹,但尾根上已开始覆盖脂肪	较清秀,是泌乳早期牛、性成熟前期牛的理想体况
3.0分	• 脊椎骨丰满,背线平直 • 腰横突之下略有凹陷 • 肋骨隐约可见,腰角及臀端较圆滑 • 尾根两侧仍有凹陷,尾根上有脂肪沉积	清秀健康,是泌乳中期牛理想体况

续表

体况评分	评分标准	备注
3.5 分	• 脊椎骨及肋骨上可感到脂肪沉积 • 腰横突之下凹陷不明显 • 腰角及臀端丰满 • 尾根两侧仍由一定凹陷，尾根上脂肪沉积较明显	是泌乳后期牛、干奶前期牛及青年牛产犊时的理想状况
4.0 分	• 脊突两侧近于平坦，肋骨不显现 • 腰横突之下无凹陷 • 尻部肌肉丰满，腰角与臀端圆滑 • 尾根两侧凹陷很小，尾根上有明显脂肪沉积	属丰满健康状况，是干奶后期奶牛、围产期奶牛理想体况
4.5 分	• 背部"结实多肉" • 腰角与臀端丰满，脂肪堆积明显 • 尾根两侧丰满，皮肤几乎无皱褶	属肥胖体况
5.0 分	• 背部"隆起多肉"	属过度肥胖体况

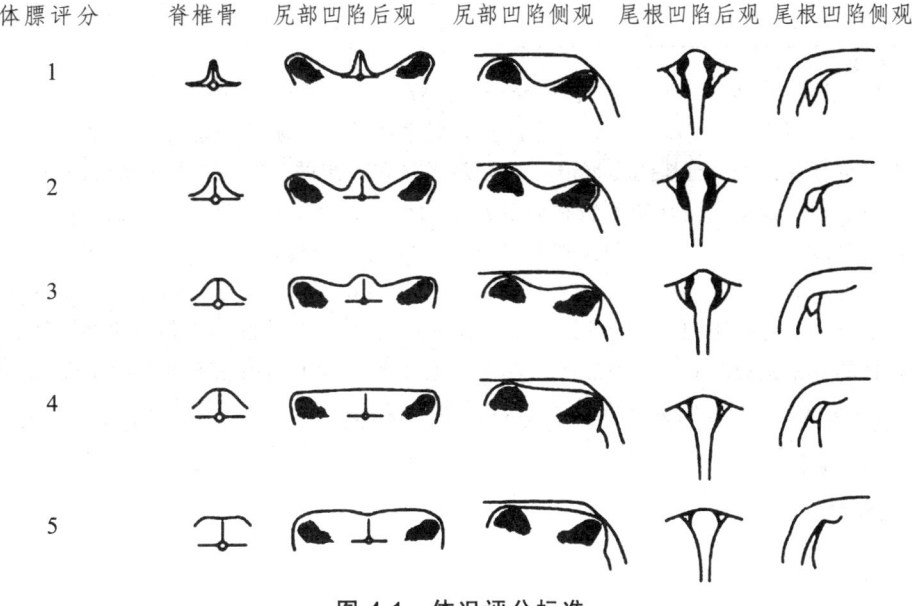

图 4.1 体况评分标准

四、体况评分的应用

进行奶牛体况评定是为了应用评分的结果。现代奶牛生产依据阶段饲养理论，将育成牛和泌乳牛的饲养分别划分为若干阶段，强调与此对应，奶牛在每个时期应由一定的体况表现，如干奶期间牛的体况应达到并保持在 3 + ~ 4 - 的水平，而泌乳盛期则保持在 2 + ~ 3 之内为好。如此，凡体况评分符合阶段要求的牛统称为一类牛；评分偏离要求的称为二类牛（在理想分值范围以外超过 0.5 分）；评分远离要求（在理想分值范围以外超过 1.0 分）的称为三类牛。其应用监测的目的是要巩固一类牛，减少二类牛，消灭三类牛，逐步提高一类牛的在群比例，使整个牛群更加整齐、健康和高产。

根据研究与观察，对三种类型牛划分的标准如表 4.2。

表 4.2 奶牛三种类型牛划分标准

生理阶段	类别及评分		
	一类牛	二类牛	三类牛
育成牛			
3~9月龄	2~2+	2-及3	2-以下及3+（以上）
9~18月龄	2+~3	2及3+	2-以下及4（以上）
19~24月龄	3~3+	3-及4-	2+（以下）及4（以上）
成母牛			
干奶期（干奶~产犊）	3+~4-	3及4	3-（以下）及4以上
围产后期（产犊后15 d）	3~4-	3-及4	2+（以下）及4以上
泌乳盛期（产后16~100 d）	2+~3	2及3+	2-（以下）及4以上
泌乳中期（产后101~200 d）	3-~3	2+及3+	2（以下）及4以上
泌乳后期（产后201~305 d）	3~3+	3-及4-	2+（以下）及4以上

由此可见，奶牛在其发育或产奶的每个阶段对体况都有不同的要求。因此，不能仅根据某此所评的得分进行简单判断，应将评分结果和评定时奶牛所处相应阶段的理想要求比较，划分类型，只有一类牛是符合标准的，而其他类型情况是需要调整和控制的。调控的方法是根据所处的类型，并结合前后两次评分成绩的变化进行群体营养水平的调整，或个体饲喂量的增减。一般地，在大规模散栏式按阶段分群饲养的牧场可逐群随即抽查 20% 的牛进行评分，规模较小未按阶段分群的牧场应逐头评定。如某阶段牛群中二、三类牛占该阶段饲养总数的比例超过 30%，则应考虑调整该阶段牛日粮结构（精粗比例）或营养水平（混合精料配方）。对体况不合格奶牛或牛群也可以采取增减喂料量的办法进行调控，如对二类牛在原有喂量的基础上增减精料 0.5~1 kg，而对三类牛则应增减 1~1.5 kg。待下次评定成绩出来后，再作调整。

【讨论与思考】

1. 名词解释

奶牛体况

2. 简答题

简述奶牛体况评定的时间方法及标准。

项目 4-2 犊牛的培育技术

【学习目标】

1. 了解犊牛培育对整个奶牛群体发展的重要性及培育原则。
2. 掌握犊牛饲养及管理的科学方法。

【学习内容】

学习犊牛培育的一般原则，目的是提高牛群的质量和生产水平，掌握犊牛的饲养管理。

【相关技能】

1. 了解犊牛消化生理及消化器官发育状况。
2. 掌握犊牛的饲养原则。
3. 掌握犊牛饲养管理方法及细则。
4. 掌握犊牛早期断奶对犊牛后期生长的意义。

一、犊牛培育的目的

（一）提高牛群质量与生产水平

牛群质量的高低取决于其遗传基础及在生长和发育过程中的环境条件。要不断提高牛群质量，第一步，应具有优良的遗传基础，这就要靠选种选配。科学的选种选配能为后代个体组合兼具双亲优良特性并优于群体的遗传基础。这样，第一步靠选种选配就可以实现。第二步：优良遗传基础的充分显现，则需在其后备阶段的生长发育过程中及成年以后有良好的环境条件，其中最主要的是人们的饲养管理活动，这是遗传基础充分显现出来的关键，这就是培育。所以培育的实质就是在一定的遗传基础上利用条件作用于个体的生长发育过程。从而能动地塑造出理想的个体类型；在牛的生命周期中，后备阶段尤其是犊牛期是生长发育强烈的阶段，其生理机能正处在急剧变化中，易于受条件作用而产生反应，因而可塑性大。此阶段生长发育情况真直接影响成年时体型结构和终生的生产性能，因此，加强后备牛培育，就可以在成年时将其优良的遗传基础充分显现出来。而使个体不仅在遗传上而且表型上也优于先代群体。同时，加强后备牛培育，也可以使某些缺陷得到不同程度的改善与消除。可见，加强后备牛培育是除选种选配和加强成年牛饲养管理以外。提高牛群质量和生产水平的一项重要技术措施，并且这 3 个措施是相互联系的，而后备牛培育在其中起着承上启下的作用，犊牛培育尤为重要。

（二）获得使康牛群

牛的布氏杆菌病、结核病等传染病对牛群的危害很大，对于乳牛来说，不仅对牛群有危害，而且还关系到广大人民群众的身体健康，因而就必须消灭这些疾病。办法有二，其一是对现有牛群采取措施，即对现有牛群进行预防、检疫、隔离及封锁疫区；其二是对未来牛群采取措施，即将病牛群中的初生犊牛尽快地转移到无病区，并对其加强培育，从而获得新一代的健康牛群.杜绝疫病逐代蔓延。

（三）使牛群不断扩大

犊牛阶段，机能不全，对环境的适应能力较差，容易遭受环境影响而死亡，特别在初生期，这个特点更突出。据统计，犊牛生后 7 天内的死亡数占犊牛总死亡数的 60%～70%。但是。如果能充分发挥人的主动能动性，采取各种有效措施。如早喂初乳，加强护理，搞好防疫卫生工作等，就可以大大地降低犊牛死亡率，扩大牛群。

二、犊牛培育的一般原则

（一）加强妊娠母牛的饲养管理，促进胚胎的生长发育，以获得健壮的初生犊牛

生命周期开始于受精卵，受精卵一旦形成，便开始它的生长发育，环境条件也就开始对个体

的生长发育发生作用。因而培育工作从胚胎期就要着手进行，家畜胚胎期的外界环境是母体，因此，母体新陈代谢情况，即能否为其提供适宜的条件，则又受母体所处的环境条件，也就是人们的饲养管理活动的影响。所以，家畜在胚胎期生长发育归根到底是要受此期饲养管理的影响。那么如何进行饲养管理才能使母体为胚胎提供最适宜的条件呢？这就必须根据胚胎生长发育的规律。牛胚胎生长发育的规律大致上是这样的：在胚胎前期，发育快，细胞分裂强烈，但绝对增重不大。但是3月龄后生长速度就逐渐加快。同时，由细胞的强烈分化转入相似细胞的迅速增多即生长。

　　牛胚胎生长发育规律启示我们：由于前期绝对增重不大，但分化很强烈，对营养的质量要求高。这就要求我们在日粮上特别注意其质量（全价性）。妊娠后期，绝对增重很快，对营养的数量要求大，因此，应数质并重，供给大量的全价日粮，但要注意日粮体积不能太大，以免影响胎儿。最后2个月，增重占60%，需要量更大，因而必须进行较丰富的饲养、以保证本身维持和胎儿生长发育之需。胚胎期还要加强母牛运动，以增强体质．利于胎儿生长发育，并利于分娩。在实际生产中，纯粹因胎儿过大而引起的难产为数不多，胎儿大小（主要）取决于母体的影响即母体效应、而难产最主要的原因除胎位不正外，就是运动不足。放牧的牛和舍饲期运动的牛很少发生难产，而且产程缩短，长久拴着不运动的的牛难难产率就高。为此，加强妊娠母牛运动是防止难产的有效措施，尤其是产前1个月的运动可有效地防止难产。前苏联学者亦实验证明：试验证明：饲草丰盛、空气新鲜、经常运动的妊娠牛所产的犊牛比饲养管理差的妊娠母牛在生理、生化及免疫生物学等指标上均较好。犊牛的患病率、死亡率均低。

（二）加强消化器官的锻炼

　　牛必须具有发达的消化系统，即应该具有容积大、强而有力的消化器官。对于乳牛来讲更应该如此，只有这样，乳牛才能采食大量的粗饲料和适量的精料，充分发挥出产奶潜力，而且还有利于保持消化系统机能正常和身体健康。处于泌乳盛期的乳牛，尤其是高产乳牛往往因不能采食到足够的营养物质而出现营养赤字，造成产乳潜力得不到充分发挥或者被挤跨的后果。如果消化器官容积足够大的话，就可以减轻甚至避免这种不良后果。为此，早期补饲草料，锻炼消化器官，提高对植物性饲料的适应性。减少哺乳量并实行早期断奶，用适量的精料、大量优质青粗饲料进行培育，以促其形成容积大、强而有力的消化器官养成巨大的采食量，才有可能培育成高产乳牛。犊牛生后2~3周就能采食草料，出现反刍，腮腺开始活动，如果早期喂给草料，可促进瘤胃加速发育，刺激瘤胃微生物的生长繁殖，而瘤胃微生物的代谢尾产物，尤其是挥发性脂肪酸对瘤胃粘膜乳头的发育具有强烈的刺激作用。不同的饲料对犊牛胃发育的影响是大不一样的，固体性饲料对犊牛胃发育的影响比液体饲料大，而在固体性饲料中，优质的青粗料比精料的影响要大。出此，为了使牛具有强大的消化器官。进而培育成高产乳牛，以少量的牛乳、适量的精料、大量的优质青粗饲料进行培育是很有必要的，并且也是完全可能的。

　　实际生产中，牛场的技术人员非常重视犊牛腹部的发育，而生长速度并不要求太快，一般要求3月龄时体重达到90 kg以上，6月龄时160 kg以上，12月龄时，体重为初生重的7~8倍，16月龄时体重达到350 kg。切莫用过多的奶和精料进行过度饲养。

三、犊牛的饲养

（一）初生期的饲养

　　犊牛出生后7天内为初生期，也称新生期。此期犊牛的特点是生活环境发生了变化，即从母体子宫内到了母体外，但由于神经系统和某些组织器官机能尚未完善，因此，对新的生活环境适应能力很差，具体表现在以下二个方面：第一，抗病力差，初生犊牛抗病菌感染能力很差。胚胎期是在母体的直接保护和影响下生长发育的，在很大程度上可以排除外界环境的直接干预与不良影响，出生后，犊牛就直接暴露于外界，再也不能受母体的直接保护了，因而客观上就要求犊牛必须具有抵抗不良环境的能力。可是，初生犊牛的这种能力很差。首先是其免疫力差。初生犊牛本身没有产生抗体的能力，必到4周龄以后，才具备自己产生抗体的能力；牛不像人和兔那样在胚胎期间母体抗体可通过胎盘到达胎儿的血液循环中，故本身也不带抗体。其次，皮肤的保护机能差，即未建立起完整的生理屏障作用。由上所述可见，犊牛抗病菌感染能力差，易受各种病菌的侵袭而引起疾病，甚至造成死亡。第二，表现在营养方面不适应新的环境。由于生长发育旺盛，代谢强度大，因而需要大量营养物质，此时，犊牛再也不能依靠母体通过脐带供应营养了。营养物质只能经消化系统活动才能获得。而初生犊牛的前胃机能远未健全，且第一胃很小，只有真胃的一半大小，仅有真胃和肠具有消化和吸收功能，但胃肠运动及消化腺的分泌能力还较差。这样，营养物质需要强烈与消化机能差就构成了一对矛盾，因而表现出在营养方面不适应新的环境，容易因营养不足而严重地影响其生长发育。

  初生犊牛脱离了子宫，和母体失去了直接联系，因而仅能通过初乳与母体发生间接联系。所谓初乳，即母牛分娩后5~7天内所产生的乳，与常乳比较有如下特点：营养全价、干物质含量高、易消化、酸度高。干物质中蛋白质的总含量较常乳多4~5倍，尤其是白蛋白与免疫球蛋白，比常乳高20~25倍，白蛋白是极易消化的，对初生犊牛特别有利。免疫球蛋白是抗体，具有免疫力；乳脂肪多1倍左右；维生素A和维生素D多10倍左右；各种无机盐，尤其是镁盐也较多；初乳中还含有一种溶菌酶。此外，初乳中尚含有4种蛋白酶抑制素，正常奶中则极少，抑制素可保护抗体，使其不被消化而直接吸收。由于初乳具有这些特点，因而它对初生犊牛具有特殊的作用：第一，可提高抵抗病菌感染的能力。因初乳中含有不会被消化掉的抗体溶菌酶，加之初乳的酸度高，故可抑制病菌的活动。据研究，初乳中的抗体对于乳牛所敏感的所有微生物几乎都有抵抗力，甚至能将其完全杀死。因此，供给初生牛犊初乳，可大大提高其抗病力，提高其对不良环境的适应能力。第二，可满足生长发育的营养需要。由于初乳是营养丰富、干物质含量高、易于消化吸收的食物，而且由于酸度度高，可刺激胃肠系统的早期活动和促进消化液的分泌，提高对营养物质的消化利用率。所以，供给初乳，就解决了消化机能差与营养需要强烈之间的矛盾，满足了生长发育的营养需要。第三，有利于胎粪的排出。由于初乳中含有较多的无机盐，特别是较多的镁盐，具有轻泻作用，可促使胎粪排除，从而解决了初生犊牛因胃肠活动力差而使粪排出受影响的问题。

  由以上的分析可以看出，由于受初生犊牛特点的决定，初生期是决定其能否存活和很好地生长发育的关键时期，因而又称之为初生关，而喂给初乳，又是过好初生关的最主要措施。值得提出的是，初乳营养物质含量、抗体含量及酸度是随时间推移而逐渐降低的，以最初分泌的为最高。同时犊牛吸收抗体的能力亦以初生时为最强。据研究，初生时抗体的吸收率为50%，生后20 h便降至12%，这就要求犊牛生后应尽早地吃上初乳。有人推荐犊牛出生后15~30 min之内，最迟也不能超过2 h。第一次的喂量不限，即尽其饮足，以后每日喂量可按体重的1/8~1/6计，分2或3次喂完。初乳挤出后，应及时哺喂，若搁置时间久，温度已下降（尤其是冬天），应隔水加热35~38 ℃后再喂。初乳温度过低不可喂给，以免引起胃肠疾病，加温亦不可过高，因初乳酸度很尚，加温过高，很易引起凝固，犊牛消化困难。

  如母牛产后生病或死亡，可喂给同时期分娩的其他健康母牛的初乳。如无此种母牛，则要喂常乳，但每天须补饲20 mL鱼肝油，以补充维生素A之不足，因哺乳动物母体通过胎盘将维生素A转送给胎儿的能力很差。因此新生犊牛体内储存维生素A很少，生后急须补充维生素A，头5天还要在初乳中拌上250 mg土霉素，以后减半，也可喂人工初乳，其配方是新鲜鸡蛋2~3个，食盐 9~10 g，新鲜鱼油 15 g，加入到 1 L 清洁煮沸并冷却到 40~50 ℃水中，搅拌均匀，按每公交体重 8~10 mL 混入常乳中喂给。

人工初乳与母牛初乳之间必然存在一定差异，因母牛初乳到目前为止还有不十分清楚的成分，固其效果总有差异。一般犊牛不能饮完其母亲所分泌的母乳，特别是高产母牛，有较多的剩余乳汁。初乳由于酸度高和镁盐多，因此不能作为鲜奶出售，也不能加工制成奶粉等，但由于初乳具有前面所讲的优点，因此不该将其废掉，而应加以合理利用。剩余初乳与常乳混合喂给其他犊牛可以有效将其利用。近年来国际上不少国家都推广将剩余的初乳储存起来，用于喂犊牛。据称，两头母牛的剩余初乳可以喂一头犊牛（4~5 周龄断奶），这样就可以节约全乳或代乳料。但要注意，带血的初乳以及产前两周或产后用过抗生素的母牛所产的初乳，都不宜储存。初乳储存的方法有 3 种，即发酵法、添加保存剂法和冷冻保存法，其中以发酵法最为简便易行，应用也较广。发酵初乳也称酸初乳，与青贮方法一样，是利用乳酸菌发酵产生适宜的酸度达到抑制其他腐败菌类繁殖而得以保存的目的。制作酸初乳最好将其储存有盖的塑料桶内，如用铁桶则最好加塑料作衬里，以免产生的酸腐蚀金属等。

（二）初生期后的饲养

当犊牛初生期结束后，就可以从护仔栏转入犊牛舍，进入初生期后的饲养阶段。在此阶段开始哺喂常乳、补饲草料，并逐渐过渡到断奶，而以固体性饲料进行培育。

1. 哺喂常乳

应实行早期断奶，后面将专门叙述。关于犊牛的喂奶次数，我国各地多采用 3 次喂奶的方法，这和 3 次挤奶的时间安排基本一致。国际上不少国家多采用 2 次喂奶制，我国也有牛场做过每天 2 次喂奶的试验，获得了良好的效果。如上海试验证明：同样奶量 2 次喂奶和 3 次喂奶，犊牛没有差异，却大大减轻了劳动强度。

2. 早期喂饲植物性饲料

早期喂饲植物性饲料的目的就是为了促进胃尤其是瘤胃的生长发育，从生后 1 周开始，就应给予优质干草，任其自由咀嚼，练习采食，同时开始训练犊牛吃精料。初喂时可涂抹犊牛口鼻，教其舐食，以慢慢适应。一般出生后 3 周开始，就可以向混合精料中加入切碎的胡萝卜之类的多汁料，青贮料从 2 月龄开始喂给。由于犊牛生长发育旺盛，营养需要多，而消化机能弱，所以此期供给的饲料应营养浓度高，适口性好，易消化吸收的。这样，就兼顾了生长发育与消化器官锻炼的需要。一般所配日粮中蛋白质含量应是 20% 以上，脂肪含量为 7.5%~12.5%，粗纤维含量不超过 5%。

此外，犊牛还应补充一些抗菌素，抗菌素饲料能刺激消化道有益微生物群体的优先繁殖，抑制有害微生物，减少和寄主对营养物的竞争，并降低下痢等消化系统疾病的发病率，还可使犊牛增加采食量。总之，可以预防疾病、增进健康。提高增重（特别是在条件差的情况下，补喂抗菌素的效果更为显著）。例如上海第六牧场犊牛坚持在初生期结束后，每天补饲 10 000IU 的金霉素，30 天后停喂，犊牛的日增重提高 7%~16%，下痢亦大大减少。

四、犊牛的管理

（一）初生犊牛的护理

1. 清除黏液

犊牛出生后，应首先清除口及鼻部的黏液，以防呼吸阻塞；其次是略擦拭其体躯上的黏液，并将它放在母牛前面,让母牛舔干。母牛舔干犊牛身上的羊水,还有利于子宫收缩复原,便于排出胎衣。

2. 处理好脐带

分娩时细菌感染的门户首先是脐带,脐带直到分娩之前一直是补给营养的路径。而这条路径直接与肝脏和膀胱相连,分娩时脐带刚一断,这条路径还不能马上完全闭合,内脏就处于开放状态,细菌就会由此进入。所以犊牛生后一定要处理好脐带,如脐带已断裂,可在断端5%碘酊充分消毒,未断时可在距腹部6~8 cm处用消毒剪刀剪断,然后充分消毒。

(二)哺乳卫生管理

犊牛生后2周内宜用带有橡皮奶嘴的奶壶哺乳,这样的哺乳器,犊牛只有用力吮吸才能吃到奶,也就会使唇、舌、口腔与咽头黏膜的感受器受到足够强的刺激,产生完全的食管沟反射,乳汁全部流入真胃。同时,由于吮吸速度较慢,乳汁在口腔中能与唾液混匀,到真胃时凝成疏松的乳块利于消化。如果直接用奶桶哺乳,犊牛不费什么力可吃到乳,刺激强度小,食管闭合不全,且由于饮奶过急,乳汁往往会溢于前胃。由于此时前胃机能不完善,因而乳汁会在前胃引起异常发酵,导致犊牛生病。同时,奶在口腔中未能充分和唾液混合,到真胃中会凝成较坚硬的凝乳块(喂未对水的初乳时更明显)而难于消化。若这种凝乳块太过硬,常会堵塞皱胃与十二指肠连接的幽门,使皱胃内容物不能下移,造成皱胃扩张而死亡。3周龄后瘤胃中已形成微生物区系,就可对乳汁进行正常发酵了,也就可以用奶桶喂奶了。每次饮完奶后,喂奶用具及时洗净,用前消毒,并及时地用干净的毛巾将残留乳汁擦净,并用颈枷夹住,等其干燥后再放开犊牛,以免形成舔癖,舔癖的危害很大,常使被舔的牛犊造成瞎乳头及脐炎等;而有舔癖的牛,则因舔吃牛毛,久而久之在瘤胃中形成毛球,堵塞幽门或肠管而致丧命。若已形成舔癖,则可用小棒敲打嘴巴。破坏其吮吸反射,经反复多次即可纠正。

(三)犊牛舍卫生管理

初生期犊牛是放在护仔栏内,初生期结束后转入犊牛舍。犊牛生后2周内极易患病,主要是肺炎和下痢。这与牛舍卫生有很大关系。要求护仔栏在产犊前进行充分消毒,并铺上厚厚的垫草,犊牛栏也要做到定期消毒,保持舍内空气新鲜,温湿度适宜,阳光充足,这样才能保证犊牛健康地生长发育。

(四)运动与光照

运动对骨骼、肌肉、循环系统、呼吸系统等会产生深刻的影响,尤其是犊牛正处在生长发育旺盛的时期,运动就显得更重要、一般情况下生后10天就要将其驱赶到运动场。每天进行0.5~1 h的驱赶运动,1月龄后增至2~3 h,分上、下午2次进行。光照可增加淋巴球吞噬细胞的数量与活性;还有试验证明光照可提高增重10%~17%。

(五)皮肤卫生

要坚持每天刷拭皮肤,因为刷拭对犊牛有机体起着按摩皮肤的作用,能促进皮肤的呼吸和血液循环,增强代谢作用,提高饲料转化率。有利于犊牛的生长发育。同时借助刷拭,还可保持牛体清洁,防止体表寄生虫滋生和养成犊牛驯良的性格。

（六）调教管理

做好犊牛的调教管理工作，使之从小养成一个驯良的性格，无论对于育种工作还是成年后的饲养管理与利用都很有利。例如，犊牛没经过良好的调教，性格怪癖，就会给测量体尺、称重等育种工作带来很大麻烦；成年乳牛挤乳时踢脚、抗拒挤乳；公牛顶撞伤人等现象，都是由于在犊牛时期没有经过调教或不善调教之故。因此，管理人员必须用温和的态度对待犊牛，经常抚摸犊牛、按摩乳房和刷拭牛体。测量体温与脉搏，日子久了，就能养成犊牛驯良的性格。

五、犊牛的早期断奶

（一）早期断奶的意义

有许多试验证明，过多的哺乳量和过长的哺乳期，虽然可使犊牛增重较快，但对犊牛的内脏器官，特别是对消化器官有不利的影响，而且还影响了牛的体型及成年后的生产性能，为此国内外对犊牛的早期断奶进行了大量研究，取得了显著效果，并已在生产中普遍应用，实践证明早期断奶的意义主要表现正在如下三方面：① 大量节约鲜奶，缓解了供奶紧张状况；② 由于缩短了哺乳期，降低了喂奶量，又节约了劳动力，因而降低了培育成本；③ 由于提早补饲植物性饲料，促进了消化器官、特别是瘤胃的生长发育，提高了犊牛的培育质量，并有可能进一步培育成高产乳牛，而且由于瘤胃的强大，可减少消化道疾病的发病率，因而能提高犊牛成活率，降低死亡率，减少损失。

（二）早期断奶时间的确定及其生物学基础

我国早期断奶的时间确定为 4~8 周，因近年来的研究证明，及时地补饲草料，4 周龄时瘤胃容积可占全胃容积的 64%，已达成年牛相应指标的 80% 左右，6~8 周龄时前两胃的净重的 65%，已接近成年牛的比例，而且 6~8 周龄犊牛瘤胃发酵粗、精饲料产生的挥发性脂肪酸的组成和比例与成年牛相似，就是说此时的犊牛对固体性饲料已具备了较高的消化能力，因此，这个时期是犊牛断奶的适当时期。

值得提出的是：早期断奶的牛，其前期的生长发育及被毛光泽可能较差，但对以后的生长发育绝无影响，而且由于犊牛具有强大的消化器官及生长发育的可补偿性。牛在后期（育成期）增重很快，并优于断奶较迟的犊牛。成年后其产奶性能无疑地要比断奶晚的牛高。

例如，中国农业大学（即原北京农业大学）和北京双桥乳牛场早在 1980—1983 年就进行了早期断奶系统试验研究，研究了低奶量对各阶段体重（生长发育）、繁殖性能、产奶性能的影响。选择 5 对半同胞和 2 对全同胞母犊牛。随机配对分为试验组和对照组。试验组哺乳量为 90 kg，犊牛混合料 288 kg，哺乳期 30 天；对照组哺乳量为 500 kg，犊牛混合料 215.5 kg，哺乳期为 100 天，粗料均为自由取食。因试验组犊牛哺乳期仅 30 天，所用犊牛还添加了多维能素，其数量为每吨混合料 50 g。两组犊牛出生后 1~7 天喂其母亲初乳，8 日龄试验组改喂 2 次，两组犊牛料的料水比为 1:1，拌匀喂给。当犊牛料加到每日每头 2 kg 时，一直保持到 6 月龄，而靠增加粗料进食量来满足。6~12 月龄精料进食量逐渐增加到 2.5 kg，直到 18 月龄，其他养分靠粗料来满足。结果是两组牛全部成活，试验组牛只生长发育良好，培育期内被毛光泽正常、毛短、胎毛脱落及时，腹部与中躯发育良好而紧凑，体型均匀，克服了以往早期断奶出现的毛色暗而无光泽、腹部较松弛下垂、被毛过长等缺点。在生在发育方面：6 月龄时，试验组平均体重比对照组低 17.6 kg，但在 6~8 月龄期间，体重逐步得到了较好的补偿生长，到 18 月龄时两组牛体重基本相同。繁殖机能方面：试验组母牛初情期仅比对照组晚 3.3 天，试验牛一次输精全部受胎，而对照组为 1.67 次（受胎率为 60%），说明繁殖机能优于对照组。在 18 个月的培育期内，试验组平均培育成本为 976.5 元，而对照组为 1 194.63 元，试验牛每头降低成本 218.1 元，下降幅度为 18.3%，其中 212.4 元，即 97.1% 是在 0~6 月龄期间节省的。在产奶性能方面：试验群、大群推广组和孪生母牛试验组头胎 305 天产奶量分别比对照组对 421 kg、354 kg 和 439 kg，且三者的提高幅度大体近视。可见，低奶量培育的母犊在成年后奶量比常规奶量培育法有提高产奶量的趋势。

（三）犊牛料及代乳料的配制与利用

犊牛料系根据犊牛的营养需要而配制成的容易消化吸收的精饲料，起着促使犊牛由以奶为主的营养向完全以植物性饲料为主的营养的过度作用。形态可以为粗磨粉状，犊牛出生 4~7 天后开始提供，任其自由采食。随着时间的推移而增加采食量。1 月龄内宁可少吃青草，也要多供犊牛料，以保证犊牛初期的生长速度，当每天采食量达到 0.5~0.75 kg 时，即可断奶，当每天采食量达到 2 kg 时（约 3 月龄），可改喂混合料。犊牛料的配置原则是：20% 以上的粗蛋白，7.5%~12.5% 的脂肪。干物质含量 72%~75%，粗纤维不高于 5%。此外，矿物质、维生素、抗生素等都要保证。根据这个原则，犊牛料的配方可以很多，但多以植物性的高能、高蛋白饲料为主。

代乳料亦称人工乳，比犊牛科具有更高的营初生期养价值和极低的粗纤维含量，并具有更高的消化率，是一种粉末状的饲料，饲喂时要水稀释后喂养，代乳料主要作用是代替全乳，从而达到节约鲜奶之苦的。稀释率为 1∶6 至 1∶7)，代乳料还可起到补充全乳某些营养成分不足的作用，初牛期结束后立即使用。配制代牛乳的原则是含有 20% 以上的乳蛋白，脂肪含量 10% 以上。在此原则下，代牛乳的原料是以奶的副产品为主，如脱脂奶，而不像犊牛料是以植物性饲料为主。用于乳蛋白成本高，且来源短缺，因此，我国有些地区已发酵的剩余初乳来代替，一般每 2 头母牛所产的剩余初乳可培育一头母犊至 4—5 周断奶。

（四）早期断乳方案的制定

犊牛早期断奶方案的制定要根据生产用途（乳用、肉用）、犊牛料、代乳料的生产水平及饲管水平等来具体安排，没有统一规定，各地的单位要视具体情况而定。乳用犊牛早期断奶方案。段乳时间为 4—8 周龄，原则是在保持一定的生长速度前提下（不要饲养过度，也不要饲养不足），尽量多用青粗饲料，现介绍黑龙江省 8511 农场的方案：哺乳期一个月，哺乳量 100 kg。方法是 1—3 日龄喂初乳，4—20 日龄每头每天喂 4.5 kg，21—30 日龄喂奶量喂每天 2.0 kg。初生期后在饲槽内放置犊牛料（粉状），其配方是：豆饼 35%，玉米面 22%，麸皮 20%，高粱面 20%，骨粉、生长素、食盐各占 1%。此外犊牛料中还添加四环素，同时提供玉米秸秆草粉，任其自由采食。当每头每天采食量达 2.5 kg 时，不再增加，3 月龄后改喂普通混合精料。

【讨论与思考】

1. 名词解释

犊牛　早期断奶

2. 简答题

（1）犊牛饲养管理方法及关键环节；

（2）犊牛早期断奶的意义。

项目 4-3 育成牛的培育技术

【学习目标】
1. 了解育成牛培育对整个奶牛群体发展的重要性及培育原则。
2. 掌握育成牛的饲养及管理的科学方法。

【学习内容】
育成牛的饲养和管理直接决定牛的配种是否成功,所以育成的饲养管理是非常重要的。

【相关技能】
1. 了解育成牛消化生理及消化器官发育状况;
2. 掌握育成牛的饲养原则;
3. 掌握育成牛饲养管理方法及细则。

育成牛是指生后半年到配种前的犊牛,犊牛满 6 月龄从犊牛舍转入育成牛舍,进入育成牛培育阶段,育成母牛不产乳,无直接经济效益,也不像犊牛期那样脆弱、易病甚至死亡,因此,往往得不到应有的重视。所以,实际生产中有的牛场将质量最差的草喂给育成牛,以至达不到培育的预期要求。育成牛的培育是犊牛培育的继续,虽然育成牛阶段的饲养管理相对犊牛阶段来说是粗放些,但决不意味着这一阶段可以马马虎虎。这一阶段在体型、体重、产奶性能及适应性的培育上比犊牛期更为重要,尤其是在实行早期断奶的情况下,犊牛阶段因减少奶量对体重造成的影响,需要在这个时期加以补偿。如果此期培育措施不得力,那么到达配种体重的年龄就会推迟,进而推迟了初次产犊的年龄;如果按预定年龄配种,那么将可能导致终生体重不足;同样,若此期培育措施不得力,对体型结构、终生产奶性能的影响也是很大的。因此,对育成牛的培育也应给予高度重视。

一、育成牛的饲养

育成牛在不同的年龄阶段,其生长发育特点及消化能力有所不同,因而不同阶段的饲养措施也就不同。

1. 0.5~1 岁

此期是生长最快的时期,性器官和第二特征的发育很快,体躯向高度和长度方面急剧生长。前胃虽然经过了犊牛期植物性饲料的锻炼,已具有了相当的容积和相当的消化青粗饲料来满足此期强烈生长发育的营养需要,同时,消化器官本身也处于强烈的生长发育阶段,需要继续锻炼。因此,为了兼顾育成牛生长发育的营养需要并进一步促进消化器官的生长发育,此期所喂给的饲料,除了优良的青粗料外,还必须适当补充一些精饲料。一般来说,饲粮中干物质的 75% 应来源于青粗饲料,25% 来源于精饲料。

2. 12 月龄至初次妊娠

此阶段育成母牛消化器官容积更大,消化能力更强,生长渐渐进入递减阶段,无妊娠负担,更无产奶负担,若能吃到优质青粗饲料基本上就能满足营养的需要,因此,此期日粮应以青粗料为主,如此安排,不仅能满足营养需要,而且能促进消化器官的进一步生长发育。

二、育成牛的管理

犊牛转入育成牛舍时,要实行公母分群,通槽系留饲养。育成牛的管理项目除了运动和刷拭以外,还有一项非常重要的管理项目就是要坚持乳房按摩。乳腺的发育受神经和内分泌系统活动的调节,对乳房外感受器施行按摩刺激,通过神经——体液途径或单纯的神经途径(前者通过下丘脑垂体系统,后者通过直接支配乳腺的传出神经)能显著地促进乳腺发育,提高产奶量。乳腺对按摩刺激产生反应的程度,依年龄有所差异。性成熟后,特别是妊娠期是乳腺组织发育最旺盛的时期,此期加强按摩效果最显著。如据上海牛乳公司第六牧场的试验,对 6—18 月龄的育成母牛每天按摩 1 次乳房,18 月龄以上者按摩 2 次,每次都配合使用热毛巾擦洗乳房,结果试验组比对照组产奶量提高了 13.3%。育成母牛按摩乳房还可使其提前适应挤奶操作,以免产犊后出现抗拒挤奶现象。每次按摩时间以 5~10 min 为宜。

【讨论与思考】

1. 名词解释

育成牛 青年牛 性成熟 体成熟

2. 简答题

育成牛饲养管理方法及关键环节有哪些?

项目 4-4 青年牛的饲养管理

【学习目标】

了解青年牛的饲养管理。

【学习内容】

青年牛是指已怀孕的奶牛,在此阶段的饲养摄入有一定的要求,不能过肥也不能过瘦,管理要得当。

【相关技能】

掌握青年牛的饲养管理。

青年牛指 14—16 月龄配种妊娠后到产犊前的母牛。青年牛的培育目标是在 23—25 月龄初产时,体重达到 540~620 kg(为成年体重的 80%~85%),并顺利完成第一个犊牛的生产。

母牛怀孕初期,应用需要与配种前相近。分娩前 2 个月应逐渐增加精料比例,满足胎儿后期发育得需要,并适应分娩后对大量精饲料摄入的要求,饲喂视膘情灵活掌握,控制在分娩时达到理想的体况评分(3.5 分)。青年初孕牛营养需要:NND18~20 个,DM7~9 kg,CP750~850 kg,Ca45~47 g,P32~34 g。精料配方(%)玉米 46,麸皮 26,豆饼 25,磷酸氢钙 2,食盐 1。

青年牛由于怀有胎儿,因此在整个怀孕期间要注意饲草饲料的质量和日粮营养的平衡。尤其是不能饲喂发霉变质的饲草饲料和冰冻的饲料。在治疗疾病时,治疗方法和药物的选择也要考虑是否会引起流产或影响胎儿发育。

青年牛的保胎工作非常重要,在怀孕后期应单独分群饲养管理,以免被其他母牛顶伤或导致流产。初次怀胎的母牛,未必像经产母牛那样温驯,因此,管理上必须非常耐心,并经常通过刷试、抚摩等与之接触,使之养成温驯的习性,以适应产后管理。切记初孕牛分娩前 2 个月应转入干奶牛舍。

【讨论与思考】

1. 名词解释

青年牛

2. 简答题

青年牛的饲养要注意哪些问题？

项目 4-5　成母牛的饲养管理

【学习目标】

1. 了解成年母牛生理及生产特点。
2. 根据育成年母牛的各个泌乳阶段不同营养需要进行饲养管理。
3. 掌握干奶牛的饲养方法及管理。
4. 掌握围产期的饲养及管理要点。

【学习内容】

成母牛是指第一次产犊后的母牛。饲养成母牛的目的，就是使其健康长寿，多繁殖优良后代，提供量多、质优的牛奶，创造更高的经济效益。

【相关技能】

1. 掌握奶牛各阶段体况评分要点。
2. 掌握奶牛泌乳期各阶段时间段及营养需求、生产效率特点。
3. 掌握干奶期的干奶技术。
4. 了解 TMR 饲养技术及各阶段营养供给。

成母牛是指第一次产犊后的母牛。饲养成母牛的目的，就是使其健康长寿，多繁殖优良后代，提供量多、质优的牛奶，创造更高的经济效益。

一、成母牛生理及生产特点

奶牛生产周期是指从这次产犊开始到下次产犊为止的整个过程，在时间上与产犊间隔等同。奶牛生产周期包括一个泌乳期和一个干奶期。泌乳期从分娩后第一天开始并持续 305 d，这是人们饲养奶牛，获得大量优质牛奶盒取得经济高效利润的主要时期。干奶期则为泌乳期结束到下一次产犊之间的间隔，大约持续 45～75 d。干奶期奶牛虽然不产奶，但是奶牛要喂胎儿生长、泌乳系统修复以及下一个泌乳期的到来而做体力和营养上的准备，因此是一个重要的而且必需的过渡阶段。因此奶牛生产周期通常是 12～13 个月。在生产周期内，奶牛的产奶量、干物质摄入量和体重变化均遵循一定规律。人们通常根据这些规律将奶牛生产周期分为 5 个阶段：即干奶期、围产期、泌乳盛期、泌乳中期和泌乳后期（图 4.2）。我们必需弄清各个阶段奶牛泌乳、采食和体重变化之间的关系，这是成年母牛饲养管理的基础和根据。

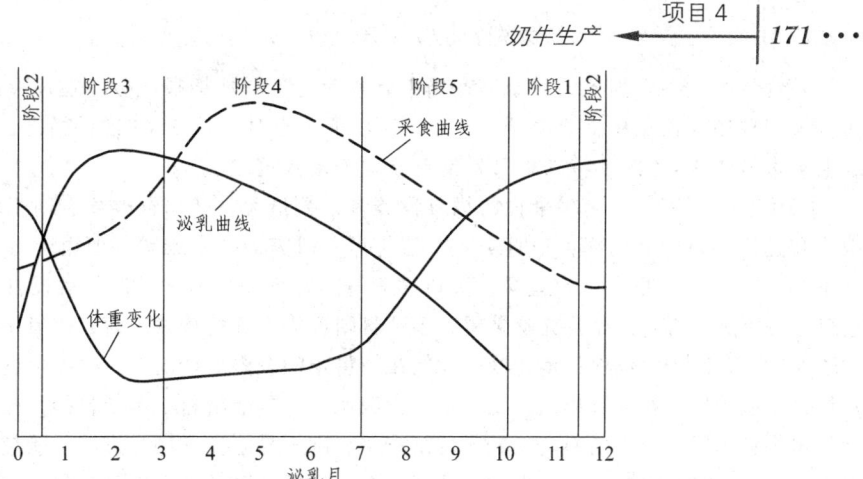

阶段 1. 干奶期　阶段 2. 围产期　阶段 3. 泌乳盛期
阶段 4. 泌乳中期　阶段 5. 泌乳后期

图 4.2　奶牛生产周期中泌乳、采食和体重之间的关系

1. 干奶期

产前 45～75 d 到产前 15 d。奶牛不产奶，但已经怀孕 7 个月以上，食欲良好。

2. 围产期

产前产后各 15 d。产前 15 d，奶牛不产奶，但食欲开始下降，饲养难度开始加大。产后 15 d，奶牛开始产奶且产奶量迅速增加，但奶牛处于体力和生殖系统恢复时期，食欲极差，奶牛开始处于能量负平衡状态。

3. 泌乳盛期

产奶 16 d 到产后 70 d。产奶量增加比干物质采食量增加快，能量需求比实际摄入量高。奶牛必须动员体脂补充所需的额外能量，因而体重下降。

4. 泌乳中期

产后 70 d 到产后 140 d。产奶量开始下降，但干物质采食量继续增加，泌乳所需的能量与奶牛所摄入的能量基本持平。奶牛不再动员体脂储备，因此体重开始上升。

5. 泌乳后期

产后 140 d 到干奶。产奶量和干物质采食量均下降。奶牛摄入的能量比所需要的能量多，体脂开始重新积累，奶牛体重增加。

二、成母牛一般饲养管理技术

（一）饲喂技术

1. 饲喂方法

同样的饲料，不同的饲喂方法，会产生不同的饲养效果。可见饲喂对奶牛生产是何等重要。一般要求：就是尽量让牛多采食青粗饲料和吃完精料定额，让牛既吃得饱，又消化好，还不浪费饲料，最终达到提高产奶水平的目的。饲喂方法设计饲喂次数及饲喂顺序。

（1）饲喂次数：据研究饲喂次数和采食量有直接的关系，每日饲喂 4 次比 3 次可增加青粗饲料的采食量约15%。因此，对于高产奶牛有毕业适当增加饲喂次数。在饲喂次数方面，一般的做法多采用日喂3次，中低产牛群（6 000 kg以下）也有日喂2~3次的情况，高产牛群（7 000 kg以上）可日喂3~4次（特别是每日精料要均匀多次饲喂）。

（2）饲喂顺序：因为牛采食的饲料种类多，数量大，如何饲喂才有助于增进牛的食欲，促进消化和提高饲料的利用率，一直是一个值得深入研究的技术难题。但由于习惯，场家饲喂方法各有不同，效果自然也有一定差异。如以精料→多汁料→粗料的顺序先后投料，由于精料及多汁料适口性好，奶牛喜食，而且先吃精料、多汁料则形成良好的食欲反射，使消化道大量分泌消化液和加强蠕动，有助于对饲料的消化吸收；但在精料定额较多的情况下，往往影响对其他青粗饲料的采食量，易造成日粮粗纤维摄入不足。也有先喂粗料、再喂精料、多汁料得情况，这使奶牛能大量采食青粗饲料，但对个别精料定额较多的高产牛，则不易吃完定额，影响了能量和蛋白质摄入。此法对中、低产牛较为适宜，使奶牛能充分利用青粗饲料。第三种方法是粗料→精料、多汁料→粗料得顺序。即先喂一部分粗料（干草）接着喂精料、多汁料，喂完挤奶，挤完奶后再喂粗料（青粗）。这种饲喂方法，既能吃完精料定额，又能促进多采食粗料。以上几种饲喂顺序多用于传统的栓系式饲养。对于散栏饲养的奶牛现多采用全混合日粮（TMR）自由采食，此法是将粗饲料（包括玉米青贮、干草等）先切碎，然后再喝精料、各种添加剂充分混合而成。其优点是奶牛采食的每一口饲料其应用是全面均衡的，奶牛能采食到较多的干物质，对增产有利，而且便于实施机械化，在国外欧美乳业发达国家很为流行。这种饲喂要求把牛按生理阶段和泌乳周期分群。

2. 日粮组成

（1）饲料原料多样化：泌乳牛应用需求高，进食量大，尤其是高产奶牛，每天饲料干物质进食量高达体重的3.5%~4.0%。由于各种饲料之间的容重和营养成分均不相同，任何一种单一饲料的使用都不能满足奶牛在各个时期的应用需求，所以泌乳牛的日粮原料组成应力求多样化。饲料多样不仅可起到养分间的互补作用，从而提高日粮的总应用价值，使奶牛能获得全价的营养，而且是降低饲养成本的有效手段之一。

一般来说，奶牛日粮组成中精料至少4~5种，粗料要有3种以上，此外还须提供多汁料及副产品饲料。

（2）精、粗饲料要合理搭配：泌乳牛的日粮依其瘤胃消化生理特点所决定，应以青粗饲料为主，适当搭配精料，精料的喂量应根据泌乳牛的生理阶段、生产性能和青粗饲料所含的蛋白质水平和能量浓度而定。同时日粮体积大小，干物质多少，也是组成日粮的参考依据，既要做到日粮满足营养需要，又要体积适当能吃得进。各阶段日粮的改变应该有7~10 d的过渡。奶牛日粮组成（按干物质计）的基本原则：

① 精粗比例。

干奶期：30∶70；围产期：50∶50；泌乳盛期：60∶40（极限值为70∶30）；

泌乳中期：50∶50；泌乳后期：45∶55。

② 钙、磷比例：1.5~2∶1。

③ 粗纤维占日粮干物质比例：14%~18%。

④ 保持能量与蛋白质的平衡。

⑤ 保证各种微量元素及维生素的合理比例。

3. 定时定量，少给勤添

奶牛在长期的采食过程中可形成条件反射，按时饲喂将有益于消化液分泌，这对于提高饲料种营养物质的消化率极为重要。所以，定时定量利于采食和消化。

4. 饲料更换切记突然

由于年瘤胃内微生物区系的形成需要 30 d 左右的时间，一旦打乱，恢复很慢。因此，在更换日粮组分时，必须逐渐进行，应有 1~2 周的过渡期，以便使瘤胃微生物区系能够逐渐调整，最后适应。需要特别指出的是，奶牛日粮要求稳定，最忌常变动，饲料供应不稳定，不仅造成牛群消化失调，腹泻增多而且直接影响产奶量。因饲料的变化造成奶量下降，往往很难再几天内再恢复到原有的水平。因此，奶牛场必须做到按计划、按质、按量稳定供应饲料。

（二）日常管理

1. 刷试牛体

牛体刷试对促进奶牛新陈代谢，保持牛体清洁，保证牛奶卫生均有重要意义。每天刷试牛体，既能清楚牛身上的污垢，保持牛体清洁，促进血液循环，增进新陈代谢，有利健康和增产，又可预防体外寄生虫病，同时有助于培养奶牛温顺性情，便于饲养人员的管理。

常用得刷试工具，有铁刮、毛刷、棕刷及塑胶刷等。每次刷试均须由颈部开始，由前到后，自上而下，一刷紧接一刷，刷遍全身，不要疏漏。对刷试不掉的污垢，亦可用水清洗。

一般要求每日刷 2 次，且应在挤奶前 0.5~1 h 完成。国外大型集约化奶牛场在牛只出入频繁的部位电动滚刷，但国内现代大型奶牛场目前多不进行牛体刷试。

2. 肢蹄护理

护蹄对奶牛产奶、繁殖和长寿健康都具有重要作用。经常护理，可以减少肢蹄病得发生，延长使用寿命。护蹄方法是：保持牛舍通道、牛床、运动场地面干燥、清洁，防治通道及运动场上有碎石或尖锐异物，以免损伤牛蹄。定期用 10%的硫酸铜（或硫酸锌）或 3%福尔马林溶液浴蹄，对经产母牛坚持春秋季定期修蹄。

3. 适度运动

适度运动对舍饲奶牛提高产奶量，改善繁殖力和体质状况均有益处。运动能促进血液循环，增强体质，增进食欲，防治腐蹄病，同时户外运动还可让奶牛接受紫外线照射，运动还有助于观察发情、发现疾病。因此，要保证奶牛每天至少 2~3 h 的户外运动。

4. 饮 水

饮水对奶牛非常重要，特别是对泌乳牛，若饮水不足会直接影响到奶牛的产奶量。影响奶牛饮水量的因素是多方面的，主要是干物质摄入量、奶产量、气温、钠摄入量等。一般来说，奶牛每采食 1 kg 饲料干物质相应需要饮水 3.5~5.5 L（平均为 4.5 L），因此一头日产奶 50 kg 以上的奶牛每天的干物质采食在 22~25 kg，需饮水 100~150 L，中低产奶牛每天也需饮水 60~70 L。随着季节和气温变化，饮水量略有增减。因此必须给奶牛提供充足、清洁的水源和良好的饮水条件，保证奶牛能够自由饮水。最好再牛舍设立自动饮水器，并在牛舍运动场内设水槽，要经常打扫、清洁饮水器具，保持饮水清洁卫生。冬季水温应保持在 8 ℃ 以上，防止奶牛饮冰水，高产奶牛水温不得低于 14 ℃。其原因是过凉的水部仅使奶牛多消耗热能，而且易使胃肠受寒，引发疾病甚至导致流产。

（三）饲养方式

众所周知，奶牛的生产性能是随着基因选择，营养改善，疾病控制和其他饲养管理的改进而不断提高，其中饲养方式是否合理直接影响到奶牛生产力的发挥。奶牛饲养方式有放牧饲养、舍饲加放牧综合饲养、栓系舍饲、散栏群饲等，因饲养方式的不同，奶牛管理则经历了：放牧饲养的粗放管理→定位舍饲的劳动密集型管理→散栏群饲的有限精确管理。

1. 栓系饲养

这是一种较常见的饲养工艺，对规模较小的牛群来说，这种饲养最为经济实用。其优点是，牛有固定床位，使养牛者有更多的机会来照看母牛，而且工作起来舒适方便。这种饲养工艺能发挥饲养者的最佳管理水平（当然这是对有经验的养牛者而言），但因劳动强度大，环境卫生状况较差尚有待改进。

2. 散栏饲养

散栏饲养在养牛发达的北美和西欧应用最多，因为其符合奶牛生物学特性，满足奶牛疾病生理要求，有利于实现机械化，极大地提高劳动生产率，从而逐渐在全世界被广泛采用。我国新建的规模化奶牛场正在全面推行这种饲养工艺。

在大跨度的牛舍内或运动场上为奶牛设置通槽，由喂料车或自动输送装置将全混合日粮加入槽中，任牛 24 h 自由采食。牛不栓系，可在舍内或运动场自由走动。另外，在牛舍设自由牛床，好让牛卧息反刍。例如：一个饲养 110 头泌乳牛的牛舍只需牛床 90 个就可以了。此外，还应设矿物盐舔槽及饮水装置，高产牛脖子上带有电子装置，可打开封锁的精料槽，吃到计算好的精料。

散栏饲养，牛可自由饮食、反刍、休息。自由牛床两边有栏杆，头顶也有栏杆和隔板，防止牛互相角斗，影响休息。牛通道设漏缝水泥地板，易于清理，保持地面干燥，牛床上铺有厚厚的垫料，牛卧下十分舒适，从而防止乳房炎、肢蹄病、消化障碍等疾病，提高奶牛产奶量和牛场经济效益。一个劳动力可管理泌乳牛 50 头以上，极大地提高了劳动效率。

三、干奶牛的饲养管理

奶牛一般在产犊前 45～75 d 内停止挤奶，停奶后的母牛称妊娠干奶牛，干奶的这段饲养期称为干奶期。干奶期饲养管理是成母牛饲养管理过程中的一个重要环节，干奶期饲养管理的好坏对胎儿的正常生长发育、母牛的健康以及下一个泌乳期的产奶表现均有重要的影响。

（一）干奶的意义

1. 满足胎儿发育要求

干奶期正好是母牛产前两个月，这时胎儿发育加快，需要大量营养，同时胎儿体积增大，压迫母牛消化器官，消化能力减弱。为了保证胎儿应用需要，减轻母牛负担，应该采取干奶措施。

2. 乳腺组织周期性休整

母牛乳腺组织经过一个泌乳期的分泌获得，必然会受到不同程度的损伤，因此，通过干奶，给乳腺一个休整时机，以便乳腺分泌上皮细胞进行再生、更新、重新发育。

3. 瘤网胃机能恢复

母牛的瘤网胃经过一个泌乳期高水平精料日粮的应激，其消化代谢机能进入疲劳状态。干奶期大量饲喂粗料，可以恢复瘤网胃的正常机能。

4. 恢复体况

母牛经过长期的泌乳和妊娠，消耗了体内大量的营养物质，通过干奶期的饲喂，弥补母牛体内亏损，满足胎儿发育，并且能储积一定营养，为下一个泌乳期能更好地泌乳打下良好的基础。

5. 治疗疾病

某些在泌乳期难以治愈的疾病，如隐性乳房炎通过干奶前，可以得到有效防治。同时还能调整代谢紊乱，特别是有利于乳热症的预防。

（二）干奶期长短

干奶期的长短，一般控制在 60 d 左右。对于头胎牛，体弱、老龄牛，高产牛，干奶期可适当延长，但最长不要超过 75 d，否则影响其健康和生产性能。而对于身体强壮，营养状况良好，产奶量较低的母牛，干奶期可缩短为 45 d。

据报道，干奶期如少于 35 d，则会使下一个泌乳期的产奶量下降，主要是因为过短的干奶期妨碍了如下上皮细胞的更新或再生，从而直接影响下一个泌乳期的产奶。如果干奶期长于 75 d，则会增加干奶期饲养成本，降低奶牛当胎的产奶量和经济收益。

（三）干奶方法

奶牛在接近干奶期时，乳腺的分泌活动仍在进行，高产奶牛甚至每天还能产奶 10～30 kg。但不论产奶量多少，到了预定停奶日，均应采取果断措施，使之停奶。生产中常用的干奶方法有两种，即逐渐干奶法和快速干奶法。

1. 逐渐干奶法

逐渐干奶法是用 1～2 周的时间使奶牛泌乳停止，这种方法适用于过去难停奶的牛或高产牛。具体方法是：在预定停奶前 1～2 周开始停止乳房按摩，改变挤奶次数和挤奶时间，由每天 3 次挤奶改为 2 次，而后 1 天 1 次或隔日 1 次；改变日粮结构，停喂糟渣、多汁饲料，减喂精料，增喂干草，控制饮水，通过这些处理，当产奶量降至 4～5 kg 时，即停止挤奶。

2. 快速干奶法

此法是用 5～7 d 的时间将奶牛干奶，用于高、中产牛。快速干奶的具体方法是从干奶的第 1 天起，适当减少精料，停喂多汁料，控制饮水量；减少挤奶次数和打乱挤奶时间：干奶的第 1 天由每天 3 次挤奶改为日挤奶 2 次，第 2 天挤 1 次，以后隔日挤 1 次，一般经 5～7 d 后，日产奶量下降到 8～10 kg 以下时，即可停止挤奶。若为低产牛可在预定干奶之日，即停止挤奶。

上述两种停奶方法各有优劣，要针对牛群情况采用（现多提倡采用快速干奶法）。最后 1 次将奶彻底挤净，挤完奶后，立刻用 70%～75%酒精消毒乳头，而后向每个乳区注入一支含有长效抗生素的干奶药膏，最后再用 3%～4%次氯酸钠溶液或其他消毒液浸浴乳头。以后就不再触动乳房。但停奶后的 3～4 d 内，要随时注意乳房变化，乳房最初可能会继续肿胀，只要乳房不出现红肿、热痛等不良现象，就不必管它。经 3～5 d 后，乳房内积存得奶即会逐渐吸收，约 10 d 后乳房收缩变软，处于停止活动状态，停奶工作即告结束。

若停奶后乳房出现过分肿胀、红胀或滴奶等现象，应重新挤奶，待炎症消失后再行干奶。

干奶前还有两项重要的工作，一是要验胎，确保有孕；避免因初次验胎的失误导致奶牛长期空怀；二是必须进行隐性乳房炎检测，因此期是治疗隐性乳房炎的最佳时期。

（四）干奶牛的饲养

干奶牛宜从泌乳牛群分出，单独饲养。日粮以青粗饲料为主，日粮干物质喂量控制在奶牛体重的 1.8%～2.2%，其中粗料的干物质进食量至少达到体重的 1%～1.5%。比较理想的粗料为干草

（禾本科干草较好，少喂豆科干草），这又助于瘤胃正常功能的恢复与维持。此期玉米青贮或精料只能适量饲喂，以防母牛出现肥胖症，造成难产和代谢紊乱。

干奶前期奶牛体况最好保持在3分，而到干奶后期时过渡到3.5~4分。因此，干奶牛精料喂量应视母牛体况和青粗饲料质量而定。对体况良好（4分）的母牛，精料一般仅需少量补充或不喂。当粗料质量差、采食量减少，且体况不良（低于3分）时，或冬季气候寒冷时，除给予青粗饲料外，还需要酌情给予1.5~3 kg的精料，使母牛产前有适当的增重，体况达3.5分。

总之，干奶期母牛营养要适当，不可过多增重，否则易导致难产。不仅如此，干奶期过肥的母牛产后食欲下降，易引发酮血症和脂肪肝。

（五）干奶牛的管理

干奶牛和青年初孕牛一样，为了保胎的需要，应单独分为一群进行饲养管理。

1. 适当运动

干奶母牛每天要保持适当的运动，通过运动和光照，有利于奶牛的健康，有利于减少难产和胎衣滞留。但不可驱赶，以逍遥运动为宜。

2. 防止流产

饲喂干奶母牛的日粮，应做到饲料必须新鲜、干净，绝不能供给冰冻、腐败、变质的草料，而且不宜喂冷水。注意干奶期不宜进行采血、接种及修蹄。

3. 保持牛体卫生

干奶牛新陈代谢旺盛，容易产生皮垢，因此，要加强对牛体的刷试，要求每天至少刷试2次，同时保持牛床清洁干燥，勤换褥草。

4. 按摩乳房

当乳房变软收缩后，可实施乳房按摩，每天1次，每次5分钟，将有助于促进乳腺发育，但对产前出现水肿的牛应停止按摩。

5. 保证阴阳离子平衡

在产前的两到三周为奶牛提供阴离子盐（NH_4Cl\\$MgSO_4$等），能有效降低产后瘫痪的发病率。

四、围产期奶牛的饲养管理

围产期是指母牛分娩前后各15天这段时间，也可适当缩短或延长1周。围产期奶牛一般在专门的产房进行饲养管理。

奶牛围产期饲养管理是奶牛生产管理的重要组成部分，其饲养管理好坏直接关系到奶牛产后健康状况及泌乳性能的发挥，关系到奶牛的下一胎的产奶量及终生产量，围产期的饲养管理跟不上，常导致奶牛产后疾病增多，如可引起产后瘫痪（乳热症）、子宫炎、卵巢囊肿、胎衣不下、乳房炎、真胃移位、酮病等一系列的疾病发生。据报道，牛群围产期疾病的发生率一般高达25%~27%。就个体而言，奶牛围产期疾病占整个产奶周期的70%，也可以说，只要控制了奶牛围产期的疾病，就等于控制了奶牛70%的疾病。有统计表明，成母牛死亡的70%~80%发生在这一时期，所以这一阶段的饲养管理应以保健为中心。

奶牛围产期的管理非常关键，而且奶牛围产期疾病属多因子病，既有生理变化、遗传方面的因素，又有饲养管理及环境卫生等原因。因此，加强围产期奶牛生殖系统、泌乳系统和消化系统疾病的检测，做好围产牛的饲养和狐狸，安排好产后奶牛的挤奶将是这一时期的中心任务。

（一）多病原因

1. 生理变化

（1）妊娠后期内分泌系统的平衡被打破。

（2）分娩过程是一种强烈的应激。

（3）分娩后母牛恢复食欲较慢，而产奶量急剧上升。

2. 遗传因素

有些个体特别易发生围产期疾病。

3. 产前过饲

精料饲喂过多，可导致酮病、子宫炎、真胃移位等疾病。据报道，干奶期日粮粗蛋白质含量为15%时，代谢病发生率为70%，而当粗蛋白质含量降至12%时，发病率减少至7%。

4. 饲粮配制不全价

日粮种某些营养成分缺乏或不足，钙、磷比例不当，日粮中硒、维生素E缺乏，围产期发病率增加，反之，给日粮补充维生素E和硒，可显著降低乳房炎、胎衣不下。

5. 感染因素

子宫炎和乳房炎与病原微生物感染有着直接的联系。

总之，围产期是奶牛生理病理最敏感的时期，因此，饲养管理应以保健为中心。

（二）围产期饲养管理

1. 围产前期饲养

这一时期常采用"引导"饲养法，方法是从产犊前2周开始，每天在原精料水平的基础上增加0.5 kg，直到采食精料量达到体重的1%~1.5%为止。这有助于母牛适应产后大量采食精料的变化。临产前母牛除减喂食盐外，还应饲喂低钙日粮。其钙含量减至平时喂量的1/3~1/2，或钙在日粮干物质中的比例降至0.2%，临产前2~3天内，精料中可适当增加麸皮含量，以防便秘，利于分娩。产犊后的前7天可视奶牛健康和乳房肿胀情况继续进行采用引导饲养，以便于奶牛体况的恢复。围产前期奶牛体况以维持在3.5~4分为宜。过肥过瘦都不利于奶牛产犊饿产后健康。

2. 围产前期管理

临产前母牛生殖器最易感染病菌。为此，母牛产前2周应转入产房，单独进行饲养管理。产房预先打扫干净，用2%火碱或20%的石灰水喷洒消毒，铺上干净而柔软的褥草，并建立常规的消毒制度。母牛后躯和阴部用2%~3%来苏儿溶液刷洗，然后用毛巾擦干。

产房昼夜有人值班，勤换垫草、坚持运动和刷试。发现母牛有临产症状时，助产员用0.1%高锰酸钾溶液洗涤外阴部和臀部附件，并擦干，铺好垫草，任其自然产出。

（三）分娩期饲养管理

舒适的分娩环境和正确的接牛技术，对母牛护理和犊牛健康极为重要。母牛分娩必须保持安静，并尽量使其自然分娩。一般从阵痛开始需1~4小时，犊牛即可顺利产出。如果努责无力或发现异常，应进行人工助产。母牛分娩使其左侧躺卧，以免胎儿受瘤胃压迫产出困难。母牛分娩后应尽早驱使其站立，以免流血过多。

母牛分娩后稍事休息（20～30 min）立即驱起，喂饮温热麸皮盐钙汤 10～20 kg（麸皮 1 kg、食盐 100 g、碳酸钙 100 g），以利用母牛恢复体力和胎衣排出。

母牛分娩过程中的卫生状况与产后生殖道感染的发生关系极大。母牛分娩后必须把它的两肋、腹部、乳房、后躯和尾部等污脏部分用温消毒水洗净，用洁净的干草全部擦干，并把玷污的垫草和粪便清除出去，地面消毒后，再铺上厚的清洁垫草。

为了使母牛恶露排净和产后子宫早日恢复，还应喂饮热益母草红糖水（益母草粉 250 g，加水 1 500 g，煎成水剂后，加红糖 1 000 g 和水 3 000 g，饮时温度 40～50 ℃）每天 1 次，连服 2～3 次。

产后 0.5～1 h 内进行第一次挤奶。挤奶前先用温水洗刷牛体两侧、后躯和尾部，另用含有 0.1%～0.2%的高锰酸钾温水洗净乳房，每个乳头弃去第一、二把奶，再挤 2 kg 左右初乳立即喂犊牛。一般地，奶牛产后第一次挤乳不可挤净，挤出量可为估计产奶量的 1/3，以后随乳房肿胀的消失挤出量可逐渐增多，到第三天时按常规每次挤奶应该挤净。

正常情况下，母牛产后 4～8 h 内胎衣脱落，胎衣脱落后检查是否完整，然后将阴部清除干净，用来苏儿水消毒，并移走胎衣。如 12 h 不下者可采取人工剥离法或药物灌注法。人工剥离胎衣前向子宫内灌注 5%温盐水 6～8 L，使胎衣漂浮易剥离。

母牛产后应天天或隔天用 1%～2%来苏儿洗刷后躯，特别是臀部、尾部、外阴部，要将恶露彻底洗净，以免生殖道感染。

（四）围产后期饲养管理

为照顾母牛产后消化机能较弱的特点，母牛产后 2 d 内应以优质干草为主，适当补喂易消化的精料，如玉米、麸皮，并恢复钙在日粮中的水平和食盐的含量。对产后 3～5 d 的乳牛，如母牛食欲良好、健康、粪便正常、乳房水肿消失，则可随其产奶量的增加，逐渐增加精料和青贮喂量。一般每天精料增加量以 0.25～0.5 kg 为宜。这一时期的饲养应以恢复奶牛健康，不过分减重为目标。

产后一周内的乳牛，不宜饮用冷水，以免引起胃肠炎，应坚持饮温水，水温 37～38 ℃，一周后可降至常温，为了促进食欲，要尽量多饮水。

产后母牛泌乳机能迅速增强，采食增加，代谢旺盛，常发生代谢紊乱而患酮病和其他代谢病，需要及时补糖补钙。产后 15 d 内的母牛，其饲养的重点应当以尽快促使母牛恢复健康为原则。母牛产后 12～14 d 肌注促性腺激素释放激素，可有效预防产后早期卵巢囊肿，并使子宫提早康复。

对于初次产犊的母牛，由于本身还未发育完善，在第一个泌乳期体重还要增加 50～70 kg 以上，因此，对于初产母牛，产后的饲养标准要略高于同样产奶量、同样体重的经产母牛，一般在相同体重和产奶水平的经产母牛饲养标准基础上，再增加 20%，以满足其本身继续生长发育的需要，此外，初产母牛的乳房体积较小，乳头短，乳管较细，还不习惯于挤奶，所以管理上要有耐心、慢慢抚慰、调教，彻忌捆绑或鞭打，以免养成踢人、仇视人的恶癖；第三个特点是胆子小，采食量和采食速度都不及经产母牛，故初产母牛最好是单独组群，合理饲喂，科学管理。

五、泌乳盛期奶牛的饲养管理

泌乳盛期指奶牛产后 16～70 d，这一时期是奶牛生理各指标变化最为剧烈的时期，也是生产上最难饲养的时期之一。

(一)生理特性与管理目标

由于体内激素的作用奶牛在产后产奶量迅速上什,一般 4~6 周即可达产奶高峰。此时,虽然食欲已恢复正常,但因为生理上的原因干物质进食量在 8~10 周才达到高峰。故此期奶牛无论怎样饲喂,也很难满足产奶需要,高产牛尤甚。据报道,这一时期奶牛体重每天可降低 0.7 kg,大部分损失是动员体脂的结果,同时骨骼中钙和磷的损失也相当严重。约 80%的奶牛在产后 30~40 d,体况下降 0.5~0.75 分,经产牛一般在产后 70~90 d 体况才开始逐渐恢复。此期奶牛过分减重会导致发情延迟,卵泡发育受阻,静止发情增多,受胎率降低,从而严重影响母牛繁殖力。据美国报道,奶牛分娩后 35 d,体况指标下降 0.5 分得受胎率为 65%,下降 0.5~1.0 分得受胎率为 53%,下降 1.0 分以上的为 48%。因此,减少体内能量负平衡,避免奶牛过渡减重,保证奶牛健康是此期工作的重点之一。这一时期奶牛的体况最低不应低于 2 分。

泌乳盛期的另一个重点工作是在保证奶牛健康的前提下努力提高产奶量。据统计,产后的前 70~100 d,奶牛所产奶量可占整个泌乳期产奶量的 40%~45%。这对整个泌乳期产奶量的提高极为重要。另外,奶牛最高产奶日峰值产奶量越高,本胎次产奶量就越高。当峰值产奶量每增加 1 kg,本胎次产奶良久相应地增加 200 kg。因此要想方设法提高奶牛的泌乳高峰产奶量。

泌乳盛期是饲养难度最大的阶段,其难点在于高产与减重之间的矛盾。因此此时泌乳处于高峰期,势必要增加营养需要,但是母牛的采食量并未达到最高峰,因而造成营养入不敷出,处于能量负平衡状态。这一方面将导致动用体脂过多,母牛体重聚减,较高的产奶量难以维持。另一方面在能量不足和糖代谢障碍的情况下,脂肪极易氧化不完全而引发酮病。结果使奶牛食欲减退、产奶量猛降,如不及时改善对牛体损害极大。

另外正常母牛在产犊大约 40 d 之后开始发情,60 d 时再次配种,此时如果营养负平衡问题严重,将会导致体重下降过快,代谢失常,从而会使配种延迟,繁殖率下降。

(二)营养措施

1. 饲喂质量最好的粗饲料

饲喂质量最好的粗饲料,是满足奶牛营养,保证奶牛正常反刍需要的措施之一。大量饲喂精料固然可以增加能量和营养供给,但是却增加了瘤胃酸中毒和真胃移位的机会,反而可使奶牛采食量下降,使奶牛产奶量下降,且牛奶种乳脂率降低。

2. 提供高能量饲料

适当饲喂玉米、糖蜜,或保护性脂肪,使其过瘤胃到小肠中消化吸收,可以缓解能量负平衡的程度(精料饲喂过多时,日粮中应添加小苏打 100~150 g 或氧化镁 50~80 g,以维持瘤胃 PH)。

3. 补充过瘤胃蛋白质(或过瘤胃氨基酸)

据研究,日粮过瘤胃蛋白含量占日粮总蛋白质的 48%,可满足高产奶牛的需要。

4. 增加矿物质和维生素

有助于奶牛此期与受胎(每天每头维生素 A50 000IU,维生素 D36 000IU,维生素 E10 000IU)。

(三)饲养方法

此期通常采用"预付"饲养法(或"挑战"饲养法),逐渐增加精饲料的饲喂。除了根据产奶量按饲养标准给予饲料外,再另外多给 1~2 kg 精料,以满足其产奶量继续提高的需要。在泌乳盛期加喂"预付"饲料以后，母牛产奶也随之增加，如果在10 d之内产奶量增加了，还应该继续"预付"，直到产奶量不再增加，才停止"预付"。

研究表明，采用"预付"饲养法，可提高奶牛的产乳高峰，使牛奶增加的优势持续整个泌乳期，因而能显著提高全泌乳期的产奶量。

（四）管理技术

1. 多次饲喂

保证饲料新鲜是提高母牛营养的有效措施，因为此期饲喂精料的数量很大，为了保持瘤胃微生物的正常活动，有助营养物质的消化吸收，可将精料分多次饲喂（6~8，次），粗料则每天喂3次，或自由采食。同时适当增加食盐、钙、磷等矿物质饲料和优质粗饲料的采食，以最大限度保持泌乳盛期奶牛日粮营养的平衡。泌乳盛期日粮干物质占体重的3.5%~4%，每千克干物质含NND2.4个，CP16%~18%，Ca0.7%，P0.45%，粗纤维不少于15%，精粗比60∶40。

2. 增加挤奶次数

此期产奶量占全泌乳期的40%~45%，高产奶牛则产奶更多，若适当增加挤奶次数，由原来3次挤奶改为4次，将促进乳的合成与分泌，有利于提高整个泌乳期的产奶量（此期易发乳房炎，要加强挤奶和乳房护理）。

3. 及时配种

一般奶牛产后1个月左右生殖道基本康复，随之开始发情。此时应详细做好记录，在随后的1~2个情期，即可抓紧配种。对产后45~60 d尚未出现发情征候的奶牛，应及时进行健康、营养和生殖道系统的检查，发现问题，尽早解决。

六、泌乳中期奶牛的饲养管理

泌乳中期指产后70~140 d。这个时期，乳牛食欲旺盛，采食量达高峰期，奶牛所摄入的营养足以支持产奶需要，奶牛体重不再下降，并可略为增加。在正常情况下，多数奶牛处于妊娠早期。所以，泌乳中期仍然是抓奶的良好时机。然而，此时由于受内分泌的影响，产奶量开始逐渐下降，每月奶量下降幅度应能保持在8%~10%，为稳定下降的泌乳曲线。如果饲养上稍有疏忽，下降幅度达10%以上，则为反常。这一时期饲养管理的中心任务，就是维持奶牛饲养水平和环境的相对平衡，力争保持泌乳量平衡，防止下降过快。饲养上可加大青粗饲料喂量，逐渐降低精料比例。

泌乳中期，日粮中干物质应占体重3.0%~3.2%，每千克饲料干物质含NND2.13个，CP13%，Ca0.45%，P0.4%，精粗比40∶60，粗纤维含量不少于17%。

七、泌乳后期奶牛的饲养管理

泌乳后期指产奶的第140天至干奶前这段时间。这段时期，奶生产奶量继续下降，采食量也开始下降。营养摄入量不仅能够满足产奶需求，而且可以弥补泌乳早期所丢失的体重。同时由于胎儿生长和胎盘增大，因此这一时期奶牛常常增重。

据国外有关能量研究报道，泌乳后期的牛利用代谢能增重的效率为61.6%，而在干奶期仅为

48.3%，因此，泌乳后期是奶牛增加体重、恢复体况的最好时期。凡是泌乳盛期体重消耗过多和瘦弱的牛，此期应当比维持和产奶需要多喂一些，让牛体稍有营养储积，而当进入干奶期时，牛的体况已基本恢复（3.5分）。这不仅有利于母牛健康，还提高了思路转化率。因此，这一阶段日粮中的能量和蛋白质来源已经不很重要，与前几阶段相比，可以大幅度增加粗饲料的喂量。

泌乳后期，日粮干物质应占体重3.0%~3.2%，每千克饲料干物质含NND1.87个，CP12%，Ca0.45%，P0.35%，精粗比30：70，粗纤维含量不少于20%。

八、泌乳牛夏季、冬季饲养管理

牛大多耐寒怕热，优质荷斯坦牛是一种耐寒怕热的品种。据报道，荷斯坦牛最适宜的温度是8~16 ℃。但实际上，在气温不低于-10 ℃和不高于28 ℃的情况下，对奶牛不至于产生较明显的冷应激或热应激。与寒冷的冬季相比，夏季对奶牛的影响较大，解决起来较为困难。其影响主要表现在两个方面：热应激和疾病。

（一）热应激对奶牛的影响

1. 对奶牛健康的影响

夏季炎热，牛体散热困难，由此常常会造成奶牛体温升高，呼吸加快，皮肤代谢发生障碍，食欲下降，采食量减少，食入的营养降低，营养呈负平衡，从而出现奶牛体重减轻，体况下降，疾病增多，甚至死亡。

2. 对奶牛生产性能的影响

据美国资料显示，环境温度高于26.7 ℃，产奶量开始下降。我国学者报道，当气温上升28 ℃时，产奶量明显下降（下降幅度达25%以上）。而且其下降幅度与牛的单产水平成正比，即产量越高，下降幅度越大。气温与泌乳量的关系见表4.3。

表4.3 气温与泌乳量的关系

气温（℃）	泌乳量（%）	气温（℃）	泌乳量（%）
10.0	100	32.2	53.0
15.6	98.4	35.0	42.6
21.1	89.2	37.8	26.9
26.7	75.2	40.0	15.5
29.4	69.6		

有研究报道，热应激还会造成奶牛泌乳持续时间缩短，还常常会发生低脂乳现象。热应激不仅影响泌乳牛，而且还会影响干奶牛。佛罗里达州和以色列的研究表明：干奶期的牛处于热应激下，将影响下一个泌乳期量。这主要是由于热应激会使奶牛生长激素、甲状腺素、雌激素及前列腺素分泌减少，进而影响乳腺发育。

3. 对生殖功能的影响

热应激下奶牛的繁殖率明显降低。樊涤东报道，母牛在舍饲条件下，从产犊到产后首次发情的平均间隔期在高温雨季为102.15±29.27 d，而在低温旱季仅为68.41±26.82d，差异显著。

而疾病主要是由于夏季炎热潮湿，极有利于蚊蝇及细菌、寄生虫的滋生和奶牛疾病的传播。

综上所述，夏季给奶牛生产、健康、繁殖造成的影响是严重的，而且是多方面的，生产上必须采取相应的措施加以控制。

（二）夏季奶牛的饲养

一方面奶牛因受热应激而食欲减退，采食量减少，从而产奶性能降低；另一方面在高温条件下，奶牛体内激素分泌失常，造成繁殖功能降低。据测定，高温下每升高 1 ℃ 就需要消耗 3%的维持能量，即在炎热季节消耗能量比冬季大（冬季每降低 1 ℃ 需要增加 1.3%的维持能量）。所以，夏季要增加日粮营养浓度。且奶牛夏季饲养宜采取"少而精"的原则。生产中常采用调整日粮组成和改善饲喂方式等办法。

1. 调整日粮组成

（1）首先，粗饲料要坚持少而精的原则：增加适口性好，富营养的粗饲料的比例，如苜蓿、羊草等。

（2）日粮种添加脂肪既能维持能量水平，又可减少代谢产热，有人采用在日粮中添加一定量整棉籽来达到补充过瘤胃脂肪的作用，同时补充一定的磷酸氢钙，收到良好的效果。

（3）适当提高日粮蛋白质水平，可满足奶牛生理需要，缓解热应激；但蛋白质水平不能过高（不要超过日粮干物质的 18%），否则由于蛋白质分解时使体内增热增加，导致热负荷加重，反而会事与原违。

（4）夏季奶牛出汗和排尿较多，钠、钾、镁损失较大，应该注意补充。最近，美国佛罗里达州的研究已证实，奶牛夏季采用 0.4%~0.5%的钠、1.5%的钾和 0.3%~0.35%的镁的日粮，有助于缓解热应激。添加烟酸可以缓解热应激。

（5）少喂青贮：因为青贮的体增热高，酸度大，夏季应少喂或不喂，改喂新鲜的青绿饲料和新鲜瓜、果皮、胡萝卜等多汁饲料。

（6）增加维生素 A：因热应激提高了维生素 A 的消耗，造成牛体维生素 A 的缺乏，应在日粮种补充平时高 1 倍的量。

（7）适量加入小苏打：夏季在多采食精料的情况下，为维持瘤胃正常消耗，精料中加入 1%小苏打和 0.5%氧化镁，可抑制体温升高，增加产奶量，还可提高乳脂率和牛奶总干物质。

2. 供足清洁饮水

泌乳母牛日饮水量在 100 kg 左右，夏季可能更多。生产上要保证水槽不断水，勤换水。有条件的可安装自动饮水器，使牛随渴随饮，经常喝到新鲜的、较凉的水。

3. 改善饲喂方式

（1）增加饲喂次数：为满足乳牛营养需要，每天饲喂次数由 3 次改为 4 次，夜间增加 1 次。

（2）改变饲喂时间：据报道，高温的白天，奶牛采食量很少，不到定额的一半，而在夜间和清晨凉爽时饲喂奶牛采食量高，所以把 60%以上的日粮放在凌晨饲喂。

（三）夏季奶牛的管理

防暑降温是奶牛夏季管理的重点。其目标在于降低奶牛的实感温度。在生产上除了采取上述饲养措施外，还通过加强通风、遮阴、喷淋等措施，降低热应激的影响。

1. 防暑降温

在高温情况下，由于奶牛散热不畅常使牛只的体温升高，有人测定，奶牛正常体温为 38.5 ℃，当气温在 18 ℃ 时，牛只的平均体温为 38.6 ℃；当气温上升到 30 ℃ 时，其体温可达 39.9 ℃，而此时，呼吸次数也由每分钟 32 增加到 94 次。因此，必须采取切实措施。

（1）在牛床上方装配风扇：采用轴流式风扇，加大通风量，有利于体热散失，同时可降低空气中的湿度，从而产生一定的防暑效果。

（2）注意牛场的绿化：在运动场搭建凉棚等遮阴设施。在牛舍、牛场周边栽种高大乔木，牛场外围建立绿化带。

（3）安装冷水喷淋风扇降温系统：当气温接近或高于体温时，上述防暑降温方法均难以发挥作用，只能采取蒸发散热的方式，才能有效。如以色列许多牛场，给牛创造一个专门用于防暑降温的场所，上有凉棚，下有水泥地面，里面安装冷水喷淋风扇降温系统。每天在最炎热的时间，把牛赶到这里，先喷淋 5 min，让牛周身湿透，然后再吹风 25 min，周而复始。目前这种降温系统已被广泛使用，对缓解高温具有很好的效果（表 4.4）。

表 4.4 风扇和喷淋降温对高产奶牛产奶量及奶成分的影响

项　　目	实验组（降温组）	对照组
产奶量（kg/d）	36.2	34.2
4%标准奶（kg/d）	29.0	27.0
乳脂率（%）	2.68	2.65
乳蛋白率（%）	2.91	2.82
乳脂量（kg/d）	0.96	0.90
乳蛋白量（kg/d）	1.04	0.96
采食量（kg/d）	19.4	17.8
饮水量（L/d）	91.0	100.0

2. 合理安排产犊季节

为了防止奶牛泌乳高峰落在炎热的夏季，淮河以南地区在 10 月份至 11 月中旬，减少或不给奶牛配种，从而有效减少高温对奶牛产奶的影响。

3. 消除蚊蝇

夏天蚊蝇猖獗，干扰奶牛休息，还容易传染疾病，可采用适宜的方法杀灭蚊蝇。

九、全混合日粮饲养技术

根据我国的气候情况以及牛只本身的耐寒性能，冷应激对牛只的影响不像炎热那样突出，而且防止冷应激的措施也要比防止热应激容易和简便。但即便如此，寒冷也给奶牛带来许多不利的影响，主要是奶牛能量的损失和产奶量的下降。故北方寒冷地区冬季仍要作好奶牛的防寒保暖工作。

1. 防寒保暖

如果牛舍的温度低于等热区的温度下线，奶牛将开始增大热能消耗，故应将牛舍西面、北面的门窗、墙缝堵严，严防风霜雨浸入舍内。要给奶牛铺垫厚干草，以免夜间爬卧休息时着凉生病。要保持舍内地面干燥清洁，勤除粪便，勤换勤晒垫草。但是值得注意的是，在做好防寒保暖的同时，切莫要忘记牛舍通风，在二者发生矛盾时，以满足通风的要求为先。

2. 饮用温水

冬季天气寒冷，此时泌乳牛饮冷水会消耗体内大量热能，从而降低产奶量。因此，每天要提供 16～18 ℃ 的温水。

3. 增加营养

天气寒冷，牛体要维持体温就需要增加更多的消耗，所以，冬季要结合气温变化，补给能量饲料。

4. 补充食盐

冬季奶牛多采食干草，胃液分泌量增加，食盐的需求量也相应增加。因此，冬季日粮中要适当增加食盐含量，以刺激奶牛食欲，提高对饲草的消化率。

5. 加强运动

每天保持舍外适当运动（一般中午前后将牛赶出户外），多晒太阳，勤给奶牛刷刨（采用干刷）。这样可加快其新陈代谢，有利增强御寒能力，提高产奶量。

6. 增加光照

冬季日短夜长，光照不足，奶牛产奶量会因此而下降。所以，应当在牛舍内安装电灯补充光照时间，保证每日不低于 16 h。

7. 搞好卫生

冬季应给牛驱虫一次，还要做好防疫注射，防治传染病发生。

十、挤奶技术

挤奶是奶牛场技术性较强的工作，且占整个劳动量 60% 以上。作为一名挤奶员必须掌握正确的方法，具有熟练的技术，并且工作认真负责，才能提高母牛的生产性能，减少乳腺炎的发生。凡是从事挤奶的人，必须身体健康，不得有传染病。

目前挤奶的方式有两种：手工挤奶和机器挤奶。

（一）手工挤奶

1. 挤奶前准备

（1）保持卫生清洁：挤奶员准备好清洗乳房用的温水（45～50 ℃），清除牛体污垢，备齐挤奶用具，如奶桶、盛奶罐、过滤纱布、洗乳房水桶、毛巾等，穿好工作服（围裙），洗净双手。

（2）用温水清洗按摩乳房：洗乳房的目的是保持乳房表面的清洁，促使乳腺神经兴奋，形成排乳反射。方法是用毛巾沾热水，先洗乳头孔及乳头，再洗乳房的底部中沟、右侧乳区、左侧乳区，最后洗涤后部。清洗乳房用得毛巾应清洁，柔软，最好各牛专用，如多使用至少要将患有皮肤病或乳房炎等病牛的毛巾与健康牛分开。开始时，宜用带水较多的湿毛巾洗擦，然后，将毛巾拧干，自下而上地擦干整个乳房。此时，若乳房显著膨胀，内压增高，说明排乳反射已形成，便可挤奶。否则，需用热毛巾敷擦乳房，以加强刺激。这个过程需 45 s 至 1 min。

2. 挤奶方法

挤奶员蹲坐在牛体右侧后三分之一处，与牛体纵向 50°～60°的夹角。奶桶夹于两大腿之间，左膝在牛右肢飞节前侧附近，两脚尖朝内，脚跟向外侧张开，以便夹住奶桶，这样即可开始挤奶。

手工挤奶通常采用拳握法，即用拇指和食指紧握乳头基部，然后再用其余各指依次按压乳头，左、右手交替，有节奏地一紧一松连续进行。要求用力均匀，动作熟练，注意掌握好速度。一般要求每分钟压榨 80~120 次，挤奶过程是中间快，两头慢，一气挤完，不得中途停顿。挤奶的顺序一般是先挤两后乳头，再挤两前乳头。也可以采用对角线挤法。但一经确定必须严格按照顺序进行，以使奶牛形成良好的条件反射。有的初产母牛因乳头太小，不便于握拳压榨，可改用滑下法，即用拇指和食指夹基部，而后向下滑动，这样反复进行。为了将奶挤净，应在接近挤完时，再按摩乳房一次。

3. 注意事项

挤奶员蹲坐的姿势要求正确，既要便于操作又要注意安全。开始挤奶时，先将 4 个乳区的第一、二把奶，挤于遮有黑色绢纱布容器内，检查乳汁是否正常，如纱布上发现干酪似的乳块或异物，或发现乳房内有硬块或者出现红肿，乳汁的色泽、气味出现异常，应及时报告尽早进行治疗。挤奶时若遇到不安分得牛，不可粗暴对待，更不许鞭打，以防养成牛踢人的恶癖。

当然手工挤奶最突出的问题是牛奶卫生质量难以控制，因为挤奶过程在牛舍内进行，采用开放式操作。如果牛体梳刷不严格，挤奶员洗手不洁，牛舍尘土飞扬，饲料粪便酸臭，都会造成牛奶的污染，而如此挤出的牛奶是很难符合卫生指标的。因此，为保证牛奶清洁卫生，挤奶前后应做好以下工作：

① 挤奶前 30 min，将牛舍内粪便、剩料（尤其是青贮）彻底清扫，确保牛床等环境卫生。
② 挤奶前 20 min，将准备挤奶的母牛认真梳刷，确保体表清洁。
③ 挤奶员务必穿好工作服，洗好手。
④ 挤奶时不宜给牛喂干草等粗料。
⑤ 最好在温水清洗乳房后，用干毛巾（或纸巾）充分擦干乳头。
⑥ 挤奶完毕后，用消毒液浸浴乳头。

（二）机器挤奶

机器挤奶不仅能减轻工人劳动强度，提高劳动生产率和鲜奶质量，而且还能增加经济效益。因为机器挤奶是 4 个乳头同时挤且模仿犊牛吃奶，动作柔和，无残留奶，故奶牛的泌乳性能得到充分发挥，越是高产牛越是有利。

1. 挤奶机的选择

当前选择的挤奶器有桶式、车式、管道式、坑道式、转盘式等。养殖企业可以根据泌乳牛头数的多少选择挤奶机。如果 10~30 头泌乳牛或中小牛场的产房则选用提桶、小推车式挤奶器；30~200 头用管道式；草原地区可以用车式、管道式挤奶器；200~500 头最好用坑道式挤奶台；500 头以上坑道式、转盘式均可。但要选择性能最优的挤奶机。

2. 机器挤奶操作规程

（1）用温热得消毒液清洗乳房和乳头，然后用干毛巾或纸巾擦干，同时挤掉头 1~2 把奶，这既能起到清洁按摩乳房的作用，又能让牛知道挤奶即将开始，形成良好的条件反射。完成挤奶准备，应在 1 min 内将乳头杯装上，每个乳头杯必须以滑动的方式装上并尽量减少空气进入乳头杯。奶牛通常在清洗乳房后大约 1 min 开始放乳，持续 2~4 min。

（2）检查牛奶的流速，必要时应调整挤奶机。只有挤奶机得到适当调整才能快速、完全地挤奶。如真空度一般应设为 46.7~50.7 kPa，脉动频率为 60~80 次/min。乳头杯和奶牛乳头大小吻合。如果安装不合适常辉造成滑落和奶流受阻。如果空气进入到乳头杯会造成牛奶回流乳头的现象，细菌亦可趁机而入并导致乳房炎。

（3）挤奶结束时，应先关掉真空泵开关，然后卸下乳头杯。挤奶不可以过度，大多数奶牛都会在 4~5 min 完成排乳。而自动脱杯装置已彻底解决挤奶过度的问题。

（4）用安全和有效的消毒剂消毒乳头，一般用 0.5%碘剂或 3%次氯酸钠溶液浸泡或喷洒乳头末端 2/3 的部分（图 4.3）

挤奶后乳头药浴，脱杯后立即使用乳头消毒剂消毒

尽量让奶牛在挤奶后保持站立30 min

图 4.3 乳头消毒

（3）挤奶机清洗消毒：挤奶结束后，将集奶器反过来，铁钩向上，奶杯向下，放入冷水桶内，打开真空导管冷水即通过奶杯由胶皮管到挤奶同内（或奶罐内），先用冷水洗，后用 85 ℃ 热水冲洗干净，最后将挤奶桶和集奶器等放在架上晾干。若是管道式、坑道式或转盘式挤奶设备，可按厂家提出的清洗方法进行，但要定期进行卫生指标检测。

3. 挤奶次数和间隔

适当增加挤奶次数可提高产奶量。据报道，高产奶牛每日 3 次挤奶量较 2 次提高 16%~20%，而 4 次挤奶又比 3 次多 10%~12%。随着挤奶次数的增加，牛奶增幅逐渐下降。奶牛究竟每日挤奶几次为好，这要综合考虑，不但要兼顾劳动强度、生产消耗，还要根据奶牛乳房容纳牛奶的能力。一般国外多实行日挤奶 2 次，我国大多数地区采用 3 次挤奶。

采用 3 次挤奶，挤奶间隔以 8±1 h 次挤奶，挤奶间隔则为 12±1 h。挤奶时间、次数一经确定，必须严格遵守，不轻易改变。否则既影响产奶量，又影响健康。

【讨论与思考】

1. 名词解释

泌乳早期　围产期　泌乳盛期　泌乳中期　泌乳后期　TMR

2. 简答题

（1）简述泌乳各阶段时间及营养、生产特点。

（2）简述成年母牛常规饲养管理技术。
（3）简述泌乳盛期奶牛饲养管理技术。
（4）简述围产期饲养管理技术并阐述围产期对整个泌乳期管理的重要性。
（5）简述干奶期对奶牛整个泌乳期的意义及干奶方法。
（6）简述TMR饲养管理优缺点及TMR饲养注意事项。
（7）简述奶牛夏季饲养管理要点。
（8）简述奶牛冬季饲养管理要点。
（9）简述挤奶机规程化操作步骤。

项目4-6　乳用种公牛的饲养管理

【学习目标】

1. 了解种公牛牛生理及培育要求。
2. 根据种公牛各个不同生长阶段掌握饲养管理要点。

【学习内容】

通过种公牛的生理特点的学习，了解种公牛的生活习性，并掌握种公牛的饲养管理特点。

【相关技能】

1. 掌握种公牛特殊营养需求及饲养管技术。
2. 了解种公牛采精方式、精液冷冻与制作。
3. 了解精液活力判定。

一、生理特性

从生理角度看，种公牛和别的种公畜不大一样，它具有记忆力强、防御反射强和性反射强的特点。

1. 记忆力强

种公牛对周围的事物和人，只要它过去接触过，便能记得。例如，过去给它打过针、做过手术或曾严厉鞭打过它的人，当再次接近时即表现出反感，所以，管理种公牛的饲养员不宜参与兽医治疗（最好也不要在场），以免以后发生意外。出于管理上的考虑，种公牛必须指定专人负责饲养管理，不要随意更换，目的是让饲养员通过饲喂、饮水、刷试、抚摩等，摸透公牛的脾气。当饲养员与种公牛建立感情之后，便能驯服它。

2. 防御反射强

种公牛具有较强的自卫性，当陌生人接近它时，立即发出粗声粗气，表现出要对来者进行攻击的架势，因此，外人不要轻易接近公牛。

3. 性反射强

公牛在采精时，勃起反射、爬跨反射与射精反射都很快。如果公牛长期不采精或采精技术不良，公牛的性格往往变坏，容易出现顶人和自淫的恶癖。根据上述特性，对种公牛要有必要的措施，加强管理。

二、培育要求

种公牛队牛群得改良和提高起着决定性作用,特别是奶牛业普遍应用冷冻精液的今天,人工授精已不再受时间、空间的限制,这就为充分利用优秀公牛创造了条件。由于一头优秀公牛的价值极高,因此,世界各地十分重视种公牛的培育,以期发挥种公牛的种用价值。种公牛的培育技术复杂,培育时间也较漫长,培育要求则很具体、明确,总的培育目标是:种公牛应具备优秀的遗传素质,健壮的体质,充沛的精力,较强的性欲和较长的使用年限。其各阶段的培育要求见表4.5。

表4.5 荷斯坦种公牛各阶段培育指标

月龄	体重(kg)	体高(cm)	胸围(cm)	阴囊围(cm)
初生	40	—	—	—
6	200	—	130	24
12	400	125	163	31
15	500	—	—	33.5
18	550	135	188	35
21	625	—	200	36.5
24	720	147	210	37
30	816	153	220	—
36	950	—	230	—
42	1 007	—	240	—
48	1 140	—	250	39
60	1 200	—	260	—

1. 具备优秀的遗传素质

冷冻精液和人工授精的广泛使用以及全球化育种的实现,公牛在畜群遗传改良中的作用更显重要。为此,众多的国际化遗传公司,在全球范围内搜索最优秀的公母牛作为下一代年轻公牛的亲本,同时将选择重点放在对小公牛生产性能遗传潜力上。

2. 保持健壮的体质

这是确保种公牛种用价值最根本的一条。而种公牛精力充沛,有雄性威势是种公牛体质健壮的重要特征。生产中就是要保持公牛具有中上等膘情,腰角明显而不突出,肋骨微露而不明显。如果应用过度,运动不足,会使公牛肥胖而精神萎靡不振,性欲迟钝,配种时不思爬跨。反之,如营养不足,牛体瘦弱,也会降低性欲和精液质量。故过肥、过瘦都不适当。

3. 提供优质的精液

评定种公牛的精液品种有很多指标,如每次的射精量、精子密度、活力及生存指数等都能保持高标准,且有耐冷冻的能力,适于冻精制作和长期保存。

4. 延迟利用年限

选择培养一头优秀的种公牛十分不易,要尽可能地延长其使用年限,充分发挥其改良作用。生产实践表明,合理地饲养管理和利用,可使种公牛超过10岁二经理不衰;反之则又可能在2~3年内经理衰退,或因感染疾病而提前淘汰。

三、饲养管理

（一）种公犊的饲养

种公犊自幼即应加强饲养，使之充分发育，较大限度发挥其遗传性能。具体做法是，生后 2 月龄以内的小公犊的日粮以及饲养方式，一般与母犊相似，但需要适当增喂全乳及脱脂乳；小公犊的断奶时间，一般为 6 月龄，日喂奶量，第一个月为 7~8 kg；第二个月全奶由 8 kg 减至 6 kg，加喂 3~4 kg 脱脂乳；第三个月，全奶减至 5 kg 或 4 kg，脱脂乳增至 10 kg 左右；第四至第六个月，少量全乳，增加脱脂用量。6 个月共喂全奶 600 lg 左右，脱脂乳 500 kg 以上，混合精料 60 kg 左右及少量优质干草，日增重可达 1 kg 左右。

（二）后备公牛的饲养

断奶后，后备公牛日粮应以精料为主，搭配优质的青粗饲料，以优质的青干草为主，少用多汁料；尽量不用劣质粗料喂养，以免使公牛的消化器官容积扩增，形成"草腹"而影响繁殖技能。10 月龄时可将干草、青草、青贮料作为日粮的主要部分，精料喂量应依据粗料质量而定。对 1 周岁的后备公牛，在饲喂优质豆科干草的情况下，精料中蛋白质含量以 12%为宜。同时重视矿物质和维生素的补充。

（三）成年公牛的饲养

为了保证种公牛的营养需要，日粮应该是品质优良，青、粗、精饲料多样搭配，全年均衡供应。精料应由生物学价值高德麸皮、玉米、豆饼、燕麦等几种以上组成，精料喂量可占总营养的 40%~50%。豆饼虽是优质的蛋白质饲料，但不宜太多，过多会产生大量的有机酸而不利于精子的生成。也不宜喂过量的能量饲料（如玉米等），以免公牛过肥。种公牛的日粮种应注意提供一定量的动物性蛋白质，每日可喂鱼粉、生鸡蛋等 50~400 g。冬季每天饲喂胡萝卜 3~4 kg，以补充维生素。干草和青草是种公牛最好的粗料，一般按每日 100 kg 体重饲喂干草 1 kg，块根饲料 0.3~0.5 kg，青贮料 0.5 kg（或不喂），混合精料 0.5 kg；或只按每日每 100 kg 体重喂给 1 kg 干草和 0.5 kg 混合精料。种公牛日粮的要求是优质、全价，组成多样，易消化，但体积不宜太大。饲喂要定时定量，一般日喂 3 次。公牛饮水应充足，配种前后，运动前后半小时内都不宜饮水，以免影响种公牛健康。

四、种公牛的管理

由于种公牛"三强"的特性，饲养人员在日常管理过程中，要胆大心细处处小心。即使对公牛很熟悉，它的平时表现也很温驯，一旦由于某种原因使其神经兴奋（如遇见母牛，有求偶欲，头部瘙痒或者遇见陌生人等），就会一反常态，出现威胁姿势：如瞪眼、低头、喘粗气、前蹄刨地和咆哮等现象，这些都是发脾气，要顶人的表现。

为了确保人畜安全，饲养员平时对公牛要加强调教，切忌随意逗弄、鞭打或虐待公牛。如果发现公牛有惊慌表现时，要用温和的声音使之安静，如不驯服时再厉声喝止。

1. 公牛舍

公牛舍除严寒地区外，一般以敞棚式为宜。公牛舍设计必须考虑人畜安全，牛舍围栏设置栏杆，其间距要保证饲养员能侧身通过。

2. 单栏饲养

公牛好斗，为了确保种公牛的安全，从断奶开始，必须分栏饲养，每牛一栏。

3. 栓系

公犊在断奶前应习惯于戴笼头牵引，到 10~12 月龄即应穿戴鼻环，每天牵引训练，以养成温驯性格。穿鼻应在鼻中隔软骨前柔软处进行，穿刺的位置不应太靠后，以便在鼻孔外给鼻环留有栓缰绳或铁链的余地。最初用小号鼻环，2 岁以后换成大号鼻环。鼻环还须用皮带吊起，系在缠角带上，缠角带最好用滚缰皮缠牢。缠角带上栓有两条系链，通过鼻环，左右分开，系在两侧的立柱上。种公牛的栓系一定要牢固，以防万一脱缰而导致事故。鼻环最好采用不锈钢的，而且要经常检查，如有损坏，立即更换。

4. 牵引

牵引种公牛要坚持双绳牵导，由 2 人分别在牛的两侧后面牵引，人和牛之间应保持一定的距离。对烈性种公牛必须用钩棒牵引，即由 1 人在牵住缰绳的同时，另 1 人两手握住钩棒，钩搭在鼻环上，然后进行牵引。

5. 运动

种公牛必须强制性运动，运动是种公牛日常管理中的一项重要工作。适当运动可增强种公牛肌肉、韧带、骨骼的健康，防治肢蹄病，保证种公牛举动活泼，性欲旺盛，精液品质优良，又能防止公牛变肥。种公牛的运动主要有旋架运动、套耙犁或拉车运动等。种公牛站因公牛头数较多，常设置旋转架，每次同时运动数头。每天上、下午各进行 1 次，每次 1.5~2 h，行走距离约 4 km。经常调整运动方向，以防肢势异常。

6. 刷试

种公牛要求每天刷试牛体 1~2 次，但刷试不可在饲喂时进行，以免牛毛和尘土落入饲槽，影响公牛的健康。牛体刷试应细致，应将各部的污垢清洁干净，特别应注意肩、额顶、头颈等处，因这些部位易积尘土，使皮肤发痒，容易形成顶人恶癖。冬天干刷，夏季水洗。

7. 护蹄

种公牛蹄部非常重要，蹄形不正，会影响种公牛的运动、采食和采精。因此，要注意牛蹄护理：经常保持牛蹄清洁干燥，为了防止蹄壁龟裂，可经常涂凡士林。坚持每年春秋两季各修蹄 1 次。同时要保持牛舍、运动场干燥。

8. 性情调教

种公牛性情的好坏直接影响其利用效果。针对公牛记忆力强、有较强的自卫性等生理特性，调教公牛宜从幼年开始。饲养员通过抚摸、刷试等活动与其建立感情。不能鞭打公牛，不能随便更换饲养员，为公牛质量打针时，饲养员要避开。

9. 按摩睾丸

研究表明，睾丸发育的大小与精子的生成有密切关系。为了促进睾丸发育，不仅应注意选种和加强营养，还要经常进行按摩和护理。可结合刷试，每天对阴囊、精索、睾丸进行按摩，每次 5~10 min。

10. 称重

成年种公牛应每 3 个月称重 1 次，并根据其体重变化进行合理饲养，保持其中等体况，不可过肥。

11. 合理利用

处于后裔鉴定的要求，公牛多于 12~14 月龄开始采精，每月 2 次，连采 2 个月，至 18 月龄，正式投产采精后，开始每 10 d 采精 1 次，以后每周 2 次，每次射精 2 次；夏季每周采精 1 次。采精时应注意人畜安全。采精架应合适，既不影响种公牛爬跨，又不能伤到前蹄。采精室地面一般采用混泥土地面上铺橡胶垫，以确保公牛安全。

【讨论与思考】

1. 简述种公牛培育要求。
2. 简述种公牛饲养管理技术。
3. 简述如何合理利用种公牛。

项目 5 肉牛育肥

项目 5-1 肉牛的体况评定

【学习目标】
了解肉牛体况的评定价值及方法、标准。

【学习内容】
1. 肉牛体况评分的意义。
2. 肉牛体况评定标准、方法。

【相关技能】
1. 了解除上述肉牛体况评定以外的评定方法。
2. 通过到牛场实习实训加强肉牛体况评定感官印象。

一、体况评定的对象及目的

肉牛包括商品犊牛繁殖群中的繁殖母牛和肥育牛两个群体,肉牛体况的评定适用于繁殖母牛。通过体况的评定,调整日粮结构或饲营管理措施,使繁殖母牛群处于理想的状况,提高生产性能和牛群健康水平,延长利用年限,最终达到提高经济效益的目的。

二、体况对肉用繁殖母牛的影响

肉牛繁殖母牛群体状况的波动具有周期性,这是由生产和繁殖的周期性所决定的。母牛在泌乳早期,产奶量逐步增加,泌乳所需营养增加。但牛在产后对采食量的反应迟缓,采食量的增加滞后于产奶量的提高,不能与营养需求同步,还有产后泌乳激素与生殖激素分泌的重新调整,以及产后免疫力低,维持动物健康所增加的营养消耗使维持需要增加等,母牛采食到的营养不能满足所需要的营养,出现产后能量负平衡,体况持续下降;当进入泌乳中期以后,泌乳量的下降,消化能力的提高,妊娠代谢的影响,使母牛由产后能量负平衡逐渐转化为零平衡直至正平衡,体况好转,这一过程会持续到干乳期。但在饲喂劣质饲料、采取限制饲养方式等条件下,也会引起体况的变化。体况在一定范围内的周期性变化是一种正常的生理过程,当波动幅度过大时,不仅严重影响生产性能,还可引起代谢性疾病(肥胖牛综合征、脂肪肝和酮病等),降低繁殖技能,严重时危及牛的生命。

母牛体况较差时,泌乳早期因缺乏足够的身体储备而使产奶量下降,能量不足延缓产后发情周期,发生潜在的产后并发症的几率增加;母牛体况过好时,泌乳早期随意摄取干物质的行为受到抑制,因而导致母牛产奶量下降,容易发生分娩并发症(如:难产、胎衣滞留、产后子宫恢复困难等),一些代谢疾病的发生率升高。

三、肉牛体况评分系统

体况评分系统描述见表 5.1，分值较高反映母牛在背部、肋骨部、尾基部以及胸部有较多的脂肪。母牛理想的体况评分应该达到 5 或 6。

表 5.1　肉牛体况评分系统

体况分数	描　　述
1	虚弱型——母牛及其消瘦，棘突、横突、臀骨或肋骨处触之无肉。尾根周围和肋骨凸出及其明显
2	营养不良型——母牛仍表现一定程度的虚弱，但尾根周围和肋骨凸出不是很明显。个别棘突仍然很尖并可触摸到，但肋骨的背部有部分组织覆盖
3	纤瘦型——单个肋骨仍清晰可见但触摸无特别尖感。棘突和尾根周围有明显的、可触摸到的脂肪。肋骨的背部有部分组织覆盖
4	临界型——单个肋骨不再清晰可见。可触摸到每个棘突，但触之无尖感，而是圆突感。肋骨、横突和髋骨覆盖有一些脂肪组织
5	中等型——通常，母牛整体外貌良好。肋骨处脂肪之有弹性，尾基周围可触摸到脂肪层
6	中等偏上型——此时要触摸到棘突须使劲下压。肋骨和尾根周围能触摸到大量的脂肪
7	优良型——母牛外显丰满，具大量脂肪。肋骨和尾根周围覆盖有很多弹性脂肪组织。实际上，"发胖"初见端倪。外阴部和胯部长有脂肪
8	肥胖型——母牛特别丰满、营养过剩。几乎触摸不到棘突。肋骨、尾基部周围和外阴下处有大量的脂肪沉积。"球状"或"玉米饼状"明显
9	过度肥胖型——母牛明显过肥、身体不协调，显得笨重。尾根周围和髋骨覆盖有厚厚的脂肪组织，"球状"或"玉米饼状"样脂肪突出。骨架不再可见几乎不能触摸到。母牛的运动能力因大量的脂肪沉积而大大削弱

四、肉牛的膘度评定

牛胴体肉块种脂肪的含量与分布是决定其是否适合市场需求及收益的一个重要的因素。膘度评定除关系到对供屠宰的牛进行选择外，还常用于以下几个方面：① 牛的选育；② 决定饲养水平；③ 监测畜群的繁殖力。影响膘度的因素包括牛的品种、性别、年龄、体重、增产率以及饲喂水平。

（一）感官膘度评定

通过感官来评定膘度时，需要观察三个级别组织——骨骼、肌肉、脂肪。在这三项中，骨骼变化的比率最小，以至于在体型大小相近的牛只之间，骨骼比重的变化范围很小，通过对肌肉和骨骼的分布可以预测牛的脂肪总含量。

评定的三个最主要的部位是：臀部、胸部和腹部两侧。

1. 臀　部

在理想状况下，臀部应该浑圆，并且表现出一定的双肌性状，阴囊附件沉积一定的脂肪，如果后躯呈方形，是脂肪沉积过多的表现，在尾根两侧也都有脂肪的沉积（图 5.1）。

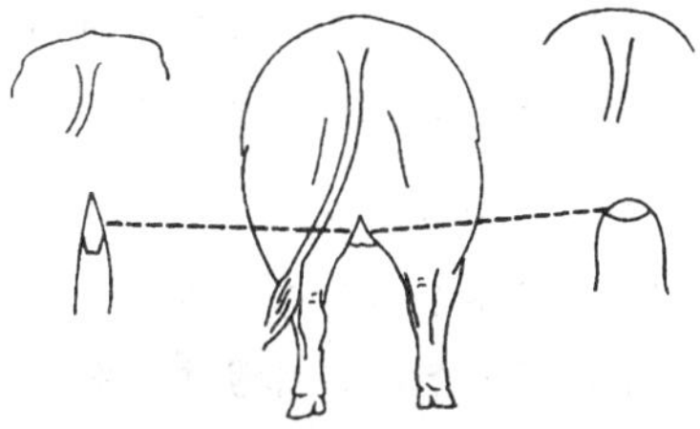

图 5.1　臀部感官评定

2. 胸部

该部位肌肉的量很少，基本的组织都是脂肪。理想的胸部应当饱满整齐，并且高过膝关节（图 5.2）。

3. 腹部

腹部是一个肌肉很少和没有骨骼结构的区域，只有支持内脏器官的一层很薄的肌肉和坚韧的结缔组织，水平线应高过膝关节（图 5.3）。

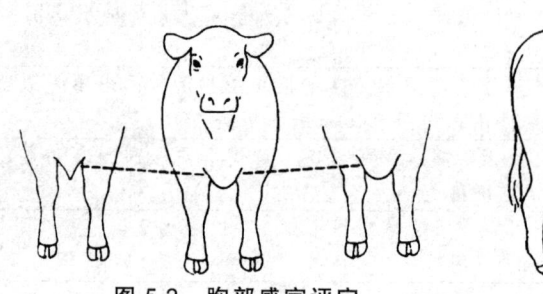
图 5.2　胸部感官评定

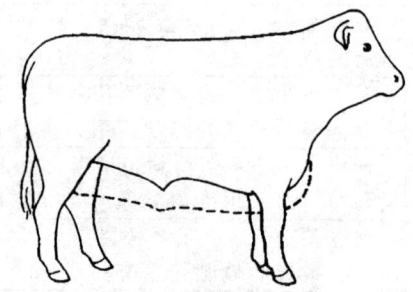
图 5.3　腹部感官评定

一头牛不可能同时表现出上述所有的良好性状，因此，最好的方法是评价所涉及的相关部位，然后给出一个综合的评价。

（二）触摸法膘度评定

通过用手触摸牛体的多个部位，判断脂肪沉积量来准确评定膘度。触摸的部位是牛体上那些肌肉覆盖较少而骨骼突出的区域。具体部位有：① 腰椎肋横突（腰部）；② 胸廓；③ 髋骨外缘；④ 尾根部及坐骨结节。

【讨论与思考】

1. 简述肉牛体况评定的意义。
2. 简述肉牛体况评定标准及方法。

项目 5-2　肉牛的饲养管理

【学习目标】

1. 了解肉用公牛与母牛在育肥周期和料肉比上的差异性。
2. 了解肉牛饲养的几个关键环节。
3. 掌握肉牛营养需要及最佳育肥方式。
4. 掌握规模化肉牛养殖的管理及疾病防控。

【学习内容】

1. 肉用公牛的饲养管理。
2. 肉用母牛、妊娠母牛、哺乳母牛的饲养管理特点。
3. 犊牛的饲养管理。
4. 肉牛放牧育肥的注意事项。

【相关技能】
1. 了解肉牛个生产阶段的划分及营养需求。
2. 了解近几年肉牛发展趋势及市场行情。

一、公牛的饲养管理

在人工授精和冷冻精液日益普及的今天，种公牛的饲养数量大大减少，对种公牛的选择和质量要求却越来越高，种公牛的重要性表现得更为突出。饲养种公牛的疾病目的是在保证体质健康的基础上，生产出优质的精液，将其优良性状稳固地传给后代。培育和筛选出具有种用价值的优秀种公牛需 4~5 年时间，并需投入大量人力和财力。因此对种公牛要进行科学饲养，在努力提高精液品质和数量的同时延长利用年限。

（一）育成公牛的饲养管理

从断奶到配种前正在生长发育的公牛，称之为育成公牛，习惯上也称之为后备种公牛。育成公牛在 6—24 月龄已处于生长发育较快的阶段，体重增加快，机体组成变化明显，此阶段生长发育是否正常，直接关系到今后的种用价值，因此应给予科学合理的饲养管理。

1. 育成公牛的饲养

育成公牛饲养的好坏直接影响其正常的生长发育、体型结构和种用价值以及整个牛群得质量。但实际生产中，由于育成公牛不产生直接的经济效益，而且体质健康，不像犊牛易患病，因而往往对育成公牛的饲养重视程度不够，较为粗放。育成公牛的培育，虽然可以比犊牛的培育粗放一些，但决不能过于粗心大意，应引起足够的重视。在育成期进行精心饲养，不仅可以获得较快的增重速度，而且可使育成牛得到良好的生长发育。

育成公牛的生长比育成母牛快，因此所需的应用物质较多，特别需要以精料的形式提供能量，以促进其迅速的生长和性欲的发展。育成公牛的日粮搭配要完善，喂给的精、粗饲料品质要优良，保证蛋白质、矿物质及脂溶性维生素，特别是维生素 A 的供应，不允许使用抗生素和激素类药物，以免影响性器官的正常发育。如饲养过于粗放、应用水平过低会延迟育成公牛性成熟的到来，并导致生产品质低劣的精液。因此对育成公牛除给予充足的精料外，还应喂给优质的青粗饲料，并控制喂给量，防止形成草腹或垂腹。尽量不要饲喂酒糟、秸秆、菜籽饼、棉籽饼等饲料，最好选用优质青干草。青贮饲料也不宜多喂，周岁内青贮饲料的日喂量是其月龄数乘以 0.5 kg，周岁以上的日喂量上限为 8 kg。育成公牛日粮种精、粗饲料的比例要根据粗饲料的品种和质量来确定。以青草为主时，精、粗料得比例为 55∶45；以干草为主时，精、粗料得比例为 60∶40。在饲喂豆科和禾本科优质粗饲料的情况下，对于周岁公牛而言日粮种粗蛋白质的含量应以不低于12%为宜，干物质摄入量应以为其体重的 2%~3%。如果营养不足，会使性成熟期延迟，影响生长，降低精液品质。

2. 育成公牛的管理

（1）分群：育成公牛和育成母牛应分群单槽饲喂和管理。育成公牛和育成母牛的生长发育特点有所不同，对饲养管理的条件和需求也不同。并且性成熟的育成公牛和母牛混养，会互相干扰影响生长发育。

（2）穿鼻带环：为了便于管理，育成公牛年龄达到 10—12 月龄时应进行穿鼻带环。穿鼻时将牛保定之后，用碘酒消毒穿鼻部位和穿鼻钳，然后从鼻中隔正直穿过，之后塞进皮带或木棍，以免伤口长闭。伤口愈合后先带小鼻环，以后随着年龄的增加，可更换较大的鼻环。

（3）刷试：育成公牛上槽后每天进行1~2次刷试牛体，以保证牛体的清洁卫生和健康。同时也利于做到人和牛的亲和，防止发生恶癖。

（4）按摩睾丸：每日按摩睾丸1次，每次5~10 min，可促进睾丸的发育和改善精液品质。

（5）试采精：育成公牛月龄达到12~14月龄后应试采精。开始时从每月1~2次采精，逐渐增加到18月龄后每周采精1~2次，检查采精量和精子品质，并试配一些母牛，看后代有无异常缺陷之后决定是否留作种用。

（6）加强运动：育成公牛每天上下午各进行一次舍外运动，每次1.5~2.0 h，行走距离约为4 km。通过运动不仅促进新陈代谢，强壮肌肉，防止过肥，并能提高性欲和精液品质。

（7）防疫注射：定期对育成公牛进行防疫注射，防止传染病的发生。

（8）防暑和防寒：炎热的南方地区要注意夏季防暑工作，寒冷的北方地区要注意冬季防寒工作。

（二）成年种公牛的饲养管理

生产实践证明，在种公牛的饲养管理过程中任何环境的疏忽，都会使种公牛的体质和性情变坏，精液质量下降，严重时甚至丧失其种用价值。尤其在人工授精技术大量普及的情况下，种公牛的饲养管理，直接影响到较大范围的肉牛繁殖和改良。因此，只有对种公牛进行科学的饲养管理，才能保持健壮的体质，生产品质优良的精液，延长利用年限。

1. 成年种公牛的饲养

种公牛的饲养是一个关键的环节，是影响种公牛精液品质的重要因素之一。喂给种公牛的饲料应营养全面，各种营养成分必须完全。种公牛饲料的全价性是保证正常生产及生殖器官正常发育的首要条件，特别是饲料中应含有足够的蛋白质、矿物质和维生素，这些营养物质对精液的生成和质量提高，以及对成年种公牛的健康均有良好的作用。根据种公牛的营养需要特点，其日粮组成应种类多，品质好，适口性强，易于消化，而且青、粗、精料得搭配要适当。

种公牛的饲养，应注意以下几点：

（1）供给全价精料：精料应由生物学价值较高的麦麸、玉米、豆饼、燕麦等组成。采精频繁时，精料中可适当补加优质蛋白质饲料。

（2）供给优质青干草：要保证优质豆科干草的供给量，控制玉米青贮料的饲喂量。青贮料属生理碱性饲料，但本身含有多量的有机酸，饲喂过多不利于精子的生产。要合理搭配使用青绿多汁饲料，但切勿过量饲喂多汁饲料和粗饲料，长期饲喂过多的粗饲料，尤其是质量低劣的粗饲料，会使种公牛的消化器官扩张，形成"草腹"，腹部下垂，导致种公牛精神萎缩而影响配种效能。此外，用大量秸秆喂公牛易引起便秘，抑制公牛的性活动。

（3）合理搭配日粮：种公牛的日粮可由青草或青干草，块根类及混合精料组成。一般按每日每100 kg种公牛体重饲喂干草1 kg，块根饲料1 kg，青贮料0.5 kg，精料0.5 kg；或每日每100 kg体重喂给1 kg干草，0.5 kg混合精料。

（4）控制干物质的摄入量：在配制种公牛的日粮时，干物质的摄入量是一个重要的指标。饲料摄入量应基于种公牛的实际重量和体况。一般成熟种公牛每日的总干物质摄入量应为其体重的1.2%~1.4%。此外，还应根据季节温度的变化进行调查，即在寒冷的季节因需要较高的能量，总干物质的摄入量要适当增加，而在炎热的气候条件下，总干物质摄入量则应适当减少。

（5）饲喂方法：种公牛应单槽喂养，两头公牛之间的距离应保持3 m以上或用2 m高德栏板（栅栏）隔开，以免相互爬跨和顶架。饲喂种公牛应定时定量，一般日喂3次。饲喂顺序为先精后粗。

（6）饮水充足：冬季日喂水3次，夏季4~5次，也可自由饮水。种公牛的饮水应保证随时供给，否则动物有可能处于应激状态，影响精液产量。水要在给料和采精前给予，但应注意种公牛采精前或运动前后半小时内不宜饮水，以免影响健康。

2. 种公牛的管理

为了使种公牛体质健壮，精力充沛，除了饲喂全价稳定的日粮之外，还必须有相应的管理方法。

二、母牛的饲养管理

判断母牛饲养管理的好坏，要注意观察犊牛健康与否、初生重合断奶重的大小、哺育犊牛能力的好坏、断奶成活率的高低、产犊后的返情早晚、泌乳量的高低。因此，对母牛的饲养管理要本着上述原则，采取相应的措施。

（一）育成母牛的饲养管理

育成母牛指断奶后到配种前的母牛。计划留作后备牛的犊牛应在4—6月龄时选出，要求生长发育好、性情温顺、增重快。但留种用得牛不得过肥，应该具备结实的体质。

1. 育成母牛的生长发育特点

育成期是母牛的骨骼、肌肉发育最快时期，体形变化大。此外，消化器官中瘤胃的发育迅速，随着年龄的增长，瘤胃功能日趋完善，12月龄左右接近成年水平。6—9月龄时，卵巢上出现成熟卵泡，开始发情排卵，一般在18月龄左右，体重为成年体重的70%时可配种。

2. 育成母牛的饲养

在不同的年龄阶段，其生长发育特点和消化能力都有所不同。因此，在饲养方法上也有所区别。

（1）断奶至一岁：此阶段是生长最快的时期，性器官和第二性征的发育也很快，体躯向高度和长度方面急剧生长。经过犊牛期植物性饲料的锻炼，前胃虽然已具有了相当的容积和消化青饲料的能力，但还保证了采食足够的青粗饲料来满足此期强烈生长发育的营养需要。消化器官本身也处于强烈的生长发育阶段，需继续锻炼。

为了兼顾育成牛生长发育的应用需要并进一步促进消化器官的生长发育,此期所喂给的饲料，除了优良的青粗料外，还必须适当补充一些精饲料。粗饲料的干物质中应该至少有一半来自于青干草，这时精饲料的质量和需要量取决于粗饲料的质量。一般日粮中干物质的75%来源于青粗饲料，其余25%为精料，以补充能量和蛋白质的不足。

（2）12月龄至初次妊娠：此阶段育成母牛消化器官容积增大，已接近成熟，消化能力增强，生殖器官和卵巢的内分泌功能更趋健全,若正常发育在16—18月龄时体重可达成年母牛的70%~75%，生长强度渐渐进入递减阶段，无妊娠负担，更无产奶负担。

此阶段饲喂优质青粗饲料基本上就能满足营养的需要。因此，日粮应以青粗料为主，这样不仅能满足营养需要，而且还能促进消化器官的进一步生长发育。一般优质青贮料得日喂量为每100 kg体重5 kg。

（3）初次妊娠至第一次分娩：此阶段生长缓慢下来，体躯显著地向宽深发展，在丰富的饲养条件下容易在体内沉积过多的支付，导致牛体过肥，造成不孕或难产。

此阶段的前期日粮仍以优质青贮料为主，但要多样化、全价性，从而保证胎儿的正常发育。

到妊娠最后 2~3 个月,由于体内胎儿生长迅速,一方面营养需要增多;另一方面,也要求日粮体积要小,以免压迫胎儿。因此,要提高营养浓度,即减少粗料,增加精料,可每日补充 2~3 kg 精料。精料与粗料比以 25%~30%:70%~75% 为宜。如有放牧条件,则应以放牧为主,在良好的放牧地上放牧,精料可减少 30%~50%,放牧回来后,如未吃饱,仍应补喂一些精料和干草或青绿多汁饲料。

3. 育成母牛的管理

（1）分群：性成熟之前分群,最好不要超过 7 月龄,以免早配,影响生长发育。并按年龄、体重大小分群,月龄差异最好不要超过 1.5~2 个月,活重不要超过 25~30 kg。

（2）制定生长计划：根据不同品种、年龄的生长发育特点,饲草、饲料的储备状况,确定不同日龄的日增重幅度。

（3）转群：根据年龄、发育情况,按时转群。一般在 12 月龄、18 月龄、初配定胎后进行 3 次转群。同时进行称重和体尺测量,对于达不到正常生长发育要求的进行淘汰。

（4）加强运动：在舍饲条件下,每天只要要运动 2 h 左右。这对保持育成母牛的健康和提高繁殖性能有重要意义。

（5）刷试：为了保持牛体清洁,促进皮肤代谢和养成温驯的气质,每天刷试 1~2 次,每次约 5 min。

（6）按摩乳房：从开始配种起,每天上槽后用热毛巾按摩乳房 1~2 min,促进乳房的生长发育。按摩进行到该牛乳房开始出现妊娠性生理水肿为止,到产前 1~2 月停止按摩。

（7）初配：在 18 月龄左右根据生长发育情况决定是否参加配种。初配前 1 个月应注意观察育成母牛的发情日期,以便在以后的 1~2 个发情期内进行配种。

（8）防寒、防暑：炎热地区夏天要做好防暑工作,冬季气温低于 –13 ℃ 的地区做好防寒工作。受到热应激后牛的繁殖力大幅下降。持续高温时胎儿的生长受到抑制,配种后 32 ℃ 温度持续 7 h 则牛五方妊娠。还能影响处女牛的初情期。

（二）妊娠母牛的饲养管理

1. 妊娠母牛的饲养

犊牛初生重的大小对生后的生长和育肥影响甚大,提高犊牛初生重必须从母牛抓起。妊娠母牛的营养需要和胎儿的生长有着直接关系。胎儿的增重主要在妊娠后期,需要从母体供给大量的营养。若胚胎期胎儿生长发育不良,出生后就难以补偿,造成增重速度减慢,饲养成本增加。

妊娠前 6 个月胚胎生长发育较慢,胎儿各组织器官处于分化形成阶段,营养上不必增加需要量,但要保证日粮的全家性。应以优质青干草及青贮料为主,添加适当的精料和青绿多汁料,尤其是满足矿物元素和维生素 A、维生素 D、维生素 E 的需要量。

妊娠最后 2~3 个月胎儿增重加快,胎儿的骨骼、肌肉、皮肤等生长最快,需要大量的营养物质,其中蛋白质和矿物质的供给尤为重要。如营养不足,就会使犊牛体高增长受阻,身体虚弱,这样的犊牛初生重小,食欲差,发育慢,而且常易患病。尤其在怀孕最后 3 个月,胎儿的增重占犊牛初生重的 75% 以上。同时,母体也需要贮存一定的营养物质,以供分娩后泌乳所需。因此,饲养上应增加精料量,多供给蛋白质含量高德饲料。对于放牧的妊娠母牛,应选择优质草场,延长放牧时间,放牧后对人生后的母牛每天补饲 1~2 kg 的精料。

分娩前母牛饲养应采取以优质干草为主,逐渐增加精料的方法,对体弱的临产牛可适当增加喂量,对过肥的临产母牛可适当减少喂量。分娩前两周,通常给混合精料 2~3 kg。临产前 7 d,

可酌情多喂些精料，其喂量应逐渐增加，但最大喂量不宜超过母牛体重的1%。这又助于母牛适应产后泌乳和采食的变化。分娩前2~8 d，精料中要适当增加麸皮含量，以防止母牛发生便秘。

2. 妊娠母牛的管理

妊娠母牛应保持中上等膘情。一般母牛在妊娠期间，至少要增重45~70 kg，才足以保证产犊后的正常泌乳与发情。妊娠母牛最好禁喂棉籽饼、菜籽饼、酒糟等饲料和冰冻、发霉的饲料。此外，妊娠母牛舍应保持清洁、干燥、通风良好、阳光充足、冬暖夏凉。母牛妊娠期禁止防疫注射，避免使用对胎儿不利的刺激性较强的药物。在妊娠母牛管理上特别做好保胎工作严防受惊吓、滑跌、挤撞、鞭打等，防止流产。另外每天保持适当的运动，夏季可在良好的草地上自由放牧，但必须与其他牛群分开，以免出现挤撞而流产。雨天不要进行放牧和进行驱赶运动，防治滑倒。冬季可在舍外运动场逍遥运动2~4 h，临产前停止运动。

产房要经过严格的消毒，而且要求宽敞、清洁、保暖性能好、环境安静。产前要在产房的地面上铺些干燥、经过日光照射的柔软垫草。为了减少环境改变对母牛的刺激，一般在预产期前10 d左右将母牛转入产房。母牛在产房内可以去掉缰绳，让其自由活动，在此期间要饲喂青干草或少量的精饲料等容易消化的饲料；要给母牛饮用清洁的水，冬季最好是喂给温水。为减少病菌感染，产房必须事先用2%火碱水喷洒消毒，然后铺上清洁干燥的垫草。分娩前母牛后躯和外阴部用2%~3%来苏儿溶液洗刷，然后用毛巾擦干。发现母牛有临产症状，即表现腹痛，不安，频频起卧，则用0.1%高锰酸钾溶液擦洗生殖道外部，做好接产准备。

（三）哺乳母牛的饲养管理

1. 哺乳母牛的饲养

哺乳母牛饲养的主要任务是多产奶，满足犊牛生长发育所需要营养。母牛在哺乳期所消耗的营养比妊娠后期还多。犊牛生后2个月内每天需母乳5~7 kg，此时若不给哺乳母牛增加营养，就会使泌乳量下降，不仅直接影响犊牛的生长，而且会损害母牛健康。

母牛分娩前30 d和产后70 d，这是非常关键的100 d，这时期饲养的好坏直接对母牛的分娩、泌乳、产后发情、配种受胎、犊牛的初生重和断奶重、犊牛的健康和正常生长发育都十分重要。母牛分娩3周后，泌乳量迅速上升，母牛身体已恢复正常，日产奶量可达7~10 kg。能量饲料的需要比妊娠时高出50%左右，蛋白质、钙、磷的需要量加倍。此时，应增加精料饲喂量，每日干物质进食量以9~11 kg，日粮中粗蛋白质量10%~11%为宜，并要供给优质粗饲料。饲料要多样化，一般精、粗饲料各由3~4种组成，并大量饲喂青绿、多汁饲料，以保证泌乳需要和母牛发情。

2. 哺乳母牛的管理

母牛产后到生殖器官等逐渐恢复正常状态的时期为产后期。这一时期应对母牛加强护理，促使其尽快恢复到正常状态，并防止产后疾病。在正常情况下，母牛子宫在产后9~12 d就可以恢复，但要完全恢复到未妊娠时状态，需26~47 d；卵巢的恢复约需1个月时间；阴门、阴道、骨盆及韧带等在产后几天就可恢复正常。

母牛产后立即驱赶让其站立，让其舔初生犊牛，并把备好的麦麸盐温水让母牛充分饮用，以补充体内水分，帮助维持体内酸碱平衡、暖腹、充饥，增加腹压，以避免产犊后腹内压突然下降，使血液集中到内脏，造成"临时性贫血"而休克。产后1~2 d的母牛在继续饮用温水的同时，喂给质量好、易消化的饲料，但投料不宜过多，尤其不应突然增加精料量，以免引起消化道疾病。一般5~6 d后可以逐渐恢复正常饲养。另外，要加强外阴部的清洁和消毒。产后期母体生理过程有很大变化，机体抵抗力降低，产道粘膜损伤，可能成为疾病侵入的门户。因此，对刚产完犊的母牛，可在外阴及周围用温水、肥皂水或1~2%来苏儿或0.1%的高锰酸钾水冲洗干净并擦干。母牛产后从生殖道排出大量分泌物，最初为红褐色，之后为黄褐色，最后变为无色透明。这种分泌物称为恶露。母牛产后排出恶露持续时间一般为10~14 d，要注意及时更换清除被污染的垫草。要防止贼风吹入，以免发生感冒，影响母牛的健康。胎衣排出后，可让母牛适当运动。同时，要注意乳房护理，哺乳前应用温水洗涤，以防乳房的污染，保证乳汁的卫生，并帮助犊牛吸吮乳汁，杜绝犊牛吸吮被污染的乳汁而发生消化道疾病的现象。因此，要经常打扫，加强牛舍的卫生，保持乳房的清洁卫生，避免有害微生物污染母牛的乳房和乳汁，引起犊牛疾病。对放牧的哺乳母牛要特别注意食盐的补给，由于牧草含钾多纳少，适当补给食盐，维持体内的钠钾平衡。归放后对哺乳母牛进行补饲，满足泌乳所需的营养，提高泌乳量。

三、犊牛的培育与管理

（一）犊牛的培育

从初生至断乳前的小牛，称为犊牛。由于过去肉牛的哺乳期一般为6个月，故习惯上将6个月龄以前的幼牛称为犊牛。这一阶段的生长发育是肉牛整个生命过程中最为迅速的时期，此阶段的主要任务是提高犊牛成活率，给育成牛的生长打下良好基础。犊牛的培育是否得当，直接影响其以后的生长和肥育效果，是肉牛生产中的一个重要环节。犊牛阶段又可分为初生期和哺乳期两阶段。

根据犊牛消化功能发育的情况，犊牛的营养需要可分为三个阶段：

第一，液体饲料饲喂阶段：犊牛全部或者必需的营养需要均由乳或代用乳提供。食管沟能使液体饲料直接进入皱胃，从而避免瘤—网胃微生物的降解破坏。

第二，过渡阶段：犊牛的营养需要由液体饲料和开食料二者共同提供。

第三，反刍阶段：犊牛主要通过瘤—网胃微生物的发酵作用从固体饲料中获取营养。

初生犊牛与成年牛有很大差别，它具有自己的生理特点，主要表现在以下几个方面：

第一，犊牛体内含有大量的水分，比成年肉牛多2倍以上。

第二，犊牛的体表面积大，因而蒸发掉的水分含量多。

第三，红细胞直径大。由于红细胞直径大，所以总体红细胞的表面积就小，因而犊牛运输氧气的能力相对来说就较差。

表5.2 犊牛的体液分别

区别	水分（%）	细胞外液	细胞内液
1月龄	80	40	40
3月龄	70	30	40
成年牛	60	20	40

第四，刚出生的犊牛血液里没有抗体，必须获得乳汁免疫。母牛的胎盘学及细胞学结构紧密，因而分子量大得抗体不能通过胎盘转移给犊牛。犊牛的消化器官还没有完全成熟。胃、小肠也处于未成熟状态，小肠粘膜的上皮细胞间隔大，因此，初乳种抗体不受消化作用而直接被吸收，并进入血液，获得免疫机能。

1. 初生期的培育

初生期犊牛是指出生至7日龄的牛。初生期犊牛的消化器官尚未发育健全，瘤网胃只有雏形而无功能，真胃及肠壁虽初具消化功能，但缺乏黏液，消化道粘膜易受细菌入侵。犊牛对外界不良环境的抵抗力、适应性和调节体温的能力均较差，稍微有点疏忽就会受各种病菌的侵袭而引起疾病，甚至死亡。因此，这一阶段的主要任务是预防疾病和促进机体防御机能的发育。

首先母牛应在清洁干燥的场所、安静的环境下产犊，并要让犊牛出生在预先准备好的清洁、干燥、柔软的垫草上，然后及时清除初生犊牛口、鼻、耳及身上的黏液。若是正常分娩，母牛会舔去犊牛身上的黏液。如果母牛不能舔掉黏液，则要用柔软清洁的毛巾将全身黏液擦净，避免受凉，尤其要注意擦掉口鼻中的黏液，防止呼吸受阻。有时出现犊牛口腔周围贮积黏液，不呼吸或呼吸微弱，但心脏仍由跳动的假死现象。此时，应立即用消毒过的软布将犊牛口腔周围的黏液除去，并使犊牛仰卧进行人工呼吸，或使其倒挂，拍打胸部，使黏液流出。若不及时救护，将会导致死亡。假死原因是由于母牛早期破水，阵痛过度，分娩时间过长、倒产、脐带异常等。

通常情况下犊牛的脐带会自然扯断。未扯断时，用消毒剪刀在离腹部 10 cm 左右处剪断，将滞留在脐带内的血液和黏液挤净，并用 5%的碘酒或 10%的高锰酸钾容易浸泡 2~3 min，切记不要把药液灌入脐带内，以免引起脐孔周围组织充血、肿胀而继发脐炎。断脐不要结扎，以自然脱落为好。另外，要剥去软蹄。犊牛想站立时，应帮助其站稳。待毛干后即行称重，发育良好的犊牛，其初生重约等于母体重的 7%~8%。

母牛分娩后 5~7 d 内分泌的乳汁称为初乳。初乳具有特色的生物特性，不仅是新生犊牛不可缺少的营养品，而且能发挥特殊的作用。

犊牛初生以后几天内免疫机能极低，主要靠初乳提供大量的免疫球蛋白抗体及比较全面的营养物质。但初乳种抗体含量随着时间推移而逐渐降低，分娩后第 1 天初乳中抗体含量大约为 6%，第 2 天为 4.2%，第 3 天为 2.7%，第 4 天为 0.2%，第 5 天为 0.1%。看来初乳种抗体在分娩 12 h 后迅速下降，36 h 之后几乎不含抗体。另外，犊牛肠粘膜吸收抗体的能力，也随着时间的推移而逐渐减退，据报道分娩后第一次哺乳时吸收率为 30%，到 36 h 已处于几乎不能吸收的状态。所以犊牛应在出生后 30~90 min 内喂饱初乳，最迟不要超过 2 h。据研究，初乳吸吮时间早晚与犊牛的发病率有很大相关性（图 5.4）。第一次喂初乳，原则上越早越好，一般在其出生后能站立时即引导犊牛吃初乳。具体做法为：将犊牛头引至乳房下，挤出乳汁于手指上，让犊牛舔食，并引至乳头使犊牛吮乳。若第一次初乳喂迟，犊牛将舔食周围的物体，并吞入有害细菌。有害细菌繁殖后，将布满消化道，此时再喂初乳则难以改善犊牛的状况。

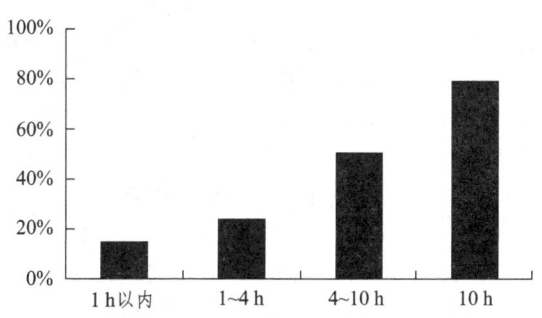

图 5.4　初乳吸吮时间与犊牛发病率的相关性

初乳质量对犊牛免疫功能影响甚大，正常的初乳应呈粘稠状，这样的初乳免疫球蛋白含量较丰富。如果初乳很稀，呈水样，这样的初乳免疫球蛋白含量甚低。初乳免疫球蛋白含量高低是决定初乳质量的关键因素，其影响因素主要有：

（1）母牛的年龄：一般来说，成年母牛初乳内免疫球蛋白含量要比头胎牛高。与头胎牛相比成年母牛初乳种免疫球蛋白的种类多、齐全。

（2）初乳中免疫球蛋白的种类：品质良好的初乳中的免疫球蛋白能对特定环境许多疾病具有免疫功能。而母牛初乳种免疫球蛋白的种类又是由母牛患过哪些疾病以及疫苗接种情况所决定的。成年母牛的初乳种免疫球蛋白足以保持在同一牛场内犊牛出生后的安全。

在以下情况：① 母牛初乳过稀，呈水样状；② 初乳中有血液污染；③ 有乳房炎感染的初乳。母牛的初乳应弃置不用，必须使用冷冻保存品质良好的初乳。

肉用犊牛一般采用随母哺乳的方法培育。如母牛死亡或因病无奶，可喂同期分娩的其他健康母牛的初乳或冷冻储藏的初乳。初乳冷冻储藏而不会影响初乳的免疫效价，用冷冻保存初乳是保证给犊牛提供品质良好初乳的重要技术措施。

初乳的补喂量，第一次以 1~1.5 kg 为宜，并在 24 h 以内哺喂 3 次，使哺喂量达到 5.5~6.1 kg，这样血液内抗体量能达到 60 g，才能达到提高犊牛免疫力的目的。

2. 哺乳期的培育

初乳期后进入哺乳期，肉牛的哺乳期一般为 4~6 个月为宜。这一阶段是犊牛体尺体重增长及胃肠道发育最快的时期，尤以瘤胃的发育最为迅速，此阶段犊牛的可塑性很大，直接影响成年后的生产性能。

（1）哺乳：肉牛通常自然哺乳，即犊牛随母吮乳。据观察，随母哺乳的肉用犊牛每昼夜哺乳 7~9 次，每次 12~15 min。

自然哺乳时应注意观察犊牛哺乳时的表现，当犊牛哺乳频繁地顶撞母牛乳房，而吞咽次数不多，说明母牛奶量低，犊牛不够吃，应加大补饲量；反之，当犊牛吸吮一段时间后，犊牛口角已出现白色泡沫时，说明犊牛已经吃饱，应将犊牛拉开，否则容易造成犊牛哺乳过量而引起消化不良。一般而言，大型肉牛平均日增重 700~800 g，小型肉牛平均日增重 600~700 g，若增重达布到上述水平的需求，应增加母牛的补饲量，或对犊牛直接增加补料量。

有时肉用犊牛也采取人工哺乳，人工哺乳包括桶式哺乳和乳嘴哺乳。桶式哺乳时，通常采用一手持桶，另一手中指及食指浸入乳中，使犊牛吸吮粘在指头的乳汁。当犊牛吸吮指头时，慢慢将桶提高使犊牛紧贴牛乳而吮饮，习惯后则可将指头从口拔出，并放于犊牛鼻镜上，如此反复几次，犊牛便会自行饮乳。用乳嘴哺乳时，要求乳嘴光滑牢固，以防犊牛将其拉下或撕破。在乳嘴顶部用剪子剪一个"十"字，这样会使犊牛用力吮吸，避免强灌，并且定时、定量、定温。

（2）及早补饲：犊牛在出生后 3 个月内母牛的泌乳量可满足犊牛生长发育的营养需要。3 个月后母牛的泌乳量逐渐下降，而犊牛的营养需要却逐渐增加，母牛的奶量满足不了犊牛的营养需要，母牛的泌乳量和犊牛的营养需要形成剪刀差，并且差值随犊牛的生长越来越大。为此，应提早补饲青粗饲料和精料，使犊牛在哺乳后期能采食较多的植物性饲料。这样不仅满足犊牛所需的营养，而且还可促进瘤胃的发育。

补饲一般在出生后 7~10 d 开始。首先训练犊牛采食优质干草，这样可以促进瘤胃的早期发育，并使犊牛瘤胃早日建立菌丛，以提高其小孩饲料的能力。在 10~15 d 或更早喂给犊牛料。犊牛料是根据犊牛的营养需要而配制成的容易消化吸收的精饲料，起着促使犊牛由以奶味主的营养向完全以植物性饲料为主的营养的过渡作用。犊牛料的配制原则：20%以上的粗蛋白质，7.5%~12.5%的脂肪，干物质含量 72%~75%，粗纤维不高于 5%，此外添加矿物质、维生素、抗菌素等。

犊牛料的形态可以为粗磨粉状，其颗粒尽可能要大。初喂犊牛料时，可将少许牛奶洒在精料上，或与调味品一起做成粥状，或制成糖化料，涂擦犊牛口鼻，诱其采食。15~20 d 后，可训练采食湿料，将干粉料用温水拌湿，用手捏成团状，掷下即散为宜，到 1 月龄可喂到 200~300 g，1 月龄内宁可少吃青草，也要多给犊牛料，以保障犊牛初期的生长速度。2 月龄时可增至 500~700 g，3 月龄时可采食 750~1 000 g。

目前人们普遍采用机械刺激和化学刺激两种方式来促进犊牛反刍胃的发育。机械刺激即通过喂给犊牛优质牧草和干草以达到增大瘤胃的容积,刺激瘤胃乳头发育并最终达到促进瘤胃发育的目的。犊牛出生后 10 d 左右开始训练采食干草,以牧草或优质干草为主,要保障质量。开始应饲喂少量的牧草或优质干草,待犊牛适应后逐渐增加供给量。

为了防止母牛采食犊牛的饲料,通常采用特殊的补饲栏或其他物理障碍将母牛与犊牛隔开,让犊牛采食补充料(通常为精料)。补饲日粮的成分通常很简单,一般建议采用最便宜的精饲料,添加体积较为蓬松的饲料,如燕麦、甜菜渣和脱水苜蓿颗粒等。可以预防消化道疾病的发生。补饲栏应安置在母牛和犊牛滞留时间最多的地方,如水源或遮阳棚附近。

犊牛在采食饲料后,食物在反刍胃内经微生物发酵,产生大量的挥发性脂肪酸,这些挥发性脂肪酸不仅为犊牛提供能量需要,而且瘤胃在吸收恢复性脂肪酸时跟上也受到刺激,即通过化学刺激促进瘤胃的生长发育。瘤胃在吸收挥发性脂肪酸的过程中,锻炼了瘤胃乳头的吸收能力,同时也促进了瘤胃乳头的生长发育,增强瘤胃壁细胞的代谢活动,促进了瘤胃的发育。

机械刺激和化学刺激对瘤胃的生长发育起到极其重要的作用。在生产中不能单一的采用机械刺激或化学刺激,要注意两者相互结合、相互补充,只有这样才能达到促进瘤胃生长发育的目的。饲喂不同日粮对犊牛胃容积发育的影响见表 5.3。

表 5.3 不同日粮对犊牛胃容积发育的影响

日粮类型		空体重(kg)	瘤网胃		重瓣胃		真胃	
			ml	Ml/kg	ml	Ml/kg	ml	Ml/kg
初生		35.4	1 559	44.0	102.5	2.9	2 105	59.5
13周龄	仅喂乳	93.1	7 394	79.4	184.8	2.0	3 235	34.7
	精料	104.9	30 037	286.3	878.0	8.4	2 542	24.2
	干草	53.6	37 071	691.6	1 157.0	21.6	3 778	70.5
	干草+精料	94.0	28 159	299.6	1 780.6	18.9	3 105	33.0

青绿多汁饲料对犊牛消化器官的发育也有促进作用,应尽早训练牛吃青草。生后 20 d 开始喂给切碎的胡萝卜或甜菜,至 2 月龄时可吃 1~1.5 kg。青贮饲料可在 5 周龄开始,3 月龄时可喂 1.5~2 kg,4~6 月龄可增至 4~6 kg。哺乳后期犊牛可饲喂大量优质青干草、青贮饲料,任其自由采食。根据青粗饲料品质的好坏,精料用量可占日粮的 20%~40%。

犊牛饮水应在 7 日龄开始,最初饮 35~38 ℃温水,半个月后可饮常温水。

(3)犊牛断奶:犊牛断奶应根据当地实际情况和补饲情况而定。当犊牛在 3—4 月龄时,能采食 0.5~0.75 kg 的犊牛料,且能有效地反刍时,即可断奶。若犊牛体质较弱,可适当延长哺乳时间,增加哺乳量。另外在预订断奶前 15 d,要开始逐渐增加精、粗料饲喂量,减少喂乳量。哺乳次数由 3 次改为 2 次,2 次再改为 1 次,然后隔日 1 次。自然哺乳的母牛在断奶前 1 周即停喂精料,只给粗料和干草、稻草等。断奶第一周,母、犊可能互相呼叫,应进行舍饲或栓饲,不让互相接触。

(二)犊牛的早期断奶技术

肉用犊牛一般满 6 月龄断奶。早期断奶是指生后 4~8 周内断奶,其优点是提早补饲,促进犊牛瘤胃的发育,减少消化道疾病的发病率,减轻哺乳母牛的泌乳负担,可确保每一年繁殖一头犊牛。

早期断奶成败的关键：一是犊牛开食料及代乳料得配制技术；二是犊牛的饲养管理是否得当。

犊牛开食料也叫犊牛代乳料，原料主要为植物性饲料和乳制品（如脱脂乳、干奶酪、干奶清等），乳制品含量可达50%~80%，此外需加入矿物质、微量元素、维生素及抗生素等。犊牛开食料根据犊牛的营养需要用精料配制而成，形态多喂粉状或颗粒状，一般从犊牛生后的第二周供给。任其自由采食。犊牛开食料的作用是促使犊牛由以吃乳为主向完全采食植物性饲料过渡。犊牛断奶后就应限制代乳料得给量，逐渐向普通犊牛料过渡。表5.4列出犊牛代乳料（或开食料）的配方，仅供参考。

表5.4 犊牛代乳料（或开食料）的配方（%）

原料	日本	美国Ⅰ	美国Ⅱ	美国Ⅲ	澳大利亚	中国Ⅰ	中国Ⅱ
豆饼	20~30	23	15	17	20	29	20
亚麻饼	—	—	15	—	—	10	10
玉米	40	40	32	16.5	48	30	25
高粱	—	—	—	—	—	—	10
燕麦	5~10	25	20	20	20	20	—
小麦麸	—	—	—	10	—	10	10
鱼粉	5~10	—	10	10	8	10	10
糖蜜	4	8	20	5	3	—	15
苜蓿粉	3	—	—	5	—	—	5
油脂	5~10	—	—	—	—	—	—
维生素	—	—	—	—	—	—	—
矿物质	2~3	4	3	1.5	1	3	5

研究表明在早期液体饲喂阶段，犊牛生长速度与液体饲料的供给量成正比。与此相反，在限制液体饲料饲喂阶段，犊牛的生长速度又与开食料采食量正比（Kertz等，1979，1984）。可见早期饲喂开食料或代乳料可以使犊牛提前从液体饲料阶段过渡到反刍阶段，利于犊牛的生长，也有利于犊牛早期断奶。Sanz等（1997）建议，代乳料中的能量与蛋白质比率应高于自然的牛奶，只有这样才能有利于蛋白质吸收，如果代乳料的蛋白质来源是奶或奶制品，那么要求蛋白质含量要在20%以上，如果含有植物性的蛋白质来源，就要求蛋白质含量要高于22%。这是因为一方面植物蛋白质氨基酸平衡不如奶源蛋白质，另一方面，犊牛由于消化系统发育不完全，不能产生足够的蛋白质消化酶来消化这些植物蛋白质。

代乳料最好的碳水化合物来源是乳糖，代乳料中布能含有太多的淀粉（如小麦粉和燕麦粉），也不能含有太多的蔗糖（甜菜）。由于犊牛没有足够的消化酶去分解和消化它们，所以太多的淀粉和蔗糖会导致腹泻和失重，淀粉含量过高是造成3周龄内的犊牛营养性腹泻的主要原因。另外微量元素和维生素也是犊牛所必需的，因为犊牛瘤胃功能发育不完善，瘤胃微生物不能合成所需的多种维生素。

1. 早期断奶的适当时期

近年来的研究表明，及时补饲草料，4周龄的瘤胃容积可占全胃容积的52%，6—8周龄时前两胃的净重约占全胃净重的60%，接近成年牛相应指标的70%（表5.5），而且6—8周龄犊牛瘤胃发酵粗、精饲料产生的挥发性脂肪酸的组成和比例与成年牛相似,说嘛此时的犊牛对固体性饲料已具备了较高的消化能力,因此,4—8 周内断奶是犊牛断奶的适当时期。一般日采食犊牛料达 1 kg 以上方可断奶,上半年出生的犊牛约 45 d 可断奶,下半年出生约 60 d 可断奶。

表 5.5　牛的胃容积大小变化(%)

	出生	4 周龄	8 周龄	12 周龄	成年
反刍胃（瘤胃、网胃）	38	52	60	67	85
瓣胃	13	12	13	18	7
真胃	49	36	27	15	8

来源：Becke 和 Arnold, 1952; Godfrey, 1961; Tamate, 1962; Warner, 1956.

2. 早期断奶的技术要点

应根据代乳料（开食料）、人工乳的生产数量和质量、犊牛的生产方向、饲养管理技术水平等,拟定合适的早期断奶技术方案。

喂足初乳,前三周为正常哺乳量,其后递减,使新生犊牛在平稳的状态下,获得较高的物质能量,及早地建立起天然的自身免疫系统。

要尽早补饲精粗饲料,犊牛生后 1 周左右即可训练其采食代乳料,代乳料的配方：豆饼 20%~30%、玉米 40%、燕麦 5%~10%、鱼粉 5%~10%、糖（蜜）4%、苜蓿草粉 3%、油脂 5%~10%、维生素和无机盐 2%~3%。可配制成粉状或颗粒饲料。开始每天喂奶后人工向牛嘴及四周涂抹极少量代乳料,引导开食。2 周左右开始向草栏投放优质干草供其自由采食。忽视早期采草能力的训练,或长期采草不足,将导致犊牛瘤胃消化迟缓,营养不全及维生素缺乏等症。犊牛在 21 日龄时出现反刍,这时就要开始给犊牛喂些鲜嫩的青草、菜叶、粉碎的粗饲料等,并逐渐增多其喂量。

要供给犊牛充足的饮水,喂给犊牛的奶中的水不能满足其生理代谢的需要,尤其是早期断奶的犊牛,需要采食干物质量 6~7 倍的水。除了再喂奶后加必要的饮用水外,还应设水槽供水。尤其是在气温较低的冬季,水温应保持在 35~37 ℃,但饮水也要限制在 500~1 000 mL/d。若饮水过多,胃肠容积随之增大,血管通透性增高,肾脏排泄加快,容易引起犊牛血尿发生和腹大下垂。

犊牛在 15 日龄即可开始运动,开始的运动时间可短些,以后逐渐增加到 2~4 h,保证充分的运动时间。应设立小牛运动场地,集中管理,防止小牛到处乱跑,运动场、舍内要保持清洁卫生,做到勤打扫、勤更换垫草、定期消毒。舍内阳光充足,通风良好,冬暖夏凉。同时定时刷试,保持犊牛身体清洁。还有按时搞好疫病防治工作,加强饲养管理,促使犊牛正常生长发育。饲养员每天应定时或不定时地对犊牛进行细心观察,主要观察采食（哺乳）、饮水和粪便状况及精神状况等,发现问题及时解决。

（三）犊牛的管理

1. 称重及编号

犊牛出生后第一次哺乳前,应称重。在犊牛称重的同时,还应进行编号,然后与父母血统号码等一同记入犊牛登记卡有关栏内,存档留用。生产上应用比较广泛的编号法是耳标法,耳标有金属盒塑料的,先在金属耳标或塑料耳标上打上号码或用不褪色的笔写上号码,然后固定在牛的耳朵上。

2. 保温防寒和防暑降温

犊牛适应外部环境能力较差，北方地区冬季要注意犊牛舍的保暖，防止贼风浸入，犊牛栏内要铺柔软、干净的垫草，保持舍温在 5 ℃ 以上。夏季温度、湿度较高，蚊、蝇较多，勤换垫料及采取必要的降温措施。

3. 去 角

对于将来作肥育的犊牛，去角后便于管理。去角的时间越早越好，最好是在出生后 5~7 d 内进行，这样犊牛痛苦小，去角比较容易和彻底。常用的去角方法有固体苛性钠去角和电烙铁去角。

4. 运 动

充足的运动对促进犊牛生长发育，提高新陈代谢，改善血液循环及肺部发育，增大胃肠容积，均有良好的作用。但 1 周龄内犊牛抵抗力，通常不到户外运动。一般出生后 7~10 d，即可放入运动场每日自由活动半小时。到 1 月龄时，每天可分上下午运动 2 次，每次 1~1.5 h。

5. 防止舔癖

犊牛舔癖是指犊牛互相吸吮，是一种极坏的习惯，危害极大。其吮吸部位包括嘴巴、耳朵、脐带、乳头、牛毛等。吸吮嘴巴易造成传染病；吸吮耳朵在寒冷情况下容易造成冻疮；吸吮脐带容易引发脐带炎；吸吮乳头导致犊牛成年后瞎乳头；吸吮牛毛容易在瘤胃内形成许多大小不一的扁圆形毛球，久之往往堵塞食道沟或幽门而致死。防止舔癖，首先犊牛要分栏饲养，定时放出哺乳，犊牛最好单栏饲养。其次，犊牛每次喂奶完毕，应将犊牛口鼻的残奶擦净。

6. 预防接种

所有犊牛都要进行魏氏梭菌病的接种（如气肿疽和恶性水肿）。接种气肿疽的最佳时期是 2~3 月龄，特别是在转入放牧以前。在断奶前的 3 周还要进行传染性牛鼻气管炎疫苗的接种。在断奶后的 2~3 周，所有犊牛都应进行牛病毒性腹泻的疫苗接种。此外，还要进行布鲁氏菌病的预防接种。

7. 阉 割

阉公牛肥育可增加脂肪沉积，改善牛肉的质量，适于生产高档牛肉。阉割公牛的最佳年龄是出生后 4~8 个月，此时阉割犊牛很少掉膘。缺点是小牛容易发生尿结石和影响生长发育。如果是专门生产小白牛肉，公犊牛在没有表现出性特征之前就可以达到市场收购的体重，因此，就不需要对公牛加以阉割。

8. 单栏饲养与分群

犊牛出生后最好在单独的圈内饲养，当月龄较大时，可按体积、体重、性别、月龄、采食速度相似者分群。每群 30~50 头，各群设专人饲养。

9. 注意观察

要经常观察犊牛的精神状态和粪便，发现疾病应及时治疗，以提高犊牛成活率。健康犊牛一般表现为机灵、眼睛明亮、耳朵竖立、被毛闪光，否则就有生病的可能。

10. 清洁卫生

犊牛的饮水和食槽应保持清洁卫生，哺乳用具应该每用 1 次就清洗、消毒 1 次。垫草要经常更换。饲料不能有发霉变质和冻结冰块现象，不能含有铁丝、铁钉、牛毛、粪便等杂质。保证犊牛不被污泥浊水和粪便污染，坚持每天刷试皮肤，能够保持牛体清洁，防止体表寄生虫滋生，并养成犊牛温驯的性格。

四、肉牛的放牧饲养

（一）放牧饲养的意义

我国有广阔的草原，农区有草山草坡，半农半山区有林间草地，这些都是极重要的饲料资源。因此，应充分利用这些资源，大力发展我国的肉牛事业。同时合理利用好草场草地，保持生态平衡，防止水土流失。

放牧饲养的好处很多，大体说来有以下几点：

1. 降低饲养成本

牧草的营养价值比较全面，可以满足牛的基本需要，仅需补饲少量的蛋白质和矿物质饲料，因而降低了饲养成本。

2. 节省劳动力

减少舍饲时劳动力和设备的开支，其中包括割草、饲喂、清扫粪便和施肥所花费的劳动力等。

（二）放牧行为与采食量

1. 放牧行为

肉牛的放牧大部分在白天进行，每天行走 3 000～4 000 m，但每天的行走距离随气候、环境、草场情况的变化而又很大差异。放牧时牛体缓慢向前移动，将嘴贴近地面，颈向两侧转动，边走边食，头部与地面呈 60°～90°的角度，采食宽度相当于体宽 2 倍。每天放牧的时间为 4～9 h，每分钟采食速度（口/min）30～90 次，平均 50 次。成年牛每天反刍时间为 4～9 h，但因个体、日粮类型和采食量而又很大差异。在 24 h 反刍 15～20 个周期，每个反刍期从 2 min 到 1 h 以上不等。牛的放牧行为见表 5.6。

表 5.6 牛的放牧行为

行为		数值（d）
放牧	放牧时间（h）	4～9
	采食总口数	2 500
	放牧采食速度（口/min）	30～90
	采食鲜草量	体重的 10%
	采食干物质量（kg）	1.6～2.2
	放牧距离（km）	3～4.8
反刍	反刍时间（h）	4～9
	反刍周期数（次）	15～20
	食团数（个）	360
	口数/食团	48
饮水	日饮水次数	1～4
活动	躺卧时间（h）	9～12
	站立时间（h）	8～9

2. 放牧采食量

一天之内，牛的采食速度也有周期性变化。开始采食时，采食速度为 60~70 口/min，随后慢慢地降到 30~40 口/min。根据 Hohenheim 观测，牛的放牧采食量，其幅度为 27~87 kg 鲜草，用干物质表示为 3.7~11.1 kg，相当体重的 10%（鲜草）和 1.6%~2.2%（干草）。放牧采食量受牧草的高度、密度、牧草生长的一致性、纤维化程度和牧草的叶茎比例的影响。牧草的最适高度为 12~18 cm，低于或高于此高度多会影响其采食量（表 5.7）。随着牧草密度增加，每口所咬断的牧草数量也增加，故采食量增加。如果草场种有许多不毛的空间，或具有许多不可食的植物丛，或牧草为粪便覆盖，不能采食，因而会影响牧草采食量。牧草的纤维化程度越高，需花费较多的时间去嚼碎，因此采食数量减少。另外，随着叶茎比德增加，牛的采食量增大。因牧草多汁，肉牛更喜食。

表 5.7　牧草高度对牛采食量的影响

牧草高度 (cm)	每日采食量（kg）	
	鲜草	干物质
20~40	32	7.8
12~20	68	14.1
8~12	41	9.0

（三）放牧管理

放牧系统多种多样，气候差异、植物种类、地形、牛的种类、肉牛饲养者的偏爱可形成数百种组合。对所有肉牛饲养企业来说，没有最好的放牧系统，因此生产者的需要和目标确定最适合于生产的最经济的放牧制度。并且，还要始终关注牛群健康，并保护自然资源。草场和草原放牧管理系统基本上是以下 3 个因素的函数：① 粗饲料生产总量；② 粗饲料品质；③ 粗饲料的收获效率。所有的放牧管理系统都集中于一个基本原则，控制每一种牧草植物的落叶频率和程度。有效的放牧系统是由载畜量、放牧强度和频率、放牧单一或混合粗饲料、其他能够优化肉牛生产效率的因素来决定的。长期有效的放牧系统应该对经济和环境有益。此外，它们应尽量简便易行。

大多数放牧体系的目标是优化动物生产、维持或者提高植被的生产潜力。放牧动物的种类、植被类型以及放牧季节是整个放牧计划的一部分，有助于决定载畜量。在选择合适的放牧管理体系时，最重要的一步是做到植被类型和质量，要与牛的日粮喜好和营养需要相匹配。

最佳载畜量是指一定时间内单位面积土地上适宜放牧的动物头数，它不是一个常数，而是随季节、年份的不同而变化。长时间高强度放牧将降低牛的养分进食量，从而降低牛的生产性能，并减少放牧地区植物种类的多样性。特定草场上适宜的载畜量取决于肉牛饲养者预期的动物生产性能、植被耐受放牧的能力以及草原或牧场的改良目标。载畜量是指特定时间、特定动物密度且对草场资源部造成破坏的载畜量。

载畜量可以根据下面的公司进行粗略计算：

$$载畜量 = \frac{粗饲料年产量 \times 季节利用率}{日平均采食量 \times 放牧季节的长短}$$

放牧季节主要取决于以下两个重要关系：一是在牧草生长最旺盛期（此时期产量高、营养价值高）和在牧草成熟期到达之前进行放牧。二是为了提高草场质量，必须繁衍理想的牧草种类。

为了便于放牧管理，提高草场利用率，应实行分群放牧。可划分公牛、母牛、青年牛和肥育牛等放牧群，牛群得大小一般为 30~50 头较好。

为了合理利用并保护草场，应实行划区轮牧。牧地可分为若干区，小区可划分为 5~6 个，每个小区放牧时间以牛能吃饱而不踩踏草地并以预防寄生虫为原则。轮牧时间与次数应根据当地的草场质量灵活掌握，一般情况下轮牧时间为 5~6 d，次数为 2~4 次，水源充足的好草场轮牧次数可增加到 4~5 次，轮牧周期为 25~30 d 或 30~40 d。

放牧时间是在早晨和日落前，一般在早晨、上午的中间、下午的前半段以及日落之前出牧为好。从总体上讲，必须合理利用并保护好草场草地，严禁过牧，防止草场退化，保持生态平衡。

【讨论与思考】
1. 简述种公牛饲养管理及注意事项。
2. 简述母牛育肥的途径及管理。
3. 简述犊牛早期断奶意义及刚出犊牛的管理细则。
4. 简述刚引进到养殖场的架子牛饲养管理及疾病防控。
5. 简述肉牛放牧饲养管理的优缺点。

项目 5-3　肉牛的营养需要及日粮配制

【学习目标】
1. 了解肉牛生产特性及营养需要。
2. 了解肉牛日粮配制原则及粗饲料种类。

【学习内容】
1. 肉牛营养需要；
2. 肉牛日粮配制；
3. 粗饲料种类及特点
4. 青贮饲料和农作物秸秆的调制；
5. 肉牛育肥技术

【相关技能】
1. 掌握肉牛各个生产阶段营养需求及日粮配制技术。
2. 了解饲养肉牛常用的粗饲料种类、来源及配制。

一、肉牛的营养需要

肉牛在不同的生长发育阶段，不同的生长速度及不同的环境条件下，对各种营养物质的需求量大不相同。如能充分满足肉牛的营养需要，则可发挥最大的生产潜力。肉牛每天所采食的各种精、粗饲料中，含有一定数量的能量、蛋白质、矿物质和微量元素以及维生素等。供给能量的主要来源是含在饲料中的糖、淀粉、果胶、半纤维素和纤维素。它们的大部分是被牛瘤-蜂胃中的微生物区系发酵，形成挥发性脂肪酸，供牛体维持和生长所需的绝大部分能量。和奶牛不同的是，肉牛瘤胃中碳水化合物发酵的主要挥发性脂肪酸应该含有较高比例的丙酸。

瘤胃细菌区系以饲料中的糖和淀粉以及其他营养成分为原料完成自身的生命活动过程，并将饲料中含氮化合物（包括蛋白质和氨化物）降解为蛋白质分解过程中的各种中间产物，最终形成氨。这些氨的绝大部分被细菌摄取，合成菌体蛋白质。这些菌体蛋白质和饲料中未降解的蛋白质（也称过瘤胃蛋白质）随着食糜一起进入牛的真胃和十二指肠，被这里分泌的消化酶消化，在小肠中这些消化产物（各种氨基酸）被吸收入血液，运送到牛体各部，供其利用。矿物质（含微量元素）和维生素的利用不像能量和蛋白质那样复杂。其中的一部分是被瘤胃微生物直接利用，而另一部分是在牛瘤胃微生物的发酵和离解作用下，被分解为简单的化合物和单个离子，最后在牛消化道的不同部位被收，进入血液循球，供牛体利用。

1. 能　量

能量的作用是保证牛的新陈代谢，维持牛的日常生命活动。日粮中能量不足，就会导致肉牛减重，由体组织贮存的营养物质分解，释放能量来维持肉牛的生命活动。因此，在肉牛育肥过程中，一定要保证供给牛足够的能量。牛由于有瘤胃微生物的作用，可利用相当数量的粗饲料作为能量来源。

2. 蛋白质

蛋白质是一切生物体细胞的基本成份。肉牛需要蛋白质先是补充机体组织的损耗，如毛发、角、蹄的生长，酶和激素的合成等，其次才是用于增重。由于一般的青干草和秸秆类含蛋白质较少，在肉牛育肥阶段需补充蛋白质饲料或非蛋白氮。

3. 矿物质

矿物质占家畜体重的 3%～4%，是机体组织和细胞不可缺少的成份。除形成骨骼外，主要起维持体液酸碱平衡，调节渗透压和参与酶、激素和某些维生素的合成等。几种主要的矿物质有盐、钙、磷等称为常量元素。盐——应经常供给，既可让牛自由舐食，也可在日粮中添加；钙——在肉牛育肥阶段精饲料增加较大时，要给予必要的补给；磷——可根据肉牛营养需要加到日粮中进行补充。与肉牛有关的微量元素有硒、锌、铜、锰、钴、碘等。一般情况下，这些微量元素不会缺乏，只在一些土壤中缺乏某种元素的地区，才有必要在日粮中加以补充。

4. 维生素

维生素是属于维持畜禽正常生理机能所必需的低分子有机化合物。日粮中维生素缺乏可导致生长迟缓。肉牛最易缺乏的是维生素 A，建议在以秸秆为主的基础日粮中，每 100 kg 体重每天补充 6 600 国际单位维生素 A。

5. 水

水是动物机体的重要组成部分。肉牛的需水量，受增重速度、活动情况、日粮类型、进食量和外部环境等多方面影响。一般 250～450 kg 的育肥牛在环境温度 10 ℃ 时的饮水量在 25～35 kg 之间。

二、肉牛日粮配制

（一）配制原则

（1）要符合肉牛饲养标准，并充分考虑实际生产水平。

（2）尽可能利用当地的饲料原料，品种多样化，努力降低饲料成本。

（3）精粗饲料比例依牛的类型和粗饲料的品质优劣而不同。一般按精粗比 30～40∶60～70 搭配。

（4）注意考虑所配日粮的适口性和饱腹性。

（二）日粮配制方法

日粮配制的目的是实现经济合理的饲养，用最低的成本获取最高效益。

1. 营养凑合法

第一步，列出所用饲料并查各种饲料的营养成分。
第二步，根据经验先列出配方并分项目计算出各种指标（如代谢能、粗蛋白、钙磷等）
第三步，检查第二步计算结果，并和需要对比，并对相应的成份进行调整，以达到营养需要。

2. 对角线法

只有 2~3 种饲料时，用此法较简便，但此法只考虑了粗蛋白含量，没有考虑能量、矿物质等。

3. 电脑计算法

目前国外较大型的肉牛场和饲料厂都广泛采用计算机进行饲料配合的计算方便、快速准确，能充分利用饲草饲料来源降低配方成本。

（三）育肥牛配方实例

每日添加混合精料饲料配方：

（1）混合精料：玉米面 57%、麸皮 29%、豆饼 14%（70 g 尿素用水拌入玉米面中）。粗饲料：青贮玉米秸 73%、麦秸 27%。另外添加贝壳粉 60 g，食盐 20 g 和小苏打粉 10~15 g。在充分喂用粗饲料的情况下，每日喂混合精料 1.5~2.0 kg。

（2）混合精料：玉米面 40%、麸皮 20%、棉籽饼 40%（玉米面中加水拌入尿素 40 g）。粗饲料：干地瓜秧 36%、麦秸 28%、干花生秧 36%。另外添加贝壳粉 50 g，食盐 26 g。棉籽饼用 1% 硫酸亚铁水溶液浸泡六小时再用。混合精料每日可喂 1.5~1.8 kg。

（3）混合精料：玉米面 68%、麸皮 16%、豆饼 16%（玉米面中加水拌入尿素 60 g）。粗饲料：青贮玉米秸 67%、花生秧 13%、麦秸 20%。另外添加贝壳粉 60 g，食盐 20 g 和小苏打粉 5 g。混合精料每日可喂 1.8 kg 左右。

（4）混合精料：玉米面 60%、麸皮 20%、花生饼 20%。粗饲料：氨化麦秸 33%，青贮玉米秸 67%。另外，添加贝壳粉 60 g、食盐 20 g 和小苏打粉 5 g。混合精料每天可喂 1.5~2.0 kg。

（5）混合精料：玉米面 83%（加水拌入尿素 70 g）、豆饼 17%。粗饲料：稻草 9%、青贮玉米秸 82%、麦秸 9%。另加贝壳粉 60 g、食盐 20 g 和小苏打粉 5 g。混合精料每天可喂 1.5~1.8 kg。上述配方适用于 7~18 月龄的生长育肥牛。

成年老残淘汰牛育肥，可采用下述饲料配方：混合精料：棉籽饼 60%、玉米面 40%。粗饲料：青贮玉米秸 70%、氨化麦秸 30%。

项目 5-4 肉牛的饲料配制

粗饲料是指按绝干物质计算，粗纤维素含量超过 18% 的干草、秸秆、秕壳等。粗饲料来源广、种类多、产量高、价格廉，是饲养肥育牛羊的主要饲料，也符合我国的具体国情。

一、粗饲料的特点

（1）粗蛋白质含量低（约 3%~4%）；
（2）维生素含量极低。如每千克秸秆中含胡萝卜素只有 2~5 mg；

（3）粗纤维素含量很高，均在 30%~50%；因此，消化率的变化也很大（30%~90%）；
（4）多数粗饲料钙多、磷少，硅酸盐的含量最多，因此降低了消化率；
（5）总能含量高，但消化能的含量低。

二、主要粗饲料种类

1. 苜蓿

不论青刈、青贮、半干青贮或晒制干草，苜蓿都是肥育牛羊极好的饲料原料。作为一种豆科作物，苜蓿含有较高的蛋白质（如全花期收割的苜蓿干草，在含水量为 0 时，粗蛋白质的含量高达 32.5%），也含有很高的能量（增重净能高达 636.4 kcal，或 0.33RND），所以既可以作为粗饲料（含纤维素 59%）使用，也可以作为蛋白质饲料使用。苜蓿中钙的含量高（2.9%），磷的含量低（0.69%），胡萝卜素的含量也很高（65 mg/kg）。同时，由于苜蓿中所含的金属盐具有较强的缓冲能力，所以适量饲喂苜蓿可以预防瘤胃酸中毒。

但是由于苜蓿中粗蛋白质含量较高，在幼嫩的苜蓿草中含有一些硝酸盐和亚硝酸盐，当牛羊空腹采食大量的苜蓿青草时，容易引起瘤胃臌气。所以在喂苜蓿之前，要先给牛喂一些禾本科秸秆或野青干草，控制苜蓿喂量为牛羊体重的 0.2%~0.3%（按干物质计算）。

再则，苜蓿的营养价值在不同的生长期变化很大，为了获得较高的生物量和营养成分，最好的收获期应在孕蕾期、始花期。

2. 野青草（或干草）

北方地区常见的野青草有：草地羊茅、野燕麦、黑麦草、羊草、果园青草、雀麦、猫尾草、鸡脚草、三叶草等。青草中干物质的含量平均为 25%（范围 23%~30%）粗蛋白质的含量变化为 5%~20%。野草中的钙磷含量，除豆科牧草外，基本相当，平均在 0.35%~0.6%范围内；胡萝卜素含量一般为 50~70 mg/kg。

3. 秸 秆

秸秆是农作物脱粒后所剩的茎秆，可以作为育肥牛羊的一部分粗饲料。

秸秆的特点：

① 木质化的粗纤维素含量高，硅酸盐沉淀多；② 粗蛋白质含量低，可消化粗蛋白质含量更低；③ 干物质含量高，但由于消化率低采食量也低；④ 钾含量高而钙、磷、钠、镁含量低；⑤ 总能高而消化能含量低；⑥ 维生素含量非常低。各种作物秸秆在营养价值上也有一定差异，按消化能和可消化粗蛋白质两项指标，其营养价值的排序为：玉米秸秆>黑麦、燕麦秸>大麦秸>稻草>小麦秸。

秸秆用做牛、羊的粗饲料时，要着重解决以下几个问题：① 用物理、化学或生物学手段破坏木质化纤维素的结构，提高半纤维素和纤维素的消化率，增加动物的采食量；② 用氨化的方法，增加秸秆的含氮量；③ 补充秸秆中所缺少的维生素、矿物质和微量元素，激活瘤胃微生物的活力，促进其对秸秆类粗饲料的发酵能力；④ 限量使用秸秆，最好把秸秆和精饲料以及其他粗饲料混合使用。秸秆的最佳使用量为占日粮干物质的 20%左右。

提高秸秆类粗饲料消化和利用率的方法有：① 物理方法：切碎、粉碎、蒸煮、浸泡；② 化学方法：碱化（石灰、烧碱）、酸化（稀盐酸、醋酸、甲酸等）、氨化（干氨、氨水和尿素等）；③ 生物学方法：青贮、黄贮（半干青贮）、微化（EM 菌、101 菌等）。

4. 青贮草

青贮是将含水量在 55%~65%、含糖量不低于 1.0%~1.5% 的青绿饲料原料在适当的时期收获（禾本科：乳熟-蜡熟期；豆科：孕蕾和始花期），并经切短（1.5~2 cm），混匀（茎、叶），夯实，封窖等工序后，使混于原料中的天然乳酸杆菌在无氧的条件下生长繁殖，产生大量的乳酸（pH≤4.2），抑制和杀灭原料中的腐生菌和霉菌，防止饲料发霉、变质，从而达到保存营养成分的目的。

适合制作青贮饲料的原料，常见的有玉米、高粱、麦类（小麦、大麦、黑麦、燕麦等）、大豆、苜蓿以及其他豆类作物等。

在调制青贮时应该注意以下几点：

① 根据每日青贮草用量，建设一个容量合适的青贮窖是至关重要的。在建窖时本着宁长勿宽，宁高勿长的原则，确保每 2~3 天从上至下使 20 cm 厚度的青贮能够吃完，以防止长期曝露而造成的二次发酵所带来的坏草损失。② 必须连续作业，尽快铡满、及时封窖。切忌铡铡停停，满而不封，造成霉草、坏草现象。③ 严格保证适宜的含水、含糖量。不足时要适当的加水、加酸、加酶、加菌（主要是乳酸菌）。④ 切实按照"切碎、混匀、夯实、封窖"这八字严格操作。封窖前草要高出窖壁 1.5~2 m 左右，以防坍陷后造成的雨水渗入。⑤ 青贮发酵后 40~60 天可以开窖取草。取后覆盖严实，防止开封部位的变质浪费。

5. 半干青贮草（或者黄贮）

当牧草的水分降至 40~50% 就可以调制半干青贮。但是由于原料中水分含量太低，所以在调制半干青贮时要抓好以下几个环节：

① 原料中可溶性糖的含量要达到 1.5%；② 在切碎的基础上一定要用重力压实，排除饲草中的游离空气，造成乳酸菌发酵的厌氧环境；③ 向原料中添加必须的有机酸、酶和微生物制剂（如甲酸、稀盐酸、木糖酶、葡萄糖醛酶、乳酸杆菌等）以加速厌氧发酵。

使用半干青贮，可以提高牛、羊对粗料干物质的采食量。但在我国条件下，调制半干青贮（黄贮）的原料多为收获后的农作物秸秆（如玉米秸），所以其饲养价值会因原料不同有很大差异。

三、青贮饲料和农作物秸秆的调制

（一）青贮饲料

凡用青饲料经控制发酵而制成的饲料都叫青贮饲料。优质青贮饲料喂牛适口性很好，利用率高，可获得良好效果。

1. 青贮原料

调制青贮饲料时，对青贮原料应有如下要求：

（1）适量的碳水化合物：青贮原料中含糖量不宜少于 1.0%~1.5%，当用含蛋白质较多，碳水化合物较少的青豆秸等青贮时，须添加 5%~10% 的富含碳水化合物的饲料，以保证青贮饲料的品质。

（2）适宜的水分：一般青贮原料含水应在 65%~75%，原料粗老时不宜青贮，若要青贮须加水，使水分含量提高至 78%~82%。

（3）适宜的长度：原料长度一般以 3~5 cm 为宜。

2. 青贮方法

（1）铡短：根据原料的差异应铡短在 2~10 cm 为宜。

（2）装填：装填速度要快，装料前，窖底应先铺适当厚的碎草，装填后也同样如此。

(3) 压实：压实是保证青贮饲料质量的重要一环。

(4) 封埋：装窖压实后，在碎草上面覆盖塑料布，再用土填压。

3. 青贮料的利用

青贮饲料制作 40~50 d 后，即可开使用，优质的青贮饲料应该是，颜色黄绿，柔软多汁，气味酸香，适口性好。

青贮料开窖使用应从背风的一头开始，逐渐向另一侧，从上往下分层取用，切勿全面打开，严禁掏洞取草，尽量减少与空气的接触面。取后要盖好，防止日晒、雨淋和二次发酵，冬季取出的青贮料应放在牛舍内，防止冻冰，夏季应边喂边取，防止发生霉烂变质。发霉变质的烂草不能饲喂家畜，取出后不要抛撒在窖的附近，应及时送到肥料堆去制作肥料。

青贮饲料的用量，应视牛的品种、年龄、用途和青贮饲料的质量而定，除高产乳牛外，一般可将其作为唯一粗饲料使用，但应注意不要喂量过大造成拉稀。开始饲喂和停止饲喂时要有一个渐进的过程。通常喂量，乳牛 20~30 kg，役牛 10~15 kg，种公牛、肉用牛 5~12 kg。断奶后的生长肉牛 3~6 月龄每日每头可喂青贮料 5~10 kg，6—12 月龄 10~15 kg，12—18 月龄 15~20 kg。另外还要给予干草和精料来综合平衡养分。

（二）农作物秸秆饲料的利用

粗饲料在草食家畜日粮中占很大比例，其中秸秆为主要组成部分。粗饲料经适当加工调制，可改变原来的体积和理化性质，进而改变消化性，提高营养价值。

1. 切短或粉碎处理

切短或粉碎，便于采食，减少浪费，并易于和精料拌和。切短的适宜长度为 3~4 cm，粉碎时不能过细，粉碎过细会影响瘤胃的消化。

2. 盐化处理

冬季牛常以麦秸、玉米秸等粗饲料为主食。这些饲草质地粗硬，营养价值低，适口性差，盐化后，效果会明显改观。

操作方法：将麦秸、高粱壳等饲料切短或压碎，按每 100 kg 粗饲料加入 0.5 至 0.8 g 食盐计算，将食盐溶解在 20~30 kg 水中，制成食盐溶液备用。在水泥地面上（没有水泥地面的也可铺上塑料布）一层一层堆放粗饲料，向粗饲料上面均匀地喷洒食盐水溶液，一边喷洒一边搅拌，然后将搅拌上面均匀的粗饲料装入水泥池、缸或塑料袋内，最后用塑料薄膜封盖或扎口。通过 24~48 h 的浸润和软化，即可开池解口取用喂牛。

3. 氨化处理

目前生产实践中氨化处理秸秆的方法最普遍，其中尿素氨化法较常用。

具体做法为：按秸秆重量的 3%加进尿素，一般将 3 kg 尿素溶解在 60 kg 水中，均匀地喷洒到 100 kg 秸秆上，逐层堆放、压实，再用塑料膜覆盖。也可利用地窖进行尿素氨化处理切碎了的农作物秸秆，用碳铵也可进行氨化处理。

氨化处理时间取决于气温，通常夏季约需 1 周，春秋季 2~4 周，冬季 4~8 周，甚至更长，使用时应让残留的氨气挥发掉。

【讨论与思考】

1. 简述肉牛日粮的配制原则及计算方法。
2. 简述肉牛粗饲料的种类及消化利用特点。
3. 简述青贮玉米秸秆在肉牛生产中的运用及调制方法。
4. 简述其他农作物粗饲料的运用及调制途径。

项目 5-4 肉牛的育肥技术

【学习目标】
1. 了解肉牛育肥的种类及具体方式。
2. 了解犊牛、架子牛的挑选标准。

【学习内容】
1. 犊牛肥育；
2. 持续育肥；
3. 架子牛育肥
4. 老龄牛淘汰育肥技术；
5. 提高肉牛育肥效果及其措施

【相关技能】
1. 掌握犊牛、架子牛选择标准。
2. 掌握架子牛快速育肥方式及饲养管理。

肉牛育肥技术，在生产实践中根据不同的分类标准，一般可分为以下几个体系：按性能划分，可分为普通肉牛肥育和高档肉牛肥育；按年龄划分可分为犊牛肥育、成年牛肥育、淘汰牛肥育；按性别划分可分为公牛肥育、母牛肥育、阉牛肥育；根据饲料类型可分为精料型直线肥育、前粗后精型架子牛肥育。我们结合生产实际需要，主要介绍犊牛肥育、持续肥育、架子牛肥育高档肉牛生产等技术。

一、犊牛肥育

1. 犊牛的选择

（1）品种：一般利用奶牛业中不作种用的公犊进行犊牛肥育。在我国多数地区以黑白花奶牛公犊为主。

（2）性别、年龄与体重：一般选择初生重不低于35 kg、无缺损、健康状况良好的初生公牛犊。

（3）体形外貌：选择头方大、前管围粗壮、蹄大的犊牛。

2. 饲养与管理

（1）饲料为全乳或代乳品，代乳品配方如下：脱脂乳 60%～70%，猪油 15%～20%，乳清 15%～20%，玉米粉 1%～2%，矿物质微量元素 2%。

（2）饲喂：实行计划采食1～2周期，代乳品温度为38 ℃，以后为30～35 ℃。饲喂工具用奶嘴，每天喂2～3次，最初每天喂3～4 kg，以后增加到8～10 kg，4周龄后，吃多少喂多少。

（3）管理：严格控制饲料和水中的铁，使牛在缺铁的条件下生长，采用水泥地面。

（4）屠宰月龄和体重：屠宰月龄为2—5月龄，体重在90～170 kg。

二、持续育肥

持续育肥是指犊牛断奶后，立即转入育肥阶段进行育肥，一直到12—18月龄出栏，体重达到

400~500 kg。持续育肥由于饲料利用率高，是一种较好的育肥方法。持续育肥可以采用舍饲和放牧两种育肥方法。放牧形式持续育肥，要补充精料。舍饲持续育肥一天喂2~3次，以喂三次效果更好。日增重保持1~2 kg。为便于大家操作，提供如下方案：

方案一：6月龄断奶，体重150 kg，育肥6个月，12月龄时体重达到400 kg。体重150~250 kg阶段：氨化秸秆自由采食，每头每天补苜蓿干草0.5 kg。日喂精料3.2 kg；体重200~250 kg时日喂精料3.8 kg。精料配方：玉米55%，棉籽饼26%，麸皮16%，骨粉1.5%，食盐1%，小苏打0.5%。

体重250~400 kg阶段：氨化秸秆自由采食，每头每天补苜蓿干草0.8 kg。其中体重250~300 kg阶段日喂精料4.2 kg。精料配方：玉米61%，棉籽饼18%，麸皮18%，骨粉1.5%，食盐1.0%，小苏打0.5%。

方案二：犊牛双月龄断奶70 kg，16月龄出栏，体重472 kg。

3—6月龄（体重70~166 kg）：每天每头采食青干草1.5 kg，青贮料1.8 kg，日喂精料2 kg。7—12月龄（体重167~328 kg）：每天每头采食青干草3 kg，青贮料8 kg，日喂精料4 kg。13—16月龄（体重329~472 kg）：每天每头采食青干草4 kg，青贮料8 kg，日喂精料4 kg。精料配方（每100 kg含千克数）：玉米40%，棉籽饼30%，麸皮20%，鱼粉4%，骨粉2%，食盐0.6%，微量元素维生素复合添加剂0.4%、沸石3%。6月龄后按每1 kg精料喂量添加15 g尿素。

三、架子牛育肥

对体重在300~400 kg的架子牛集中90~100天进行强化快速育肥，体重达500 kg左右出栏，具有饲养周期短、资金周转快、生产成本低、经济效益显著等特点。在春季利用舍饲快速育肥架子牛，应做好以下几个方面的工作。

1. 选好架子牛

在品种上要选择以优良肉用品种如夏洛来、西门塔尔、利木赞等与当地黄牛的杂交种最好；在性别上要选购未去势的公牛，年龄在1—2.5岁，体重在300~400 kg，身体健康无病，体型发育良好为宜。

2. 防病驱虫

对刚买来的架子牛要全面检查，健康者注射布氏杆菌病疫苗、魏氏梭菌病疫苗等方可入舍混养，并在进入舍饲育肥前进行一次全面驱虫。另外，刚入舍的牛由于环境变化、运输、惊吓等原因，易产生应激反应，可在饮水中加入0.5%食盐和1%红糖，连饮一周，并多投喂青草或青干草，两天后喂少量麸皮，逐步过渡到饲喂催肥料。

3. 合理使用增重剂

目前常用的主要是通过瘤胃起作用的增重剂，如瘤胃素（莫能菌素）、拉沙里菌素等。通常以添加剂的形式与饲料混合一起口服，一般每千克精料混合40~60 mg。最初喂量可低些，以后逐渐增加至需要量。但每天每头喂量不能高于360 mg。

4. 新购入架子牛的饲养管理原则

① 隔离饲养。进场后应在隔离区，隔离饲养15天以上，防止随牛引入疫病。② 饮水。由于运输途中饮水困难，架子牛往往会发生严重缺水，因此架子牛进入围栏后要掌握好饮水。第一次饮水量以10~15 kg为宜，可加人工盐（每头100 g）；第二次饮水在第一次饮水后的3~4 h，饮水

时,水中可加些麸皮。③ 粗饲料饲喂方法。首先饲喂优质青干草、秸秆、青贮饲料,第一次喂量应限制,每头 4~5 kg;第二、三天以后可以逐渐增加喂量,每头每天 8~10 kg;第五、六天以后可以自由采食。④ 饲喂精饲料方法。架子牛进场以后 4~5 d 可以饲喂混合精饲料,混合精饲料的量由少到多,逐渐添加,15 d 后可喂给正常供给量。⑤ 分群饲养。按大小强弱分群饲养,牛围栏要干燥,分群前围栏内铺垫草。每头牛占围栏面积 4~5 m^2。⑥ 驱虫。体外寄生虫可使牛采食量减少,抑制增重,育肥期增长。体内寄生虫会吸收肠道食糜中的营养物质,影响育肥牛的生长和育肥效果。一般可选用阿维菌素,一次用药同时驱杀体内外多种寄生虫。肉牛育肥前或架子牛入场的第 5~6 d 进行,驱虫 3 日后,每头牛口服"健胃散"350~400 g 健胃。驱虫可每隔 2~3 个月进行一次。如购牛是秋天,还应注射倍硫磷,以防治牛皮蝇。⑦ 其他。根据当地疫病流行情况,育肥前进行疫苗注射。阉割(去势);勤观察肉牛的采食、反刍、粪尿、精神等状态。

5. 架子牛快速育肥

(1) 架子牛快速育肥阶段划分:一般架子牛快速肥育需 120 d 左右,可以分为 3 个阶段,即过渡驱虫期,约 15 d;肥育前期,约 45 d(16~60 d);肥育后期,约 60 d(61~120 d)。

肥育前期:日粮中精料比例由 30:70 逐渐增加到 60:40。精料喂量可按每 100 kg 体重喂精料 1 kg;粗料自由采食。这一时期的主要任务是让牛逐步适应精料型日粮,防止发生臌胀病、拉稀和酸中毒等疾病,又不要把时间拖得太长,一般过渡期 10~15 天。这一时期日增重可以达 1 000 g 以上。

肥育后期:日粮中精粗料比例可进一步增加到 70~80:20~30,生产中可按牛只的实际体重每 100 kg 喂给精料 1.1~1.5 kg。粗料自由采食,日增重可达到 1 200~1 500 g;这一时期的育肥常称为强度育肥。为了让牛能够把大量精料吃掉,这一时期可以增加饲喂次数,原来喂两次的可以增加到 3 次,保证充足饮水。

(2) 架子牛育肥的科学管理。

牛舍消毒:架子牛入舍前应用 2%火碱溶液对牛舍消毒。器具用 0.1%高锰酸钾溶液洗刷,然后再用清水冲洗。

减少活动:对于架子牛育肥应减少活动,对于放牧育肥架子牛尽量减少运动量,对于舍饲育肥架子牛,每次喂完后应每头单拴系木桩或休息栏内,缰绳的长度以牛能卧下为宜,这样可以减少营养物质的消耗,提高育肥效果。

坚持"五定""五看""五净"的原则:

"五定"即定时:每天上午 7~9 点,下午 5~7 点各喂 1 次,间隔 8 小时,不能忽早忽晚。上、中、下午定时饮水 3 次;定量:每天的喂量,特别是精料量按饲养制度执行,不能随意增减;定人:每个牛的饲喂等日常管理要固定专人,以便及时了解每头牛的采食情况和健康,并可避免产生应激;定刷拭:每天上、下午定时给牛体刷拭一次,以促进血液循环,增进食欲;定期称重:首先牛进场时应先称重,按体重大小分群,便于饲养管理。在育肥期也要定期称重。由于牛采食量大,为了避免称量误差,应在早晨空腹称重,最好连续称二天取平均数。

"五看"指看采食、看饮水、看粪尿、看反刍、看精神状态是否正常。

"五净"即草料净:饲草、饲料不含砂石、泥土、铁钉、铁丝、塑料布等异物,不发霉不变质,没有有毒有害物质污染;饲槽净:牛下槽后及时清扫饲槽,防止草料残渣在槽内发霉变质;饮水净:注意饮水卫生,避免有毒有害物质污染饮水;牛体净:经常刷拭牛体,保持体表卫生,防止体外寄生虫的发生;圈舍净:圈舍要勤打扫、勤除粪,牛床要干燥,保持舍内空气清洁、冬暖夏凉。

搞好防疫和灭病：搞好定期消毒和传染病疫苗注射工作。做到无病早防。不同季节应采用不同的饲养方法有以下几种。

夏季饲养：在环境温度 8~20 °C，牛的增重速度较快。气候过高，肉牛食欲下降，增重缓慢。因此夏季育肥时应注意适当提高日粮的营养浓度，延长饲喂时间，气温 30 °C 以上时，应采取防暑降温措施，保持通风良好，并搭凉棚；冬季饲养：低于 7 °C，牛体产热量增加，维持需要增加，要消耗较多的饲料，肉牛的采食量增加 2%~25%。因此，冬季育肥，牛体用于维持需要的热能多，增重减慢饲料消耗多，饲料报酬低，经济上不合算；如果气温过低，还会影响牛的健康，引起冻伤、局部坏死。而且冬季青饲料缺乏，用于贮备草料的费用增加，也提高了饲养成本。因此，冬季要注意防寒保暖，提供适宜的环境温度（幼牛育肥 6~8 °C；成年牛育肥 5~6 °C；哺乳犊牛不低于 15 °C），另外，白天喂后可让牛在舍外晒太阳，傍晚入棚舍。在冬季应给牛加喂热能量饲料，提高肉牛防寒能力。防止饲喂带冰的饲料和饮用冰冷的水。冬季使舍内温度保持 5 °C 以上。

及时出栏或屠宰：肉牛体重到达一定重量后（一般 500 kg 以上），虽然采食量增加，但增重速度明显减慢，继续饲养不会增加收益，要及时出栏。

四、成年淘汰牛短期育肥技术

成年淘汰牛主要是丧失劳动和繁殖能力的牛，我国每年要淘汰 300 余万头，是当前上市牛肉和牛肉食品的重要来源。如果这些牛未经育肥而屠宰，产肉少，肉质差，是一项不小的损失，若经过短期的育肥壮膘，可以提高产量，改善肉质，增加养牛业经济收入，并可缓解市场牛肉供求矛盾。

1. 育肥前的准备

（1）健康检查：将牙齿不好，或患有慢性消化道疾病的个体剔除，以免浪费饲料。

（2）驱虫：用抗蠕敏（剂量：10 mg/kg）等药物，主要驱除消化道的寄生虫。

（3）去势：公牛育肥前半个月去势。

（4）准备牛舍：冬季育肥，准备好保温牛舍，保持在 6 °C 以上。至少应建三面有围墙，上面有盖，正面敞开的简易棚舍，以减少御寒饲料的消耗。

（5）称重：育肥期的开始和结束，对每头牛称重登记，以便计算饲料消耗，了解育肥效果等。

2. 育肥方法

对成年淘汰牛多采取舍饲补料育肥，时间一般为 3~4 个月。根据不同季节及各地草料资源等情况，可采取以下几种育肥方法：

（1）氨化秸秆育肥。

目前各地已广泛应用氨化稻草秸、玉米秸、麦秸等喂肉牛。氨化料喂前应从密封贮藏处取出放氨 1~3 d，铡短成 3~4 cm 长饲喂。一般每天每头牛供饲秸秆 10 kg 以上，混合精料 2~3 kg，食盐 60~80 g，并适当搭喂青草、菜叶等青饲料。每天喂 3 次，喂后一小时才能饮水。个别牛开始不习惯采食，最初少量供给，并在其中多加一些精料，经过一段时间适应后增至常量饲喂。

（2）酒糟育肥。

第一阶段，日粮以干草为主，少量酒糟，以逐渐适应采食，时间约 15 d。第二阶段，逐渐增加酒糟喂量，减少干草喂量，时间约 15 d。第三阶段，大量投喂酒糟，少量干草，每 1 d 每头酒糟最大给量为 35~40 kg，同时，各阶段每 1 d 每头配喂混合精料 2~3 kg，食盐 50 g，适量的青饲料。酒糟须优质、新鲜，若牛体出现红疹、关节红肿等，应暂停饲喂酒糟，改喂干草、青料等，调整消化。

（3）青贮料育肥。

带穗玉米、种植牧草等青贮料，是理想的育肥肉牛料。育肥期的饲喂原则，大致与酒糟相同。青贮料的最大给量为每天每头 25~30 kg，食盐为 80~100 g。

（4）甜菜渣育肥。

用制糖副产物甜菜渣为主育肥肉牛很经济，鲜渣或干渣均可利用，但干渣喂前须充分浸泡，消除杂质。每天每头最大给量 35~40 kg，食盐 50 g，补饲混合精料 2~3 kg，适量的青饲料和干草。

五、提高肉牛育肥效果的其他措施

1. 瘤胃素

瘤胃素又叫莫能菌素，它是一种链球菌发酵获得的产物，在饲料中添加能提高牛的增重和饲料报酬，它对反刍牛的生长有促进作用，并能降低采食量，它的主要作用是调控反刍动物的消化代谢过程，提高瘤胃挥发性脂肪酸中丙酸的比例，降低乙酸的比例，减少甲烷的产生。由于丙酸在分子水平上可以更有效地被利用，因而有利于肉牛的增重。瘤胃素作为一种生物活性化合物，不被肉牛消化道吸收，因而不能进入人体内代谢，所以也没有残留的问题，对肉牛的胴体质量没有影响，符合无公害肉牛生产的要求。一般每头每天添加 53~360 mg 于精饲料中饲喂，或把有瘤胃素的精饲料与粗饲料混合喂。在放牧条件下，头 1~5 天，每头每天 100 mg，6 天后每头每天 200 mg；舍饲育肥，最高使用量每头每天不得超过 360 mg；以精饲料为主时，每头每天 150~200 mg，或每千克饲料干物质中 33 mg；以粗饲料为主时，每头每天 200 mg。瘤胃素应均匀地拌混进肉牛的精料日粮中。育肥肉牛饲料中添加瘤胃素不仅能提高肉牛的日增重 15%~20%，还能显著提高饲料的利用率，使饲料报酬提高 10%~20%。

2. 缓冲剂

缓冲剂可作用于瘤胃、肠道和其他组织。添加适量的缓冲剂，能对瘤胃、肠道和其他组织内环境进行调控，使其保持适宜的弱碱性环境，增加瘤物质胃微生物的合成，减缓对饲料营养成分的降解速度，提高机体对营养物质的代谢、吸收和利用。在日粮中添加碳酸氢钠、氧化镁和膨润土等缓冲剂，可以防止肉牛瘤胃的 pH 下降和肝脓肿病的发生，并提高肉牛对高精料的利用率。各种缓冲剂的添加量为：（1）碳酸氢钠：占日粮干物质进食量的 0.7%~1.5%，或占精饲料的 1.4%~3.0%。（2）氧化镁：占日粮干进食量的 0.3%~0.4%，或占精饲料的 0.6%~0.8%。（3）膨润土：占日粮干物质进食量的 0.6%~0.8%，或占精饲料的 1.2%~1.6%。（4）小苏打和氧化镁混合使用效果更好，两者的混合物占牛精饲料的 0.8%左右（混合物中小苏打占 70%，氧化镁占 30%）。

3. 肉牛增重剂

增重剂也称生长促进剂，现在肉牛上广泛使用的增重剂有天然动物激素增重剂和营养增重剂两种。其中由于残留问题，激素增重剂使用的程度在世界各国不同，有的国家完全禁用育肥家畜，有的国家选择性利用。激素类增重剂在牛体内的代谢和排出需要一定时间，时间短就会造成在肉牛的残留，影响人体生理代谢，进而损害健康。激素类增重剂的药效持续期为 90~120 天，所以最后一次埋植时间距屠宰时间不少于 120 天。这样生产出来的牛肉不会对肉质造成影响，并且无残留，符合无公害肉牛生产的要求。营养性增重剂主要是一些营养因子，如赖氨酸、蛋氨酸，这是绝对安全的，可以放心使用。增重剂以耳根皮下埋植为主，激素类增重剂用量很小，一头牛一次埋植剂量只有几十毫克，营养增重剂用量大些，一般为几百毫克。应用埋植增重剂时，相应提高日粮中蛋白质和能量水平，埋植效果较好。

4. 尿素在肉牛养殖中的应用

据测定，1 kg 尿素相当于 3 kg 饲料粗蛋白质，可代替 8 kg 左右的豆饼，用尿素代替部分饲料蛋白质喂肉牛是非常合算的，但饲喂不当，也会带来一些负效应。根据生产实践，用尿素喂牛时，在技术上必须把住五道关。

一是用量关：一般断奶后的育成牛日喂量 30~50 g，育肥牛 400 kg 体重每天喂 60~80 g，以不超过 100 g 为宜，犊牛不宜饲喂。

二是方法关：应把尿素配成 30%~40% 的溶液，喷洒到饲料中，拌匀后 2~3 次喂给，不能将尿素溶于水中直接饮用，以免中毒。喂后不宜马上饮水，一般喂后 1~2 h 方可饮水。

三是配料关：尿素必须配合一定的富含碳水化合物的精料，如玉米面等才有效，只和秸秆配合用无效。在日粮中配合适当的骨粉、硫酸钾，更能提高尿素的利用率。要注意，尿素不能代替全部的饲料蛋白质，喂尿素的同时，还应喂一些蛋白质饲料。

四是饲喂关：尿素应连续饲喂，效果才好。因为微生物对尿素的利用有个适应过程，除病牛外，不宜中断。在用大豆饼（粕）做蛋白质饲料时，因其含量有脲酶，对尿素的分解很快，易使牛中毒，故不可与尿素直接混喂，如要混喂，大豆饼（粕）须经高温处理。

五是防治关：尿素饲喂不当，容易造成中毒，症状是呼吸快，出汗不止，动作失调，严重者口吐白沫，一般在喂后 15~40 min 出现上述症状，如治疗不及时 1~2 h 即会死亡。一旦发现肉牛发生尿素中毒，可用 0.25~0.5 kg 食醋加 3 倍的水给牛灌肠，或用谷氨酸钠 100~200 mL，加入 1 000~2 000 mL 10% 葡萄糖液静脉注射。

【讨论与思考】

1. 简述肉牛育肥方式的种类划分。
2. 简述架子牛育肥饲养管理细则及疾病防治。
3. 简述提高肉牛育肥效果的措施。

项目 6　羊生产

项目 6-1　毛用羊生产

【学习目标】
1. 熟悉毛用羊的外貌特点。
2. 熟悉毛用羊的饲养方式；掌握毛用羊的四季放牧要点。
3. 掌握毛用羊各阶段的饲养管理技术和主要的日常管理技术。

【学习内容】
毛用羊的主要外貌特点；毛用羊的主要饲养方式有放牧饲养和放牧加补饲两种，学习两种饲养方式的主要操作要求和特点；毛用羊种公羊、羔羊、育成羊、繁殖母羊的饲养技术；毛用羊的主要日常管理技术操作及要求。

【相关技能】
掌握毛用羊的饲养管理技术。

一、毛用羊的外貌特征

1. 体型特点

毛用羊头一般较长，颈长，鬐甲高但窄，胸长而深但宽度不足，背腰直但不如肉用羊宽，中躯容积大，后躯发育不如肉用羊好，四肢相对较长。

2. 被毛覆盖

理想型的毛肉兼用细毛羊的头毛着生至两眼连线，并有一定长度，呈毛丛结构，似帽状；四肢毛着生，前肢到腕关节，后肢达飞节。超过上述界限者倾向毛用型，达不到者倾向肉用型。但现代细毛羊育种的趋势是要求绵羊面部为"光脸"。面部毛长易形成"毛盲"，不利于绵羊本身的采食及自我保护。

3. 颈部及皮肤皱褶

毛用羊公羊颈部有 2~3 个发育完整的横皱褶，母羊为纵皱褶。体躯上也有较小的皮肤皱纹；毛肉兼用羊颈部有 1~3 个发育完整或不完整的横皱褶，母羊为纵皱褶。躯干上没有皮肤皱纹。体表无皱褶的绵羊剪毛容易，刀伤少，较少受蚊蝇侵袭，而且羊毛长度大，产羔率高。

二、羊的饲养方式

1. 放牧饲养

绵、山羊是适宜放牧饲养的家畜，放牧饲养成本低，效益高。放牧饲养能增加羊的运动量，有益健康。讲究合理的放牧技术，科学安排草场载畜量，将促进养羊业健康发展。

(1)放牧羊群的组织。

合理组织羊群的目的,在于便于管理,节省劳动力和提高生产力水平。根据我国南方、北方、平原、高山、农区、牧区等地域的不同,绵羊和山羊的分布也就存在地域差异性。所以羊群的组织大小就要按地区草山草坡及草场面积,因品种、年龄、性别及生产目标等因地制宜。在牧区虽有广阔的天然草场,但饲养有地方品种、育成品种,就是有粗毛羊、细毛羊、半细毛羊以及山羊。地方品种及山羊的组群则大,培育品种的组群应小。按《畜牧业经济管理手册》作业定倾规定,母羊200只一群,育成母羊250只一群,羯羊350只一群。改革开放以来,草场划分,羊群分到牧户,羊群的组织也发生了变化。地方品种绵羊800~1 000只一群,山羊500~800只一群,大多为混合群。农牧交错区羊群应比牧区小,农区及南方山区羊群组织就要因地制宜,因放牧场地所限,羊群组织不宜过大。如四川省南江县南江黄羊,一般繁殖母羊60~80只一群,育成羊群80~100只一群。而到中原农区,一般20只左右一群。总之,因地制宜,灵活掌握。

(2)放牧场地的选择。

放牧方式可分为自由放牧和划区轮牧。自由放牧时,四季牧场的选择可用"春洼、夏岗、秋平、冬暖"八个字概括。冬牧场选择平坦避风(或山间小盆地)、水源足、多草的地区。春牧场选择向阳温暖的地方,因为这样的牧场融雪早,牧草返青早,羊群由冬牧场出来就可进入春牧场。夏牧场则选择高山草原,因为高山草原凉爽,且蚊蝇又少。秋牧场则选在高山草原的山腰或山麓,或河流两岸。春秋牧场为冬牧场向夏牧场的过渡地带,利用期较短,而且往往会在一起,故称谓春秋牧场。而在农区、山区,牧场的选择空间不大,所以利用上应更细致,可以采取分区轮牧的形式。

放牧必须考虑季节。春季放牧羊只易出现"抢青"现象,羊只不但吃不饱而且消耗体力,故放牧时应先从枯草多的场地放起,等吃到半饱再进到青草多的场地放牧。夏季炎热,应充分利用一早一晚的时间放牧,中午将羊群赶到凉爽的地方休息。秋季是羊抓膘的黄金季节,除在草籽丰富的草场上放牧外,应充分利用庄稼的茬子地进行放牧,延长放牧时间,促进增膘,以利越冬。冬季,在下霜前每天应早出晚归,下霜后应晚出早归,以避免羊吃了霜草而发病。牧草地应尽量选择温暖的阳坡。

(3)放牧的队形。

基本队形有两种,即一条鞭和满天星。这要根据牧草的密度、优劣、坡的陡缓、季节及羊的情况而定。一条鞭亦称一条线(适用于在植被均匀的中等牧场上放牧羊群),排成一列横队,领群的羊工在前边,离羊群8~10 m远,左右移动并缓缓后退,引导羊群前进。如有助理羊工则在羊群后边驱赶个别落后羊只,经过训练的牧羊犬亦可以执行这一任务。羊群前进的速度,全由领群的羊工掌握。比如刚出牧,羊最贪食,后退得就要慢些,等到羊逐渐吃饱后以后,后退得就要快些。但也不可退得太快,退得太快会使牧草得不到充分利用。全群大部分羊吃饱以后,就会出现站立前望或卧下休息的趋势,这时羊工左右走动而不后退,羊群即静止卧下来反刍。休息反刍以后,再令羊群继续前进。

满天星队形是将羊散布在一个轮牧小区或一定范围内,令羊自由采食,羊工监视羊群不使羊越界或过份分散,直到牧草采食完全以后,才能转移到新的牧场上去,有训练好的牧羊犬亦可以代行这一任务。这种队形适合于牧草特别优良、产量很高的牧场或牧草特别稀疏,且生长不均匀的牧场。如荒漠、半荒漠牧场或村头荒地等。前者因牧草丰富而且优良,所以把羊散开,随时都可以采食到好牧草。后者因牧草生长不良,控制羊群亦没有益处,不如散开让羊自由觅食吃到较多的牧草。

不论放牧采用什么队形,都要求一日三饱。如果夜牧羊群则要求一夜三饱。经验告诉我们:羊一天吃三个饱,一年能下两茬羔;羊吃两个饱,一年能下两个羔;羊吃一个饱,性命也难保。

羊吃饱后，即卧在地下反刍。要在放牧中达到三个饱的要求，就要牧工多辛苦，适当延长放牧时间，或进行夜牧。

（4）四季放牧的要点。

① 春季放牧（3—5月中旬）。羊群经过漫长的冬季，营养水平下降、膘情差、体质弱。母羊正处在怀孕后期或产羔育羔的重要时刻，对营养的需求增加。春季气温变化较大，天然草场青黄不接，是养羊业的困难时期。这一时期，放牧应选择在距冬牧场不远，牧场萌发较早的阳坡丘陵地带。春季放牧应特别注意天气变化，发现天气有变坏预兆时，应及早将羊群赶到羊圈附近或山谷地区放牧，以避因气候突变造成损失。

春季放牧出牧宜迟，归牧宜早，中午可不回圈，使羊群多采食。春季牧草返青，羊群易出现"跑青"现象。"跑青"不但吃不饱，还消耗体力。为避免"跑青"，有补饲条件的可在出牧前给羊群喂些干草，等羊半饱时再放到青草地上。无补饲条件的可先在枯草地上放牧，再放青草地。初放青草时应采用"一条鞭"的放牧方法，牧工走在羊的前边控制羊群，严防"跑青"。当牧草返青能吃到大半饱时就应逐渐加大放牧距离，采用"满天星"的放牧方法，让羊尽量吃饱。

② 夏季放牧（5月下旬至8月底）。夏季日暖昼长，青草茂密，羊群经过晚春放牧、剪毛后负担减轻、体力大增，是羊只抓膘的有利时机。抓好伏膘有助于羊只提前发情，迎接早秋配种，早产冬羔。

夏季放牧应避免蚊虫多，闷热潮湿的低洼地，宜到凉爽的高岗山坡上，最好找有山葱、野蒜和有草药的地方放牧。这类牧草营养丰富，且有驱虫开胃的作用，有利于抓膘。

夏季放牧出牧宜早，归牧宜迟，尽量延长放牧时间，每天放牧不少于12小时，但要避开晨露大，羊只不爱吃草的时间。出牧和归牧时要掌握"出牧急行，收牧缓行"和"顺风出牧，顶风归牧"的原则。在山区还要防止因走的太急而发生滚坡等意外事故。夏季多雨，小雨可照常放牧，背雨前进，如遇雷阵雨，可将羊赶至较高地带，分散站立，如果雨久下不停，应不时驱赶羊群运动产热，以免受凉感冒。

③ 秋季放牧（9月至11月）。秋季放牧的基本任务是要在抓好伏膘的基础上，使羊体充分蓄积脂肪，最大限度地提高羊只膘情，要求达到以满膘，为安全越冬春作好准备。

秋季气候凉爽，牧草抽穗结籽，草籽富含碳水化合物，蛋白质和脂肪，营养价值高，是抓满膘的最好时期。秋季也是羊只配种的季节，抓好秋膘有利于提高受胎率。因此，秋季放牧应选择草高而密的沟河附近或江河两岸，草茂籽多的地方放牧，尽可能延长放牧时间，每天放牧不少于10小时。到晚秋有霜冻时应避免羊只吃霜草影响上膘、患病、母羊流产等。

在半农半牧区，应结合茬地放牧，抢茬时羊只主要捡食地里的穗头和吃嫩草，跑动大，此时要注意控制羊群。抢放豆茬地时，不可停留太久，以免吃豆过多引起膨胀。

④ 冬季放牧（12月至翌年2月）。冬季气候寒冷，风雪频繁。冬季放牧的主要任务是保膘、保胎，安全生产。因此，冬牧场应选择避风向阳、地势高燥，水源较好的山谷或阳坡低凹处。采取先远后近、先阴后阳，先高后低、先沟地后平地的放牧方法。晚出早归，慢走慢游的原则。

冬季放牧不可走得太远，这样，遇到天气骤变时，能很快返回牧场。保证羊群安全。由于冬季草地牧草枯黄、营养价值低，应及时对羊补草补料，使羊只安全过冬。

2. 放牧加补饲饲养

这是一种放牧与舍饲相结合的饲养方式。根据不同季节牧草生长的数量和品质、羊群本身的生理状况，确定每天放牧时间的长短和在羊舍内饲喂的次数与草料数量。这种饲养方式结合了放牧与舍饲的优点，适合于饲养各种生产方向和品种类型的绵、山羊。

(1) 补饲的时间。

视具体情况而定，冬、春枯草期，羊单纯靠放牧不能满足其营养需要，需补饲一些饲草、饲料，满足其生长发育所需的营养物质。此外，处在特殊生理阶段的羊，如怀孕母羊、哺乳羊、配种期种公羊除放牧外都应加强补饲。冬、春不但草枯而少，而且饲草粗蛋白含量比生长期显著下降（生长期为 13.6%～15.57%，枯草期为 2.26%～3.28%），加之此时又是全年最寒冷季节，能量消耗加大，如不加强补饲，必然造成羊生产性能下降，营养严重缺乏时则会造成羊的死亡。实践证明，枯草期加强羊的补饲，会促进生长发育，提高生产性能，增加养羊业经济效益。如廊坊畜牧水产局翟顺国等 1989 年对绵羊冬季补饲效果进行了试验研究，试验组羊在放牧条件下，每晚补饲混合饲料 250 g，饲料配方为：尿素 1.5%、骨粉 2%、食盐 2%、硫酸钠 1.5%、微量元素 0.2%、维生素 A0.01%、玉米 93%，试验组平均月增重较对照组增加 2.64 kg，试验组每只羊月盈利较对照组多 2.97 元。经济效果显著。枯草期补饲时间根据放牧地的饲草状况和羊群的体质等因素而定。一般在 12 月份左右即开始补饲，补饲前应做好草料的准备，补饲从一开始应连续进行，否则会影响羊的放牧吃草。

(2) 补饲的方法。

补饲可安排在放牧前或放牧后，一般来说精料在放牧前补，草在放牧后补。在草料分配上应按先弱后强，先幼后壮的原则进行。也可把营养差的羊挑出来单独补饲，营养好转后再与大群合喂。对怀孕母羊、羔羊等应给以特殊照顾。在草料利用上，要先喂次草、次料，再喂好草好料，以免羊吃惯好草后，不愿再吃次草。补料时应将料放入饲槽中，并防止抢食。补草最好安排在草架上进行，可减少饲草的践踏浪费。如果羊只数量少，也可将饲草放入筐中进行饲喂。

三、羊的饲养技术

(一) 种公羊的饲养管理

种公羊的饲养应常年保持中上等膘情、健壮、活泼、精力充沛、性欲旺盛，能够产生优良品质的精液。

1. 合理饲养

种公羊最好单圈饲养，尤其不要与母羊合群，以免乱配，消耗体力，降低配种能力，青草期可放牧，也可以割青草舍饲，并每天补喂混合精料 0.4～0.5 kg。枯草期补喂精料 1 kg，适当补喂些胡萝卜等多汁料，优质干草自由采食，日需干草 2～2.5 kg。配种量大时，每天还应补喂 1～2 个鸡蛋。公羊补料要按每日 3 次补给，以免 1 次喂料量多而引起腹大影响配种。

种公羊的饲料应当品质好，易消化，适口。最理想的粗饲料是苜蓿干草、三叶草干草等。精料以燕麦、大麦较好，糠麸、高粱等效果亦佳。在缺乏豆科干草时，补饲一定数量的豌豆也是必要的。多汁料有胡萝卜、饲用甜菜、芜根及青贮等。

2. 科学管理

种公羊每天有 2 小时左右的运动时间，以增强体质、提高性欲和配种能力。管理种公羊，必须由工作认真并有经验的牧工担任，要长期相对稳定。种公羊要单独组群放牧和补饲，放牧时距母羊群要远些，尽可能防止公羊互斗。种公羊圈舍，宜宽敞坚固，保持清洁、干燥，定期消毒。定期检疫和预防接种，做好体内外寄生虫病的防治工作，平时要认真观察种公羊的精神、食欲等，发现异常，立即报告兽医人员。

（二）成年母羊的饲养管理

成年母羊的饲养应保证配种、妊娠、泌乳等任务的顺利完成。

1. 空怀期

空怀期母羊的营养状况直接影响着发情、排卵及受孕。营养好、体况佳，母羊发情整齐，排卵数多。因而，加强空怀期母羊的饲养管理，尤其是配种前的饲养管理对提高母羊的繁殖力十分关键。在配种前1~1.5个月，应使繁殖母羊很快复壮。对个别体况较差者要给予短期优饲。

2. 妊娠期

妊娠期可分为妊娠前期和妊娠后期2个阶段，大约5个月。妊娠前期，即妊娠前3个月，其特点是胎儿增重较缓慢，所需营养与空怀期基本相同。夏秋季节，妊娠前期母羊的饲养一般以放牧为主，不补饲或少量补饲精料。在冬春季节应补些精料或青干草。妊娠后期，即妊娠期的后2个月，此时胎儿生长迅速，妊娠期胎儿增重的80%~90%是在此阶段完成的。因此，这一阶段需要给母羊提供营养充足、全价的饲料。如果此期母羊营养不足，母羊体质差，会影响胎儿的生长发育，导致羔羊初生重小，被毛稀疏，生理功能不完善，体温调节能力差，抵抗力弱，极易发生疾病，羔羊成活率低。此时，母羊除放牧外，需补饲一定的混合精料和优质青干草。根据母羊放牧采食情况，每天可补精料0.45 kg，青干草1.0~1.5 kg，青贮料1 kg，胡萝卜0.5 kg。

在母羊的妊娠期管理上，前期要防止发生早期流产，后期要防止母羊由于意外伤害发生早产。应避免羊群吃冰冻饲料和发霉变质饲料，不饮水碴水；防止羊群受惊吓，不能紧追急赶，出入圈时严防拥挤；要有足够数量的草架、料槽及水槽，防止饮饲时拥挤造成流产。母羊在预产期前1星期左右，可放入待产圈内饲养，适当进行运动。

3. 泌乳期

在传统养羊生产中，羔羊的哺乳期为3~4个月，可分哺乳前期和哺乳后期2个阶段。乳前期即哺乳期前2个月，母乳是羔羊的主要来源。母乳量多、充足，则羔羊生长发育快，体质好，抗病力强，存活率就高；反之，对羔羊的生长发育不利。因此，必须加强哺乳前期母羊的饲养管理，促进其泌乳。母羊的哺乳前期一般正处于早春枯草期，放牧条件差，单靠放牧不能满足母羊泌乳需要，必须对其补饲草料。补饲量应根据母羊体况及哺乳的羔羊数而定。产单羔的母羊每天补精料0.3~0.5 kg，青干草1.0 kg，多汁饲料1.5 kg。带双羔母羊每天补精料0.4~0.6 kg，青干草1 kg，多汁饲料1.5 kg。

产羔后1个月左右，母羊的泌乳量达到高峰，2个月以后逐渐下降。此时羔羊的生长发育强度大、增重快，对营养物质的需求增多，单靠母乳已不能完全满足羔羊的营养需要。同时，2月龄以上羔羊的胃肠功能已趋于完善，对母乳的依赖性下降，可以利用一定的优质青草和混合精料，母羊的泌乳也进入了后期。对哺乳后期的母羊，应以放牧为主，补饲为辅，逐渐取消精料补饲，以补喂青干草而代之。母羊的补饲水平要根据母羊的体况作适当的调整，体况差的多补，体况好的少补或不补。羔羊断奶后，可按体况对母羊重新组群，分别饲养，以提高补饲的针对性和补饲效果。

（三）育成羊的饲养管理

育成羊是指断奶后至第一次配种前的幼龄羊。羔羊断奶后的前3~4个月生长发育快，营养条件良好时，日增重可达200~300 g左右。8月龄后，羔羊的生长发育强度逐渐下降，到15岁时生长基本趋于成熟。育成羊在配种前应安排在优质草场放牧或适当补喂混合精料，使其保持良好的体况，力争满膘，迎接配种。

1. 育成前期的饲养管理

在这个时期,尤其是刚断奶的羔羊,生长发育快,瘤胃容积有限且机能不完善,对粗饲料的利用能力较差。因此,此时期羊的日粮应以精料为主,并能补给优质干草和青绿多汁饲料,日粮的粗纤维含量不超过15%～20%。

2. 育成后期的饲养管理

此时期羊的瘤胃机能基本完善,可以采食大量的牧草和青贮、微贮秸秆。日粮中粗饲料比例可增加到25%～30%,同时还必须添加精饲料或优质青贮、干草。

3. 育成期羊的管理

育成羊科学管理直接影响到羊的提早繁殖,必须预以重视。母羔羊6月龄体重能达到40 kg,8月龄就可以达到配种。要实现当年母羔80%参加当年配种繁殖。

(四) 羔羊的培育

哺乳期的羔羊是一生中最难饲养的一个阶段。因此我们要注意从以下几点做好羔羊的培育工作。

1. 早吃初乳,吃足乳汁

母羊产后头3天的乳汁称为初乳。初乳中含有大量的抗体,其中镁盐很多,可以刺激肠道发生轻泻作用,促使胎粪排出;初乳的营养价值亦较常乳要高,不但含有大量对生长及防止下痢不可缺少的维生素A,而且含有大量蛋白质,特别是清蛋白及球蛋白要比常乳多20～30倍;初乳中的营养物质无须经过肠道分解,可以直接吸收。初乳是新生羔羊获得抗体的唯一来源,亦是食物的主要来源。因此,羔羊出生后最初几日,应该让其吸吮到足够数量的初乳。

新生羔羊由于胃肠道分泌和消化机能不够完全,但新陈代谢过程又特别旺盛,对食物的要求很严,因而在羔羊站立起来以后,即要帮助找到乳头,吃食初乳。但有的母羊(主要是头胎羊)不认羔羊,甚至害怕羔羊,或者在多胎时只偏爱其中的一只或一部分,而不允许其他羔羊吮乳,常给牧式造成很大麻烦。为了避免母羊不认羔,在母羊分娩时须注意不要惊动它,不要将颈部及背部的胎水擦净。为了使母羊认羔和羔羊吮乳,可用短绳将母羊拴在木桩上,有时尚可让牧犬看守,不让母羊乱跑乱动。有条件的地方,可将母子放在狭窄的栏内,使母羊不能逃避,但要防止母羊抵伤羔羊。

(1) 羔羊寄养。

当母羊乳少或者母羊死亡后,可将羔羊寄养给乳母。乳母需找死了羔羊或泌乳特别多,母性强的母羊。母羊是用嗅觉来认识羔羊的,所以在寄养时应在夜间将乳母的乳汁抹在羔羊身上,或将羔羊的尿液抹在母羊的鼻端,使气味混淆,无法区别,然后将羔羊放入乳母栏内,如此2～3日,即可寄养成功。

(2) 人工哺乳。

如果母羊无乳或死亡,除寻找乳母寄养外,常常需要进行人工哺乳。乳用山羊的羔羊,因母羊要挤奶,一般多采用人工哺乳方法培育。目前常用的人工哺乳方法有盆饮法,橡皮哺乳瓶和自动哺乳器喂给三种方法。盆饮法羔羊哺乳很快,每羔一次给乳220～440 mL,只需0.5～1 min即可饮光,对个别羔羊,因饮乳过快,极易产生拉稀现象。而采用橡皮哺乳瓶和自动哺乳器,则可以避免这一缺陷。采用人工哺乳的羔羊,一般都要经过训练才能使羔羊习惯。如果采用的是盆饮法,最初可用两手固定羔羊头部,使其在盆中舐乳,以诱其自己吮食,或给羔羊吸吮指头,并慢慢将羔羊引至乳汁表面,饮到乳汁,然后才慢慢取出指头。在用手指头训练羔羊采食乳汁时,事先必须将指甲剪短磨平，洗净，避免刺破羔羊口腔及吮入污垢。用带橡皮哺乳瓶或自动饮乳器人工哺喂羔羊时，只要将橡皮头或自动哺乳嘴放进羔羊嘴里，羔羊就会自动吸吮乳汁，训练极为容易。

人工哺乳需注意的几个问题：

① 一定要吃到足够的初乳。如果初乳不足或没有初乳，可按下列配方配成人工初乳。配方为：新鲜鸡蛋2个，鱼肝油8 mL或浓鱼肝油丸2粒，食盐5 g，健康牛奶500 mL，适量的硫酸镁。

② 最初饲喂要量少、次多，随着日龄的增大而变为次少、量多。严格遵守定时、定温、定质、定量四原则。

a. 定时：一般每天喂六次奶，隔3小时一次，可安排到上午7时、10时、下午1时、4时、7时、10时。随着日龄增大，可延长间隔时间，减少喂奶次数。并同时把规定的哺奶时间安排在日程表里，严格遵守。

b. 定温：每次临喂奶前，应把奶加温到38～40 ℃。

c. 定质：人工哺喂的奶汁，要用当日的鲜奶，并须经过煮沸消毒。备用的奶要放在凉水内，以免酸败。喂奶用具用过后必须用开水洗净。

d. 定量：按照日龄及体格大小，一般体格可按以下定量给奶：1～2日龄，每只每次为50～100 mL（每日300～600 mL）；3～7日龄，每只每次100～150 mL（每日600～900 mL）；8日龄以上的每只每次200 mL（每日1 200 mL）。

e. 喂奶时尽量采用自饮方式，为此可用搪瓷碗或小盆子喂奶在用橡皮哺乳瓶或自动哺乳器喂奶时，不要让嘴高过头顶，以免把奶灌进气管，造成死亡事故；要让奶头中充满奶汁，以免吸进空气引起肚子胀或肚子痛。病羔和健康羔不能混用同一食器。

f. 在人工哺乳期间，如干草品质优良，只要能够完成增重指标情况下，可以减少哺乳量和缩短哺奶期。同时在50日龄以后可用1.5 kg脱脂奶代替1 kg全奶喂饲。

g. 每次哺奶后，为防止羔羊互相舐食，应用清洁的毛巾擦净羔羊嘴上的余奶，每擦几只羔羊，要将毛巾洗涤一次，然后再用。且病羊毛巾要与健康羊分开存放和使用。

2. 适时补饲，满足需要

为使羔羊获得更完全的营养物质和促进羔羊消化系统与身体的生长发育，羔羊生后8天开始训练吃料，喂给少量精料，其补饲的精料应该选择质地疏松易于消化的麦麸、玉米粉等，放置在小食槽内，最初量不宜过多，随吃随添。其补饲量一般是每日每只羔羊从8日龄25 g逐渐增至3月龄时100克；4月龄时日喂100 g，并随母羊一道吃食青料、多汁饲料和柔软的精料。羔羊在50日龄后，可添加些豆饼、骨粉和鱼粉等精料，到了2月龄后，就要喂给品质好的粗料。在运动场内，应经常放置盛有清洁饮水的水盆，让羔羊自由饮用。

3. 加强管理，顺利断奶

发育正常的羔羊，在3.5～4月龄即可断奶。若羔羊发育好，一年产两次羔的，断奶时间可适当提早一些；若发育较差或计划留作种用的，则断奶时间可适当延长。在羔羊断奶前一个月，除加强放牧外，每只每日补喂精料100 g，并随同母羊吃食精料和多汁料，给予充足的食盐和饮水。断乳时，要逐只称重，作好记录。

断奶的方法，最好采取一次断奶法，以便于母羊、羔羊分别统一饲养管理。由于羔羊出生日期不一，故根据配种期高峰是一个月，而产羔期高峰也是一个月，可以采取产羔期开始后140天全部一次断奶，极个别弱小羔羊待满四个月后再断奶。其具体方法是：人工哺乳的，逐渐减少哺奶量，最后停止即可，自然哺奶的，逐渐减少哺奶次数，如由原来1天哺奶3次，减少到1天2次，然后1天1次，两天1次，一星期左右完全断掉。

断奶后的羔羊仍将留在原来的羊舍内,以免因改变环境而感到不安。公、母羊要分群饲养。在断奶期间,母仔放牧的相隔距离不可过近,要彼此听不到叫声;对断奶后的母羊要经常进行检查,发现乳房膨胀的,应将奶汁挤掉,以免发生乳房炎。

四、羊的日常管理

1. 羊的编号

羊的个体编号是开展羊育种工作不可缺少的技术项目,编号要求简明,易于识别,字迹清晰,不易脱落,有一定的科学性、系统性,便于资料的保存、统计和管理。编号的方法常用耳标法、剪耳法和墨刺法3种。

(1)耳标法:耳标用铝或塑料制成,有圆形和长方形两种,长方形耳标在多灌木地区放牧易被挂掉,现用得不多;圆形耳标比较牢固,所以目前用得较普遍。圆形耳标的形状如子母扣,先用特制的钢字钉把需要的号数打在耳标上,上边第1个号为羊出生年份的最末一个数字,其次是羊的个体号,将耳标戴在左耳基下部。安置时用专用打耳钳打一圆孔,要注意避开血管,先需在拟打孔的地方用碘酒消毒。要在无蚊蝇季节安耳标。

(2)剪耳法:剪耳是用特制的钳子将耳朵剪上缺口或打上圆孔,以代表号码。其规定是,左耳作个位数,右耳为十位数。耳的上缘剪1缺口代表3,在左耳为3号,如在右耳则为30号;耳的下缘代表1,即在左耳时为1号,右耳则为10号。这个方法简便易行,一般养羊专业户适用。

(3)墨刺法:是用特制刺墨钳(上边有针制的字钉,可随意置换)蘸墨汁把号打在羊耳朵里边。本方法简便经济,且不掉号,缺点是有时字迹模糊,不易辨认。另外,还有一种烙角编号法,即用烧红的钢字,把号码烙在角上,本法仅适用于有角的公母羊,可用来作辅助编号。

2. 羊的断尾

目的是保持羊体清洁卫生,保护羊毛品质和便于配种。断尾时间一般羔羊应于出生后7~15 d内断尾,常用方法有烧烙法、结扎法和快刀法三种。

(1)结扎法。用弹性强的橡皮圈,如废旧的假阴道内胎、自行车内胎等,剪成直径0.5~1 cm的胶圈,在第三、第四尾椎骨中间,用手将此处皮肤向尾上端推后,即可用胶圈缠紧。羔羊经10天左右的时间,尾部便逐渐萎缩,自然脱落(不要剪割,以防感染破伤风)。尾巴刚被套上橡皮圈的羔羊,起初会有些不适应,站也不是,卧也不是,不过这种焦躁不安的反应几天后就能过去,10天以后尾巴就会自然脱落,对羔羊没有什么伤害。此方法简单易行,不流血、愈合快、效果好。

(2)快刀法。先用细绳捆紧尾根,断绝血液流通,然后用快刀离尾根4~5 cm处切断,伤口用纱布、棉花包扎,以免引起感染或冻伤。当天下午将尾根部的细绳解开,使血液流通,一般经7~10天,伤口就会痊愈。

(3)烧烙法。可用断尾铲或断尾钳进行。用断尾铲断尾时,首先要准备两块20 cm见方的木板。一块木板的下方挖一个半月形的缺口,木板的两面钉上铁皮,另一块两面钉上铁皮即可。操作时,一人把羊固定好,两手分别握住羔羊的四肢,把羔羊的背贴在固定人的胸前,让羔羊蹲坐在木板上。操作者用带有半月形缺口的木板,在尾根第三四尾椎间,把尾巴紧紧地压住。用灼热的断尾铲紧贴木块稍用力下压,切的速度不宜过急,若有出血,可用热铲再烫一下即可,然后用碘酒消毒。

3. 羔羊去势

凡不宜作种用的公羔要进行去势。去势时间一般在1—2月龄,多在春、秋两季气候凉爽、晴朗的时候进行。去势的方法有阉割法和结扎法。

（1）阉割法：将羊保定后，用碘酒和酒精对术部消毒，术者左手握紧阴囊的上端将睾丸压迫至阴囊的底部，右手用刀在阴囊下端与阴囊中隔平行的位置切开，切口大小以能挤出睾丸为度。睾丸挤出后，将阴囊皮肤向上推，暴露精索，将精索剪断或拧断均可。在精索断端涂以碘酒消毒，在阴囊皮肤切口处撒上少量消炎粉。

（2）结扎法：术者左手握紧阴囊基部，右手撑开橡皮圈将阴囊套入，反复扎紧以阻断下部的血液流通。约经15天，阴囊连同睾丸自然脱落。此法较适合1月龄左右的羔羊。结扎后要注意检查，以防止胶圈断裂或结扎部位发炎、感染。

4. 绵羊剪毛

（1）剪毛时间。

我国北方牧区及青藏高原地区，从东到西，通常在5月中、下旬开始到6月上旬，而青藏高原地区在6月下旬至7月上旬。农区（中原地带）在4月中旬就开始。剪早或剪晚对羊体不利。1年要剪2次毛，按季节春秋各剪1次。

（2）剪毛顺序。

剪毛按羯羊，试情羊，幼龄羊，种公羊，母羊，患皮肤病和外寄生虫病的羊，依次进行剪毛。

（3）剪毛方法。

首先将羊只左侧横卧在剪毛台或席子上，剪毛员靠在羊背上，用膝盖轻压羊体肩部及臀部，从右后肋部开始由后向前剪掉腹部、胸部和右侧前后肢的羊毛。再翻动羊只使其右侧卧，剪毛员用右手提直绵羊左后腿，从左后腿内侧到外侧，再从左后腿外侧臀部、背部直至颈部，纵向长距离剪去羊体左侧羊毛。然后使羊立起，靠在剪毛员两腿间，以头颈向下，横向剪去右侧颈部及右肩部羊毛，再用两腿夹住羊头，使羊右侧突出，再横向由上向下剪去右侧背毛，最后检查全身，剪去遗留下的羊毛。

剪毛的注意事项：

第一，把患有皮肤病的绵羊放到最后剪毛，以免传染到健康羊只。

第二，每剪完1只绵羊，取走羊毛之后，将剪毛处的碎毛、尘土、粪便等杂物清扫干净，然后再剪第2只羊。

第三，把剪下的头、四肢、尾等部位羊毛另外包装，带粪块、有色毛等分别包装，保持毛被完整，以利于羊毛分级、分等。

第四，应注意不要剪破皮肤，特别是公羊的阴囊、母羊的乳头、皱褶等处。剪破要及时消毒、涂药或进行外科缝合，以免感染溃烂。

第五，剪毛剪应贴近皮肤均匀地把羊毛一次剪下，留茬尽量要低，若毛茬过高，也不要重剪，以免造成二刀毛，影响羊毛的价值。

第六，剪毛动作要快，时间不宜拖得太久，翻羊要轻，以免引起瘤胃鼓起、肠扭转等而造成不应有的损失。

第七，剪毛后的最初几天，不可让刚剪过毛的羊只遭受冷雨淋，以免发生感冒。在剪毛后的7~10 d内，必须在羊舍或遮阴棚附近放牧，以便在天气变化时及时避免雨淋。

5. 绵羊药浴

药浴可预防绵羊疥癣病、促进羊毛生长、提高产毛量的重要措施。定期药浴是绵羊饲养管理的重要环节。药浴时间一般为剪毛后7~10天，浴后7天要再浴1次，以确保效果。药浴常使用的药剂有：杀虫脒（0.1%~0.2%的水溶液）、DDT（0.2%~0.5%的浓度、6%的可湿性六六六（用0.03%的浓度，系指含纯六六六的浓度）。因六六六对人畜有一定的毒性，所以亦可使用石硫合剂代替。石硫合剂的配方是：生石灰 7.5 kg，硫磺粉末 12.5 kg，用水拌成糊状，加水 150 kg，用铁锅煮沸，边煮边用木棒搅拌，待溶液呈浓茶色时为止。煮沸过程中蒸发掉的水要补足。然后倒入木桶或水缸中，待澄清后，去掉下面的沉渣，上面的清液就是母液。在此母液内兑上 500 kg 温水，充分搅匀后，就可进行药浴。因石灰、硫磺是价廉易得的药物，而且对人畜均无毒害，可代替六六六。常用药浴方法有池浴法、淋浴法和盆浴等。

药浴注意事项：

（1）药浴前 8 小时停止喂料，入浴前 2 小时给羊饮足水，以免羊入浴池后吞饮药液。

（2）药浴的顺序是先让健康羊浴，有疥癣病的羊最后浴。

（3）药液的深度以淹没羊体为原则。浴池为一个狭长的走道，当羊走近出口时，要将羊头压入药液内 1~2 次，以防头部发生疥癣。

（4）离开药池让羊在滴流台上停留 20 min，待身上药液滴流入池后，才将羊收容在凉棚或宽敞的厩舍内，免受日光照射，过 6~8 h 后，方可饲喂或放牧。

（5）妊娠两个月以上的母羊，不宜进行药浴。

（6）药浴的时间最好是剪毛后 7~10 天进行，如过早，则羊毛太短，肉羊体上药液沾得少；若过迟，则羊毛太长，药液沾不到皮肤上，都对消灭体外寄生虫和预防疥癣病不利。第一次药浴后，隔 8~14 天再药浴一次。

（7）牧羊犬也应同时进行药浴。

（8）工作人员应带好口罩和橡皮手套，以防中毒。

6. 羊的防疫

（1）怀孕母羊产前 20~30 d，皮下注射羔羊痢疾菌苗 2 mL，10 d 后再注射 3 mL。

（2）2 月底，羊三联苗无论成羊、羔羊每只肌注 5 mL。

（3）3 月上旬羊痘苗每只 0.5 mL。

（4）3 月中旬口蹄疫苗每只 1 头份。

（5）9 月上旬、中旬布氏杆菌、炭疽苗按说明防疫。

（6）9 月下旬再注射一次羊三联苗。

7. 羊的驱虫

羊易感染的寄生虫病有羊鼻蝇蛆病、羊捻转胃虫病、羊结节虫病、羊肝片吸虫病、羊绦虫病、羊肺丝虫病、羊多头蚴病、羊毛圆线虫病等。常用的驱虫药物有咪唑类药物、驱虫净、虫可星等。一般在每年春、秋两季选用合适的驱虫药，按说明要求进行驱虫。驱虫后 10 d 内的粪便，应统一收集，进行无害化处理。

8. 羊的修蹄

羊的蹄形不正或蹄形过长，将造成行走不便，影响放牧或发生蹄病，严重时会使羊跛行。因此每年至少要给羊修蹄 2 次。修蹄时间一般在夏、秋季节，此时蹄质软，易修剪。修蹄时，应先用蹄剪或蹄刀，去掉蹄部污垢，把过长的蹄壳削去，再将蹄底的边沿修整到和蹄底一样齐平，修到蹄底可见淡红色时为止，并使羊蹄成椭圆形。

【讨论与思考】

1. 名词解释

羔羊　育成羊

2. 填空题

（1）绵羊药浴时间一般是在剪毛后（　　）进行，药浴方式有（　　）、（　　）、（　　）。

（2）羊的修蹄时间一般在（　　）季节进行。

3. 简答题
（1）绵羊剪毛时的注意事项有哪些？
（2）绵羊有哪些主要外貌特点？
（3）羊的四季放牧要点有哪些？
（4）简述羔羊培育技术。

项目6-2　肉用羊育肥

【学习目标】
1. 熟悉肉羊外貌和生产特点。
2. 熟悉肥羔生产优点及生产技术。
3. 掌握肉羊育肥技术。

【学习内容】

学习肉羊生产特点，与毛用羊对比熟悉肉羊的外貌特点，学习肥羔生产技术和理解肥羔生产的优点，学习理解生产中常用肉羊育肥技术。

【相关技能】

掌握肉羊育肥技术。

肉羊育肥是为了在短时期内，用低廉的成本，获得质好量多的羊肉。传统的方法是牧区在入冬前将不能作种用的公羊和淘汰母羊或春季产羔结束后将无生产价值的母羊淘汰，转移到草料资源较好的农区和半农半牧区进行异地育肥，这种育肥方式饲料报酬低，增重主要是脂肪的增加而对羊肉品质改进不大。现代羊肉生产的方法是充分利用羔羊生长发育快，饲料转化率高，饲料报酬高的特点，将幼龄羊进行快速育肥，此时羊肉品质好，肉质细嫩，脂肪含量低。试验结果表明，高效育肥哺乳羔羊的料重比为2.8∶1至3.2∶1，4月龄以上断奶羔羊为4∶1至6∶1，而成年羊为6∶1~8∶1。幼龄羊育肥是养羊业未来发展的方向，不仅可以为社会提供优质羊肉和提高经济效益，而且利用羔羊提前出栏节约草料、棚圈，扩大母羊比例，为羊群扩大规模创造了条件。

一、肉用羊的特点

（1）体型和外貌特点：头宽、颈短而圆深、骨短、背腰部平直、宽、臀部丰满，肋骨开张良好、皮肤薄而疏松，整个体躯呈圆桶状。
（2）早熟性：体重大、生长速度快、胴体品质好。
（3）繁殖力高，经济效益高。

二、肥羔生产及技术措施

我国的羊肉生产主要依靠宰杀老羯羊、淘汰羊等。以这种生产方式生产羊肉，时间长、周转慢、商品率低、饲养成本高。近年来，美国上市的羊肉94%是肥羔肉，养羊收入2/3来自羔羊生产。澳大利亚、新西兰等养羊大国的肥羔肉产量也占总羊肉产量的80%以上，肥羔生产在世界养羊业越来越起着举足轻重的作用。

（一）肥羔生产的优点

羔羊肉质具有鲜嫩、多汁、精肉多、脂肪少、味美、易消化及膻味轻等优点。羔羊生长快，饲料报酬高，成本低，收益高。羔羊肉价格高。育肥羔羊缩短了生产周期，提高了出栏率及出肉率。生产羔羊肉的同时，又可生产优质毛、皮。

（二）肥羔生产技术

（1）开展经济杂交：选择早熟品种为父本，与繁殖力强、泌乳性能高的母本杂交，是增加肥羔生产的重要技术措施。

（2）早期断奶。

（3）培育或者引进早熟、高产肉用羊新品种。

（4）同期发情。

（5）早期配种。

（6）诱发分娩。

三、肉羊育肥技术

利用哺乳期羔羊生长发育快、胴体组成部分增加大于非胴体组成部分（如头、蹄、毛、内脏等）、脂肪沉积少、利用精料能力强等特点而进行的育肥。分为提前断奶（1.5月龄）和不提前断奶两种方式。

1. 早期断奶羔羊全精料育肥技术

羔羊在1.5月龄断奶前15 d实行隔栏补饲，或早晚有一定时间将母羊与羔羊分开，让羔羊在设有精料槽和饮水器的圈内活动，其余时间仍母子同处。日粮以玉米等高能量饲料为主。羔羊自由采食、自由饮水。羔羊育肥期一般为50 d，或体重25~30 kg上市。

2. 哺乳羔羊育肥技术

羔羊不提前断奶，只是提高隔栏补饲水平，到时挑出达到屠宰体重的羔羊出栏上市。其优势是不断奶育肥可减少断奶造成的刺激，保持羔羊的稳定生长，羔羊体重达25~27 kg出栏上市。以舍饲育肥为主，母子同时加强补饲；羔羊及早隔栏补饲，且越早越好；日粮以谷物类饲料为主，苜蓿干草自由采食；育肥期30 d。

3. 断奶羔羊育肥技术

羔羊断奶后育肥是羊肉生产的主要方式。包括：羔羊入舍前后的准备、饲喂技术：全精料型日粮育肥、粗饲料型日粮育肥、青贮饲料型日粮育肥。

4. 成年羊育肥技术

成年羊育肥时应按照品种、体重和预期增重等主要指标确定日粮标准。成年淘汰羊的育肥，主要是胴体增加脂肪，一般育肥2个月即可出栏。

四、肉羊育肥期饲养管理技术

1. 育肥方式

以放牧育肥为主要育肥方式的绵、山羊，要抓紧夏秋季节牧草茂密、营养价值高的大好时机，充分延长每天有效放牧时间；在北方有条件的地区，要尽可能利用夏季高山草场，早出晚归，中午不休息；在南方，应采取积极措施，进行早牧和夜牧，白天气候炎热时将羊群赶回通风良好的羊舍或在树荫下休息；在秋季，还可将羊群赶入已经收割作物的茬地放牧抓膘。

2. 饲料要求

要根据羊群的年龄和体重大小配制日粮，刚断奶羔羊及 6~8 月龄的青年羊育肥时，育肥前期（第一个月）饼粕类蛋白质饲料要充足，蛋白质饲料占混合料的 20%~25%，玉米、麸皮能量饲料占 70%~75%；育肥后期适当降低饼粕类蛋白质饲料喂量，蛋白质饲料占混合精料的 15%~20%，增加玉米能量饲料 75%~70%。成年羊育肥则以玉米为主，饼粕类饲料使用量较少，仅占混合精料的 5%~10%。

由放牧转入舍饲的育肥羊，要经过一段时间的过渡期，一般为 3~5 d，在此期间只喂草和饮水，之后逐步加入精饲料，由少到多，再经过 5~7 d 后，则可加到育肥计划规定的育肥阶段的饲养标准。

在饲喂过程中，应避免过快地变换饲料种类和饲粮类型。用一种饲料代替另一种饲料，一般在 3~5 d 内先替换 1/3，再在 3 d 内替换 2/3，然后再全部替换完。用粗饲料替换精饲料，替换的速度更要慢一点，一般 10 d 左右完成。

供饲喂用的各种青干草和粗饲草要铡短，块根块茎饲料要切片，饲喂时要少喂勤添，精饲料的饲喂每天可分两次投料。用青贮、氨化和秸秆饲料喂羊时，喂量由少到多，逐步代替其他牧草，当羊群适应后，每只成年羊每天喂量不应超过下列指标：青贮饲料 2.0~3.0 kg，氨化秸秆 1.0~1.5 kg。

凡是腐败、发霉、变质、冰冻及有毒有害的饲草饲料，一律不准饲喂育肥羊。

3. 保证充足饮水

确保育肥羊每天都能喝足清洁饮水。据初步测算，当气温在 15 ℃ 左右时，育肥羊每天饮水量为 1.0~1.5 kg；当气温在 15~20 ℃ 时，饮水量为 1.5~2.0 kg；气温在 20 ℃ 以上时，饮水量接近 3.0 kg。在冬季，不宜饮用雪水或冰冻水。

4. 保持圈舍卫生

育肥羊的圈舍应清洁干燥，空气良好，挡风遮雨，同时要定期清扫和消毒，要保持圈舍的安静，不能随意惊扰羊群。供饲喂用的草架和饲槽，其长度应与每只羊所占位置的长度和总羊数相称，以免饲喂时羊只拥挤和争食。

5. 加强日常管理

经常观察羊群，定期检查，一旦发现羊只异常，应及时治疗。要及时注射四联苗，可预防肠毒血症发生。在以谷类饲料为主的日粮中，可将钙的含量提高到 0.5% 的水平，或加入 0.25% 的氯化铵，避免日粮中钙、磷比例失调，以防尿结石发生。潮湿的圈舍和环境，易使育肥羊患寄生虫病和腐蹄病。因此，在这类圈舍中应该铺垫一些秸秆、木屑或其他吸水性材料。

育肥羊场应当建立健全严格的岗位负责制，实行定额管理，责任到人，偿罚分明，充分调动每个人的积极性。同时，技术人员、饲养人员要相对稳定，在育肥期间，一般中途不要调整和更换人员。

6. 合理利用育肥添加剂

羊的育肥添加剂包括营养性添加剂和非营养性添加剂，其功能是补充或平衡饲料营养成分，提高饲料适口性和利用率，促进羊的生长发育，改善代谢机能，预防疾病，防止饲料在贮存期间质量下降，改进畜产品品质等，正确使用饲料添加剂，可提高羊育肥的经济效益。

目前羊育肥利用的添加剂有微量元素添加剂、维生素添加剂、瘤胃素、缓冲剂等。

（1）微量元素添加剂。

一般将微量元素制成预混料，均匀混于精料中饲喂，或制成盐砖，让羊自由舔食。

(2) 维生素添加剂。

由于羊瘤胃微生物能够合成 B 族维生素、维生素 K 和维生素 C，不必另外添加。日粮中应提供足够的维生素 A、维生素 D 和维生素 E，以满足育肥羊的需要。目前多将羊需要的维生素一起配制成预混料，或配制矿物质和维生素预混料。

(3) 瘤胃素。

又名莫能菌素，是肉桂的链霉菌发酵产生的抗生素。其功能是通过减少甲烷气体能量损失和饲料蛋白质降解、脱氨损失，控制和提高瘤胃发酵效率，从而提高增重速度及饲料转化率。瘤胃素的添加量一般为每公斤日粮干物质中添加 25～30 mg，均匀地混合在饲料中，最初喂量可低些，以后逐渐增加。

(4) 缓冲剂。

添加缓冲剂的目的是为改善瘤胃内环境，有利于微生物的生长繁殖。羊强度育肥时，精料量增多，粗饲料减少，瘤胃内会形成过多的酸性物质，影响羊的食欲，并使瘤胃微生物区系被抑制，对饲料的消化能力减弱。添加缓冲剂，可增加瘤胃内碱性蓄积，中和酸性物质，促进食欲，提高饲料的消化率和羊增重速度。羊育肥常用的缓冲剂有碳酸氢钠和氧化镁。碳酸氢钠的添加量约占日粮干物质的 0.7%～1%。氧化镁添加量为日粮干物质的 0.03%～0.5%。添加缓冲剂时应由少到多，使羊有一个适应过程，此外，碳酸氢钠和氧化镁同时添加效果更好。

【讨论与思考】

1. 名词解释

肥羔肉　成年羊育肥技术

2. 简答题

(1) 肥羔生产有哪些优点？

(2) 肉羊育肥常用添加剂有哪些？

项目 6-3　奶用羊生产

【学习目标】

1. 熟悉奶山羊主要外貌特点和生产特点。
2. 熟悉评定奶山羊产奶性能常用指标及测定。
3. 掌握奶山羊饲养技术。

【学习内容】

学习奶山羊外貌特点和生产特点；奶山羊产奶性能的评定指标；奶山羊各阶段的饲养管理技术要求；奶山羊的挤奶技术操作要点。

【相关技能】

掌握奶山羊饲养技术；掌握奶山羊产奶性能评定。

奶山羊是一种小型草食家畜，它性情活泼，食草广泛，野草、树叶、藤蔓、菜叶、瓜豆、杂粮等均可饲喂。繁殖快，抗病力强，既可房前屋后舍养，又可放牧。

鲜奶中含乳脂 3.6%、蛋白质 3.5%、乳糖 4.3%、总干物质 11.6%。与牛奶相比，羊奶含干物质、脂肪、热能、维生素 C、尼克酸均高于牛奶，不仅营养丰富，而且脂肪球小，酪蛋白结构与人奶相似，酸值低，比牛奶易为人体吸收，是婴幼儿、老人、病人的营养佳品，是特殊工种、兵种的保健食品。

一、奶山羊外貌特征

奶山羊体质结实，结构匀称，头长额宽，鼻直嘴齐，眼大耳长。母羊颈长，胸宽背平，腰长尻宽，乳房庞大，形状方圆；公羊颈部粗壮，前胸开阔，腰部紧凑，外形雄伟，四肢端正，蹄质坚硬，全身毛短色白。皮肤粉红，耳、唇、鼻及乳房皮肤上偶有大小不等的黑斑，部分羊有角和肉垂。体形近似西农莎能羊，具有"头长、颈长、体长、腿长"的特征，群众俗称"四长羊"。具有典型的乳用畜体型，整个体躯呈楔形。

生产特点：每胎泌乳期 8～10 个月，平均泌乳量 500～600 kg，乳脂率为 3.9%。成年公羊体高 80 cm 以上，体重 65 kg 以上；母羊体高不低于 70 cm，体重不少于 45 kg。公母羊均在 4～5 月龄性成熟，一般 5～6 月龄配种，发情旺季 9～11 月，以 10 月份最多，性周期 21 天。母羊怀孕期 150 天，平均产羔率 178%。初生公羔重 2.8 kg 以上；母羔 2.5 kg 以上。种羊利用年限 5～7 年。

二、奶山羊产奶性能的测定和计算

1. 个体产奶量的计算

（1）年度产奶量：指从每年的 1 月 1 日起至 12 月 31 日止，全年累计个体产奶量。此指标主要用于生产经营管理统计。

（2）泌乳期产奶量：指从母羊产羔后第 1 天起到干奶期为止的累计个体产奶量。此指标的统计可采用逐日称量挤奶量，登记累加统计；也可采用定期测定，即每隔 5 天或 10 天测定一次，来衡量母羊的个体产奶性能。

（3）300 天校正产奶量：由于母羊的产羔胎次和泌乳天数不同，不易比较个体之间产奶量的高低。为此，可将不同胎次、不同泌乳天数的产奶量校正到第一胎 300 天的产奶量。

西北农业大学萨能羊 300 天产奶量的校正系数如表 6.1 和表 6.2。

表 6.1 不同胎次的校正系数

胎次	1	2	3	4	5	6	7	8	9	10
校正系数	1.000 0	0.938 4	0.900 0	0.889 7	0.902 1	0.939 5	1.008 2	1.122 3	1.313 1	1.656 7

表 6.2 不同泌乳天数的校正系数

泌乳天数	校正系数	泌乳天数	校正系数
215	1.486 7	295	1.008 4
225	1.366 7	300	1.000 0
235	1.272 3	305	0.993 1
245	1.199 9	315	0.983 7
255	1.141 4	325	0.979 5
265	1.095 0	335	0.980 9
275	1.058 4	345	0.987 4
285	1.029 8	355	0.999 5

例：1号母羊，第五胎245天的泌乳期，实际产奶量465 kg；2号母羊第六胎285天实际产奶量500 kg，试比较两只母羊产奶量的高低。

1号母羊校正产奶量为：$465 \times 0.902\ 1 \times 1.199\ 9 = 503.33$ kg

2号母羊校正产奶量为：$500 \times 0.939\ 5 \times 1.029\ 8 = 483.75$ kg

计算结果表明：1号母羊的产奶量优于2号母羊。

2. 乳脂率的测定和计算

乳脂率是羊奶品质的重要指标，最好每月测定一次，用各月测定的平均结果乘以各月实际产奶量，将所有乘积累加起来，再用总产奶量来除，就是平均乳脂率。

$$平均乳脂率 = \sum(F \times M)/\sum M$$

式中　$\sum$——求和符号；

　　　F——每月测定的乳脂率；

　　　M——该月的产奶量。

三、奶山羊的饲养管理

1. 羔羊的培育

新生羔羊要及时吃到初乳，吃足初乳，初乳营养价值高，易消化吸收且具有免疫抗病力，同时对羔羊的生长发育、生产性能产生一定影响。对出生羔羊，可采用随母哺乳或人工哺乳。人工哺喂初乳，宜于生后20~30 min开始，体重3 kg的羔羊，第一天参考喂量0.6~0.7 kg，到生后第6日龄逐渐增至0.8~1 kg。日喂初乳不少于4次，此时日增重可达200~220 g。羔羊人工哺乳时要做到定时、定量、定质、定温，哺乳用具要注意卫生，做到定期消毒。生后40—80日龄可将奶汁、草料并重饲喂，并添加少量食盐、骨汤、草料要适口性强、品质好、易消化。生后80—120日龄断奶，此阶段以草料为主，少量补饲奶汁。若干草的品质好，并有混合精料做补充，则提前到90日龄断奶，不会影响其生长发育。

2. 育成羊的培育

断奶之后的育成羊，全身各系统和各种组织都在继续旺盛地生长发育。体重、躯体的宽度、深度与长度都在迅速增长。此时，若日粮配合不当，营养满足不了生长发育要求，便会影响生长发育，形成体重小、四肢高、胸窄、躯干细的体型，并能严重影响到体质、采食量和将来的泌乳能力。

生后4~6个月间，仍须注意精料的喂量，每日需喂混合精料约300 g，其中可消化粗蛋白的含量不可低于15%~16%。其余所需营养，需从干草、青草或青贮饲料中获取。育成羊不要养得过肥，育成羊要满足充足的营养和充分的运动锻炼结合进行培育。满1岁后的羊，若青草质量高，喂量大，可以少给精料，甚至不给精料。实践证明，这样喂出的奶羊，腹大而深，采食量大，消化力强，体质壮，泌乳量高。

3. 产奶期母羊的饲养管理

（1）泌乳初期（母羊产后0~20天）。

母羊产后20天内，由于产后体弱，消化功能较差，母羊的饲料要以优质饲草为主，可任其自由采食。在此基础上，可根据体况肥瘦、乳房膨胀程度、食欲变化等，灵活掌握精料和多汁饲料喂量。一般15天后再按饲养标准喂给相应的日粮，日粮粗蛋白12%~16%，粗纤维16%~18%，干物质按体重的3%~4%供给。

（2）泌乳盛期（母羊产后 20~120 天）。

奶山羊在产后 30~40 天达到产乳盛期，高产奶羊约在 40~70 天出现，在泌乳量不断上升阶段，体内贮存的各种养分不断付出，体重不断减轻。此时应充分满足日粮需求量，除每天喂给占体重 1%~1.5% 的优质干草和一定数量的精料外，应尽量多喂给青草、青贮饲料和部分块茎块根类饲料。一般每产 1.5 kg 的奶给 0.5 kg 的混合精料。

（3）泌乳稳定期（母羊产后的 121~180 天）。

在泌乳量下降时，应视膘情逐渐减少精料。奶山羊的整个饲养过程要保证充足的饮水和补盐，可采用盐槽让其自由舔食。

（4）泌乳后期（181~干奶）。

随着产奶量的下降，精料喂量适当减少，防止羊只过肥，减少饲料的同时，还要注意母羊妊娠期的营养供给。

4. 干乳母羊的饲养管理

奶山羊在泌乳近 10 个月时产奶量逐渐下降，这时就必须进行干乳，以使母羊能较好地恢复体况，保障母羊体内胎儿发育和下一个泌乳期的产奶量，增加羔羊出生重量。可通过减少精料、青绿多汁饲料、饮水及挤奶次数达到干乳的目的。

（1）日粮组成。

母羊的干奶期同时是妊娠后期，其胎儿增重很快。因此要求饲料水分要少、干物质量要高。营养物质的给量可按妊娠母羊的饲养标准供给，一般按体重 50.0 kg、日产奶量 1.0~1.5 kg 的母羊所需营养供给，每日供给混合精料 0.5 kg，青干草 1.0 kg，青贮料 1.5~2.0 kg。

（2）干奶操作。

奶山羊干奶方法分为自然干奶和人工干奶两种。产奶量低、营养差的母羊，在泌乳 7 个月左右配种，怀孕 1~2 个月后产奶量迅速下降，而自动停止产奶，即自然干奶。产奶量高、营养条件好的母羊，较难自然干奶，要采取人工干奶。人工干奶方法有逐渐干奶和快速干奶两种。逐渐干奶法是逐渐减少挤奶次数，打乱挤奶时间，停止乳房按摩，控制多汁饲料，适当降低精料，限制饮水，加强运动，使羊在 7~14 天内逐渐干奶。快速干奶法是在预定干奶的那天，认真按摩乳房，将乳挤净，然后擦干乳房，用 2% 的碘酒浸泡乳头，再给乳头注入青霉素或红霉素软膏，并用火棉胶封闭乳头，之后停止挤奶，7 天内乳房会逐渐收缩，干奶结束。生产中多采用快速干奶法。干奶的天数一般为 60 天。

（3）干奶羊的管理。

干乳初期：要注意圈舍、垫草和环境卫生，减少乳房感染；经常刷拭羊体，减少羊皮肤病产生和保持羊体卫生，促进羊体血液循环；注意做好保胎，防止惊吓、拥挤、角斗和滑倒；要坚持做适当运动，不能剧烈。饲料要注意卫生、保证质量。

5. 奶山羊挤奶技术

（1）擦洗乳房：挤奶前擦洗乳房，水温要保持在 45~50 ℃，先用湿毛巾擦洗，然后将毛巾拧干再进行擦干。这样既清洁，又因温热的刺激能使乳静脉血管扩张，使流向乳房的血流量增加，促进泌乳。

（2）按摩乳房：挤奶前充分按摩乳房，给予适当的刺激，促使其迅速排乳。按摩的方法有 3 种：一是用两手托住乳房，左右对揉，由上而下依次进行，每次揉 3~4 遍，约 0.5 min；二是用手指捻转刺激乳头，约 0.5 min（超过 2 min，会引起慢性乳头部外伤，招致乳房炎），刺激不要过度，以免造成疼痛；三是顶撞按摩法，即模仿羔羊吃奶顶撞乳房的动作，两手松握两个乳头基部，向上顶撞 2~3 次，然后挤奶，这 3 种按摩方法可依次连续进行，因为血液中的催产素是于开始刺激后的 2 min 时浓度最高，以后便急剧下降，约 0.5 min 即结束。为此，擦洗和按摩的时间不可过长，一般不要超过 3 min。否则将会错过最适宜的挤奶时间，引起不良后果，如产奶量减少，乳房发病率增加等。

（3）拳握挤奶：采用双手拳握法挤奶能引起强烈的排乳反射、挤的奶多，方法是先用大拇指和食指合拢卡住乳头基部，堵住乳头腔与乳池间的孔，以防乳汁四流。然后轻巧而有力地依次将中指、无名指、小指向手心收压，促使乳汁排出。每握紧一次奶后，大拇指和食指立即放松，然后再重新握紧，如此有节律地一握一松反复进行，操作时双手要分别握住两个乳头，两手动作要轻巧敏捷，握力均匀，速度一致，交替进行。对于个别乳头短小，无法挤压的，可采用滑挤法，即用拇指和食指捏住乳头，由上向下滑动，挤出乳汁。

（4）挤速要快：因排乳反射是受神经支配并有一定时间限制的，超过一定时间，便挤不出来了。因此，要快速挤奶，中间不停，一般每分钟 80~100 次为宜，挤完 1 只羊需 3~4 min。切忌动作迟缓或单手滑挤。

（5）奶要挤净：每次挤奶务必挤净，如果挤不净，残存的奶容易诱发乳房炎，而且还会减少产奶量，缩短泌乳期。因此，在挤奶结束前还要进行乳房按摩，挤净最后一滴奶。

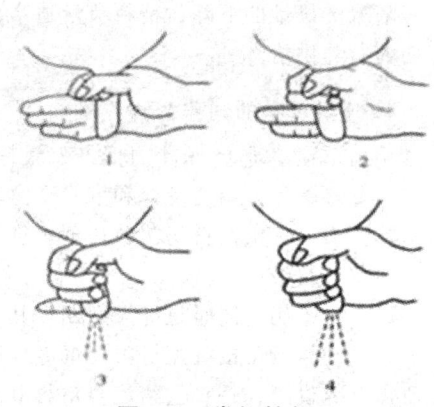

图 6.1 拳握挤奶

（6）适增次数：乳房内压力越小，乳腺泌乳越快、越多。因此，适当增加挤奶次数，减少乳房的内压力就可增加泌乳速度，提高产奶量。据测算，高产奶山羊，在良好的饲管条件下，每天挤 2 次比挤 1 次可提高产奶量 20%~30%，每天挤 3 次比挤 2 次的提高 12%~15%。从实用和方便的方面考虑，一般羊应每天挤 2 次，高产羊应挤 3 次。

（7）做到三定：即每天挤奶要定时、定人、定地，不要随意变更。此外，挤奶环境要安静。

（8）检查乳房：挤奶时应细心检查乳房情况，如果发现乳头干裂、破伤或乳房发炎、红肿、热痛，奶中混有血丝或絮状物时，应及时治疗。

（9）浸浴乳头：为防止乳房炎，每次挤完奶后可选用 1%碘液、0.5%~1%洗必泰或 4%次氯酸钠溶液浸泡乳头。

【讨论与思考】

1. 名词解释

年度产奶量　300 天产奶量

2. 填空题

（1）奶山羊干奶的方法有（　　）和（　　）。

（2）奶山羊干奶期一般平均为（　　）天。

3. 简答题

（1）怎样做好干奶羊的饲养管理？

（2）奶山羊的挤奶技术要点有哪些？

项目 7　兔生产

项目 7-1　肉兔的生产

【学习目标】
1. 了解肉兔饲养管理的一般原则。
2. 掌握各阶段肉兔的饲养管理技术。

【学习内容】
根据肉兔不同的品种、年龄、性别、季节、生产目的，不同生长发育阶段的生理特点、外界环境条件，采取科学合理的饲养管理方法，提高生产效率。

【相关技能】
掌握各阶段肉兔的饲养管理技术。

要养好肉兔，必须根据肉兔不同的品种、年龄、性别、季节、生产目的，不同生长发育阶段的生理特点，采取科学的饲养管理措施，满足其对营养物质和生活条件的需要，是养好肉兔的重要环节，也是提高产品数量和质量的关键。

一、肉兔饲养管理的一般原则

（一）青料为主，精料为辅

家兔属小型草食动物，具有特殊的消化粗饲料的解剖构造和生理功能。其小肠和大肠的总长度约为体长的 10 倍。盲肠非常大，容积占腹腔的 1/3 以上，长度和体长相接近，与所有家畜相比兔的盲肠比例最大。盲肠末端为一个约 10 cm 长的较细的弯状蚓突，其壁较厚，是一个淋巴组织，其中富有淋巴小结。在回肠和盲肠相接处膨大形成一个厚壁的圆囊，这就是兔所特有的圆小囊（淋巴球囊）。圆小囊有发达的肌肉组织，内壁呈六角型蜂窝状，囊壁内富含淋巴滤泡，其粘膜不断分泌碱性液体，可以中和盲肠中微生物分解纤维素所产生的各种有机酸，有利于消化吸收功能。所以家兔能够消化大量的粗饲料。饲料应以青料为主，精料为辅。据试验，肉兔日粮中青粗料应占全部日粮的 70%～80%。肉兔采食青饲料的数量，大致为本身体重的 10%～30%，体重 3.5～4 kg 的成年兔，每天采食的青草量为 400～450 g。

肉兔具有生长快、繁殖力强、体内代谢旺盛等特点，除喂青饲料外，还应适当补喂精饲料。据试验，肉兔日粮中混合精料应占全部日粮的 20%～30%，体重 3.5～4 kg 的成年兔，每天应补喂混合精料 100～150 g，占其体重的 3%～5%。

（二）调制饲料，注意品质

肉兔对饲料的选择比较严格，凡被践踏、污染的草料，霉烂、变质的饲料，一般都拒绝采食。

因此，饲喂肉兔的饲料必须清洁、新鲜。为了改善饲料的适口性，提高消化率，各种饲料在饲喂前必须适当加工、调制。

青草和蔬菜类饲料应先剔除有毒、带刺植物，如受污染或夹杂泥沙则应清洗晾干再喂。水生饲料更要注意清除霉烂、变质和污染部分，晾干后再喂。对含水量高的青绿饲料应与干草搭配饲喂，单喂效果不好。

粗饲料（干草、秸秆、树叶等）应先清除尘土和霉变部分，最好粉碎成干草粉与精料混喂或制成颗粒饲料饲喂。

块根饲料，要经过挑选、洗净、切碎；最好刨成细丝与精料混合饲喂；冰冻饲料一定要解冻或煮熟后方可饲喂。

谷物饲料（大麦、小麦、玉米等）和油饼类饲料均需磨碎或压扁，最好与干草粉拌湿或制成颗粒饲料饲喂。

据生产实践证明，注意饲草、饲料的品质，还必须做到以下"十不喂"：

一不喂霉烂、变质饲料；

二不喂带雨、露水的青绿饲料；

三不喂粪、尿污染的饲料；

四不喂农药污染的饲料；

五不喂冰冻饲料；

六不喂发芽马铃薯和带黑斑病的甘薯；

七不喂未经蒸煮或焙烤的豆类饲料；

八不喂有毒植物；

九不喂大量的牛皮菜、菠菜等；

十不喂大量的紫云英等青绿饲料。

（三）定时定量，少给勤添

肉兔的饲喂方式有 3 种：第一种为自由采食，即经常备有饲料和饮水，任其自由采食，一般大型养兔场多采用这种方式，常用的饲料为全价颗粒饲料，优点是能充分发挥肉兔的生产性能。第二种为定时定量，即限量饲喂，每天喂兔的饲料数量、饲喂时间和喂料次数都是一定的，这样可使肉兔养成良好的采食习惯，增进食欲，有利于饲料的消化吸收。每天饲喂次数，一般成年兔为 3~4 次，青年兔 4~5 次，幼兔可增加到 5~6 次，通常精料分 2 次喂给，青料分 3 次喂给。第三种为混合法，即基础饲料（青饲料、粗饲料等）采取自由采食方式，补充饲料（精饲料或颗粒饲料）采取限量饲喂。

根据生产实践，要养好肉兔，应按营养需要和季节特点，制订出喂兔的操作日程，并要保持相对稳定，不要忽早忽迟，也不能饥饱不均。在饲喂过程中，要掌握先喂草，后喂料，这样既能让兔吃饱吃好，又能使饲料得到充分消化，提高饲料利用率。根据肉兔昼静夜动的特点，饲喂时应掌握早餐要早，晚餐要晚，中餐要精的原则。群众有"肉兔无夜草不肥"的说法，特别是冬季更应注意这一点。

（四）保持安静，注意卫生

肉兔胆小怕惊，一旦受惊，就会引起精神不安，食欲减退，甚至死亡。据试验，饲养在安静兔舍中的 3—4 月龄青年兔，每月增重可达 0.5~0.8 kg，而饲养在受到经常骚扰的兔舍中的同龄青年兔，则增重很少，甚至无增重。因此，在日常的饲养管理工作中或者接近兔笼、兔舍和兔群时，都要轻手轻脚，保持安静环境，更要防止狗、猫、鼠、蛇等的侵袭。

兔舍污秽潮湿，易使病原微生物繁殖，导致疾病蔓延。因此，每天必须打扫兔舍，清除粪便，洗刷饲具，勤换垫草，定期消毒，经常保持兔笼和兔舍的清洁、干燥，以便增强肉兔体质，预防各种疾病，提高生产效益。

（五）分群管理，适当运动

为适应肉兔的生长发育和配种繁殖，应分群管理，按年龄、性别、品种等分成公兔群、母兔群、青年兔群、幼兔群等，每群15~20只。目前，有些地方不按性别、年龄的混合群养法是很不科学的，生产上不便管理，经济上也会受到一定损失，应加以改进。3月龄以后的幼兔和留种的青年兔，随着年龄和体型的增大，应由群养逐渐改为笼养，每笼由3~4只逐步改为1~2只。

二、仔兔的饲养管理

从出生后到断奶时这个阶段的兔称为仔兔。仔兔机体生长发育尚未完全，抵抗外界环境的调节机能较差，护理工作必须抓好如下两个时期。

（一）睡眠期

仔兔出生后至开眼的时间，称为睡眠期。仔兔在这个时期，除吃奶外都是睡觉。母兔每天只喂一次奶，每次五分钟。所以每天要检查仔兔是否吃饱了奶。吃饱了奶的仔兔，皮肤红润而有光泽、肚子圆滚。如仔兔不安，头向上窜，有时发出"吱吱"的叫声，腹部瘪或腹围小，皮肤色暗无光，并有较多皱折，说明仔兔没吃饱奶。对于吃不饱的仔兔可采取寄养或人工哺乳的办法。

人工哺乳的工具可用注射或眼药水瓶，嘴上接一小段橡皮管制成。喂的温度应热至滴到手背上感到舒服为止（37~38 ℃）。喂的速度要慢。具体做法是：初生五天内，用200 mL鲜牛奶、3 mL鱼肝油、2 g盐、一枚鲜蛋调匀喂服；5天后，用牛奶或羊奶、豆浆等喂服；10天左右，用50 mL炼乳冲开水50 mL、一汤匙玉米糖浆、一只蛋黄混合后喂给。

（二）开眼期

仔兔生后12天左右开眼，从开眼到断奶，这段时间称为开眼期。仔兔开眼早迟与发育很有关系，发育良好的开眼早。如果兔眼被眼屎粘住，可用药棉蘸水，慢慢洗去。这个时期的仔兔要经历一个从吃奶转变到吃植物性饲料的变化过程，如果转变太突然，常常会造成死亡。所以，饲养重点应放在仔兔的补料和断奶上。

肉用仔兔生后16日龄可开始给少量易消化而又富于营养的饲料，如豆浆、豆腐或剪碎的撒青草、青菜叶等。22日龄后可在饲料中拌入少量的矿物质、抗菌素和呋喃西林、洋葱、枯叶等消炎、杀菌、健胃药物，以增强体质，减少疾病。饲料以少喂多餐。逐渐增加为原则，一般每天喂给5~6次。到30日龄时，应以饲料为主，母乳为辅慢慢过渡。

三、幼兔和青年兔的饲养

仔兔断奶后二个月的小兔称为幼兔。这个阶段的兔子生长发育快，但抗病力差，要特别注意护理，否则发育不良，易于患病死亡。

断奶仔兔必须养在温暖、清洁、干爽的地方，以笼养为佳。饲喂的饲料要清洁新鲜，富于营养。带泥的青草一定要洗净晾干后再喂。青饲料一天喂3次，精饲料一天喂两次，加喂矿物质饲料、少量鱼粉、豆饼等。喂时掌握早多午少晚吃足，随吃随喂不留剩食这一原则，饮水要充足，夏季喂凉水，冬季喂温水，加少量食盐。夏季饲料以青草为主，兼喂麦麸、玉米、高粱等精饲料。青饲料含水大，要在太阳下晒一晒，减少水分。这样可有效地控制幼兔的腹泻和膨胀病。另外，注意经常加喂一些大葱或洋葱叶、大蒜叶等。食具3~5天用高锰酸钾水消毒一次，可避免球虫卵囊污染垫草和食具。

断奶仔兔要增加运动，每天可放在铁丝网围好的运动场内活动2~3小时。体质较弱的可单独饲养。3~6个月的兔子称为青年兔。此阶段兔子已开始发情，为了防止早配，必须将公、母兔开饲养。

四、种兔的饲养管理

（一）种公兔

种公兔的饲养管理要注意几方面的工作：

1. 加强选种

种公兔的产肉、产毛及繁殖性能是可以遗传的，所以，要不断选择生产性能好的作为种用。好的种公兔利用三年后，开始淘汰。

2. 适时配种

肉兔一般7月龄左右（体重3 kg以上）试配，8月龄正式配种。一般一天配两次，配两天休息一天。长期不配种的，应定期配种。

3. 合理饲养

公兔不能养得过肥，过肥的公兔繁殖力低。因此要掌握好饲料中各成份的比例。蛋白质含量应稍高一些，糖类饲料少些，每天供给优质青料0.5 kg以上。从配种季节前3星期开始，每天添喂鲜鸡蛋四分之一和2粒鱼肝油丸。在配种旺季，加喂些动物性饲料，如鱼粉、蚕蛹粉等。此外，还要注意磷、钙的供应，精料中配2%~3%的骨粉和贝壳粉，0.5%~1%食盐，才能保证营养全面，食欲旺盛。

（二）种母兔

根据饲养阶段又可分为：

1. 空怀母兔

母兔的空怀期，是指仔兔断奶后至下次怀孕前。这个时期主要是让母兔正常发育，提高受胎率。在管理上要合理配制饲料，保持母兔的适当肥度。对过肥的母兔，要减少精料，加强运动；对瘦的母兔要增加精料的喂量，使其恢复正常体况。对长期不发情的母兔，可采用异性诱导法或利用激素催情。导性诱导法是每天将母兔放进公兔笼中一次，通过公兔的追逐爬跨刺激，促进母兔脑下垂产生卵泡激素而引起发情，一般通过2~3次公兔的爬跨刺激，就可达到发情的目的。

2. 怀孕母兔

怀孕母兔以优质青料为主。怀孕15天后，要适当多喂些鲜嫩青草、蛋白质和矿物质，不能喂过多的精料，尤其产前7天必须大量减少精料的喂量，以免造成母兔死亡或便秘、乳房炎的发生。

母兔的怀孕期很短，平均31天。怀孕后15~20天内很易流产，所以在管理上要多加注意。临产前3~4天，要清洗消毒好产箱、笼板、食盘、用具等，将晒过敲软的稻草铺在产箱内，再将待产母兔集中到产房，让母兔熟悉环境。如怀孕母兔食量大减，粪便糊烂不成粒状，用嘴扯下胸腹部的毛放在产箱内，就是母兔分娩的预兆，应作好接产准备。

母兔分娩时间很短，一般20分钟到1小时就可结束。初产母兔需人工看护，以防母兔难产或压死、咬死仔兔。母兔产后要及时喂给干净的水和鲜嫩的青饲料（或温米汤加少量盐），否则会由于舔干唾液致口渴而误食仔兔。母兔产完仔跳出箱时，要小心地将产箱取出笼外，清点仔兔，将污湿的草、毛及死胎一齐取出，换上干净的稻草，在草上铺上一层兔毛或旧棉絮，并将仔兔放回箱内，盖上一层兔毛。如发现母兔未拉毛时，要将母兔的乳头周围的毛拔光。这样，可以刺激乳房从速泌乳，又便于仔兔吮乳。

3. 哺乳母兔

哺乳母兔为了维持生命活动和分泌奶汁，每天都要消耗大量的营养物质。因此，哺乳母兔必须增加饲料量，并喂给含蛋白质、维生素和矿物质的饲料，如豆饼、麦麸、豆渣、食盐、骨粉和青绿饲料。

母兔分娩后，大多会经仔兔喂奶。对少数不会喂奶的母需人工强迫喂奶。做法是：将产箱取出，按时把母兔捉出笼外伏在巢箱内，仔兔就会寻找奶头吸乳，一天两次，一般经3—5天训练，母兔就会自动去喂奶，如果是母兔缺奶，可进行人工催乳。在饲料中适当加喂精料。

五、肉兔的育肥

肉兔的育肥，以在骨架生长发育完成以后进行效果最好。方法有如下两种：

（一）幼兔育肥法

即仔兔断奶后马上催肥，经1~1.5个月，体重2~2.5 kg出售。具体做法是：把供肥育的仔兔，集中在一起，围栏放牧，使幼兔有充分运动的机会，促进骨路肌肉充分生长发育。到最后半个月至一个半月进行笼养以限制运动。育肥的饲料营养要求是：粗蛋白20%、纤维16%、极脂肪2.5%、矿物质11%、水份13%，日喂100~200 g配合料。育肥开始以青料为主，精料为辅，以后逐渐增添精料，最后1~2个星期完全喂精料。如食欲下降，可以喂些青料。适宜育肥的饲料有：玉米、糙米、大麦、米糠、豆饼、花生饼、红薯、马铃薯（后两种煮熟后喂较好）等。

（二）成年兔育肥法

指在繁殖、生产及发育过程中被淘汰的种兔、青年兔等。肥育期一般为15~35天，肥育良好的，可增重1~1.5 kg。

肥育期还可适当添加些茴香、芹菜叶、蒲公英、车前草等。肥育20天后，如发现食量剧，表示肥育已成，应及早屠宰。

公兔育肥要去势，以减少饲料消耗，提高产肉能力。去势方法是：选择90~100日龄的小公兔，由一人将兔仰放在台上，紧握后肢固定，一人摸着睾丸由腹腔挤入阴囊，用拇、食、中三指固定睾丸，用碘酒消毒，右手握去势刀，开口约一厘米，这时左手用力将睾丸挤出，右手随即将睾丸轻轻拉出，将输精管韧带切断取睾丸，然后将一只睾丸以同样的方法从原口取出，术后涂以碘酒，五至七口即可痊愈。

【讨论与思考】
简答题：
1. 请简述肉兔饲养管理的一般原则。
2. 请简述仔兔的饲养管理。

项目 7-2　毛用兔的生产

【学习目标】
1. 了解商品毛兔的主要品种。
2. 掌握商品毛兔的生产。

【学习内容】
根据毛用兔不同的品种、年龄、性别、季节、生产目的，不同生长发育阶段的生理特点、外界环境条件，采取科学合理的饲养管理方法，提高生产效率。

【相关技能】
掌握毛用兔的饲养管理技术。

一、毛兔的主要品种

安哥拉兔是世界著名的毛用型兔品种，原产于英国，现分布在世界许多地区，我国俗称为长毛兔。经过各地长期的饲养和培育，形成了诸多品系，各具特点。目前，在国内表现出较好生产性能的主要有德系安哥拉兔、法系安哥拉兔。

1. 德系安哥拉兔

具有体型大、生长发育快、产毛量高、粗毛率低的特点。全身被毛洁白、浓密且有毛丛结构，绒毛有均匀的波浪弯曲，腹毛密而长，四肢毛及脚毛丰盛，形似虎爪；头型较粗壮，体形略长，成圆筒型；成年公兔体重 4.5 kg、母兔体重 4.9 kg。年产毛量公兔 1 000 g，母兔 1 200 g，最高可达 1 300 g 以上。粗毛率，粗毛型兔 12%，细毛型兔 4%～6%；毛不易结块，缠结毛比例，公兔 < 2%，母兔 < 1%。初配年龄 200 日龄，窝产活仔 7.2 只，年均产 4.5 窝，仔兔 28 日龄断奶成活率 92%。可在全国绝大部分地区饲养，但饲养条件要求较高，抗病力较弱。

2. 法系安哥拉兔

具有体型大、耐粗饲、毛质好和繁殖性能高的特点。体征外貌与德系安哥拉兔相似，主要区别法系安哥拉兔头、脸和耳朵无毛、耳朵大而厚，四肢毛短而少。成年兔体重平均 4 kg，重者在 4.5 kg 以上。年产毛量在 700～800 g，最高可达 1 000 g 以上，粗毛含量在 20%左右。可在全国绝大部分地区饲养。

二、毛兔的生产

饲养毛兔的目的是为了定期剪毛获取优质兔毛，加工高档的兔毛服饰。由于幼兔至种兔等各个阶段都可产毛，因此，毛兔饲养就包含了毛兔的各生产阶段。但种用毛兔的主要任务是繁育，其饲养管理与肉兔，皮兔基本相近。商品毛兔是专门用作产毛的兔，任务重点在产毛，在饲养管理方面与种用毛兔有所区别。

1. 重视日粮合理搭配

要做到青饲料多样化，精饲料配合化、颗粒化，精粗青搭配合理科学，保证营养全面，适应生理需要，增进食欲，促进兔子的生长发育。配合饲料的配方：麸皮 30%～40%、大麦 25%～30%、豆饼 20%～25%、玉米 15%～20%、三七糠 4%～5%、骨粉 1%～2%，食盐 1%。

2. 饲喂要定时定量定质

每天饲喂的时间和次数要固定，产毛兔一般日喂两次，小兔三次，这样有利于吃食和排泄，形成条件反射，提高饲料消化率，每天饲喂的数量要固定，质量要保证，成年兔每天喂青饲料 1.5～2.5 斤，精饲料 0.15～0.2 斤左右，种公兔和怀孕母兔哺乳母兔适当增加；种公兔配种任务较重时，5 只种兔每天可加喂一只鸡蛋；哺乳母兔可根据哺乳幼兔的头数和乳汁分泌情况，每天可加喂 10～20 粒浸泡过的黄豆。断奶后的仔兔每天喂青饲料 1～1.5 斤，配合饲料 0.1 斤左右，做到少量多餐，一般每天喂青料 3 次，精料 2 次。另外，要根据长毛兔夜里好动的习惯，晚上喂料适当推迟、多喂，做到让兔子饱着肚子过夜。保证饲料质量，适口性要好，营养价值要高，要做到"四不喂"：腐烂变质的饲草不喂，霜冻泥浆草不喂，露水草不喂，农药污染的草不喂。

如果要改变饲料，新饲料要由少到多，逐步增加，让兔子逐步适应，以防食量下降或伤食。合理饮水，一般来说，长毛兔的需水量和年龄有关，比方说 60 日龄的兔子处在生长发育的旺盛时期，需水量比较高；母兔怀孕后需水量也有所增加；母兔产前产后容易口渴，如果水分供给不足，就可能咬食仔兔。所以要给毛兔正常喂水，特别是青饲料缺乏时。

3. 做好日常管理工作

一梳剪：就是在剪毛前要把兔毛梳通，这样提高毛的质量，新生幼兔要在 40～60 天剪毛。每天要让兔子运动，因为运动能促进兔子的食欲，增强体质，促进生长发育。

二分级：就是采毛时按兔毛的长度进行分级。凡是满三月龄的公母兔应分开饲养，以防止早配乱配，影响兔毛质量、产量。

三保持：就是保持兔舍的通风透光、干燥安静、冬暖夏凉。

四防：就是夏天要防暑降温，冬天要防寒保暖，阴天要防湿，另外还要防止流产和兽害。

五勤：就是勤打扫，勤消毒，青料勤割，兔子的精神状态、食欲、粪便情况勤检查，各种资料、数据勤记录。

六净：就是兔体要洁净，笼内笼外要洁净，舍内外要洁净，饲料饲草要洁净，食盆水具要洁净，饮水要洁净。

4. 要积极推广长毛兔的拉毛技术

从而提高兔毛的长度、密度，生长速度、粗毛率，缩短采毛周期，提高采毛次数，拉毛比剪毛平均提高一个等级，可增加收入 25%～30%，拉毛的方法有两种，一是拔长留短，二是拔光毛。一般采取拔光毛的方法，毛兔生长 60 天左右即剪第一次毛，即胎毛，不宜拔，以后每 70～80 天就可以拔光毛一次。此法适宜于春秋换毛季节。

【讨论与思考】

简答题：

1. 毛兔的主要品种有哪些？
2. 怎么做好毛兔日常管理工作？

项目 8　疾病的防治

项目 8-1　牛的疾病防治

【学习目标】
1. 掌握牛疾病常见诊断方法与程序。
2. 掌握牛各系统检查关键技术。
3. 了解牛各类疾病的发病机理及防治措施。

【学习内容】
牛是典型的反刍动物，具有与其他单胃动物不同的独特消化特点，在诊断方式上与单胃动物有一定的差异性，根据牛的消化生理和生物学特性，掌握牛的常见诊断方式及治疗技能是有必要的。在生产实践中，牛常见疾病有病毒性传染病、繁殖障碍疾病、消化系统疾病、呼吸系统疾病、寄生虫病，根据不同疾病，要弄清每种传染病病原特性、流行特点及综合防治，从而提高诊断效率。

【相关技能】
1. 了解奶牛正常生理特性与异常生理特性的差异。
2. 掌握大动物常用诊断技能。
3. 掌握牛常见疾病有病毒性传染病、繁殖障碍疾病、消化系统疾病、呼吸系统疾病、寄生虫病等各种疾病的病原、临床症状、流行病学及防治方法。

第一部分　牛病诊断技术

一、基本检查法

（一）问　诊

通过询问方式，向饲养员了解疾病发生发展的经过、症状以及治疗情况。问诊常包括以下内容：

1. 生活史

包括建场年限、牛群发展史、牛群大小、病牛来源和引入时间、病牛品种、血缘，以及犊牛的哺乳与出生后各阶段的饲养管理和生长发育情况；成年牛的配种、妊娠、分娩、胎次、产乳量、饲养管理和环境卫生等。

2. 既往史

包括过去发病治愈等防治情况，以及本地区疫源和疫情等。

3. 现症史

包括现症何时发生，群发还是散发，发病的最初症状，以后的变化经过，治疗过没有，用过什么药，效果如何，以及饲养员对病牛现症的意见。

（二）视　诊

用肉眼观察病牛的各种生理现象及其所呈现的各种异常变化，必要时可借助器械进行视诊。视诊按先远后近，即前、左、后、右、前顺序边走边看；先作大体视诊，再作局部视诊；先静态观察步态，后动态观察，即先观察病牛在自然状态下的全貌，后观察其行走、跑步等运动情况。

（三）触　诊

用手或器械抚摸或触压被检查的部位，以确定病变的位置、硬度、大小、温度、压痛、移动性和表面状态等。直接触诊可用于体表的温度、湿度、肌肉紧张性以及心搏动和脉搏以及腹部器官的检查。此外，用器械对创伤、瘘管、食道、尿道等进行探诊检查属间接触诊。

（四）叩　诊

根据叩打动物体表所产生的音响推断深部被叩组织器官有无病理变化的方法。多用于胸腹部检查，间或用于额窦检查。叩诊方法有手指叩诊法和锤板叩诊法两种。前者适用于新生不久的幼犊；后者适用于个体稍大的犊牛和成年牛。叩诊时注意：叩诊板务必密贴体表，用同等力量垂直地作短而急的叩打，每次叩打2~3下。检查者的眼、耳应与叩诊板基本保持同一高度，便于发现叩诊音的改变和改变部位，并与对侧相应部位作比较。

（五）听　诊

通过听取牛体发出的音响推断内部器官的病理改变，常用于心、肺及胃肠的检查。听诊可分为直接听诊和间接听诊。前者常用于咳嗽、气喘、磨牙等的检查；后者应用较多，特别是心、肺及胃肠音响的检查。间接听诊常与叩诊结合应用，以判定被检器官是否膨大而移位，及其与其他器官的界限。

（六）嗅　诊

借助嗅觉对动物分泌物、排泄物和呼出气体及皮肤气味的辨别。如尿毒症时，皮肤或汗液带有尿味；临床酮病时，呼出气、汗液或排出尿液有芳香甜气味等。

二、整体及各系统一般检查

（一）整体检查

健康牛精神振作，两眼有神，耳尾灵活，全身各部匀称，被毛平滑有光泽，四肢动作轻健有力，姿势自然。患病时多数表现精神沉郁，反应迟钝，但有的表现兴奋不安，乱冲乱撞等。病程长者，则骨骼显露，肋骨可数，被毛粗乱，缺乏光泽。在一些疾病过程中，还可呈现各种病理姿势。

（二）皮肤检查

正常牛的鼻镜有冷感，珍珠汗，角根温热。检查时注意皮肤温度、湿度，皮肤弹性、肿胀、发疹以及皮肤完整性是否受损等。

（三）眼结膜检查

正常眼结膜呈淡粉红色，角膜表面光滑透明，有小的血管枝分布，有棕黑色虹膜透出。检查时应注意其色泽和分泌物的变化及有无肿胀、病理损害（角膜翳、坏死、溃疡等）等。

（四）体表淋巴结检查

常检查的淋巴结有下颌淋巴结、肩前淋巴结、股前淋巴结、乳房上淋巴结等。主要用触诊检查其大小、硬度、温度、敏感性及活动性等。

（五）饮食欲检查

食欲反映奶牛的全身及消化道健康情况。判定食欲须了解病牛一贯的食欲，并同饲养管理和疾病等相联系。食欲减退见于口腔疾病或引起胃肠机能障碍的其他疾病。食欲废绝见于严重的全身扰乱和严重的口腔及其他疼痛疾病。食欲反常（异嗜）主要见于代谢疾病，尤其是矿物质缺乏（骨软病）或慢性消化扰乱。

饮欲反映奶牛全身需水量的程度。大量泌乳而饲喂多汁饲料不足，则饮水增加，否则将降低产乳量。饮欲减退见于伴有昏迷的脑病及某些胃肠病；饮欲增加则见于严重腹泻、高热、大失血等。

（六）反刍检查

主要检查采食后反刍出现的时间、昼夜反刍次数、每次反刍持续时间与反刍力量及每个食团的咀嚼情况。健康牛在饲喂后 20~90 min（平均 40 min）出现反刍；一昼夜反刍 4~8 次；一次反刍持续时间 40~50 min；一个食团咀嚼 40~60 次。否则，为病理现象。

（七）嗳气检查

嗳气是生理现象，健康牛每小时嗳气 20~40 次。嗳气减少是瘤胃运动机能障碍和/或前胃内容物干涸的结果；嗳气增加是瘤胃内发酵过程旺盛或瘤胃运动机能增强的结果。嗳气停止与食欲废绝、反刍消失常相一致，若伴有嗳气停止而发生瘤胃积气，应怀疑食道阻塞。

（八）腹部检查

1. 腹围检查

一般老龄者大，幼龄者小。在病理情况下，腹围增大可见胃肠臌气或积食，及变位、子宫蓄脓、膀胱破裂、赘生物等；腹围缩小可见于长期饥饿、不食、腹泻和慢性消耗性疾病等。

2. 胃检查

包括瘤胃、网胃、瓣胃及真胃的检查。

（1）瘤胃检查。主要用视诊、触诊法、叩诊、听诊及瘤胃穿刺等方法对瘤胃内容物的数量和性状、瘤胃蠕动状况及其瘤胃液的 pH 值、纤毛虫活力等进行检查。

（2）网胃检查。主要用触诊法检查网胃有无敏感或疼痛反应；当表现疼痛、抗拒、呻吟，并企图卧下反应时，则有发生创伤性网胃炎的可能。

（3）瓣胃检查。主要用听诊（但利用叩诊判定瓣胃浊音区及疼痛性也有意义），需要时可用穿刺检查判断有无瓣胃阻塞。

(4)真胃检查。用触诊检查真胃敏感性,用听叩诊结合检查其位置及其大小是否发生改变。当发生真胃炎时,间接压迫瘤胃可引起病牛真胃疼痛。当真胃阻塞时,听诊与叩诊结合的方法能听到一种清锐音;真胃扭转时,则直肠检查也容易摸到;当真胃左方变位时,听叩诊结合在左侧第 11 肋弓中部可听到钢管音,如在该区穿刺,抽取液呈棕色带酸臭,并含粉末状饲料碎屑,pH 值 1~4,不含纤毛虫,则判定真胃左方变位。

3. 肠管检查

肠管听诊无多大价值,临诊上以直肠检查为主。直肠检查除对妊娠及生殖器官疾病有诊断意义外,对真胃扭转、肠变位亦有较高的诊断价值。

4. 排粪和粪便观察

主要观察奶牛排粪姿势(站立,两后腿分开,弓背,举尾,努责等)、排粪次数(一昼夜 12~18 次)、粪量(一昼夜 15~45 kg)、粪便硬度及颜色、表面(常有适度的薄层发亮黏液)、气味(无特殊臭味)等。最重要的是要仔细观察粪便内有无异常混合物。

(九)呼吸运动检查

健康奶牛的呼吸为胸腹式(或称混合式)呼吸,有节律性,每分钟呼吸数 10~30 次。在病理情况下,呼吸数、呼吸式、呼吸节律等常发生改变,严重时出现呼吸困难。

(十)上呼吸道检查

包括对呼出气、鼻液、咳嗽、喉及气管的检查。

1. 呼出气检查

主要检查呼出气流的温度、强度及其气味等。检查时须以两鼻孔气体对照比较。

2. 鼻液检查

在正常情况下,因鼻液量少而被牛舔食,因而常不易被发现。在病理情况下,注意检查鼻液的量、性质及其混合物等。

3. 咳嗽检查

是喉、气管和支气管粘膜,甚至肺组织和胸膜受到炎症及其他异物刺激的结果。检查时可用人工诱咳法检查其咳嗽的频率、性质及强度(用厚毛巾捂进两鼻孔 30~60 s 再突然松开)。

4. 喉、气管检查

检查喉、气管有无肿胀,变形,头部姿势有无改变,喉及气管有无异常呼吸音。

(十一)肺部检查

主要通过胸部触诊、叩诊和听诊检查来判定肺组织病变部位、性质及程度。

1. 胸部触诊

判断胸壁敏感(外伤或胸膜炎)和胸前皮下水肿(创伤性心包炎)程度及肋骨状态(佝偻病)。

2. 胸部叩诊

正常肺脏叩诊通常呈清音,仅犊牛可呈鼓音。叩诊能明确判定病理情况下的损害范围及性质。叩诊可呈浊音(较大的炎症病灶或肺炎肝变区)、半浊音(轻度浸润或水肿)、水平浊音(胸腔积液)、鼓音(肺泡充气而同时肺泡弹性降低,有时也见于肺炎的充血期和肺有空洞时)等变化。

3. 肺部听诊

肺部听诊是检查肺脏病变的重要方法之一。健康牛肺泡呼吸音，音性柔和，类似"夫夫"声，以叩诊区中央为明显；后方较弱，而前下方几乎被气管呼吸音传导所掩盖；支气管呼吸音，音性较粗，类似"赫赫"声，肺的前下方最明显。注意检查肺泡呼吸音的强弱、性质等。在病理情况下，呼吸音常发生改变（增强、减弱、出现啰音、捻发音、摩擦音等）。

第二部分 常用治疗技术

一、口服给药法

（一）灌药法

1. 应用

主要用于各种水剂药物或将粉剂、散剂、研碎的片剂加适量的水而制成的溶液、混悬液，多数中药的煎剂等的灌服。

2. 用具

长颈的塑料瓶、竹筒（斜口）、啤酒瓶、汽水瓶、盛药盆等。

3. 方法

（1）二人操作。一人牵住牛绳，抬高牛头或握住鼻中隔（必要时使用牛鼻钳），使牛头抬起。术者左手从牛的一侧口角处伸入，打开口腔并轻压舌头，右手持盛有药液的药瓶从口角向臼齿与舌间送入到舌后部，随即抬高药瓶后部并轻轻振抖或提压，使药液逐渐流入口中，吞咽后再盛药继续灌服直至灌完。

（2）一人操作。术者一手抓住牛鼻中隔，将牛头上提，另一手持盛有药液的灌药瓶从口角进行灌药。

4. 注意事项

灌药时切勿操之过急，每次灌药量不宜太多；当病畜发生强烈咳嗽时应暂停灌服并将其头放低，使药液咳出；在鸣叫时喉门开放，应暂停灌药，待安静后再灌服；头部抬起的高度，以口角与眼角的连线与地面平行（或呈水平线）为宜；当动物咀嚼、吞咽时如有药液流出，应以药盆接取之，以免流失。

（二）丸（片）剂投药法

投丸剂时，先将奶牛保定好，术者一手持装好丸剂的投药器，另一手伸入口腔，先将舌拉出口外，同时将投药器沿硬腭送至舌根部，迅速把药丸推出，抽出投药器将舌松开，并托住下颌部，稍抬高牛头，待其将药丸咽下后再松开。若没有丸剂投药器，则可用手将药丸（片）用大片菜叶裹住并投掷到舌根部，使其咽下即可。

（三）舐剂投药法

舐剂适用于小剂量、对口腔粘膜无强烈刺激的苦味性胃药，利用其对于味觉神经的刺激，可以达到兴奋食欲和促进消化的目的。

投舔剂时，先将药团放在舔剂板前端，一手拉出动物的舌，一手持舔剂板，从一侧口角送入口内，并迅速将药抹到舌根部后立即抽出舔剂板，松开舌头，抬高头部，便可咽下。

（四）胃管投药法

1. 应用

适用于大量水剂或可溶于水的流质药液的灌服。

2. 用具

因动物个体大小选用相应口径及长度的胃管、开口器、漏斗等。

3. 方法

一般经口插入，也可经鼻插入。站立保定并适当抬高牛头打开口腔，装入中央有孔的开口器并从两侧拉紧于牛头上，术者从开口器中央孔将胃管插入。当其前端抵达咽部时，即感阻挡，在此稍后，待其吞咽时顺势推进，或作轻微进退，诱其吞咽插入食道。最后解下中央有孔的开口器。另外，也可将胃管经一侧鼻孔插入。

4. 注意事项

动物有鼻炎、咽炎及明显呼吸困难时不宜使用胃管投药。投药时，须检查确实插入食道后方可投药。否则，会将药液投入气管与肺而引起异物性肺炎或窒息死亡。因此，在投药前用下述方法进行综合判断。

当动物出现鼻出血时，将动物头部高抬，冷敷鼻部及额顶部进行止血，必要时应用止血剂。

二、洗胃法

洗胃法常用于治疗胃扩张、中毒等疾病。洗胃时，按胃管探诊（胃管投药法）操作要领，将大小适宜的胃管经口插入胃内。当用于排除胃内容物时，宜用口径稍大的长胃管。当证实进入胃后，向胃管注入 36~39 ℃的温水，碳酸氢钠液（或食盐溶液、高锰酸钾液、硼酸溶液）1 000~2 000 mL，待漏斗内药液快流完时，倒转胃管末端使其低于动物体躯，并同时压低头部，依据虹吸原理排出胃内容物。反复冲洗直到内容物洗净为止。

洗胃时胃管应插入足够深度并到达胃内，一般可先量取鼻（或口）至胃的长度，在胃管上做上标记。若中途导出中断，可轻轻推拉胃管，改变位置，或再注入适量清水，使回流畅通。洗胃后，投入健康牛胃液或喂健康牛的反刍食团。禁食12小时，多次少量饮水。

三、灌肠法

用于直肠炎、大肠炎的治疗。直肠内灌注消毒剂和收敛剂，以清除肠内的分解物以及炎性渗出物，常用食盐水、高锰酸钾液、硼酸液；或用于排除蓄粪。

动物站立保定，根据动物体格选用大小合适的灌肠器或表面光滑的胶管，从肛门插入直肠，到达足够深度，另一端接上漏斗并高举，将药液倒入漏斗内，药液则徐徐流入肠管中。在灌注过程中，轻轻前后移动胶管，防止粪球堵塞管口。为防止药液从肛门返流，灌肠后可压住牛尾。

为防止损伤肠粘膜，操作不能粗暴，胶管及断端整齐平滑，适当涂擦润滑剂，以免损伤直肠粘膜，特别是动物强力努责时更应慎重。

四、注射法

注射法是防治奶牛疾病时常用的给药方法。利用注射法可将药物直接、准确注入奶牛体内，使之能迅速发生药效。常用的注射法有皮下、肌肉、静脉注射法，而皮内、胸腹腔、气管、瓣胃等为特殊注射法、临床选用何种注射法，可根据药物性质、数量和疾病情况而定。其注意事项如下：

第一，注射器、针头等必须吻合无隙、清洁、畅通，并要严格消毒。第二，注射前，仔细查对药品名称、用途、剂量、性状以及是否过期等；如同时注射两种以上药品时，应注意有无配伍禁忌。第三，静脉注射的药液，特别是水合氯醛、氯化钙、高渗盐水等有强烈刺激性的药液，应防止漏于血管外。第四，注入大量药液时，应加温与体温接近。注射前要排净注射器或胶管内的空气。第五，注射中，如果针头发生折断时，可用器械取出；或在局部麻醉下，切开组织取出。

（一）皮内注射法

多用于牛结核菌素的变态反应试验。

1. 部 位

在颈侧中上 1/3 不易受磨擦、舔、咬处的皮肤。

2. 方 法

剪毛消毒后，左手拇指和食指将术部皮肤捏起并形成皱褶，右手持注射器使针头（通常用 1 mL 结核菌素注射器和皮内注射针头）与皮肤呈 30°角刺入皮内（0.2 ~ 0.5 cm），缓慢地注入药液（一般不超过 0.5 mL）。注药时可感到阻力大，注射后在局部形成小丘疹。完毕，用酒精棉球轻压注射针孔，以免药液外溢。

（二）皮下注射法

凡是易溶解、无强烈刺激性的药品及疫苗等均可作皮下注射。

1. 部 位

颈侧皮肤易移动的部位或肩胛后方的胸侧皮下组织疏松的部位。

2. 方 法

局部剪毛消毒后，术者用左手 3 个指头握起皮肤形成皱褶，右手持装好药液并连接针头的注射器从皱褶的基部与皱褶相垂直方向刺入 2 ~ 3 cm。放开皮肤，抽动活塞不见出血时，注入药液。药液多时，应分点注射。注射完毕，拔出针头，局部涂以碘酊。

（三）肌肉注射法

兽医临床上应用最多的投药方法。

1. 部 位

颈侧或臀部肌肉丰厚且无大血管、神经通过的部位。

2. 方 法

局部剪毛消毒后，对于皮肤厚或保定不确实的牛，将针头先刺入肌肉内，再接连吸好药液的注射器，抽拔活塞确认无回血后，注入药液。或者先接好针头一次操作也可。注射时，不要将针头全刺入肌肉内，以免折断时不易取出。过强的刺激药，如氯化钙、水合氯醛、水杨酸钠、新胂凡钠明等不能作肌肉注射。

（四）静脉注射法

1. 部 位

在颈静脉沟上 1/3 与中 1/3 交界处的静脉上，因为此处肌肉较薄，静脉比较浅在、游离性小，操作容易，便于注射。亦可在耳静脉上注射。

2. 方 法

剪毛消毒后，以手指压在注射部位近心端静脉上，待血管充分怒张后，选择 16~20 号针头，对准血管中央以锐力使针头近似垂直地迅速刺入皮肤及血管，见有血液流出，即证明已刺入血管。使针头沿静脉方向向前刺入血管内 2~3 cm 方可注药。注射完毕，一手拿酒精棉球压紧针孔，另一手迅速拔出针头。为了防止针孔溢血，继续紧压局部片刻，最后涂以碘酊。

当注射大量药液时，多采用分解动作。按上述方法刺入针头，当血液流出后，迅速连接排净空气的输液胶管和输液瓶，放低输液瓶，见回血时，将输液瓶提高，药液即流入静脉内。如需多次静注，对血管刺入点的顺序应由远心端渐向近心端移动。

（五）腹膜腔注射法

腹膜表面积大、吸收能力很强。因此，当动物心力衰竭、静脉注射困难时，可通过腹膜腔进行补液。

1. 部 位

在右侧肷窝中央或右侧从髋结节中部起，向最后肋骨引水平线，其中点向下约 5 cm 处。

2. 方 法

局部剪毛消毒，针头垂直腹壁刺入 3~5 cm，进入腹腔则抵抗力突然减轻，外活动范围较大，回抽无血及粪便残渣即可注射；注射药物时阻力较小。大量注药时，药液加热到与体温接近。

（六）气管内注射法

将药液注入气管内，使之直接作用于气管粘膜和肺脏的方法。

1. 部 位

在颈腹侧上 1/3 下界的正中线上，于第 4 至第 5 或第 5 至第 6 气管环间。

2. 方 法

采用站立保定，固定头部，充分伸展颈部。局部剪毛消毒后，术者左手摸清气管环，右手持针垂直气管间隙刺入针头，深 2~3 cm；刺入气管后则阻力消失，针头活动范围较大，抽动活塞有气体，然后慢慢注入药液。注射完毕后，局部涂以碘酊。

3. 注意事项

注射的药液应是可溶性并容易吸收的（红霉素、油剂、糖类药液等不能作气管注射），否则有引起肺炎的危险；剂量不宜过多，以肌肉注射量的 1/4 剂量为宜，总量控制在 20 mL 以内；药液温度应与体温同高，以减轻刺激；为了防止或减轻咳嗽，可先注入 2% 盐酸普鲁卡因溶液 5~10 mL，以降低气管粘膜的敏感性；注射一定要缓慢，过快可导致痉挛性咳嗽，将药物咳出或发生窒息死亡。

五、穿刺术

（一）瘤胃穿刺术

瘤胃穿刺主要用于反刍动物瘤胃臌气的的急救，排除蓄积于瘤胃内的气体，以防窒息或进行瘤胃投药。

1. 部 位

在左肷窝部，由髋结节向最后肋骨所引水平线的中点，距腰椎横突 10~12 cm 处或在左肷窝臌胀最明显处穿刺。

2. 方 法

站立保定，剪毛消毒。在术部作一小的皮肤切口，插入套管针，向右侧肘头方向迅速刺入 10~12 cm，固定套管，抽出内针，用手指间断堵住管口，间歇放气。放气时速度不宜过快，以防止急性脑贫血，造成虚脱。若套管堵塞，可插入内针疏通。气体排除后，为防止复发，可经套管向瘤胃内注入消毒防腐药。对牛可注入 5%煤酚皂液 200 mL 或 1%~2.5%福尔马林液 500 mL 等。拔针前须插入内针，并用力压住皮肤慢慢拔出，以防套管内污物污染创道或落入腹腔。若对皮肤切口，则结节缝合，局部涂以碘酊。

（二）瓣胃穿刺术

用于反刍动物瓣胃阻塞的诊断和治疗。

1. 术 部

牛在右侧第 8 至 9、10 肋骨前缘与肩端水平线交点的上下 2 cm 范围内。

2. 方 法

站立保定，剪毛消毒。用 15~20 cm 长的 16~18 号穿刺针，与皮肤垂直并稍向左肘突方向刺入，当感觉有抵抗力时，刺入 3~5 cm 即可进入瓣胃内。针头可随瓣胃蠕动呈倒"8"字形摆动（但在秘结时则不能），当注入适量盐水后迅速回抽可见到草屑，则证实已刺入瓣胃，此时便可注入大量药液。注完后用手指堵住针尾片刻，最后慢慢拔出针头，术部涂碘酊。

（三）胸膜腔穿刺术

用于检查胸膜腔内渗出液性质、排除积液及注入药液进行冲洗治疗等。

1. 部 位

右侧第 6 肋间，或左侧第 7 或第 8 肋间的肋骨前缘，肩端水平线下方 2~3 cm 处或胸外静脉上方 2~5 cm。

2. 方 法

站立保定，剪毛消毒，术者左手将术部皮肤稍向前移动，右手持连接胶管（已夹闭）的 16~18 号长针头或套管针，沿肋骨前缘垂直体表刺入 3~4 cm，然后连接注射器放开夹闭钳抽取胸腔积液；再行胸腔冲洗；最后注入药液。注射完毕，术部消毒。

3. 注意事项

穿刺排液速度不宜过快，以防止休克发生。穿刺中应防止空气进入胸膜腔发生气胸；在操作中应将附在针头上的胶管回转压紧,严防空气进入;操作完毕后,应使管腔闭合后才能取下注射器。再拔出针头。

(四)腹膜腔穿刺术

用于诊断或治疗胃肠破裂、肠变位、内脏出血、腹膜炎等疾病。

1. 术　部

多在下腹部。牛的穿刺部位在剑状软骨后方 10～15 cm,离开腹白线右侧 5～10 cm 处或在右下腹部膝关节到最后肋骨水平线的中点,或脐右侧 5～10 cm 处。

2. 方　法

站立保定。术部剪毛消毒,术者右手控制套管针或 16～20 号针头垂直皮肤刺入。针头刺入腹膜腔后,阻力消失有落空感。一般腹膜腔内有渗出液时可自行流出,如不能流出,可用注射器抽吸。术后局部涂碘酊。

3. 注意事项

防止刺伤肠管(刺入不应过深)。排液速度应缓慢,否则导致休克发生。若肠系膜或网膜等堵塞针孔时,可向套管中插入针芯或稍微移动注射针尖。

六、封闭疗法

封闭疗法是应用不同浓度和剂量的普鲁卡因及其他药物(如抗生素),注射于一定部位的组织,用以减弱或阻断病理性冲动对神经系统的传导;阻止病灶对神经组织的刺激,减轻疼痛,调节血管机能,改善组织营养,促进炎症的修复过程。

(一)乳房基底部封闭

1. 应　用

乳房基底部封闭用于乳房炎的治疗。

2. 部　位

乳房前后两区之间与腹壁交界的凹陷最深处正中(乳房悬韧带上)。

3. 方　法

动物站立保定局部消毒。术者用左手固定乳房炎乳区的基部。右手持细长(10～12 cm)针头在乳区基部,乳腺与腹底间进针。前后两点各注射 0.25%～0.5%普鲁卡因 50～100 mL,药液中加入青链霉素各 50 万～100 万单位。注射时可以边进针边注射药液,也可一次将针头插入 10～12 cm,边退针边注射。此法每日 1 次,连用 3～4 次,效果良好。注毕,局部消毒。

4. 注意事项

防止损伤乳腺实质,应在乳腺与腹底壁间的空隙进针。

(二)乳房神经干封闭

1. 应　用

乳房神经干封闭(即生殖股神经封闭),对浆液性、纤维素性、黏液性和脓性的急性、慢性期乳房炎都有良好效果。

2. 部 位

患侧的第 3 腰椎横突正中外线与背最长肌外缘（距体中线 6~7 cm）的交点上。

3. 药 物

2%~3%普鲁卡因 20~30 mL。

4. 方 法

局部消毒，用 10~12 cm 直径 1 mm 的针头，以 55°~60°角在上述部位进针，插到椎体（深度为 6~9 cm），向后退 2~5 cm，注入整个药量的 80%~90%，再将针头退至皮下注射余下的 10%~20%药液。经 15 分钟即达麻醉，持续 2~3 h，乳头括约肌松弛，但乳镜仍有痛感。倘若在坐骨弓下 3 cm 处的会阴筋膜中再注射 2%~3%普鲁卡因 20 mL 以封闭会阴浅神经（支配乳房后部皮肤），则麻醉更加完全。术后消毒。此法每日 1 次，共用 4 次。

第三部分 牛常见疾病

一、结核杆菌病

【病原】

本病病原是人型结核分枝杆菌、牛分枝杆菌，其中以牛型对牛的致病力最强。人型结核分枝杆菌、牛分枝杆菌是革兰氏阳性菌，被染成蓝色，但临床上通常采用姜—尼尔氏抗酸染色，在玻片上分枝杆菌被染成红色或淡红色，呈杆状、丝状、短杆状，微弯，单个或呈链状排列，或呈 V 字形、Y 字形排列。牛型的最适温度是 37 ℃，在 pH 值 5.8~6.9 环境中生长最好，厌氧环境有助于该菌的生长。

【临床症状】

肺结核：是奶牛最常发生的一种。病初，偶尔听到短促干咳，随后咳嗽由少增多，有疼痛表现，咳嗽频繁；流粘性、脓性、灰黄色的鼻液。呼出的气带腐臭味，呼吸逐渐急促，深而快，呼吸极度困难时见伸颈仰头，呼吸声似"拉风箱"。患牛消瘦、贫血，后期可见体温升高至 40 ℃，呈驰张热或稽留热。

肠结核：表现为前胃弛缓和瘤胃膨胀，腹泻，粪呈稀粥样，内混有黏液或脓性分泌物。

乳房结核：乳腺实质出现大小不等、多少不一的结节，质地坚硬，无热无痛，患区泌乳减少，乳汁稀薄，色呈灰白色，乳房淋巴结肿大。

【诊断】

结核病的现场诊断和检疫常采用结核菌素接种试验，该法分为皮内接种法和点眼法。点眼法由于操作和结果的真实性对环境条件的要求比皮内接种法苛刻，常不被采用。结核菌素试验目前还存在判定标准不统一、随意性大和容易出现假阴性结果的缺点。

【防制】

主要通过预防措施来控制本病，一旦确诊，实际上已无治疗价值而应予淘汰。结核病的预防主要做好以下工作：

1. 坚持定期消毒，减少病原菌的污染

应坚持每年春秋对全场各进行大消毒 1 次，牛棚、牛栏用石灰乳粉刷；食槽、用具以 2%火

碱或 20%漂白粉处理；病菌污染的牛棚、用具应用 20%漂白粉、5%硫酸、5%来苏儿交替消毒，粪便集中堆积。若经结核病检疫，结核阳性牛只较多，尤其有临床症状病牛存在时，应增加牛场、牛舍及设施、工具等相关环境的消毒次数。

2. 坚持定期检疫，培育无结核病污染的牛群

结核病检疫后，对结核病阳性牛只，应在第 1 次检疫后 30~45 日进行第 2 次检疫，连续两次检疫都是阳性者可确认为结核病牛，而连续 3 次检疫为阴性者可认为是健康牛。对于结核病检疫阳性并出现临床症状的牛只予以屠宰，而无症状阳性牛应从牛群中挑出，实施隔离集中饲养或淘汰；乳汁经巴氏消毒后才使用。新购入牛只，需进行结核检疫，阴性者才能入场。奶牛场内每年必须进行两次结核检疫，分别于于春秋进行，可疑牛只应复检。犊牛出生可喂初乳 3~5 日后即与母牛分开，饲喂犊牛的乳汁用巴氏消毒处理，用具严格消毒；犊牛出生后 20~30 日作第 1 次结核检疫，第 2 次于出生后 100~120 日，第三次于 160~180 日进行，3 次检疫为阴性者可进入健康牛群。

二、布氏杆菌病

【病原】

牛布氏杆菌病的病原是牛流产布氏杆菌，牛布氏杆菌共分为 9 个生物型。布氏杆菌革兰氏染色为阴性，镜检为两端钝圆、细小的球杆菌，长 0.5~0.2 μm，无鞭毛，不运动，不形成芽孢，一般不产生荚膜，抗酸染色该菌呈红色。该菌最适生长温度为 37.5 ℃，最适 pH 值为 6.6~7.0，在 5%~10% CO_2 环境中能较好生长，可在普通培养基上生长，加入少许血清更好。

【临床症状】

布氏杆菌病潜伏期长短不一。牛感染后多为隐性感染，不表现临床症状。妊娠母牛表现为流产，流产多发生于妊娠后 6~8 个月，流产胎儿可能是死胎、弱犊；母牛流产前多不表现明显的临床症状，有的流产前 2~3 日会出现阴唇和阴道粘膜潮红肿胀，从阴道流出淡红色透明恶臭的分泌物，流产后常伴发胎衣不下、子宫内膜炎，从阴道内流出红褐色污秽恶臭的分泌物，可持续 2~3 周。流产后经治愈可发情受孕，也可能出现屡配不孕或不育。

乳房炎也是牛布氏杆菌病的常见临床表现，初期表现产奶量下降，乳汁品质差，可能出现乳房局部增温、肿胀、疼痛和变硬。

有时因腕关节、跗关节及膝关节的炎症，出现关节肿痛、跛行。公牛发生睾丸及附睾炎症，睾丸肿大，触之疼痛。

【诊断】

临床上，在排除母牛发生机械性流产的基础上，如妊娠母牛流产并出现产后胎衣滞留、不孕及公牛发生睾丸肿大时，应怀疑是本病，但不能据此作出最后诊断，还应与毛滴虫和胎儿弯杆菌引起的传染性流产进行鉴别诊断。毛滴虫流产多发于怀孕后的 1~3 个月，弯杆菌性流产多发于 5~6 个月，而本病引起的流产多发于 6~8 个月。可利用胎儿的真胃胃液、肺、肝、脾及病牛乳汁、关节液作为病料进行细菌的分离鉴定，或采用凝集试验检测乳汁、血清中的抗体，最终达到确诊的目的。

【治疗与防制】

加强饲养管理和严格防疫制度是防制本病的主要措施。对未发病地区或未发病牛场，则应避免从疫区或发病牛群中引种，对疫区和发病牛群，应定期进行检疫，隔离阳性感染牛，用消毒奶喂犊牛，在犊牛 6 月龄时应用布氏杆菌 19 号疫苗接种，对失去饲养价值的阳性牛应及时淘汰；定期对牛场的环境、饲槽、用具进行严格消毒,尤其是对流产和分娩胎儿、羊水、胎膜等要进行妥善处理。

本病的治疗药物主要选用土霉素、四环素、链霉素。可采取以下方法:

(1)长效土霉素 2 000 mg,稀释后分点皮下注射,结合使用硫酸链霉素,用量为 20 mg/kg 体重,一次静脉注射。

(2)四环素 2~3 g,一次内服,每日 4 次,或链霉素 1 g,一次肌肉注射,连用三周。

三、巴氏杆菌病

牛巴氏杆菌病又名"出血性败血症",是由多杀性巴氏杆菌或溶血性巴氏杆菌引起的一种急性传染病,特征是纤维素性胸膜肺炎,各个组织脏器以及粘膜和浆膜的出血性炎症。

【病原】

多杀巴氏杆菌在患牛的血液和组织中是一种细小、两端钝圆、近似卵圆形的球杆菌,有两极着色的特性。革兰氏染色阴性呈红色或淡红色,无鞭毛,不形成芽孢。本菌需氧或兼性厌氧,可在普通培养基上贫瘠生长,若接种于含血液或血清的培养基上则生长良好,在血液琼脂平板上,菌落平坦,呈水滴样、不溶血,血清平板上菌落呈灰白色露滴状。

【症状】

牛感染多杀性巴氏杆菌后潜伏期 2~5 日。根据病程的长短和临床症状,通常表现为下列情况:

1. 急性败血型

病程短促,发病突然。病牛体温升高达 41~42 ℃,皮温不均,精神沉郁,被毛蓬乱,食欲、反刍、泌乳减少甚至停止,流泪、流涎、磨牙,肌肉震颤;有时在咽、颈和肉垂等处出现炎症水肿,肿胀部皮肤紧张,发热疼痛,伴发舌及周围组织的高度肿胀;呼吸高度困难,呼吸音粗厉,鼻孔有时出现血样泡沫,常发生窒息。有的发生腹泻,粪便中混有黏液、血液,一般于 24 小时内死亡。

2. 肺炎型

是最常见的一种类型,主要呈现纤维素性胸膜肺炎的症状。病牛体温升高可达 40~42 ℃,呼吸困难,有疼痛性干咳或湿咳,呼吸的次数和深度增加,呼吸带痛,严重时表现头颈前伸,张口吐舌,呈喷气状,常出现窒息或虚脱。鼻孔流无色或红色浆液性泡沫样鼻液、脓性鼻液。在肺区前部腹侧听诊常可听到较强的支气管呼吸音和干啰音或湿啰音,肺泡呼吸音消失。

【诊断】

本病可根据牛的引进或在某种环境因素突变时发生,结合临床症状、尸体剖检的眼观病变作出初步诊断,急性病例应注意与炭疽病相区别。确诊需进行实验室细菌的分离鉴定,活体以气管分泌物为病料,病死的则取水肿液、心血、肝、脾和病变淋巴结为病料。

【防治】

1. 预防措施

本病的预防首先是搞好牛舍的清洁卫生,严格执行定期消毒的措施和制度,加强饲养管理,避免牛群受寒、受热、潮湿、拥挤和突然更换饲料的不良影响,最重要的是保证牛舍有良好的通风换气条件。当发生本病时，立即隔离病牛和可疑病牛畜并进行治疗；对同群牛进行仔细观察，每日逐头检查体温1~2次并作好记录，直至最后一头病牛检出后5~7日为止；牛舍及相关器械用具用5%漂白粉、10%石灰乳、百毒杀等消毒剂全面消毒，妥善处理尸体和粪便等废弃物。对常发地区和牛场，应定期免疫接种，疫苗的抗原组成应与地区流行的病原血清型相一致。

2. 治疗措施

目前用于治疗本病的抗菌药物有氨苄青霉素、红霉素、恩诺沙星、磺胺嘧啶钠、磺胺二甲基嘧啶、庆大霉素、硫酸链霉素、四环素、头孢噻呋等，在治疗过程中，应根据疗效及时更换药物，同时保证足够的剂量和疗程。

四、犊牛大肠杆菌病

犊牛大肠杆菌病是由致病性大肠杆菌所引起的新生幼犊的急性传染病，特征表现为腹泻（又称犊牛白痢）和败血症，严重者因衰竭、脱水和酸中毒而死亡。

【病原】

病原是某些血清型的致病性大肠杆菌，该菌革兰氏染色为红色，杆状，有鞭毛，能运动，不形成芽孢，为需氧兼性厌氧细菌，可在普通培养基上生长，常用麦康凯、SS琼脂进行分离培养。大肠杆菌广泛地分布于自然界，存在于被动物粪便污染的地面、水源、草料和其他物品中，动物出生后很短时间内本菌即可随乳汁或其他食物进入胃肠道成为常在菌。

【症状】

临诊上表现以下两种类型：

败血型：潜伏期很短，仅数小时。病初体温升高达40℃，精神萎顿，食欲减少或废绝；随后发生腹泻，粪便开始呈淡黄色粥样恶臭，继而呈灰白色水样，混有凝乳块、血丝和气泡，后躯常为粪便污染，病畜常有腹痛表现，用腿踢腹。常继发脐炎、关节炎或肺炎。

肠型：体温很少有变化，主要表现为腹泻脱水，最后因自体中毒虚脱而死。

【防治】

1. 预防措施

加强妊娠母牛、哺乳牛的饲养管理，初生幼犊应尽快喂给足够的、高质量的初乳，尤其不能喂给患乳房炎病牛的乳汁；认真做好牛舍、用具的清洁卫生消毒工作，及时清除牛舍粪便，犊牛吃乳前用0.1%的高锰酸钾温水消毒乳头、乳房，避免粪便等污物对乳头、乳房的污染；一旦发生本病，应尽早隔离患病犊牛和可疑感染牛，并妥善进行治疗。

2. 治疗措施

该病的治疗主要是抗菌、补液和保护胃肠粘膜，促进毒素排出。

（1）抗菌药物可选用庆大霉素、丁胺卡那霉素、恩诺沙星、环丙沙星、硫酸新霉素、磺胺脒、磺胺二甲氧嘧啶、多粘菌素E。庆大霉素内服一次量5.0~7.5 mg/千克体重，或肌内注射一次量2.2 mg/千克体重，每日2~3次，连续3日。

（2）补液以防脱水，静脉注射5%葡萄糖生理盐水1 000~2 000 mL，5%碳酸氢钠溶液100~200 mL，一日1次，连续3日。

五、破伤风

破伤风是由破伤风梭菌产生的毒素侵害神经系统所引起的一种疾病，临床特征为患畜外界刺激的敏感性明显增强，全身或局部肌肉强直性痉挛。

【病原】

本病的病原为破伤风梭菌，革兰氏染色阳性呈蓝色的细长杆菌，能形成芽孢，芽孢偏于一侧呈鼓槌状，不形成荚膜，是厌氧菌。该菌芽孢抵抗力强，广泛分布于土壤和健康家畜的粪便中。致使动物发病的是该菌产生的嗜神经性痉挛毒素和溶血性毒素。

【症状】

该病体温和脉搏无明显变化。病牛多表现步态僵硬，运步缓慢不自然，站立时躯干和四肢肌肉强直，呈"木马状"，有时肌肉强直仅出现于某一肢体而表现一侧跛形。头颈部肌肉发生强直时，病牛常出现口唇僵硬而牙关紧闭，咀嚼吞咽吃力缓慢，流涎，瞬膜突出，耳向后竖立不动。因嗳气障碍也常出现瘤胃膨胀。严重病例呼吸浅快，心跳加快，粘膜发绀。

【预防与治疗】

1. 预防

破伤风的预防首先应尽量避免外伤，如果一旦出现损伤，应及时对患部认真消毒和妥善治疗；进行外科手术时，应认真对环境和手术部位进行消毒，在手术过程中应严格无菌操作，尽量避免细菌污染，或手术后大剂量给予抗生素以预防细菌的继发感染；在常发地区或牛场，定期注射破伤风抗毒素1~2万单位，尤其在手术前应记住注射破伤风抗毒素。

2. 治疗

本病的治疗原则为消除病原、中和毒素、解痉镇静、加强护理。具体措施为：

（1）消除病原，减少毒素产生。若创伤可进行处理时，首先应认真处理创口，彻底清除创内的脓汁、异物和坏死组织，然后用3%双氧水、0.2%高锰酸钾溶液等冲洗，再涂以10%碘酊；局部用青链霉素配合0.2%~0.4%普鲁卡因封闭，或肌内、静脉注射大剂量青霉素或磺胺类药物，剂量为青霉素500万~1000万单位/次，链霉素500万单位/次，每日2次，连续3~5日。

（2）解痉镇静。可选用25%硫酸镁、氯丙嗪、7%水合氯醛。25%硫酸镁，100 mL/次，静脉注射或肌内注射，每日1~2次；氯丙嗪，300~500 mL/次，肌肉注射，每日1~2次；对牙关紧闭和背腰肌肉僵硬的病牛，可用1%普鲁卡因和25%硫酸镁各20~40 mL等量混合，局部分点肌肉注射，每点约10 mL；5%~7%水合氯醛500 mL/次，灌服或灌肠。静脉注射硫酸镁时要缓慢而慎重，防止引起呼吸中枢麻痹而死亡。

（3）中和毒素：破伤风抗毒素，总量80万~120万单位，皮下或静脉一次注射。

第四部分　病毒性传染病

一、口蹄疫

口蹄疫是口蹄疫病毒引起的主要侵害偶蹄动物的急性热性高度接触性传染病，本病的临床特征为口腔粘膜、鼻镜、蹄部、乳头和乳房的皮肤上形成水泡和溃烂，犊牛心肌麻痹，俗称"口疮""口疮热""蹄癀"。

【病原】

口蹄疫病毒属于小核糖核酸病毒科口蹄疫病毒属，是一种 RNA 病毒，无囊膜。口蹄疫病毒目前共有 7 种不同的血清型，引起发病的主要是 A、O、C3 型，其中尤以 O 型最为常见。每一血清型内还包括多种亚型，目前发现的至少有 65 种亚型，不同血清型的口蹄疫病毒之间不存在交叉免疫性，同一血清型内不同亚型之间存在部分交叉免疫性。

【临床表现】

病初体温升高至 40~41 ℃，口温也增高，精神沉郁，产奶量下降，大量流涎且呈线状，常挂满嘴边，开口发出吸吮声，采食和咀嚼困难。在鼻镜、唇内、舌面、齿龈、颊部粘膜上出现蚕豆大至核桃大的白色水泡，水泡融合成片进而破裂，留下粗糙的、有出血的颗粒状糜烂面，边缘不齐附有坏死上皮。如无继发感染，病灶较快恢复，长出新的上皮；若出现继发感染，病灶的糜烂加深而出现溃疡。

口腔出现水泡的同时或稍后，病牛蹄冠部、蹄趾间的柔软皮肤表现红、肿、痛，迅速出现水泡，随后破溃、糜烂、干燥结痂，逐渐愈合。因常发生细菌继发感染，所以患部常化脓坏死，甚至出现蹄壳脱落。病牛跛行，不愿站立行走，有时卧地不起。

【诊断】

根据口和蹄部出现的水泡和烂斑，结合流行病学情况不难作出初步诊断。确诊需进行病毒的分离鉴定和血清学检查，主要采取病牛的水泡皮和水泡液作为病料。口蹄疫病毒分离的关键是确定病毒的血清型，补体结合试验、病毒中和试验、琼脂扩散试验等方法是本病常用的检测方法，目前已建立了酶联免疫吸附试验（ELISA）、反转录聚合酶连反应（PCR 扩增技术）等诊断方法。病毒血清型及血清亚型的确定将指导免疫疫苗的选择，提高免疫保护率。

引起奶牛口腔、乳头出现水泡的疾病很多，在诊断时应注意与水泡性口炎、牛痘、牛溃疡性乳头炎、牛传染性溃疡性口炎、牛病毒性腹泻——粘膜病进行区别。

【防制】

口蹄疫的防制难点在于口蹄疫病毒可感染多种动物，传染性极强，不同地区发生的口蹄疫其病原特性有较大差异；口蹄疫病毒有多种血清型和血清亚型，各血清型缺乏交叉免疫，在流行过程中，病毒的抗原特性极易变异。在口蹄疫的防制过程中，政府在投入大量的人力、物力、财力的同时，必须发动群众，才能把疫情及其损失控制在较小的区域内。

合理划定疫区和疫点，在疫区内建立严格的封锁隔离措施，对疫区内的动物分类处理。患病动物及可疑感染动物在条件允许的情况下应扑杀掩埋，或及时隔离饲养治疗，加强护理，认真收集患病动物的分泌物、排泄物、水泡液并彻底消毒，以免污染环境，尤其是活动的水源，可疑患病动物和假定健康动物可进行疫苗的紧急接种；限制疫区内包括人在内的各种动物和动物产品的流动，直到疫区的最后一头病畜痊愈、死亡或屠宰后 14 日；对牛舍、运动场、各类饲养设施工具、露日堆放的饲草进行全面消毒，可以选 2%氢氧化钠、石灰水、4%福尔马林实施喷洒消毒或熏蒸消毒；对距疫区 10 km 以内的易感动物进行紧急接种。

对疫区内、邻近受威胁地区的所有易感动物进行系统的强制性疫苗注射，使牛具有较好的保护力。目前，口蹄疫疫苗主要有弱毒活疫苗和灭活疫苗，弱毒活疫苗有兔化弱毒疫苗和鼠化弱毒疫苗，灭活疫苗主要有氢氧化铝胶苗和油乳剂苗。为保证免疫接种的有效性，应保证疫苗的抗原组成与当地流行的口蹄疫病毒血清型和血清亚型一致。口蹄疫疫苗牛免疫保护期通常为 6 个月。

二、牛流行热

牛流行热是牛流行热病毒引起的急性热性传染病，特征为体温升高、出血性胃肠炎、气喘甚至瘫痪，俗称"三日热""暂时热"。引起产奶量下降，病牛死亡和淘汰。

【病原】

牛流行热病毒属于弹状病毒科，是一种 RNA 病毒，有囊膜，目前发现有 4 个血清型。该病毒存在于病牛的血液中，4 ℃时 40 日后仍保持感染力，56 ℃ 20 min 处理可使其完全失活，在 pH 值 3.0 以下的酸性环境和 pH 值 12 以上的碱性环境经 10 min 可完全灭活。反复冻融对病毒无明显影响，该病毒对乙醚、氯仿、脱氧胆酸钠及胰蛋白酶敏感。

【临床症状】

潜伏期 2~7，病程 2~15 日。初期病牛突然高热，体温高达 41~42 ℃，持续 2~3 日，食欲减退进而废绝，病牛沉郁，目光无神，反应迟钝，产奶量下降，尤其是病后 2~3 日，产奶量达到最低。心跳、呼吸加快，随后呼吸障碍，腹部起伏明显，鼻孔开张，头颈平伸，张口吐舌，上下眼睑肿胀，舌紫色；有的磨牙，鼻和口角流出清亮口水，踢腹，站立困难，两后肢频频交替负重，粪便呈暗黑色、干燥、量少，表面常附有黏液或血丝，或排出褐色、黑褐色血汤样粪便；有的步态强拘蹒跚，肌肉震颤，重病者四肢直伸，平躺于地，眼睑闭合，呼吸微弱，或兴奋不安，全身紧张，敏感狂暴，痉挛抽搐，弓角反张。

【诊断】

根据本病主要发生于夏季、秋初，传播迅速，只发生于牛，特别是奶牛和黄牛，病牛明显高烧，呼吸困难，跛行和卧地不起等临床表现，可作出初步诊断，但应注意与蓝舌病、牛传染性鼻气管炎进行鉴别诊断。

确诊需进行实验室的病原分离鉴定，可以急性期病牛血液为病料，通过接种乳鼠、仓鼠、细胞中和试验分离病毒，应用荧光抗体试验、阻断酶联免疫吸附试验（ELISA）检测病牛血清也可确诊。

【防制】

该病发病迅速，传播极快，病程重剧。该病的预防主要做好下面几方面的工作：

（1）加强饲养管理，夏季搞好奶牛的防暑降温工作，多喂青绿多汁饲料；长期卧地不起者，要人工翻动，防止发生褥疮。

（2）夏季认真做好牛舍及其周围环境蚊蝇消灭工作，定期用敌敌畏或溴氢菊酯对牛舍、运动场等处进行喷雾，及时清除粪便及其废弃物，保持牛舍卫生清洁。

（3）在发病期间，饲养员应注意观察饲养牛只的采食行为、产奶量、粪便的形状和量，一旦出现异常，应注意监测体温的变化。

（4）定期接种疫苗，我国现已研制成功牛流行热亚单位疫苗和灭活疫苗。该病的自然康复牛可保持两年的免疫力。

三、病毒性腹泻——粘膜病

亦称粘膜病、牛病毒性腹泻，是由病毒性腹泻——粘膜病毒引起的牛的一种传染病，临床特征为体温升高、口腔粘膜糜烂、腹泻、流产及胎儿发育异常。

【病原】

牛病毒性腹泻——粘膜病病毒为黄病毒科瘟病毒属的成员，是一种RNA病毒，有囊膜。该病毒只有1个血清型，但不同毒株存在一定的变异，在抗原特性上与猪瘟病毒存在一定的交叉反应。该病毒对乙醚、氯仿和0.1%脱氧胆酸钠敏感，56℃几分钟可被灭活。

【临床症状】

牛病毒性腹泻——粘膜病在临床上表现为不同的临床症状，根据临床表现分为腹泻型、粘膜型、胎儿感染型。

（1）粘膜型。症状明显，病情严重，主要侵害犊牛和青年牛，发病突然。病牛体温升高至41~42℃，食欲废绝，反刍停止，精神沉郁，有浆液性鼻漏，病牛大量流涎，结膜炎，咳嗽；随后在鼻镜、舌、齿龈、腭、口腔等处粘膜出现充血溃疡；腹泻，粪便呈黄色水样恶臭。最后因脱水死亡，死亡率高达90%。

（2）腹泻型。以腹泻为主要症状，但传染迅速，症状和病变较轻，死亡率低；病牛发热，腹泻，粪便初呈水样，内含血液和黏液，粪便中常见呈片状的肠粘膜；病程长，病牛消瘦，有时因有蹄叶炎而出现跛行，产奶量降低，孕牛可发生流产。

（3）胎儿感染型。感染的妊娠母牛发生流产，胎儿死亡，产木乃伊胎，或胎儿发生小脑发育不全、眼睛失明等先日性缺陷。

【诊断】

根据病牛发热，腹泻粪便含血，口腔粘膜溃疡及消化道广泛出血和溃疡，可初步诊断。应注意与牛恶性卡他热、牛传染性鼻气管炎鉴别。

实验室可以粪便、肠粘膜、脾脏、淋巴结等作病毒分离材料进行病毒分离，也可采用病毒中和试验、琼脂扩散实验、免疫荧光实验来进行病毒材料的鉴定和抗体的检测，从而达到确诊的目的。

【预防与治疗】

（1）预防措施。对未发病地区和牛场，在引进牛只时严格检疫，避免引入病牛，若经检疫发现病牛或感染牛只，最好将其屠杀；严格执行牛舍、牛场的定期卫生消毒制度，减少牛只感染机会。

疫苗接种是控制本病经济有效的手段，中国兽药监察所1981年试制成功疫苗，但该疫苗不能接种于怀孕母牛。据报道，发生本病的地区用猪瘟兔化弱毒疫苗进行接种，可获得较好的预防效果。

（2）治疗措施。该病目前无特效治疗药物。治疗的主要措施是补充葡萄糖和电解质溶液，阻止脱水和防止电解质紊乱，控制继发感染，同时加强病畜的护理，改善饲养管理，如饲喂稀软易吸收的饲料，增强抵抗力，促进恢复。采用5%葡萄糖生理盐水2 000~3 000 mL，10%安钠加20 mL，10%维生素C 20~40 mL，一次静脉注射，每日1~2次，直至痊愈康复，根据情况可配合使用退烧、消炎的药物。

第五部分 繁殖障碍疾病

一、卵巢机能减退或不全

【病因】

卵巢机能减退或不全的原因比较复杂，所有引起母畜性机能障碍的因素都会导致卵巢机能减退或不全。

【症状】

（1）卵泡发育异常。母牛出现发情或发情延长，卵巢中有成熟卵泡，但不排卵，经过数日可能排卵，呈现排卵延迟。发情正常或稍弱或延长，一侧卵巢中有发育到不同阶段的发育停滞的卵泡，并逐渐缩小，称为卵泡萎缩。

（2）隐性发情。卵巢有卵泡发育，并能成熟排卵，但母牛无发情的外在表现（交配欲及性兴奋）。

（3）卵巢静止。是指卵巢机能受到扰乱，处于静止状态。母牛不发情，卵巢大小正常，有弹性，无卵泡或黄体。

【诊断】

（1）性周期紊乱，发情表现不明显，或长期不发情。

（2）直肠检查，触摸不到卵泡及黄体，且卵巢变小及变硬。

【治疗】

1. 改善饲养管理，增强卵巢机能

主要是改善饲料质量，增加维生素、蛋白质、矿物质和微量元素的含量，喂给优质饲草，适当增加放牧和日照时间，规定足够的运动。

2. 治疗原发病

对由于生殖器官或其他方面的疾病所引起的卵巢机能障碍，应及时采取适当措施，积极治疗原发病。

3. 激素疗法

（1）促卵泡激素（FSH）。每次 100~200 单位，肌肉注射，至出现发情为止。出现发情后，再肌肉注射黄体生成素（LH）效果更好。

（2）孕马血清促性腺激素（PMSG）。颈部皮下注射 2 000~3 000 单位。

（3）绒毛膜促性腺激素（HCG）。肌肉注射，2 500~5 000 单位，一般一次，若有必要时，1~2日后，可再重复一次。

（4）雌激素。常用己烯雌酚，肌肉注射，25~50 mg，或苯甲酸雌二醇 5~10 mg。母牛大剂量或长期应用雌激素，可引起卵巢囊肿或"慕雄狂"，使用时应注意。

二、持久黄体

黄体超过正常时间而不消失，叫持久黄体。由于持久黄体持续分泌黄体酮，抑制卵泡发育，致使母畜久不发情，从而引起不孕。

【病因】

（1）饲养管理不当。饲料单纯，缺乏维生素和矿物质，母畜舍饲而运动不足，冬季寒冷且饲料不足时，常常发生持久黄体。

（2）子宫疾病。患子宫内膜炎、子宫积液或积脓，产后子宫复旧不全，子宫内滞留部分胎衣，以及子宫内有死胎或肿瘤等，均会影响黄体的退缩和吸收，从而成为持久黄体。

【症状与诊断】

母畜发情周期停止，长时间不发情。直肠检查时可触到一侧卵巢增大，持久黄体的一部分呈圆锥状或蘑菇状突出于卵巢表面，较卵巢实质稍硬。有时黄体不突出于卵巢表面，只是卵巢增大而稍硬。检查子宫无怀孕现象，但有时发现子宫疾病。

【治疗】

（1）前列腺素。肌肉注射 5~10 mg，或按每公斤重 9 微克计算用药。向子宫内注入此剂，效果更好。

（2）氟前列烯醇或氯前列烯醇。肌肉注射 0.5~1 mg。注射一次后，一般在一周内奏效，如无效时可间隔 7~10 日重复用药一次。

三、卵巢囊肿

卵巢囊肿，又称为卵巢囊肿变性。卵泡囊肿和黄体囊肿是卵巢囊肿的一种特殊形式。卵泡囊肿的标准是卵泡在卵巢上持续存在至少 10 日，表现为频繁的、持续的发情（慕雄狂）。黄体囊肿是不排卵的卵泡黄体化，持续存在较长时间，无发情。

【病因】

一般认为卵巢囊肿起因于控制卵泡成熟和排卵的神经内分泌机制发生障碍，但其发病环节尚不太清楚。

（1）缺乏黄体生成素（LH）排卵波。实验证明，注射富含黄体生成素（LH）的促性腺激素对卵巢囊肿有很高的特异性治疗效果。据此认为，本病可能起因于排卵前或排卵是黄体生成素（LH）的释放量不足。

（2）医源性原因。应用雌激素治疗奶牛生殖性疾病。干扰正常的黄体生成素（LH）释放而产生卵巢囊肿。

（3）饲料的影响。卵巢囊肿发病率很高的牛群，因首先考虑是否因摄取含雌激素量高的饲料所致，如红三叶、豌豆青贮料。发霉的干草和霉变的青贮料中含有霉菌毒素赤霉烯酮。

【症状】

奶牛卵巢囊肿多见于产后 15~45 日。按性行为表现分两种类型：一是频繁或持续性发情或出现慕雄狂，另一种是根本不发情。

（1）慕雄狂牛表现频繁、不规则、长时间、持续的发情，神情紧张、不安和鸣叫，极少数牛性情凶猛，在任何时候都接受公牛交配，偶尔也接受其他母牛爬跨或不爬跨其他母牛。

（2）不发情的卵巢囊肿牛，长时间不发情，但偶尔也有少数牛出现不明显的发情，往往不易被发现。

【诊断】

诊断卵巢囊肿一般是首先了解母畜的繁殖史，然后进行临床检查。如果发现有慕雄狂的病史、发情周期短或者不规则及乏情时，即可怀疑患有此病。

直肠检查时发现，卵泡壁的厚度差别很大，卵泡囊肿的壁薄稍有波动，黄体囊肿壁较厚，多数牛子宫弹性较弱，仔细触诊有时可将卵泡囊肿和黄体囊肿区分开来，由于两种囊肿均对绒毛膜促性腺激素（HCG）及促性腺激素释放激素（GnRH）疗法发生反应，一般没有必要对二者进行鉴别。

【治疗】

（1）黄体生成素（LH）。具有黄体生成素（LH）生物活性的各种激素制剂已被广泛应用于治疗卵巢囊肿，例如绒毛膜促性腺激素（HCG）和黄体生成素（LH）。绒毛膜促性腺激素（HCG）

的剂量为 5 000 单位（静脉或肌肉注射），或者 10 000 单位（肌肉注射）。黄体生成素（LH）的剂量为 25 mg（肌肉注射）。母牛通常在治疗之后 20～30 日恢复发情周期，但有时需要注射 2～3 次。治疗后出现正常发情的牛可以进行配种。

（2）促性腺激素释放激素（GnRH）。目前治疗卵巢囊肿多用合成的促性腺激素释放激素（GnRH），这种激素作用于垂体，引起黄体生成素（LH）释放。

（3）促性腺激素释放激素（GnRH）和前列腺素—PGF2a。经促性腺激素释放激素（GnRH）治疗后，囊肿通常发生黄体化，其后并与正常黄体一样发生退化。因此，同时可用前列腺素—PGF2a 或其类似物进行治疗，促进黄体尽快消退。

四、排卵延迟及不排卵

排卵延迟是排卵的时间向后拖延，不排卵是指在发情时有发情的外表症状，但不出现排卵。

【病因】

垂体分泌黄体生成素（LH）不足，激素的作用不平衡，是造成排卵延迟及不排卵的主要原因。气温过低或过高、营养不良、挤奶过度，均可导致本病的发生。

【症状与诊断】

卵泡的发育及发情征兆和正常发情一样，但母牛发情的持续期延长 3～5 日或更长。不排卵时，有发情的外表症状，直肠检查有卵泡存在，但不排卵。

【治疗】

对排卵延迟或发情不排卵的病牛，除改进饲养管理条件、注意减轻气温的影响外，还应配合激素疗法。方法是肌肉注射黄体生成素（LH）200～300 单位，促进排卵，对于确知由于排卵延迟而屡配不孕的牛，发情早期应用雌激素，晚期肌肉注射孕酮，也可得到良好的效果。

五、慢性子宫内膜炎

慢性子宫内膜炎多数是由急性转变而来的。它是造成母牛不孕的主要原因之一。因为炎性渗出物中含有许多病原、吞噬细胞、细胞毒素、精子溶解素等物质，故能杀死精子或受精卵，导致不孕。有的虽可受胎，但由于胎盘受侵害，也会导致胚胎早期死亡或流产。

【病因】

慢性子宫内膜炎多半在输精、分娩、助产、正常分娩后的恶露期时消毒不严，卫生条件较差等，使子宫受感染而引起。阴道炎、子宫颈炎、胎衣不下、子宫复旧不全、牛布氏杆菌等疾病，时常并发慢性子宫内膜炎。

【症状】

慢性子宫内膜炎由于炎症性质不同，可分为以下几种临床表现类型。

（1）隐性子宫内膜炎。特征是子宫形态上查不出任何变化，发情周期正常，但屡配不孕。发情时从子宫排出多量浑浊、含有絮状物的黏液。

（2）慢性卡他性子宫内膜炎。母牛一般无全身症状，严重的病例体温稍升高，食欲及泌乳量降低。发情周期一般无异常，屡配不孕，或孕后胚胎早期死亡。尤其是发情卧下时从阴道排出较多的浑浊或透明、含有絮状物的黏液。阴道检查可见子宫颈稍张开，子宫颈阴道部肿胀和充血。直肠检查，子宫角稍粗，壁厚而软，收缩反应微弱。

（3）慢性卡他性脓性子宫内膜炎。母牛往往食欲减少，逐渐消瘦，体温有时略高，性周期异常。卧地时从阴道排出灰白色或黄褐色稀薄脓液，尾根及周围常附有脓性渗出物。直肠检查时可触摸到子宫角增粗，往往壁厚薄不均，软硬不一，有时子宫内有轻微波动，收缩反应微弱。

（4）慢性脓性子宫内膜炎。经常从阴道排出灰白色或黄褐色浓稠的脓性渗出物，常有臭味，在卧下或发情时排出更多。

【治疗】

治疗原则是消除炎症、防止扩散和促进子宫机能的恢复。

（1）冲洗子宫。本法最好在兴奋期进行。常用于冲洗子宫的液体有1%食盐水、0.1%~0.2%高锰酸钾液、0.01%~0.05%新洁尔灭液、0.01%~0.05%洗必泰液等。冲洗时可采用带回流支管的子宫导管或马导尿管在后端连接漏斗，直接从阴道将导管插入，然后缓慢使液体流入子宫。每次注入的量不得超过150 mL，总量一般为500~1 000 mL，为了排尽注入的液体，可利用带回流支管的导管，或借助虹吸的作用，经直肠轻轻按摩子宫，以促使液体排出，直到回流液透明为止。冲洗之后，子宫投入土霉素3~6 g或青霉素240万单位、链霉素200万单位。

（2）中药疗法。采用中药疗法时，应根据患畜的具体情况及子宫内膜炎的性质，正确采用下列方剂并酌情加减，方能见效。

六、子宫积液及子宫积脓

【病因】

子宫积液通常是继发于慢性卡他性子宫内膜炎，而子宫积脓常是慢性子宫内膜炎的并发症。

【症状与诊断】

直肠检查可见子宫角收缩迟缓，垂向腹腔，有程度不等的波动感。卵巢上常伴有黄体。患牛大多数不发情。阴道检查可发现子宫颈阴道部粘膜充血、肿胀。

【治疗】

（1）前列腺素法。肌肉注射前列腺素（PGF2a）0.5~1 mg，向子宫内注入此剂效果更好。用药后24 h左右即可使子宫内的液体排出，子宫内容物排出后，用庆大霉素80万单位或氯霉素80万单位注入子宫。

（2）冲洗子宫。常用的冲洗液有高渗盐水、0.02%~0.05%高锰酸钾液、0.01%~0.05%新洁尔灭液，也可将抗生素溶于大量生理盐水中作冲洗液。冲洗之后尽可能将液体排出。以上方法一日一次，连续2~3日为一疗程。

七、临床型乳房炎

【病因】

病原微生物是引起乳房炎的主要原因。而环境因素及牛体的状况也与本病的发生有关。

1. 病原微生物

乳房炎主要通过外伤、昆虫、挤奶工的手、洗乳房的毛巾、挤奶机和肠炎（内源性）等感染。病原菌以链球菌、大肠杆菌、金黄色葡萄球菌为主，偶见真菌、病毒引起感染。

2. 环境因素

牛舍不清洁、不消毒，运动场内粪便不清扫，褥草不勤换，排水不良，污水积聚，运动场泥泞；病牛乳不集中，挤在牛床上后不冲洗，不消毒；机器挤奶时，乳杯不清洗，不消毒或处理不彻底；气温升高可使发病率增加。

3. 牛体状况

当牛体抵抗力降低时，乳中免疫球蛋白也降低，乳腺易感性增强。

【症状与诊断】

1. 最急性

发病突然，发展迅速，多发生于1个区，患区乳房明显肿大，坚硬如石，皮肤发紫，龟裂，疼痛明显，健康乳区奶产量剧减，患乳区仅能挤出1～2把黄水或淡的血水。甚至出现体温升高等全身症状。

2. 急 性

病情较最急性缓和。发病后，乳房肿大，皮肤发红，疼痛明显，质地变硬，可摸到乳房内有硬块，有躲避和踢人表现，乳汁呈灰白色，内混有大小不等的絮状物，全身症状不明显。

3. 慢 性

由急性转变而来，反复发生，病程长；乳产量下降，药物反应差，疗效低；前几把乳有块状物，眼观正常，但放置后可见分出乳清，或上浮糊状物；乳房有大小不等的硬结；由于反复经乳头管内注射药物，故乳头管呈索状，挤乳困难，乳区下部有硬结。

【治疗】

1. 乳房内灌注抗生素

可根据当地流行病原菌选择最佳药物。临床上一般选用环丙沙星、青链霉素、氨苄青霉素、庆大霉素或阿米卡星等。

2. 生殖股神经封闭

在患侧第3～4腰椎横突间距背中线5～7 cm处剪毛，消毒，进针。以55～60°的角度刺向椎体，到达椎体后倒退0.2 cm，注射2%～3%普鲁卡因溶液15～25 mL。

3. 乳房基部封闭

前区乳房发炎时，从患侧前区，乳房基部与腹壁之间进针，向对侧膝关节刺入8～10 cm。当后区乳房发炎时，术者位于牛的后方，在患侧乳房基部离左右乳房中线1～2 cm（如封闭左乳区时，则为乳房中线偏左1～2 cm）处进针，向同侧腕关节刺入8～10 cm。

4. 会阴神经封闭

在阴门下角下面的坐骨弓凹陷处（坐骨联后后端）消毒、进针，针头刺入约1.5～2 cm。

【预防】

建立稳定、训练有素的熟练的挤奶员队伍，挤奶员技术水平与乳房炎发生有很大的关系。挤奶前，各乳区先用温水洗净，然后用热水热敷按摩，促使下乳充盈，保持牛舍、牛床清洁，并定期消毒，防止病菌感染。挤奶员两手、洗乳巾、挤奶机等必须清洁，挤奶姿势要正确，榨乳力量要均匀，并尽量挤尽乳房中的乳汁。挤完奶后，坚持乳头药浴。正确地进行干奶，干奶期注入抗菌药物，发现异常时，立即进行检查处理。发现乳房炎后，及时治疗，及时淘汰。乳房炎的预防只能采取综合措施才有效，而综合措施的实施必须长年坚持。

第六部分 消化系统疾病

一、食道梗阻

【病因】

（1）原发性因素。主要由块根饲料（未切碎的萝卜、甘薯、马铃薯、苹果、玉米穗、西瓜皮、甘蓝、甜菜、芜菁等）或甘薯藤引起，且多发生于奶牛饥饿后采食过急或采食过程中受惊吓的情况下。此外，还由于误咽毛巾、破布、塑料、胎衣等而发病。

（2）继发性因素。奶牛食道梗阻常继发于食道麻痹（狂犬病、肉毒中毒、阿托品的应用以及麻醉后立即采食等）和食道狭窄（常反复发生食道阻塞）。

【临床症状】

（1）奶牛在采食块根饲料或甘薯藤等饲料的过程中，突然停止采食，低头伸颈、晃头缩脖，频做吞咽动作。

（2）大量流涎，口流白沫，常混有食物残渣。

（3）食道完全阻塞则迅速继发瘤胃臌气和高度呼吸困难。

【治疗】

治疗原则：急则先治其标，缓则治其本。

1. 瘤胃穿刺放气

若继发瘤胃臌气，应紧急穿刺放气，随后腹腔注射抗生素。

2. 排除阻塞物

（1）镇静解痉。可选用：① 水合氯醛 15~20 g，水 500~1 000 mL，直肠灌入；② 氯丙嗪 1 mg/kg 体重肌肉注射，或 0.5 mg/kg 体重静脉注射（用 10%葡萄糖溶液稀释）；③ 硫酸阿托品 0.05 mg/kg 体重，或山莨菪碱（654-2）200~250 mg，皮下注射。

（2）润滑食道。用 40 ℃植物油（或液体石蜡）300~500 mL，1%的普鲁卡因 20~30 mL，胃管投入。

（3）排除阻塞物。在镇静解痉和润滑食道 10~20 min 后采用以下方法排除阻塞物：① 上推法（取出法），适合于中上段食道阻塞；② 疏导法（下送法），适合于中后段阻塞，常用的疏导法有胃管或藤条（光滑桑条）插入食道推送法、胃管中打气结合下推法、木棒下撵法；③ 锤破团块法；④ 手术疗法。

二、前胃弛缓

【病因】

可分为原发性（单纯性）病因、继发性病因和医源性病因 3 种。

1. 原发性因素（原发性或单纯性前胃弛缓）

主要因饲养管理不当所致。

（1）饲养不当。所有能改变瘤胃内环境的食物性因素均可引起单纯性前胃弛缓。

饲料突然改变：粗饲料不足而突然增加精料，或由某种精料改变为另一种精料。因为瘤胃中微生物不能完全适应饲料的突然改变（消化动力定型紊乱）或因酸中毒而发病。

（2）管理不当。① 应激因素：饲养管理条件的突然改变，如离群陌生；突然由放牧转为舍饲；经常调换牛房、饲养人员引起的惊恐；畜舍阴暗潮湿、过于拥挤、卫生不良；气候突变（暴晒、骤淋冷雨、寒流）；长途运输；预防注射；妊娠与分娩等应激因素均能使前胃植物性神经受抑制而引起前胃弛缓。② 异嗜或误咽不消化的异物（化纤、尼龙、塑料、胎衣等）。

2. 继发性因素（继发性前胃弛缓）

许多器官系统疾病和其他各科疾病均可继发奶牛前胃弛缓。

3. 感染性因素（传染病和寄生虫病）

牛肺疫、流行热、结核、布氏杆菌病；前后盘吸虫病、肝片吸虫病、血孢子虫病等均可继发前胃弛缓。

4. 医源性因素（医源性前胃弛缓）

长期或大剂量内服磺胺类药物或抗生素类药物，破坏了瘤胃内正常微生物菌群，引起消化功能紊乱。成年奶牛一般不能口服四环素类（尤其是土霉素）药物。

【临床症状】

按病情发展过程可分为急性和慢性两种类型。

1. 急性前胃弛缓

多为原发病因所致。

（1）食欲异常。食欲减退、偏食或废绝，一旦采食精料，多发生臌气或拉稀。由精料过多所致，多喜欢采食青干草而厌食精料。而由难消化粗纤维饲料所致，喜欢采食青绿饲料或优质青干草。

（2）反刍障碍。反刍减少、缓慢无力、无连续性，甚至反刍停止。

（3）瘤胃检查。① 视诊：腹围多缩小，左肷部下陷。常伴发间歇性臌气，尤其是变质饲料所致，多伴轻度或中等度瘤胃臌气。② 触诊：瘤胃内容物充满，粘硬，呈生面团状，拳压留痕10余秒以上不恢复；或瘤胃内容物呈粥状。由变质饲料引起的，伴有轻度或中度臌气，内容物多稀软；而应激因素引起的，瘤胃内容物粘硬，不伴发臌气。

（4）排粪及粪便变化。周期性便秘和腹泻交替发生，但由变质饲料引起的下痢明显。

（5）检口。口腔多酸臭，舌光滑无芒刺；口津多粘稠而滑腻（腻苔），而胃寒者口津多稀薄。

2. 慢性前胃弛缓

多为继发因素所致。

（1）发病前期多表现原发病症状。

（2）具有急性前胃弛缓的症状，但是：① 大多数病例表现为食欲不定，时好时坏（有时减退、有时正常），有吃后又发的特点。喜吃粗料，厌食精料，常有异嗜（舔食粪尿污染的垫草，舔墙壁和木栏，甚至啃泥土等）。② 粪便干稀交替和间歇性瘤胃臌气的特点尤为显著（便秘粪表面多覆盖黏液，下痢粪呈糊状、腥臭，潜血阳性）。

【诊断与鉴别诊断】

1. 诊　断

依据饲养管理情况和病史调查；临床特征症状、瘤胃内容物的检验（瘤胃液的 pH 值、纤毛虫的数量和活性、纤维素消化试验、瘤胃液沉淀物活性试验），可作出诊断。

2. 鉴别诊断

（1）感冒、（2）奶牛酮病、（3）瘤胃积食、（4）创伤性网胃炎、（5）真胃左方变位、（6）感染与中毒、生产瘫痪等亦常常伴发前胃弛缓，注意鉴别。

【治疗】

治疗原则：健胃消导，防腐止酵，强心补液，防自体中毒。

1. 急性原发性前胃弛缓

（1）除去病因，改善饲养管理：可视其瘤胃内容物的多少而禁食1~2日。
（2）提高前胃神经的兴奋性，增强前胃运动机能。
（3）缓泻止酵，清理胃肠。
（4）针对前胃弛缓的致病因素，积极实施对症治疗。
（5）对原发性慢性前胃弛缓，除上述治疗方法外，配合中药治疗疗效更佳。

2. 继发性前胃弛缓

（1）应积极治疗原发病。
（2）按原发性前胃弛缓方法治疗。

三、瘤胃积食

【病因】

1. 原发性因素

（1）一时或长期采食大量劣质坚硬不易消化的饲料，尤其是含粗纤维多的半干的藤蔓类植物（如红薯藤、花生秧、豆秆等），由于它们缠绕成团积滞于瘤胃，发生积食。
（2）贪吃、偷吃过量适口性较好的饲料：如由适口性较差的饲料突然改变为适口性较好的饲料（块根、青绿饲料）而无节制地给予；饥饿后饲喂过多及偷吃过多的精料（酸中毒初期）等均可导致本病的发生。
（3）精料（尤其是糠麸）过细。
（4）采食大量的饲料后又饮多量的冷水，饲料含多量泥沙，促发本病。

2. 继发性因素

（1）前胃弛缓的动物食欲突然增强，容易发生瘤胃积食。
（2）各种应激。中毒与感染，怀孕后期运动不足又过于肥胖、产后失调、疲劳、运输、环境不良等继发。

【症状】

1. 腹痛

通常在饱食后数小时（5~6小时）发病，表现轻度腹痛（神情不安、拱背、磨牙、呻吟、回顾腹部、后肢踢腹、间或时起时卧）。

2. 消化障碍

食欲废绝，反刍停止，虚嚼（逆水）流涎，嗳气增多，有时作呕。

3. 腹部检查

（1）视诊。腹围增大，特别是左侧后腹中下部膨大明显，有下坠感。

（2）触诊。瘤胃内容物充满，粘硬，拳压留痕；或瘤胃内容物坚硬如石；触诊敏感。后期瘤胃内容物呈粥状、恶臭，表明继发中毒性瘤胃炎。

（3）听诊。瘤胃蠕动次数少，蠕动音弱，持续时间短。

（4）叩诊。瘤胃中上部呈半浊音甚至浊音。

4. 排粪及粪便

排粪滞迟，粪便干少色暗，呈叠饼状乃至球形；有的排稀软恶臭带黏液的粪便，可见未消化的饲料颗粒，其中含有指头大小的干粪球。严重时排粪停止。应用大剂量泻剂后排出混有干粪球的粪水。

5. 全身症状明显

鼻镜干燥，口腔有酸臭味或腐败味，舌苔粘滑，心跳、呼吸加快，甚至呼吸困难，产奶量下降。严重者由于脱水、酸中毒、自体中毒而陷于虚脱状态（皮温不整、耳鼻四肢发凉，全身颤抖；眼球下陷，粘膜发绀；运动失调，卧地不起）。

【诊断】

1. 诊断依据

根据过食病史；腹部检查及粪便变化；全身症状明显（尤其是皮温不整、耳鼻四肢发凉，全身颤抖；眼球下陷，粘膜发绀等虚脱状态）而建立诊断。

2. 鉴别诊断

（1）瘤胃臌气。病因不同；发生发展快；腹部检查不同；高度呼吸困难，有窒息危象。

（2）瓣胃阻塞。粪便干，常呈干饼层状（非球形）；瓣胃穿刺检查。

（3）真胃阻塞。右侧真胃区坚实；瘤胃积液明显。

（4）黑斑病甘薯中毒。有采食黑斑病甘薯病史；严重呼吸困难（喘病、大气病）；皮下气肿。

【治疗】

治疗原则是消食化积，即促进瘤胃内容物排除；恢复前胃运动机能；防止脱水和自体中毒。采用中西医结合疗法疗效确实。

1. 加强护理

如食入大量易膨胀的豆谷或饼类，或瘤胃中已形成大量气体，应限制其饮水，一般的瘤胃积食饮水也应以少量多次为宜。

2. 泻下（促进瘤胃内容物排除）

（1）中药疗法。① 椿皮散加承气汤；② 加味大承气汤。

（2）西药泻下。硫酸镁（或硫酸钠）500~800 g、菜油 1 000 mL、鱼石脂 15~20 g、75%酒精 80~100 mL，常水 8~10 L，混合内服，1次/日。但必须配合补液。如果吃了大量易膨胀的豆类或谷物引起的积食，可用油类泻剂石蜡油或植物油 500~1 000（禁用蓖麻油）加常水 5~10 L，一次投服。

3. 恢复前胃运动机能（用泻剂后）

（1）皮下注射新斯的明 10 mg，2次/日。

（2）应用促反刍液（参见前胃弛缓）。

4. 强心补液保肝防自体中毒

5%葡萄糖生理盐水 1 500~2 000 mL、20%安钠咖注射液 10~20 mL、25%维生素注射液

C 20 mL，静脉注射，2 次/日。尤其注意久病者，应静注 5%碳酸氢钠注射液 300～500 mL，解除酸中毒。

5. 手术治疗

药物治疗无效，或过食半干的甘薯藤等藤蔓类植物引起瘤胃积食且体况尚好者，需进行早期手术治疗（手术中取出物不应超过 2/3）。

四、瘤胃酸中毒

【病因】

造成该病的主要原因是突然超量采食富含糖分的饲料。

1. 造成瘤胃酸中毒的物质

（1）谷物饲料。玉米、小麦、大麦、青玉米、燕麦、黑麦、高粱、稻谷及其糟粕、生面团等。

（2）块根块茎类饲料。甜菜、马铃薯、甘薯、甘蓝、萝卜等。

（3）水果类。葡萄、苹果、梨、桃。

（4）糖类及酸类化合物。淀粉、乳糖、果糖、葡萄糖、乳酸、挥发性脂肪酸。

2. 造成谷物精料饲喂过多，饲养不当的原因（发病时机）

（1）偷食大量谷类饲料（管理不当）。

（2）为催乳突然急剧增加谷类饲料，粗饲料缺乏或品质不良；突然由粗饲料变为谷物精料；突然变更精料的种类或性状，如由高粱改为玉米，或由玉米改为玉米面均可致病。

3. 影响谷类饲料致发本病的因素

饲料的种类和性状。① 谷物种类：谷物"毒性"的大小顺序为玉米、小麦、大麦＞稻谷＞燕麦、高粱。② 谷物性状："毒性"大小顺序为原粮＜压片、碎粒＜粉料（细粉）。用一定量的大麦（玉米）饲喂实验牛，其压片（玉米面）能造成瘤胃酸中毒，而其原粮则不能。

【临床症状】

1. 最急性型

多见于偷食大量谷物精料或突然大量饲喂谷物等富糖饲料时，尤其是粉末状谷物（玉米面等），常于采食后 3～5 小时内突然发病死亡。

精神高度沉郁，极度虚弱，侧卧而不能站立，双目失明，瞳孔散大。

体温低下（36.5～38 ℃），重度脱水（体重的 8%～12%），呼吸急促（60～90 次/min），心跳增快（100 次/min 以上）。

腹部显著膨胀，瘤胃停滞，内容物粘硬或稀软，或水样。

常于发病后短时间内（3～5 h）突然死亡，死亡的直接原因概属内毒素性休克。

2. 急性型

精神沉郁，反应迟钝，结膜潮红，步态摇晃，肌肉震颤。

消化道症状典型：食欲废绝，磨牙虚嚼不反刍，瘤胃胀满，内容物先粘硬后稀软，随病情的发展，出现瘤胃积液，冲击式触诊可见震荡音，瘤胃蠕动音微弱或消失。粪便稀软或水样，含多量未消化谷粒，带明显的酸臭味。

脱水体征明显：中度脱水（占体重8%~10%），眼球凹陷，皮肤干燥，弹性降低，血液粘稠，尿少色浓或无尿。

后期呈现神经症状：步态蹒跚，或卧地不起，头颈侧屈（似生产瘫痪）或后仰（角弓反张），昏睡乃至昏迷。此时若不及时治疗，多在24 h左右死亡。

3. 亚急性、慢性型

症状轻微，主要呈现消化不良体征，表现前胃弛缓症状。食欲减退，反刍减弱，瘤胃运动减弱，触诊瘤胃内容物呈捏粉样硬度（生面团状），数日间腹泻，粪便呈灰黄色稀软或水样，混一定黏液，带有酸臭味。结膜潮红，呼吸加快，脉搏增数（80次/min以上）。常继发或伴发蹄叶炎和瘤胃炎而使病情恶化。

【诊断】

（1）在病史上。见于突然超量摄取谷物等富含可溶性碳水化合物的食物后不久突然发病。

（2）在体征上。瘤胃充满而内容物粘硬或稀软，前胃弛缓。脱水体征明显而腹泻轻微或不显，全身症状重剧而体温并不升高。

（3）在检验上。血液pH值下降、二氧化碳结合力（CO_2-CP）降低，红细胞压积容量（PCV）升高，血乳酸增高。瘤胃内容物稀软或水样，pH值下降，乳酸含量升高，革兰氏阳性菌为优势菌（乳酸杆菌、巨型球菌等）。尿少色深，pH值下降。

【治疗】

治疗原则：彻底清除有害（毒）的瘤胃内容物；及时纠正酸中毒和脱水——补碱补液；逐步恢复胃肠机能。

1. 补碱补液——缓解机体全身性酸中毒和循环衰竭

生理盐水1 000 mL、20%安钠咖10~20 mL、地塞米松30 mL；林格氏液2 000~3 000 mL；5%碳酸氢钠（$NaHCO_3$）注射液750~1 500 mL。先超速输注30 min，以后平速速注，对严重病例具抢救性治疗功效。

2. 尽快排除瘤胃内的酸性物质，防止继续产酸

（1）瘤胃冲洗。国内外推荐作为首要的急救措施，尤其适用于急性病例，疗效卓著，早期应用，立竿见影。

（2）灌服制酸药和缓冲剂。氢氧化镁或氧化镁或碳酸氢钠300~500 g或碳酸盐缓冲合剂（干燥碳酸钠150 g，碳酸氢钠250 g，氯化钠100 g，氯化钾40 g，常水5~10 L），一次灌服。对轻症及亚急性病例有效。

（3）瘤胃切开术。洗胃困难者，可行瘤胃切开术，但危重病例疗效不佳。

3. 恢复胃肠功能及对症处置

（1）投服健康牛瘤胃液5~8 L。

（2）防继发感染。用广谱抗菌药，庆大200万单位、四环素250万单位。

（3）强心防心衰。用20%安钠咖注射液10~20 mL，静脉注射。

（4）增强植物性神经机能，促进糖代谢。用10%维生素B_1 20 mL，肌肉注射。

（5）增强机体解毒机能。25%维生素C 20 mL，静脉注射。

（6）脱水症状缓解仍不能站立走动。应补钙，用10%葡萄糖酸钙400~500 mL或5%氯化钙200~300 mL，静脉注射。

（7）为防止伴发瘤胃炎、蹄叶炎，消除过敏反应。用抗组胺药物，扑敏宁 400～500 mL，静脉注射，或肌肉注射盐酸异丙嗪或苯海拉明。

（8）防休克。地塞米松 60～100 mL，静脉或肌肉注射。

4. 中　药

（1）椿皮散加承气汤；（2）四君子汤加减；（3）平胃散加减。

【预防】

加强饲养管理，合理供应精料。

（1）日粮构成要相对稳定，添加精料时，应避免单一尤其是玉米面等谷物精料添加时，按 2∶1 的比例加入豆类可减少酸中毒的发生。

（2）精料饲喂量应根据不同生理阶段调整。奶牛日基础精料 3～4 kg，每产 1.5～2 kg 奶加喂 0.5 kg 精料，并密切注意粪便变化。

（3）精料饲喂量高的动物，日粮中加入 2%碳酸氢钠或 0.8%氧化镁等缓冲物质，使瘤胃内容物 pH 值大于 5.5。

（4）加喂谷物饲料前，应移植高精料饲喂适应奶牛的瘤胃内容物。

五、瓣胃阻塞

【病因】

1. 原发性瓣胃阻塞

（1）致病因素。① 长期饲喂米糠、麸皮、粉渣、酒糟等细碎或含泥沙的饲料（如甘薯蔓、花生秧、豆秧、萝卜、甘薯），或饲料放在泥沙地上饲喂；此外，长期饲喂切碎的甘薯、萝卜并拌米糠或麦秧，也可致病。② 饲养粗放，长期采食干草，特别是粗纤维坚韧的藤蔓类植物。③ 突然变换饲料，尤其是放牧转为舍饲、青草转为干草时，发病增多。

（2）促发因素。① 饮水不足；② 运动不足；③ 受不良因素的刺激（惊恐）。

2. 继发性瓣胃阻塞

常继发于前胃弛缓、皱胃阻塞、皱胃变位、腹腔脏器粘连、生产瘫痪、创伤性网胃腹膜炎、黑斑病甘薯中毒、急性热性病等。

【临床症状】

（1）初期多表现为前胃弛缓症状，瘤胃积液明显；当瓣胃发生阻塞或粘膜发炎之后，呈亚急性腹痛，因而不愿移动或躺卧，食欲、反刍停止，有时空口咀嚼或磨牙。按前胃弛缓治疗不显效。

（2）鼻镜干燥结痂，甚至龟裂。

（3）顽固性便秘。粪便干而少，呈层状，层间带黏液，以后粪球干小，算盘珠样，表面覆黏液，后期甚至排粪停止。用大剂量的泻剂无效，有时仅排出少量夹杂干层状粪的粪水。直肠检查，肛门和直肠紧缩，空虚，肠壁干燥，或附着干涸的粪便。

（4）瓣胃检查。触诊敏感，局部膨大。

（5）瓣胃穿刺检查。穿刺针摆动不明显或不见摆动、阻力增大；瓣胃注射水后回抽有干粉状穿刺物漂浮于水面。

（6）全身症状逐渐明显。精神沉郁，体温升高 0.5～1.0 ℃，心搏亢进，呼吸加快；奶牛产奶量急剧下降。久病者脱水显著,血液浓缩,尿少色黄,皮温不整,结膜发绀,自体中毒而死亡。尸体剖检可见瓣胃小叶间夹有大量干粉样物。

【诊断】

1. 论证诊断

根据饲养史、瓣胃深部触诊疼痛和叩诊瓣胃浊音区增大及顽固性便秘等临床特征,可以作出初步诊断。瓣胃穿刺检查具有确诊的实际意义。其他病征对诊断无特殊价值,如脱水及瘤胃膨胀积液,也见于肠便秘或真胃阻塞,而鼻镜干燥和龟裂更常见于各种发热痛。当诊断时,若仅抓住个别较为明显的病征而忘记对材料的全面分析,最易导致误诊。

2. 鉴别诊断

本病最易与急性前胃驰缓和严重肠便秘混淆。急性前胃驰缓无亚急性腹痛,严重肠便秘腹痛更明显。

【治疗】

增强前胃运动机能,促进瓣胃内容物排除(消导辅以健胃止酵)。

1. 早 期

一般按前胃弛缓治疗。

2. 泻 下

必须配合补液。

(1)中药泻下;

(2)西药泻下。

① 口服泻剂。硫酸钠 400~600 g、常水 5 L,一次内服。或液体石蜡(或植物油)1 000~2 000 mL,一次内服。对初期病例有一定效果,但有瘤胃积液的可能。

② 瓣胃注射。10%硫酸钠 2 000~3 000 mL,液体石蜡(或甘油)300~500 mL,一次瓣胃注射。

③ 增强前胃神经兴奋性。若无腹痛症状,可在用泻剂后用新斯的明(10~15 mL)等拟胆碱药物或硝酸士的宁皮下注射。同时应用促反刍液增强前胃运动机能。

六、皱胃炎

真胃炎是由于饲料品质不良或饲养管理不当,特别是刺激等不良因素的作用,引起真胃组织(粘膜及粘膜下层)的炎症,导致严重消化不良现象。本病是奶牛的一种常见多发病。

【病因】

1. 原发性真胃炎

(1)饲料品质不良。① 奶牛平时或分晚后,饲喂精料过多,而优质干草或草料不足。② 奶牛长期饲喂糟粕、豆渣等酿造副产品,营养不全、缺乏蛋白质和维生素。③ 饲料粗硬、腐败发霉、冰冻饲料。

(2)饲养管理不当。饲喂不定时,饥饱无常,突然变换饲料,经常调换饲养员,放牧转为舍饲,劳役过度。或长途运输、过度紧张等引起应激反应,影响消化机能,导致真胃炎的发生。

(3)异物创伤引起创伤性真胃炎。

2. 继发性真胃炎

继发于前胃病、营养代谢病、肠道疾病、寄生虫病（血矛线虫）、传染病（牛沙门氏菌、病毒性腹泻）。

【临床症状】

1. 早期表现为消化紊乱，与前胃弛缓相似

（1）对饲料有选择性，喜欢采食青饲料，不喜欢精料（可与前胃弛缓区别）。一吃精料就臌气、拉稀。

（2）真胃炎时往往发生呕吐。时有空口咀嚼、磨牙、口津粘稠、舌苔白腻、口腔甘臭。

2. 真胃区出现反跳性疼痛（压之不痛，去压则疼痛明显）

检查真胃区动物表现躲闪、抗拒、鸣叫等。腹部紧缩。溃疡时，"右后肢前踏"姿势以减轻疼痛。

3. 检查粪便

早期粪便少、干，呈球形，被复黏液、酸臭，有未消化精料；中后期粪便呈糊状粘腻，混有黏液、血液，出血较多时，粪呈果酱色或松馏油色。在直肠检查时，手感粪粘腻（油腻感）最明显。

4. 其　他

鼻镜干燥龟裂；体温通常无变化，皮温不整；结膜黄染（十二指肠炎）；若真胃炎症引起穿孔时，则有腹膜炎症状。

有报道指出，表现持续的淋巴细胞相对减少的白细胞减少症（$1.5 \times 10^9 \sim 4 \times 10^9$ 个/升）是真胃炎血象变化的特征。

【诊断】

真胃炎的诊断较为困难，主要依据病史、临床表现建立诊断。并注意与创伤性网胃炎、肠套叠以及传染病引起的出血性胃肠炎相区别。

【治疗】

治疗原则：清理胃肠，消炎止痛，强心补液，健胃止酵。

1. 清理胃肠

石蜡油或植物油 500～1 000 mL，人工盐 400～500 g，水 5～10 L，一次口服。

2. 抗菌消炎止痛

（1）磺胺脒（SG）0.5 g×130～150 片，小苏打 0.5 g×130～150 片，分 3 次投服，首次剂量为总量的 1/2，以后每次喂总量的 1/4，2 次/日。

（2）安溴注射液 100 mL，静脉注射。

3. 强心补液

20%安钠咖 10～20 mL，5%葡萄糖生理盐水 1 000～2 000 mL，林格氏液 1 000～2 000 mL，40%乌洛托品 20～40 mL，25%维生素 C 20 mL，5%碳酸氢钠 500 mL，分开静脉注射。

4. 对症治疗

（1）腹泻严重：0.1%高锰酸钾 1 000～3 000 mL，口服。

（2）止血：安络血 2 mL×10 支或维生素 K_3 1 mL×10 支，肌肉注射。

（3）病情好转后：复方龙胆酊 60～100 mL、陈皮酊 30～50 mL，内服健胃。

5. 中药疗法

以健胃消导、健脾止酵为原则，用保和丸（曲麦散）加减。

七、皱胃阻塞

【病因】

1. 原发性皱胃阻塞

是由于饲养管理不当而引起的。

（1）在冬春缺乏青绿饲料，用铡碎谷草、麦秸、玉米秆、高粱秆喂奶牛，常引起发病。

（2）机械性皱胃阻塞：由于消化机能和代谢机能紊乱，发生异嗜，舔食沙石、水泥、毛球、麻线、破布、木屑、刨花、塑料薄膜甚至食入胎盘而引起机械性皱胃阻塞。

（3）犊牛因大量乳凝块滞留而发生皱胃阻塞（富含酪蛋白的乳汁）。

原发性皱胃阻塞时，真胃内积滞的是粘硬的食物或坚硬的异物，常伴发瓣胃乃至瘤胃不同程度的积食。

2. 继发性皱胃阻塞

常继发于真胃弛缓。

（1）肌源性真胃弛缓。皱胃溃疡、皱胃炎。

（2）神经源性真胃弛缓。前胃弛缓、创伤性网胃腹膜炎、真胃变位。

（3）后段阻塞性继发性皱胃阻塞。小肠秘结（十二指肠阻塞、幽门狭窄）。

继发性皱胃阻塞时，真胃内积滞的是稀软的食糜、发酵的气体、渗漏的液体；多不伴发瓣胃积食。

【症状】

1. 顽固性前胃弛缓

病初食欲减退，反刍稀少、短促或停止，有的病畜则喜饮水；瘤胃蠕动音减弱，瓣胃音低沉，腹围无明显异常；随着病情发展，病畜精神沉郁，被毛逆立，鼻镜干燥或干裂，但体温通常正常；食欲废绝，反刍停止。

2. 排粪障碍

初排粪迟滞，粪便干燥。随后常常呈现排粪姿势，但粪量明显减少，有时排出少量糊状、棕褐色的恶臭粪便，混杂少量血液或紫黑色血丝和血凝块；尿量少而浓稠，呈黄色或深黄色，具有强烈的臭味。

3. 腹部检查

（1）腹围显著增大，右下腹（肋弓后下方）膨大下坠。

（2）冲击式触诊。在肋骨弓的后下方皱胃区作冲击式触诊，则病牛有躲闪、反抗等敏感表现，同时感触到皱胃体积显著扩张而坚硬。

（3）瘤胃内容物充满或积有大量液体，瘤胃与瓣胃蠕动音消失，肠音微弱；当瘤胃大量积液时，冲击式触诊呈现拍水音。在左肷部听诊，同时以手指轻轻叩击左侧倒数第 1~5 肋骨，可听到类似叩击钢管的铿锵音（钢管音）。继发性阻塞在右侧倒数第 1、2 肋骨听叩诊结合，亦可听到类似叩击钢管的铿锵音（钢管音）。

4. 严重脱水和自体中毒

病的末期，病牛精神极度沉郁，虚弱，皮肤弹性减退，鼻镜干燥，眼窝凹陷；结膜发绀，舌面皱缩，血液浓稠，心率100次/分以上，呼吸加快。呈现严重的脱水和自体中毒症状。

瓣胃体积增大，内容物粘硬，瓣叶坏死，粘膜大面积脱落（由肠秘结继发的病例，则表现瓣胃空虚）。瘤胃通常膨大，且被干燥内容物或液体充满。

【诊断】

根据右腹部皱胃区局限性膨隆，在左肷部结合叩诊肋骨弓进行听诊，呈现钢管音，皱胃穿刺测定其内容物的pH值为1~4时即可确诊。但须与前胃疾病、皱胃变位、肠变位等疾病进行鉴别。

【治疗】

治疗原则：消积化滞，防腐止酵；缓解幽门痉挛，促进皱胃内容物排除，防止脱水和自体中毒。

1. 消积化滞，防腐止酵

（1）病的初期，可用硫酸钠300~400 g、液体石蜡（或植物油）500~1 000 mL、鱼石脂20 g、酒精50 mL、常水6~8 L内服。也可选用25%硫代丁二酸二辛钠〔又名磺琥辛酯钠（DSS）〕120~180 mL，温水10~20 L，内服，每日2次，连续用药3~5日。

2. 强心、补液、健胃

5%葡萄糖生理盐水 2 000~4 000 mL，20%安钠咖溶液 10 mL；40%乌洛托品注射液 30~40 mL；10%氯化钠溶液300~400 mL，10%氯化钾50 mL、10%氯化钙100 mL，静脉注射。用25%维生素C注射液20 mL，肌肉注射。此外，可适当地应用抗生素或磺胺类药物，防止继发感染。

当发生自体中毒时，可用撒乌安注射液100~200 mL或樟脑酒精注射液200~300 mL，静脉注射。

3. 瘤胃或真胃切开术

由于皱胃阻塞，多继发瓣胃秘结，药物治疗效果不好。因此，在确诊后，要及时施行瘤胃切开术，取出瘤胃内容物，然后用胃管插入网—瓣孔，通过胃管灌注温生理盐水，冲洗皱胃，减轻胃壁的压力，以改善胃壁的血液循环，恢复运动与分泌机能，达到疏通的目的。

4. 中医治疗

以宽中理气、消坚破满、通便下泻为主。可参照瓣胃阻塞治疗。早期病例可用加味（增液）大承气汤，

5. 恢复真胃功能

小剂量多次注射拟副交感神经药物和维生素B_1。

八、皱胃左方变位

【病因】

关于发病原因，目前有两种理论，一种认为由于真胃弛缓所致，另一种认为由于真胃机械性移位所致。

1. 真胃弛缓学说

胃壁平滑肌弛缓是真胃左方变位的病理学基础。

当真胃弛缓时，真胃机能不良形成扩张和充气，容易因压迫游走，由于真胃内含多量气体，胃大弯向上扩张，真胃就容易向上移到瘤胃前盲囊和网胃之间，最后固定在瘤胃背囊和左腹壁之间。

2. 机械性移位因素学说

从解剖部位与妊娠子宫和沉重瘤胃之间的关系出发，认为真胃的位置改变是子宫妊娠后随胎儿逐渐增大而沉重坠于腹底，于是瘤胃逐渐地被抬高，并向前方推移。与此同时，真胃趁机从瘤胃腹囊与腹底壁间间隙向左方移走。而当母牛分娩时，胎儿被娩出，抬高和推移的瘤胃重新恢复下沉。移位的真胃被压到瘤胃与左侧腹壁之间，同时真胃产生多量气体，可进一步游走到左侧腹腔上方。

【临床症状】

（1）一般在产后数日或 1~2 周内出现前胃弛缓症状，但：

① 往往不发生食欲废绝，采食有选择性，仅厌食精料。

② 粪便量逐渐减少，呈粘腻滋润，浆糊样油腻。

③ 轻度腹痛。

（2）体温、呼吸、脉搏变化不大，产奶量急剧下降（可减少 1/3~1/2），日见消瘦。

（3）腹部检查是该病的示病体征。

① 视诊。腹围显著缩小，肷窝塌陷，右腹平坦，左侧腹中下部（多在左肷窝的前下方、肋骨弓的后下方）局限性膨隆，病牛喜右侧卧。

② 触诊。触诊左侧腹局限性膨隆区，有气囊样感觉，冲击有震荡音。

③ 叩诊。左侧腹局限性膨隆区，叩诊发鼓音。

④ 听诊。9~12 肋骨弓的下缘，肩—膝水平线上下，可闻带金属调流水音，频率时多时少，2~3 次/5 min 至 1 次/15 min 不等。

⑤ 听叩诊结合。产生钢管音；多在左肋弓的前后，向前可达 8~9 肋，向下抵肩膝水平线。卵圆形或不正形，直径 10~12 cm（实心球）至 35~45 cm（比篮球大）不等。

（4）穿刺检查。局限性鼓音或钢管音区直下部穿刺，取得真胃液（褐色、酸臭、浑浊液体，pH 值 1~4，无纤毛虫）。

（5）直肠触诊。右侧空虚，瘤胃稍靠正中。后期，瘤胃体积缩小，可触及膨胀的真胃（触之不留痕—区别真胃阻塞）或瘤胃与左腹壁间有较大的空隙（可容一拳）。

【病程】

往往可拖延 20~30 日。由于真胃分泌的盐酸等不能后送，会引起低氯血症、低钾血症、代谢性碱中毒而死亡。

【诊断】

根据分娩或流产后呈现消化不良、轻度腹痛、酮病综合征的病牛，按前胃弛缓或酮病治疗无效或复发的，除考虑创伤性网胃炎外，应着重怀疑 LDA；腹部检查出现示病体征；开腹检查验证诊断。

【治疗】

治疗原则：复位；恢复真胃运动功能；调节电解质平衡。

1. 保守疗法

使用健胃剂辅以消导剂，增强胃肠运动，消除真胃弛缓，促进真胃气液排空。对单纯性皱胃左方变位早期病牛治愈率高。

（1）硫酸新斯的明 10 mg，皮下注射，2 次/日；10%维生素 B_1 20 mL，肌肉注射，2 次/日。

（2）强心补液，调节电解质平衡。

2. 手术疗法

手术切口有左腹切口、右腹切口、左右腹同时切口。

九、肠　炎

【病因】

1. 原发性肠炎

（1）饲料污染或饲料品质不良引起食物性或中毒性肠炎。① 饲喂霉败饲料、冰冻或堆放发热的青草，或不洁的饮水；② 采食了蓖麻、巴豆等有毒植物；③ 误咽了酸、碱、砷、汞、铅、磷等有强烈刺激或腐蚀的化学物质；④ 食入了尖锐的异物损伤肠粘膜后被链球菌、金黄色葡萄球菌等化脓菌感染，而导致肠炎的发生。

（2）饲养管理不当。畜舍阴暗潮湿，卫生条件差，气候骤变，饲料突变；车船运输，过度紧张，奶牛处于应激状态，容易受到致病因素侵害，致使肠炎的发生。

（3）滥用抗生素。一方面细菌产生抗药性；另一方面，在用药过程中造成肠道的菌群失调，引起二重感染。

2. 继发性肠炎

（1）传染性肠炎。牛瘟、牛病毒性腹泻（粘膜病）；牛结核、牛副结核、犊牛白痢、细菌性肠炎（沙门氏菌）、冬痢（空肠弯杆菌）。

（2）寄生虫性肠炎。肝片吸虫、前后盘吸虫、蛔虫。

（3）普通病常继发肠炎。前胃疾病（尤其是瘤胃酸中毒）、急性胃肠卡他、肠便秘、肠变位、幼畜消化不良等消化系统疾病。霉玉米中毒、黑斑病甘薯中毒、有毒植物中毒、矿物质中毒等中毒病。维生素 A 缺乏、钴缺乏、硒缺乏等营养代谢病。化脓性子宫炎等产科病。

【症状】

1. 急性肠炎

（1）精神沉郁，消化紊乱。食欲减退或废绝，口腔干燥，渴感增加；舌苔厚、口臭、口色红黄（以小肠为主时，口症明显）；嗳气、反刍减少或停止，鼻镜干燥。

（2）排粪及粪便。以小肠为主，腹泻不明显，往往是排粪迟滞而后腹泻。以大肠为主，常呈持续性腹泻。粪便稀，呈粥样或水样，腥臭，粪便中混有黏液、血液和脱落的粘膜组织，有的混有脓液。严重腹泻时尽管有痛苦努责，但无粪便排出呈现里急后重现象，病程后期肛门松弛，排粪失禁。

（3）听诊。肠音增强，有时可闻带金属调高朗的肠音，随病程发展，逐渐减弱甚至消失。

（4）全身症状明显，精神沉郁，体温升高（40 ℃ 以上）；脉搏增快（100 次/分以上）；呼吸加快。可视粘膜色泽改变（潮红、黄染、发绀）。机体脱水明显（眼窝凹陷，皮肤弹性减退，血液浓稠，尿量减少）。随着病情恶化，出现自体中毒体征（病畜体温降至正常温度以下，四肢厥冷，出冷汗，脉搏微弱甚至脉不感于手，体表静脉萎陷，肌肉震颤、精神高度沉郁甚至昏睡或昏迷）。

2. 慢性肠炎

病畜精神不振，衰弱，食欲不定，时好时坏，挑食；异嗜，往往喜爱舔食沙土、墙壁和粪尿。便秘，或者便秘与腹泻交替，并有轻微腹痛，肠音不整。体温、脉搏、呼吸常无明显改变。

【诊断】

食欲废绝，口症明显，肠音减弱，初期粪便干燥，后期腹泻，结膜黄染，常提示小肠炎症。反之，腹泻出现早、腹泻明显，并伴有里急后重现象，或肠音高朗，而食欲轻微减弱，口腔湿润，脱水迅速，为大肠炎症。

【治疗】

治疗原则：抗菌消炎，缓泻止泻，强心补液缓解自体中毒。

1. 抗菌消炎

肌肉或腹腔注射庆大霉素（1 500~3 000 单位/kg 体重）或环丙沙星（3~5 mg/kg 体重）、乙基环丙沙星（2.5~3.5 mg/kg 体重）等抗菌药物。

2. 缓泻止酵，清理胃肠

在肠音弱，粪干、色暗或排粪迟缓，有大量黏液，气味腥臭者，为促进胃肠内容物排出，减轻自体中毒，应采取缓泻。

常用液体石蜡（或植物油、或硫酸钠 100~300 g、或人工盐 300~500 g）500~1 000 mL，鱼石脂 10~30 g，酒精 50 mL，常水适量，内服。在用泻剂时，要注意防止剧泻。

3. 收敛止泻

当粪稀如水，频泻不止，腥臭气不大，不带黏液时，应止泻。

4. 强心补液，缓解自体中毒

5. 对症治疗

出血：安络血、维生素 K、止血敏等。

恢复胃肠功能：可用健胃助消化药物。中药、胃蛋白酶、乳酶生、调痢生、乳酸菌素片。

6. 中医治疗

中兽医称肠炎为肠黄，治以清热解毒、消炎止痛、活血化瘀为主。宜用郁金散或白头翁汤。

肠炎治疗关键：抓住一个根本——消炎，掌握两个时机——缓泻止泻，把好三个关口——强心、补液、解毒。

第七部分 呼吸系统疾病

一、感 冒

【病因】

1. 寒冷刺激是本病主要发病原因

中兽医上称为风寒邪侵体。奶牛突然受到寒冷的袭击，如畜舍条件较差，有贼风侵袭；早春或秋末受到暴雨浇淋和风吹；牛舍潮湿，有过堂风。在一般情况下，奶牛均有一定的御风抗寒能力，但由于气温变化过快，奶牛不能立即适应这种变化，不能对机体的代谢状况作出相应的调整，而出现机能紊乱。

2. 促发因素

长途运输、营养不良及患有慢性疾病的奶牛，机体抵抗力弱，因而最易发病。

【症状】

（1）受寒冷作用后突然发病，全身症状明显。病牛精神沉郁，时呈低头半闭眼状，喜卧，体温升高。眼结膜充血并有轻度肿胀，伴羞明流泪。但四肢末稍、耳尖、鼻端发凉，表现为皮温不整。（2）呼吸、脉搏均增数，肺泡呼吸音增强。（3）咳嗽，多为单发性咳嗽，打喷嚏，鼻粘膜充血肿胀。（4）病初流清涕，病程长者则鼻汁浓稠，白色或灰白色。（5）食欲减少或废绝，常有便秘，产奶量下降。病情严重时畏寒，表现为拱腰、颤栗，甚至躺卧不起。磨牙，鼻镜干燥，前胃弛缓，反刍停止，口舌干燥。

【诊断】

本病根据受寒冷作用后突然发病；体温升高、咳嗽、流鼻液、皮温不整、羞明流泪等上呼吸道炎症症状；不具传染性；解热镇痛剂迅速治愈即可作出诊断。

【治疗】

治疗原则：以解热镇痛、祛风散寒为主，同时防止继发感染。

1. 防寒保暖

除去病因，改善饲养管理，做好防寒保暖工作，防止贼风侵袭。

2. 解热镇痛，祛风散寒，缓解临床症状

（1）复方氨基比林注射液 20~40 mL，柴胡注射液 20~40 mL，分别肌肉注射，每日 2 次，连用 3 日。

（2）30%安乃近注射液 20~40 mL，12%复方磺胺甲基异噁唑注射液 40~80 mL，分别肌肉注射，每日 2 次，连用 3 日。

（3）中药疗法。依据中兽医辩证施治原则，本病是由于外感风寒所致，治疗应以祛风散寒为主。对畏寒怕冷、耳鼻俱凉、肌肉震颤的奶牛可用荆防败毒散。

3. 防止继发感染

同时应用抗生素、磺胺类等防止继发感染。

4. 对症治疗

对伴有便秘的应用缓泻剂。对病程较长、有前胃弛缓症的，可用拟胆碱药以提高前胃神经的兴奋性，增强前胃运动机能，但妊娠奶牛禁用。

二、支气管炎

【病因】

1. 受寒感冒是引起支气管炎的主要原因

受寒感冒使机体抵抗力下降，支气管粘膜防御机能减弱。一方面，病毒、细菌直接感染；另一方面，呼吸道寄生菌（如肺炎球菌、巴氏杆菌、链球菌、葡萄球菌、化脓杆菌、霉菌孢子、副伤寒杆菌等）

2. 物理、化学因素的刺激

（1）吸入过冷的空气、粉尘、刺激性气体；（2）投药或吞咽障碍时，由于异物进入气管，可引起吸入性支气管炎。（3）过敏反应。常见于吸入花粉（油菜花）、有机粉尘、真菌孢子等引起气管—支气管的过敏性炎症。特征为按压气管容易引起短促的干而粗厉的咳嗽，支气管分泌物中有大量的酸性细胞，无细菌。

3. 诱　因

饲养管理粗放，如畜舍卫生条件差、通风不良、闷热潮湿以及饲料营养不平衡等，导致机体抵抗力下降，均可成为支气管炎发生的诱因。

4. 原发性慢性支气管炎

（1）通常由急性支气管炎转变而来，常见于致病因素未能及时消除，长期反复作用，或未能及时治疗，饲养管理及使役不当，均可使急性转变为慢性。老龄动物由于呼吸道防御功能下降，喉头反射减弱，单核—吞噬细胞系统功能减弱，慢性支气管炎发病率较高。

（2）维生素C、维生素A缺乏，影响支气管粘膜上皮的修复，降低了溶菌酶的活力，也容易发生本病。

【症状】

1. 急性支气管炎

（1）咳嗽是主要的症状。在疾病初期，表现干、短和疼痛咳嗽，以后随着炎性渗出物的增多，变为湿而长的咳嗽。有时咳出较多的浆液或黏液脓性的痰液（咳嗽后有吞咽动作），呈灰白色或黄色。尤其是冷空气刺激或通过气管人工诱咳时，可出现声音高朗的持续性咳嗽。

（2）鼻液。鼻孔流出浆液性、黏液性或黏液脓性的鼻液。

（3）胸部听诊。肺泡呼吸音增强，并可出现干啰音和湿啰音。

（4）全身症状。体温正常或轻度升高（0.5~1.0 ℃）。随着疾病的发展，炎症侵害细支气管，则全身症状加剧，体温升高 1.0~2.0 ℃；呼吸加快，严重者出现吸气性呼吸困难，可视粘膜蓝紫色。

（5）胸部叩诊无变化。

（6）X线检查仅见肺纹理增粗，无明显异常。

（7）光导纤维内窥镜可见气管支气管粘膜充血、肿胀。

2. 慢性支气管炎

（1）经常慢性、持续性咳嗽是本病的特征。咳嗽可拖延数月甚至数年。咳嗽严重程度视病情而定，一般在运动、采食、夜间或早晚气温较低时，常常出现剧烈痉挛性咳嗽（干咳）。稍作运动出现咳嗽、气喘。人工诱咳阳性。

（2）鼻液粘稠。

（3）肺部听诊。长期存在干啰音（吹哨声、咝咝声、哮鸣音）是其特点。初期因有大量稀薄的渗出物，听到湿啰音，后期由于支气管渗出物粘稠，则出现干啰音；早期肺泡呼吸音增强，后期因肺气肿而使肺泡呼吸音减弱或消失。

（4）肺部叩诊。早期多正常，当继发肺泡气肿时，为鼓音。

（5）全身症状。体温无变化，奶牛逐渐消瘦（长期食欲不良和疾病消耗），因支气管狭窄和肺泡气肿而出现呼吸困难，特别是运动时气喘和哮鸣。

（6）X线检查。早期无明显异常，后期由于支气管壁增厚，细支气管或肺泡间质炎症细胞浸润和纤维化，可见肺纹理增粗、紊乱，呈网状或条索状、斑点状阴影。

（7）病程较长，可持续数周、数月甚至数年。

3. 腐败性支气管炎

（1）是由于吸入异物后引起的支气管炎，后期可发展为腐败性炎症。

（2）呼吸困难，呼出气体有腐败性恶臭。

（3）两侧鼻孔流出污秽不洁和有腐败臭味的脓性鼻液。

（4）听诊肺部可能出现空瓮性呼吸音。

（5）病畜全身反应明显。血液检查，白细胞数增加，嗜中性粒细胞比例升高。

（6）鼻液中弹力纤维检查可区别坏疽性肺炎。

【诊断】

根据病史，结合咳嗽、流鼻液和肺部出现干、湿啰音等呼吸道症状即可初步诊断。X 线检查可为诊断提供依据。本病应与流行性感冒、急性上呼吸道感染等疾病相鉴别。

1. 流行性感冒

发病迅速，体温高，全身症状明显，并有传染性。

2. 急性上呼吸道感染

鼻咽部症状明显，一般无咳嗽，肺部听诊无异常。

【治疗】

治疗原则：消除病因，抑菌消炎，祛痰镇咳（必要时抗过敏）等。

1. 消除病因

畜舍应通风良好且温暖，供给充足的清洁饮水和优质的草料。

2. 抑菌消炎

可选用抗生素或磺胺类或氟喹诺酮类药物。以气管注射疗效最佳。

（1）青霉素 80 万单位×（5~8 支），链霉素 50 万单位×（2~4 支），0.25%~0.5%普鲁卡因 15~20 mL，气管注射，1 次/日。

（2）病情严重者可用四环素，剂量为 5~10 mg/kg 体重，溶于 5%葡萄糖溶液或生理盐水中静脉注射，每日 2 次。10%磺胺嘧啶钠 300~400 mL，静脉注射。

（3）大环内酯类（红霉素等）、氟喹诺酮类（氧氟沙星、环丙沙星等）及头孢菌素类（第一代头孢菌素、第二代头孢菌素等）。

3. 祛 痰

对咳嗽频繁、支气管分泌物粘稠的，可用溶解性祛痰剂。

（1）氯化胺（0.3 g/片）20 g，1 次口服，2 次/日。

（2）吐酒石 3 g，1 次口服，2 次/日。

（3）痰易净（乙酰半胱氨酸）10%~20%溶液（现配）3~5 mL 气管注入。

4. 镇 咳

分泌物不多，但咳嗽频繁且疼痛，可选用镇痛止咳剂。

（1）复方樟脑酊 30~50 mL，内服，每日 1~2 次；

（2）复方甘草合剂 100~150 mL，内服，每日 1~2 次；

（3）磷酸可待因 1.5~2 g，1 次内服，2 次/日。

5. 排除炎性渗出物

为了促进炎性渗出物的排除，可用克辽林、来苏儿、松节油、松馏油、薄荷脑、麝香草酚等蒸气反复吸入，也可用碳酸氢钠等无刺激性的药物进行雾化吸入。生理盐水气雾湿化吸入或加溴己新、异丙托溴铵，可稀释气管中的分泌物，有利于排除。

对严重呼吸困难的奶牛，可用 5%盐酸麻黄碱 0.2~0.3 g，皮下注射，2~3 次/日。氨茶碱 1~2 g，肌肉注射或静脉注射，2 次/日。

6. 中药疗法

（1）外感风寒引起者，宜疏风散寒，宣肺止咳。可选用荆防散合止咳散加减。

（2）外感风热引起者，宜疏风清热，宣肺止咳。可选用款冬花散。

（3）慢性支气管炎中药疗法：益气敛肺、化痰止咳。用参胶益肺散。

三、支气管肺炎（小叶性肺炎）

【病因】

（1）感冒及支气管炎进一步发展而成。凡能引起感冒和支气管炎的致病因素均可促使本病的发生。如受寒、吸入刺激性气体（NH_3、Cl_2、SO_2 等）或药物误投入气管等。

（2）继发于某些传染病（流行性感冒、牛恶性卡他热、结核等）、寄生虫病（如肺丝虫病、蛔虫病等）和其他一些疾病（如胃肠炎、子宫炎等）。

【症状】

1. 病初呈现支气管炎的症状

（1）咳嗽是固有症状：初为干咳，以后呈短咳、痛咳、湿咳。人工诱咳阳性。

（2）流浆液性或黏液性鼻液，初期及末期鼻液量较多。

（3）呼吸加快并有不同程度的呼吸困难，粘膜潮红或发绀。

2. 胸部听诊

病灶部肺泡呼吸音常减弱或消失，有时可听到局灶性捻发音、各种啰音。健康部位代偿性增强，肺泡呼吸音亢进。

3. 胸部叩诊

出现灶状浊音区或过清音区（健康部位）。

【诊断】

论证诊断依据。

（1）有呼吸系统疾病的共同症状（支气管炎的症状），但全身症状逐渐明显。

（2）弛张热或间歇热型，叩诊灶状浊音，听诊灶性肺泡呼吸音减弱或消失，出现各种啰音、捻发音。

【治疗】

治疗原则：抗菌消炎，制止渗出，促进吸收，对症治疗（镇咳祛痰）。

1. 抗菌消炎

大剂量应用抗生素和磺胺类药物。抗生素（青链霉素、卡那霉素、庆大霉素、红霉素、林可霉素和广谱抗生素四环素、土霉素、金霉素等），同时应用磺胺类药物；氟喹诺酮类疗效显著（参见支气管炎的治疗）。抗生素胸腔注射或气管注射，疗效最佳。

2. 制止渗出

10%葡萄糖 1 000 mL、10%氯化钙 100～150 mL 或 10%葡萄糖酸钙液 500 mL，25%维生素 C 20 mL，静脉注射，每日 2 次。

3. 促进渗出物的吸收和排除

（1）口服祛痰剂氯化铵 15～20 g、复方甘草合剂 150 mL 等。

（2）利尿。

4. 中 药

麻杏石甘汤。

第八部分 寄生虫病

一、血孢子虫病

【病原形态】

血孢子虫为单细胞个体，基本构造为原生质和细胞核。

双芽焦虫：虫体多位于红细胞中央，常呈梨形，成对存在。两个虫体尖端相连呈锐角，虫体长度大于红细胞半径，虫体中央淡染，形如空泡，染色质为两团块，位于虫体边缘。

牛巴贝斯虫：虫体多位于红细胞边缘，呈环状、椭圆，或呈单个、两个梨形体。当呈两个梨形虫体时，其尖端相连呈钝角，梨形虫体的长度小于红细胞半径，染色质为一团块。

泰勒焦虫：在红细胞内的虫体呈多样化的形状，虫体长度均小于红细胞半径，有环形呈宝石戒指状，核居一端；有椭圆形，两端钝圆，核后一端；有逗点状，核居钝端；有杆状而一端膨大，核居粗端；有十字形，由4个点状虫体组成；有圆点状或边虫状，虫体很小。在病畜的脾脏或淋巴结内进行穿刺涂片染色后检查，可发现虫体在淋巴细胞和单核白细胞胞浆中呈石榴体，即在分裂繁殖中产生的一种多核虫体。石榴体的存在是诊断本病的重要依据。

边虫：呈球状或粒状，无明显的细胞质，大小为 0.1~0.6 μm，多数寄生在红细胞的边缘，边虫虫体也可见于淋巴球内，虫体的形状很微小，由 1~6 个单位组成。

【致病机理】

血孢子虫病的临床症状的潜伏期一般为 10~25 日，边虫病潜伏期可长达 80~100 日。在虫体及其毒素的作用下，临床上可出现神经、贫血、心血管、胃肠及稽留热等症候群。一般的急性经过表现为精神高度沉郁，稽留热，食欲减退或消失，反刍迟缓或停止，瘤胃蠕动减弱，便秘或下痢，呼吸加快，心悸亢进，贫血，黄疸，血液稀薄，红细胞减少。通常有血红蛋白尿（血尿）出现，但泰勒焦虫病和边虫病无此症状。泰勒焦虫病出现局部淋巴结肿大和有压痛，病畜很快消瘦，经 2~4 日死亡。

【诊断】

根据流行病学和临床症状可做出初步诊断。确诊可采取如下方法：

（1）病原体的检查。取病牛血涂片，用姬姆萨染色，于高倍油镜下找到红细胞内的血孢子虫体，根据虫体特征确定是哪种血孢子虫病原即可确诊。

（2）如怀疑病牛患泰勒焦虫病，可行淋巴结和脾脏穿刺，在抹料涂片染色后，找到"石榴体"即可确诊。

诊断必须对各种血孢子虫病以及与其他急性传染病，如炭疽、出败、流感、恶性卡他热等进行鉴别，与其他血尿病也要进行区别诊断。

【治疗】

治疗应在发病早期进行。除应用抗原虫药物治疗外，辅以对症疗法或输血等对预后有很大的影响。抗原虫治疗的药物有如下几种：

1. 三氮咪（贝尼尔，血虫净）

对双芽巴贝斯虫病的剂量为 3.5~3.8 mg/kg 体重，对牛环形泰勒焦虫病和边虫病可采用 7 mg/kg 体重的剂量。用时配成 5%~7% 的溶液，分点深部肌肉注射。连续使用易出现毒性反应。

2. 硫酸喹啉脲（阿卡普林）

该药具有强力的抗焦虫作用，对巴贝斯属和泰勒属所引起的焦虫病都有防治效果，剂量按 0.6~1.0 mg/kg 体重配成 5% 溶液皮下注射。如病畜有代谢性失调或有心脏和血液循环疾患时，需分 2~3 次注射，每隔数小时注射 1 次。妊娠牛可能流产。

3. 咪唑苯脲

对牛的双芽焦虫具有高度的活性，对边缘边虫也有作用。治疗剂量 1~3 mg/千克体重，配成 10% 的溶液，分 2 次肌肉注射。

【预防】

须采取综合性预防。

（1）经常消灭牛体上的蜱，杀蜱是关键。

（2）牛舍要经常进行除蜱处理。

（3）根据牛蜱的生活史，对牧地进行合理的轮牧。

二、片形吸虫病

【病原】

片形吸虫雌雄同体，食道后有多枝的两根盲肠。两个呈珊瑚状分枝的睾丸，前后排列，位于虫体的中后部，鹿角状的卵巢，位于睾丸的右上方。卵膜位于虫体前 1/3 处的中央。子宫弯曲呈菊花状，盘曲于腹吸盘和卵膜之间。虫卵椭圆形，金黄色，有一个不明显的卵盖，卵内充满着卵黄细胞和 1 个卵胚。

【致病及症状】

肝片形吸虫的童虫在宿主组织内移行，引起出血和炎症。成虫阻塞胆管，使患畜产生黄疸。虫体的代谢产物和毒素使患畜产生溶血、贫血、消瘦、营养不良、水肿，使幼畜的生长发育和肥育受到影响，使成年母畜的产乳量降低。在感染的过程中，分解胆汁，携带细菌侵入而并发细菌性感染，加重病势。

急性型病牛表现为体温升高，偶有腹泻，肝区敏感，出现贫血，几日内死亡，或转为慢性。

慢性型病牛表现为贫血，消瘦，下颌、胸前和腹下水肿，经常出现腹泻，前胃弛缓或臌胀。严重的病牛因衰竭或恶病质而死亡。

【诊断】

本病缺乏特征性的症状，生前诊断依靠沉淀法检查粪内有无虫卵和皮内反应提供参考。

1. 水洗沉淀法

见实验室检查部分。

2. 尼龙筛兜淘洗法

取牛粪 50~100 g，加水将粪调成浆糊状，先经 40~60 孔的铜筛过滤，再将滤液经 260 孔的尼龙筛加水淘洗，待至流出的液体变清时，取筛内的粪渣镜检。

3. 漂浮法

肝片形吸虫卵相对密度为 1.2 g/cm^3，用大于虫卵相对密度的溶液使虫卵漂浮上来，然后用载玻片取液面虫卵镜检。此法应用较少，可试用：

（1）硫酸锌液漂浮法。硫酸锌 80 g，糖 25 g，溶于 100 mL 的水中。方法是取粪 1~3 g，放在青霉素瓶内，先加少量的硫酸锌液，充分混匀，再加满硫酸锌液，将盖玻片平放而接触于液面，经 30~45 min，取下盖玻片，放在载玻片上镜检。

（2）硝酸铅液漂浮法。硝酸铅 650 g 加水 1 000 mL，即相对密度为 1.5 g/cm³ 的硝酸铅液。漂浮检查的方法同上。

【治疗】

驱除肝片形吸虫的药物如下：

1. 硫双二氯酚（别丁）

疗效较好，70~80 mg/kg 体重，用水混合后一次灌服，驱虫率达 80% 以上。该药服用后牛反应较大，服用的第 2 日，可有食欲减退，粪便稀而粘臭等症状，经 3~4 日可痊愈。产奶量一周内可下降 20% 左右，1 周后可逐渐恢复。

2. 硝氯酚（拜尔 9015）

是近年来治疗肝片形吸虫较好的药物，为特效药之一。粉剂，7~8 mg/kg 体重，可将一次量分两次服用或一次量混合在精料中喂给。针剂剂量为 0.5~1.0 mg/kg 体重，深部肌肉注射。该药副作用小，可致产奶量减少约 5%，但驱虫效果可达 90% 以上，是较为理想的驱虫药。

3. 丙硫咪唑

剂量为 20~30 mg/kg 体重，口服。本药不仅对成虫有效，而且对童虫也有一定的疗效。

【预防】

定期驱虫，减少牛体内虫体的负荷量和虫卵污染的强度。集中粪便进行生物热法、沼气法或其他无害化处理，控制新鲜牛粪污染水源、牧地。消灭中间宿主椎实螺，选择干燥无螺的地区进行放牧，避免有螺的水系作为牛的饮水源，安排安全的放牧地和用水，以防囊蚴感染。

三、消化道线虫病

【病原形态】

1. 指形长刺线虫

寄生于牛胃。虫体细长，口腔小，内有一角质矛。雄虫长 23~28 mm，交合伞发达，有长交合刺 1 对，无导刺带。雌虫长 28~32 mm，透过表皮可见白色卵巢围绕着褐色肠管，阴门在虫体后部，无阴门盖。虫卵椭圆，大小为 99~125 μm×42~49 μm。全国分布。

2. 捻转血矛线虫

寄生于第四胃，虫体细长，口腔内有角质矛 1 个。雄虫长 11.5~22 mm，交合伞发达，背翼小，偏于左侧，有"人"字形肋支。雌虫卵巢两个缠绕着消化道，长 16.5~32 mm，阴门位于虫体中部稍后方，有阴门盖，虫卵。椭圆，大小为 57~59 μm×32~45 μm。

3. 似血矛线虫

虫体结构与捻转血矛线虫相似，但虫体较小，背翼上的背肋分枝左右平直。雄虫长 8~11 mm，雌虫长 10.63~21 mm。卵和捻转血矛线虫卵不易区别。

4. 尖刺细颈线虫

寄生于第四胃和小肠。虫体前部尖细，头端角质层扩大成头囊，上具横纹。雄虫长 7.5~15.33 mm，背肋成独立 2 支分别位于两侧，交合刺 1 对，远端套在膜内，状似红缨枪的前锋。雌虫长 12~21 mm，阴门位于虫体后 1/3 处，横裂，有排卵器。虫卵椭圆，大小为 139~175 μm × 76~91 μm。全国分布。

5. 牛仰口线虫

又称牛钩虫。寄生于十二指肠。虫体前端向背面弯曲。雄虫长 14~19 mm，交合伞发达，其特征在于外背肋不对称，一支高，一支低。雌虫长 17~26 mm，阴门在虫体前 1/3 处腹面。分布于我国各地。

6. 辐射食道口线虫

寄生于结肠、盲肠。虫体前端弯曲，头囊膨大，有口环、叶冠，有颈沟、颈乳突。雄虫长 11.52~14.81 mm，雌虫长 16.46~18.92 mm，阴门在虫体后部，有排卵器。见于我国各地。

【致病和症状】

新蛔虫幼虫移行时，一方面引起机械作用，破坏组织；另一方面又分泌毒素，影响正常生理机能，故犊牛有多量新蛔虫寄生时，常见食欲减退、贫血消瘦、频频下痢、渴欲增加等现象。最后发育不良，濒于死亡。

牛的消化道线虫大都为混合感染，其中以指形长刺线虫、血矛线虫、仰口线虫危害最大。病牛精神不振，贫血，腹泻便秘交替出现，严重者常见下颌水肿或颈下、前胸和腹下水肿，病牛营养障碍，被毛粗乱，日益消瘦。如大量感染食道口线虫（结节虫）时，临床见有顽固性下痢，剖检时肠壁上有很多结节。

【诊断】

除观察临床症状外，必须作粪便虫卵检查。由于牛的线虫大多为混合感染，故见到虫卵，须根据其形态、大小、卵细胞多少作初步区别；必要时进行幼虫培养，观察三期幼虫的大小、肠细胞的形态、数目以确定之。

【防治】

在摸清流行情况、发病季节、放牧方式和饲养管理的基础上，订出合理的综合措施。其主要内容如下：

（1）预防性驱虫。按流行或季节动态，每年预防性驱虫 1~2 次。
（2）粪便无害化处理。
（3）不在低湿草地放牧，否则应开沟排水，疏通沟渠。

治疗药物有：

1. 盐酸左咪唑

内服 8 mg/kg 体重，皮下或肌肉注射用 4~5 mg/kg 体重。

2. 噻吩嘧啶

淡黄色晶形粉末。25~30 mg/kg 体重，一次内服，可驱除各种线虫，但对肺线虫、毛首线虫无效。

3. 甲噻吩嘧啶

按 10 mg/kg 体重，一次内服，驱虫范围同噻吩嘧啶，对五期幼虫无效。药效较噻吩嘧啶为好，安全范围大，用量小。

4. 磷酸哌嗪和枸橼酸哌嗪（驱蛔灵）

0.20~0.25 g/kg 体重，一次内服，可驱除犊牛蛔虫。

四、网尾线虫病

【病原】

虫体丝线状，淡黄色，头端类细，口腔小。雄虫长 24~43 mm，交合伞发达，但中侧肋和后侧肋融合为一根，分叉的背肋末端有 3 个突起。交合刺 1 对，棒状，黄褐色，具有多孔性结构，导刺带椭圆形，有许多小泡状构造。雌虫长 32~67 mm，肛门开口于虫体中部，具有大的唇状表皮突起。卵椭圆形，内含幼虫，大小为 59~62 μm×33~39 μm。

【致病和症状】

幼虫移行时损伤肠粘膜、淋巴结、血管、肺泡等，引起支气管和细支气管炎。由于虫体和分泌物阻塞引起肺膨胀不全。如感染时间持续延长，可发生支气管周围炎和支气管周围组织增生。弱牛还可引起继发性细菌感染。痉挛性咳嗽可能导致肺泡性或间质性肺气肿。症状的轻重根据感染程度和牛的年龄、抵抗力而定。营养良好的牛抵抗力强。幼年牛，轻度感染不引起症状，以后会自行康复。重感染则伴有咳嗽、呼吸困难、消瘦和听诊肺部有啰音。即便这样，寄生虫也可能自行排出或成为幼虫长期排出者。若病牛抵抗力降低，在支气管炎之后，可能继发支气管周围炎或卡他性肺炎。此时，病牛消瘦，四肢叉开站立，头颈伸直，呼吸显著困难，咳嗽费力或长期躺卧，口吐泡沫，最后窒息而死。

【诊断】

粪便、鼻腔分泌物中发现大量第 1 期幼虫，结合临床症状，可作出诊断。

【防治】

预防本病应定期粪检，注意初生犊牛和病牛隔离，对于带虫者应作预防性驱虫，每年至少两次；牛粪无害化处理等。

治疗：盐酸左咪唑（为白色或微黄色晶形粉末，易溶于水），内服为 8 mg/kg 体重，皮下或肌肉注射为 4~5 mg/kg 体重。此外，还可用丙硫咪唑、伊维菌素等药驱虫。

五、牛螨病

（一）螨的形态与发育

1. 牛疥螨

虫体近乎圆形，头、胸、腹融合一起。背面粗糙，体长 0.2~0.5 mm，前端有口器，蹄铁形，腹面有足 4 对、粗壮。足的末端，雄虫第 1、2、4 对上有吸盘，雌虫第 1、2 对上有吸盘，其他则为刚毛。卵椭圆，平均大小为 0.15 μm×0.1 mm。大多寄生在牛的头部、颈部、后肢内侧等处。虫体在牛皮肤内穿孔凿道，产卵，不久孵出幼虫，3~4 日后，变为八足若虫，经数次蜕皮，于 7~12 日内变为成虫，整个发育期为 2~3 周。

2. 牛痒螨

虫体长椭圆形，体长 0.5~0.8 mm，前端口器长，腹面有足 4 对，细长。足的末端，雄虫第 1、2、3 对有吸盘，虫体后缘尚有肛吸盘 1 对；雌虫第 1、2、4 对上有吸盘。寄生在牛体表，卵在适宜条件下，2~3 日后孵出幼虫，5~6 日变为若虫、成虫。整个发育期为 9~10 日，最多 12 日。

3. 牛足螨

虫体卵圆形，长 0.3~0.5 mm，足的末端，雄虫第 1、2、3、4 对上都有吸盘，雌虫第 1、2、

4对上有吸盘。发育与疥螨相似，主要寄生在牛尾部皮肤和尾根两侧小窝中，因传播较慢，故危害不重。

4. 牛蠕形螨（牛毛囊虫）

虫体狭长，长0.25~0.3 mm，外形可分为头、胸、腹三部分，头端仅有口器，胸部腹面有足4对，腹部长，有横纹。雄虫的雄茎在胸部背侧，雌虫的阴门则在胸部腹面。牛蠕形螨寄生于牛的头、颈、背、肩、臀部等皮肤毛囊或皮脂腺内，其发育经卵、幼虫、若虫和成虫4个阶段。

【症状】

牛的疥螨、痒螨大多呈混合感染，犊牛因皮肤幼嫩、哺乳，经常与母牛挤在一起，故更易感染。初期，犊牛头部特别在眼眶上、颊部、颈部发生不规则丘疹样，或伴以灰白色至铅灰色落屑、脱毛、皮肤逐渐变成皮革样，且有剧烈痒感。由于皮肤鳞屑、污秽、渗出液和毛粘结在一起形成痂垢；严重者可蔓延全身。病变也可在会阴、大腿内侧开始，会阴部因经常摩擦而损伤，皮肤干燥龟裂。此时，病牛显著烦躁不安，食欲减退。若不治，可延及全身，病牛往往死于消瘦和恶病质。

足螨引起的症状，如尾部有轻或中等度的搔痒，不如疥螨、痒螨严重。

牛蠕形螨患部往往形成小疖疮，内含乳酪状脓样物，有的患部仅是鳞屑样。

【诊断】

除观察病牛临床症状外，在患部刮取痂皮检出虫体，方能确诊。方法：选患部与健康皮肤交界处的新鲜病灶，用消毒凸刃小刀先刮去干燥皮屑，然后轻轻用力刮取湿润皮肤数处，深度以见有血印为上，刮过的局部用碘酒消毒，病料放在试管或平皿中备检。

1. 直接检虫法

将病料少许置玻片上，滴煤油2~3滴，用小镊子将痂皮捣碎，弃去毛和粗块，加另一残片压薄，置低倍镜下检查有无虫卵、幼虫、若虫或成虫。

2. 活虫检查法

将痂皮置一黑色硬纸或黑玻片上，薄薄铺平，下面微微加温（可放在温水杯上）。不久，如有白色小虫向外爬动，用放大镜观察之。

3. 沉淀法

在少量病料不易查见疥螨时，可用较多痴皮置玻璃杯中，加适量10%氢氧化钠（钾），在酒精灯上煮沸数分钟至十余分钟，不可过久，弃去毛和粗块，适当加水稀释，静置沉淀，倾去上清液，取沉渣镜检。

诊断时，必须与湿疹、秃毛癣鉴别。湿疹没有剧痒症状或没有痒觉；秃毛癣患部圆形或有癣斑，病料检查时均无虫体。

蠕形螨的诊断可用小尖头刀直接刺破或挖出结节，挤出脓液，涂片镜检。

【防治】

作好螨病的预防，在很大程度上能消灭带虫者和避免牛只尤其是犊牛螨病的发生和死亡。为此，除随时发现病牛进行治疗外，必须注意消灭畜舍和环境中的螨类。其具体措施如下：

（1）畜舍内要经常保持清洁、干燥、通风、透光、不拥挤和经常更换褥草等。

（2）畜舍和用具定期消毒，用生石灰水涂擦墙壁和运动场的栏栅等，用漂白粉水或来苏儿定期消毒各种用具。

（3）经常观察和检查牛群，如发现病牛，即隔离治疗。新引入的牛应隔离观察。

牛螨的治疗可用如下药物：

（1）0.5%～1.0%（30 g）敌百虫溶液喷射患部，5日重复一次隔日1次，连续2～3次。勿与碱性药物同用。

（2）0.05%蝇毒磷溶液喷射或涂擦患部。

（3）伊维菌素（进口）80 mg/400 kg体重（每千克体重0.2 mg用药），一次皮下注射，隔日重复1次。当所产奶汁是供人饮用时，不宜用本药治疗产奶期或产奶前28日内的母牛。

在治疗牛群螨病之前，除作好准备工作，如组织人力、器械、药液配制等外，还应注意：

（1）在治疗大群牛时，先作少数病牛的试治，观察药物的疗效和毒性反应。

（2）如条件许可，牛患部先用肥皂水洗去痂垢，使药物能充分接触患部，提高疗效。

（3）螨卵抵抗力较强，因此，在一次治疗后5～7日必须重复治疗1次，以杀灭刚孵出的幼虫。

（4）治疗时间最好在温暖晴和日气，地点在运动场、室外。如在牧区大群患病，宜设药池浴牛，如少数或个别病牛，患部范围又小时，宜随时在牛舍内进行。

【讨论与思考】

1. 名词解释

叩诊 视诊 封闭疗法 瘤胃穿刺术 布氏杆菌病 结核杆菌病 口蹄疫病 持久黄体 瘤胃积食 瓣胃阻塞 肝片吸虫 支气管肺炎

2. 简答题

（1）简述奶牛各个系统检查方法。

（2）简述封闭疗法在奶牛临床中适应症、具体操作步骤。

（3）简述牛颈静脉注射法在临床中重要性及操作具体部分、注意事项。

（4）熟练掌握常见的几种人畜共患传染病公共卫生防疫。

（5）简述牛巴氏杆菌病的发病特点及临床症状类型。

（6）简述牛粘膜病的临床症状及综合防控。

（7）简述卵巢囊肿的临床症状及诊断、治疗。

（8）简述瓣胃穿刺的适应症、部位、注射药物。

（9）简述牛支气管炎的病因、临床诊断要点及治疗措施。

（10）简述血孢子虫的病原分类、临床诊断要点及治疗、预防措施。

项目8-2 羊的疾病防治

【学习目标】

1. 了解各类疾病的发病机理及防治措施；

2. 能够根据症状准确判断疾病。

【学习内容】

羊只疾病很多，对我们的生产造成了很大的影响。因此，熟练掌握各类羊病的防治技术，不仅能适应当前养羊业的发展需要，紧密联系养羊生产实际，更能解决近年来国内养羊及羊病防治上出现的一些新问题，从而更好地从事养羊生产。

【相关技能】

掌握羊常见各类疾病的种类和治疗方法。

第一部分　羊病诊断技术

一、保　定

在给羊只检查、灌药时，需进行适当的保定。羊体格小，性情温顺，比较容易保定。常用徒手保定法，方法是骑跨在羊身上，用两腿夹住羊的前胸部，一手抓住羊角，另一只手托住羊的下颌。

二、羊发生疾病的原因

1. 外界致病因素

是指存在于外界环境中的各种致病因素，主要有生物性、化学性、物理性、机械性、管理和营养性因素五大类。

① 生物性致病因素：是指致病的微生物和寄生虫，包括细菌、真菌、支原体、衣原体、螺旋体、病毒和寄生虫等。生物性致病因素是危害养羊业最主要的致病因素，可引起传染病和寄生虫病。

② 化学性致病因素：主要有强酸、强碱、重金属盐类、农药、化学毒物、氨气、一氧化碳、硫化氢等化学物质，可引起中毒性疾病。

③ 物理性致病因素：是指高温、低温、电流、光照、噪声、气压、湿度和放射线等因素，这些因素达到一定强度或作用时间较长时，都可使机体发生物理性损伤。

④ 机械性致病因素：是指打、压、刺、钩、咬等各种机械力，他们都可引起羊的机体发生损伤。

⑤ 营养和管理性因素：由于饲养管理不当和饲料中各种营养物质不平衡，可引起疾病的发生。舍饲羊的密度过大、缺水、羊舍通风不良、长途运输、惊吓、追赶过急等，均可诱发羊发病。

2. 羊病发生的内因

主要是指羊体对外界致病因素的感受性和羊体对致病因素具有的抵抗力。机体对致病因素的易感性和防御能力，与机体各器官的结构、技能和代谢特点及防御机构的机能状态有关，也与机体一般特性，即羊的品种、年龄、性别、免疫状态等个体反应有关。

品种：由于羊的品种不同，对同种致病菌因素的反应也有差别，如绵羊易感巴氏杆菌，而山羊则不易感染。

年龄：一般幼年羊和老年羊的抵抗力较弱，成年羊的抵抗力较强。如羔羊易感染大肠杆菌，发生白痢；而羊黑疫则多发于2—4岁、膘情较好的羊。

性别：不同性别的羊，对某些疾病有不同的感受性，如母羊比公羊更易得布氏杆菌病。

免疫状态：羊只免疫系统能有效地抵御病原微生物的侵袭，防治传染病的发生。因此，羊体免疫状态不同，对同一种病原的抵抗力也不同。如经过接种羊快疫疫苗的羊，就比未接种的羊抵抗力强。

三、病羊的识别

在正常饲养条件下，羊体质普遍健壮，对疾病的抵抗力强，在发病初期不易发现，需要在日常管理中仔细观察，综合判断。

1. 采食和放牧

健康羊的食欲旺盛，吃草欢快；病羊食欲不好，几乎停止吃草。

2. 神　态
健康羊的精神饱满，行动敏捷，两眼有神；病羊的精神迟钝，喜躺卧、垂头、流泪、羞明。

3. 皮　毛
健康羊的被毛光亮，皮肤有弹性；病羊的被毛粗乱、干枯脱落，皮肤干燥，弹性消失。

4. 粪　便
健康羊的粪便呈椭圆形、颜色黑亮；病羊的粪便干结无光泽，或者稀粪，常混有黏液、脓血、虫卵、发臭，粪便粘污臀区和尾部等。

5. 眼、鼻、口
健康羊的粘膜为淡红色，鼻孔周围干净；病羊的粘膜潮红、或者苍白、发黄、发绀，鼻孔周围有鼻液，口鼻发臭，有眼屎。

6. 反　刍
健康羊每分钟反刍 2~4 次，用手掌按压左侧肷部进行触诊，瘤胃发软而有弹性；病羊的反刍次数减少或停止，瘤胃发硬或膨胀。

7. 体　温
健康羊的体温为 38~40 ℃。可用手触摸羊的耳朵、躯干或后肢内侧，通过皮肤的温度来检查羊只是否发烧。

8. 脉搏和心肺
健康羊每分钟呼吸 10~30 次，脉搏为每分钟 60~80 次，跳动均匀，心音清晰（一般切脉按摩后肢内侧股动脉较准确、方便）。

四、通过各种不同途径判断疾病

1. 眼结膜
可视粘膜是指天然孔（如眼、口、鼻、肛门、阴户等）覆盖的粘膜。临床中常通过眼结膜来判断某些疾病。正常情况下眼结膜呈粉红色。病理变化有：
（1）苍白：可能是贫血。
（2）潮红：一侧——可能是眼睛炎症；双侧——可能是全身性病理变化或两眼炎症。
（3）弥漫性：可能是机体发热、氙痛、呼吸困难、酸中毒。
（4）树枝状：可能是循环系统障碍。

2. 鼻　液
（1）浆液性：呈水样、无粘性：如感冒、急性鼻卡他，粘膜的表层发生炎性充血等。
（2）黏液性：呈灰白色、黏液、牵连性：如感冒、鼻炎等。
（3）化脓性：呈灰白色、灰黄色、黄绿色，比较粘稠：如呼吸道化脓性炎症等。
（4）腐败性：呈污褐色、污泥状、恶臭：如肺坏疽等。
（5）铁锈色：呈酱油样：如纤维素性大叶性肺炎等。
（6）血性鼻液：有血：如鼻出血、肺出血（咯血）等。
（7）泡沫性鼻液混有草渣：如吞咽障碍、食道阻塞、上颌齿瘘等。
（8）鼻液中混有寄生虫：如羊鼻蝇、肺丝虫等。

3. 粪 便

观察羊的排粪动作、次数、排粪量、粪便形态及混杂物,对胃肠道疾病的诊断有重要意义。正常粪便呈椭圆球形,表面湿润光滑,呈暗黑绿色,每只羊每天大约排粪 1~2 kg。

（1）便秘：羊只排粪费力,次数、数量减少,排除的粪便色泽新鲜、干硬、粒状小：① 长期高热性疾病；② 长期饲喂低劣的高纤维性饲料；③ 胃肠迟缓；④ 肠梗阻。

（2）腹泻：羊只频繁排粪,拉出稀糊状或水样粪便：① 粪便新鲜不是很臭,无黏液——对饲料不适应；② 特别腥臭,有黏液,甚至有血液——细菌性胃肠炎。

（3）里急后重：羊只屡呈排粪姿势、弓背努责、后驱摇晃、痛苦呻吟,仅排出少量的粪便或粘膜——肠炎,或有异物。

（4）粪便呈鲜红色、暗红色、酱红色、污黑色——消化道出血。

（5）粪便中含草渣、食料——消化不良、胃病。

（6）粪便中含寄生虫及虫卵——内寄生虫感染。

4. 尿 液

健康羊只的尿液清亮无色或稍黄,氨味。

（1）尿结石：公羊膀胱充盈,尿液不能排除,屡呈排尿姿势、怒责、呻吟不安、阴茎抽动。

（2）尿道炎症：鸟潴留、排尿带痛,有时尿淋漓,有时尿液呈黄白色,尿液有腐败性臭味。

（3）尿毒症：无尿。

（4）血红蛋白尿：尿中含有游离的血红蛋白,如机体有溶血性疾病、锥虫病,泌尿道有出血性病变等。

5. 被 毛

健康羊：整洁、有光泽、干净、平顺。

（1）蓬松、疏乱、无光泽、枯焦、质脆易断,易脱落。可能原因有营养不良,饲养管理差,慢性消耗性疾病,寄生虫病,发热,肺部病变等。

（2）局部脱毛：可能是外寄生虫、真菌感染；或缺乏某些元素,如缺硫——脱毛；缺铜——被毛变直颜色变浅；缺碘——怀孕母羊产死胎、若胎,局部无毛；缺锌——皮炎、脱毛。

（3）肛周、后肢被毛污染——腹泻。

（4）外阴部周围污染——流产、子宫内膜炎。

6. 姿 势

（1）呈木马样站立：可能是破伤风或全身性肌肉风湿症。

（2）站立不稳,体躯歪斜,摇晃或倚物站立：常见于机体平衡技能失调、中枢神经系统,特别是小脑机能失调。

（3）前肢后踏,后肢前蹭,四肢集于腹下：可能是关节炎、蹄叶炎、腹痛。

（4）卧底不起：可能是瘫痪,四肢骨折、脱臼,急性心肌无力,白肌病,中枢神经障碍等。

另外,还有身体消瘦,运动行为不正常等可以通过简单观察来判断疾病。

五、做好疫病的防疫工作

在养羊生产中,必须首先做好疫病的预防工作。有以下几方面内容：

1. 加强饲养管理,搞好清洁卫生

"羊以瘦为病"，"病由膘瘦起,体弱百病兴"。加强饲养管理,增强羊的体质,提高生产性能,

是防疫灭病的基础；搞好清洁卫生，清除外界环境中各种病原微生物的传播机会，减少机体感染，是防疫灭病的关键；可以通过预防接种使机体获得免疫力，是防疫灭病的重要手段。

2. 严格执行检疫、消毒制度

检疫是贯彻"预防为主"方针中不可缺少的重要一环。通过检疫，可以及早发现疫病，及时采取防治措施，做到就地控制和扑灭，防止疫病蔓延。消毒是用各种方法消除病原微生物及寄生虫、虫卵对羊的危害，是预防和消灭疫病的一项重要措施。另外，还要注意不要从疫区引种、购买肉羊及相关物品。

3. 有计划地定期预防接种和驱虫药浴

预防接种和驱虫药浴，是每年羊群防疫工作中最重要的两项内容。必须严格按照科学的免疫程序，定期适时地进行免疫接种；严格遵守操作规程，准确配制药液浓度，才能有效地控制羊群的疫病发生。

4. 提防农药、霉烂饲料和草料中毒

中毒性疾病多为群发性，有的根本来不及救治即已造成死亡，只能提前预防。

六、羊群的四季保健

1. 春 季

气候暖和多变，各种体内、外寄生虫和病菌微生物繁殖较快，容易发病。需做到以下几点：
（1）公羊、青年羊在开春后驱虫，母羊产后20天驱虫（春羔），羔羊断奶时驱虫；
（2）保持圈舍清洁卫生，搞好消毒、防病，进行免疫注射；
（3）逐步过渡饲喂草料，从以干草为主转变为青草为主，每日应喂部分青干草；
（4）放牧的羊应防止"跑青"掉膘和幼嫩植物中毒。

2. 夏 季

预防中暑，保证供给清洁饮水，注意环境卫生，消灭蚊蝇。通过药浴，彻底驱杀体外寄生虫。

3. 秋 季

及时淘汰和肥育商品羊；贮备草料，抓好驱虫和羊的膘情，准备过冬；抓好秋配。

4. 冬 季

（1）检修圈舍，注意防寒保暖，特别是对产冬羔的母羊及羔羊尤为重要；
（2）寒冷天气坚持喂温水，特别是怀孕母羊；
（3）妊娠母羊适当运动，适当日光浴，可减少难产；
（4）宜用生石灰而非水剂进行圈舍消毒。

七、病羊的一般检查

饲养管理人员平时应注意观察个别羊只以及整个羊群的行为变化。从整体上一般观察羊的肥瘦、步态、姿势，从个体上主要观察羊的被毛、皮肤、黏膜、结膜、食欲、粪尿、呼吸、体温等的变化，以确定羊是否有病，并及时诊治。

(1)肥瘦。慢性消耗性疾病,由于病原的长期作用,病羊的身体瘦弱。

(2)姿势。观察羊只的举动是否与平时一样,如果不同,就可能患有某种疾病。

(3)步态。健康羊的步态活泼而稳定;病羊则行动不稳,或不愿行走。

(4)被毛。健康羊的被毛平整且不易脱落,富有光泽;而患病羊的被毛则粗乱蓬松,失去光泽,容易脱落。

(5)皮肤。健康羊的皮肤富有弹性,患病羊的皮肤则不然,因此要注意观察羊只皮肤的颜色及皮肤有无变厚、变硬、水肿、发炎、外伤等症状出现。

(6)黏膜。健康羊的黏膜呈光滑的粉红色。而患病羊则有下面几种情况:如果可视黏膜发红则多是体温升高,身体有炎症;如果黏膜发红并带有红点、血丝或呈紫色,多是由中毒或传染病引起。

(7)食欲。当羊只出现采食量或饮水量突然增加或减少,以及喜欢舔泥土、吃草根等症状时,可能是慢性营养不良,如维生素或微量元素缺乏等;如果反刍减少、无力或停止,则表示羊的前胃有病;如果羊不进食,可能是由口腔疾病引起的,如喉炎、咽炎、口腔溃疡或舌有损伤等。

(8)粪便。如果粪便有特殊臭味,则见于各种肠炎;若粪便内有大量黏液,则表示肠道有卡他性炎症;若粪便内有完整的谷粒或很粗的纤维,则表示消化不良;若粪便内混有寄生虫或寄生虫节片,则表示体内有寄生虫。

(9)呼吸。正常羊每分钟呼吸12~20次,呼吸次数增多见于热性病、呼吸系统疾病、心脏衰弱、贫血、腹内压升高等;呼吸次数减少,主要见于某些中毒、代谢障碍、昏迷等疾病。

(10)体温。用手摸羊的耳朵或把手伸进羊嘴里握住舌头,可以知道羊是否发烧。当然,最准确的方法是用体温表测量。羊的正常体温是38~40℃,如果体温高于40℃则表示有发热性疾病。

八、注射法

羊只发病后需要及时用药治疗,注射是常用的一种治疗方法,包括皮下注射、肌肉注射、静脉注射。

(1)皮下注射。选择皮肤疏松的部位,如颈部两侧、后肢股内侧等。用一只手提起注射部位的皮肤,另一只手持已吸好药液的注射器,倾斜40°刺入皮肤下方,回抽以倾斜针芯不回血即可注入药物。注射前后,注射部位要用酒精或碘酊棉球消毒。

(2)肌肉注射。选择肌肉丰满的部位,如两侧臀部或肩前颈部两侧。将注射部位剪毛、消毒,然后将药液吸入注射器,排完空气,将针头垂直刺入肌肉,抽动针管不见回血即可注入。注射完毕后再次消毒压迫止血。

(3)静脉注射。将药液直接注射到静脉内。注射部位在颈静脉(最好在颈静脉沟上1/3处)。吸好药液,一般用12号针头,左手拇指紧压在颈静脉沟上,其余四指在右侧相应地抵住,使静脉膨起。右手拿着针头,与静脉约成30°~45°角,对准静脉刺入。

九、投药法

羊患病后有时需经口腔投药治疗。如果病羊能自主饮少量水,可把一些无色无味的药品放入饮水中,否则,可选用下列方法投药。片剂、粉剂投药法:将片剂、粉剂装入投药器内,从口腔插入到病羊舌根处,推动活塞,药物即进入胃内;或者将药物压碎放入一长颈瓶内,加适量水,从病羊口角灌服。

水剂投药法：一人固定病羊，另一人将粗细适度的胶管插入病羊口中至食管，并用手紧握胶管和口腔，胶管的另一端接漏斗，将药液倒入漏斗中，药即可徐徐灌入羊的胃内。无论采用哪一种方法投药，都需细心、耐心、认真，切勿将药物呛入羊的气管内。

第二部分 羊消化系统疾病

一、羔羊大肠杆菌病

羔羊大肠杆菌病是由大肠杆菌引起的一种以腹泻为主要症状的消化道传染病。

【病原及其流行】

本病的病原为大肠杆菌，革兰氏染色阴性，中等大小，对外界不利因素的抵抗力不强，一般消毒剂均可将其杀死。本病多发生于出生数日或不满4周龄的羔羊；有些地方3—8月龄的羔羊也有发生，呈地方性流行或散发。在深秋雨季、冬春季节及气候不良时多发生。羔羊先天性发育不良或后天性营养不良；羊舍阴暗潮湿、污秽、通风不良，均能促使本病的发生。

【临床症状】

潜伏期数小时，甚至1~2天。按病的性质可分为败血型和肠型。据报道，羔羊于3~8个月可发生败血型大肠杆菌病，发病急，据报道，羔羊于死亡率高。

1. 败血型

体温升高达41~42℃，病羔精神萎靡，眼结膜潮红，呼吸浅表，脉搏细弱，表现神经症状，头弯向一侧，四肢僵硬，运步失调，视力障碍。随着病情的发展，病羊头向后仰，四肢做划水动作，口流清涎，四肢冰凉。有些病例的病羔羊关节肿胀，腹痛。严重者卧地，体躯发软，昏迷。继发肺炎后呼吸困难。很少或无腹泻，常常于12小时内死亡。从病羔的内脏中可分离到致病性大肠杆菌。

2. 肠 型

主要发生于7日龄以内的羔羊。病初体温升高至40.5℃或41℃，紧接着出现下痢，其后体温下降或略升高。粪便先为半液状，后为稀状，呈黄色或灰黄色，含有气泡，且混有血液和黏液。病羔腹痛、拱背、咩叫、努责，虚弱卧地，后期病羔极度消瘦、衰竭，如不及时治疗，可经24~36小时死亡，死亡率达15%~75%。

【病理变化】

尸体消瘦，后肢及肛门周围粘满粪便；皱胃空虚或存有凝结乳块，内容物酸臭；败血型者胸腔、腹腔、心包腔积液，或有纤维蛋白性渗出液；关节肿大，内含纤维素性脓性渗出液；脑充血或出血，大脑沟常含有大量脓性渗出物。肠型者严重脱水，皱胃、小肠和大肠内容物呈黄灰色，半液状，黏膜充血，肠系膜淋巴结肿胀，有的肺呈小叶性肺炎变化。

【防治】

1. 预 防

重点在于加强饲养管理，对孕羊进行配合日粮的饲喂，以增强羔羊的体质和抗病力。改善羊场的卫生状况，保持圈舍干燥、通风、阳光充足，消灭蝇虫。对哺乳羔羊做到定时、定量、定温，注意奶具的清洁卫生。

2. 治疗

可用氯霉素或土霉素 0.2~0.5 g、胃蛋白酶 2 g、稀盐酸 3 mL，加水 20 mL，1 次灌服，每日 1 次，连用 3~5 天；磺胺脒 0.5 g、鞣酸蛋白 0.3 g、次硝酸铋 0.2 g，混合，加水适量，1 次灌服，每日 2 次，连用 3 天。

脱水者可用 5%葡萄糖溶液 300 mL、11.2%乳酸钠 5 mL 或 5%碳酸氢钠 10 mL 静脉注射，每日 1 次；也可用口服盐液（配方：氯化钠 3.5 g，碳酸氢钠 2.5 g，氯化钾 1.5 g，葡萄糖 20 g，加水 1 000 mL），每只羔羊每次补充 80~150 mL，用橡皮导管送入胃中。

病重者以肠泻为主要症状，可用四逆汤：附子、甘草各 2 g，干姜 3 g，煎水，另加磺胺脒 0.5 g，每日 1 次，灌服，效果较好。

第三部分 病毒性传染病

一、羊传染性脓包

羊口疮，又名传染性脓包坏死性皮炎，是绵羊和山羊常见的一种急性、接触性传染病，羔羊可呈群发。

【病原及其流行】

本病的病原属于痘病毒科、副痘病毒属 3—6 月龄羔羊易感染，呈群发流行。本病多发生于秋季，无性别和品种差异。病毒的抵抗力很强，干燥的病理材料在冰箱中传染力可保持 3 年以上。在有本病存在的羊群中，可多年连续发生本病。可因直接接触而感染，也可经被污染的羊台、饲养用具、草场、饲料、饮水等间接感染。感染途径是皮肤、黏膜，主要是皮肤和黏膜的损伤（例如炎症、带芒刺的植物或饲料所致的刺伤、擦伤、咬伤、潮湿环境或坚硬不平的道路所致的肢端损伤等）。

【临床症状】

本病在临床上分为三型，即唇型、蹄型、外阴型，也偶见有混合型。

1. 唇型

发生于各种年龄的绵羊羔及山羊羔，是本病的主要病型。一般在唇部、口角和鼻镜上出现散在的小红斑，很快便形成大麻籽大的小结节，继而成为水泡和脓包，脓包破溃后结成黄棕褐色的疣状硬痂，牢固地附着在真皮层的红色乳头状增生物上，这种痂块可经 10~14 天脱落而痊愈。严重病例，由于不断产生的丘疹、水疱、脓包、痂垢，并互相融合，使整个口唇周围及颜面、眼睑和耳廓皮部，形成大面积龟裂、易出血的污秽垢痂。痂下伴以肉芽组织增生，严重影响采食。同时，常因化脓菌和坏死杆菌等而继发感染，导致深部组织的化脓和坏死。口黏膜亦常受害（有时仅见口黏膜病变）。在唇内面、齿、颊、口黏膜、舌和软腭上，发生被红晕所围绕的灰白色水泡，继而变成脓包和烂斑，或愈合而康复；或恶化而形成大面积溃疡。且往往有坏死杆菌等继发感染，并发生伴有恶臭的深部组织坏死。有时甚至可见部分舌的坏死脱落。少数严重病例可因继发性肺炎而死亡。

2. 蹄型

几乎发生在绵羊。通常单独发生（偶有混合型）在 1—4 肢的蹄叉、蹄冠和系部皮肤上，出现痘样湿疹。从丘疹到扁平水泡，再发展为脓包，直至破裂后形成溃疡。有继发感染时即成为腐蹄病。病期缠绵，严重者因衰弱而死亡或因败血病而死亡。

3. 外阴型

较少见。在公羊，阴鞘肿胀，阴鞘口及阴茎上发生小脓包和溃疡。在母羊，有黏性或脓性阴道分泌物，阴唇及其附近皮肤肿胀并有溃疡，乳房和乳头皮肤上同时或者单独发生疱疹、烂斑和痂块。

【病理变化】

病变开始为表皮细胞肿胀、变性和充血、水肿。接着表皮细胞增长并发生水泡变性，使表皮层增厚并向表面隆突，真皮充血，渗出加重；真皮内充血的血管周围见大量单核细胞和中性粒细胞浸润；随着中性粒细胞向表皮移行并聚集在表皮的水泡内，水泡逐渐转变为脓疮。可见，病变的特征性变化在真皮部分。

【防治】

1. 预 防

病羊（包括潜伏期及痊愈后数周的羊只）是主要的传染源，它们主要从病变部渗出液排毒。因此，应做到：加强饲养管理，保护黏膜、皮肤不受伤；不从疫区引进羊只和购买畜产品；做好消毒工作；做好引进羊只时的检疫；发病时做好污染环境的消毒。特别注意羊台、饲养用具、病羊体表和蹄部的消毒。消毒剂可参照"羊痘"一节。

2. 治 疗

病羊应在隔离的情况下进行治疗。亦可用传染性、脓包性皮炎活菌，划线接种免疫。

对患口疮的羊用强力消毒灵，按 1 : 300 的比例配成溶液喷洗鼻、唇、口腔，每日 1 次，连用 3 天。治疗方法也可参照"羊痘"和"口蹄疫"两节。

二、蓝舌病

蓝舌病是反刍动物的一种病毒性传染病，主要见于绵羊。临床表现为发热，白细胞减少，口和唇糜烂性炎症，蹄冠炎和肌炎。由于病羊长期发育不良，并发生死亡、胎儿畸形、羊毛损坏等情况，往往给养殖户造成很大的经济损失。

【病原及其流行】

本病的病原是蓝舌病病毒，病毒颗粒能在宿主细胞的脑浆里繁殖。病毒非常稳定。病羊是主要的传染源，通过库蠓传播。绵羊感染不分品种、性别和年龄，以岁左右的绵羊最易感，哺乳期羔羊有一定的抵抗力。本病的发生具有严格的季节性，主要与各种库蠓的传播有关。

【临床症状】

潜伏期为 3~8 天。病初体温升高达 40.5~41.5 ℃，稽留 2~3 日。

常常在体温升高后不久，出现厌食，精神沉郁等症状。上唇肿胀，水肿可延至面耳部，口流涎，口腔黏膜充血呈青紫色。随即可显示唇、齿龈、颊、舌黏膜糜烂，致使吞咽困难。口腔出现溃疡，局部渗出血液，唾液呈红色。继发感染后可引起局部组织坏死，口腔恶臭。鼻流脓性分泌物，结痂后阻塞空气流通，可致呼吸困难和鼻鼾声。蹄冠和蹄叶发炎，表现为跛行，膝行，卧地不动。病羊消瘦、衰弱、便秘或腹泻，有时下痢带血。早期出现白细胞减少症。病程一般为 6~

14天。至6—8周后蹄部病变可恢复。发病率为30%~40%,病死率为2%~30%,高者达90%。多并发肺炎和胃肠炎而死亡。

【病理变化】

口腔出现糜烂和深红色区,舌、齿龈、硬腭、颊部黏膜发生水肿。

绵羊的舌发绀如蓝舌状。瘤胃有暗红色区,表面上皮形成空泡性变和死亡。真皮充血、出血和水肿。肌肉出血,肌间有浆液和胶冻样浸润。重者皮肤毛囊周围出血,并有湿疹变化。蹄冠出现红点或红线,深层充血、出血。心内外膜、心肌、呼吸道和泌尿道黏膜有小出血点。

【防治】

目前无有效药物。对病羊应加强饲养管理,对症治疗。

应做好牧场的排水和灭螺工作,坚持羊群药浴、驱虫;加强饲养管理,流行区每年接种疫苗。口腔用清水、食醋或0.1%高锰酸钾液冲洗,再用1%~3%硫酸铜、1%~2%明矾或碘甘油涂糜烂处,或用冰硼散外用治疗。羊蹄患病时可先用3%克辽林或3%来苏尔清洗,再用木焦油凡士林(1:1)碘甘油或土霉素膏涂抹,然后用绷带包扎。

三、绵羊痒病

绵羊痒病是绵羊和山羊的一种慢性、退行性的中枢神经系统疾病。该病临床以潜伏期长,剧痒,头和颈部肌肉震颤,运动失调,衰弱和瘫痪为特征。本病又被称为"傻性脑炎"。

【病原及其流行】

该病的病原可能是一种具有奇特性质的微生物,它既不同于一般病毒,也不同于类病毒,是一种特殊的具有致病能力的糖蛋白,对不良理化因素的影响很稳定。各种羊均可发生痒病,但以英国萨福克品种绵羊的敏感性最高。一般发生于2—4岁的羊,而以3岁半的羊发病率最高。绵羊与山羊可通过接触传染。羊群被感染后,很难清除病原。羊只一旦被感染,便会引起死亡。因此,一定要加强对进出口羊只的检疫。

【临床症状】

该病的潜伏期为1~5年。早期,病羊精神沉郁、敏感,稍受外界刺激,则出现兴奋反应,头和颈部的局部随意肌颤动;平稳状态时,肌肉颤动稍缓和。发展期,病羊表现奇痒,常在槽具、栅栏、树干上摩擦背部、体侧、臀部,被摩擦部位皮肤表面的毛断裂或脱落。还可见到病羊啃咬自体可及部位的皮肤。皮肤仅发生机械性损伤,没有皮肤炎。当人去搔动病羊发痒部位的皮肤时,病羊可出现应答性发抖反应,低声咩叫。因视力丧失,常碰撞障碍物,母羊可导致流产。行走时共济失调,经常摔跤。病至后期,体温正常,采食无变化,但不能跨越障碍物。

本病应与螨病、梅迪病和维斯纳病相鉴别:螨病羊常长有疥疮;梅迪病主要发生慢性间质性肺炎,病羊表现呼吸困难;维斯纳病主要以脑膜炎和脑脊髓白质炎为特点。

【病理变化】

除尸体消瘦和皮肤脱毛、损伤外,常无肉眼可见变化。病理学组织变化常表现为神经元胞浆内有许多空泡形成。

【防治】

严格检疫,若发现病羊和疑似病羊,应隔离封锁,全部扑杀。坚决不从病区引进种羊。对本病,目前尚无有效的生物制剂和药物。

四、病毒性关节炎—脑炎

山羊病毒性关节炎—脑炎是一种病毒性传染病。临床特征是成年羊多表现为慢性、多发性关节炎，间或伴发间质性肺炎或间质性乳房炎。羔羊常呈现脑脊髓炎症状。

【病原及其流行】

自然条件下，只在山羊间互相传染发病，绵羊不感染。无年龄、性别、品系间的差异，但以成年羊感染居多，感染率为 15%~81%。患病山羊和潜伏期隐性患羊及被污染的饲草、饲料、饮水等均可成为传播媒介。感染途径以消化道为主。感染母羊所生的羔羊当年发病率为 16%~19%，病死率高达 100%。

【临床症状】

分为三型：脑脊髓炎型、关节炎型和间质性肺炎型。多为独立发生，少数有交叉。但在剖检时，多数病例具有其中两型或三型的病理变化。

1. 脑脊髓炎型

潜伏期 53~151 天，主要发生于 2—4 月龄的羔羊。有明显的季节性，80%的病例发生于 3—8 月间。发病初期病羊精神沉郁、跛行，进而四肢僵直或共济失调，一肢或数肢麻痹，卧地不起，四肢划动。有的病羊眼球震颤，惊恐，角弓反张，头颈歪斜或作圆圈运动。有的面神经麻痹，吞咽困难或双目失明。病程半年至 1 年，个别耐过病例留有后遗症，少数有肺炎或关节炎症状。

2. 关节炎型

发生于 1 岁以上的成年山羊，病程 1~3 年。典型症状是腕关节肿大和跛行，也可发生于膝关节和跗关节，俗称"大膝病"。病情逐渐加重或突然发生，病初关节周围的软组织水肿、湿热、疼痛，有轻重不一的跛行，进而关节肿大如拳，活动不便，常见前肢跪行。

3. 肺炎型

较少见，无年龄限制，病程 3—6 个月。患羊出现咳嗽，呼吸困难等症状，胸部叩诊有浊音，听诊有湿罗音。

【防治】

尚无有效的治疗方法和预防疫苗。主要以加强饲养管理和卫生防疫工作为主，在无病地区应提倡自繁自养，尽量不从外地购入。

第四部分 细菌性传染病

一、羊李氏杆菌病（又名转圈病）

李氏杆菌病是一种散发性传染病。各种动物和人均可感染。临床主要表现为脑膜脑炎、败血病和妊娠母羊流产。

【病原及其流行】

病原是李氏杆菌，是一种细长的小杆菌，革兰氏染色呈阳性，无荚膜，无芽孢，有鞭毛，能运动。

病羊和带菌动物是本病的传染源。可经消化道、呼吸道、眼结膜以及皮肤伤口感染，绵羊多发，山羊次之。呈散发性，以早春和冬季发病较多。发病率较低，死亡率较高。

【临床症状】

自然发病的潜伏期 14~21 天，也见有为 60 天以上者。病羊体温升高至 40~41℃，精神沉郁，拒食，多数病羊表现出脑炎症状，如转圈，不能自主倒地，颈项强直，角弓反张，四肢作游泳状姿势，面部神经麻痹，咬肌和咽喉麻痹等。羔羊多因急性败血病而迅速死亡，病死率较高。

【病理变化】

一般无特殊的肉眼变化。有神经症状的病羊，脑及脑膜充血、水肿，脑脊髓液增多，稍浑浊，脑干变软，有小病灶，肝脏有小坏死灶或广泛坏死。临床表现败血症状明显者有败血症的变化。流产的母羊都具有子宫内膜充血和广泛坏死的变化，胎盘子叶水肿、出血和坏死。

【防治】

注意环境卫生，灭鼠保畜。应将发病地区（牧场）的病羊隔离治疗，尸体深埋或焚烧，并用来苏尔、菌敌净、漂白粉、氯胺丁等消毒剂对被污染的场地进行消毒。

治疗本病可用青霉素和磺胺类药物，效果良好。对显神经症状的种羊可用氯丙嗪（冬眠灵）50 mg，肌肉注射，每日 1 次；或用醒脑静注射液，每次 3 mL，1 日 1~2 次；六神丸 10 粒，1 次灌服，可使病羊症状缓解。

二、羊副结核病

副结核病，也叫副结核性肠炎，是一种慢性传染病。临床以间歇性腹泻、顽固性腹泻和逐渐消瘦为特征。

【病原及其流行】

本病的病原副结核分枝杆菌为革兰氏阳性小杆菌，具有抗酸性、染色等特点，与结核杆菌相似。该菌对外界环境的抵抗力较强，在污染的牧场、圈舍中可存活数月，对热抵抗力差，用 10% 漂白粉能很快将其杀死。病菌主要存在于病羊的肠道黏膜和肠系膜淋巴结中，通过粪便污染饮水和饲草，进而感染健康羊使之发病。本病呈地方性流行。

【临床症状】

潜伏期数月至数年。病羊体重逐渐减轻，表现为间歇性或顽固性腹泻，粪便呈稀糊状。体温正常或略升高。病程延至数月，病羊瘦弱，脱毛，衰竭，卧地。病至末期可并发肺炎，转归多以死亡而告终。

【病理变化】

尸体消瘦，皮下脂肪消失，肌肉颜色变淡。腹腔有清澈的渗出液，肠系膜和肾囊脂肪呈胶冻样，胃肠浆膜瘀血。病变主要出现在消化道、回肠和盲肠，结肠黏膜肥厚，形成皱褶，像脑皮质的回纹。肠系膜淋巴结肿胀，坚硬，微苍白，呈粗索状，切面水肿呈灰白色。肝脏微肿，变脆，有黄土色分区。

【防治】

羊副结核病目前尚无有效的治疗方法，为了预防本病的蔓延，唯一行之有效的办法是定期检疫。每年可用变态反应法检疫，对羊群作4次检疫。凡出现临床症状或变态反应阳性的羊只，应予以淘汰。感染严重的羊群，必须淘汰宰杀病羊，调整羊群结构，建立健康羊群。对病羊群用过的圈舍、栏栅，要在清理粪便、搞好卫生、彻底消毒后才可使用。

应用中药进行治疗可获得一定的效果，处方如下：大枫子、苍耳、滑石各12 g，木别子3 g，金毛狗脊9 g，赤石脂15 g，肉桂、升麻、葛根、枸杞各6 g煎水，另加硫磺6 g，1次灌服，连用5天。

三、羊弯杆菌病

羊弯杆菌病，原名牛、羊弧菌病，是由弯杆菌属中的胎儿弯杆菌诸亚种引起的一种反刍动物的传染病。该病使羊发生暂时性不育和流产。

【病原及其流行】

胎儿弯杆菌为革兰氏阴性，呈细长弯曲杆状。在老龄培养物中呈球形或螺旋长丝状。该病主要通过消化道感染，病母羊和带菌母羊为主要的传染源。该病多呈地方性流行，在传染过程中，常具有在一个地区流行1～2年或更长一段时间后，暂时停止，1～2年后又重新发病的规律。

【临床症状】

怀孕母羊多于产前1～2个月发生流产，分娩出死羔或弱羔。流产率在20%～25%，严重者达70%。多数母羊流产无先兆性症状。有的羊流产前后，仅从阴户流出分泌物，大多数病羊可迅速恢复，但有的病羊因死亡的胎儿在子宫内滞留，可继发子宫内膜炎和腹膜炎而致死亡，病死率约为5%。

【病理变化】

流产的胎儿皮下水肿，呈败血症变化，胎儿皮肤呈暗红色，肝脏有坏死病灶。母羊常可见有子宫炎、腹膜炎和子宫积脓。

【防治】

产羔季节要严格执行卫生管理制度，隔离分群，对病羊进行治疗。对流产的胎儿、胎衣及污物要深埋或焚烧。彻底消毒被污染的场所。禁止出售病羊，避免病原扩散。

应用四环素、氯霉素进行治疗；亦可用呋喃唑酮每千克体重5～10 mg，分2次灌服。流产母羊发生全身症状者，宜输液强心，解除自体中毒，可用10%葡萄糖溶液250 mL、10%氯化钙溶液10 mL、10%樟脑磺酸钠3 mL，1次静脉注射。用10%氯化钠溶液100 mL，冲洗子宫，然后投放0.2 g氯霉素胶囊于子宫腔内。

四、传染性结膜角膜炎（又名红眼病）

本病是山羊和绵羊的一种常见病，夏季多发。临床特征是结膜充血、发炎，流泪及其分泌物增多。

【病原及其流行】

该病是由多种病原引起的急性传染病。作为病原的微生物有衣原体、结膜支原体、立克次氏体、李氏杆菌等。到目前，一般认为主要由衣原体引起。该病一般通过已感染的动物或传染物质引起同种动物感染；也可通过蚊蝇或某种飞蛾等机械传染；患畜的分泌物，如鼻液、泪、奶及尿的污染物也能传播该病。该病多发生在蚊、蝇较多的炎热季节。一般是在5—10月份，以放牧期发病率最高。

【临床症状】

该病的潜伏期一般为3~7日。病程20~30日。初期患眼羞明、流泪，眼睑肿胀、疼痛。检查眼部可见到结膜血管充血、红肿。角膜表面粗糙，周围血管充血、舒张，或在角膜上出现灰白色小点。严重者角膜增厚，亦发生溃疡，形成角膜瘢痕。角膜软化穿孔时，造成晶状体脱落。常见一眼发病，有时两眼也可同时发病，一侧轻，另一侧严重。严重者眼球因角膜破裂，进而感染，发生眼球化脓，并可继发脑炎，此时病羊体温升高，食欲废绝，卧地不起。病羊一般无全身症状，很少有发热反应。多数病羊可以自愈。若感染衣原体时，病羊可出现关节炎而发生跛行。

【病理变化】

主要表现为眼部结膜和角膜部位的病理变化。

【防治】

1. 预 防

将病羊立即隔离，及早治疗。彻底清扫圈栏，进行消毒，杀灭蝇虫。划区放牧，严禁将健康羊与病羊混群。

2. 治 疗

先用2%~3%硼酸或淡盐水洗眼2~3次，清除分泌物和其他异物。然后用醋酸可的松眼药水或青霉素、金霉素眼膏点眼，或用青霉素溶液洗眼，连用3~5天。每千克体重用磺胺嘧啶钠溶液0.07 g肌肉注射；夏枯草30 g煎汤灌服；50%葡萄糖溶液洗眼，每天2次。

病毒灵5 mL、地塞米松5 mL、乐百兽2 mL混合液滴眼，每天3次，连用5天。角膜混浊或形成角膜翳者，用"拨云散"吹入眼内，每天2次，连用5天。为加速角膜混浊吸收也可以采用普鲁卡因自家血液疗法：取患羊颈静脉血3 mL，加入1%普鲁卡因2 mL、青霉素20万单位混匀（防止凝血），分别缓慢于上下眼睑皮下注射。

五、山羊传染性胸膜肺炎

山羊传染性胸膜肺炎，又名烂肺病，是山羊特发的高接触性传染病。临床表现为高热、咳嗽，肺与胸膜发生浆液性和纤维蛋白性炎症。多呈急性和慢性经过，发病后死亡率较高。

【病原及其流行】

该病的病原为丝状霉形体，革兰氏染色呈阴性。病羊是主要的传染源，病原主要存在于发病羊的肺、胸水和纵隔淋巴结中。常随呼吸道分泌物排菌。主要通过空气、被污染的灰尘传播。当羊只营养不良，受寒感冒时，因机体抵抗力降低而发病。呈地方性流行，以冬季发病为多。

【临床症状】

病初体温升高，精神沉郁，食欲减退，咳嗽，流出浆性鼻涕后，咳嗽加重，流黏性或铁锈色鼻涕。胸部听诊出现支气管呼吸音及摩擦音；叩诊呈浊音，病变多在一侧，触摸胸部表现疼痛。

呼吸困难，体温升高至 41~42 ℃，高热稽留，拱背。孕羊流产，瘤胃臌气，眼睑肿胀，口腔溃烂，唇、乳房皮肤发疹。濒死期体温降至常温以下。病程 7~15 天。

【病理变化】

病变多出现在胸部，胸腔有淡黄色积液，一侧或两侧性肺炎。肺发生肝变，切面呈大理石状外观，肺间质变宽，水肿。胸腔有纤维蛋白性渗出，胸膜变厚，表面粗糙，胸膜、肺、心包膜互相发生粘连。支气管淋巴结和纵隔淋巴结肿大，切面多汁，有点状出血。心包积液，心肌松软。肝脏、脾脏肿大，胆囊积有大量胆汁，肾脏肿大，被膜下有点状出血。化脓菌继发感染，可见化脓性肺炎。

【防治】

严禁从病区购进羊只，坚持自繁自养。加强饲养管理，定期检疫，对假定健康羊应分群饲养。对被病菌污染的环境、用具等应进行消毒处理。

每年定期使用山羊传染性胸膜月龄肺炎氢氧化铝菌苗接种，5 月龄以下的羊只，皮下或肌肉注射 3 mL，6 月龄以上的羊只注射 5 mL。如果当地羊群发病系由羊肺炎支原体引起，可使用羊肺炎支原体灭活苗进行免疫接种。

治疗用新砷凡纳明，5 月龄以下的羊只用 0.1 g，5 月龄以上羊只用 0.25~0.3 g，溶解于生理盐水中，静脉注射。必要时隔 4~9 日再注射 1 次。此外，亦可使用土霉素或氯霉素进行治疗。

六、羊快疫

快疫是由腐败梭菌引起的主要见于绵羊的一种急性传染病。一般经消化道感染，如果经伤口感染则会引起恶性水肿。临床以突然发病、病程短促、皱胃出血、炎性损害等为特征。

【病原及其流行】

腐败梭菌为革兰氏阳性的厌氧大杆菌，会产生多种毒素，主要经消化道感染。在每年春末至秋季的阴雨季节多发。发病羊的年龄多在 6 个月至 2 岁之间。绵羊最易感染，山羊也有易感性，但较少发病。羊只在气候突变、圈舍泥泞的环境中及营养较差、饲喂冰冻或被污染的草料的情况下可诱发本病。常呈散发。

【临床症状】

病羊常来不及表现临床症状便突然死亡。所以常可遇到患羊在放牧时死于牧场上或早晨发现时已死于圈舍内的情况。有的病羊死前表现疝痛，腹胀，结膜发绀，磨牙，最后痉挛而死。病程长者表现为虚弱，食欲废绝，离群独站，不愿走动，结膜苍白，鼻端干燥，体温升高达 41 ℃ 左右，腹痛，磨牙，口流带血泡沫，排便困难，里急后重，粪便恶臭，粪中混有血丝和黏液，最后昏迷。病程极为短促，多于数分钟至几小时内死亡。只有少数可痊愈。

【病理变化】

死于本病的羊只尸体迅速腐败，天然孔流出血样液体。可视黏膜充血、呈蓝紫色，皮下呈出血性胶样浸润。胸腔、心包腔、腹腔积有淡红色液体。肝脏肿大，呈黏土色，其浆膜下可见到黑红色界限明显的斑点，切面有淡黄色的病灶。前胃黏膜自行脱落，并附着在胃内容物上；瓣胃内溶物干涸，形如薄石片，挤压不易破碎；皱胃呈出血性炎症变化，黏膜充血肿胀，在胃底部及幽门部附近，可见大小不等的出血斑点及坏死区。肠道充气，黏膜充血、出血，严重者出现坏死和溃疡,一般情况下肠道的这种变化比肠毒血症轻。肾脏软化。另外,还可见有心内、外膜出血,心肌颜色变淡,并有出血斑点。肺出血为紫红色。因病羊死后迅速腐败,成群分布的病灶不易辨认,故本病又被称为"坏死性肝炎"。因胆囊肿胀,有的地区将本病称为"胆胀病"。

【防治】

平时应加强饲养管理,消除一切可能诱发此病的不利因素。

在该病的常发地区,每年应定期注射菌苗进行预防。目前常用的疫苗有:羊快疫、猝狙、肠毒血症三联菌苗,羊快疫、猝狙、肠毒血症、羔羊痢疾、黑疫五联菌苗。前者对半岁以下的羊,1次皮下注射 5~8 mL;半岁以上羊的 1 次皮下注射 8~10 mL。后者一律皮下注射 5 mL,免疫期为 6—9 个月。在对同群或其他绵羊紧急预防接种的同时,每只羊灌服 0.5%高锰酸钾溶液 250 mL,或者灌服 2%硫酸铜溶液 100 mL。

在本病发生严重时,要严格隔离病羊,健康羊群及时转移放牧地,加强饲养管理,防止受寒感冒,避免让羊只采食冰冻饲料。对病羊严禁屠宰和剥皮利用。尸体及排泄物在消毒后要深埋。被污染的棚圈、地面和用具,用 20%漂白粉或 3%火碱溶液消毒。

对病程稍长的病羊,可选用青霉素肌肉注射,每次 80~160 万单位,每日 2 次,磺胺嘧啶内服,每次 5~6 g,每日 2 次,连服 3~4 次;内服 10%~20%石灰乳 1 次,连服 1~2 次。同时配合强心、输液等对症治疗措施。

七、羊肠毒血症

羊肠毒血症又称"软肾病""类快疫",是由于 D 型魏氏梭菌在羊肠道大量繁殖,产生毒素而引起,是绵羊的一种急性、致死性传染病。该病临床以发病急、死亡快、死后肾脏软化为特征。

【病原及其流行】

本病的病原为革兰氏阳性厌氧粗大杆菌,可形成荚膜,故称"产气荚膜杆菌",可产生多种毒素。芽孢会污染饲草、饮水和青嫩多汁的草料,从而诱发本病。羊只的发病年龄不等,从几个月到 6 岁左右;在常发区,两岁以下的羊只,尤以 4—12 个月龄的羔羊发病率较高。本病多呈散发,在一个疫群内的流行时间多为 1 个月至 50 天左右。春、秋季节多发。

【临床症状】

急性病例,病羊腹部极度膨胀,腹痛,口吐白沫,倒地后发生痉挛,很快死亡。病羊在临死前,步态不稳,呼吸加快,全身肌肉颤抖,磨牙,侧身倒地,体温一般不高,四肢及耳尖发冷。多死于夜间,次日早晨才被发现。

病情缓慢者,起初厌食、反刍、嗳气停止,流涎,腹部膨大,腹痛,排稀粪。粪便恶臭,呈黄褐色,糊状或水样,其中混有黏液或血丝,1—2 天后死亡。

【病理变化】

胸腔、腹腔和心包积液。心脏扩张,心肌松软,心内、外膜有出血点。肺呈紫红色,切面有血液流出。肝脏肿大,呈灰褐色半熟状,质地脆弱,被膜下有点状或带状出血。胆囊肿大。此外,较为特殊的变化是肠道,小肠黏膜充血、出血,重病者整个肠段壁呈血红色,或有溃疡,故本病又被称为"血肠子病"。幼龄羊一侧或两侧肾脏软化,如稀泥样。全身淋巴结肿大,呈急性淋巴结炎,切面湿润,髓质部分呈黑褐色。

【防治】

发病时立即转移牧场。

在常发地区及每年流行之前用羊三联菌苗（羊快疫、羊猝狙、肠毒血症）、羊梭菌病四防氢氧化铝菌苗（羊快疫、羊猝狙、肠毒血症、羔羊痢疾）、羊厌氧菌氢氧化铝甲醛五联苗（羊快疫、羊猝狙、羔羊痢疾、肠毒血症、黑疫）进行预防接种。

加强饲养管理，放牧时避免羊只过食嫩草。常喂食盐，少喂精料，使羊只多运动。注意精、粗、青料的搭配。在夏初应减少抢青，在秋末尽量到草黄较晚的地方放牧，在农区要少投喂菜根、菜叶等多汁饲料。

用抗生素或磺胺药，结合强心、镇静对症治疗。病羊每只灌服0.5%高锰酸钾250 mL；用磺胺脒治疗每千克体重0.3~0.5 g，每日1次，连用2~3天，并静脉注射生理盐水。也可用氯霉素肌肉注射，每次0.5~0.75 g，每日2~3次；或灌服10%石灰水，大羊200 mL，小羊50~80 mL。

八、羊猝狙

羊猝狙是由C型魏氏梭菌引起的一种毒血症。临床以急性死亡、腹膜炎和溃疡性肠炎为特征。

【病原及其流行】

病原为C型魏氏梭菌，该菌两端稍钝圆，不游动，在动物体内有荚膜。广泛存在于土壤、污水、饲料及粪便中。经消化道感染，在小肠（十二指肠和空肠）里繁殖，产生β毒素，引起发病。常见于低洼、沼泽地区。多发生于冬、春季节，常呈地方性流行。

【临床症状】

本病常见于成年绵羊，且1~2岁的绵羊发病较多。病程短促，未见有任何临床症状，即突然死亡。病羊表现掉群，卧地，烦躁不安，机体衰弱，全身痉挛，在数小时内死亡。（死亡是由于毒素侵害神经中枢的神经元所致）

【病理变化】

病变主要发生在消化道和循环系统。十二指肠和空肠黏膜严重充血、糜烂，也可在不同肠段出现大小不等的溃疡。由于细菌和毒素的作用，血管通透性增加，可见胸腔、腹腔和心包腔大量积液，积液可形成纤维素絮块。浆膜上有点状出血。死后小8时，骨骼肌肌间隙积聚血样液体，肌肉出血，有气性裂孔。

【防治】

本病的防治可参照羊快疫与羊肠毒血症。

九、羊黑疫

羊黑疫是由诺维氏梭菌引起的绵羊、山羊的一种急性、高度致死性毒血症，俗名传染性、坏死性肝炎。本病的特征是肝实质的坏死病灶。

【病原及其流行】

病原为B型诺维氏梭菌，属梭状芽孢杆菌属。广泛存在于自然界中。本病可使1岁以上的绵羊感染，并且常以肥胖的2~4岁绵羊发病最多。本病主要发生于夏季肝片吸虫流行的潮湿地区，当羊采食了被细菌污染的饲料后，细菌便随牧草进入羊的胃肠道，通过胃肠壁进入肝脏，以芽孢的形式潜伏于肝脏中，当未成熟的游走肝片吸虫损伤肝细胞时，存在于该处的芽孢迅速繁殖，产生毒素，进入血液循环，发生毒血症，进而损害神经和其他器官的组织细胞，导致急性休克而死亡。

【临床症状】

病羊突然死亡，少数病例的病程可拖延1~2天。病羊表现掉群，食欲废绝，体温升高（41.5℃左右），昏睡，俯卧，呼吸困难等症状。死亡前无挣扎痛苦的表现。

【病理变化】

尸体皮下静脉充血明显，皮肤显暗黑色外观，胸部皮下组织水肿。胸腔、腹腔、心包腔积液，左心室心内膜有点状出血。皱胃幽门部和小肠部充血和出血明显。肝脏充血肿胀，表面有数目不等的坏死灶，坏死灶呈灰黄色、不整齐的圆形，周边有一鲜红色的充血带，直径为2~3 cm。肝脏的这种坏死变化很特殊，具有诊断意义。

【防治】

预防此病的关键是控制肝片吸虫的感染。发病时，迅速将羊群移至干燥地区。可用羊厌氧菌五联苗（羊快疫、羊肠毒血症、羊猝狙、羔羊痢疾、羊黑疫）5 mL，肌肉注射，免疫期1年；亦可用抗诺维氏梭菌血清治疗。

十、羔羊痢疾

羔羊痢疾是初生羔羊的一种急性毒血症，以剧烈腹泻和小肠溃疡为特征。本病常可使羔羊大批死亡，给养羊业带来重大损失。

【病原及其流行】

本病的B型魏氏梭菌。魏氏梭菌可通过羔羊吮乳、人工病原为补奶环节或羊的粪便进入羔羊的消化道，使羔羊感染本病。在寒冷、潮湿的环境中，羔羊抵抗力降低，细菌在小肠（特别是在蛔肠）大量繁殖，产生毒素（主要是β毒素），引起发病。本病除经消化道传染外，也可通过脐和伤口侵入羊的体内。母羊孕期营养不良，春乏饥饿，人工补奶不定时、定量以及奶温忽热忽凉都是造成羔羊发病的诱因。

本病危害7日内的羔羊，又以2—3日龄以内的羔羊发病率最高，7日龄以上羔羊的很少发病。纯种培育出生的品种羊适应性差，发病率、死亡率高。土种羊相对来讲较少发病。

【临床症状】

自然感染的潜伏期为1~2天。病羔羊体温微升或正常，精神不振，被毛粗乱，孤立在羊舍一边，低头弓背，不想吃奶，眼睑肿胀，呼吸、脉搏增快。不久则发生持续性腹泻，粪便恶臭，开始为糊状，后变为水样，含有气泡、黏液和血液；粪便颜色不一，有黄、绿、黄绿、灰白等色。到病的后期，常因虚弱、脱水、酸中毒而死亡。病程一般为2~3天。本病病程很短，若不及时救治，常在数小时至十几小时内死亡。

【病理变化】

死亡病羔羊显著的病理变化是在消化道，第四胃内往往存有未消化的凝乳块，胃黏膜水肿充血，有出血斑点；小肠黏膜充血发红，有的有出血点，病程较长的还可能有溃疡；有的肠内容物呈血色，大肠的变化与小肠类似，但程度较轻；肠系膜淋巴结肿胀充血，间或出血；肝常肿大而稍软，呈紫红色；心包积液，心内膜有时有出血点；肺常有充血区域或瘀斑。

【防治】

在长期防治该病的过程中，广大兽医工作者已总结出了一整套防治措施，即抓"膘""暖""奶""消""治"等防治措施。

1. 预 防

（1）膘。大力搞好母羊抓膘、保膘工作，使所产羔羊体格健壮，抗病力强。

（2）暖。加强保暖工作。兴建棚圈，并在每年产羔前修补严密。放牧过程中产下的羔羊，应尽快放入毡包，防止受冷。由于纯种培育羊和杂种羊（尤其是高代杂种羊）不适应寒冷的气候，应尽可能做到留圈产羔，并设法提高羊舍温度，保持羊圈干燥。在寒冷的产羔季节，切勿用消毒液消毒羊舍，否则会造成羔羊受冻生病。圈内的粪层有良好的保暖作用，不应铲去。

（3）奶。合理哺乳。避免羔羊饥饱不均，譬如将羔羊留圈而母羊由早到晚在外放牧，就会出现羔羊在饿了一天之后，等母羊回圈时又饱吃一顿的情况，这样会使羔羊生病。为了解决这一问题，可根据条件，实行母羊圈边放牧，中午回圈奶羔一次的做法；或给母羊补饲，适当缩短放牧时间；若能创造条件让母羊产羔后留圈舍饲数日，则更为有利。

（4）消。是一种有效的预防措施，能减少本病的发生。对于易受羔羊痢疾危害的纯种及杂种羊群，最好能设置保暖较好并隔成小栏的育羔圈。专门圈养产后 7~10 日内的母羊和羔羊，每栏以能圈 10~20 对母羊和羔羊为宜，轮流交替使用。一旦栏内有羔羊发生下痢，除应将病羔和母羊立即移至专设的病羔圈之外，还应将其余未生病的羔羊和母羊转入另一栏，原来的小栏，须经消毒处理后再用。

（5）治。即药物预防。于羊羔出生后 12 小时内灌服土霉素 0.15~0.2 g，每日 1 次，连服 3 天，有预防本病的效果。

2. 治 疗

对病羔要做到及早发现、仔细护理、积极治疗。治疗羔羊痢疾的方法很多，可依据各地的不同条件和实际效果试验选用。

十一、羊链球菌病

羊链球菌病是由羊溶血性链球菌引起的一种急性、热性、败血性传染病。临床常以颌下淋巴结肿大、咽喉肿胀、各脏器出血、大叶性肺炎、胆囊肿大为特征。

【病原及其流行】

羊溶血性链球菌为需氧或兼性厌氧菌，在有氧和无氧的环境中均可生长。本菌无运动性，不形成芽孢，革兰氏染色阳性。本菌可存在于病羊的各个脏器组织之中，而在鼻液、鼻腔、气管和肺中最多。病羊和带菌羊是本病的主要传染源，自然感染主要通过呼吸道，其次是皮肤创伤。

【临床症状】

病程短，最急性者 24 小时内死亡，一般为 1~3 天，延至 5 天者少见。初期体温升高达 41 ℃以上，精神不佳，拒食，反刍停止。眼结膜充血、流泪，有脓性分泌物。鼻腔分泌物为黏脓性。咽喉肿胀，颌下淋巴结肿大，口流泡沫状涎液。呼吸短促，每分钟 50~60 次，心跳每分钟 130 次左右，便血。怀孕羊多数流产。此外，见有头部和乳房发生肿胀，临死前磨牙，抽搐，惊厥等症状。

【病理变化】

常见有各脏器的广泛出血。淋巴结肿大、出血，喉和气管出血，肺脏水肿、出血，出现肝变区。胸腹腔和心包有积液。各脏器浆膜表面附有纤维蛋白性渗出物。心内、外膜出血。肝肿大，呈泥土色，表面有出血点，胆囊肿大 2~4 倍。肾脏变软，有贫血性梗塞区。浆膜、大网膜、肠系膜、胃肠黏膜肿胀和出血。膀胱内膜出血。

【防治】

1. 预防

及时隔离病羊，加强饲养管理，增加营养，以增强羊只的抵抗力。在发病羊群周围的水源、牧场、圈舍等环境中撒布草木灰、生石灰消毒；羊粪堆积发酵，羊圈内用 30 g/L 来苏尔或 30 g/L 烧碱消毒；将牧场遗留的尸骨、皮毛等物进行深埋或焚烧。

预防免疫可用羊链球菌氢氧化铝甲醛菌苗，不论大小羊每只皮下注射 3 mL。3 月龄的羔羊首次免疫后，隔 2~3 周再接种注射 1 次。

还可给未发病的羊只注射青霉素，有良好的预防效果。

2. 治疗

用青霉素对同群处在潜伏期的病羊进行治疗，每日肌肉注射 1~2 次，连用 3~5 天，口服健胃、助消化药物进行辅助治疗，疗效明显，7 天后病羊基本痊愈；但对患病后期的羊，治疗效果不明显。待全群病羊痊愈或最后 1 只病羊死亡后 1 个月，经彻底消毒后，才可解除疫区封锁。

十二、绵羊伪结核病

绵羊伪结核病又名干酪性淋巴结炎，是由伪结核棒状杆菌感染所引起的一种接触性、慢性传染病。临床上常以局部淋巴结发生化脓性、干酪样坏死病变为特征，有时也在肺、肝、脾、子宫角、乳房腺体深部肌肉等处发生大小不等的化脓灶，其内含有淡黄绿色的脓汁和干酪样物质。

【病原及其流行】

病原为伪结核棒状杆菌，多形态，体短呈球状至杆状。革兰氏阳性，无鞭毛，没有芽孢。生长需氧性兼厌氧。本菌可经伤口或寄生虫幼虫的损伤脏器而感染动物，一年四季均可发生。本病多为散发性，较少呈地方性流行。

【临床症状】

潜伏期不定。病羊在初期很少有明显的临床症状，往往不被人们发现。

成年羊感染后，起初，感染的部位发生炎症，后波及邻近的淋巴结，炎症部缓慢增大并化脓，脓汁初起稀薄，呈灰白色，后逐渐变为牙膏样、干酪样，脓肿被薄膜包裹，切面呈同心环状。脓肿多发生在肩前、股前的淋巴结。如果体内淋巴结或实质器官受到侵害时，病羊表现为逐渐消瘦、衰弱，呼吸加快，有时咳嗽，体温升高，精神萎顿，食欲减退，最终陷于恶病质而死亡。常在死后剖检时才能发现特征病灶。若四肢肌肉深层发病，则表现为跛行。

若感染羔羊，可引起羔羊化脓性关节炎，以腕关节、跗关节炎较为常见。奶山羊感染本病，淋巴结脓肿会自行破溃，并使邻近处发生新的脓肿，有时还可形成瘘管。

【病理变化】

尸体消瘦，毛焦，体表淋巴结肿大，切开肿胀的淋巴结，内含干酪样坏死物。在肺、肝、脾、肾和子宫角等处亦可见到大小不等、数目不一、孤立的脓肿。

【防治】

1. 预防

日常应坚持做好环境卫生工作，定期用强力消毒灵（或消毒王）、菌毒敌等消毒剂带畜喷雾，消毒圈舍、槽具等。发现病羊立即隔离，并进行治疗。

2. 治 疗

在发病初期可用青霉素 80 万单位，生理盐水 10 mL，溶解，肿胀部周围肌肉注射，每日 2 次，连用 3 天。磺胺类药物效果较佳，可用 20%磺胺嘧啶钠注射液 10 mL，肌肉注射，每日 1 次，连用 5 天。另外，早期也可应用 0.5%黄色素 10 mL，1 次静脉注射，可提高疗效。中药可选用蒲公英 30 g、紫花地丁 25 g，黄柏、黄氏各 6 g，山枝、黄药子、白药子各 9 g，煎灌服，每日 1 剂，连用 3 天。

第五部分　寄生虫病

一、双腔吸虫病

双腔吸虫病是由双腔科双腔属的矛形双腔吸虫和中华双腔吸虫引起的寄生虫病。虫体寄生于动物的胆管和胆囊中，主要危害反刍动物，严重感染时会造成牛、羊死亡。

【病原发育和感染过程】

虫体寄生于羊的胆管和胆囊中。该虫在发育的过程中，需要中间宿主。虫卵被螺蛳（第一中间宿主）吞吃后，毛蚴从卵内孵出，从螺的消化道移到肝脏内，经母胞蚴及子胞蚴的发育而产生尾蚴。尾蚴在螺蛳的呼吸腔又形成尾蚴囊，其后被黏性物质包裹，形成黏液球。下雨后，通过螺蛳的呼吸孔排出体外，粘在植物上。这一过程约需 82～150 天方能完成。黏液球被蚂蚁（第二中间宿主）吞吃后，在蚂蚁体内形成囊蚴。羊吃了含有囊蚴的蚂蚁后，就会被感染，囊蚴在羊的肠道脱囊而出，经十二指肠到达胆管和胆囊内寄生。

【临床症状】

虫体寄生在胆管，引起胆管炎和管壁增厚；肝脏肿大，肝被膜肥厚。严重感染的病羊可见到黏膜黄染，逐渐消瘦，颌下水肿，下痢，并引起死亡。

【诊断】

根据病史和临床症状，可以作出初步诊断。确诊还需进行实验室检查。

【治疗】

应用六氯对二甲苯，每千克体重 200～250 mg，灌服；亦可用吡喹酮，每千克体重 50 mg，灌服。

二、前后盘吸虫病

前后盘吸虫病是由前后盘科的多种前后盘吸虫寄生所引起的寄生虫病。成虫寄生在反刍动物，如牛、羊等的瘤胃和网胃壁上，危害不大，多数幼虫在发育过程中移行至真胃、小肠、胆管和胆囊中，可造成严重的病变，甚至导致死亡，该病遍布全国各地，南方较北方多见。

【病原发育和感染过程】

成虫寄生于羊（终末宿主）的瘤胃和网胃壁上产卵。卵进入肠道后随粪便排出体外，在水中孵化出毛蚴后，毛蚴从卵内进入水中，遇到淡水螺（中间宿主），再钻入其体内，育成胞蚴、雷蚴和尾蚴。尾蚴具有前后吸盘及一对眼点。尾蚴进入螺蛳体后，附着在水草上形成囊蚴。羊吞食了含有囊蚴的水草后，就会被感染。囊蚴到达肠道后，童虫从囊内游离出来，在附着在瘤胃黏膜之前，先在小肠、胆管、胆囊和真胃内移行，寄生数十天，最后到达瘤胃，发育成成虫。

【临床症状】

本病多发生于夏、秋两季，典型症状是顽固性拉稀，粪便呈粥样或水样，腥臭；体温升高。严重的病例则下痢便血，逐渐消瘦，贫血，水肿，衰竭卧地不起而死亡。也有因虫体感染的数量不多，呈慢性型，不明显，可表现为消化不良，时好时下痢，交替发生等症状。

【治疗】

选用硫双二氯酚、氯硝柳胺、溴羟替苯胺等定期进行驱虫；消灭中间宿主淡水螺；对病羊排出的粪便进行堆置发酵处理，杀死虫卵；不在被污染的水草中放牧。

三、棘球蚴病（包虫病）

棘球蚴病是细粒棘球绦虫的幼虫寄生在人、畜的脏器内（主要是肝脏和肺脏）所引起的一种严重的人、畜共患的寄生虫病。其中以绵羊和牛受害最严重。成虫寄生在犬、狼、狐狸等肉食动物的小肠内，它们是本病的传染源。

【病原发育和感染过程】

成虫寄生在终宿主的小肠内，含孕节片或卵，随粪便被排出体外，污染水源和饲料，若这些被污染的水源和饲料被羊吞入，其中的卵内六钩蚴即在消化道孵出，钻入肠壁，随血流循环到肝脏，亦可进入肺及其他脏器发育成棘球蚴。当犬、狼（终末宿主）吃了含有棘球蚴的脏器后，棘球蚴内的头节可在它们的小肠内经过 2.5~3 个月发育为成虫。

【临床症状】

若轻度感染，则病初不显症状。如果棘球蚴侵占肺部，会引起呼吸困难和微弱咳嗽。听诊肺部病区，病灶下无呼吸音或呼吸音减弱。叩诊为半浊音、浊音。棘球蚴破裂则全身症状加重，病情恶化，甚则引起窒息而死亡。肝脏感染严重时，叩诊肝浊音区扩大，触诊浊音区，病羊表现疼痛。患羊咳嗽，反刍无力，瘤胃臌气，营养失调，消瘦，乃至衰竭。绵羊对本病敏感，死亡率高。

【防治】

预防本病应做到不用已感染本病的羊的脏器喂犬，焚毁已被感染的脏器。给犬定期驱虫，可用氢溴酸槟榔碱，每千克体重 2~3 mg，灌服；氯硝柳胺，每千克体重 100~150 mg，灌服；吡喹酮，每千克体重 75 mg，灌服，连用 3 次。喂药前将犬拴住，清除犬粪，消灭病原，防止扩散。

四、脑多头蚴病

脑多头蚴病又叫脑包虫病。幼虫主要寄生于绵羊、山羊、黄牛，偶见骆驼、马、猪及其他野生动物的脑及脊髓，极少见于人，是危害养羊、养牛业的一种严重的人、畜共患的寄生虫病。本病分布于全世界，呈地区性流行，可引起动物死亡。

【病原发育和感染过程】

多头绦虫寄生于犬、狼、狐狸（终末宿主）的小肠内，孕节片脱落随粪便排出体外，节片与虫卵散布于草场，污染饲草料、饮水，这些被污染的饲草料、饮水被羊只（中间宿主）吞食而进入胃肠道后，六钩蚴逸出，借小钩钻入肠黏膜血管内，随血液进入脑脊髓中，经 2~3 个月发育成多头蚴。六钩蚴在羔羊体内发育较快，感染后两周发育至粟粒大小，6 周后囊体直径可达 2~3 cm。含有多头蚴的脑被犬类动物吞食后，多头蚴头节便吸附于这些动物的小肠壁上，发育为成虫。

【临床症状】

多头蚴寄生于羊脑及脊髓部，可引起脑膜炎，羊只表现出采食草料减少，流涎，磨牙，垂头呆立，作特异转圈运动等神经症状。大群放牧离群掉队，逐渐消瘦，卧地不起，衰竭而致死亡。发病前期，羔羊多表现为急性型，体温升高，脉搏加快，呼吸急促，出现回旋、前冲、退后运动等，似有兴奋表现。发病后期，在 2~6 个月时，多头蚴发育至一定大小，病羊呈慢性经过。典型症状为随虫体寄生部位的不同，病羊转圈的方向和姿势不同。虫体大多寄生在大脑半球表面，病羊做转圈运动时，多向寄生部一侧转动，而对侧视力发生障碍以至失明，病部头骨叩诊呈浊音，局部皮肤隆起，压痛，软化，对声音刺激反应很弱；若寄生于大脑正前部，病羊头下垂，向前做直线运动，碰到障碍物头抵住呆立；若寄生在大脑后部，病羊仰头或作后退状，直到跌倒卧地不起；若寄生于小脑，病羊易惊，运动失衡，易摔倒；若寄生于脊髓部，步态不稳，转弯时最明显，后肢麻痹，小便失禁。

【防治】

1. 预　防

对牧区进行大驱虫，阻断成虫感染。对患此病的羊的头及脑和脊髓应焚毁，禁止给犬吃，可得到控制。

2. 治　疗

囊虫摘除术，此方法多用于慢性型的患羊。

手术要点：以病羊的特异运动姿势，确定虫体大致的寄生部位，用镊子或手术刀柄压迫头部脑区，寻找压痛点；再用手指压迫，感觉到局部骨质松软处，多为寄生部位；再施叩诊术，病变部多为浊音，在病部区剪毛消毒，用手术刀切开拇指头大小、半月形的皮瓣，分离皮下组织，将头骨膜分离至一侧，用小解锥在发青骨膜处启开头至硬脑下，用剪刀剪开硬脑膜，用细注射针头刺入脑实质寄生虫的囊腔内，吸出囊液，此时针头刺入脑实质时感觉到脑内有一腔体，然后用针头分离局部脑实质，再用弯成小钩状的探针刺入创口，钩住囊壁旋转两圈，轻轻提出囊虫，然后给囊腔部注入生理盐水青霉素稀释液 5 mL，拨展骨膜及皮下肌肉，涂撒少量磺胺粉，缝合皮肤。手术中要严防局部血管破裂后，血液流入寄生虫腔体。如有 X 射线或超声波设备，则手术部位更易准确地确定。感染初期尚无有效的疗法。

五、莫尼茨绦虫病

本病在我国分布很广，呈地方流行性，对羔羊和犊牛危害严重，甚至造成大批死亡。

【病原发育和感染过程】

成虫寄生于羊的小肠内。成虫脱卸的孕节或虫卵随宿主的粪便排出体外，虫卵散播，被地螨（中间寄主）吞食，六钩蚴在其消化道内孵出，穿出肠壁，入血腔发展为似囊尾蚴，成熟的似囊尾蚴开始有感染性。羊只采食时将含有似囊尾蚴的地螨吞入，地螨即被消化而释放出似囊尾蚴，似囊尾蚴吸附于羊只的肠壁上，在小肠内发育为成虫。莫尼茨绦虫主要感染 1.5~7.5 月龄的羔羊。

【临床症状】

在感染初期,羔羊出现食欲减少,下痢等症状。严重感染时,特别是伴有继发病时,会表现出明显的临床症状:食欲不振,常下痢,腹痛,粪便带有白色的孕卵节片,可视部黏膜苍白,消瘦。病的末期,患羊常因衰弱而卧地不起,抽搐,头向后仰或经常做咀嚼动作,口周围留有许多泡沫。

【防治】

1. 预防

禁止在湿潮和地螨大量滋生的地区放牧;粪便堆置后进行生物学发酵,以杀死其中的虫卵。

2. 治疗

氯硝柳胺(又称灭绦灵),每千克体重 70 mg;硫双二氯酚,每千克体重 100 mg,加入面粉糊中灌服;1%硫酸铜溶液,成年绵羊 80 mL,1 次灌服,本药应隔 2~3 周再治疗 1 次;吡亏喹酮,按每千克体重 20 mg,1 次灌服;砷酸亚锡,每千克体重 40 mg,1 次灌服,对各种绦虫均有治疗效果。

六、捻转血矛线虫病(胃虫病)

捻转血矛线虫病是反刍动物重要的寄生虫病,当夏季湿度大时常见该病严重爆发。该病能引起羊只大量死亡、生长不良以及生产性能的下降,羔羊特别是刚断奶的羔羊最易感染。

【病原发育和感染过程】

成虫寄生于皱胃,偶见小肠,虫卵随粪便排出体外,经过第一、第二幼虫期,至第三期,幼虫成为感染性幼虫,其后被羊摄食,在瘤胃中脱壳,到皱胃钻入黏膜的上皮凸起之中,开始摄食,经第三次蜕皮,形成第四期幼虫。感染后的第 12 天,虫体进入第五期,即内部各种器官发育成熟的时期。感染后第 18~21 天,宿主粪便中出现虫卵。

【临床症状】

病羊最典型的症状是贫血和衰弱。急性型羔羊常突然死亡。病羊被毛粗乱,消瘦,放牧落群,卧地不起,下痢和便秘交替发生。下颌和下腹水肿。可见黏膜苍白,贫血。病程转为慢性后,症状不太明显,病程达 7~8 个月或 1 年以上。

【病理变化】

严重贫血,血液稀薄如水,肌肉苍白。心包积液,胸水、腹水明显增多。储脂凝胶化,肝脏由于脂肪变性而呈现淡棕色。皱胃和小肠前段均可见到大量的淡红色线状虫体,在新鲜尸体上,可看到线虫附着在黏膜上或在食糜中蠕动。皱胃和小肠黏膜出现不同程度的卡他性炎症。黏膜上寄生虫移行过的地方有血凝块,成虫附着的地方有小的溃疡。皱胃内容物因有血液存在而呈明显的棕红色。

【治疗】

伊维菌素每千克体重 200 μg,1 次灌服;也可用左咪唑,每千克体重 8 mg,1 次灌服。

七、羊网尾线虫病

羊网尾线虫病是由网尾属丝状网尾线虫寄生于羊的支气管、细支气管引起的肺线虫病。常呈地方性流行,主要危害羔羊。

【病原发育和感染过程】

雌虫在羊的支气管中产卵,当羊咳嗽时,卵随黏液进入口腔,其后大部分进入消化道并在其中孵化为第一期幼虫,又随粪便排出体外,在适当的温度和湿度下蜕化为感染性第二期幼虫。此时幼虫蜕去了第一次蜕化的角皮,保留第二次蜕化的角皮,变得活跃。当羊吃草、饮水时,摄入感染性幼虫,幼虫便在小肠内脱壳,进入肠系膜淋巴结蜕化变为第三期幼虫。继之幼虫随淋巴和血液流经心脏到肺脏,最后行至肺泡、细支气管和支气管,经 8 天后,在该处完成最后一次蜕化。

羊只感染后经过 18 天到达成虫阶段,至第 26 天开始产卵。成虫在羊体内的寄生期限随着羊的营养状况而改变,营养良好的羊只抵抗力强,幼虫的发育受阻。当宿主的抵抗下降时,幼虫可以恢复发育。外界气温达 21 ℃时,虫体的活力受到影响,使其在到达感染期之前发生变性。

【临床症状】

羊群感染后的 16～32 天,病羊的典型症状是咳嗽。咳嗽先在个别羊身上发生,相继整群发作。中度感染时,咳嗽剧烈而粗粝。严重感染时,呼吸浅表、迫促而痛苦,伸颈摆头;尤其在驱赶或夜间休息时,咳嗽最为明显,常在距离羊群近处可以听到明显的咳嗽声和拉风箱似的呼吸声;患羊鼻孔常流出黏性或黏脓性分泌物,分泌物干后在鼻孔周围形成痂皮。随病程的发展羊只逐渐消瘦,被毛无光泽,焦躁,贫血,头、胸部和四肢水肿,体温无变化,呼吸困难并且加重。

当患羊打喷嚏或阵发性咳嗽时,常咳出黏液团块,显微镜涂片检查可见有虫卵和幼虫。感染轻微的羊和成年羊常为慢性经过,临床症状不明显。

【防治】

1. 预 防

在该病的流行区,应每年对羊群进行普遍驱虫,并及时对病羊进行治疗;驱虫治疗后,应将粪便堆积,进行生物发酵处理;避免在低湿的沼泽地放牧;补饲药物添加剂。

2. 治 疗

氰乙酰肼,每千克体重 17 mg,加温水少许,灌服或拌入精料中喂服;或每千克体重 15 mg,配成 10%溶液,皮下或肌肉注射。噻咪唑(四咪唑,驱虫净),每千克体重 15 mg,配成 2%溶液,灌服。丙硫咪唑,每千克体重 15 mg,灌服。苯硫咪唑,每千克体重 5 mg,灌服。左咪唑,每千克体重 8 mg,灌服。

八、羊痒螨病

羊痒螨病是由于痒螨寄生于羊体表而引起的慢性寄生虫病。以绵羊受害最为严重。其特征是皮肤发生炎症、脱毛、奇痒。本病起始于被毛稠密和温度、湿度比较恒定的皮肤部分。病变部位皮肤皱褶不明显。

【病原发育和感染过程】

痒螨寄生于皮肤表面,终身寄生于羊体上,其体表温度与湿度对痒螨的发育影响很大,体弱的羊易感染。痒螨表面角质坚韧,抵抗力强,离开宿主耐受力较强。本病通过接触感染,可传播病原。在冬季,圈舍潮湿,羊只拥挤更易传染。动物体表的皱褶处成为其寄生地。病原经卵、幼虫、若虫和成虫四个发育阶段,终生在绵羊的皮肤表面、被毛稠密处和长毛处寄生,然后蔓延至全身。

【临床症状】

病变先发生于长毛的部位，然后很快蔓延于体侧，病羊表现奇痒，常在槽柱、墙角蹭痒。皮肤先有针尖大小的结节，继而形成水泡和脓包。患部渗出液增加，皮肤表面湿润。其后有黄色结痂，皮肤变得厚硬，形成龟裂。毛大批脱落，甚至全身脱光。病羊贫血，高度营养不良，在寒冬可大批死亡。

【防治】

严格隔离病羊，接近病羊后要彻底消毒、更换衣物后再离去。

治疗前应剪毛，除去污垢和痂皮。杀螨药只能杀死成虫，不能杀死虫卵，因此，应隔7天再治疗1次。

夏季宜药浴，方法主要有：杀螨药剂；滴滴涕乳剂第一液（滴滴涕1份与煤油9份溶剂）第二液（来苏尔1份与水19份溶剂），用时将第一、第二液混匀，涂擦患部。二甲苯胺脒喷雾用0.025%的溶液，药浴用的12.5%溶液，药浴前用250倍体积的水稀释（即二甲苯胺脒为0.05%）。

九、羊毛虱

羊毛虱病是一种由接触而感染的寄生虫病。

【病原发育和感染过程】

羊毛虱寄生于羊的皮肤表面，主要通过患羊与健康羊之间的接触而感染。卵孵化为若虫后发育为成虫。雌虱交配后经2～3天产卵，产完卵便死亡，雄虱交配后死亡。雌虱排卵时分泌胶质，使卵牢牢粘附在羊的被毛上。虱的全部生活是在羊身体上度过的。

【临床症状】

因虱分泌的唾液含有毒素，其吸血时刺激羊只的神经末梢，使其发生痒感，引起羊不安，影响其采食和休息。可见到皮肤上有小结节和溢血小点，感染形成坏死灶。局部发痒，引起擦伤化脓，脱皮，结痂。致使病羊消瘦，发育不良，影响健康。

【防治】

搞好圈舍卫生，勤打扫，勤换草，定期检查。

可用0.5%～1%敌百虫水溶液，进行喷洒或药浴羊体，冬季可用灭虱灵粉剂治疗。

十、羊疥螨病

本病是由于疥螨寄生于羊体表和皮内而引起的慢性寄生虫病。其特征是皮肤发生炎症、脱毛、奇痒。疥螨病又叫疥癣、疥疮、癞等。具有高度传染性，往往在短期内引起羊群严重感染，危害十分严重。本病常发生于冬、春舍饲季节，夏季放牧时症状不明显。不同年龄的羊均可患病，但以羔羊最为严重，尤其是绵羔羊，往往可导致死亡。传染途径多为直接接触传染，也可由中间媒介物传染。

【病原及其形态】

疥螨虫体小，长0.2～0.55 mm，肉眼不易看见，呈圆形，浅黄色。螨的体表覆有厚角皮，躯干不分节，雌虫比雄虫大。

【临床症状】

山羊一般始发于被毛短且皮肤柔软的部位，如嘴唇、嘴角、鼻面、眼圈、耳根等处的皮肤。羊只表现奇痒，不断地在圈墙、栏杆等处摩擦，皮肤发红增厚，随着病情的加重，病羊的痒感表现更为剧烈，继而皮肤出现丘疹、结节、水泡、甚至脓疮，以后形成痂皮，龟裂多出现于嘴唇、口角、耳根和四肢弯曲部。严重时消瘦，放牧时落后于羊群，虫体迅速蔓延至全身，食欲废绝，最终因衰竭而死亡。

绵羊患疥螨病时，开始通常发生于嘴唇上、口角附近、鼻边缘及耳根部，严重时蔓延至整个头、颈部，病变呈现干涸的石灰样，故有"石灰头"之称。初期有痒感，继而发生丘疹、水泡和脓包，以后形成坚硬的灰白色橡皮样痂皮；嘴唇、口角附近或耳根部往往发生龟裂，可达皮下，裂隙常被污染而化脓。病灶扩散到眼睑时，发生肿胀，羞明，流泪，甚至失明。

【防治】

1. 预防

饲养管理人员要经常巡视羊群，注意观察羊群中的羊有无发痒、掉毛现象，及时挑出可疑病羊，隔离饲养，迅速查明原因，采取相应措施。羊舍要经常清扫，定期消毒，至少每两周扫一次。保持栏舍干燥，光线充足，通风良好，羊群密度适宜。引进羊只要进行严格的检疫，严禁将病原体带入，最好先隔离饲养一段时间，确认无螨病时，再混群饲养，疑似羊只要及早确诊，并隔离治疗。被污染的栏舍及用具用杀螨剂处理。

绵羊应坚持在剪毛7天后进行药浴，山羊在抓绒后进行。药浴可用木桶、旧铁桶、大铁锅、帆布浴池或水泥浴池进行。药浴在晴朗无风的天气进行，阴雨、大风、气温降低时不能药浴；药浴前3~4小时停止放牧，使羊充分休息，喝足水；要注意药液温度，防应激；大批羊只药浴前，应选择不同品种和年龄、不同体质和病情的少数羊进行药浴，如无问题，再大批进行。每只羊的药浴时间大约为1分钟，药浴时不能使羊的头部露出水面，须把头压入药液中2~3次。发现有中毒羊，可灌服15~25 g食盐水，同时使羊在阴凉通风处休息。药浴后，让羊身上的药液自然晾干，不要马上渡水。

2. 治疗

用5%敌百虫溶液涂搽患部，涂搽前先剪毛并用肥皂清洗。每次涂搽面积不超过体表的1/3；也可用的0.5%~1%敌百虫溶液药浴，2~3天药浴1次。

克辽林1份，软肥皂1份，酒精8份，调匀后涂擦病羊患部，涂擦方法同敌百虫；伊维菌素，羊每千克体重0.2 mg，颈部皮下注射，严重者7~10天后再重复注射1次。

十一、小尾寒羊梨形虫病

小尾寒羊梨形虫病是一种以高热、贫血、黄疸、血红蛋白尿为特征的流行病。该病以体格差的羊只、通风条件差的圈舍中的羊只发病率高，成年羊较羔羊发病率高。

【病原及其形态】

该病的病原为绵羊泰勒焦虫，形态不一，圆形或卵圆形的占80%，杆状的占18%，边虫形的占2%。圆形虫体的直径为0.6~2.0 μm，卵圆形的长1.6 μm。

【临床症状】

病羊体温升高达40~42 ℃，呈稽留热型，病初精神沉郁，呼吸急促，心跳加快，食欲废绝，多卧少动，便秘或下痢；可视黏膜充血，继而苍白，轻度黄疸；尿液呈淡红色或棕红色；耳静脉采血，血液稀薄，血滴无黏合力。有的病羊出现兴奋症状，无目的地狂奔，突然倒地死亡。

【病理剖检】

尸体消瘦，贫血，尸僵明显；可视黏膜苍白，轻度黄染，有出血斑点；体表淋巴结肿大，呈紫红色；胆囊肿大，胆汁浸润；脾脏肿大，被膜有出血点；肾脏有出血点，真胃黏膜肿胀有出血点。

【防治】

1. 预防

小尾寒羊的抗病性较差，一旦出现应激因素，其抵抗力便会降低，在夏季就容易患梨形虫病。小尾寒羊的疾病敏感性较差，得病前期不易觉察，所以要早发现、早治疗。

2. 治疗

杀虫贝尼尔或咪唑苯脲按体重 1 mg/kg～2 mg/kg 分点深部肌肉注射，间隔 10 小时肌注 1 次，连用 2 次以上，可以杀死体内的虫体。用阿维菌素按 0.1 g/kg 体重口服驱虫。对症治疗，强心，补液，健胃。一般在接受治疗 3 天后，病羊恢复健康，治愈率达 95%。

【讨论与思考】

如何快速识别病羊？

判断病羊的途径有哪些？

羊的各类疾病中，有哪些都有相似的病理表现，如何鉴别？

项目 8-3 兔的疾病防治

【学习目标】

1. 了解兔病发生原因和预防接种技术。
2. 掌握兔病的诊疗技术。
3. 掌握家兔的病毒性传染病、家兔的细菌性传染病、家兔的寄生虫病、家兔的内科疾病、家兔的外科疾病的诊断和防治措施。

【学习内容】

兔病的种类很多，尤其是传染病和寄生虫病，往往是大批地发生，发病率和死亡率都很高，造成养兔业的极大损失。因此，熟练掌握各类兔病的防治技术，掌握常见诊断方式，从而提高诊断效率。更好地从事养兔生产。

【相关技能】

掌握掌握兔病的诊疗技术、家兔的病毒性传染病、家兔的细菌性传染病、家兔的寄生虫病诊断和防治方法。

第一部分 兔病的发生与传播

兔病的种类很多，尤其是那些传染病和寄生虫病，往往是大批发生，发病率和死亡率都很高，危害也很大。养兔业的成败，在很大程度上取决于兔病综合性防治工作的效果。随着养兔业的迅速发展，兔病的防治工作显得尤为重要。

一、兔病的发生原因

兔病的发生原因,一般可分为2大类:一是由生物因素起的,这一类疾病都具有传染性和侵袭性;二是由非生物因素引起的疾病,这一类疾病没有传染性。

1. 生物因素引起的疾病

是由致性生物引起的疾病,包括由病毒、细菌、支原体、真菌等微生物引起的各种传染病和由各种寄生虫引起的寄生虫病。

(1)传染病。是由病原微生物通过消化道或呼吸道等途径侵入兔体,并可以在个体及群体间传播的一类疾病。其特点是传播快,发病率和死亡率都很高。由病毒引起的疾病,如有兔病毒性出血病(兔瘟)、传染性水疱性口炎、兔黏液瘤病、兔痘、子兔轮状病毒病等;由细菌引起的传染病,如兔巴氏杆菌病、波氏杆菌病、葡萄球菌病、泰泽氏病、土拉杆菌病、沙门氏菌病、大肠杆菌病、李氏杆菌病、魏氏梭菌病、结核病、链球菌病等。

(2)寄生虫病。是各种寄生虫侵袭兔体内或体表,不断吸取机体营养,分泌毒素,造成各种机体障碍和损伤,从而扰乱正常的生理功能,使家兔发育不良、贫血、消瘦以至死亡的一类疾病,如兔球虫病、弓形体病、豆状囊尾蚴病、兔螨病等。

2. 非生物因素引起的疾病

这类疾病又称普通病,主要包括内科病、外科病、产科病、营养代谢性疾病及中毒性疾病。这些疾病均不具传染性,但一些营养代谢性疾病和中毒性疾病常有群发的特点。

(1)内科病。主要是由于长期饲养管理不当造成的。如饲料单纯,精料过多,特别是贪食过多含露水的豆科植物、腐败发霉饲料和冰冻饲料,以及运动、饮水不足等原因,常可引起家兔的积食、大便秘结和胃肠炎等消化道疾病。

(2)营养代谢性疾病。主要是营养物质(如维生素、矿物质等)缺乏或过多而引起家兔的营养失衡,导致机体新陈代谢发生障碍,造成家兔的营养不良,生产性能和抗病力下降,甚至危及生命的一类疾病,如常见的维生素A、维生素B、维生素E缺乏症,钙、磷缺乏症,以及妊娠毒血症等。

(3)中毒性疾病。家兔的中毒性疾病总起来可分为食物中毒和药物中毒2大类。前者是采食含毒植物、霉变饲料而引起的;后者是采食含农药、灭鼠药、矿物质和重金属的饲料和饮水,以及因剂量或使用方法不当引起的药物中毒。如常见的有亚硝酸盐中毒、氢氰酸中毒、有机磷农药中毒和灭鼠药中毒等。

科学地饲养管理,是家兔健康的根本保障,饲养管理不当,往往就会造成疾病的发生与流行。在实践中病因往往不是单一的,有的一开始就是多种因素,有的是随着病情的不断发展机体抵抗力不断降低,很容易伴发或继发多种疾病。

二、兔病的传播

凡是由致病性生物引起的疾病,都具有一定的传染性和侵袭性。这类疾病的传播必须具备3个基本条件:一是传染源,就是被病原微生物(病毒、细菌)、寄生虫等感染的动物,包括带菌(毒或虫)兔、病兔以及其他被感染的动物等。二是指传染途径,是指病原微生物或寄生虫(如幼虫、虫卵、卵囊等)由传染源排出体外后,经一定的方式再侵入其他健康兔和别的易感动物所经过的途径。如消化道、呼吸道、皮肤、黏膜等。而空气、水、饲草、饲料、粪便、土壤、饲养管理用具、昆虫及其他动物和人等都可成为传播媒介。三是易感兔,是指对某种传染病或寄生虫病缺乏抵抗力的兔群。

上述3个基本环节一旦联系起来,就构成了兔的传染病和寄生虫病的流行链,这样随着易感兔变成传染源这一过程不断发展扩大,传染源就会越来越多,传播面也就越来越广。如果我们能及时采取有效措施切断其中任何一个环节,兔病的流行均不会发生。

第二部分　兔病的预防

一、制定合理的防疫隔离制度

1. 兔场的选址

应远离交通要道和居民区,并在兔场的周围建立围墙。兔舍的建筑应考虑到经常保持适宜的温度、湿度,阳光充足,空气流通等,特别是注意冬季保暖、夏季通风等因素,给家兔创造一个良好的饲养环境。

兔场的入口处要建有消毒池和更衣室,保持兔舍的清洁卫生,及时清扫粪尿污物及垫草,进行无害化处理。定时对饲槽、饮水器进行消毒,随时观察发现病兔隔离治疗,死兔要焚烧深埋处理。

2. 坚持自繁自养

种兔应选择生产性能良好的种公、母兔,自行繁殖子兔。严防因引进兔源而带入病兔,造成疫病流行。可利用杂交一代的优势,提高家兔的品质和子兔的成活率,以降低成本。如必须从外地引进种兔,只能从非疫区引入。及时了解该地的疫苗接种情况,种兔的健康状况,经当地兽医部门检疫、签发合格证明,再经本场兽医验证、检疫,隔离观察1个月以上,确为健康者,最后经驱虫、消毒(未注射疫苗者补注疫苗)后方可混群饲养。

二、严格消毒制度

消毒的目的在于消灭散布在外界环境中的病原微生物(如细菌、病毒等)和寄生虫(如虫卵、幼虫等)。坚持消毒制度,可预防疾病的发生与流行。

兔场入口处应设有石灰盘或消毒药液槽,常用的药物有1%~3%火碱溶液,10%~20%石灰乳,5%来苏儿。更衣室用紫外线灯消毒30 min($1 W/m^2$)计算。

兔场、兔舍按着先消毒后打扫、冲刷,再消毒、再冲刷的原则,定期进行消毒。可选用10%~20%石灰乳,30%草木灰水,20%漂白粉,3%来苏儿,2%福尔马林液,0.5%过氧乙酸等,兔笼与木制品用具可选用2%氢氧化钠溶液,0.1%新洁尔灭,0.1%消毒净,0.5%过氧乙酸,0.33%菌毒敌溶液或0.5%的消毒灭等。金属用具消毒可选用0.1%新洁尔灭,0.1%消毒净,0.1%洗必太,0.1%度米芬溶液或0.5%过氧乙酸等。食槽饮水器的消毒可选用0.01%~0.05%高锰酸钾溶液,0.1%新洁尔灭或0.5%过氧乙酸等。

工作服等可使用肥皂水煮沸消毒或高压蒸汽消毒。

粪便及垫草污物消毒,可采取焚烧、深埋或生物堆积发酵等。

病死兔的尸体、污物,应运往远离兔场的地方烧毁或深埋。

饲料库可使用福尔马林熏蒸的方法消毒，即每立方米的空间使用福尔马林 40 mL、高锰酸钾 20 g，将高锰酸钾加入到福尔马林溶液中，关闭门窗 8 h。也可使用 5%过氧乙酸溶液按每立方米 2.5 mL 的剂量喷雾消毒。

注射器械可用煮沸或高压蒸汽消毒，注射部位可用 70%~75%酒精消毒。

三、按免疫程序进行预防接种

针对预防家兔不同的传染病疫（菌）苗的特性和幼兔母源抗体的状况，制定合理的初次免疫日龄，免疫间隔时间，称为疫程序。有目的、有计划地按免疫程序接种，是预防、控制和扑灭家兔传染病的综合措施之一。

在生产实践中，特别是家庭养殖户，往往不注重预防接种，有的虽然也进行了疫苗注射，但由于疫苗的质量、剂量、时间、次数和注射方法存在问题，到头来仍会有传染病的发生。因此，对这些疫群、疫区和受威胁的兔群（经详细检查正常无病的家兔）进行紧急接种疫苗，对控制和扑灭兔瘟、巴氏杆菌病等兔病具有重要作用。但对已发病的家兔不能再接种疫苗，应进行隔离治疗或淘汰。

无论是预防接种或紧急接种时，要防止通过针头器械的再次感染，一定要做到每只兔 1 个针头，注射部位应严格消毒。几种常见疫（菌）苗的免疫程序如下：

1. 兔出血症组织灭活苗

可预防兔病毒性出血症（兔瘟），对断乳日龄 30~35 天的家兔初免，7 天后产生免疫力。每隔半年免疫 1 次。发生疫情时，可对未发病的家兔采取紧急注射，3~7 天内可有效地控制疫情。

2. 兔黏液瘤兔肾细胞弱毒苗

可预防家兔黏液瘤病，断乳 35 天以上日龄的家兔初免，4 天后产生免疫力，每年免疫 1 次。

3. 兔痘免疫

当兔群受兔痘流行威胁时，可使用牛痘苗进行紧急预防接种。

4. 巴氏杆菌灭活苗

预防兔巴氏杆菌病，30~40 日龄以上家兔初免，每隔半年免疫 1 次。也可使用巴氏杆菌与兔痘二联苗注射，断乳以上日龄初免，7 天后产生免疫力，每隔半年免疫 1 次。

5. 魏氏梭菌性肠炎灭活苗

预防魏氏梭菌病，30~40 日龄初免，7 天后产生免疫力，每隔半年免疫 1 次。

6. 支气管败血波氏杆菌灭活苗

预防支气管败血波氏杆菌病，怀孕兔产前 2~3 周免疫 1 次，25~30 日龄子兔初免，7 天后产生免疫力，每隔半年免疫 1 次。

7. 巴波二联苗

预防兔巴氏杆菌、波氏杆菌引起的呼吸道疾病，怀孕 1 周后免疫 1 次，子兔 25~30 日龄初免，7 天后产生免疫力，间隔半年免疫 1 次。

8. 兔伪结核耶新氏杆菌多价灭活苗

预防兔的伪结核病，断乳前 1 周初免，7 天后产生免疫力，每隔半年免疫 1 次。

9. 兔沙门氏杆菌灭活苗

预防兔沙门氏杆菌，怀孕前或怀孕初期母兔免疫 1 次，断乳前 1 周子兔初免，7 天后产生免疫力，每隔半年免疫 1 次。

10. 绿脓假单胞菌多价灭活苗

预防兔绿脓假单胞菌病，注射后 7 天产生免疫力，每隔半年免疫 1 次；也可用假单胞菌、巴氏杆菌与波氏杆菌三联苗。

11. 兔大肠杆菌灭活苗

预防大肠杆菌病，20～30 日龄子兔初免，7 天后产生免疫力，每隔 4 个月免疫 1 次。

在给家兔进行预防接种时，首先要看清疫苗的使用说明书或瓶签，按规定方法使用，并做好登记，主要记载接种日期、疫苗名称、生产厂家、批号、有效日期、接种剂量、接种方法和接种只数等项内容，以便观察接种效果，分析发生问题的原因。

四、有计划地进行药物预防

有计划、有目的地对兔群应用药物进行预防疾病，也是重要的防疫措施之一，尤其是在疫病流行季节到来之前或流行初期，应用安全、有效的药物加入饲料、饮水内进行群体预防和治疗，可以收到比较明显的效果（表 8.1）。

表 8.1 常用药物预防情况表

预防病名称	所用药物及给药方法
兔球虫病	1. 氯苯胍：以每千克体重 10 mg 剂量，从断乳后连续混饲 45 天 2. 球痢灵：以每千克体重 50 mg 剂量，内服，开食或断乳期间，每天 2 次，连用 5 天 3. 克球粉：以 200 mg/kg 饲料比例混饲 4 周
大肠杆菌病 沙门氏菌病	1. 痢特灵或新霉素，以每千克体重 10 mg 剂量内服，每天 2 次，连用 3～5 天；也可按 0.02%～0.025% 的质量分数混于饲料内添加 2. 氟哌酸：以每千克体重 10 mg 剂量内服，每天 2 次，连用 3 天
巴氏杆菌病 魏氏梭菌病	喹乙醇按每千克体重 50 mg 剂量内服，每天 2 次，连服 3 天
支气管败血波氏杆菌病 巴氏杆菌病球虫病	1. 磺胺二甲基嘧啶：按 0.01%～0.05% 的质量分数混饲或以 0.02% 的质量分数混饮，连用 3 周 2. 强力霉素：以每千克体重 5～10 mg 剂量，内服，每天 2 次，连用 3～5 天
乳房炎	1. 长效磺胺：产后 3 天内，每只兔每次 0.5 g 剂量，每天内服 2 次，连喂 3 天 2. 青霉素：以每千克体重 3 万～4 万 U 剂量肌肉注射，每天 2 次，连用 3～5 天
兔梅毒病	青霉素：以每千克体重 3 万～4 万 U，肌肉注射，每天 2 次，连用 4～5 天
线虫病	1. 盐酸左旋咪唑：6 月龄时，以每千克体重 10～15 mg 剂量，1 次内服 2. 丙硫苯咪唑：以每千克体重 15 mg 剂量，1 次内服
疥癣病（螨病）	阿维菌素：以每千克体重 0.2 mg 剂量，1 次皮下注射，隔 7～10 天再重复用药 1 次（口服剂型、用量及用药次数同注射剂）

在实践中，对于家兔的寄生虫病，最有效、可行的防治措施是进行定期驱虫（计划性驱虫），它具有消灭传染源、防止病原（如虫卵、卵囊等）扩散和治疗病兔的双重意义。一般选择在春、秋两季各对兔群普遍进行1次驱虫（兔球虫病例外）。

如对兔常见的线虫、绦虫、绦虫蚴及吸虫的驱除，可选用抗虫谱较广的丙硫苯咪唑，或吡喹酮与左旋咪唑复合剂等定期给家兔内服。子兔容易暴发球虫病，可选择氯苯胍等抗球虫药物在子兔从断乳至3月龄这段时间内，每天服用氯苯胍1片（10 mg），可以收到很好的预防效果。对家兔的各种螨病，要定期全面进行普查，发现病兔及早治疗，可选用阿维菌素皮下注射或用其粉剂内服。

定期驱虫应注意如下要点：
① 所使用的驱虫药物剂量要准确。
② 驱虫后要加强护理和观察，发现问题要及时采取对症治疗措施，及时解救出现毒副作用的病兔。
③ 先做小群驱虫的安全试验，取得经验并肯定药效和安全性后，再进行全群驱虫。
④ 驱虫后对所排出的粪便要做无害化处理，以防病原扩散。

五、预防中毒

家兔的中毒性疾病主要有：农药中毒，如乐果、敌敌畏、敌百虫、杀螟磷等；饲料中毒，常见有发霉饲料中毒、棉子饼中毒、马铃薯中毒、有毒植物中毒；灭鼠药中毒；食盐中毒等。

预防的措施是：严把饲料的采购、储存关，是预防本病的有效措施。要做到不喂被农药污染的青饲料；不喂发霉变质的精、粗饲料；不喂未经脱毒的棉子饼、菜子饼；加入饲料中的食盐、咸鱼粉，剂量要准确，不可超量，以免引起食盐中毒。此外，严格灭鼠药的放置管理，防止家兔误食中毒。

六、发现病兔应采取的措施

兔场一旦发生传染病或疑似传染病时，必须按照"早、快、严、小"的原则，迅速采取扑灭措施，即：早诊断，早扑灭；对发病兔和可疑病兔尽快隔离观察、治疗，并由专人管理。对发病的兔场要严格封锁，立即停止种兔出售或外调，严禁车辆进出和饲养人员串岗。兔舍、场地及一切用具严格消毒，对不能利用的病兔、死兔及粪便、垫草要做焚烧或深埋处理，及时查明发病原因，确立诊断，及时采取相应对策，把疫情报告当地有关部门，通知周围兔场采取预防措施，防止疫情扩大，以把损失降低到最小限度。

第三部分 兔病诊疗技术

一、兔病的诊断方法

在养兔生产中，应定期检查兔群的整体健康状况，特别是当兔群发病后，及时对兔群进行认真地检查，包括流行病学调查，临床诊断，剖检变化，必要时还要采取病料进行实验室检查，以便迅速做出确诊，采取相应的控制措施。

1. 流行病学调查

包括本次疾病流行的基本情况（如最初发病的时间和地点，传播蔓延情况，发病兔的数量、性别、年龄、发病率、死亡率如何等项），本地区或本场过去是否发生过类似的疾病，发病前后的饲养管理是否有大的变动，免疫接种及药物预防情况（如兔群疫苗注射情况，是否使用过预防药物，是否驱过虫，饲料中使用过哪些添加剂，效果如何），发病后病情发展情况和治疗效果等项内容。从而可以初步明确所发生的疾病是普通病还是传染病，为进一步确诊提供依据和线索。

2. 临床诊断

是一种最基本的诊断方法，它是利用人的感官或借助一些简单器械，如体温计、听诊器等直接或间接地对家兔进行检查。对于一些具有典型症状的病例，通过仔细检查不难做出诊断。但临床诊断往往具有一定的局限性，特别是在发病的初期，尚未出现症状的病例，或者非典型和隐性感染的病例，单纯依靠临床检查则很难确诊，只能提出可疑疾病的大致范围。必须结合其他诊断方法才能确诊。在实际操作时应注意对整个发病兔群所表现的症状，综合分析判断，以防误诊。临床诊断一般包括如下方面内容。

（1）一般检查。包括营养及发育状况、精神状态、可视黏膜、体温、呼吸、脉搏的检查。

营养发育良好的家兔，肌肉和皮下脂肪轮廓丰圆，被毛光滑，皮肤富有弹性，体躯大，结构匀称。相反营养、发育不良者则表现骨骼显露，被毛粗乱无光，皮肤干燥缺乏弹性，生长缓慢。此外，对皮肤的检查还应注意其温、湿度、肿胀及外伤等。精神状态正常的家兔，表现活泼，尾巴上翘，富有活力，对外界刺激反应灵敏；反之则表现委靡沉郁、昏迷或兴奋不安等异常变化。健康家兔的可视黏膜呈粉红色，当出现有苍白、黄染、发绀（蓝紫色），出血斑点时，则为有病的指征。体温的测定：一般采取肛门测温法。测温时，操作者用左臂夹住兔体，左手提起尾巴，右手持体温表慢慢插入肛门内，深度 3.5～5 cm，保持 3～5 min。家兔的正常体温为 38.5～39.5 ℃。呼吸次数检查：观察胸、腹壁的一起一伏即是 1 次呼吸，计数 0.5～1 min，计算出 1 min 的呼吸次数，健康家兔每分钟为 50～80 次。脉搏数测定：多在兔的大腿内侧近端的股动脉上检查脉搏，也可直接触摸心脏计数，健康家兔的脉搏数为每分钟 120～150 次。当患有热性病、传染病或疼痛时，脉搏增加，而脉搏迟缓者较为少见。

（2）消化系统检查。包括采食情况、排粪次数及粪便性状、腹部检查、口腔变化等项内容。

健康兔对经常吃的饲料，嗅后立即张口采食，速度很快。如果不是饲料的质量问题，而表现对饲料不亲，采食速度减慢或拒食，则是发病的前兆。根据疾病的不同，有的还可出现咀嚼吞咽困难、异嗜、呕吐、口渴、流涎等异常表现。健康兔的粪球形成良好，如豌豆大小，光滑圆润，颜色适度。患病兔常表现排粪次数减少或增加，粪便干硬或稀薄，有的混有黏液或气泡，甚至带血（褐色或暗红色），恶臭等腹部变化，根据所患疾病的种类不同，病兔常表现有腹痛（不安、回顾腹部或起卧），腹围增大、下垂或出现蜷缩现象。直接和间接听诊肠音有的增强、有的减弱或衰竭；口腔可出现水疱、疹块、溃疡和舌苔增厚等病理变化。

（3）呼吸系统检查。包括呼吸、咳嗽状况、肺部的听诊及鼻部的检查等项内容。

健康兔呈胸、腹式（混合式）呼吸，呼吸时胸壁和腹壁的运动协调，强度一致。当出现胸式呼吸时，即胸壁运动比腹壁明显，表明病变在腹部；相反腹式呼吸时，即腹壁运动明显，表明病变在胸部。有的还表现有呼吸浅表、呼吸加深或呼吸困难等症状。

当呼吸道有疾患时，病兔常有咳嗽反应，有干咳（声音干、短，为呼吸道内无渗出物或少量黏液发生）、湿咳（声音湿、长，为呼吸道内存有大量稀薄渗出液时发生）。其咳嗽的频度也不同，有单咳、连咳、痛咳（声音短而弱）、痰咳之分等。

肺部的听诊,当肺部疾患时可听到肺泡呼吸音的增强或减弱,干性喂音和湿性啰音的出现等。

鼻部的检查,健康兔的鼻孔清洁,稍湿润。当发现鼻液分泌增加(清涕稠涕脓涕、泡沫、带血)或鼻孔周围干燥皲裂时,则常为鼻腔上呼吸道及肺部的炎症表现。

(4)泌尿系统的检查。正常家兔的尿液为淡黄色,外观混浊,当尿液黏稠、清亮或发红时,均属不正常现象。排尿姿势异常主要有尿失禁(不自主地排出尿液),是排尿中枢损伤的特征。排尿困难(尿排出时表现不安,呻吟,回顾腹部,摇尾或排尿后长时间保持排尿姿势),见于尿路感染、尿道结石等。

家兔的排尿次数不定,24 h的排尿量受多种因素的影响(如饲料、饮水、运动和环境温度等),平均为每千克体重130 mL。排尿量增多见于大量饮水后,慢性肾炎或渗出性疾病(渗出性胸膜炎或渗出性腹膜炎等)的吸收期;排尿量减少,次数也减少,见于急性肾炎、大出汗或严重腹泻等。

3. 病理学诊断

病理学诊断是对病死兔或频死期捕杀的兔进行剖检,用肉眼或借助显微镜观察器官及组织细胞的病理变化,作为诊断依据之一。有些疾病单凭尸体剖检就可做出诊断,如兔瘟、A型魏氏梭菌病、兔黏液瘤病、兔肝球虫病等。有些传染病除了肉眼观察外,还需采取病料送检实验室,进一步做病理组织学检查才能最后确诊。

4. 实验室检查

实验室检查方法包括病原体(如病毒、细菌、寄生虫等)检查和血清学检查。病原体检查包括使用显微镜、电镜检查,病原体的分离培养鉴定、细胞、鸡胚和动物接种试验等方法。

血清学检查,是检测特异性抗体和抗原。常用方法有:沉淀试验、凝集试验、补体结合试验、中和试验、免疫荧光试验、放射免疫试验、酶联免疫吸附试验等。随着分子生物学研究的深入,目前也开始应用分子杂交技术、聚合酶链反应(PCR)技术来检测某些疾病。

二、病料的采取、保存和送检

在剖检过程中,有些病兔未发现特征性病变,单凭肉眼观察难以诊断,或病变明显但有待实验室进一步检查确诊,这样就必须采取病料送检。

1. 病料的采取

(1)怀疑某种传染病时,要采取该病常侵害的部位。

(2)提不出怀疑对象时,则可将完整的家兔送检。

(3)败血性传染病,采取心、肝、脾、肺、肾、淋巴结及胃肠等组织,如兔瘟、兔巴氏杆菌病等。

(4)属专嗜性传染病或侵害某些器官为主的传染病,则采取被侵害的主要器官组织,如兔结核病取病变结节;兔魏氏梭菌性肠炎,取其肠管及内容物,有神经症状的传染病采取脑和脊髓等部位。

(5)检查血清抗体时,取静脉血液待凝固析出血清后,分离血清装入灭菌的小瓶内送检。

(6)怀疑寄生虫病时,可采取家兔的新鲜粪便(检查虫卵、卵囊)和健康与病变交界处皮肤表房刮取物(检查各种螨虫)装入干净小瓶内送检。

2. 病料的保存

病料采取后要及时送检,如不能及时检验或需送往外地检查时,应加入适当的保存剂,使病料尽可能保持新鲜状态,以便得出正确的结果。

（1）供细菌学检验材料的保存。将采取的组织块保存于灭菌的饱和盐水或30%甘油缓冲液中，容器加塞封固。

（2）供病毒学检验材料的保存。将采取的组织块保存于50%甘油生理盐水或鸡蛋生理盐水中，容器加塞封固。

（3）供病理组织学检验材料的保存。将采取的组织块放入10%福尔马林溶液或95%酒精中固定，固定液的用量为标本体积的10倍以上。如固定液为10%福尔马林，在24 h后应更换新液1次。严寒季节，为防止组织块冻结，可将上述固定好的组织块取出，保存于甘油与10%福尔马林等量混合液中。

3. 病料的送检

装病料的容器上要编号，并详细记录随病料给送检单位。包装要求安全稳妥，对有危险、怕冻、怕热的材料应分别采取措施（一般微生物检验材料怕热，病理检验材料怕冻）。病料装箱后，要尽快送到检验单位，短途应派专人送去，长途可以空运。

4. 病料采取与送检注意事项

病料采取要及时，一般应在死后立即采取，最迟不应超过6 h。为不影响检查结果，取材动物最好是在近期未经药物预防或治疗过的。病料采取过程中所用器械应事先灭菌，取材过程要无菌操作。为减少污染，可先取微生物检验材料，然后结合病理剖检，再取病理检验材料。

三、家兔的给药方法

给药的途径不同，不仅影响药物作用的快慢和强弱，有时还可改变药物的基本作用。有的因药物的性质不同也需要不同的给药途径，所以，在临床工作中要根据具体情况选择适当的给药方法和给药途径。

1. 经口给药法

（1）自行采食法：此法操作简便，适于家兔尚有食欲，且药物无特殊味道的情况下应用。将药物做成粉剂，计算好用药剂量，按一定比例混于饲料或饮水中，让家兔自行采食。大批用药前，最好先做小批的毒性及药效试验。

（2）经口灌药法：适用于药量小，有异味的药物，或者已无食欲的病兔。将药捣碎加水适量，吸入不带针头的注射器内，然后从一侧口角处将注射器伸入口腔中部，缓缓注入药液，让病兔自行吞咽；也可将兔保定，用滴管或汤匙将药液送入口内，让家兔慢慢吞咽；如为片剂或丸剂，用镊子或筷子夹取药片（丸）送入会厌部，让兔吞下即可。

（3）胃管投药法：用开口器（长10 cm，直径约2 cm的木棒，其中间钻一个比胃管直径稍大的小圆孔），将胃导管（使用人用导尿管代替）涂上润滑油，通过木棒小孔插入咽部，待引起吞咽动作时，及时将其插入食管，将胃导管的游离端插入水中，看是否有气泡产生，若有气泡说明误入气管，应拔出重插。在确定胃导管已插入胃内后，用注射器或橡皮球将药液从胃管的另一端注入胃内，然后再用少量清水冲送，取出胃导管。

2. 注射给药法

注射给药，事先对所使用的注射器、针头必须经严格消毒（高压蒸汽或煮沸消毒）处理。注射前后，对注射部位要经剪毛和使用70%～75%酒精棉球局部消毒，以防造成感染。

（1）皮下注射法：一般选在颈部、肩部、腋下、股内侧或腹下皮肤薄，松弛易移动的部位。局部经剪毛消毒后，以左手捏起皮肤，右手持注射器，将针头斜向刺入皮下1.5 cm，放开左手，将药液注入。

（2）肌肉注射法：注射部位一般选择肌肉丰满的臀部和大腿部，注射前局部消毒，左手拇指和食指固定注射部位的皮肤，右手持注射器，将针头垂直或稍斜向刺入肌肉达一定深度，回抽注射器无回血后，再将药液缓缓注入。

（3）静脉注射法：注射部位多取耳外缘静脉，由助手保定，固定头部，局部消毒。左手拇指与无名指及小指相对，捏住耳尖部，以食指和中指夹住压迫静脉向心侧，使其充血怒张，当静脉不明显时，可用手指弹击局部数下或用酒精棉球反复涂擦刺激静脉处皮肤，至耳外缘静脉扩张后，右手持注射器，使针头与血管近似平行地刺入静脉约1 cm，见有回血后，再将药液缓缓注入，注射完毕拔出针头，压迫止血。

（4）腹腔注射法：将家兔仰卧保定，后躯抬高，注射部位在腹中线左侧，脐后方。局部剪毛消毒，将针头向着脊柱方向刺入，回抽活塞，如无气体、液体及血液，左手经触摸确定在腹腔内后再将药液注入。腹腔注射宜选择在家兔胃、肠及膀胱空虚时进行。当药液量大时（用于补液）应将其加热至与体温同高为宜。

（5）直肠给药法：直肠给药多在家兔便秘时采用。将家兔仰卧，使用人用导尿管的前端涂以石蜡油或植物油后缓缓插入肛门到一定深度，再用注射器或橡皮球将药液注入直肠内。

（6）外用给药法：当家兔患有外伤、体表寄生虫或消毒时采用。一般先用浓度适宜的消毒药液或肥皂水清洗局部（如眼、鼻及创伤处等），再将治疗药物涂擦于患处，在防治家兔体表寄生虫时还可使用药浴等方法。

第四部分　家兔的病毒性传染病

一、病毒性出血症（坏死性肝炎）

本病简称兔出血症，俗称"兔瘟"，是由病毒引起的一种急性败血性传染病，以全身主要器官出血为特征。

1. 诊断要点

（1）流行特点。各种家兔均有易感性，其中以长毛兔最易感。本病多发生于2月龄以上的青年兔，病死率可达90%~100%，老幼兔较少死亡，其中哺乳子兔则很少发病。本病多发生于冬、春季节，夏季少见，1次流行持续时间为7~13天。

（2）临床症状。人工感染潜伏期为48~72 h，根据病程长短可分3种类型：

最急性型：常不表现任何先兆，突然倒地抽搐、尖叫几声死亡。此型多见新疫区或流行初期。

急性型：病兔体温升高，可达41 ℃以上，精神沉郁，食欲减退或不食，数小时后体温急剧下降，表现呼吸急促，惊厥，蹦跳，倒地抽搐，尖叫而死。有的肛门出血，从鼻孔流出带血的泡沫性液体。

慢性型：多见老疫区和流行后期，病程较长，病兔精神不振，采食减少，消瘦，最后衰竭死亡。耐过兔生长缓慢。

（3）剖检变化。实质脏器（心、肺、肝、肾等）有出血、淤血斑点。尤以脾脏微血肿大明显，呈现蓝紫色。肝脏肿大，表面有灰白色坏死灶，肺脏水肿，气管内充满泡沫，有时泡沫呈血样，肾脏肿大，胆囊扩张。

（4）实验室检查。可用已知抗兔出血症血清检查病料（肝组织悬液）中的未知病毒，常用的有红细胞凝集抑制（HI）试验。反应为阳性者可采取病料进行动物接种试验或电镜观察其病毒的存在。

2. 类症鉴别

重点应与兔急性巴氏杆菌病和魏氏梭菌病区别。

兔巴氏杆菌病，发病无年龄界限，多为散发，无神经症状，肝、肾不肿大。有浆液性、脓性鼻炎症状，后期出现下痢。从病料中可分离出巴氏杆菌，用抗生素或磺胺类药物治疗有效。

兔魏氏梭菌病，以急性腹泻和盲肠浆膜有鲜红色出血斑为特征，在肠内容物中可检出A型魏氏梭菌的外毒素。而使用肝病料做红细胞凝集反应，因其不能凝集人的"O"型红细胞，则表现阴性反应。

3. 防治措施

（1）预防。平时除加强饲养管理外，必须要严格执行各项卫生、消毒、检疫与隔离制度；按免疫程序做好兔出血症组织灭活苗的接种工作。

（2）治疗。发病后要划定疫区，隔离病兔，禁止出售病兔、兔毛等；病死兔一律深埋或销毁；兔笼、用具、污染的饲料及粪便等可用2%火碱水或3%过氧乙酸等消毒；改饮凉开水，青饲料要用0.5%高锰酸钾水浸洗晾干后再喂饲；对发病初期的兔群，可使用兔出血症高免血清予以治疗，肌肉注射量为成年兔每千克体重3 mL，60日龄以前的兔为每千克体重2 mL，治愈率可达75%~100%。待病情稳定后再使用兔出血症组织灭活苗免疫；对尚未发病的兔群可使用兔出血症组织灭活苗或兔出血症细胞培养甲醛灭活苗（DJRK）进行紧急预防接种注射。

二、传染性水疱性口炎

本病是由水疱性口炎病毒引起的，以口腔黏膜水疱性炎症为主的急性传染病。其特征是大量流涎，故又称"流涎病"。

1. 诊断要点

（1）流行特点：本病毒主要存在于病兔的水疱液、水疱皮及局部淋巴结内。健兔食入被病兔口腔分泌物或坏死黏膜污染的饲料、饮水，即可感染。饲喂霉烂和有刺的饲料（造成口腔损伤）等可诱发本病。主要侵害1~3月龄的幼兔，最常见的是断奶1~2周龄的子兔，成年兔很少发生，春、秋两季多发。

（2）临床症状：潜伏期5~7天，发病初期有的病兔呈现发热，继之在舌、唇、硬腭及口腔黏膜等处出现粟粒至豆粒大小的水疱或结节，水疱内充满含纤维素样的清澈液体，不久水疱破溃形成烂斑和溃疡。由于有大量口水流出，致使唇周围、颌下、颈部、胸部和爪部的被毛常湿成一片，局部发生炎症和脱毛。若继发坏死杆菌感染，常可引起患粗黏膜坏死，并伴有恶臭。口腔损伤的病兔咀嚼、吞咽困难，不能正常采食，呈现沉郁，腹泻，日见消瘦，虚弱，病程一般2~10天，最后因衰竭死亡。

（3）剖检变化：尸体消瘦，舌、唇黏膜色泽很红，并有水疱、糜烂和溃疡。咽和喉头部聚集大量泡沫样唾液，唾液腺肿大发红。胃扩张，充满黏稠液体，小肠黏膜有卡他性炎症。

（4）实验室检查：取患兔的水疱液、水疱皮或口腔分泌物等病料，做细胞培养进行病毒的分离鉴定。也可使用已知病毒检查康复兔血清中和抗体的浓度进行血清学诊断。

2. 类症鉴别

本病应与兔痘和因化学药物、有毒植物、真菌毒素的刺激以及物理损伤等引起的口炎相区别。

兔痘除口腔变化外，在皮肤、内脏有丘疹或结节，并呈现眼睑炎、化脓性眼炎或溃疡性角膜炎变化。本病舌、唇和口腔黏膜有水疱、脓疱和溃疡，这可与化学痛激、有毒植物、霉菌引起的口炎相区别。

3. 防治措施

（1）预防。春、秋两季要严格进行卫生防疫，不引进病兔。对健康兔也可用磺胺二甲基嘧啶预防，按每千克精料加药 5 g，或以每千克体重 0.1 g 口服，每天 1 次，连用 3~5 天。兔舍、兔笼及用具等定期用 2%火碱水、20%草木灰水或 0.5%过氧乙酸消毒。

（2）治疗。发病后要立即隔离病兔，加强饲养管理。兔舍、兔笼用上述消毒液消毒；可用磺胺二甲基嘧啶治疗（剂量同预防量）连用数日，同时饮用小苏打水；中药可用冰硼散或青黛散涂布于病兔口腔，1 天 2 次，连用 2~3 天。内服六神丸，大兔 6 粒，小兔 3 粒，也可用金银花、野菊花煎水拌料喂。

三、兔 痘

兔痘是由痘病毒引起的一种急性、全身性病毒感染的高度接触性传染病。以淋巴结肿大，眼炎，皮肤出现红斑和丘疹为主要特征。本病传染性强，发病率和死亡率均较高。

1. 诊断要点

（1）流行特点：只有家兔能自然感染发病，发病率与年龄大小无关，幼兔和孕兔发病后死亡率最高。兔痘病毒的毒力很强，主要通过呼吸道感染，也可通过眼、鼻分泌物经空气传给易感兔，本病在兔群中传播非常迅速。

（2）临床症状：潜伏期，新疫区为 2~9 天，老疫区 1~2 周。据症状的特点可分为痘疱型、非痘疱型。

痘疱型：病兔体温升高，流鼻液，呼吸困难，腹股沟、腘淋巴结肿大而硬。通常在感染后 5 天皮肤上出现红斑，后发展为丘疹，中央凹陷坏死、干燥，形成痂皮。病灶多见于耳、口、眼、腹部和阴囊等处，引起流泪、羞明，继而发生眼睑炎或溃疡性角膜炎，口腔、鼻腔水肿、坏死，重症病例皮肤出血。一般感染后经 7~10 天死亡。

非痘疱型：病兔仅表现食欲减退，发热，舌唇部黏膜有少数散在丘疹，有时出现结膜炎和下痢等症状，一般于感染后 1 周死亡。

（3）剖检变化：皮肤、颜面、口腔、上呼吸道及肝、脾、肺等器官出现丘疹或结节，相应组织水肿或出血。肺脏呈现弥漫性肺炎及灶性坏死，布满小的灰白色结节。肝、脾脏肿大，黄色，有很多灰白色结节和小的灶性坏死区。睾丸有特征性坏死，伴有水肿。此外，肾上腺、子宫、甲状腺、胸腺和唾液腺均有坏死灶。

（4）实验室检查。可采取病料通过鸡胚接种分离病毒，或进行血清学交叉试验和牛痘疫苗交叉保护试验，也可使用荧光抗体试验等方法确诊。

2. 防治措施

加强卫生防疫工作，避免引入病原。发现病兔及时隔离处理。一旦兔群遭到兔痘威胁时，可用牛痘疫苗进行紧急预防接种。

四、子兔轮状病毒感染

本病是轮状病毒引起的以腹泻为特征的急性肠道传染病。

1. 诊断要点

（1）流行特点。主要发生于2~6周龄子兔，尤以4~6周龄子兔最易感，发病率、死亡率均高。青年兔和成年兔常呈隐性感染而带毒。天气、饲养管理、卫生状况不好是本病的诱发因素。该病一般是突然发病，迅速传播。兔群一旦发病，以后将每年连续发生，不易根除。冬、春两季为多发季节，发病后2~3天内常因脱水而死。发病率（90%~100%）和死亡率均较高。

（2）临床症状。本病的潜伏期为18~96 h，患兔以腹泻、昏睡、减食、废食、体重减轻和脱水为主要特征。体温不高，常排出半流质或水样粪便，内含黏液或血液，兔的会阴或后肢被毛部位常被稀粪污染。多数病兔出现下痢后2~4天死亡。只有少数病兔康复。青年兔或成年兔常不显症状。

（3）剖检变化。本病毒主要侵害小肠和结肠黏膜上皮细胞，引起细胞变性、坏死和黏膜脱落，小肠充血肿胀。结肠淤血，盲肠扩张，内充满大量液体内容物。

（4）实验室检查。因引起急性腹泻的原因很多，单靠流行病学和临床症状，只能做出倾向性诊断，最后确诊还需采取病料（病死家兔小肠后段内容物）进行病毒学分离或通过电镜观察病毒。也可检测病兔血清甲轮状病毒抗体。

2. 防治措施

（1）预防。坚持自繁自养，不从有本病流行的兔场引进种兔。

（2）治疗。兔场发生本病时，要立即隔离，全面消毒；病死兔、排泄物、污染物一律深埋或焚烧处理，对病兔应加强护理，及时补液、补充电解质；使用轮状病毒免疫注射奶牛获得的抗体和免疫鸡的卵黄抗体，给病兔注射有一定疗效。

五、纤维瘤病

本病是由纤维瘤病毒引起的某些品种兔的一种良性肿瘤病，以皮下和黏膜下结缔组织暂时形成球形、坚硬的肿瘤为特征。肿瘤大小一般直径为1~2 cm，最大可达7 cm。触摸可在皮下移动，可保持几个月乃至1年。

病兔食欲、精神正常，局部无炎症坏死反应，呈良性经过。该病主要经蚊虫或其他吸血昆虫的直接吸血而传播。

目前对本病尚无有效的防治方法，对病兔和可疑兔应隔离饲养，待完全康复后方可解除隔离。对兔笼、用具及场所必须进行彻底消毒。

六、疱疹病毒感染

本病是由疱疹病毒引起的，以皮肤和黏膜出现红斑及丘疹病变，有时可波及到外生殖器引起充血水肿和肿瘤为特征的一种潜在性慢性传染病。病毒可伴随家兔数年或终生，一旦条件适宜时，病毒重新激活，造成复发性感染，呈现明显的临床症状。

目前对本病的自然感染流行情况不清。发病以后除要注意隔离、消毒外，只能采取对症治疗，尚无有效控制方法。

七、传染性黏液瘤病

本病是由黏液瘤病毒引起的，以全身皮下，尤其是颜面部和天然孔周围皮下发生黏液瘤性肿胀为特征的一种高度接触性、致死性传染病。

1. 诊断要点

（1）流行特点。主要传播方式是直接与病兔以及排泄物、被污染的饲料、饮水和用具等接触或通过吸血的节肢动物为媒介间接感染。一年四季均可发生，但在蚊虫大量滋生季节多发。

（2）临床症状。由于黏液病毒不同毒株之间的毒力差异较大，不同品种兔对其易感性也不同，所以，临床症状复杂。

本病的潜伏期为2~8天，病兔最先出现的典型症状是发展迅速的结膜炎，并伴有奶油样的分泌物。精神倦怠，厌食，体温可达42℃。急性者在出现症状4天内可死亡。不死者，精神渐进性沉郁，被毛粗乱，眼睑、鼻唇和耳部水肿，头部肿胀似"狮子头"样外观；母兔阴唇水肿，公兔阴囊肿胀。此时常常是耳部滴水，鼻孔有多量分泌物流出，呼吸困难，进而昏迷死亡。多数发病后1~2周死亡，个别兔也可存活几周，在这种兔的鼻、耳和前肢常出现纤维素性结节。

（3）剖检变化。死后剖检无特异性病理变化，主要是皮肤肿瘤和皮下水肿，尤以天然孔周围水肿为甚。有的可见脾脏肿大，淋巴结水肿出血，生殖器官肿胀。

（4）实验室检查。取病变组织（结膜上皮细胞）切片，姬姆萨染色镜检，可见上皮细胞的胞浆内有包涵体的存在，有助于诊断。

2. 类症鉴别

本病重点应与兔痘、兔纤维瘤和出血性败血症相区别。

兔痘：以皮肤丘疹、坏死、出血及内脏有灰白色小结节病灶等为特征。

兔纤维瘤：局部无脓样水肿，炎症、坏死倾向也较轻微。在结节形成后4周之内可被吸收而结痂。该病全身反应轻微，常为良性经过，不会致死。

兔出血性败血症：断乳前的子兔不发病。病兔有神经症状，鼻腔流出鲜红泡沫样分泌物，实质脏器出血肿大。

3. 防治措施

（1）预防。目前，我国尚没有此病的报道，所以，对引进种兔要严格观察、检疫，对进口兔应隔离检疫1个月。为控制本病的发生，可定期接种黏液瘤灭活苗。近来也有人用经过人工致弱的MSD/B株病毒制成疫苗，对兔安全无害，而有很强的免疫原性。

（2）治疗。目前对该病没有有效的治疗方法，一旦发生此病，应坚决采取捕杀、消毒、烧毁等措施。对假定健康兔，应立即使用疫苗进行紧急接种注射。

第五部分　家兔的细菌性传染病

一、巴氏杆菌病

巴氏杆菌病是由多杀性巴氏杆菌引起的家兔常见的一种高度接触性传染病。多杀性巴氏杆菌，为革兰氏阴性，两端钝圆、细小、卵圆形的短杆菌，美蓝染色呈两极着染，无芽孢及鞭毛，对外界抵抗力不强。一般消毒药均能将其杀死。

1. 诊断要点

（1）流行特点。由于多数家兔的鼻腔黏膜都带有巴氏杆菌，而不显临床症状，当多种原因引起机体抵抗力降低时，存在于上呼吸道黏膜及扁桃体内的巴氏杆菌就乘机大量繁殖，毒力增强，从而引起本病的发生。病菌随病兔的口水、鼻液、粪尿等排出，又在兔群中引起反复感染，造成本病的流行。病菌可通过呼吸道、消化道或皮肤、黏膜伤口而感染。

本病多发生于春秋季节，呈现散生或地方性流行，如不采取有效措施，可造成全群覆灭。

（2）临床症状。由于病原菌感染部位的不同，可出现败血症、鼻炎、肺炎、中耳炎、结膜炎、子宫积脓、睾丸炎和脓肿、生殖道感染等病症。

本病潜伏期 1~5 天，临床上可分为 3 种类型：

急性型（出血性败血症）：病兔精神沉郁，不食，呼吸急促，体温升高至 41 ℃ 以上，打喷嚏，流浆液性鼻涕，一般于出现症状后 1~3 天死亡。死前全身颤抖，四肢抽搐、瘫痪，有的未见明显症状突然死亡。

亚急性型：多由慢性病兔恶化的结果。主要呈现肺炎和胸膜炎症状。病兔不食，呼吸困难（拉风箱声），流出黏液脓性鼻涕，体温稍高，减食，有时发生腹泻，关节肿胀，眼结膜发炎呈蓝紫色，病程持续 1~2 周，最后因瘦弱衰竭死亡。

慢性型：多见于常发本病的养兔场内，以上呼吸道卡他性炎症和斜颈为主要特征。表现抓鼻，流浆液性清涕，咳嗽。还可引起中耳炎、结膜炎、角膜炎等。此外，在皮下、乳房等部位常有脓肿，病程缓慢，最终因衰竭死亡。不死者发育停滞，长期带毒。

（3）剖检变化。喉、气管黏膜充血，出血有多量红色泡沫。肺严重充血、出血及水肿，并有灰白色绿豆大脓肿病灶。心、肾、膀胱充血、出血。脾脏、淋巴结肿大、出血，肠黏膜充血、出血，胸腔内有黄色积液。

急性病例的肝脏常发生变性，有灰白色坏死点；亚急性与慢性病例多在皮下、淋巴结和乳腺内有脓肿，耳内有化脓性炎症。

（4）实验室检查。采取心、肝、脾等病变组织涂片染色镜检，如见有两极着染的卵圆形小杆菌，即可确诊。有条件者，可进行细菌分离培养鉴定和动物接种试验来确诊。

2. 防治措施

（1）预防。加强饲养管理，严格执行隔离消毒制度，防止病原传入。经常检查兔群，将流涕、打喷嚏的可疑兔及时检出，隔离饲养治疗或淘汰深埋、焚烧等无害化处理。有条件的兔场，要经常对兔的鼻腔连续进行细菌学检查，选留无巴氏杆菌种兔。坚持自繁自养，制造隔离完善的环境条件，建立无巴氏杆菌兔群。

定期消毒，多杀性巴氏杆菌抵抗力较弱，一般常用消毒药物可立即将其杀死，如场地用 20%石灰乳或 3%来苏儿溶液消毒；用具可用 2%火碱水洗刷消毒。

发生过本病的兔场，要定期注射巴氏杆菌灭活苗，如兔巴氏杆菌氢氧化铝灭活苗和兔出血症-巴氏杆菌二联苗。发生疫情时也可对假定健康兔进行紧急预防注射。

（2）治疗。抗巴氏杆菌多价血清，兔每千克体重 2~8 mL，皮下注射，8~10 h 后再注射 1 次。若同时配合青、链霉素肌肉注射，则效果更好。

青、链霉素各 10 万 U，肌肉注射，每天 2 次，连用 3~5 天，对败血症型效果良好。此外，庆大霉素、氯霉素、四环素等对本病也有很好的治疗效果。

磺胺嘧啶，按每千克体重 0.1~0.15 g，每天次口服，连用 5 天，首次量加倍。也可使用复方新诺明、长效磺胺等药物治疗。

喹乙醇，按每千克体重 25 mg，口服，每天 1 次，连用 3~5 天。

对慢性病例，可选用青、链霉素滴鼻，每毫升含 2 万 U，每天 2 次，连用 5 天。同时配合土霉素，每千克体重 25~40 mg 剂量混料喂给，每天 1 次，连用 5 天。

二、支气管败血波氏杆菌病

本病是由支气管败血波氏杆菌引起的家兔常见、多发、广泛传播的一种慢性呼吸道传染病。以鼻炎、支气管肺炎和脓疱性肺炎为特征。该病原菌为革兰氏阴性，卵圆形乃至多形态小杆菌，多呈两极着染。对外界抵抗力不强，常用的消毒药物均可将其杀死。

1. 诊断要点

（1）流行特点。本病多发于春秋季节，主要经呼吸道感染，多种不良因素可致上呼吸道黏膜抵抗力减弱，而引起发病。子兔、青年兔常呈急性经过，发病率和死亡率均较高，成年兔一般为慢性经过。

（2）临床症状。可表现鼻炎型和支气管肺炎型 2 种。

鼻炎型：呈地方性流行，多数病例鼻腔黏膜充血，流出浆液性或黏性分泌物（通常无脓性分泌物），病兔多不死亡。

支气管肺炎型：多为散发，鼻炎长期不愈，从鼻腔流出黏性或脓性分泌物，表现为打喷嚏，呼吸加快，食欲不振，逐渐消瘦，病程长，可延至数月。

（3）剖检变化。上呼吸道黏膜充血，有多量浆液、黏液或脓性液体，肺部有大小不同、数量不等的脓疱。肝脏表面可见豆粒大小的脓疱，有的还可引起心包、胸膜炎症，造成胸腔积脓，肌肉脓肿，脓液呈乳白色或灰白色。

（4）实验室检查。可从鼻腔分泌物或肺脏的脓疱内分离到支气管败血波氏杆菌。

2. 类症鉴别

本病与巴氏杆菌同样可引起胸膜炎，并以胸腔积脓为特征，但巴氏杆菌病很少单独引起肺脓疱。绿脓单胞菌病在内脏形成的脓疱的脓液呈淡绿色或褐色。而葡萄球菌病很少在肺部形成化脓灶。最准确的方法是从脓灶分离病原菌。

3. 防治措施

（1）预防。坚持自繁自养，对新引进的种兔必须隔离观察 1 个月以上，并进行细菌学与血清学检查，确为阴性者方可混群。

加强饲养管理，做好卫生防疫工作，减少灰尘，保持兔舍的适宜湿度与温度，通风良好，避免异常气味的刺激。定期消毒，及时淘汰有鼻炎症状的病兔，以防引起传染。

定期使用兔波氏杆菌灭活苗进行注射，每年 2 次。也可使用兔巴氏杆菌-支气管败血波氏杆菌二联苗或兔巴氏杆菌-支气管败血波氏杆菌-兔出血症三联苗进行免疫注射。

（2）治疗。对重症（肺炎型）无治疗效果的病兔应及时淘汰。对轻型病例使用抗菌素治疗虽能使症状消失，但停药后又可复发。一般可选用四环素、氯霉素、卡那霉素、庆大霉素、链霉素及磺胺类药物治疗。鼻炎型病兔可结合使用氯霉素或链霉素滴鼻有效。

三、葡萄球菌病

本病是由金黄色葡萄球菌引起的致死性脓毒败血症和各器官部位的化脓性炎症，是养兔场常见的传染病之一，死亡率高。病原菌为革兰氏阳性，卵圆形的球形菌，对外界的抵抗力较强。常用的消毒药中，以3%~5%石炭酸溶液消毒效果最好，70%酒精几分钟可将其杀死。

1. 诊断要点

（1）流行特点。葡萄球菌广泛存在于家兔的周围环境及动物的体表、皮肤、黏膜、肠道、扁桃体和乳房等处。主要经创口及天然孔道或直接接触感染，家兔最敏感。

（2）临床症状。临床常见的病症有如下几种类型。

子兔脓毒败血症：子兔出生后2~6天，较大的兔一般为10~21日龄，在多处皮肤处出现粟粒大的白色脓疱，多于2~5天内呈败血病死亡。病程较长者，最后消瘦而死。不死者，脓疱慢慢变干，逐渐消失痊愈。

子兔急性肠炎：常因母兔患乳房炎后，子兔吃了母兔的乳汁而发病，通常全窝发病。病兔尿液发黄，患兔肛门周围和后腿黄色稀粪污染，兔瘦弱，昏睡，死亡率很高。

脓肿：兔的全身各器官部位都可发生。病变部位初期红、肿、热痛，后形成数个大小不等的脓肿（手摸柔软有弹性），脓肿经1~2个月可自破流出乳白色或淡绿色脓汁。当脓肿向内破溃时，可引起全身感染，呈败血症死亡。

乳房炎：多出现在分娩后最初几天。因乳头、乳房损伤而被感染。患兔体温升高，不食，乳房肿胀，局部红、肿、热、痛，呈紫红色。乳汁中常混有脓液或血液，拒绝哺乳。转为慢性者，乳房皮下或实质内形成结节或脓肿。

脚皮炎：在兔脚掌心的表皮上，发生红肿，脱毛，继而出现脓肿，形成溃疡，长期不愈，影响生长。若引起败血症，则很快死亡。

鼻炎：患兔流出大量浆液或脓性鼻液后在鼻孔周围干固结痂，致使呼吸困难，打喷嚏，常用前爪抓搔鼻部。易引起肺脓肿、肺炎和胸膜炎。

（3）剖检变化。病兔不同部位皮下和内脏器官有数量不等、大小不一的脓疱（内脏脓肿，常用结缔组织构成的包膜），内含浓稠的乳白色脓液。

（4）实验室检查。以无菌方法取脓疱内脓液或小肠内容物涂片染色镜检，可见有革兰氏阳性，卵圆形葡萄状或短链状球菌。有条件的可进一步进行细菌分离培养或动物试验确诊。

2. 防治措施

（1）预防。注意笼舍、场地卫生，清除锋利物，以防刺破皮肤。每笼兔不宜太多，以防相互啃咬，铺垫物要松软、清洁、干燥，防止初生兔被擦伤。发现外伤要及时涂擦紫药水或碘酊防止感染。

产仔前后适当调整精饲料和多汁饲料的比例，以防发生乳房炎；刚产出的子兔脐带口要用2%~3%碘酊或5%龙胆紫严格消毒；分娩前3~5天，每千克饲料中添加土霉素20~40 mg或用磺胺嘧啶以每只兔每天0.5 g剂量内服，可预防本病的发生。

对健康兔采用金黄色葡萄球菌蜂胶灭活苗，皮下注射1 mL，可预防本病的流行。

（2）治疗。

全身治疗：肌肉注射青霉素，按每千克体重2万~4万U，每天2次，连用4~5天；磺胺类药物，每千克体重0.05~0.2 g，每天2次，连用3~5天；先锋霉素Ⅱ，每千克体重25 mg，每天2次肌肉注射庆大霉素、卡那霉素，每千克体重2万~4万U肌肉注射，每天2次，连用3~5天；四环素以每千克体重55 mg添加于饮水中连服4天。在选用上述药物时，可配合使用多种维生素。

局部治疗：局部的脓肿与溃疡，按常规外科处理方法处理，涂擦5%龙胆紫酒精液或碘酊、5%石炭酸溶液、青霉素软膏、红霉素软膏等药物；乳房炎较轻者，先用0.1%高锰酸钾溶液清洗乳头，局部涂以鱼石脂软膏或青霉素软膏。严重者用 0.1%普鲁卡因注射液 10~20 mL 加 20 万~40 万 U 青霉素在乳房硬结周围 4~6 点进行封闭注射，每天 1 次，连续 3~5 天；对鼻炎患兔，先用 0.1%高锰酸钾清洗鼻部干挪后，用青霉素滴鼻处理。

四、泰泽氏病

本病是由毛样芽孢杆菌引起的，以严重下痢、脱水和迅速死亡为特征的一种传染病。发病率和死亡率都较高。

1. 诊断要点

（1）临床症状。发病很急，严重腹泻，粪便呈现褐色、糊状或水样，后肢常沾满污粪。病兔精神沉郁，不食，迅速脱水，眼球下陷，一般发病后的 12~48 h 内死亡。耐过生长停止，体重下降，软弱无力。

（2）剖检变化。尸体大面积脱水，盲肠、回肠后段、结肠前段的浆膜面充血，浆膜下有出血点，盲肠壁水肿增厚。盲肠和结肠内有水样褐色内容物。肝实质或心肌内常有很多针尖大小或块状黄白色坏死灶。

（3）实验室检查。可取肝坏死区、病变心肌或肠道的病变部位做涂片，以姬姆萨氏液或镀银染色镜检，在细胞浆内找到毛发状芽孢杆菌后方可确诊。有条件的还可应用荧光抗体和其他血清学方法进行诊断。

2. 防治措施

（1）预防。改善饲养管理，注意环境卫生，定期消毒，消除各种应激因素。当兔群受到应激后，可在饲料和饮水中添加土霉素或青霉素对控制本病的发生有一定作用。及时隔离或淘汰病兔，粪便及被污染的废物予以发酵或烧毁。

（2）治疗。早期使用抗生素有效，如 0.01%的土霉素饮水；青霉素按每千克体重 2 万~4 万 U，每天 2 次，肌肉注射，连用 3~5 天；链霉素以每千克体重 20 mg 剂量肌肉注射，每天 2 次，连用 3~5 天，青、链霉素联合应用效果更好。也可应用金、红霉素等。但氯-素和磺胺类药物无效。

五、野兔热（土拉杆菌病）

是由土拉杆菌引起的一种广泛分布于啮齿类动物中的传染病，也能传染给家兔、其他家畜和人。病兔以体温升高，肝、脾肿大，出血，坏死，淋巴结肿大为主要特征。

1. 诊断要点

（1）流行特点。啮齿类动物是本菌的主要携带者，是主要传染来源。本病呈地方性流行。可通过消化道、呼吸道、伤口、皮肤和黏膜感染。也可经吸血的节肢动物进行传播。春末夏初季节多发，这与吸血昆虫的大量滋生有关。

（2）临床症状。少数病例呈急性经过，常不表现明显症状，迅速呈败血症死亡。多数为慢性经过，病程较长。体温较正常升高 1~1.5 ℃，表现淋巴结肿大，鼻腔发炎。

（3）剖检变化。急性者，无明显病变。病程长者可见淋巴结肿大，脾、肝、肾脏肿大，表面和切面有灰白色、大小不等的出血点和坏死结节。肺充血有实变区。

（4）验室检查。取病料涂片染色镜检可见革兰氏阴性、多形态的小球状菌。有条件的可进行动物接种试验或血清凝集反应等。

2. 类症鉴别

本病应与李氏杆菌病和兔伪结核病相区别。

李氏杆菌病患兔可出现神经症状，体表淋巴结无明显变化，病原菌为革兰氏阳性小杆菌，可与本病区别。

兔伪结核病主要病变在蝴突和圆小囊（回肠末尾部）浆膜下有灰白色、粟粒大小的结节。

3. 防治措施

（1）预防。搞好兔场卫生，灭鼠、灭蚊、灭蝇，及时杀灭家兔的外寄生虫。防止野兔入场，防止饲草、饮被污染；及时隔离病兔，病尸深埋或销毁。疫区可试用弱毒苗预防接种，在屠宰病兔时要注意个人防护。

（2）治疗。链霉素，按每千克体重 20 mg 剂量，每天 2 次，肌肉注射；金霉素以每千克体重 20 mg，用 5%葡萄糖溶液溶解后静脉注射，每天 2 次；庆大霉素每千克体重 10～20 mg，每天 2 次，肌肉注射；氯霉素以每千克体重 50～100 mg 剂量，每天 2 次，口服；此外，土霉素、卡那霉素等均有效。以上各种方法需 4～5 天为一个疗程。

六、沙门氏菌病（副伤寒）

本病是由鼠伤寒沙门氏菌和肠沙门氏菌引起的，以败血症和急性死亡并伴有下痢和流产为特征的传染病。病原菌是一种革兰氏阴性、卵圆形小杆菌，对外界环境抵抗力较强，但对消毒药的抵抗力不强，3%来苏儿、5%石灰乳及福尔马林等几分钟即可将其杀死。

1. 诊断要点

（1）流行特点。本病对怀孕母兔和子兔的发病率和死亡率都很高。其发病率可达 57%，流产率为 70%，死亡率为 44%。主要经消化道感染，幼兔可经子宫和脐带感染。病兔及其他感染动物的排泄物、分泌物可携带大量病原菌，为主要传染来源。

（2）临床症状。少数病兔突然发病，迅速死亡。多数体温升高，腹泻，排出带泡沫的白色或淡黄色黏液性稀粪。孕兔可从阴道内排出黏液或脓性分泌物。阴道黏膜红肿，流产的胎儿很快死亡。康复兔不容易受孕。

（3）剖检变化。大多数内脏器官充血有出血斑块，胸腹腔积液。病程较长的部分病例肠黏膜充血、出血，黏膜下层水肿，聚合淋巴滤泡有灶性坏死或溃疡。肝脏有散在或弥漫性灰白色粟粒大小坏死灶。胆囊肿大，脾脏肿大 1～3 倍，旱暗红色。孕兔病死后子宫肿大，呈化脓性子宫炎，并有溃疡。未流产的胎儿发育不全或木乃伊化。

（4）实验室检查。以病兔子宫、阴道分泌物或肝脏、流产胎儿的内脏器官作为被检材料，进行细菌分离鉴定，或用已知抗原检测被检血清，确诊。

2. 类症鉴别

本病应注意与李氏杆菌病和兔伪结核病相区别。前者除能引起怀孕母兔流产外，还可出现神经症状（头颈歪斜，运动失调）；后者为一种慢性消耗性传染病，多为瘦弱而死，在肠道、内脏器官和淋巴结处出现干酪样坏死结节。

3. 防治措施

（1）预防。定期使用鼠伤寒沙门氏菌诊断抗原普查兔群，对阳性兔进行隔离治疗。兔舍、兔笼和用具等要彻底消毒；对怀孕初期母兔可注射鼠伤寒沙门氏菌灭活苗，每次颈部皮下或肌肉注射 1 mL，每年注射 2 次。

（2）治疗。首选药为氯霉素，每次 2 mL，肌肉注射，连用 3~4 天。如口服，以每千克体重 20~50 mg，每天 1 次，连用 3 天；链霉素，每次 10 万 U，每天 2 次，连用 3 天；磺胺二甲基嘧啶，每千克体重 0.2~0.5 g，每天 1 次，连用 3~5 天；呋喃唑酮，每千克体重 5~10 mg，每天分 2~3 次内服，连用 3 天。此外，还可选用四环素、庆大霉素、环丙沙星和恩诺沙星等药物治疗。

七、大肠杆菌病（黏液性肠炎）

本病是由一定血清型致病性埃希氏大肠杆菌及其毒素引起的一种暴发性、死亡率很高的子兔肠道传染病。主要是以患兔出现胶样或水样腹泻及严重脱水为特征。大肠杆菌呈革兰氏阴性的卵圆形杆菌，一般消毒药可迅速将其杀死。

1. 诊断要点

（1）流行特点。大肠杆菌广泛存在于自然界，正常情况下常存在于兔的肠道内不引起发病。当多种原因（如饲养和气候条件变化等）引起机体抵抗力下降时其毒力增强引起发病与流行。本病一年四季均可发生。主要侵害 20 日龄及断奶前后的仔、幼兔，成年兔很少发生。

（2）临床症状。病程短的 1~2 天死亡，长的 7~8 天死亡。主要表现为排出糊状稀粪或带胶冻样黏液和一些两头尖的干粪，随之出现水泻。体温正常或降低，四肢冰凉，磨牙，消瘦死亡。

（3）剖检变化。主要病变在消化道，胃膨大，充满多量液体。回肠、盲肠和结肠内充满黏液胶样粪便。

（4）实验室检查。取结肠、盲肠内容物于麦康凯培养基培养，呈粉红色较大菌落，可分离到纯大肠杆菌。也可使用标准血清做凝集反应，确定其血清型。

2. 类症鉴别

本病应与兔沙门氏菌病、兔泰泽氏病和兔球虫病进行鉴别诊断，详见有关章节。

3. 防治措施

（1）预防。除加强饲养管理，搞好环境卫生、定期消毒外，要尽量减少各种应激因素，特别是在子兔断奶前后的精料配方不要突然改变，以免引起肠道菌群的紊乱；对经常发生本病的兔场，可使用从本场兔分离的大肠杆菌，做成的疫苗进行预防注射；对断乳前后的子兔口服痢特灵或氯霉素粉等，连服 3~5 天有预防效果。

（2）治疗。最好是先从病兔分离到大肠杆菌做药敏试验后，再选用药物治疗。

链霉素，以每千克体重 20 mg，每天 2 次，肌肉注射，连用 3~5 天。此外氯霉素、土霉素、多黏菌素、庆大霉素等也有效。痢特灵，以每千克体重 15 mg，每天 2 次，口服，连用 2~3 天。磺胺脒，以每千克体重 0.1~0.2 g，每天 2 次，口服，连用 2~3 天。促菌生疗法，每只兔每天口服促菌生 2 mL 菌液（约 2 亿活菌），连服 3 天有效。

八、兔密螺旋体病（梅毒）

本病又称兔梅毒病，是由兔密螺旋体引起的一种成年兔的慢性传染病。以外生殖器官、颜面部及肛门部的皮肤和黏膜发生炎症、水肿、结节和溃疡为特征。病原是一种极纤细的螺旋形细菌，革兰氏染色阴性。

1. 诊断要点

（1）流行特点。本病通过交配经生殖道感染，发病多是成年兔，幼兔少见。放养和群养兔的发病率比笼养兔高。

（2）临床症状。潜伏期2～10周，患病公兔龟头、包皮和阴囊的皮肤及母兔阴唇、肛门黏膜、皮肤发红，肿胀，出现粟粒大小结节，继之有渗出物流出，结成棕色结痂，结痂脱落后形成溃疡。公兔阴囊水肿，表皮呈糠铁样。腹股沟、腘淋巴结肿胀，长期不消失。病变可延至其他部位，如鼻、眼睑、唇、爪等。患病公兔不影响性欲，母兔受胎率大大下降。对全身没有明显影响，病兔可自行康复，但可再度感染。

（3）实验室检查。取病变部位的黏膜或溃疡面的渗出液等涂片、固定、姬姆萨染色。以暗视野显微镜检查见有密螺旋体，可确诊。

2. 防治措施

（1）预防。严防引入病兔，配种前详细检查公、母兔外生殖器，对病兔和可疑病兔停止配种，隔离饲养或淘汰。兔笼及用具用1%～2%火碱水彻底消毒。

（2）治疗。链霉素，按每千克体重15～20 mg肌肉注射，每天2次，连用3～5天；青霉素，按每千克体重10万U肌肉注射，每天3次，连用5天；九一四（新胂凡纳明）用5%葡萄糖液稀释，静脉注射，剂量为每千克体重40～60 mg，必要时隔周重复注射1次；患部可先用2%硼酸液冲洗，再涂碘甘油即可。

九、坏死杆菌病

本病是由坏死杆菌引起的，以皮下组织、尤其是面部、头部、颈部、舌和口腔黏膜的坏死、溃疡和脓肿为特征的散发性传染病。病原为一种革兰氏阴性、多形态杆菌。

1. 诊断要点

（1）流行特点。病兔及带菌兔的分泌物、排泄物污染的外界环境可成为传染来源。经损伤的皮肤、口腔与消化道黏膜而传染。常呈散发和地方性流行。幼兔比成年兔易感性高。

（2）临床症状。患兔体温升高，停止采食，流涎，分别在唇部、口腔的黏膜、齿龈、脚底部、四肢关节或下颌、颈部、面部乃至胸前等处的皮下组织发生坏死性炎症，形成脓肿、溃疡，并侵入内部肌肉和其他组织。病灶破溃后发出恶臭。病程可达数周至数月。

（3）剖检变化。除黏膜、皮下、肌肉坏死外，可见淋巴结、尤其是颌下淋巴结肿大，并有干酪样坏死灶。多数病例在肝、脾、肺等处也出现坏死病灶，胸膜、心包发炎。多处皮下有脓肿，坏死组织特殊臭味。

（4）实验室检查。取病变与健康交界处组织做被检材料，涂片染色镜检，易发现坏死杆菌。也可用病变组织或培养物做动物皮下接种试验，于第8～20天死亡，在注射部位出现坏死。

2. 防治措施

（1）预防。加强饲养管理，避免皮肤、黏膜损伤；兔舍要保持干燥，光线充足，空气流通；引进种兔要隔离观察1个月。兔群一旦发病要及时隔离治疗或淘汰，并进行彻底消毒。

（2）治疗。将坏死组织清除后，用3%双氧水或0.1%高锰酸钾冲洗，每天2~3次，同时配合全身治疗。

青霉素，每次20万U肌肉注射，每天2次，连用3天。也可选用氯霉素、土霉素、四环素治疗；磺胺二甲基嘧啶，按每千克体重0.15~0.2 g肌肉注射，每天2次，连用3天。

若家兔食欲明显下降，可灌服少量硫酸钠轻泻或大黄苏达片健胃。也可在饮水中加入少量氯化钠，使胃酸分泌增加，便于饲料的消化。

十、李氏杆菌病

本病又称单核细胞增多症，侵害多种动物和人。急性以败血症死亡，慢性以脑膜炎、脑脊髓炎和子宫炎为特征。病原为一种革兰氏阳性小杆菌。

1. 诊断要点

（1）流行特点。本病多为散发，偶尔也呈地方性流行。发病率低，但病死率很高。多种动物常为隐性感染，其中鼠类为本菌在自然界的主要储藏宿主，所以，病兔和这些动物的粪便和分泌物，均可直接和间接通过消化道、呼吸道等途径感染健兔，其中幼兔和妊娠母兔易感性高。

（2）临床症状。潜伏期2~8天，据症状可分为急性型、亚急性型和慢性型。

急性型：多见幼兔精神委顿，不食，体温升高40 ℃以上，鼻腔黏膜发炎，流出浆液性或有脓性分泌物，经1~2天死亡。

亚急性型：精神委顿，不食，呼吸加快，出现神经症状，如咀嚼肌痉挛，全身震颤，眼球突出，做转圈运动，斜颈等。侵害子宫时可发生流产或胎儿干化，经4~7天死亡。

慢性型：主要为子宫炎，多在分娩前2~3天发生。病兔精神沉郁，拒食，从阴道内流出红色或棕褐色分泌物，有些病例也出现头颈歪斜等神经症状。病兔流产后很快康复，但长期不孕。

（3）剖检变化。心、肝、肾、脾等脏器有散在或弥漫性针尖大小的淡黄色或灰白色坏死点，肠系膜淋巴结和颈部淋巴结肿大或水肿，肺有出血性梗死和水肿。慢性病例子宫内有脓性或暗红色液体，子宫壁增厚，有坏死病灶。

（4）实验室检查。血象检查出现单核白细胞显著增加（占白细胞总数的30%~50%）。取肝、肾、脾、淋巴结、脑及胎儿或阴道分泌物等涂片染色镜检，可见革兰氏阳性的小杆菌即可确诊。有条件的也可做细菌培养或动物接种试验检查。

2. 类症鉴别

李氏杆菌病，在诊断上应注意与兔巴氏杆菌病、野兔热及兔沙门氏菌病相区别，见有关章节。

3. 防治措施

（1）预防。搞好卫生与消毒工作，消灭老鼠，禁止从疫区引进种兔；发现本病时，病兔要及时隔离治疗或淘汰处理，笼、舍及用具、场地等可用2%~4%火碱水、3%~5%来苏儿、3%石炭酸、10%漂白粉进行彻底消毒，工作人员应注意自身防护，以防感染。

（2）治疗。可选用青霉素以每次10万~20万U肌肉注射，每天2次，连用4天，也可与庆大霉素4万U联合用药效果更好；10%磺胺嘧啶钠注射液，成兔每次2 mL，青年兔1.5 mL，幼兔1 mL肌肉注射，每天2次，连用3天，停药2天后再重复用药3天。

在发病初期使用较大剂量广谱抗生素治疗效果较好，但后期均难以奏效。

十一、结核病

本病主要是由牛型（禽型、人型也可感染）结核杆菌引起的一种以肺、消化道、肾、肝、脾与淋巴结的肉芽肿性炎症及机体消瘦为特征的慢性传染病。病原菌形态细长，革兰氏染色呈阳性。

1. 诊断要点

（1）流行特点。兔结核病主要是由于与结核病人、牛和鸡直接或间接接触，经呼吸道、消化道、皮肤创伤、脐带和交配被染，有时也可通过子宫感染。

（2）临床症状。患兔主要表现食欲不振，消瘦，咳嗽，喘气，黏膜苍白，体温升高。患肠结核时常有腹泻。有些病例出现四肢关节肿大或骨骼变形，当发生脊椎炎时，可致后肢麻痹。

（3）剖检变化。尸体消瘦，于肺、肾、肝、胸膜、支气管淋巴结和肠系膜淋巴结等处有大小不等的浅色和灰色结节，中心部呈干酪样坏死，并有纤维组织包膜。肺部结节可相互联合以至形成空洞，但脾脏结节少见。小肠浆膜面也有稍突起、坚实、大小不等的结节，其相对的黏膜面上形成溃疡，周围呈现干酪样坏死。

（4）实验室检查。采取新鲜结核结节病灶触片或经培养的细菌培养物，用抗酸染色法染色镜检，可发现细长、直或稍弯曲的红色结核杆菌或做病原分离鉴定，即可确诊。

2. 类症鉴别

本病应注意与兔伪结核菌相区别。兔伪结核病变在盲肠蚓突（肥厚如小香肠）和回盲部的圆小囊浆膜下有乳脂样结节。有些病例在脾脏也有大小不等的白色结节。

3. 防治措施

（1）预防。本病重点应放在预防上，治疗意义不大。除加强饲养管理，保持清洁卫生，定期消毒外，兔场必须与鸡场、牛场、猪场等隔离开，防止其他动物进入兔舍。不用有结核病的病兔要立即淘汰，被污染的场所要彻底消毒。

（2）治疗。一般无治疗意义。必要时可使用链霉素，按每千克体重4万U肌肉注射，每天2次，连用1周。

十二、伪结核病

本病是由伪结核耶尔森氏杆菌引起的慢性消耗性传染病。一般无明显症状。其特征是盲肠蚓突和圆小囊肿大变硬，浆膜下及脾、肝发生乳汁样或干酪样粟粒大小结节，肠系膜淋巴结肿大，有干酪样结节。其症状与结核病相似。病原菌革兰氏阴性，呈多形态的球状杆菌。

1. 诊断要点

（1）流行特点。本菌在自然界广泛存在，啮齿类动物是其主要储存宿主，所以，家兔很容易感染发病，多为散发，有时可呈地方性流行。一般通过被污染的饲料、饮水经消化道感染，也可经皮肤、呼吸道和交配感染。

（2）临床症状。本病无明显临床症状，一般表现食欲不振，被毛粗乱，进行性消瘦直至死亡。有些病例有下痢、体温升高及呼吸困难等症状。触诊腹部常可触到肿胀变硬的盲肠蚓突。个别病例呈败血症死亡。

（3）剖检变化。严重病例蚓突肥厚、肿大硬，如香肠，圆小囊肿大变硬。内脏器官和淋巴结有粟粒大到黄豆粒大灰白色成串状干酪样结节。

（4）实验室检查。可取淋巴结、内脏器官及粪便涂片镜检，能见到革兰氏阴性、多形态小杆菌。也可使用麦康凯培养基做病原分离与鉴定。必要时可采用间接血凝试验进行血清学诊断。

2. 类症鉴别

本病在诊断时应与兔结核病、兔球虫病等区别，见有关章节。

3. 防治措施

（1）预防。平时要加强饲养管理，注意卫生，定期消毒，消灭老鼠，防止水、草、饲料和用具被病原污染；发病后严格隔离、淘汰可疑病兔，严格消毒，并注意个人防护；定期预防注射伪结核氢氧化铝甲醛灭活苗。

（2）治疗。链霉素，按每千克体重 20 mg 剂量肌肉注射，每天 2 次，连用 3~5 天。

卡那霉素，按每只兔 100~250 mg 剂量肌肉注射，每天 2 次，连用 3~5 天。

本病的治疗效果不稳定，而且人对本病亦有较强的易感性，故患病动物不宜进行治疗，要及时淘汰处理，更不得出售。

十三、链球菌病

本病是由溶血性链球菌引起的急性败血症，病原菌为革兰氏阳性球菌，主要危害幼兔。

1. 诊断要点

（1）流行特点。很多动物和家兔的呼吸道、口腔及阴道中常有致病性链球菌存在，因此，带菌兔、病兔是主要传染来源。病菌随分泌物和排泄物污染饲料、用具、空气、水等，经健康兔的上呼吸道黏膜或扁桃体而传染。当饲养管理不当，受凉感冒，长途运输等应激因素，使机体抵抗力降低时，也可诱发本病。一年四季均可发生，但以春、秋两季多见。

（2）临床症状。以体温升高，不食，精神沉郁，呼吸困难，间歇性下痢和死亡为特征。

（3）剖检变化。皮下组织呈现出血性浆液性浸润，脾脏肿大，肝、肾呈脂肪性变性和出血性肠炎变化。

（4）实验室检查。取病变组织、化脓灶、呼吸道分泌物等涂片，革兰氏染色镜检，可见革兰氏阳性、短链状球菌；也可将病料接种鲜血培养基分离细菌或进行动物试验确诊。

2. 类症鉴别

本病在诊断时应与兔葡萄球菌病和肺炎球菌病等相区别。确诊本病必须进行细菌学检查。

3. 防治措施

（1）预防。加强饲养管理，防止受凉感冒，发现病兔立即隔离治疗，兔笼彻底消毒；兔场可使用从本场分离的链球菌制成的氢氧化铝菌苗接种，预防效果很好。

（2）治疗。可用青霉素，每只兔 5 万~10 万 U 肌肉注射，每天 2 次，连用 3 天；红霉素每负兔 50~100 mg 剂量肌肉注射，每天 3 次，连用 3 天；先锋霉素Ⅱ，以每千克体重 20 mg，肌肉注射，每天 2 次，连用 5 天；磺胺嘧啶钠，每千克体重 0.2~0.3 g，内服或肌肉注射，每天 2 次，连用 4 天。如发生脓肿，应切开排脓，用 3%过氧化氢冲洗脓腔或用 2%洗必太溶液冲洗，涂以碘酊或碘仿磺胺粉，每天处理 1 次。

十四、假单胞菌感染

本病是由绿脓杆菌（绿脓假单胞菌）引起的兔皮下脓肿、出血性肠炎、肺炎和败血症为特征的疾病。病原菌为多形态的细长、中等大杆菌，革兰氏染色阴性。

1. 诊断要点

（1）流行特点。本菌广泛存在于自然界，在人畜的肠道、呼吸道和皮肤上也可发现，属于动物偶然寄生菌。病兔及带菌动物的粪便、尿液和分泌物所污染的饲草、饲料和饮水等是本病的主要传染来源，可经消化道、呼吸道及伤口感染。有时当不合理使用抗生素预防和治疗兔病时也可诱发本病。多为散发，无明显季节性。

（2）临床症状。病兔突然表现精神高度沉郁，不食，呼吸困难，气喘，体温升高，下痢，排血样稀粪，常很快死亡。有的生前无任何症状，死后剖检才见有病理变化。

（3）剖检变化。病兔胃内有血样液体，十二指肠、空肠黏膜出血，肠腔内充满血样液体。脾脏肿大，呈樱桃红色，肺有出血点。慢性病例在肺部及其他器官形成淡绿色或褐色脓疱，内充有淡绿色或褐色黏液。病灶破溃后有特殊的腥臭味。

（4）实验室检查。取病料直接涂片镜检病原菌一般无实用价值，因脓汁中各种常见的革兰氏阴性菌如变形杆菌、大肠杆菌等在形态上与绿脓杆菌难以区别，因此，必须进行细菌分离培养鉴定。

2. 类症鉴别

根据病理变化或致病菌的培养特性，应注意与魏氏梭菌性肠炎和泰泽氏病相区别，详见有关章节。

3. 防治措施

（1）预防。搞好饲料、饲草及饮水卫生，做好灭鼠工作；发生过本病的兔场，可使用绿脓假单胞菌单价或多价灭活苗皮下或肌肉注射 1 mL，免疫期半年，每只兔每年注射 2 次，可控制本病；及时隔离病兔，彻底消毒；对假定健康群可全群进行紧急疫苗注射，以防扩大蔓延。

（2）治疗。绿脓杆菌对多种抗生素有抵抗力。可用多黏菌素 B，按每天每千克体重 1 万~2 万 U，分 2 次肌肉注射；新霉素以每千克体重 2 万~3 万 U，每天 2 次肌肉注射，连用 3~4 天，有一定疗效。也可选用青霉素和庆大霉素治疗。

十五、魏氏梭菌下痢

本病是由 A 型魏氏梭菌产生的外毒素引起的肠毒血症。病原体为两端稍钝圆的革兰氏阳性大杆菌。该病的发病率和死亡率均较高。

1. 诊断要点

（1）流行特点。除哺乳子兔外，各年龄的家兔均易感，但以 1~3 月龄的幼兔发病率最高。一年四季均可发生，但以冬、春两季常见。

（2）临床症状。突然发病，急性下痢，排黑色水样或带血胶冻样粪便，有特殊的臭味，体温不高。多数病例出现下痢后 1~2 天死亡。少数可拖至 7 天或更长。

（3）剖检变化。尸体外观消瘦不明显，盲肠、结肠浆膜有出血斑，内充有气体和黑绿色稀薄内容物，并有腐败气味。胃黏膜出血、溃疡，黏膜脱落为主要特征。肝质地变脆，脾呈深褐色。

（4）实验室检查。取空肠或回肠内容物涂片染色镜检，可见革兰氏阳性、两端钝圆的大杆菌。同时用病料以生理盐水制成悬液，离心沉淀后，将上清液用蔡氏滤器过滤除菌，再将一定量滤液注入健康小鼠腹腔，如小鼠 24 h 死亡，则证明肠内有毒素存在，即可确诊。

2. 类症鉴别

本病在诊断时应注意与兔急性肠球虫病、兔沙门氏菌病、兔出血症及巴氏杆菌病相区别（详见有关资料）。

3. 防治措施

（1）预防。加强饲养管理，搞好环境卫生，消除诱发因素。尽量少喂含过高蛋白质的饲料、过多谷物类及多汁菜类饲料。发生疫情，立即隔离治疗或淘汰病兔；及时接种疫苗，一般的繁殖母兔在春、秋季注射 A 型魏氏梭菌灭活菌 1 次，断乳子兔应立即注射。

（2）治疗。对价值高的种兔可使用特异性免疫血清治疗，效果显著，每只兔皮下注射 5～10 mL，每天 1 次，连用 2～3 天。

土霉素，每只兔每次 0.01～0.05 g 内服，每天 2 次，连用 3 天。也可按每千克饲料 0.01 g 剂量添加金霉素混饲。

喹乙醇，按每千克体重 5 mg 内服，每天 2 次，连用 4 天。

卡那霉素，按每千克体重 20 mg 剂量肌肉注射，每天 2 次，连用 3 天。

此外，也可使用磺胺类药物治疗。在使用抗生素治疗的同时，还可在饲料中添加活性炭、维生素 B12 等辅助药物治疗。

十六、肺炎球菌病

本病是由肺炎双球菌引起的一种呼吸道传染病。以体温升高、咳嗽、流鼻涕和突然死亡为特征。菌体呈矛状，革兰氏染色阳性。对外界抵抗力不强，一般消毒药可很快将其杀死。

1. 诊断要点

（1）流行特点。本病多发生于成年兔和怀孕兔，主要经消化道和呼吸道感染，亦可经胎盘感染。

（2）临床症状。病兔常呈现感冒症状，表现精神沉郁，厌食，体温升高，咳嗽，流鼻涕和突然死亡。

（3）剖检变化。肺部有多处脓肿和大面积出血，局部水肿。有纤维素性胸膜炎、心包炎，心包和肺或胸膜之间常发生粘连。肝脏肿大，发生脂肪性变，脾脏肿大，子宫和阴道黏膜出血，兔的两耳也可发生化脓性炎症。新生子兔常呈败血症死亡。

2. 类症鉴别

本病的诊断应注意与支气管败血波氏杆菌病、多杀性巴氏杆菌病、溶血性链球菌病等相区别。最后确诊主要应以微生物学诊断为依据。

3. 防治措施

（1）预防。目前对本病还没有菌苗可用于预防。只能依靠加强饲养管理，搞好环境卫生和消毒工作。一旦发现可疑病兔要立即隔离治疗。

（2）治疗。青霉素或新霉素按 4 万～8 万 U 肌肉注射，每天 2 次，亦可口服磺胺二甲基嘧啶，每次 0.03～0.1 g，每天 2 次。

对种兔，可使用高免血清注射，每天 1 次，每次 10～15 mL，连用 2～3 天。如在血清中加入青霉素，可提高其疗效。

十七、皮肤真菌病（钱癣）

本病是由真菌毛癣霉与小孢霉感染皮肤及附属结构（毛囊、毛干）所引起的一种人、畜共患的真菌性传染病。

1. 诊断要点

（1）流行特点。家兔的皮肤真菌病不常见，一般与饲养卫生条件差有关，特别是潮湿、多雨、污秽的环境，可促使本病的发生。主要通过接触感染。

（2）临床症状。病变一般先发生在头部，后扩展到皮肤的任何部位。其特征是病灶呈不规则块状或圆形、脱毛、断毛及皮肤炎症，并覆有白色、麦糠样易脱落的皮屑。

（3）实验室检查。根据临床症状，不难做出诊断，但确诊必须通过显微镜检查，可发现真菌的分枝菌丝与孢子。其方法是：将患部用75%酒精擦洗消毒，用镊子拔下感染部位的被毛，用手术刀片刮取皮肤及皮屑。将病料放在载片上，加10%氢氧化钾溶液数滴，加盖片后高倍镜下观察（镜检时应降低光亮度），毛癣霉感染时，可见孢子在毛上呈平行链状排列，毛的内外均可见到；小孢霉感染时，孢子紧密而无规则堆排列在毛干周围，好似一个管套镶嵌在被毛的外面。

2. 鉴别诊断

本病在诊断时应注意与兔疥螨、营养性脱毛等多种皮肤病相区别，详见表8.2。

表8.2 家兔皮肤病和脱毛症的临床鉴别要点

病名	病原	临床鉴别要点
鼻炎结膜炎	细菌通常是多杀性巴氏杆菌	从内眼角流出的渗出物损害到皮肤，伴有被毛脱落。为两侧性。皮肤刮屑检查寄生虫、真菌均为阴性
耳螨病	兔痒螨	一般只限于外耳道和外耳皮肤，但常蔓延至耳周围的头部皮肤，皮肤刮屑可见痒螨
疥癣	疥螨	起始于头部，后蔓延至躯干部，深部皮肤刮屑可查到疥螨
流涎	细菌性，各种偶然性因素	皮肤炎症，脱毛，限于下巴和颈部腹侧。因该部长期潮湿，而继发细菌感染，皮肤刮屑检查，寄生虫和真菌均为阴性
耳螨疥螨	小耳螨	通常见到的是体疥癣，深部皮肤刮屑发现小耳螨
换毛	自发症	部分脱毛或全身脱毛，无炎症。皮肤正常，脱毛可从头部开始。刮屑检查，寄生虫，真菌均为阴性
拉毛	生理现象	母兔从自己身上拉毛做窝，产几窝后身上即显出无毛区。无炎症，皮肤刮屑检查，寄生虫和真菌均为阴性
遗传性无毛	涉及几种基因	是无毛的常见原因，部分脱毛或全部脱毛，无炎症。皮肤刮屑检查，寄生虫和真菌均为阴性
皮肤癣菌病	须发癣菌及几种小孢霉	一般始于头或耳部皮肤。病变部发炎，有痂皮，无毛。痊愈和重新长毛始于病变中心部。皮肤刮屑检查，在上皮细胞和病毛内可找到皮肤癣菌的菌丝和孢子

3. 防治措施

（1）预防。加强饲养管理，注意兔舍通风换气，保持兔体清洁卫生；兔舍、兔笼及用具定期使用2%碳酸氢钠溶液消毒。经常检查兔群，发现病兔立即隔离治疗或淘汰；病兔停止哺乳及配种，严防病兔与健康兔互相接触，被污染的兔笼及用具及时使用福尔马林熏蒸消毒，污物及粪尿用生石灰消毒后深埋或烧毁，饲养管理人员要注意个人防护。

（2）治疗。治疗本病应先患部剪毛，再用肥皂水、温碱水或2%~3%来苏儿水洗拭，以软化除去痂皮后用如下药物治疗。

分别选用10%碘酊、10%水杨酸酒精或5%~10%硫酸铜溶液涂患部,直至痊愈;使用10%水杨酸软膏、制霉菌素软膏、10%木馏油软膏、2%福尔马林软膏,每天2次涂抹患部直至痊愈。

全身治疗可口服灰黄霉素,每天每千克体重25 mg剂量,每天1次连用2周或每千克饲料中添加20 mg连喂25天也可全群口服克霉唑,每兔每次0.4~0.7 g,每天1次,服1周,停1周。病兔每天内服2次,直至症状消失。

对特别严重、治疗无效者应予捕杀销毁。

第六部分 家兔的寄生虫病

一、球虫病

兔球虫病是由艾美耳属的多种球虫所引起的家兔原虫病,是家兔常见而危害极大的疾病之一。

1. 病原

目前已知兔球虫有14种,除兔艾美耳球虫(斯氏艾美耳球虫)寄生在胆管上皮细胞内,其余各种都寄生于肠上皮细胞,且多为混合感染。从新鲜粪便内分离出的球虫卵囊大多为椭圆形或卵圆形,呈灰黄色,卵囊壁光滑,有或无卵膜孔,卵囊的大小因种的木同相差悬殊,最大的卵囊长径可超过40 μm,较小的卵囊长径仅16 μm。

2. 诊断要点

(1)流行特点。因球虫卵囊在外界发育需一定的温、湿度,故本病的发生与流行有一定的季节性,在温暖、多雨、湿度大的季节多发。所以,每年4~9月份为流行季节,7~8月份最为严重。特别是卫生条件较差的兔场,幼兔的感染率可达100%,40%~70%病兔死亡。成年兔抵抗力较强,多为隐性感染,不表现临床症状,但生长发育受阻,是主要的传染来源。家兔主要是通过被已孢子化了的卵囊污染的饲料和饮水,经消化道感染。

(2)临床症状。兔球虫病可分为肠型、肝型及混合型3种,临床上多为混合型。

主要表现食欲减退或废绝,精神沉郁,眼、鼻分泌物增多,贫血,下痢,幼兔生长停滞。腹泻与便秘交替出现,肛门周围常被粪便沾污,腹围增大。肝球虫病时,肝脏肿大,触诊肝区有痛感,可视黏膜轻度黄染。后期幼兔出现神经症状,四肢痉挛,麻痹,多因极度衰竭死亡。死亡率很高。病程10数天至数周不等,病愈后长期消瘦,生长发育不良。

(3)剖检变化。患肠球虫病时,肠壁血管充血、黏膜充血并有出血点。十二指肠扩张,肠壁肥厚,黏膜发生卡他性炎症,小肠内充满大量黏液。慢性过程中,在肠黏膜上有许多小而硬的白色结节,内含卵囊,有时可见有化脓灶;患肝球虫病时,肝表面及实质内有白色或淡黄色粟粒大至豆粒大结节,内含发育不同阶段的球虫;慢性球虫病时,胆管和小叶间部分结缔组织增生,引起肝细胞萎缩和肝脏体积缩小。

(4)实验室检查。常用饱和盐水漂浮方法检查粪便中有无球虫卵囊。因成年兔常为带虫者;加之急性球虫病(初期)时粪便内尚无球虫卵囊排出,镜检常不能发现球虫卵囊。所以,生前诊断时,不能单凭粪便中能否检出卵囊而诊断是否是球虫病,必须结合临床症状和病理剖检变化综合判定。

3. 防治措施

(1)预防。兔舍应保持清洁卫生,干燥,梅雨季节对兔笼、饲槽经常使用热火碱水、蒸汽或火焰消毒,也可放在光下暴晒。兔粪要进行堆积发酵处理。

选作种公、母兔必须经过多次粪检，确认无球虫病者方可留为种用。购入新兔需隔离饲养 15～21 天，确认无球虫后才可混群饲养。断乳后的幼兔应与成年兔分开饲养，最好实行单笼饲养。

加强饲养管理，提高抗病能力，对刚断乳的幼兔应给予富含维生素的饲料，如维生素 A 及维生素 B12，可维持肠黏膜的完整性。在球虫病的高发季节，还可定期进行药物预防。

（2）治疗。发生球虫病时，可选择下列方法治疗。

磺胺六甲氧嘧啶（制菌磺片），按 0.1% 质量分数饲料混饲，连用 3～5 天为 1 个疗程隔 1 周再用 1 个疗程。

磺胺二甲氧嘧啶（SM2）与二甲氧苄氨嘧啶（DVD），两者按 5∶1 混合后，以 120～130 mg/kg 混饲 1 周，隔周再按上述方法饲喂 1 周。

氯苯胍，按 300 mg/kg 饲料混饲 1 周，后再改用 150 mg/kg 饲料混饲，可连用 45 天。

球痢灵（硝苯酰胺）按 150 mg/kg 剂量混饲用于预防。治疗时，按 250 mg/kg 混饲连用 3～5 天。

三字球虫粉（磺胺氯吡嗪钠），以质量分数为 0.2% 拌料饲喂，连用 3～5 天。

复方敌菌净，按每天每千克体重 30 mg 剂量，首次剂量加倍，拌料饲喂 1 周。

痢特灵，1 月龄以内兔按每千克体重 3 mg，1 月龄以上兔按每千克体重 4 mg 内服，连用 1 周。

此外，也可使用克球粉、杀球灵等药物进行预防。

对球虫病的治疗，目的在于抑制球虫的发育，缓解症状，促进其产生免疫力。对重症病兔很难挽救其生命。重要的是在最初阶段及时用药防治，才能控制本病流行；球虫容易产生抗药性，故在防治过程中，应有计划地交替使用或联合应用数种抗球虫药，以防产生抗药性；在药物治疗的同时应结合对症治疗，如防止脱水，可口服补液盐。补充维生素 K 和维生素 A 等以阻止出血和加速球虫病的康复等。

二、弓形虫病

弓形虫病是一种人、畜共患的原虫病，在人和动物中广泛传播，对人、畜危害严重，家兔多为隐性感染，有的也可出现临床症状。

1. 病　原

弓形虫的整个发育需要 2 个宿主，猫及猫科动物是终末宿主，中间宿主为多种动物和人，猫也可作中间宿主。根据弓形虫的不同发育阶段，出现 5 种形态，即滋养体、包囊、裂殖体、配子体、卵囊。滋养体和包囊两型出现在中间宿主体内；裂殖体、配子体和卵囊只出现在终末宿主体内。

滋养体呈新月形，香蕉状，大小为（4～7 μm）×（2～4 μm），一端稍尖，一端钝圆，用姬氏或瑞氏染色后镜下观察，胞浆呈浅蓝色，核深蓝紫色，偏于一端（图 8.1）。

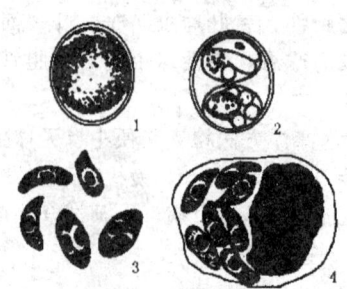

图 8.1　弓形虫

1—未孢子化卵囊；2—已孢子化卵；3—滋养体；4—速殖体

2. 诊断要点

（1）流行特点。动物食入猫粪中的感染性卵囊、含有滋养体或包囊型虫体的中间宿主的肉、内脏、渗出物、排泄物和乳汁后而被感染，也可经胎盘感染胎儿。此外，还可通过损伤的皮肤、黏膜侵入体内，兔饲料和饮水被含有大量弓形体卵囊的猫粪污染，是兔弓形体病暴发的主要原因。

（2）临床症状。兔弓形虫病分急性和慢性2种类型。

急性病例：表现突然不食，体温升高至40 ℃以上，呼吸加快，嗜睡，眼或鼻内有浆液性或脓性分泌物，并在几天内出现全身性惊厥等神经症状。有的发生麻搏，通常发病后2~8天死亡。

慢性病例：病程较长，病兔厌食消瘦，后肢麻痹突然死亡。但多数病兔可逐渐康复，也有相当数量的家兔呈现隐性感染，不表现任何临床症状。

（3）剖检变化。急性型病变为肺、淋巴结、脾、肝、心等脏器出现广泛性的灰白色坏死灶及大小不等的出血点。肠黏膜出血，有扁豆大小溃疡，胸腹腔积液。

（4）实验室检查。取胸、腹腔渗出液或肺、肝、淋巴结等涂片染色镜检，可见有典型的滋养体；也可通过小白鼠腹腔接种，经盲传后查出虫体可确诊；血清学诊断，目前国内应用较多的是间接血凝试验。

3. 防治措施

（1）预防。在兔场内严禁养猫，禁止猫进入兔舍，防止饲料、饮水被猫粪污染。消灭老鼠，严格处理兔尸（深埋或火烧）。发病后及时对兔舍用具及内外环境使用1%来苏儿或3%的火碱水进行全面消毒。注意个人卫生防护。

（2）治疗。磺胺类药物对本病有较好的疗效，如配合增效剂使用，则效果更好。

20%磺胺嘧啶钠肌肉注射，成年兔4 mL，幼兔2 mL，每天2~3次，连用3~5天。

磺胺嘧啶与三甲氧苄氨嘧啶（或二甲氧苄氨嘧啶）按5∶1比例混合，每千克体重口服84 mg，每天2次，连用3~5天。

增效磺胺-5-甲氧嘧啶注射液（用含10%磺胺-5-甲氧嘧啶和2%三甲氧苄氨嘧啶），按每千克体重0.2 mL剂量，每天肌肉注射或静脉注射1次，连用3~5天。

治疗本病，应本着尽早诊断、及时治疗，否则虽可使临床症状消失，但不能抑制虫体进入组织形成包囊型虫体，而使病兔成为长期带虫者。

三、兔脑炎原虫病

本病是由兔脑炎原虫所引起的一种慢性、隐性原虫病，据报道已有兔、犬、猪等多种哺乳动物自然感染过本病，已发现少数人的病例。虫体主要侵害脑和肾脏，尿液中也可查到虫体，家兔多为隐性感染。

1. 病 原

兔脑炎原虫的成熟孢子呈卵圆形或杆形，大小为2 μm×1.2 μm。本病很可能通过尿液污染饲料、饮水或环境，经消化道感染，此外，也可通过接触、胎盘等途径传播。

2. 诊断要点

（1）临床症状。一般不表现症状，有时可有脑炎、肾炎等症状。病兔表现惊厥，颤抖，斜颈，麻搏，昏迷和平衡失调。病兔常有蛋白尿，病后期出现下痢。

（2）剖检变化。肉芽肿性炎和肉芽肿性肾炎是本病的特征性病变。肾表面有散在针尖大小白点，皮质面有灰白色凹陷区，大小为 2~4 mm。如肾脏大面积受害，则表面呈颗粒样外观，切面皮质增厚，有的部位皮质和髓质界线不清，肾脏质地脆弱。

脑回稍扁平，大脑皮质切面有针尖大小的病灶。

（3）实验室检查。本病通过临床症状和病理剖检变化可大致诊断，但确诊尚需进行病理组织切片或尿液、腹水脑脊髓液的涂片，染色镜检发现虫体才能确诊。生前诊断可使用皮内变态反应、荧光抗体试金和动物接种试验等方法。

3. 防治措施

由于本病的传播方式尚未完全搞清，故缺乏有关预防及控制的经验，除应加强一般性卫生防疫措施外，对病兔应及时淘汰，有助于防止本病的传播。

目前本病尚无特效药物治疗，有试验用烟曲霉素治疗本病有一定效果，一般情况可采取对症治疗。

四、隐孢子虫病

兔隐孢子虫病是由微小隐孢子虫寄生于家兔等多种动物的黏膜上皮细胞表面而引起的一种人、畜共患原虫病。家兔等啮齿类动物多呈隐性感染，并常与其他疾病合并或继发感染，而呈现出临床症状，很容易造成误诊。

由于虫体的寄生，造成消化道上皮细胞破裂崩解，引起消化道绒毛脱落，导致消化功能紊乱，表现食欲下降，精神沉郁，腹泻，脱水等症状。在机体营养状况较差，免疫功能低下时，可引起死亡。

主要病理变化在肠道，出现卡他性及纤维素性肠炎，黏膜出血，绒毛萎缩脱落。最后确诊还需通过粪便检查，利用漂浮法收集卵囊后涂片染色（金胺-酚染色法或改良抗酸染色法）镜检，发现卵囊后方可确诊。

目前尚无较理想的治疗方法，已知使用大蒜及大蒜素对本病有一定疗效。对严重腹泻者可及时输液，补充电解质，纠正酸碱平衡。如为合并感染注意对原发病或继发病的治疗。

五、肝片吸虫病

本病是由肝片形吸虫寄生于多种动物胆管内引起的一种吸虫病。家兔也可被寄生，特别是以青饲料为主的兔发病率和死亡率均较高，危害也很大。

病原肝片吸虫的成虫长 20~35 mm，宽 5~13 mm，背腹扁平，虫体呈柳叶状，新鲜虫体红褐色。成虫在胆管中产卵，卵随胆汁进入消化道，随粪便排到外界落入水中孵化出毛蚴，毛蚴钻入中间宿主——椎实螺体内，经过胞蚴、母雷蚴、子雷蚴各发育阶段，最后形成大量尾蚴逸出螺体，附在水面和水草上形成囊蚴，当家兔吃了带有囊蚴的水草和水而被感染，最后在肝胆管内发育为成虫（图8.2）。

2. 诊断要点

（1）流行特点。本病呈地方性流行，多发生于低洼沼泽地区以及山川小溪水草丰富地带。并多在夏秋两季流行，这是因为夏、秋两季气候适合肝片

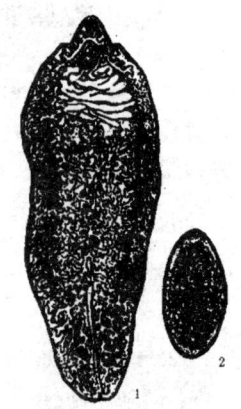

图 8.2　肝片吸虫

1—成虫；2—虫卵

吸虫卵的孵化和中间宿主——椎实螺的滋生。

（2）临床症状。一般表现厌食、衰弱、消瘦、腹泻、贫血、黄疸等症状。严重病例眼睑、颌下、胸腹下出现水肿，逐渐衰竭死亡。

（3）剖检变化。急性死亡病例，由于感染了大量幼虫，在体内移行引起肠壁及肝组织的损伤，可见肝脏肿大，包膜上有纤维素样沉积，并有童虫移行时留下的很多数毫米长的暗色虫道，内有凝固的血液和小的幼虫，从而引起急性肝炎和内出血。腹腔内伴有血性液体和腹膜炎等变化。

成虫阶段寄生病例，早期肝脏肿大，后期萎缩硬化呈土黄色，胆管扩张，管壁增厚粗糙，内壁有磷酸钙等盐类沉积，呈绳索样突出肝脏表面，内含虫体和多量污浊浓稠液体。

（4）实验室检查。本病生前通过流行特点和临床症状可初步诊断，但确诊还需做粪便虫卵检查。常用的方法为水洗沉淀法。虫卵在镜下呈金黄色椭圆形，长 130～145 μm，宽 85～97 μm，一端有卵盖，内含多个卵黄细胞和一个胚细胞。

3. 防治措施

（1）预防。以饲喂河川及低洼、沼泽地区的青饲料为主的家兔，每年应坚持 2 次预防性驱虫；注意饮水卫生，尽量饮用井水或流动的河水；以水生植物为饲料一定要洗净晒干，最好经青贮发酵后再喂家兔，以便杀死附在上面的囊蚴兔的粪便要经堆积发酵等无害化处理后再利用，以防病原扩散。

（2）治疗。可分别选用下列药物对家兔进行驱虫。

吡喹酮，每千克体重 50～80 mg 剂量，1 次内服。

丙硫苯咪唑（抗蠕敏），以每千克体重 20 mg 剂量，每天 1 次内服，连用 3 天。

此外，也可使用溴酚磷（蛭得净）、三氯苯挫（肝蛭净）、硝硫氰胺、碘醚柳胺、硫双二氯酚、硝氯酚等药物治疗。

六、血吸虫病

家兔血吸虫病是由日本分体吸虫寄生于多种动物的肠系膜，静脉系统的小血管内所引起的一种人、畜共患吸虫病。

1. 病　原

日本血吸虫为雌雄异体，呈线形。雄虫较粗短，大小为（10～22）mm×0.5 mm，前端有口、腹吸盘，自腹吸盘后部的体壁卷折成抱雌沟。雌虫比雄虫细长，在寄生状态时雌雄合抱在一起，寄生于门脉系统。雌虫产出的卵巧部分顺血流到肝脏，在肝脏内形成肉芽肿，另一部分逆血流到达肠壁，透过肠肆到肠腔，随粪便排出体外。虫卵在水中孵出毛蚴，毛蚴侵入中间宿主钉螺体内，进行无性繁殖，经过母胞蚴、子胞蚴，最后发育成很多尾呦。尾蚴出螺体入水。家兔和其他动物可直接通过皮肤或饮水、采食而被感染。尾蚴侵入动物体，幼虫经血流达门脉系统而发育为成虫。

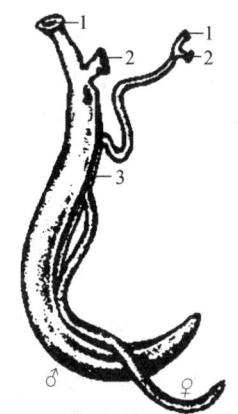

图 8.3　日本血吸虫

1—口吸盘；2—腹吸盘；
3—抱雌沟

2. 诊渐要点

（1）流行特点。血吸虫病广泛流行于我国的长江流域及以南省区（钉螺分布区）。家兔多采用笼养，故自然感染机会很少。在疫区一般是因为家兔饮用了"疫水"或采食、接触了带有毛蚴的水草而感染。

（2）临床症状。少量感染一般不显症状，当大量感染时则表现腹泻，便血，消瘦，贫血，严重时腹水过多死亡。

（3）剖检变化。肝脏表面有灰白色或灰黄色虫卵结节。慢性病例出现肝硬化，体积缩小，在门脉血管和肠系膜静脉中可找到虫体。严重感染时，肠道各段均可找到虫卵沉积，尤以直肠部分更为严重。小肠溃疡，出现瘢痕，肠黏膜增厚。

（4）实验室检查。生前多采用粪便沉淀孵化法检查毛蚴以做出诊断。虫卵呈椭圆形，淡黄色，卵壳较薄，无卵盖，大小为（70~100）μm×（50~80）μm内含1个毛蚴。

3. 防治措施

（1）预防。重点是加强家兔的饮水卫生，在疫区最好饮用沸水或井水，饲草应晒干后或经青贮后再喂。

（2）治疗。发现病兔及早治疗，首选药为吡喹酮，按每千克体重20 mg剂量1次内服；敌百虫，按每千克体重50~80 mg剂量1次内服。此外，也可应用血防846、硝硫氰胺、硝硫氰醚等药物治疗。

七、豆状囊尾蚴病

本病是寄生在犬、狐等小肠内的豆状带绦虫的幼虫（豆状囊尾蚴）寄生于兔的肝脏、肠系膜、大网膜和腹腔内引起的一种绦虫蚴病。

1. 病　原

豆状囊尾蚴呈透明球形，如豌豆粒大小，内含半透明液体和一个头节。头节有4个吸盘，一个顶突，顶突上有两排小钩。成虫的成熟节片和虫卵随粪便排到外界被兔吞食后24 h内六钩蚴可从卵内逸出进入肠壁侵入血管，随血流到达肝脏，穿透肝包膜，经2~3个月发育成豆状囊尾蚴。囊尾蚴一旦被终末宿主犬、狐等吞食后，在小肠内又会发育为成虫（图8.4）。

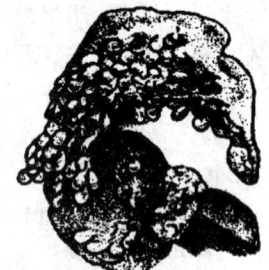

图8.4　豆状囊尾蚴

1. 诊断要点

（1）临床症状。少量感染时症状不明显，仅表现生长缓慢。大量感染时常呈现慢性肝炎症状，严重影响肝脏的正常功能，表现精神不振，嗜睡，消化功能紊乱，食欲下降，渴欲增加。幼兔生长迟缓，成兔腹部胀大，逐渐消瘦，后期腹泻，重者可引起家兔死亡。

（2）剖检变化。尸体消瘦，肝脏肿大，腹水增多。早期由于幼虫的移行可致急性肝炎，形成嵌花肝，肝表面和切面有黑、红、黄、白色条纹状病灶，慢性病例可转为肝硬化。在肠系膜、大网膜、肝脏表面有多个豌豆大小、半透明的囊泡，常形成葡萄串状。

本病生前诊断比较困难，死后剖检发觐尾蚴后即可确诊。

2. 防治措施

（1）预防。防止犬、狐、猫等粪便污染家兔的饲料、饲草及饮水。不用含有兔囊尾蚴的内脏喂犬和猫，兔场内禁止饲养犬、猫等动物。

（2）治疗。可试用吡喹酮，按每千克体重25 mg剂量皮下注射，每天1次，连用5天；甲苯咪唑，按每千克体重35 mg剂量口服，每天1次，连用3天。

八、连续多头蚴病

家兔的连续多头蚴病是由寄生于犬小肠内的连续多头绦虫的中绦期——连续多头蚴寄生于家兔的皮下、肌肉、脑、脊髓等组织中所引起的一种绦虫蚴病。

1. 病 原

连续多头蚴可发育到樱桃至苹果大，坚实而有弹性，在寄生部位形成无痛的肿胀，并能移动，寄生数量一般4~5个，最多可达70个。成虫在犬小肠产卵，卵随犬的粪便排到外界被兔等中间宿主吞食后，六钩蚴在消道逸出，钻入肠壁随血流到达皮下和肌间结缔组织，发育成连续头蚴，当带有连续多头蚴（包囊）的兔肉再次被犬食入，即在小肠内发育为连续多头绦虫。

2. 诊断要点

根据在肌肉或皮下发现有可动无痛的包囊（连续多头蚴），镜检囊内有很多头节（原头蚴）可确诊（图8.5）。

3. 防治措施

参见兔豆状囊尾蚴病。由于本病的幼虫阶段也可寄生于人体内，所以，应注意个人卫生防护工作。

图8.5 连续多头蚴

九、栓尾线虫病

1. 病 原

兔栓尾线虫病又称"兔蛲虫病"，是由栓尾线虫寄生于兔的盲肠及大肠内引起的一种常见的线虫病。虫体呈线状，雄虫长3~5 mm，雌虫长8~12 mm，口孔较小，食道中部膨大，有后食道球，尾端尖细。虫卵两侧不对称，椭圆形，大小约为 102 μm×41 μm，卵壳光滑，一端有卵盖，内含胚细胞或一条蜷曲的幼虫。

2. 诊断要点

少量寄生一般不表现临床症状，严重感染时，由于幼虫在盲肠隐窝内发育，以肠黏膜为食，故可引起黏膜损伤，有时发生溃疡及大肠炎症。表现食欲减少，精神沉郁，被毛粗乱，进行性消瘦，下痢，重者可引起死亡。

可根据临床症状对兔进行粪便检查，镜下可发现虫卵。剖检盲肠可发现大量成虫可确诊。

3. 防治措施

注意兔舍卫生，加强粪便管理，对饲槽、水盘等定期消毒，做到每年2~3次预防性驱虫。治疗时，可选用左旋咪唑，以每千克体重5~10 mg剂量口服，每天1次，连用2天；丙硫苯咪唑，以每千克体重10~15 mg剂量，每天1次，连用2天。

十、兔鞭虫病

1. 病 原

兔鞭虫以其前部细长的食道而得名。虫体长达29~34 mm。雄虫尾端向腹面卷曲，虫卵椭圆形，呈腰臌状，两端有塞状物。成虫寄生在兔的盲肠内，以其尖端钻入黏膜深处。

2. 诊断要点

当大量寄生时，可造成盲肠黏膜的广泛破坏，发炎。病兔出现腹泻，有时排出带血或黏液性粪便。有的腹泻与便秘交替发生，常引起拖痛。严重者可引起自家中毒，呈现抽搐，贫血，幼兔发育缓慢。

生前可结合临床症状，并通过粪便检查发现虫卵，死后剖检在盲肠内可发现大量形如鞭子样的成虫可确诊。

3. 防治措施

见兔栓尾线虫病。

十一、兔肝毛细线虫病

1. 病 原

本病是由毛细线虫属寄生于鼠、兔等啮齿类动物的肝组织内的一种线虫病，人偶尔也可被感染。成虫大小为 4～5 cm，食道甚长。虫卵大小为（63～68）μm×（30～33）μm，两端有塞状物，卵壳表面稍凹突不平。

成虫寄生在肝脏组织中，并发育产卵，含有虫卵的肝脏被另一个宿主吞食后，卵在肠道内孵化，幼虫钻入肠壁，经血液循环到达肝脏继续发育为成虫。肝脏内的大量虫卵可引起纤维性结缔组织包围，严重时造成肝硬化和中毒。

2. 诊断要点

病兔生前无明显症状，诊断困难。死后剖检可见肝脏表面有许多绿豆大小或呈带状黄色的结节，取结节压片镜检，见到虫卵即可确诊。

3. 防治措施

此病主要是做好预防工作，目前尚无较好的方法治疗。可选用甲苯达唑、阿苯达唑、奥芬达唑治疗。注意饲养人员的个人防护，不生食或半生食兔等啮齿类动物的内脏，以防感染。

十二、兔螨病

本病又叫"疥螨病"，俗称"癞"，是由寄生于兔体表的疥螨和痒螨引起的一种外寄生虫病。以剧痒及各类型的皮肤炎症，形成痂皮、脱皮、消瘦为特征。其传染性很强，以接触感染为主。轻者使患兔消瘦，严重时造成死亡，对养兔业的危害很大。

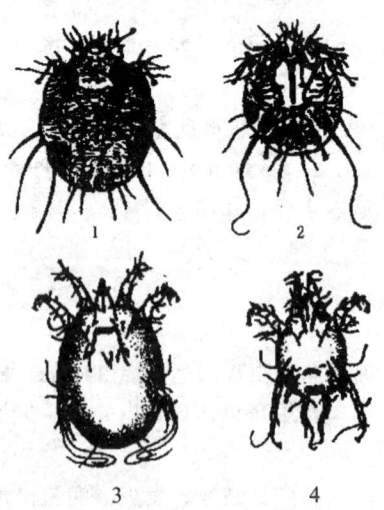

图 8.6 兔螨虫

1—疥螨雌虫；2—疥螨雄虫；3—痒螨雌虫；4—痒螨雄虫

1. 病原

（1）疥螨。寄生在兔的表皮内挖凿隧道，以皮肤组织细胞和淋巴液为食。虫体长 0.3~0.5 mm，呈龟形，肉眼不易认出，前端有一半圆形的咀嚼式口器，腹面有 4 对腿，后两对腿不突出体缘。

（2）痒螨。多寄生于兔的外耳道的皮肤表面，以吸吮渗出液为食，个体较大，体长 0.5~0.8 mm，眼观如针尖大小，呈椭圆形，口器较长，呈刺吸式，腹面的四对腿细长，均突出体缘。

疥螨和痒螨的全部发育过程都在动物体上完成，包括卵、幼虫、若虫、成虫 4 个阶段。完成整个发育过程疥螨需 8~22 d，痒螨需 10~12 d。

2. 诊断要点

（1）流行特点。本病多发生于秋、冬及初春季节，在日光照射不足，兔舍潮湿，兔毛长而密，卫生状况较差，皮肤湿度较大的条件下，最适合螨的生长、繁殖，加速本病的蔓延。疥螨在外界可存活 3 周，痒螨可存活 2 个月，所以，病兔和被病兔污染的环境、兔舍、用具等都可成为传染源，直接和间接传播本病。

（2）临床症状。兔疥螨病，一般先由嘴周围、鼻端和爪部发生，表现剧痒，病兔不停用嘴啃咬，用爪搔抓患部。病变逐渐向鼻梁、眼周围或前掌部和后足部蔓延，严重发痒时前后脚掌不时抓拍地面。患部出现皮肤炎症，形成灰白色痂皮，脱毛，严重影响采食和休息，病兔很快消瘦死亡。

兔痒螨病，主要发生于外耳道内，引起外耳道的炎症，渗出物干燥后，形成黄色痂皮，塞满耳道如纸卷样。病兔表现耳下垂（多为一侧）不断摇头和爪搔耳朵。当病变延至筛骨及脑部时可引起癫痫症。

（3）实验室检查。在患部与健部的交界处，用锐利刀片垂直刮取病料（深度以微微见血为止）少许放置于事先加有甘油水的载玻片上，用镊子充分捣碎加盖片，在显微镜下检查。也可将病料装入试管内，加入 10%氢氧化钠（钾）溶液，煮沸，待毛和痂皮溶解后静置 20 min，用吸管吸取沉渣滴在载片上，加盖片镜下检查。后者可大大提高检出率。

3. 类症鉴别

本病应与由霉菌引起的兔脱毛癣病相区别，该病痒觉不明显，镜检可见菌丝和孢子，而无螨虫。

4. 防治措施

（1）预防。兔舍要经常清扫，定期消毒，保持干燥和良好的透光与通风；经常检查兔群，发现病兔要隔离治疗；在引进家兔时要隔离观察一段时间后，确认无螨病时方可合群饲养。

（2）治疗。螨病具有高度接触传染性，遗漏一个小的患部，散布少许病料，就有蔓延的可能。所以，在治疗螨病时，一定要详细检查，以免遗漏。对已确诊的病兔，要及时隔离治疗。目前常用的杀螨药物和方法很多，可根据具体情况选用。

伊维菌素（害获灭）或阿维菌素（阿福丁）注射液，以每千克体重 0.2 mg 剂量，1 次皮下注射。对体表寄生虫和体内的多种线虫均有较好的杀灭作用。该药除注射剂外还有内服剂和渗透剂型等，可选择使用。

"敌酒来"合剂，配方是：敌百虫 2 份、75%酒精 96 份、来苏儿 2 份，临用现配。局部剪毛去痂，暴露新鲜组织后涂擦患部，注意每次涂擦面积不要超过体表面积的 30%。

此外，0.01%~0.05%辛硫磷水乳液，0.015%~0.02%巴胺磷水乳液，0.025%螨净（二嗪哝）水乳剂和 5%氯氰菊酯乳油剂，经 500~1 000 倍稀释后均可用于患部涂擦。

十三、兔虱病

本病是由兔血虱寄生于家兔体表引起的一种慢性体外寄生虫病，通过直接和间接传播。兔虱以吸血为主，1 个血虱，每天可吸食血液 0.2~0.6 mL，对幼兔危害十分严重。

兔血虱病的诊断比较容易，当发现兔有瘙痒不安，消瘦贫血，生长发育不良时，检查兔体表时可发现血虱即可确诊。

防治措施可参考兔螨病的有关内容。

第七部分　家兔的内科疾病

一、口　炎

本病是口腔黏膜表层或深层的炎症，又称口疮。

1. 发病原因

机械性损伤和化学性刺激是本病发生的主要原因。如硬质和带刺的饲草、饲料，尖锐牙齿和异物（钉子、铁丝）等，都可直接损伤口腔黏膜引起炎症；其次是采食了霉败饲料，误食生石灰、氨水等均可引起口炎。此外，还可继发于相邻器官的炎症。

2. 诊断要点

病兔表现大量流涎，常黏附在被毛上，口腔黏膜潮红、肿胀，甚至出现损伤或溃疡，一般有些食欲但拒绝采食。若为水疱性口炎，口腔黏膜可出现细小水疱，破溃后发生糜烂和坏死，而流出不洁带臭味的唾液并常混有血液。

3. 防　治

（1）预防。不喂发霉腐败或粗硬带刺的饲草饲料，及时除去饲料内和口腔中的异物，饮水要清洁，及时修整锐齿，避免各种化学因素对口腔的损伤。

（2）治疗。病初可选用1%食盐水、2%硼酸水、5%明矾水或0.1%高锰酸钾溶液，每天冲洗2～3次，再用棉球蘸取碘甘油涂擦。出现全身症状的患兔要及时使用抗生素，如青霉素按每千克体重1万U，链霉素以每千克体重2万U，每8～12 h肌肉注射1次。也可内服磺胺类药物治疗。

治疗的同时应加强护理，喂以营养丰富、容易消化的柔软饲料，以减少对口腔的刺激。

二、积　食

本病又称胃扩张。2～6月龄的幼兔容易发生，特别是常见于饲养管理不善，经验不足的初养家兔的养兔场。

1. 发病原因

由于贪食过量的适口性好的饲草饲料，如难于消化的玉米、小麦、黄豆等；容易发酵和膨胀的麸皮，含露水的豆科饲料、雨淋的青草以及腐烂的饲草饲料等均易发生本病，该病也可继发于肠便秘、肠臌气、球虫病过程中。

2. 诊断要点

常于采食后几小时发病，病初兔卧伏不动，胃部膨大，继之流涎，呼吸困难，可视黏膜发绀，击腹部发出鼓音，同时伴有腹痛症状。眼半闭，磨牙，四肢积于腹下，时常改变蹲伏位置。如果胃继续扩张，最后常导致窒息或胃破裂死亡。

剖检可见胃体积显著增大，内容物酸臭，胃黏膜脱落。胃破裂者，局部有裂口，腹腔被胃内容物污染。

3. 防治措施

（1）预防。加强饲养管理，喂料要定时定量，切忌饥饱不均。更换干、青饲草时要缓慢过渡，被雨淋和带露水草，要待晾干后再喂，禁喂酸败、冰冻饲草饲料，控制饲喂难以消化的饲料等。

（2）治疗。兔一旦发病要立即停食，同时灌服植物油或石蜡油 10~20 mL，萝卜汁 10~20 mL 或食醋 40~50 mL，口服小苏打片和大黄片各 1~2 片。服药后使其运动，按摩腹部，必要时可皮下注射新斯的明注射液 0.1~0.25 mg。

三、便　秘

本病是由于肠内容物停滞，变干，变硬，致使排粪困难，严重时可造成肠阻塞的一种腹痛性疾病。

1. 发病原因

精、粗饲料搭配不当，精料过多、青饲料过少或长期喂干饲料，加之饮水不足；饲料中混有泥沙、被毛等异物，致使粪块变大；环境突然改变，运动不足，打乱正常排便习惯或继发其他疾病等多种因素均可导致便秘发生。

2. 诊断要点

病兔初期排粪量减少，粪便细小而坚硬，继之食欲减退或废绝，肠音减弱或消失。有的频做排粪姿势，但无粪排出，腹部膨胀，起卧不安，触诊腹部有痛感，可摸到坚硬的粪块。剖检结肠和直肠内充满过量干硬颗粒状粪便。

3. 防治措施

（1）预防。合理搭配精、粗、青绿饲料，饲喂要定食定量，防止贪食过多，供足饮水，适当增加运动，保持料槽的清洁卫生，及时清除槽内泥沙、被毛等异物。

（2）治疗。发病初期可适当加喂青绿多汁饲料，待粪便变软后再减少饲喂量。

对重病兔要立即停食，增加饮水，用手按摩兔的腹部，同时使用药物促进胃肠蠕动，增加肠腺的分泌，以软化粪便。如用硫酸钠 2~8 g 或人工盐 10~15 g 加温水适量 1 次灌服；石蜡油或蓖麻油 10~20 mL 1 次灌服；必要时可使用温水灌肠，促进粪便排出，操作方法是：用粗细适中的橡皮管或软塑料管，事先涂上石蜡油或植物袖，缓慢插入肛门内 5~8 cm，灌入 40~45 ℃ 的温肥皂水或 2%碳酸氢钠水。同时结合补液、强心等全身疗法。

四、腹　泻

腹泻又称"拉稀"，是临床上以下痢为主要症状的一类疾病的总称。幼兔多发生本病，主要表现是粪便不成球，排稀软、糊状或水样便。

1. 发病原因

引起腹泻的原因很复杂，一般能影响消化机能的因素都可引起腹泻，这些因素包括非感染性和感染性致病因素。

非感染因素：长途运输，环境改变，子兔断乳等因素突然改变了肠道内生理平衡，引起腹泻；冬、夏两季由于气温变化大，兔舍潮湿，温度过低，腹部受凉等造成肠道机能紊乱而引起腹泻；

饲料不洁、霉变、酸败、冰冻或品质低劣，不易消化，突然更换饲料品种，饲喂不定时定量或贪食、精料过多、粗纤维过少等多种原因均可引起腹泻。

感染性致病因素：除腹泻之外，还有各自疾病固有症状，如某些传染病（如副伤寒、肠结核等），寄生虫病（球虫病等），某些中毒性疾病（有机磷化合物中毒等）。

2. 诊断要点

（1）临床症状。非感染性腹泻属于胃肠黏膜表层炎症引起的腹泻，全身症状轻，排便次数少，呈现稀软便、粥样或水样便，便中无脓血，精神状态正常。

感染性腹泻：发病兔采食减少或废绝，精神倦怠，不愿运动，体温升高；排便频繁，粪稀薄带黏液，甚至带脓血的水样便，有腐败的酸臭味，后躯常被粪便污染；病兔被毛无光，随着病程的发展，病兔脱水，消瘦，直至衰竭死亡。

（2）剖检变化。非感染性腹泻肠黏膜无明显病理变化，或轻度黏膜水肿；感染性腹泻，肠黏膜发生糜烂、充血、水肿或有坏死灶。

3. 防治措施

（1）预防。加强饲养管理，不喂发霉变质饲料。兔舍经常保持清洁，干燥，温度恒定，通风良好，饲槽定期刷洗消毒，饮水应卫生，垫草勤更换。对刚离乳的幼兔要做到定食定量饲喂，防止过食，变换饲料应逐渐进行，使家兔有个适应过程。

也可将喹乙醇、抗生素、磺胺类药、抗球虫药物有计划地拌入饲料中，能有效地控制和预防腹泻的发生。如在5%的幼兔饲料中以每千克饲料加入5%喹乙醇预混剂2.5~3.5 g或金霉素10 g可降低幼兔腹泻病的发病率。

（3）治疗。对非感染性腹泻（消化不良）的治，首先应清理肠道，可选用硫酸钠或人工盐2~3 g加水40~50 mL，1次内服，或植物油10~20 mL内服；然后调整胃肠功能，可服用各种健胃剂，如大蒜酊、尤胆酊、陈皮酊等5~10 mL。各酊剂可单独应用，也可配伍使用，配伍时剂量酌减；对幼兔也可应用谷维素每次10 mg，每天3次。乳酶生，每次0.2 g，每天3次内服。

对感染性腹泻的治疗，应以杀菌消炎，收敛止泻，维护全身机能为治疗原则。内服磺胺类药物，如磺胺脒，初次量按每千克体重0.14 g，维持量每千克体重0.07 g，每天2次，连服3天，或使用抗生素，如新霉素，按每千克体重4 000~8 000 U，肌肉注射，每天2~4次，连用3天；庆大霉素，每次4万U，每天2次，口服或肌肉注射；痢特灵，每次口服0.1 g，每天2次，连用2天。此外，也可使用黄连素、氯霉素土霉素、氟哌酸等肠道消炎药。

对粪便的臭味不大，仍腹泻不止者，可服鞣酸蛋白0.25 g，每天2次，连服1~2天，或活性炭每次1 g，每天1次内服；矽炭银，每次1片，每天2~3次。

此外，进行对症治疗，脱水严重者，可静脉注射葡萄糖盐水、平衡液、5%葡萄糖或淋格氏液20~30 mL；心脏衰弱者，使用20%安钠咖1 mL，每天1~2次，连用2~3天；肠膨胀者可用胃复安、吗丁啉等药物治疗。

五、毛球病

毛球病，又称团病，啃毛癖，是指家兔食入过多的兔毛与胃内容物混合形成毛球而滞留于胃内的一种疾病。本病多见于长毛兔。

1. 发病原因

未及时清理掉落在饲料及垫草中的被毛，容易随草料一起吞下而发病。

饲料中缺乏钙、钠、铁等无机盐、B族维生素以及某些氨基酸不足，引起家兔的味觉失常而发生食毛癖。

兔笼窄小，饲养密度过大，互相啃咬，久而久之形成吞食被毛癖。尤以长毛兔多见。

精、细料比例过大，而粗纤维不足，家兔常出现饥饿感而乱咬被毛。

某些外寄生虫，如患有疥螨、痒螨、毛虱等，刺激发痒，造成家兔持续性啃咬，有时拔掉被毛而吞入胃内。

2. 诊断要点

随着被毛吞食的逐渐增多而症状加重。首先表现为消化机能失常，病兔食欲不振或不食，精神沉郁，喜卧，渴欲增加，大便秘结，粪中混有兔毛。如在短时间内吞食大量被毛，可在胃内与其内容物混合形成坚硬的毛球，阻塞幽门，或进入小肠后造成肠梗阻，引起胃扩张。如治疗不及时可引起死亡。

3. 防治措施

（1）预防。精、粗饲料的配比要适当，供给充足的蛋白质、无机盐和维生素。兔笼要宽敞，不要过于拥挤，及时清理饲槽和周围环境内的兔毛，保持清洁卫生。及时治疗体外寄生虫等。

（2）治疗。为排除毛球可灌服植物油（如豆油、花生油等）20～30 mL，也可内服石蜡油 20 mL，使毛球滑润下移。如不奏效时，应果断施以外科手术，从胃或小肠取出毛球。

六、感 冒

感冒又称"伤风"，是由寒冷刺激引起的，以发热和上呼吸道卡他性炎症（黏膜表层炎症）为主的一种全身性疾病。若治疗不及时，很容易继发支气管炎和肺炎。

1. 发病原因

本病常发生于早春、晚秋季节，多因气候突变，日间温差过大等多种原因致使家兔抵抗力降低，是引起感冒的最常见原因。

2. 诊断要点

有受寒史，并突然发病。病兔精神沉郁、食欲减退或不食，不爱活动，眼半闭状，流泪结膜潮红。有轻度咳嗽，打喷嚏，流水样鼻汁，体温升高，若不及时治疗，易继发支气管肺炎而出现呼吸困难等症状。

3. 防治措施

（1）预防。在气候寒冷和气温骤变的季节，要加强防寒保暖工作。兔舍应保持干爽，清洁，通风良好。

（2）治疗。

① 复方氨基比林注射液，肌肉注射 2 mL，每天 2 次，同时配合口服复方新诺明或土霉素，每次 1 片，每天 2 次。

② 庆大霉素注射液 4 万 U，安乃近注射液 1～2 mL，肌肉注射，每天 2 次，连用 3 天。

③ 青霉素 20 万 U，安痛定注射液 1 mL，肌肉注射，每天 2 次，连用 3 天。

④ 柴胡注射液 1 mL，庆大霉素注射液 4 万 U，肌肉注射，每天 2 次，连用 3 天。

⑤ 银翘解毒片，每次口服 2 片，每天 3 次。

七、支气管炎

本病是支气管黏膜的急、慢性炎症,春、秋季节易发,以咳嗽、胸部听诊有锣音为特征。

1. 发病原因

寒冷刺激、机械和化学因素刺激是原发性支气管炎的主要原因。寒冷的直接刺激可降低呼吸道黏膜的防御能力,使呼吸道的多种常在菌(如肺炎球菌、巴氏杆菌、葡萄球菌、链球菌等)得以大量繁殖而产生致病作用,引起急性支气管炎。而当吸入了粉碎的饲料,飞扬的烟尘、霉菌孢子、花粉、有毒气体或发生误咽等机械、化学等因素的刺激后均可引起支气管黏膜的炎症。

2. 诊断要点

病兔精神沉郁,食欲减退,体温稍升高。咳嗽,初期为干痛咳,后期随炎性渗出物的增加而变为湿性长咳。由于支气管黏膜充血肿胀,分泌物增加,使管腔变窄而发生呼吸困难。鼻液由初期的浆液性后期变为脓性。胸部听诊肺泡呼吸音增强,有干、湿锣音。

慢性支气管炎主要表现持续性咳嗽,在运动、采食或气温较低时(早、晚或夜间)更为突出。

3. 防治措施

(1)预防。加强饲养管理,饲喂营养丰富、易消化、适口性强的饲料,增强体质和抗病能力。兔舍零向阳,通风良好,做到冬暖夏凉。

(2)治疗。消除炎症:可选用青霉素、链霉素、庆大霉素和磺胺类等药物。用法、用量同治疗感冒。

祛痰止咳:频频咳嗽而分泌物不多时,可选用镇痛止咳剂,常用的有磷酸可待因,按每千克体重 22 mg,内服,每天 2~3 次,连用 2~3 天;咳必清,每次 12.5~22 mg,每天 3 次内服,连用 3 天;痰多时可用氯化铵,每次 0.15~0.3 g,每天 3 次内服,连用 3~5 天。

八、肺 炎

肺炎是肺实质的炎症,涉及一个或全部肺小叶,常见于幼兔。

1. 发病原因

多因细菌感染引起,在家兔受寒感冒或营养低下时,病原菌则乘虚而入。常见的病原菌有肺炎双球菌、葡萄球菌、巴氏杆菌、波氏杆菌等。当误咽或灌药时使药液误入气管,可引起异物性肺炎。

2. 临床症状

体温升高到 40 ℃ 以上,食欲减退或不食,粪便干小。流浆液、黏液或脓性鼻液,呼吸极度困难,口鼻呈青紫色,时有咳嗽,伴随呼吸发出鼻塞音和喉鸣音。听诊肺部呼吸音粗粒,并发出各种锣音。

3. 剖检变化

肺表面可见到大小不等、深褐色斑点状肝样病变,内不含气体,发生实变。

4. 实验室检查

白细胞总数和嗜中性白细胞增多,核左移。

5．防治措施

（1）预防。见支气管肺炎。

（2）治疗。可选用青、链霉素各 20 万 U（幼兔减半），肌肉注射，每天 2 次，连用 3~5 天；卡那霉素 20 万 U（幼兔减半），肌肉注射，每天 2 次，连用 3~5 天；0.1%高锰酸钾水或 2%~3%硼酸水，洗鼻腔；1%薄荷脑石蜡油滴鼻；也可用知母、贝母、冬花、双花、连翘、甘草各 2 g，水煎服。

九、中　暑

中暑又称"日射病"或"热射病"，是因烈日暴晒，潮湿闷热，加之兔的汗腺极不发达，体表散热很慢，很容易发生中暑。特别是怀孕母兔易死亡。

1．诊断要点

有过热或暴晒史。病初精神不振，全身无力，不食，体温升高可达 42 ℃以上，皮温高。可视黏膜潮红、发绀，心搏动增强、急速。呼吸急促、浅表，次数增加。当病情进一步发展，出现神经症状，经短时间兴奋后转入沉郁，昏迷，倒地不起，四肢抽搐，口吐白沫或粉红色泡沫，最后多为窒息或心脏麻痹死亡。

2．防治措施

（1）预防。炎热季节兔舍通风要良好，保持空气新鲜、凉爽；温度过高时可喷水降温；兔笼要宽敞，防止过于拥挤；露天兔场，要设凉棚，避免日光直射；要有充足的饮水；长途运输时最好选择凉爽的天气进行，否则要采取防暑降温措施，车内保持通风和充足的饮水，装运密度不宜过大。

（2）治疗。立即将病兔置于阴凉通风处，可用毛巾浸冷水置于病兔头部或躯体部，每隔 3~5 min 更换 1 次，或用冷水灌肠，也可将兔身体浸在凉水中，以促进体热散发。为降低脑内压和缓解肺水肿，可进行静脉放血或静脉注射 20%的甘露醇或山梨醇 10~30 mL。当体温下降、症状缓解时，可进行补液和强心，以维护全身机能。

十、维生素 A 缺乏症

本病是由维生素 A 供应不足，或吸收障碍而引起的代谢性疾病，临床上以生长发育不良、视觉障碍和器官黏膜损伤为特征。冬、春季节缺乏青绿饲料时容易发病。对眼睛的损害不论成兔或幼兔均可见到。

1．发病原因

日粮中缺乏青绿饲料，饲料的调制、储存不当（如暴晒、酸败、氧化等），使饲料中的维生素 A 或维生素 A 前体化合物（胡萝卜素）遭到破坏；患有肠道疾病和肝脏疾病的家兔，由于影响维生素 A 的转化和储存也容易引起本病。

2．诊断要点

当 100 mL 血浆中维生素 A 的含量低于 20~30 μm 时，患兔就会出现症状。最早发生的是夜盲症，在阴暗的光线下见不到食物及障碍物，眼角膜增厚，出现云雾状，有的眼角有浆液性分泌物，角膜出现溃疡。病兔被毛逆立，蓬乱，无光，容易折断；皮肤表层脱落，形成麸皮样痂皮，厌食，衰弱，消瘦，生长发育受阻；母兔可造成繁殖能力降低或不孕，怀孕母兔发生早产、死产或产出体弱、畸形的胎儿。公兔性欲降低，睾丸实质退化，精子形成受阻。当累及到其他脏器（黏膜上皮角化），可引起胃肠炎、肺炎和肾炎等。

3. 防治措施

（1）预防。在日粮中经常补给青绿饲料如嫩苜蓿、绿色蔬菜、胡萝卜等。切忌长期饲喂存放过久和变质的饲料，及时治疗肠道和肝脏疾病。对妊娠期和哺乳期的母兔，需添加鱼肝油或维生素A添加剂，按每天每千克体重添加维生素A 250 U，可防止本病的发生。

（2）治疗。病兔可内服或肌肉注射鱼肝油制剂，可按10 kg饲料加入2 mL鱼肝油的比例将其混入饲料内喂给。必须注意的是维生素A摄入量过高时会引起中毒。

十一、维生素氏 B_1（硫胺素）缺乏症

兔能吞食自己的软粪，从中获得足够的硫胺素，所以，一般不会发生维生素的缺乏症。但是如果不用含维生素氏 B_1 而含新吡啶硫胺的饲料喂兔，或家兔缺乏这种吃盲肠粪的本能，以及给兔长时间使用抗生素类药物（抑制了肠道内合成维生素 B_1 细菌的生长），就容易发生维生素 B_1 缺乏症。

1. 诊断要点

首先出现消化分泌机能低下，食欲不振，便秘或腹泻，继之出现泌尿功能障碍，发生渐进性水肿，最终可致神经系统受损，呈现运动失调，麻痹，痉挛，抽搐和昏迷，甚至死亡。

2. 防治措施

（1）预防。维生素氏存在于所有植物性饲料内，特别是干燥的啤酒酵母、饲料酵母及谷物胚芽的含量都很丰富。在日粮中适当添加酵母、谷物等，可预防本病的发生。

（2）治疗。发病兔可内服维生素，每次1~2片（每片含10 mg），或肌肉注射5%维生素 B_1 注射液 0.2~0.5 mL，每天1次，连用3~5天。

十二、维生素E缺乏症

维生素E又称生育酚，属于脂溶性维生素，它不仅对家兔的繁殖产生影响，而且也参与新陈代谢，调节腺体功能和影响包括心肌在内的肌肉活动，维生素E缺乏可以引起营养性肌肉萎缩。

1. 发病原因

日粮中长期缺乏维生素E。此外，因维生素E容易被氧化，当饲料受到矿物质和不饱和脂肪酸的氧化时，其活性丧失，造成维生素E有效成分减少而引起缺乏。

2. 临床症状

患维生素E缺乏的家兔，常见的症状是强直，进行性肌无力，喜卧而不耐运动，全身紧张性降低，肌肉萎缩，出现运动障碍，平衡失调，步态不稳。食欲减少或不食，体重减轻，最终导致骨骼肌心肌变性，衰竭死亡。幼兔生长发育受阻。

母兔维生素E缺乏时，可使受胎率降低，发生流产或死胎。公兔可导致睾丸损伤和影响精子的生成。

3. 剖检变化

骨骼肌、心肌苍白，呈透明样变性，横纹消失，肌纤维碎裂、坏死，纤维出现钙化。

4. 防治措施

（1）预防。平时要注意补充青绿饲料，日粮中添加大麦芽、苜蓿或生育酚。重要的是避免喂给酸败饲料。同时及时治疗肝脏疾病，对预防治疗维生素E缺乏是必要的。

（2）治疗。维生素E和硒有协同作用，当出现维生素E缺乏时要考虑到是否有硒的缺乏。硒缺乏时兔生长受阻，心肌、骨骼肌萎缩，肝坏死，脾脏纤维化，有的不见任何症状，突然死亡；病程长者仅1天左右即可死亡。病死兔多见妊娠中后期的母兔。剖检可见心肌苍白，肝变性。所以，在治维生素E缺乏症时应注意补充硒制剂和维生素E。

按每千克体重0.32~1.4 mg的剂量向日粮中添加维生素E，令兔自由采食。

肌肉注射维生素E制剂，每次1 000 IU，每天2次，连用2~3天。

肌肉注射0.2%亚硒酸钠溶液1 mL，每隔3~5天注射1次，共2~3次。

十三、维生素D缺乏症（佝偻病）

维生素D缺乏症又称佝偻病，是幼龄动物生长骨板软骨骨化障碍及骨基质钙盐沉着不足的慢性代谢性疾病。临床上以生长发育不良、骨骼发育畸形和容易骨折为特征。

1. 发病原因

先天性佝偻病，主要是由于母兔孕期营养失调或缺乏日光照射，运动不足，日粮中缺乏维生素D；后天性佝偻病主要原因有：幼兔断乳过早，饲料中钙、磷、维生素D和蛋白质不足，缺乏光照，胃肠道疾病等。

2. 诊断要点

病兔因脊柱和四肢骨变形而使背部、四肢弯曲似弓状。骨骼与软骨连接处及骨骺部位膨大。肋骨与肋软骨结合处肿大，出现特征的佝偻病"骨串珠"。患病幼兔生长缓慢，甚至停止，成年兔易发生骨折。

3. 防治措施

（1）预防。加强对孕兔、哺乳母兔和幼兔的饲养管理，应有充足的光照和适当的运动。注意饲料多品种配合，尤其是钙、磷比例要适当，并补给蛋壳粉、骨粉、南京石粉等无机盐类。

（2）治疗。肌肉注射维生素D0.5~1.0 mL，每天1次，连用2~3天或维丁胶性钙每次1 000~5 000 U，每天1次，连用2~3天；也可内服鱼肝油1~2 mL，配合内服磷酸钙1.0 g，乳酸钙片0.5~2.0 g，骨粉2~3 g拌料混饲连用3~5天。

十四、全身性缺钙（骨软症）

钙不仅是动物骨骼的重要成分，保持骨骼的坚硬性，而且也介入全身性的机体物质代谢，参与组织中维持渗透压的作用，同时也是重要的血浆成分。钙缺乏主要表现为全身性的骨质软化。

1. 发病原因

长期饲喂贫钙饲料或饲料来源于土壤贫钙区，则会渐渐引起钙亏空，特别是怀孕和泌乳期的母兔更易引起本病；长时间喂给单一的块根类饲料，内富含草酸，可产生脱钙作用，而引起钙缺乏；维生素 D 不足是钙缺乏的诱因，因维生素 D 具有促进钙的吸收作用；某些肠道疾病也会影响钙的吸收作用。

2. 临床症状

病兔食欲减退，异食，经常啃吃被粪尿污染的垫草，背毛。由于血钙不足而动用骨骼中的储备钙，致使骨骼软化，膨大，并易发生骨折。成年兔体表面骨、长骨肿大，走路跛行。幼兔出现骨骼弯曲，最后导致痉挛或麻痹，但不出现诸如肋骨与软骨联合处增宽等佝偻病"骨串珠"的症状。

3. 实验室检查

每 100 mL 血浆中的钙含量由正常兔的 15 mg 下降到 7 mg。

4. 防治措施

（1）预防。使用配合饲料，当一种饲料缺钙时可由另一种高钙伺料来平衡；对妊娠和哺乳期的母兔，在日粮中有计划补加无机盐，如骨粉、蛋壳粉、南京石粉、贝壳粉或市售钙制剂等。

（2）治疗。口服碳酸钙或医用钙片。

静脉注射 10%葡萄糖酸钙注射液，按每千克体重 0.5～1.5 mL，每天 1～2 次，连用 54 天。

维丁胶性钙注射液按每千克体重 0.05～0.1 mg，肌肉注射，每天 1 次，连用 5～7 天。

十五、磷缺乏症

磷与钙在机体内的代谢作用紧密相关，两者形成磷酸钙和磷酸氢钙储存于骨骼系统之中。磷还参与构成蛋白质和酶的合成，以多种形式介入机体的全身物质代谢和细胞的特殊新陈代谢之中，调解生命过程，因此，磷是生命重要的稀有物质。

1. 发病原因

土壤缺磷，造成作为饲料的植物不能满足兔对磷的需求，特别是不能满足幼兔、母兔妊娠或哺乳期的需要；饲料中的钙、磷比例失调。理想的比例是钙 2 份，磷 1 份。磷占饲料总量的 0.5%为宜。

2. 诊断要点

患磷缺乏症的家兔，生长发育不良，体重减轻，面骨和长骨端部肿大，幼龄兔骨骼变形，与钙缺乏症类似，每 100 mL 血清磷含量大大低于正常值的 5.47 mg。

3. 防治措施

保证饲料中钙与磷的含量，并有合理的比例；适当补充维生素 D，对已发病的家兔可服用磷酸钙制剂。

十六、钠缺乏症

1. 发病原因

植物性饲料中普遍缺钠，若不注意补充，即可发生钠缺乏症。

2. 诊断要点

钠缺乏，常出现食欲和消化机能减退，精神委顿，被毛粗乱，继而出现异食癖，严重病兔肌肉颤抖，共济失调，心律不齐，最终因心力衰竭而死亡。

3. 防治措施

在饲料中有计划地补充钠，可有效地防止本病的发生，多使用氯化钠，添加量为日粮的0.4%。此外，食盐摄取过多也会导致中毒。

十七、霉菌中毒

霉菌中毒是指家兔采食了发霉饲料而引起的中毒性疾病，临床上以消化机能障碍为特征。

1. 发病原因

常见的霉菌有黄曲霉菌、白霉菌、赤霉菌、棕霉菌等，在适宜的温度（28 ℃ 左右）和湿度（80%~100%）下，在饲料中大量生长繁殖，产生毒素，家兔采食后，即可引起中毒。

2. 临床症状

霉菌中毒的病例，临床上不易确定是何种毒素引起的，常是多种毒素协同作用的结果。病兔一般呈急性发作，出现流涎，腹得，粪便恶臭，混有黏液或血液，精神沉郁，体温升高，呼吸迫促，运动不灵活或倒地不起，最后衰竭死亡。妊娠母兔常引起流产或死胎。

3. 剖检变化

肝脏肿大，表面呈淡黄色，肝实质变性，质地脆。胸膜、腹膜、肾脏、心肌及胃肠道有出血点，肠黏膜脱落，肺脏充血、出血。

4. 防治措施

（1）预防。严禁饲喂发霉的饲料，加强对饲料的保管，防止霉变发生。

（2）治疗。立即停喂发霉饲料，饥饿1天；急性中毒用0.1%高锰酸钾或2%碳酸氢钠洗胃、灌肠；口服5%硫酸镁50 mL，清除胃内容物；10%葡萄糖10 mL，硫代硫酸钠0.64 g（用生理盐水稀释），维生素C 5 mL，静脉注射或肌肉注射有一定效果。

十八、亚硝酸盐中毒

1. 发病原因

白菜、甜菜、玉米苗等多汁鲜嫩饲料中含有大量的硝酸盐，当这些饲料采集后堆放时间过长或焖煮后缓慢冷却等，都可使饲料中的硝酸盐转化为大量亚硝酸盐。亚硝酸盐被家兔采食后，可迅速进入血液，使血红蛋白丧失携带和释放氧的能力而中毒。

2. 临床症状

大多为急性经过，表现流涎，呕吐，腹泻，起卧不安，呼吸迫促，心跳加快，可视黏膜、四肢及耳部呈紫色，全身肌肉震颤，角弓反张直至死亡。

3. 剖检变化

病死兔尸僵不全，血液呈酱油色，不凝固。胃肠膨胀，黏膜充血、出血，肝脏肿大、龄血，心内外膜出血，肺充血水肿。

4. 防治措施

（1）预防。用白菜叶等青饲料喂兔，一定要新鲜，不宜堆放过久。饲料需要煮熟时，要快速煮熟，不能焖得时间过长，凉后应当天喂完，不能隔夜。

（2）治疗。家兔发病后要立即停喂原来的饲料；给兔饮用 0.1%高锰酸钾水溶液；按每千克体重使用 1%美蓝注射液 mL，加适量 20%葡萄糖溶液 1 次静脉注射，或分点肌肉注射。

十九、氢氰酸中毒

家兔氢氰酸中毒多是由于喂饲高粱苗和玉米苗（特别是再生苗）、木薯、亚麻等富含氰甙类的植物引起的中毒性疾病。氰甙类本身不显毒性，但在机体内或植物本身所含氰糖酶的作用下可生成氢氰酸而呈现剧毒作用，使动物中枢神经和组织缺氧而发病。

1. 临床症状

该病多为急性发作，病程短。表现兴奋，流涎，下痢，可视黏膜呈现紫红色，呼吸困难，瞳孔散大，全身强直性昏挛，四肢划动直至死亡。

2. 剖检变化

血液凝固不良，静脉血呈鲜红色。

3. 实验室检查

取胃内容物，用苦味酸试纸法检查，试纸由黄色变成红色；普鲁士蓝法检查，则试液体可变成蓝色。

4. 防治措施

（1）预防。禁止饲喂生鲜幼嫩的高粱苗和玉米苗。以木薯作饲料时也不能生喂，应先水浸 4～6天，每天换水 1 次，然后不盖锅盖煮沸。亚麻子饼也要经浸泡后再煮沸 10 min 后才能饲喂。

（2）治疗。发现病兔应尽早采取治疗措施，可同时静脉注射 5%～10%硫代硫酸钠 3～5 mL 和 1%美蓝注射液 3～5 mL，后每隔 4 h 1 次，用 10%葡萄糖注射液 3～5 mL 静脉注射，以增加肝脏的解毒功能。

二十、有机磷农药中毒

1. 发病原因

引起家兔中毒的主要农药有 1605、1059、3911 马拉硫磷、乐果等。家兔多是由于采食了喷洒过这类农药的蔬菜、青草、粮食等或使用敌百虫、敌敌畏等治疗体表寄生虫病时，有机磷农药可经消化道或皮肤等途径进入机体后而发生本病。

2. 临床症状

家兔常在采食和接触有机磷农药不久即出现症状。表现流涎，兴奋不安，肌肉震颤，抽搐，腹痛，腹泻，心跳加快，呼吸困难，可视黏膜苍白，瞳孔缩小，最后昏迷死亡。轻度中毒病例只表现流涎和腹泻。

3. 剖检变化

胃肠黏膜充血、出血、肿胀，黏膜易脱落，肺充血水肿。急性中毒病例剖开胃肠可闻到内容物有有机磷农药的特殊气味（蒜臭味）。

4. 防治措施

（1）预防。禁止饲喂喷洒过有机磷农药尚有残留的植物和各种菜类。用有机磷类药物进行体表杀虫时，应严格剂量、浓度和方法。用药后要加强护理，严防舔食。

（2）治疗。经口中毒者，可用清水或盐水洗胃，并灌服活性炭。迅速应用解磷定以每千克体重 15 mg 剂量静脉或皮下注射，每天 2~3 次，连用 2~3 天；阿托品每次皮下注射 1~mL，每天 2~3 次，至症状消失为止。

二十一、癫痫

1. 发病原因

癫痫是大脑功能性疾病之一，以周期性反复发作的意识障碍、阵发性与强直性肌肉痉挛为特征。按其原因可分为真性（原发性）癫痫和症状性（继发性）癫痫。前者常与遗传因素有关，大脑无器质性变化，只有脑功能异常，遇到外界刺激就可发病。后者，一是脑内因素，如脑炎、脑内寄生虫、脑部肿瘤等；二是脑外因素，主要见于低血糖、尿毒症、外耳道炎、电解质失调，以及某些中毒性疾病而继发的癫痫。

2. 临床症状

主要症状为发病急，患兔突然倒地，意识丧失，四肢强直痉挛，瞳孔散大，牙关紧闭，口流白沫，呼吸一时停止，后转入呼吸迫促，排尿、排粪失禁。一般症状持续 0.5 min 或数分钟，各种症状自行缓解。继发性癫痫除上述症状外，尚有原发病的症状。本病的病程较长，经常反复发作，频度不断增加，发作时间也逐渐增长，预后不良。

3. 防治措施

病兔保持安静，尽量减少刺激，如声响、光线和惊吓等。对症治疗，镇痉可口服三溴合剂或静脉注射安溴注射液。注意对继发性癫痫原发病的治疗。

二十二、乳房炎

乳房炎是哺乳母兔的常见病，多发生于产后 5~20 天的哺乳母兔。

1. 发病原因

由于外伤、咬伤头或泌乳过多过稠乳汁排出不畅，致使乳汁在乳房内长时间蓄积，加之卫生不良而引起细菌感染发病。

2. 诊断要点

乳腺肿胀，发热，皮肤发红以至局部变成蓝紫色，又称"蓝乳房病"。病兔体温升高达 40 ℃以上，精神不振，食欲减退，行进困难，拒绝哺乳，乳房化脓形成脓肿严重时可引起败血症。

3. 防治措施

（1）预防。保持兔舍、兔笼和运动场的清洁卫生，定期消毒；清除周围环境中的尖锐异物；母兔产前应控制精料数量，产后应根据哺乳子兔数的多少及哺乳情况相应供给精料，以防造成乳汁在乳房过多蓄积。

（2）治疗。发病后应立即停止哺乳。对轻症乳房炎，可挤出乳汁用温水（40~45 ℃）浸湿沾净毛巾，温敷乳房，每次 5~10 min，每无 3~4 次。也可局部涂以消炎软膏。同时肌肉注射青霉素20万U，每天2次，连用3~5天。病情控制后，再口服土霉素或复方新诺明，每次1片，每天2次，连用3天；应用封闭疗法，将青霉素20万U与0.25%盐酸普鲁卡因注射液5 mL混合，在乳房患部作周边封闭，每天1次，连用3天。

对化脓性乳房炎，当脓肿成熟时，可切开排脓，乳腺体溃烂的，应彻底摘除，然后用0.1%高锰酸钾溶液或3%的双氧水冲洗创面，再涂以魏氏流浸膏或紫药水等药物，同时肌肉注射青霉素20万U，每天2次。

二十三、生殖器官炎症

家兔生殖器官常见的炎症有阴部炎、阴道炎、子宫内膜炎及公兔的包皮炎和睾丸炎等。

1. 发病原因

通常是在配种、分娩、难产受损伤或因笼舍地面不洁，被细菌感染而发生，也会继发其他疾病。

2. 诊断要点

根据炎症的性质，可将生殖器官炎症分为黏液性、黏液脓性、脓性及蜂窝织炎等。轻者仅表现局部症状，严重者则出现体温升高、食欲减退等全身症状。

阴部炎。外阴唇肿胀，潮红湿润，有痒感，可发生溃疡、结痂。母兔拒绝配种。

阴道炎。从阴道流出不同性状的分泌物，附在阴门及尾毛上，形成薄痂。排便时呻吟、弓背。阴道黏膜肿胀、充血及溢血、化脓和溃烂、疼痛。

子宫内膜炎。急性子宫内膜炎多发生在产后及流产后，全身症状明显，随同努责从阴道内排出较臭、污秽不洁的红褐色黏液或脓性分泌物；慢性者全身症状不明显，周期性从阴道内排出少量混浊黏液，即使发情也屡配不孕，多为由急性子宫内膜炎治疗不及时转化而成。

包皮炎。包皮肿胀热痛，有痒感，排尿异常，包皮内常有垢块，严重者排尿涵难。

睾丸炎。睾丸实质肿胀、热、痛，精索变粗，阴囊皮肤呈炎性浸润。常化脓破溃，可蔓延继发化脓性腹膜炎，病兔不愿走动。

3. 防治措施

（1）预防。搞好笼舍的清洁卫生，定期消毒。隔离治疗病兔，避免交配时互相感染。

（2）治疗。轻者局部处理即可，重者在局部处理的同时应结合使用抗生素或磺胺类药物进行全身性治疗。

排出渗出物，可用2%温碳酸氢钠液或1%~2%盐苏打液冲洗阴道；消除水肿可用2%~5%高渗盐水或硫酸镁呋喃西林液冲洗；消除感染，局部可使用0.1%高锰酸钾溶液、3%双氧水、0.1%雷佛奴耳或0.1%新洁尔灭溶液冲洗，冲后要排净消毒液，然后涂抹碘甘油（碘酊1份，甘油9份）、青霉素软膏或磺胺软膏等均可。

子宫内膜炎时，可结合皮下注射垂体后叶素2万~4万U，以促进子宫内分泌物的排出。

全身疗法可肌肉注射青霉素20万U，每天2次或口服复方新诺明，每次1片，每天2次，连用3天。

二十四、妊娠毒血症

妊娠毒血症是母兔怀孕后期常见的一种代谢病，死亡率很高，经产兔发病率约为初产兔的4倍，肥胖母兔最常见。

1. 发病原因

一般认为，妊娠兔葡萄糖消耗多，如饲料中葡萄糖不足，极易造成体内缺糖，引起血糖浓度低于临界水平，导致大脑葡萄糖供应不足而发生本病。

2. 诊断要点

本病的症状差异很大，轻者无明显症状，严重者迅速死亡。常见的为精神沉郁，呼吸困难，呼出的气体带有丙酮味（似烂苹果味），排尿减少。有时在临产前期发生流产，运动失调、惊厥和昏迷。血检：非蛋白氮的含量明显增高，葡萄糖的含量大大降低。血钙减少，血液磷酸盐增加，丙酮试验呈阳性反应。

剖检可见机体肥胖，乳腺分泌旺盛，卵巢黄体增大。肝脏、肾脏和心脏的颜色苍白，肾上腺、甲状腺变小，苍白。

3. 防治措施

（1）预防。饲料中添加葡萄糖能防止酮血症的发展。妊娠后期，应供给丰富蛋白质、矿物质、维生素、碳水化合物等饲料，并尽量避免突然改变和避免其他应激因素的刺激。

（2）治疗。病初可口服甘油或静脉注射葡萄糖。静脉注射25%~50%葡萄糖20 mL，5%维生素C注射液2 mL，每天1次，连用3~5天；肌肉注射肌醇注射液2 mL，每天1次。

二十五、产后瘫痪

本病多于母兔分娩后的2~5天突然发生瘫痪。

1. 发病原因

在饲养管理不当，日粮中钙、磷比例失调，特别是那些繁殖过多的高产母兔，泌乳量高，钙随乳丧失，血中钙浓度降低而容易引发本病。

2. 诊断要点

病兔表现食欲减退或不食，精神沉郁，不安和处于兴奋状态，继之四肢痉挛，不能保持平衡，后肢发生瘫痪，不能站立，体温降低，四肢麻痹，瘫卧于笼内。

3. 防治措施

（1）预防。日粮要合理搭配，防止品种单一，对怀孕兔的饲料要添加2%~3%的骨粉或1%~1.5%贝壳粉，可预防钙、磷的缺乏。

（2）治疗。10%葡萄糖酸钙5~10 mL静脉注射，每天1次，连用5~7天；维丁胶性钙注射液，肌肉注射，每次2~4 mL，每天1次，连用3天；50%葡萄糖20 mL，生理盐水30 mL，维生素C注射液2 mL，维生素B_1注射液2 mL混合静脉输入，每天1次；鱼肝油丸，口服每次1粒，每天2次。便秘时，应及时清除肠内积粪，可灌服硫酸钠（镁）5 g，加水50~80 mL，或用温肥皂水灌肠。

二十六、无乳和缺乳症

1. 发病原因

母兔在孕期或哺乳期，饲料营养低下或怀孕后期过量饲喂含蛋白质高的精料，使初期的乳汁过稠，堵塞乳腺泡，导致缺乳；母兔患有某些传染病或其他慢性疾病也可引起无乳。此外，母兔年龄过大，乳腺萎缩或过早交配，乳腺发育不全等均可引起无乳。

2. 诊断要点

母兔不愿哺乳，乳房干瘪，挤不出乳或乳很少。子兔吃不饱，逐渐消瘦，发育不良，最后饥饿而死。

3. 防治措施

（1）预防。改善饲养管理，喂全价饲料，增加日粮中的精、绿饲料。防止早配，淘汰过老母兔，选育饲养母性好，泌乳足的品种。

（2）治疗。可内服人用催乳灵 1 片，每天 1 次，连用 3~5 天；激素治疗，用垂体后叶素 10 U，1 次皮下或肌肉注射；苯 甲酸雌二醇 0.5~1 mL，肌肉注射。

选用催乳和开胃健脾的中草药：王不留行 20 g，通草、穿山甲、白术各 7 g，白芍、山楂、陈皮、党参各 10 g，研末，分数次拌料喂给。

二十七、阴道脱出和子宫脱出

阴道壁部分或全部突出于阴门外称阴道脱出。子宫一部分翻转形成套叠，或全部翻转脱出于阴门外，称子宫脱出。前者产前、产后均可发生，后者多发生于产后数小时内。

1. 发病原因

固定阴道的组织松弛，腹内压增高及过度努责是发生阴道脱出的直接原因。分娩后数小时，子宫尚未完全收缩，子宫颈口仍然开张，子宫体、子宫角容易翻转脱出，难产时助产不当可造成本病。此外，饲养管理不当，体质瘦弱，运动不足和剧烈腹泻等均可成为本病的诱因。

2. 诊断要点

阴道部分脱出时，脱出部分较小，呈球形，当站立腹压可自行缩回。阴道全脱时，呈红色，球柱状脱出阴门外，自行不能缩回，脱出物时间长时可出现淤血、水肿、损伤、发炎及坏死。子宫套叠时，病兔常表现弓背，举尾，频频努责，阴门外见不到脱出物，以手指入产道可摸到套叠的子宫角。子宫全脱时，脱出物很似肠管，但表面有很多横褶。脱出的子宫有时可将卵巢或子宫系膜扯断，造成内出血。

3. 防治措施

阴道脱出时轻者，可用 0.5%高锰酸钾液，0.1%新洁尔灭液或 3%明矾水清洗消毒后，提起后肢，慢慢复位。重者可整复后在阴门周围做荷包缝合，但要松紧适度，以不影响排尿为宜。

子宫套叠时，除用手指机械整复外，可向子宫内注入灭菌生理盐水，借助水的重力使其复位。子宫全脱时，首先使用上述消毒液将脱出的子宫清洗消毒后，用手指如同翻肠一样在努责间歇期，向内推压，依次内翻，直至把子宫推入产道乃至腹腔内。复位不全时也可向子宫内注入灭菌生理盐水（加适当青、链霉素）。脱出的子宫无法整复或有大的损伤时，可行子宫截除术，患兔留做育肥肉用。切除时，可用丝线在靠近阴 门处结扎，在结扎线外侧 2~3 cm 处切掉子宫，涂以碘酊送回阴道内。整复后为了防止复发，可对阴门进行荷包缝合（见阴道脱出），数日后拆线。

第八部分 家兔的外科疾病

一、外伤

1. 发病原因

由外来的机械作用引起皮肤、黏膜的损伤。如笼舍的锐利物刺（划）伤，咬伤及剪毛时的误伤等。

2. 诊断要点

外伤可分为新鲜创和化脓创。新鲜创，可见出血疼痛，创口裂开。化脓创，患部疼痛，肿胀，局部增温，创口流脓或形成结痂。有时会出现体温升高，炎症消退后，创内出现肉芽，良好肉芽为红色，平整，颗粒均匀，较坚实，表面有少量灰白色脓性分泌物。

3. 防治措施

（1）预防。消除笼舍内的尖锐物，笼内养兔密度不宜太大，公、母兔应分笼饲养，防止猫、犬的骚扰，剪毛时防止人为外伤等。

（2）治疗。对小而浅的外伤，应涂 2%～5%碘酊；大而深的伤口，应剪毛去污，用生理盐水或 0.1%新洁尔灭反复洗净创口，并用纱布吸干再撒布磺胺粉，之后包扎或缝合，最后涂 2%～5%碘酊。化脓创，剪毛去污，用 0.1%高锰酸钾、3%双氧水或 0.1%新洁尔灭液等冲洗创面，除去异物或坏死组织，排出脓汁，创内涂抹魏氏流膏、松碘流膏、金霉素软膏或磺胺软膏均可。

二、骨折

骨折多为外力所致，四肢骨折最容易发生。

将断骨拉正对好，用两根竹片或树皮夹好，再用绷带捆扎固定；如为开放性骨折，先要处理好伤口（同外伤处理），再接上述方法进行包扎固定。幼兔一般经过 10 天，大兔 20 天后即拆除绷带。

三、结膜炎

本病是指眼睑结膜、眼球结膜的炎症，是眼病中最容易发生的一种疾病。

1. 发病原因

灰尘、沙土、草屑、兔毛等异物落入眼内发生机械性刺激；氨气、化学消毒气体（福尔马林等）刺激；强日光和紫外线的直接照射；某些传染病（传染性鼻炎）、内科病（维生素 A 缺乏症）和寄生虫病（吸吮线虫）等多种直接和间接因素均可引起兔的结膜炎。

2. 诊断要点

初期结膜潮红，肿胀，分泌物由浆液性变为黏液性，严重者可转为脓性，量也逐渐增多，眼闭合。炎症常侵害角膜，引起角膜混浊，溃疡，甚至穿孔而继发全眼球炎，可造成家兔失明。

3. 防治措施

（1）预防。保持笼舍清洁卫生，防止沙尘等异物落入眼内。夏季防止强烈日光直射，消毒时应注意消毒药物的浓度和消毒时间。经常喂饲富含维生素 A 的饲料,如胡萝卜、南瓜、黄玉米及青草等。

(2)治疗。选择刺激性小的微温药液,如 2%~3%硼酸液,0.01%呋喃西啉,生理盐水,0.01%新洁尔灭,洗眼;除去异物后,用 1%氯霉素眼药水或眼药膏,0.6%黄连素眼药水,0.5%金霉素眼药水,1%新霉素服药水液等点眼;分泌物多时,选用 0.25%硫酸锌眼药水滴眼;角膜混浊者、可涂 1%黄氧化汞软膏,或用鲜鸡蛋清 2 mL,皮下注射,每天 1 次;重症者可配合应用抗生素或磺胺类药物进行全身治疗。

【讨论与思考】

简答题:
1. 请简述临床诊断的方法。
2. 兔病发生的原因有哪些?
3. 家兔的给药方法有哪些?
4. 如何对兔螨病进行防治?

项目 9　牛羊兔场建设与规划

项目 9-1　牛场的建设与规划

一、设计的原则

修建牛舍的目的是为了给牛创造适宜的生活环境，保证牛的健康和生产的正常运行。花较少的饲料、资金、能源和劳力，获得更多的畜产品和较高的经济效益。为此设计肉牛舍应掌握以下原则：

1. 创造适宜的环境

一个适宜的环境可以充分发挥牛的生产潜力，提高饲料利用率。一般说来，家畜的生产力 20% 取决于品种，40%~50%取决于饲料，20%~30%取决于环境，不适宜的环境温度可以使家畜生产力下降 10%~30%，此外即使喂给全价饲料，如果没有适宜的环境，饲料也不能最大限度地转化为畜产品，从而降低了饲料利用率。由此可见，修建畜舍时，必须符合家畜对各种环境条件的要求，包括温度、湿度、通风、光照、空气中的二氧化碳、氨、硫化氢，为家畜创造适宜的环境。

2. 符合生产工艺要求，保证生产的顺利进行和畜牧兽医技术措施的实施

生产工艺包括牛群的组成和周转方式、运送草料、饲喂、饮水、清粪等。也包括测量、称重、采精输精、防治和生产护理等措施，修建牛舍必须与本场生产工艺相结合，否则将会给生产造成不便，甚至使生产无法进行。

3. 严格卫生防疫，防止疫病传播

流行性疫病对牛场会形成威胁，造成经济损失。通过修建规范牛舍，为家畜创造良好环境，将会防止和减少疫病发生。此外修建畜舍时还要特别注意卫生要求，以利于兽医防疫制度的执行。要根据防疫要求合理进行场地规划和建筑物布局，确定畜舍的朝向和间距，设置消毒设施，合理安置污物处理设施等。

4. 经济合理，技术可行

在满足以上三项要求的前提下，畜舍修建还应尽量降低工程创价和设施投资，为降低生产成本，加快资金周转。因此栏舍修建应尽量利用自然界的有利条件（如自然通风，自然光照等），尽量就地取材，采用当地施工建筑习惯，适当减少附属用房面积。畜舍设计方案必须是通过施工能够实现的，否则方案再好而施工技术上不可行，也只能是空想的设计。

二、场区的规划

牛场场区规划应本着因地制宜和科学饲养的要求，合理布局，统筹安排。一般牛场按功能分为四个区，即生产区、粪尿污水处理和病畜管理区、管理区、职工生活区。分区规划首先从人畜保健的角度出发，使区间建立最佳生产联系和环境卫生防疫条件，考虑地势和主风方向进行合理分区。

1. 职工生活区

职工生活区（包括居民点），应在全场上风和地势较高的地段，依次为生产管理区、饲养生产区。这样配置使牛场产生的不良气味、噪音、粪便和污水，不致因风向与地表径流而污染居民生活环境，以及人畜共患疾病的相互影响。

2. 管理区

包括经营管理、产品加工销售有关的建筑物。在规划管理区时，应有效利用原有的道路和输电线路，充分考虑饲料和生产资料的供应、产品的销售等。在牛场，有加工项目时，应独立组成加工生产区，不应设在饲料生产区内。汽车库应设在管理区。除饲料以外，其他仓库也应设在管理区。管理区与生产区应加以隔离，保证50米以上距离，外来人员只能在管理区活动，场外运输牲畜严禁进入生产区。

3. 饲养生产区

饲养生产区是牛场的核心，对生产区的布局应给予全面细致的考虑。牛场经营如果是单一或专业化生产，对饲料、牛舍以及附属设施也就比较单一。在饲养过程，应根据牛的生理特点，对肉牛进行分舍饲养，并按群设运动场。与饲料运输有关的建筑物，原则上应规划在地势较高处，并应保证防疫卫生安全。

4. 粪尿污水处理、病畜管理区

设在生产区下风地势低处，与生产区保持300 m卫生间距。病牛区应便于隔离，单独通道，便于消毒，便于污物处理，防止污水粪尿废弃物蔓延污染环境。

三、牛舍的建设

牛舍应建在场内生产区中心，尽可能缩短运输路线。修建数栋牛舍时，方向应坐北向南，以利于采光、防风、保温。牛舍超过四栋时，可两栋并列配置，前后对齐，相间10 m以上。牛舍应设牛床、牛槽、粪尿沟、通行道、工作室和值班室。牛舍前应有运动场，内设自动饮水器、凉棚和饲槽等。牛舍四周和道路两旁应绿化，以调节小气候。国内常见的牛舍有两类。

1. 拴系式育肥牛舍

（1）拴系式栏舍的类型：拴系式育肥牛舍常称常规牛舍，每头牛都用链绳或牛枷固定拴系在食槽或栏杆上，限制活动，每头牛都有固定的槽位和牛床，互不干扰，便于饲喂和个体观察，适合当前农村的饲养习惯、饲养水平和牛群素质，应用十分普遍。如能很好地解决牛舍通风、光照、卫生等问题，是值得推广的一种饲养方式。

拴系式牛舍从环境控制角度可分为封闭式牛舍、半开放式牛舍、开放式牛舍和棚舍四种。封闭式牛舍四面都有墙，门窗可以启闭，另一面为半截墙；棚舍为四面均无墙，仅有一根柱子支撑梁架。封闭式牛舍有利于冬季保温，适合北方寒冷地区采用，其他三种牛舍有利于夏季防暑，造价较低，适合南方温暖地区采用。半开放式牛舍，在冬季寒冷时，可以将敞开部分用塑料薄膜遮拦成封闭状态，气候转暖时可把塑料薄膜收起，从而达到夏季通风、冬季保温的目的，使牛场的小气候得到改善。

按照牛舍跨度大小和牛床排列形式，可分为单列式和双列式。单列式：只有一排牛床，跨度小，一般5～6 m，易于建筑，通风良好，但散热面大。适合小型牛场采用。双列式：有两排牛床，分左右两个单元，跨度10～12 m，能满足自然通风要求。在肉牛饲养中，以对头式应用较多，饲喂方便，便于机械操作，缺点是清粪不方便。

（2）拴系式牛舍的基本建筑要求：饲养头数 50 头以上者，可修建成单列式，50 头以上者可修建成双列式，在对头式中，牛舍中央有个通道，为给饲道，宽约 1.5～2 m。两边依次为牛床、食槽、清粪道。两侧粪道设有排尿沟，微向暗沟倾斜，倾斜度为 1%～5%，以利于排水。暗沟通达舍外贮粪池。贮粪池离牛舍约 5 m，池容积每头成年牛为 0.3 m³，犊牛为 0.1 m³，牛场应是水泥地面，便于冲洗消毒，地面要抹成粗糙花纹，防止牛滑倒。牛床尺寸为：长 150～200 cm，宽 100～130 cm，牛床的坡度为 1%～5%。牛床前设固定水泥饲槽，槽地为圆形，最好用水磨石建造，表面光滑，以便清洁，经久耐用。饲槽净宽 60～80 cm，前沿高 60～80 cm，内沿高 30～35 cm，每头牛的饲槽旁离地面 0.5 m 设自动饮水装置。此外每栋牛舍的前面和后面应设有运动场，成年牛每头为 15～20 m²，犊牛 5～10 m²。运动场栅栏要求结实光滑，以钢管为好，高度为 150 cm。运动场地面以三合土或沙质为宜，并要保持一定坡度，以利排水。建牛舍时地基深度要达到 80～130 cm，并高出地面，必须灌浆，与墙之间设防潮层。墙体厚 24～38 cm，即二四或三七墙，灌浆勾缝，距地面 100 cm 高以下要抹墙裙。牛舍门应坚固耐用，不设门槛，宽×高为 2～2.2 m，南窗规格 100 cm×120 cm，数量宜多，北窗规格 80 cm×100 cm，数量宜少或南北对开。窗台距地面高度 100～120 cm，一般后窗适当高一些。

2. 围栏育肥牛舍

围栏育肥牛舍是育肥牛在牛舍内不拴系，高密度散放饲养，牛自由采食、自由饮水的一种育肥方式。围栏牛舍多为开放式或棚舍，并与围栏相结合使用。

（1）开放式围栏育肥栏舍：牛舍三面有墙，向阳面敞开，与围栏相接。水槽、食槽设在舍内，刮风下雨天气，使牛得到保护，也避免饲草饲料淋雨变质。舍内及围栏内均铺水泥地面。每头牛占地面积包括舍内和舍外场地 5 m²。层顶防水层用石棉瓦、油毡、瓦等。一侧应设活门，宽度可通过小型拖拉机，以利于运进垫草和清出粪尿，厚墙一侧留有小门，主要为人和牛的进出，保证日常管理工作的进行，门的宽度以通过单个人和牛为宜。这种牛舍结构紧凑，造价低廉，但冬季防寒性能差。

（2）棚舍式围栏育肥牛舍：此类牛舍多为双坡式，仅有水泥柱子作支撑结构，层顶结构与常规牛舍相近，只是用料更简单、轻便，采用双列对头式槽位，中间为饲料通道。

四、选址的原则

牛场场址的选择要有周密的考虑，统筹安排和比较长远的规划，必须与农牧业发展规划、农田基本建设规划以及今后修建住宅结合起来，必须适应于现代化养牛业的需要。所选场址，要有发展的余地，选址原则如下：

1. 地　势

高燥、背风向阳，地下水位 2 m 以下，具有缓坡坡度的北高南低、总体平坦的地方，绝不可建在低注或低风口处，以免排水困难、汛期积水及冬季防寒困难。

2. 地　形

开阔整齐，正方形、长方形，避免狭长或多边形。

3. 水　源

要有充足的合乎卫生要求的水源，取用方便，保证生产、生活及人畜饮水。水质良好，不含毒物，确保人畜安全和健康。

4. 土 质

土质沙壤土最理想，沙土较适宜，粘土最不适，沙壤土土质松软，抗压性和透水性强，吸湿性、导热性小。雨水、尿液不易积聚，雨后没有硬结，有利于牛舍及运动场的清洁与卫生干燥，有利于防止蹄病及其他疾病的发生。

5. 气 候

要综合考虑当地的气候因素，如最高温度、湿度、年降雨量、主风向、风力等，以选择有利地势。

6. 社会联系

应便于防疫，距村庄居民点 500 m 下风处，距主要交通要道如公路、铁路 500 m，距化工厂、畜产品加工厂等 1 500 m 以外，交通供电方便，周围饲料资源尤其是粗饲料资源丰富，且尽量免避周围有同等规模的饲养场，避免原料竞争。符合兽医卫生的要求，周围无传染源。

五、规模的选择

规模大小是场区规划与牛场建设的重要依据，规模大小的确定应考虑以下几个方面：

1. 自然资源

特别是饲草饲料资源，是影响饲养规模的主要因素，生态环境对饲养规模也有很大影响。

2. 资金情况

肉牛生产所需资金较多。资金周转期长，报酬率低。资金雄厚，规模可大，总之要量力而行，进行必要的资金分析。

3. 社会经济因素

社会经济条件的好坏，社会化服务程度的高低，价格体系的健全与否，以及价格政策的稳定等。对饲养规模有一定的制约作用，应予以考虑。

4. 场地面积

肉牛生产、牛场管理，职工生活及其他附属建筑物等需要一定场地、空间。牛场大小可根据每头牛所需面积，结合长远规划计算出。牛舍及其他房屋的面积为场地总面积的 15%～20%。由于牛体大小、生产目的、饲养方式等不同，每头牛占用的牛舍面积也不一样。肥育牛每头所需面积为 $1.6～4.6~m^2$，通常育肥牛有垫草的每头牛占 $2.3～4.6~m^2$，有隔栏的每头牛占 $1.6～2.0~m^2$。

5. 架子牛的来源

规模饲养肉牛应选择杂交良种牛。杂交改良牛增重快、肉质好、饲料报酬高。农区应积极推广饲养夏洛来、安格斯、西门与南阳牛、秦川牛、晋南牛、鲁西牛等国内地方牛的杂交后代。

项目 9-2 羊场的建设与规划

一、场地的选择和规划布局

（一）场地选择的基本原则

1. 区位条件

（1）场地周边均为荒地、草地及基本农田为佳，最好无居民区。选择地势应较高，土方工程量小。

（2）非疫区、无环境污染且有利于防疫：在建羊场时，要远离居民区，远离有传染病的疫区及牲畜交易市场和食品加工厂，不要在化工厂等易造成环境污染企业的下风处及附近建场。羊场周围 3 km 以内无大型化工厂、采矿场、皮革厂、肉品加工厂、屠宰场或畜牧场等污染源。羊场距离干线公路、铁路、城镇、居民区和公共场所 1 km 以上，远离高压电线。羊场周围有围墙或防疫沟，并建立绿化隔离带。

2. 资源条件

各类饲料、防疫药品、饲养和防疫技术来源距离合适，交通、通讯便利，电力充沛。

3. 基础设施条件

供水、供电、排污、取暖等。

4. 工程地质

土地条件，是否利于建设房屋，地面渗水条件等。

5. 气候条件

包括所处地区的气候，海拔，四季光照，每个季节有什么具体特点。年平均气温，年平均日照。历年极端最高气温，历年极端最低气温，无霜期，年平均降水量，最大降水量，年平均湿度，日最大降水量，主导风向，无风日，最大风速，年平均雷电天等相关指标。这些指标决定了将来的防疫条件及养殖成本等重要问题。

（二）羊场规划布局的基本要求

1. 确定生活区的位置

生活区一般安排在地势较高、排水良好、通道较多的上风头处。最好能瞭望到全场的其他房舍。距离场外大道保持在 40~50 m 为宜。

2. 羊舍朝向

羊舍朝向一般以座北朝南为宜，注意防寒避暑，避免风暴侵袭。

3. 利于提高工作效益

生活区与羊舍要保持一定的距离，同时也要有利于工作方便。羊舍通向草料库、牧草地等设施的交通要方便，但应保持一定距离，注意防火。

4. 场内道路设置

主干道因与场外运输线路连接，其宽度为 5~6 m，支干道为 2.5~3 m。道路两侧应有排水沟，并植树。

5. 全场美观，保持场内清洁、卫生

（三）羊场的功能区域划分

1. 生产区是羊场的核心

生产区包括各类羊舍、饲料库房、加工调制间、兽医诊断室、配种（人工授精）室、产房、青贮窖（塔）、药浴池等。生产区应布置在管理区主风向的下风向或侧风向，羊舍应布置在生产区的上风向，药浴池应建在羊场外面，最好在下风方向，草料库要与羊舍保持一定的距离，要便于

防火、便于运输。场区内净道和污道分开,互不交叉。按性别、年龄、生长阶段设计羊舍,实行分阶段饲养、集中育肥的饲养工艺。

2. 行政管理区是羊场经营管理中心

办公室和生活区应建在地势较高、处在羊场的上风口方向处并与生产区相隔一定距离,防止被环境污染。

3. 病羊隔离区

病羊隔离治疗舍应建在羊场生产区主风向的下风口方向处,与生产区羊舍保持一定的距离,以防重复感染。

4. 污物处理区

这个区域应有粪污处理、污水处理、死亡畜处理等相关设施,应设在羊场生产区主风向的最下风口方向处。

二、羊舍的设计与建设

(一) 羊舍设计

羊场设计要按照便于管理、便于搞好灭菌防病、便于安排生产流程顺序、便于土地的经济利用和节省投资的原则进行综合考虑。

羊舍类型:按屋顶形式,可分为单坡式和双坡式两种类型。单坡式羊舍跨度小,自然采光好,投资少,适合小规模养羊(存栏羊≤100只);双坡式羊舍跨度大,空间较大,适合大型羊场养羊(存栏羊≥100只),但造价相对较高。单坡式羊舍跨度一般为5~6 m,双坡单列式羊舍为6~8 m,双坡双列式羊舍为10~12 m;羊舍檐口高度一般为2.4~3 m。

羊舍面积和高度:羊舍要有足够的面积和高度。一般而言,羊舍面积应以保持舍内空气新鲜、干燥,保证冬春防寒保暖和夏秋防暑降湿为原则,以舍饲为主时要保证有足够的运动场地。目前国内普遍采用的建筑参数是:

(1) 羊舍高度不低于 2.5 m,冬季有避风保暖设施的羊舍可适当增高。羊舍地板距地面高度 0.5~1 m 左右,地面坡度 30~45 度左右,这样可以不占或少占耕地,有利于排水和圈舍干燥。

(2) 每只羊所需羊舍面积:(空怀种母羊、成年母羊 0.8~1.0 m^2,妊娠母羊 1.5~2.0 m^2,产羔母羊 1.1~1.6 m^2,妊娠后期或哺乳母羊 2~2.5 m^2,独栏种公羊 4~6 m^2,其他羊 0.6~0.9 m^2,产羔舍按基础母羊占地面积的 20%~25%计算),按购种羊一只需建圈 2~2.5 m^2 设计,应建多间,每间 10~12 m^2,具备有母羊(空怀种母羊、哺乳母羊、妊娠母羊)舍、产羔舍、种公羊舍、商品羊舍及隔离舍等功能舍。

(3) 运动场一般设在羊舍的南面,低于羊舍地面 60 cm 以下,向南缓缓倾斜以利排水。以沙质土壤为好,便于排水和保持干燥。夏季炎热地区羊舍及运动场应有遮荫设施。运动场面积一般为羊舍面积的 2~3 倍。成年羊运动场面积可按 4 m^2/只计算。运动场四周设围栏或砌墙,高为 2.0 m 左右。

羊舍采光、地面及通风设施:羊舍建成后要有利于保持舍内干燥、保湿、防暑、采光和排除舍内有害气体(如硫化氢、氨气、二氧化硫、二氧化碳等),又要便于饲养操作,其主要参数是:

① 舍门规格。舍门宽度:大群饲养为 2~3 m,小群饲养为 1.5~2 m。舍门高度:2 m。

② 窗户面积:南方一般建开放式羊舍,四周用木板或木条、竹块等建 1.2 m 高的栅隔开(封闭

式羊舍窗户面积一般为地面面积的 1/15，下缘离地面高度 1.5 m，南窗应大于北窗），冬春用薄膜、玉米秸秆等遮挡以防止冬春贼风的侵袭和保温。

③ 地面应由内向外倾斜成一定坡度，羊舍地板条间隙 2.0～2.2 cm。

④ 羊舍温度和湿度。冬季产羔舍最低温度应保持在 10 ℃ 以上，一般羊舍在 0 ℃ 以上，夏季舍湿不超过 30 ℃。保持干燥，地面不能太潮湿，空气相对湿度为 50%～70%。

⑤ 采光控制。羊舍要求光照充足，一般采用自然光照，无窗则全部用人工光照。需要的光照时间：公母羊舍 8～10 h，怀孕母羊舍 16～18 h。

防止自然灾害对羊舍的侵袭：一是大风地区要尽可能减少羊舍受风面积，即羊舍短边与风向垂直，长边与风向平行。二是夏季高强度日照辐射区应在运动场设遮荫物。三是多雨地区要注意羊舍周围排水畅通。

（二）羊舍建筑要求

建设地址的选择：一是选择地址一定要因地制宜，地势相对较高、通风干燥、避风向阳，尽量靠近放牧地、草料库和清洁水源，在生活区的下风处和清洁水的下游。二是尽力避免羊舍座西向东，应座北朝南为宜。

羊舍内设施：羊舍内应有羊床、草架、食槽、水槽、走道等基本设施。同时，在羊舍内应设置围栏，其高度为 1.2～1.5 m。

建筑材料：羊舍建筑材料可选用砖、木、竹、水泥、沙、石、瓦等，坚持因地制宜，就地取材，经济实用，坚固耐用等原则。

（三）羊舍建造

南方高温多湿，应建高床圈舍建造：羊床楼高必须保持离地平 1～1.2 m，羊舍宽 1.5～2.0 m，漏粪板为条状，宽 3 cm，厚 3 cm，漏粪板间隙 2～2.2 cm，羊舍前栏高 1 m，颈夹宽 8 cm，前栏高 50 cm 处挖一个上下高 20 cm，左右宽 18 cm 的椭圆状孔洞，用于采食时头颈伸出，羊床前栏外部设有饲料槽和饮水装置，地平坡度 30°以上，用水泥硬化，羊粪尿随时排到舍外的积粪池中或沼气池中。整个羊舍的建设要适合羊只爱清洁、喜干燥的生活习惯，建成的羊舍空气流畅，光线充足，冬暖夏凉，便于打扫卫生，方便饲喂，给饲养的羊只创造一个舒适的环境，促进羊只的正常生长发育。高山地区考虑到冬季防寒保暖可以适当地做一定比例的地圈。

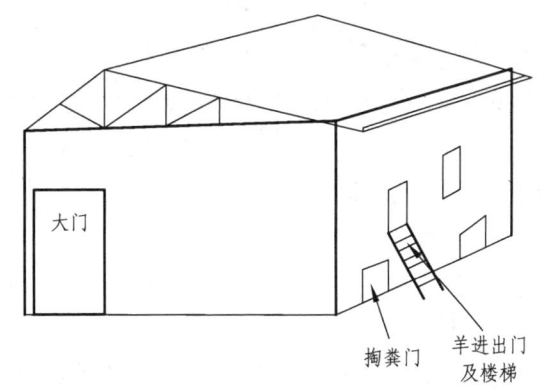

单列式羊舍房屋宽 6m，房檐至地面高 2.6 m，为封闭式羊舍

图 9.1　养殖小区农户单列式羊舍立体图

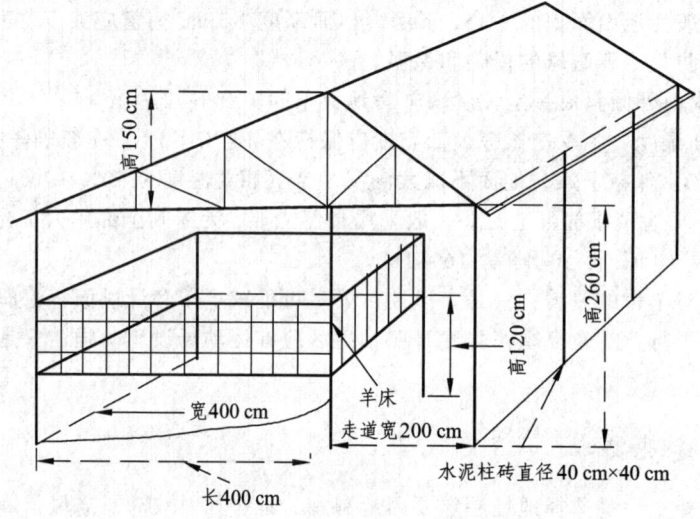

图 9.2 羊舍内部立体图示

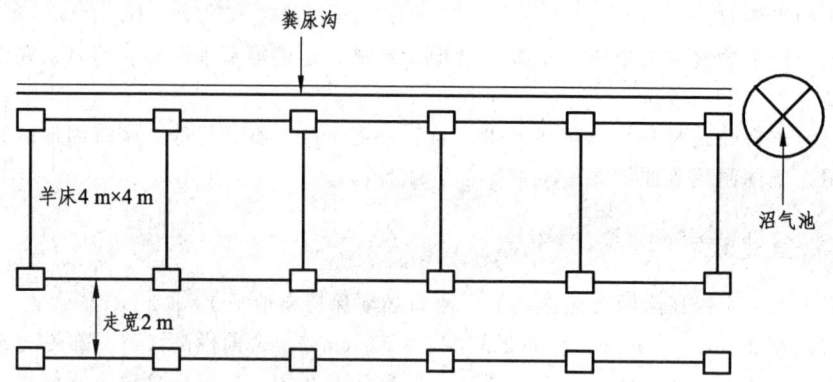

羊舍的长度根据地形地势确定,每幢羊舍长度最好不超过 50 m,长了不利于通风换气,每幢羊舍之间间距在 8 m 以上,漏粪板间距为 2~3 cm,羊床高 140 cm 以上。

图 9.3 羊舍平面图

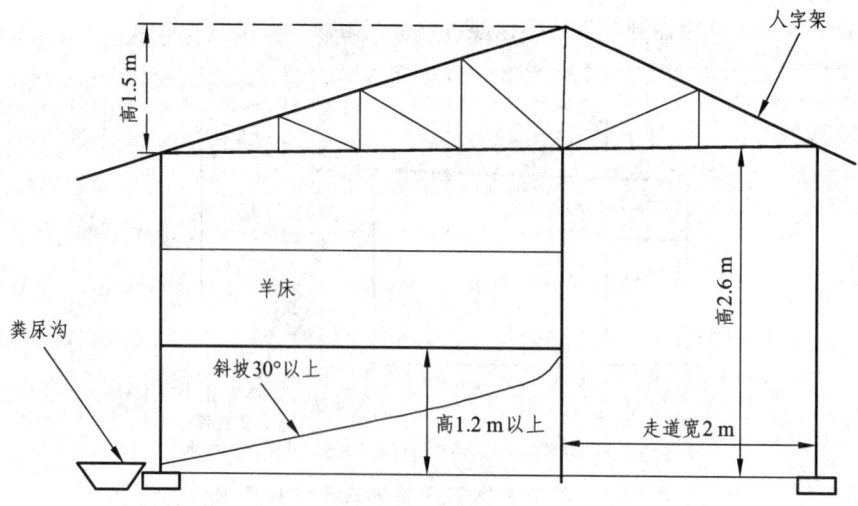

图 9.4 羊舍横切面图

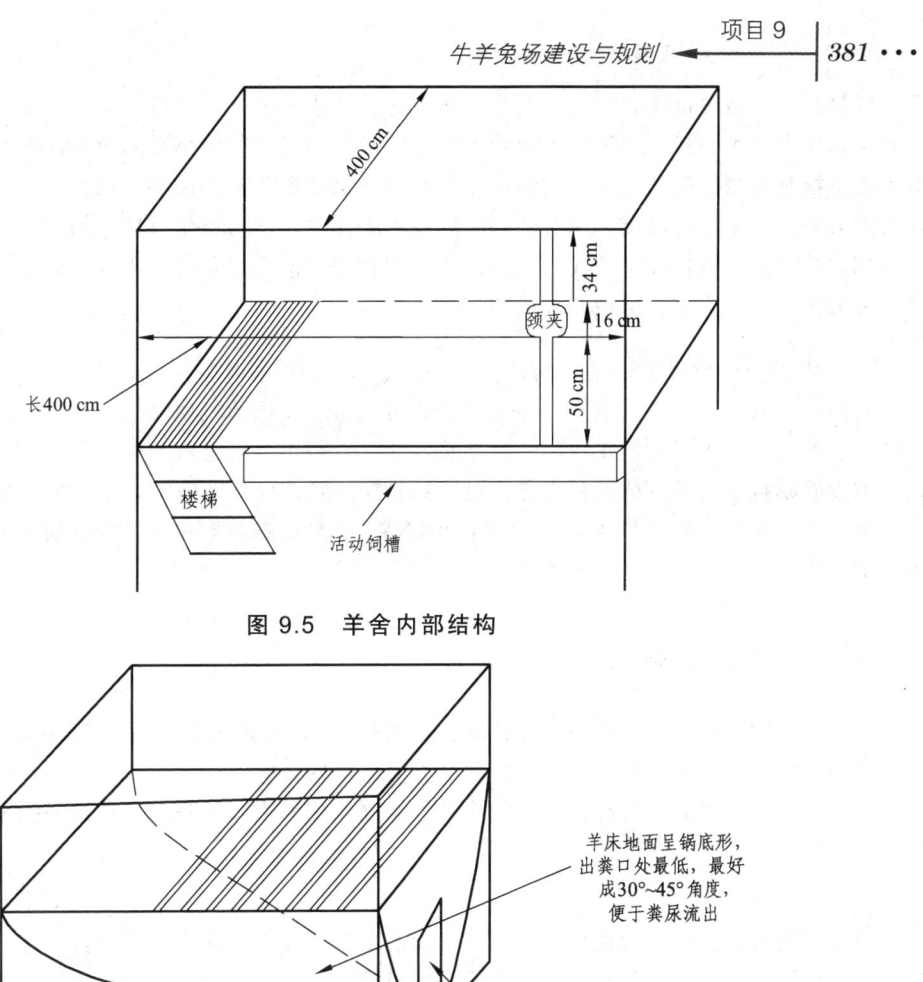

图 9.5 羊舍内部结构

图 9.6 锅底形地面示意图

三、羊场配套设施建设

（一）人工授精室建设

人工授精室与人工授精站的建设相类似。除种公羊圈外，应建立采精室、精液处理室和输精室等部分。各室面积为 $8 \sim 12\ m^2$、$8 \sim 10\ m^2$、$10 \sim 15\ m^2$，室内要求光线充足、地面坚实、空气新鲜，各室之间相互连接。

（二）兽医室建设

羊场应设有兽医室。其位置与羊舍保持相应距离，室内应配备常用的消毒、诊断、手术、注射、治疗等器械和药品。兽医室外设有保定架。

（三）消防与环保设备

对于具有一定规模的羊场，经营者必须加强防火意识，除建立严格的管理制度外，还应备足消防器材和完善消防设施，如灭火器和消防水龙头（或水池、大水缸）等。养羊场建设应重点考虑避免粪尿、垃圾、尸体及医用废弃物等对周围环境的污染，特别是避免对水源的污染，以避免有害微生物对人类健康的危害。规划放牧场地时，也要避免对周围环境的破坏。一般来说，养羊场应设有粪尿污水处理设施，未经消毒的废污水不能直接向河道里排放，场内应设有尸体和医用废弃物的焚烧炉。我们提倡最好的处理方法是配套建设沼气池，将养羊场排放出的粪尿、垃圾等转化为能源，变废为宝，减轻对环境的不良影响。

（四）沼气池建设

我国广大农村家用沼气池推广使用的主要池形是圆筒形沼气池。圆筒形沼气池主要由进料管、发酵间、贮气室、出料管、水压间、活动盖、导气管等组成。沼气池容积大小应根据羊头规模、用户的发酵原料及所采用的发酵工艺、用气要求等因素进行合理确定，每户家养能繁母羊 20~30 只的高床舍饲农户一般可修建 6~10 m^3 的沼气池，如果是养羊规模更大的羊场或舍饲养羊户可适当增加修建容积。

四、主要设备选型

设备选择的原则：在保证产品质量和生产效率的同时提高经济效益，先进的技术装备是关键。机器设备的质量和性能，对企业的经营效益有着直接的影响。购置设备的费用，在生产成本中也占有相当的比重。因此，选择什么样的设备，必须慎重考虑，设备造型应遵循先进、经济、实用的原则，综合考虑投入和产出的关系。

1. 技术先进、经济合理

选用的设备应同生产规模相适应，并且能达到工艺要求，确保产品质量。在选择设备时，坚持选用连续性和自动化程度较高的机器设备，以降低工人的劳动强度和提高劳动生产率；同时还要容易保养和维修，公用工程（水、电、汽等）单耗要低。

2. 安全可靠

在选择机器设备时，坚持选用经过生产实践检验合格的产品。避免选用技术上不够成熟或未经技术鉴定和生产考验的机器设备。

3. 具体设备

饲草加工机组、羊舍清洁设备、羊舍消毒设备、消防设备、管网设备、饮水装置、供电设备、供水设备、空调设备、手推车等。如果要进行实验室操作，还需购买相关仪器设备。

项目 9-3　兔场的建设与规划

一、场址的选择及平面布局

（一）场址选择

场址选择既是兔场一项基本建设，又是关系到养兔成败的关键因素之一，必须予以高度重视。在选址时，既要考虑地势、土质、风向、水源、电力等自然因素，又要注意交通、居民区、工厂、加工场等社会因素，现简要分述如下：

1. 地 势

兔场应建在地势高燥、背风向阳、稍有缓坡（坡度为 3%~10%）、地下水位较低（1.5~2 m 以下）的地方，不宜在地势低洼、排水不良的背阴的地带建场。如要在低洼地建场，必须将地基填高，开好排水沟，以保持干燥的地面。

2. 土 质

兔场用地要求土壤渗水性较强，导热性能小，既能保持干燥的环境；又有良好的保温性能，所以，最好是沙壤土。不宜在含有机质多的土壤上建兔舍，更不能在黄土、黏土上建兔舍。因为有机质不断分解产生有害气体，如氨气等，会污染空气、水源及土壤，对家兔健康不利；黏土透水性差，遇雨泥泞，冬季水分冻结，土壤体积膨胀，影响建筑物的寿命。

3. 风 向

兔场应位于居民区及办公生活区的下风向，兔场距居民区要保持 200 m 以上，这样既有利于卫生防疫，又可防止兔场有害气体和污水对居民健康的危害。此外，不可把兔场建在山坳处及易形成涡流的地方，因为这些地方小区内空气难以流动，空气污浊，疫病容易流行。

4. 水 电

兔场必须要有充足的水源，水质较好，以保证全场生活和生产用水。有条件最好选用自来水，其次是江、河水。水质应清澈透明，无色无臭，入口微甜无苦涩味。在没有上述水源的地方，可打井取水。塘、渠中的死水，因易受细菌，寄生虫和有机物的污染，如要取用，应设沙缸过滤、澄清，并加 1%漂白粉消毒后使用。

选择场址还要考虑供电方便的地方，以满足全场照明和生产、生活用电。工厂化养兔更要保证电力充足，必要是还应自备电源，以备停电应急之需。

5. 交通及居民区等

兔场既要考虑节约使用土地，又要为今后发展留有余地。如以每只基础母兔及其仔兔占 0.6 m^3 建筑面积计算，兔场建筑系数为 15%，那么，300 只基础母兔的兔场需要占地 0.4 公顷左右。

此外，建筑应考虑生态良性循环，因地制宜，综合利用，以提高综合效益。如何将兔场和鱼塘、温室共建，利用兔粪和剩余草料喂鱼，利用兔产的体热为温室增温，也可将兔粪送入沼气池，既能产生沼气，为兔场供热，又减少粪中细菌、寄生虫对环境的污染。

（二）场内布局

场址选定以后，就应根据兔场的任务、养兔的规模大小、饲养工艺要求、粪尿处理以及当地的地形、自然环境等具体情况，确定兔场的总体布局。兔场建筑布局的原则要求是：① 办公生活区应和养兔生产区分开，尽量避免闲杂人员入生产区，防止带入病源，确保兔群安全；② 车库和饲料加工等机械设备要远离兔舍，以防噪音影响兔群休息；③ 病兔隔离舍应远离健康兔舍，并位于下风向；④ 整个兔场大致可分为生产区、管理区、生活区三大部分。

1. 生产区

是兔场的核心区，包括种兔舍、繁殖兔舍、育成兔舍、幼兔舍以及病兔隔离舍。幼兔舍应靠近兔场一侧入口处，方便出售。病兔隔离舍应建在距离健康兔舍较远的、地势低的下风向处（或非上风处），以杜绝疫病传播。在生产区的大门入口处应设消毒池和工作人员更衣消毒室。

2. 管理区

是为兔场服务的办公和饲料加工区，包括办公室、汽车房、饲料仓库、饲料加工车间、变电室等。

3. 生活区

包括兔场的职工宿舍和食堂等设施,要与生产区分开,严禁与兔舍混建,但也不宜与生产区太远,以利工作方便。生活区位于兔场的上风向。

二、兔舍建造

(一)兔舍建筑的原则要求

(1)兔舍建筑设计要符合家兔的生活习性,既有利于兔生长繁殖和品质提高,又能保持清洁卫生和防疫,便于饲养管理操作。

(2)建筑材料要因地制宜,就地取材,降低成本,坚固耐用,要达到"六防":防暑、防寒、防雨、防潮、防污染、防兽害的目的。地面和周围墙壁要坚固,防止家兔打洞逃跑。

(3)建兔舍既要考虑形式美观,又要讲究经济效益,把形式与效益结合起来,根据饲养类型、品种、任务及经济技术水平确定兔舍的形式、结构、设施,做到经济实用,有利提高养兔经济效益。

(三)传统养兔方式——放养、圈养与窑养

家兔的饲养方式大致上可分为四类:放养、圈养、窑养及笼养,前述三类比较古老原始,缺点较多,我们称为:传统养兔方式;而笼养的优点较多,是当前科学养兔的基本方式,我们称为:现代养兔方式。现将传统养兔方式介绍如下:

1. 放 养

就是把兔群长期在野外放牧饲养,任其自由活动、采食及繁殖。这是一种粗放的饲养方式。浙江省温岭县钓滨乡农民曾在 0.5 平方千米的小岛上放养几对种兔,仅两年时间就繁殖了上万只肉兔。放养的优点是节省劳动力和饲料成本,兔群采食自由、牧草新鲜、运动充足,所以兔的生长和繁殖都快;缺点是交配无法控制,容易发生近亲繁殖而使品种退化,且易遭受兽害。以养适应性和抗病力较强的地方品种兔或商品肉兔为宜。

2. 圈 养

就是把兔群关在室外空地、后院或利用空房圈起来饲养。这种饲养方法以养幼兔及育肥兔为宜。其优点是节省人力物力、容易管理,兔子运动充足,活动自由,生长发育也快。缺点是交配混乱,早配、近亲交配不好控制,也易发生咬架斗殴,圈内卫生不好打扫,一旦发生疫病,传染迅速,危害严重。

改进办法是:实行分群饲养,一般每圈养幼兔 30 只或青年兔 20 只为宜。室内地面应铺漏粪板,使粪便能漏下去,以保持地面干净卫生;或者铺垫草,每隔 3—5 天换草一次,每天清扫,定期消毒。

3. 窑养(即洞养)

就是把兔养在地下窑洞里。我国东北和西北等高寒地区的农村广泛采用这种饲养方式。其优点,一是节省建造兔舍的费用,可以利用房前屋后空地打窑养兔,节省土地;二是冬温夏凉且安静,符合兔的生活习性。窑养的缺点是比较潮湿,尤其梅雨季节更为潮湿,加上阳光充足,兔易生病。饲喂供水及清扫也不方便;母兔产仔,人工不好管理;长毛兔洞养,会影响兔毛产量。

改进办法是:实行窑养与地面笼养相结合,三伏热天窑养以避暑,三九寒天窑养以避寒和冬

繁，梅雨季节在地面饲养。窑口适当大一点，平时不必加盖，让阳光能射入。窑底加漏粪板，使粪便能漏下去，便于定时清扫消毒。

（三）现代养兔方式——笼养

1. 笼养的优点

笼养的优点比较多：① 兔养在笼里，既不会跑掉，又可防止敌害。② 便于人工控制配种繁殖。③ 通风透光，干净卫生等。

2. 笼养兔舍的类型

（1）按兔舍屋顶形式分：单坡式、双坡式、平顶式、圆拱式、锯齿式、锯齿拱式、钟楼式及半钟楼式等。

（2）根据兔笼排列方式分：

① 从平面角度看可分为：单列式、双列式、多列式等。

② 从立体角度看可分为：单层、双层、三层及四层等，一般以三层较好，经济实用；四层太高，最上层管理人员操作不方便。

（3）按兔舍通风情况分：可分为开放式、半开放式及封闭式等。

开放式即棚式兔舍，只有屋顶，四周没有墙壁，通风情况良好，但不保温，适合南方炎热地区。半开放式，除有屋顶外，三面有墙，南面无墙，或有半截墙。

封闭式兔舍，即兔笼排列在兔舍内，兔舍四周都有墙壁，墙壁上开有窗。这种兔舍保温性能好，适合我国北方地区。但舍内通风欠佳，湿度也较大，需要加以改进。随着科学技术的发展，现在养兔业发达的国家和地区，已采用人工方法控制封闭式兔舍内的温度、湿度、通风及光照等，使其达到最佳状态。

（4）半地下试兔舍：就是把兔舍建在地下，上半部及顶棚露出地面，屋顶盖瓦或装玻璃、塑料薄膜，以透光保暖。这种兔舍兼有地上和地下两者的优点，冬季舍温可保持到 2～6 ℃，能满足冬繁的需要。缺点是舍内较潮湿，通风、采光较差。

（5）塑料棚兔舍：其原理是仿温室结构。简单的就在地面上搭个塑料棚，兔笼安放在棚中央即能养兔。寒冷地区宜在地下建棚，深度约 2 m。如果是散养，棚南面最好有运动场，供喂食和兔子运动用。若在地下散养，在棚内西边和北边挖小洞，深约 50 cm、宽 30 cm、高 35 cm，供母兔产仔用。这种地下塑料棚，当室外气温达零下 33 ℃ 时，棚内温度为 5 ℃ 以上，兔子冬繁不受影响。

三、兔　笼

（一）兔笼设计的基本要求

（1）符合家兔的生物学特性.耐啃咬，耐腐蚀，可保持干燥卫生。

（2）易清扫，易消毒，易维修，易更换。

（3）方便操作，配置合理。笼门启闭方便，大小适中。水器和产相等，最好配置在门后或便于操作的地方。

（4）通风远光好，有利于防兽害。

（5）可移动和可装卸的兔笼，力求轻便，坚固耐用。

（6）底网有一定柔性，力求平整，耐啃咬，保证粪便顺利排除。

（7）大小适中，满足兔的生理要求。

（8）选材尽量经济，造价低廉。

（二）兔笼的基本结构

一个完整的兔笼由笼体及附属设备组成。笼体由笼门（踏刚、踏板、底板），侧网（两例及后部），笼顶（顶网）及承粪板等组成。

1. 笼 门

笼门有单双门之别。笼门宽度依笼的大小而定，一般30~40 cm，高度与笼前高相等或稍低。

2. 底 网

底网丝间隙1.2 cm左右为宜（断乳后的幼兔笼1.0~1.1 cm，成兔笼1.2~1.3 cm）。板条宽度一般为2.5~3 cm。

3. 侧网及顶网

4. 承粪板

重叠式兔笼和半阶梯式兔笼应安装承粪板。承粪板后沿要超出下层笼5~8 cm。

5. 支撑架

兔笼组装时支撑和连接的骨架，多为金属材料（如角铁、槽冷板）。

（三）兔笼类型

1. 按照制作材料划分

（1）金属兔笼。

（2）水泥预制件兔笼。在我国南北方均有采用。

（3）砖石制兔笼。一般建2~3层，笼舍合一。是我国室外笼养家兔普遍采用的一种，农村小规格室内养兔也多采用。

（4）木制兔笼。以木为主要原料而制作。这种兔笼不适于长期使用。

（5）竹制兔笼。以不同粗细的圆竹和竹板制作而成。竹制兔笼在我国南方产竹地区家庭养兔较普遍。

（6）塑料兔笼。脚皮炎发生率较低。主要缺点：塑料易老化，成本高，不耐吸收。

2. 根据兔笼用途不同划分

（1）运输笼。仅作为种兔或商品兔途中运输用，一般不配置其他附属设备（如草架，水槽、饮水器等）。按其用材可分：金属运输笼：宽61 cm，深31 cm，高21 cm，底网孔2.5 cm×3.5 cm。纤维板制作：宽90 cm，深40 cm.高22 cm。塑料运输笼；竹制运输笼。

（2）饲养笼。

3. 根据兔笼固分方式不同划分

（1）活动式兔笼。由金属或竹、木、塑料等轻体材料制作而成。适用于小规模养兔采用。

（2）固定式兔笼。以砖、石、水泥等直接在地上垒砌而成。一般作为永久性建筑物，为水泥预制件兔笼。

（3）组装固定式兔笼。由金属等制成单体兔笼，再以金属支架连成一体.适合规模化、工厂化养兔场采用。

（4）悬吊式兔笼。用轻体金属制作兔笼，再以金属链条或钢丝绳悬吊于舍顶。一般为单层排列，适于工厂化繁殖兔舍采用。

4. 按兔笼置放环境不同划分

（1）室内兔笼。将兔笼置于室内。

（2）室外兔笼。将兔笼置于室外，笼舍合一，此兔笼适于家庭小规模饲养和气候条件较好的地区采用。

5. 按兔笼层数多少划分

（1）单层兔笼。适于饲养繁殖母兔。

（2）双层兔笼。利用固定支架将兔笼在上下两个水平面组装排列。

（3）多层兔笼。由三层或更多层笼组装排列。一般不宜超过3层。

6. 按兔笼组装排列方式划分

（1）平列式兔笼。兔笼全部排列在一个平面上，门多开在笼顶。适于养种母兔。

（2）重叠式兔笼。上下层笼体完全重叠，层间设承粪板，一般2~3层。

（3）全阶梯式兔笼。在兔笼组装排列时，上下层笼体完全错开，粪便直接落入设在笼下的粪沟内，不设承粪板。全阶梯式兔笼最适于二层排列相机械化操作。

（4）半阶梯式兔笼。上下层兔笼之间部分重叠，重叠处设承类板。

（四）兔笼大小

种兔笼适当大些，育肥笼宜小些。大型兔应大些，中小型兔应小些。毛兔宜大些，皮兔和肉兔易小些。炎热地区宜大，寒冷地带宜小。若以兔体长为标难，一般来说，笼宽为体长的 1.5~2 倍，笼深为体长的 1.1~1.3 倍，笼高为体长的 0.8~1.2 倍。成年种兔所需面积 0.25 m^2，母兔及其一胎仔兔各需 0.25~0.35 m^2，育肥兔 8~25 只一笼，每平方米 18~22 只。育肥兔笼，宜 6~8 只一笼为佳。根据国外研究结果，以每平方米兔笼饲养 18 只左右效果最理。考虑我国各地的饲养条件和环境控制能力，以每平方米饲养育肥兔：夏季 14~16 只，冬季 16~18 只，每 6~7 只兔为一笼。则单笼尺寸为：宽 66~86 cm、深 50 cm、高 35~40 cm。

四、给料设备与料槽

（一）给料设备

1. 手工喂料设备

2. 喂料机

（二）料　槽

料槽是用于盛放配合料，供兔采食的必备工具。

1. 普通饲槽

（1）大肚饲槽。以水泥或陶瓷为原料制作。适于小规模兔场使用。

（2）卡脖饲槽。以镀锌铁皮或塑料为原料制作。分上卡和下卡两部分，安装在笼门外侧。适于小规模兔场采用。

（3）翻转饲槽。以镀锌板制作，呈半圆柱状。以两端的轴固定在笼门上，并可呈一定角度内外翻转。适于笼养种兔和育肥兔。

（4）群兔饲槽。以水泥、木板、铁板或竹杆制作。一般采取定时喂料，及时取出。

2. 自动饲槽

又称自动饲喂器，兼具饲喂及贮存作用。多用大规模兔场及工厂化、机械化兔场。

（三）草　架

草架是投喂粗饲料、青草或多汁料的饲具。

五、供水设备及饮水器

（一）供水设备

供水系统由水源、水泵、水塔、水管网和用水设备组成。饮水设备包括过滤器、减压装置、饮水器及其附属管路。

1. 过滤器

2. 减压装置

（二）饮水器

1. 瓶式饮水器

2. 弯管瓶式饮水器

3. 乳头式自动饮水器

（1）乳头饮水器的安装高度要适宜。一般幼兔笼，乳头高度 8～10 cm，成兔笼乳头高度 15～18 cm。

（2）乳头孔头饮水器的倾斜角度：乳头倾斜角度以 10°左右为宜.

（3）使用前要清洗水箱、供水管、乳头饮水器，以防杂质堵塞乳头活塞造成滴漏不止。

（4）输水管选用深色的塑料管。透明管易孳生苔藓，造成水质不良和堵塞饮水器。

（5）遇到乳头滴漏水时，可用手指反复按压活塞乳头，以检查弹簧弹性，并排除积物。对滴漏不止、无法修理的应及时拆换。

六、清粪设备

（一）导架式刮板清粪机

（二）水冲式清粪设备

水冲式清粪方式要求粪沟不可过宽而且有一定的坡度（1.25%）。

七、产仔箱

（一）制作产箱应注意的问题

（1）选材应坚固，导热性小。

（2）产箱要有一定高度。一般入口处高度要低些，以 10~12 cm 为宜。
（3）产箱应尽量模拟洞穴，产箱多建成封闭状态，上设活动盖。只留母兔出入孔。
（4）产箱大小要合适。
（5）产箱表面要平滑，无钉头和毛刺。
（6）箱内要铺柔软垫草，保温性好，无异味。

（二）产箱类型

按安放状态不同产箱分平放式、悬挂式和下悬式三种。

1. 平放式产箱

（1）月牙缺口产箱；（2）平口产箱；（3）斜口产箱；（4）"V"型口产箱；（5）电热产箱。

2. 悬挂式产箱

（1）悬挂开放式产箱；（2）悬挂密封式产箱。

3. 下悬式产箱

八、环境控制设备

（一）通风设备

兔舍通风可分为自然通风和机械通风。

（二）供热设备

供热设备有热水式、热风式和局部供热式三种。

1. 热水式供热系统

2. 热风式供热系统

3. 局部供热式供热设备

主要用于产仔间和仔兔培育室。热源如红外灯、热风器、电热板产箱等。最简单的局部供热设备为带有烟囱或烟道的煤火炉。

（三）降温设备

兔舍的降温是夏季的主要工作。目前，国内外专门的降温设备有蒸发垫、喷雾装置、风扇及局部冷空气供应系统。

参考文献

[1] 杨利国. 动物繁殖学[M]. 北京：中国农业出版社，2003.
[2] 张玉海. 牛羊生产[M]. 重庆：重庆大学出版社，2007.
[3] 程凌. 养羊与羊病防治[M]. 北京：中国农业出版社，2008.
[4] 张继慈. 优质肉羊高效养殖关键技术[M]. 北京：中国三峡出版社，2008.
[5] 昝林森. 牛生产学[M]. 北京：中国农业出版社，2007.
[6] 朱永毅，徐君. 牛羊生产[M]. 武汉：华中科技大学出版社，2013.
[7] 丁洪涛 牛生产[M]. 北京：中国农业出版社，2008.
[8] 邱怀. 现代乳牛学[M]. 北京：中国农业出版社，2002.
[9] 赵有璋. 养生产学[M]. 北京：中国农业出版社，2001.
[10] 杨和平. 牛羊生产[M]. 北京：中国农业出版社，2001.
[11] 王中华. 高产奶牛饲养技术[M]. 北京：中国农业大学出版社，2003.
[12] 刘长松. 奶牛疾病诊疗大全[M]. 北京：中国农业大学出版社，2006.
[13] 覃国森. 养牛与牛病防治[M]. 北京：中国农业出版社，2011.
[14] 赵德明，沈建忠. 奶牛疾病学[M]. 北京：中国农业大学出版社，2002.
[15] 欧阳雅连，徐泽君，晁先平. 羊病防治实用新技术[M]. 郑州：河南科学技术出版社，2008.
[16] 赵有璋. 羊生产学[M]. 北京：中国农业出版社，2003.
[17] 任文社. 家兔生产与疾病防治[M]. 北京：中国农业出版社，2010.
[18] 张宝庆. 养兔与兔病防治[M]. 北京：中国农业大学出版社，2006.
[19] 谷子林. 实用家兔养殖技术[M]. 北京：金盾出版社，2009.
[20] 单永利. 现代养兔新技术[M]. 北京：中国农业出版社，2004.
[21] 谷子林. 肉兔饲养技术[M]. 北京：中国农业出版社， 2006.
[22] 谷子林. 獭兔养殖解疑300问[M]. 北京：中国农业出版社，2006.
[23] 李福昌. 兔生产学[M]. 北京：中国农业出版社，2009.
[24] 汪明. 兽医寄生虫学[M]. 3版. 北京：中国农业出版社，2008.
[25] 马丽娟. 特种动物生产[M]. 北京：中国农业出版社，2006.
[26] 谷子林. 现代养兔实用百科全书[M]. 北京：中国农业出版社，2007.